**TERRE-NEUVE
ET LABRADOR**
Pages 60-69

**NOUVEAU-BRUNSWICK,
NOUVELLE-ÉCOSSE ET
ÎLE DU PRINCE-ÉDOUARD**
Pages 70-93

MONTRÉAL
Pages 102-123

**QUÉBEC ET
LE SAINT-LAURENT**
Pages 124-141

**LE SUD ET LE NORD
(QUÉBEC)**
Pages 142-153

• Iqaluit

QUÉBEC

PROVINCES
MARITIMES

ARIO

OTTAWA • Montréal

• St. John's

Toronto

Halifax •

0   500 km

0   500 miles

TORONTO
Pages 162-187

**OTTAWA ET L'EST
DE L'ONTARIO**
Pages 188-203

GUIDES  VOIR

CANADA

GUIDES VOIR

CANADA

Libre Expression

Libre Expression

CE GUIDE VOIR A ÉTÉ ÉTABLI PAR
Paul Franklin, Sam Ion, Philip Lee, Cam Norton, Lorry Patton,
Geoffrey Roy, Michael Snook, Donald Telfer, Paul Waters

DIRECTION
Isabelle Jeuge-Maynart

DIRECTION ÉDITORIALE
Catherine Marquet

ÉDITION
Hélène Gédouin

TRADUIT ET ADAPTÉ DE L'ANGLAIS PAR
Anne-Marie Térel et Josée Bégaud
avec la collaboration de Claire Rouyer

MISE EN PAGES (P.A.O.)
Maogani

DK

Publié pour la première fois en Grande-Bretagne en 2000,
sous le titre *Eyewitness Travel Guides : Canada*

Aussi soigneusement qu'il ait été établi, ce guide
n'est pas à l'abri des changements de dernière heure.
Faites-nous part de vos remarques, informez-nous
de vos découvertes personnelles : nous accordons
la plus grande attention au courrier de nos lecteurs.

Éditions Libre Expression
2016, rue Saint-Hubert
Montréal (Québec) H2L3Z5

DÉPÔT LÉGAL : 1er trimestre 2001
ISBN : 2-89111-886-3

Reconstitution de la forteresse de Louisbourg, en Nouvelle-Écosse

◁ Le feuillage éblouissant des forêts d'érables du Québec

Le lac Moraine dans le parc national de Banff, Rocheuses

Le Château Frontenac, à Québec

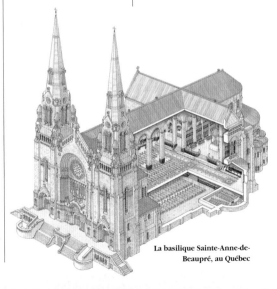
La basilique Sainte-Anne-de-
Beaupré, au Québec

PRÉSENTATION DU CANADA

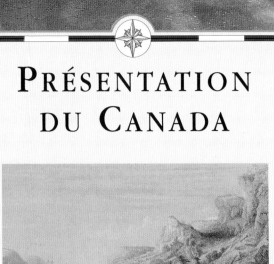

L'Ouest et le Nord dans leur environnement

Le Canada occupe une superficie de 9 970 610 kilomètres carrés à l'extrémité nord du continent américain. Plus de 70 % du territoire est inhabité, car le Nord est une immensité glacée, mais c'est en Colombie-Britannique que se trouve l'unique forêt pluviale tempérée du pays.

Île Melville

Île de Banks

Terre Victoria

Cambridge Bay

Inuvik

TERRITOIRES DU NORD-OUEST

Grand lac de l'Ours

Dawson City

YUKON

CANADA

Yellowknife

Grand lac des Esclaves

Whitehorse

Watson Lake

Hay River

Fort Smith

Thelo

Dubawnt

Lac Athabasca

Fort Nelson

COLOMBIE-BRITANNIQUE

Fort St. John

ALBERTA

SASKATCHEWA

Athabasca

Prince Rupert

Prince George

Edmonton
Red Deer

Saskatchewan

Prince Albert

Fl

Îles de la Reine-Charlotte

OCÉAN

PACIFIQUE

Banff

Saskatoon

York

Calgary

Île de Vancouver

Vancouver

Regina

Victoria

Seattle

Min

Portland

ÉTATS-UNIS

LÉGENDE

- ✈ Aéroport international
- Autoroute
- Route principale
- Voie ferrée
- Frontière internationale
- Frontière provinciale

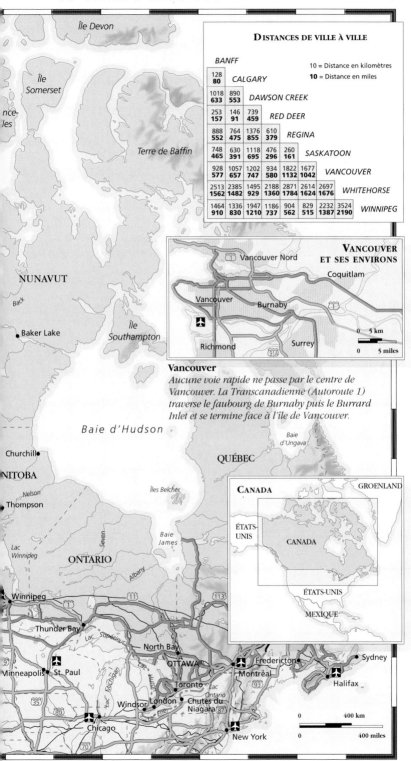

Île Devon

Île Somerset

nce-les

Terre de Baffin

DISTANCES DE VILLE À VILLE

BANFF

128 80	*CALGARY*							
1018 633	**890** 553	*DAWSON CREEK*						
253 157	**146** 91	**739** 459	*RED DEER*					
888 552	**764** 475	**1376** 855	**610** 379	*REGINA*				
748 465	**630** 391	**1118** 695	**476** 296	**260** 161	*SASKATOON*			
928 577	**1057** 657	**1202** 747	**934** 580	**1822** 1132	**1677** 1042	*VANCOUVER*		
2513 1562	**2385** 1482	**1495** 929	**2188** 1360	**2871** 1784	**2614** 1624	**2697** 1676	*WHITEHORSE*	
1464 910	**1336** 830	**1947** 1210	**1186** 737	**904** 562	**829** 515	**2232** 1387	**3524** 2190	*WINNIPEG*

10 = Distance en kilomètres
10 = Distance en miles

VANCOUVER ET SES ENVIRONS

Vancouver Nord

Coquitlam

Vancouver

Burnaby

Richmond

Surrey

0   5 km

0   5 miles

Vancouver

Aucune voie rapide ne passe par le centre de Vancouver. La Transcanadienne (Autoroute 1) traverse le faubourg de Burnaby puis le Burrard Inlet et se termine face à l'île de Vancouver.

NUNAVUT

Back

Baker Lake

Île Southampton

Baie d'Hudson

Baie d'Ungava

Churchill

QUÉBEC

NITOBA

Nelson

Thompson

Iles Belcher

CANADA

GROENLAND

ÉTATS-UNIS

CANADA

ÉTATS-UNIS

MEXIQUE

Baie James

Lac Winnipeg

Seven

ONTARIO

Albany

Winnipeg

Thunder Bay

Lac Supérieur

North Bay

Minneapolis St. Paul

Lac Michigan

Lac Huron

OTTAWA

Fredericton

Sydney

Montréal

Toronto

Halifax

Windsor

London

Chutes du Niagara

Lac Ontario

Lac Érié

Chicago

New York

0   400 km

0   400 miles

L'Est dans son environnement

Les 30 millions de Canadiens habitent en majorité une bande qui longe la frontière américaine, de la côte est à la Colombie-Britannique, à l'ouest. Les provinces de l'Ontario et du Québec, à l'est, regroupent plus de 60 % de la population. Là bat le cœur de l'industrie canadienne : électronique, hydroélectricité, transformation du bois et papeterie. Avec leurs superbes paysages, les provinces maritimes – Nouvelle-Écosse, Nouveau-Brunswick et île du Prince-Édouard –, qui sont les plus petites du pays, attirent chaque année des milliers de touristes. Terre-Neuve et le Labrador sont également connus pour leur charme rude.

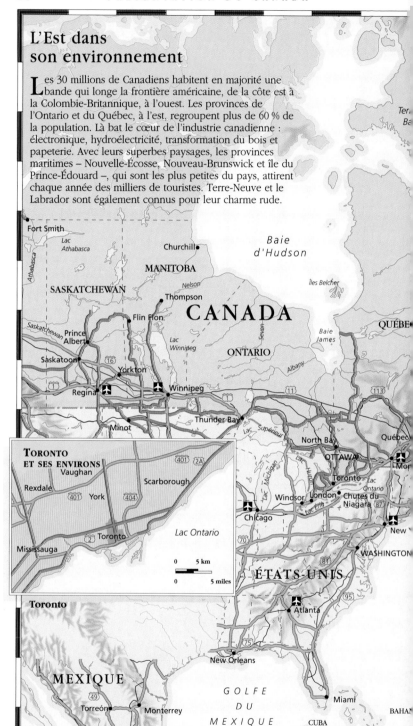

Fort Smith

Lac Athabasca

Churchill

Baie d'Hudson

MANITOBA

Îles Belcher

SASKATCHEWAN

Nelson

Thompson

CANADA

Saskatchewan

Flin Flon

Seven

Baie James

QUÉBE

Prince Albert

Lac Winnipeg

ONTARIO

Saskatoon

⑯

Yorkton

Albany

Regina ✈

✈ Winnipeg

⑪

⑪³

Minot

Thunder Bay

Lac Supérieur

North Bay

Québec

TORONTO ET SES ENVIRONS

④⁰¹ ②A

Lac Michigan

OTTAWA ✈

Vaughan

Scarborough

Toronto

Lac Ontario

Mor

Rexdale

④⁰¹ York

④⁰⁴

Windsor London Chutes du Niagara ⑧⁷

Mississauga

② Toronto

Lac Ontario

✈ Chicago

New

0   5 km

0   5 miles

⑦⁰

WASHINGTON

ÉTATS-UNIS

⑧⁷

Toronto

✈ Atlanta

⑨⁵

⑦⁵

New Orleans

MEXIQUE

GOLFE DU MEXIQUE

Miami

④⁹

Torreón

Monterrey

CUBA

BAHA

DISTANCE DE VILLE À VILLE

CHARLOTTETOWN

356 **221**	**FREDERICTON**								
239 **148**	**473** **294**	**HALIFAX**							
1149 **714**	**834** **518**	**1003** **623**	**MONTRÉAL**						
1860 **1156**	**1510** **938**	**1925** **1196**	**676** **420**	**NIAGARA FALLS**					
1339 **832**	**1016** **631**	**1456** **905**	**200** **124**	**536** **333**	**OTTAWA**				
954 **593**	**598** **371**	**1071** **665**	**257** **160**	**946** **588**	**724** **450**	**QUÉBEC**			
1412 **877**	**1267** **787**	**1512** **939**	**859** **534**	**1569** **975**	**1074** **667**	**637** **396**	**SEPT-ÎLES**		
2794 **1736**	**2471** **1535**	**2910** **1808**	**1654** **1028**	**1521** **945**	**1503** **934**	**1963** **1220**	**2613** **1624**	**THUNDER BAY**	
1689 **1049**	**1366** **849**	**1806** **1122**	**549** **341**	**137** **85**	**399** **248**	**809** **503**	**1449** **900**	**1384** **860**	**TORONTO**

10 = Distance en kilomètres
10 = Distance en miles

LÉGENDE

✈ Aéroport international

▬ Autoroute

▭ Route principale

— Voie ferrée

▬ Frontière internationale

- - Frontière provinciale

0   500 km

0   500 miles

Mer du Labrador

LABRADOR

Happy Valley - Goose Bay

Labrador City

Sept-Îles

Golfe du Saint-Laurent   **TERRE-NEUVE**

St. John's ✈

ericton   Charlottetown ● Sydney

Halifax ✈

O C É A N
A N T I Q U E

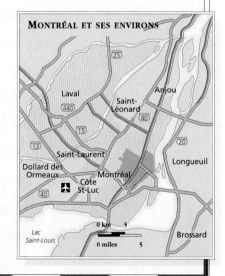

MONTRÉAL ET SES ENVIRONS

Laval (440) Anjou

Saint-Léonard

(15) (40)

(13) Saint-Laurent (20)

Dollard des Ormeaux Montréal Longueuil

Côte St-Luc ✈

(40)

Lac Saint-Louis

0 km   5

0 miles   5

Brossard

UNE IMAGE DU CANADA

A vec ses forêts centenaires, ses montagnes déchiquetées et ses métropoles cosmopolites, le Canada est un pays extraordinairement vaste qui, d'est en ouest, s'étend de l'Atlantique au Pacifique, et, du sud au nord, de la frontière américaine à l'océan Arctique. Les peuples des Premières Nations arrivèrent il y a environ 10 000 ans, et au XVIIᵉ siècle, les Français commencèrent à coloniser le pays.

La tolérance qui caractérise le Canada est en partie le legs des conflits européens, et un siècle de cohabitation fut nécessaire pour en jeter les bases. Les guerres qui eurent lieu dans les années 1750 entre l'Angleterre et la France se

Masque inuit en bois

soldèrent par l'instauration du régime britannique après la chute de la Nouvelle-France en 1760. Les colonies de l'Amérique du Nord britannique étudièrent pendant trois ans le projet qui, en 1867, les réunit en confédération. Terre-Neuve n'y adhéra qu'en 1949.

Les puissantes divergences régionales, notamment entre les régions francophone et anglophone, révélèrent la difficulté de développer une identité nationale. Quand on demanda à l'historien Pierre Berton, un des principaux commentateurs du Canada, ce qu'était un Canadien, il éluda la question en répondant : « Quelqu'un qui sait faire l'amour dans un canoë. »

Le Canada, avec sa superficie de 9 970 610 kilomètres carrés, est le deuxième plus vaste pays du monde. Plus de 40 % du territoire est au-delà de 60° de latitude : avec une moyenne de - 30 °C, ces solitudes exceptionnellement hostiles et faiblement peuplées sont glaciales en hiver et infestées d'insectes en été.

Les toits enneigés de Québec surplombant le Saint-Laurent, au crépuscule

◁ Wapiti paissant dans le parc national de Jasper, dans les Rocheuses

C'est pourquoi la majorité des Canadiens habitent le sud du pays, plus tempéré. Plus de 80 % des 30 millions d'habitants vivent à moins de 200 kilomètres de la frontière américaine.

LA FLORE ET LA FAUNE

Dans le Grand Nord, les sols gelés en profondeur de la toundra – le permafrost – dictent le type de végétation : lichens, mousses et certaines fleurs et herbes extrêmement résistantes. Au printemps et en automne, la terre se couvre en revanche de fleurs aux couleurs éclatantes. La vie animale est foisonnante : ours polaire, renard arctique, loup, phoque, bœuf musqué et caribou.

Fleur printanière de la péninsule de Bruce

Plus au sud, la forêt boréale recouvre une large bande entre Terre-Neuve, à l'est, et le Yukon, à l'ouest. Cette étendue de conifères – épinette, sapin baumier et pin gris – est le domaine des animaux considérés comme les plus typiques du Canada : orignal, lynx, ours noir et, surtout, castor. Celui-ci est un symbole national. C'est la popularité des feutres de castor en Europe qui explique la vitalité du commerce des fourrures dont la Nouvelle-France devint le centre névralgique au XVIIᵉ siècle.

À l'est, les forêts décidues plantées de l'érable emblématique sont peuplées de cerfs, mouffettes et visons. Au centre se déroulent les herbages des Prairies, où vivent wapitis, spermophiles et quelques milliers de bisons, survivants des vastes troupeaux qui parcouraient jadis la région.

Les forêts pluviales tempérées de la Colombie-Britannique abritent une faune riche : cerf à queue noire, ours brun et couguar. De rares orchidées et fougères y poussent parmi les imposants thuyas, sapins et épinettes.

LES PREMIÈRES NATIONS

Bien que le Canada soit considéré comme un pays neuf, son histoire remonte à la fin de la première période glaciaire, il y a environ 10 000 ans. Des chasseurs nomades sibériens empruntèrent le pont terrestre qui reliait à l'époque la Sibérie à l'Alaska. Au cours des siècles sui-

Le pygargue à tête blanche est répandu dans les îles de la Reine-Charlotte, en Colombie-Britannique

vants, leurs descendants essaimèrent peu à peu vers le sud. Lors des fouilles archéologiques du bassin de la rivière Old Crow, au Yukon, a été mis au jour un ensemble d'outils qui remonterait à cette première période de migration. Ces nomades sibériens sont les ancêtres des peuples amérindiens du continent, qui s'adaptèrent de diverses façons à leur nouvel environnement.

Enfants inuits à Bathurst Inlet, à Terre-Neuve

Au XVIe siècle, des pêcheurs bretons, basques, normands et portugais furent les premiers à établir des contacts avec les peuples autochtones. Suivant l'usage établi en Europe depuis les voyages de Christophe Colomb, ceux-ci furent d'abord nommé « Indiens » et, plus tard, à cause de l'habitude qu'avaient certains groupes d'enduire en partie leur corps de peinture ocre, « Peaux-Rouges ». Les habitants du Grand Nord furent aussi appelés contre leur gré « Esquimaux », c'est-à-dire « mangeurs de viande crue ». On comprend que les dirigeants de ces peuples aient rejeté ces noms et préféré ceux d'Amérindiens, de Canadiens autochtones et de Premières Nations. Les peuples du Nord ont opté pour Inuit (« les hommes »). Les Métis, descendant d'unions consacrées ou libres entre Indiennes et Européens, sont assimilés aux peuples autochtones.

La société

Les deux langues officielles du Canada sont le français et l'anglais. L'interaction des deux principaux groupes linguistiques et culturels est manifeste au parlement du Canada, à Ottawa, où tous les discours et textes fédéraux doivent être rédigés dans les deux langues. La population canadienne compte environ 24 % de francophones, qui descendent en majorité des Français arrivés dans la colonie de la Nouvelle-France aux XVIIe et XVIIIe siècles (*p. 40-41*). Leurs compatriotes anglophones sont pour la plupart les descendants des immigrants britanniques des XVIIIe et XIXe siècles. L'image multiethnique du Canada s'est dessinée au XIXe siècle, quand les vagues successives d'immigration et les programmes de colonisation amenèrent des hommes des quatre coins du monde dans les villes et les campagnes canadiennes. C'est en visitant les trois métropoles – Toronto, Montréal et Vancouver – qu'on perçoit le mieux le vigoureux brassage culturel du Canada.

Vue de la CN Tower de Toronto depuis les jardins de Centre Island, sur le lac Ontario

Relève de la garde devant le Parlement à Ottawa

GOUVERNEMENT ET POLITIQUE

Le Canada est une démocratie parlementaire fondée sur le fédéralisme. Chaque province ou territoire a sa propre assemblée législative démocratiquement élue, présidée par un Premier ministre, et délègue des députés élus au parlement fédéral d'Ottawa. La Chambre des communes détient le pouvoir législatif au niveau fédéral. Le Premier ministre, au sommet de l'édifice politique, est chef de parti et membre élu de cette Chambre où il doit disposer de la majorité. Les lois votées par les communes sont ratifiées par la Chambre haute ou Sénat.

Cérémonie d'inauguration du drapeau du Nunavut en 1999

À l'heure actuelle, les sénateurs sont nommés par le Premier ministre, mais des pressions s'exercent pour qu'ils soient eux aussi élus. Le chef de l'État est officiellement le souverain britannique, pour l'instant la reine Élisabeth II, représentée au Canada par le gouverneur général.

Ces dernières années, la tendance au régionalisme a dominé la politique. Les provinces ont tenté d'accroître leur pouvoir et il est donc difficile pour un parti politique quel qu'il soit d'obtenir la majo-

rité dans toutes les régions en même temps. Ce phénomène est surtout manifeste au Québec où il existe un puissant mouvement « souverainiste » (séparatiste). Deux fois depuis 1980, les Québécois ont été appelés aux urnes pour se prononcer sur l'abandon de la Confédération. Deux fois ils ont voté « non », mais à une courte majorité. Le problème des relations entre le Québec et le reste du pays est loin d'être résolu, et d'autres débats politiques semblent inévitables.

Depuis les années 1980, les peuples autochtones occupent le devant de la scène, menant campagne pour obtenir droits constitutionnels, territoriaux et miniers. L'Assemblée des Premières Nations a joué un rôle capital dans la création du Nunavut, patrie des Inuit. Les problèmes actuels concernent l'autonomie, l'enseignement pour préserver les langues autochtones, et les droits de chasse et de pêche.

Au cours du XXe siècle, le Canada s'est fait une place importante sur la scène internationale, prenant part aux grands événements comme les deux guerres mondiales. Il est membre de l'OTAN et du G8 (avec les États-Unis, le Royaume-Uni, l'Italie, le Japon, la France, l'Allemagne et la Russie), discutant des accords commerciaux internationaux.

ART ET CULTURE

Les immensités superbes du pays ont eu une influence déterminante sur la culture canadienne. Randonnée, ski et canotage arrivent en tête des activités pratiquées. Les Canadiens sont aussi de fervents supporters : les matchs de hockey sur glace, de baseball et de football canadien attirent les foules. Même passion pour les arts. Le Canada est la patrie du pianiste Glenn Gould, de renommée mondiale, et toutes les grandes villes peuvent s'enorgueillir de soutenir un orchestre de qualité. Le pays a aussi vu naître de nombreuses vedettes internationales du rock et de la variété, de Joni Mitchell et Gordon Lightfoot à Céline Dion, Bryan Adams, K. D. Lang ou Alanis Morissette. Avec sa culture cosmopolite, le Canada propose aux visiteurs tous les styles de musique dans ses bars, cafés et salles diverses, et au célèbre festival annuel de Stratford en Ontario, le théâtre montre toutes ses facettes, des œuvres de Shakespeare aux pièces modernes.

Alanis Morisette, rock-star internationale

Hockey sur glace avec les Canucks de Vancouver

Pour tous les artistes, amérindiens ou européens, la nature a été une source d'inspiration. Avec ses paysages caractéristiques, Tom Thomson fut le premier à tenter d'exprimer un sentiment d'identité canadienne. Après sa mort, le groupe des Sept *(p. 160-161)*, peintres les plus célèbres du pays, créa un style de peinture original pour représenter les régions sauvages du Canada. Ce thème fut développé par leurs contemporains et leurs successeurs, notamment Emily Carr. Musées et galeries de niveau international illustrent la fierté que le Canada tire de ses trésors artistiques : Ken Thompson, un homme d'affaires de Toronto, possède une galerie dédiée à l'art canadien et apporte son soutien à la remarquable Art Gallery of

Ontario. Le nombre impressionnant de forts, villes et villages amérindiens restaurés témoigne du respect des Canadiens pour le patrimoine autochtone et européen.

La littérature canadienne compte d'éminents auteurs de langue anglaise et française, et dans la longue liste des romanciers contemporains, ils sont plusieurs à avoir reçu des prix, tels Margaret Atwood, Carol Shields, Michael Ondaatje, Anne Hébert et Gabrielle Roy.

L'industrie cinématographique est également florissante. Les villes et les paysages variés du pays ont souvent servi de cadre aux producteurs de cinéma et de télévision (jusqu'en 1999, la célèbre série *X-Files* a été tournée à Vancouver).

Cette vie culturelle bouillonnante est révélatrice de l'attachement des Canadiens à leur histoire, leur patrimoine cosmopolite et la beauté époustouflante de leur pays.

La série à succès *X-Files* a été tournée à Vancouver

Les paysages et la géologie

Deuxième plus vaste pays du monde, le Canada couvre une superficie presque égale à celle de l'Europe. Il a été créé par les plus anciennes plaques continentales du monde. Vieux d'un milliard d'années, le Bouclier canadien occupe une grande partie du pays. En forme de fer à cheval, il s'abaisse autour de la baie d'Hudson et s'élève en chaînes de montagnes sur le pourtour. Le pays, qui compte près de 2 millions de lacs, est entouré par l'océan sur trois côtés, totalisant 243 800 kilomètres de littoral. La diversité de ses paysages intérieurs est impressionnante : étendues désertes et glacées au nord, montagnes, forêts et plaines à blé à l'ouest, collines et bois à l'est, basses-terres fertiles au sud-est.

Dans la région des Grands Lacs, couvrant 3 % du Canada continental, les basses terres fertiles sont vitales pour l'agriculture.

Les plaines intérieures, notamment les Prairies, principales terres à blé, s'étendent vers le sud-est sur 2 600 kilomètres, depuis la Cordillère au Bouclier canadien. Elles sont divisées en trois vastes steppes.

LES ROCHEUSES ET LA CORDILLÈRE

Cette zone fait partie de l'une des plus longues chaînes de montagnes du monde. Au Canada, la Cordillère comprend la chaîne côtière du Pacifique et des plateaux boisés. Les pics et crêtes en paliers et le champ de glace de Colombie *(p. 308)* témoignent de l'érosion glaciaire. Les Rocheuses ont été formées par le déplacement des plaques continentales il y a 120 millions d'années *(p. 256-257).*

ZONES GÉOGRAPHIQUES

La Canada peut être divisé en 6 grandes régions aux paysages extrêmement variés. Vers le nord, la toundra laisse la place aux glaces la majeure partie de l'année. À l'ouest et au sud, les terres plus chaudes et fertiles de la Cordillère et les plaines intérieures se prêtent à la culture. À l'est, la région des Grands Lacs est un centre agricole. Le vaste Bouclier canadien présente des plaines bordées au nord et au sud respectivement par les Innuitian Mountains et les Appalaches.

Pays des Inuit et basses terres arctiques

Rocheuses et Cordillère

Bouclier canadien

Plaines intérieures

Appalaches

Grands Lacs

Les paysages vallonnés des Appalaches, boisées aux deux tiers, recouvrent à la fois des plaines arables et les points culminants du Québec, en Gaspésie, en bordure des hautes terres du Bouclier canadien.

Le Bouclier canadien forme le cœur du pays. Il est constitué par le soubassement du continent nord-américain, vieux de 1 100 millions d'années. Il couvre 4,6 millions de kilomètres carrés depuis la baie d'Hudson. Rocailleux au centre, il s'élève en montagnes escarpées sur le pourtour.

Le pays des Inuit s'étend des terres arctiques de faible altitude – de 100 à 700 mètres – aux sommets des Innuitian Mountains, qui culminent sur la terre d'Ellesmere à 2 926 mètres. Depuis des millénaires, l'érosion glaciaire puissante a façonné des fjords profonds et des pics acérés. La région est riche en pétrole, en charbon et en gaz.

Faune et habitats

Depuis la fin de la dernière période glaciaire, il y a 10 000 ans, la géographie et le climat du Canada comptent parmi les plus variés de la planète. Au nord, le climat arctique a engendré un désert rude et stérile, plusieurs mois dans l'obscurité et gelé presque toute l'année. Province la plus méridionale, à la latitude du nord de la Californie, l'Ontario offre en revanche des forêts denses émaillées de lacs et de rivières. Au sud, de nombreuses espèces prospèrent dans la forêt de conifères qui couvre les roches anciennes du Bouclier canadien. La plaine centrale, occupée par les terres à blé, se prolonge par les contreforts des Rocheuses qui laissent place à l'ouest aux montagnes côtières et à la forêt pluviale tempérée du littoral pacifique.

Le bœuf musqué est un animal grégaire, vestige de la dernière période glaciaire. Son épais manteau et son sous-poil plus fin et laineux lui permettent de supporter jusqu'à - 45 °C.

LA FORÊT BORÉALE
Partant de l'est du Canada, elle traverse la majeure partie du Québec et de l'Ontario pour atteindre le nord des Prairies. Mélange d'épinettes, pins, bouleaux et peupliers faux-trembles, elle couvre surtout l'immense affleurement rocheux du Bouclier canadien (p. 18-19). Elle offre un riche habitat aux espèces animales les plus répandues du Canada.

LES PRAIRIES
Considérée jadis comme une « mer d'herbages », la prairie canadienne, aujourd'hui essentiellement agricole, est une région spécialisée dans la culture des céréales et l'élevage de bovins de premier choix. Bien qu'il ne reste pas grand-chose des vastes prairies d'origine, c'est toujours une terre de grands espaces qui nourrit une faune surprenante, parfois rare.

Le loup, chassé jusqu'à l'extinction, avait pratiquement disparu en 1950. Il s'est réfugié dans les zones les plus reculées de la forêt boréale.

Le pronghorn est la seule antilope d'Amérique du Nord. Mammifère le plus rapide du continent, il peut atteindre des vitesses supérieures à 90 km/h.

Le plongeon huard, au cri obsédant, est le symbole de l'immensité canadienne.

Le bison ne vit à l'état sauvage que dans l'Alberta et dans les Territoires du Nord-Ouest.

LA PÊCHE SPORTIVE AU CANADA

Du nord au sud, d'est en ouest, le poisson abonde au Canada, où l'on rencontre saumon, doré, brochet, truite... Lacs et rivières des Prairies regorgent de certaines espèces recherchées des pêcheurs européens (comme la carpe), mais peu cotées au Canada. L'omble arctique, répandu dans le Grand Nord, est apprécié pour sa saveur. Quant à l'Ouest, il offre la possibilité de pêcher en mer.

La pêche à la mouche, *très populaire, se pratique dans le cadre somptueux de 37 parcs nationaux riches en lacs et rivières.*

La montaison *est un défi annuel pour les mordus de pêche. Le Canada possède la moitié des eaux douces du globe, mais la pêche hauturière peut aussi s'avérer gratifiante.*

LES MONTAGNES ROCHEUSES

Commençant avec les collines de l'ouest de l'Alberta, elles culminent en Colombie-Britannique. Avec les Columbia Mountains et la chaîne côtière, elles forment un environnement unique. À la forêt de moindre altitude succèdent prairies alpines et pics enneigés. Là vivent certaines des espèces les plus majestueuses du pays.

L'ARCTIQUE CANADIEN

Au nord du 60e parallèle, la forêt cède la place à la toundra arctique et au rocher. La toundra, dont le sol gelé est appelé permafrost, est stérile et glacée toute l'année en profondeur. Pendant le bref été, la couche supérieure dégèle et le sol se couvre de fleurs. La flore et la faune prospèrent toutefois dans cette étendue désertique.

Les cornes recourbées *du mouflon, qui hante les Rocheuses, pèsent autant que l'ensemble de ses os.*

L'ours polaire *vit seul la plupart du temps et chasse le phoque sur la banquise.*

Le grizzli, *qui pèse jusqu'à 500 kilos, est le plus gros ours du pays. Il se nourrit de racines, baies et viande.*

Le caribou *est le cousin nord-américain du renne. Dans l'Arctique, il migre en troupeaux de 10 000 têtes, au printemps vers la toundra au nord, l'hiver vers les forêts au sud.*

Le Canada multiculturel

Fier de son cosmopolitisme, le Canada a su s'adapter aux besoins culturels d'une population de plus en plus hétérogène. Mais contrairement au *melting pot* américain, qui repose sur l'assimilation, la « mosaïque canadienne » s'appuie sur l'acceptation de la diversité. Cet état d'esprit tolérant est enraciné au plus profond de l'histoire du pays. En 1774, devant la popularité des idées républicaines, les Britanniques ont reconnu les institutions religieuses et politiques des Canadiens français qu'ils voulaient dissuader de s'allier aux Américains. Cette attitude a institué un type de compromis qui fait aujourd'hui partie de l'identité canadienne. Sur les 30 millions d'habitants, les citoyens d'origine britannique et française sont toujours majoritaires, mais il existe une soixantaine de minorités importantes.

Jeunes Inuit en costume traditionnel, bonne protection contre la neige

PREMIÈRES NATIONS

Il existe environ un million de Canadiens autochtones. Au niveau du recensement national, ils sont répartis en 3 groupes : Amérindiens (750 000), Métis (issus d'Européens et d'Indiennes, 200 000) et Inuit (50 000). Environ 60 % sont des « Indiens inscrits », c'est-à-dire vivant officiellement dans les réserves, mais ce n'est plus le cas pour plus de 40 % d'entre eux et seules 900 des 2 370 réserves canadiennes sont toujours habitées. Elles accueillent 608 groupes des Premières Nations qui ont leurs propres conseils élus et jouissent d'une autonomie variable. Depuis les années 1970, ces conseils jouent un rôle-clef dans le renouveau de la culture autochtone traditionnelle. La plupart des Canadiens autochtones non inscrits sont intégrés au reste de la population.

Il est rare que les membres d'une réserve descendent de la même tribu. Le groupe le plus important est celui des Six Nations de Grand River, en Ontario ; ses 19 000 habitants appartiennent à 13 tribus, dont les Agniers (Mohawks), Delawares et Senecas.

Dans le Grand Nord, où les colons blancs ont toujours été rares, les Inuit forment une petite majorité. En avril 1999, leur détermination a abouti à la création officielle du Nunavut, patrie inuit semi-autonome s'étendant sur 349 650 kilomètres carrés au nord-ouest de la baie d'Hudson. Au Nunavut – « notre terre » en langue inuktituk –, les pratiques traditionnelles comme la chasse et la construction des igloos regagnent maintenant du terrain.

CANADIENS BRITANNIQUES ET IRLANDAIS

Les Canadiens d'ascendance britannique et irlandaise constituent environ 60 % de la population. Aux explorateurs et aux premiers colons français arrivés au XVIIᵉ siècle dans le sillage des bateaux de pêche succédèrent, un siècle et demi plus tard, des immigrants anglais, écossais, gallois et irlandais. Plusieurs vagues furent en outre suscitées soit par une politique défavorable dans le pays d'origine, soit par de nouvelles perspectives au Canada. Des Écossais tentèrent de s'établir autour des baies de Fundy en 1621, et d'Hudson vers 1720 ; ils ne rallièrent l'Ouest qu'après 1820. Les Irlandais affluèrent au moment de la famine due à la maladie de la pomme de terre (1845-1849). Le peuplement des Prairies et les deux guerres mondiales provoquèrent de nouveaux flots d'immigration.

Les colons britanniques et irlandais ont contribué à façonner l'image du Canada : ils ont institué ses normes sociales et culturelles et fondé ses institutions juridiques et politiques.

Affiche des années 1920 pour l'émigration au Canada

CANADIENS FRANÇAIS

Les francophones, représentant 25 % de la population, constituent le deuxième groupe ethnique du Canada. Ils habitent en majorité une seule des 10 provinces – le Québec –, mais il existe ailleurs des noyaux dynamiques. En 1535, Jacques Cartier remonta le Saint-Laurent à la recherche d'une route maritime vers l'Asie. Marchands de fourrure, missionnaires et agriculteurs marchèrent sur ses traces et à la fin du XVIIe siècle, la « Nouvelle-France » était bien établie. Quand les Britanniques s'en emparèrent au cours de la guerre de Sept Ans (1756-1763), la plupart des colons français restèrent et devinrent sujets britanniques *(p. 42-43)*. Ils conservèrent cependant leurs propres institutions politiques et religieuses, et leur esprit d'indépendance se renforça avec le temps. Depuis les années 1960, le lien constitutionnel entre le Québec et le reste du pays fait l'objet d'un débat politique et nombre de Québécois sont favorables à la « souveraineté », c'est-à-dire à l'indépendance de la province *(p. 50-51)*.

CANADIENS ALLEMANDS

Bien que les germanophones aient été présents en Nouvelle-Écosse depuis les années 1750, la première grande migration au Canada date des années 1880-1900. Elle fut suivie d'arrivées massives après les deux guerres mondiales. Dans l'ensemble, la majorité anglophone a assimilé les Allemands, mais des noyaux germanophones se maintiennent à Lunenburg en Nouvelle-Écosse *(p. 84)* et à Kitchener-Waterloo en Ontario *(p. 216)*. Les communautés rurales des environs de Kitchener-Waterloo sont le bastion des amish, une secte anabaptiste dont les membres refusent les signes extérieurs de modernité, se déplaçant en carrioles et portant des costumes traditionnels.

La nourriture et la boisson allemandes se sont ajoutées à la cuisine canadienne. Les restaurants ethniques des régions allemandes observent toujours les traditions.

Scène de rue à Chinatown, Toronto

CANADIENS ITALIENS

Les 600 000 immigrants italiens étant disséminés à travers le pays, leur présence est parfois difficile à percevoir, d'autant que la plupart se sont progressivement intégrés aux anglophones. Il y a toutefois des exceptions : à Toronto, le grand quartier florissant de Little Italy ravit les visiteurs et les habitants épicuriens. Les Canadiens italiens ne représentent que 2 % environ de la population. Le premier grand afflux eut lieu dans le sillage des guerres civiles qui affectèrent l'Italie dans la deuxième moitié du XIXe siècle. Une autre vague arriva après la Seconde Guerre mondiale et dans les années 1950. L'immigration continue de nos jours.

Chope de bière

CANADIENS CHINOIS

Dans les années 1850, les ouvriers chinois arrivèrent au Canada pour travailler dans les terrains aurifères de Colombie-Britannique. Ils jouèrent ensuite un rôle-clef dans la construction des voies ferrées, peuplant de nouvelles villes à mesure

que la voie progressait vers l'est. Pendant cette période, ils souffrirent cruellement du racisme, certaines lois imposant la discrimination. Un flot d'immigration eut lieu juste avant la restitution de Hong Kong à la Chine par les Britanniques en 1997. La plupart des arrivants choisirent Toronto, Montréal et Vancouver, mais récemment, la Colombie-Britannique a gagné en popularité. Près de la moitié des immigrants au Canada viennent aujourd'hui d'Asie, et plus de 2 % de la population canadienne a le chinois comme langue maternelle.

CANADIENS UKRAINIENS

Ils représentent à peine 3 % de la population canadienne, mais ils ont exercé une forte influence culturelle, notamment dans les provinces des Prairies où les coupoles de leurs églises dominent de nombreux villages des plaines. La première grande vague d'immigration s'amorça après 1891, avec des Ukrainiens attirés par les perspectives agricoles de l'Ouest. Le régime soviétique et le contrecoup de la Seconde Guerre mondiale ont suscité un deuxième afflux au XXe siècle.

Femme en costume ukrainien à Battleford, Saskatchewan

Le Canada français

Manifestant pour un Québec libre

Les Canadiens francophones sont fiers de leurs origines françaises, les premiers Européens au Canada ayant été des explorateurs français. Depuis la chute de la Nouvelle-France au XVIIIᵉ siècle, ils ont combattu pour préserver leur langue et leur culture, très solidement implantées au Québec, dans certaines provinces de l'Ouest et dans les provinces maritimes. La culture française est ainsi toujours vivace dans la langue et les arts. La communauté francophone s'est battue au XXᵉ siècle pour faire reconnaître ses droits, mais la question de la souveraineté du Québec n'est toujours pas résolue.

Le cœur du Canada français est le Québec – la « Belle Province » –, où 85 % des habitants ont le français comme langue maternelle. Celui-ci ne s'applique pas seulement à la vie quotidienne, mais aussi aux affaires, au gouvernement et au droit.

ancêtres ont transplanté outre-Atlantique des coutumes et des goûts qui ont donné naissance à une cuisine dite traditionnelle, souvent parfumée à la cannelle et au clou de girofle. La tourtière, farcie au veau ou au porc haché, et la cipaille, où des couches de gibier sont posées sur autant de couches de pâtes, font partie des spécialités. Cependant, depuis près d'un demi-siècle, une cuisine raffinée, dont la qualité s'appuie sur l'excellente formation des cuisiniers et la mise en valeur de produits régionaux, a tendance à s'imposer.

Félix Leclerc, premier véritable chansonnier québécois

LA LANGUE

Le Québec étant le cœur de l'Amérique française, la langue y est protégée pour en assurer l'épanouissement, menacé par la proximité des États-Unis et du Canada anglais. Ainsi, la plupart des films américains sont présentés en version française, et l'affichage et l'étiquetage en français sont obligatoires. Le réseau d'État de la radio et de la télévision propose une chaîne française d'un océan à l'autre, et la programmation de plusieurs réseaux privés est exclusivement française.

Longtemps privés de contacts avec la France, les Canadiens français recourent parfois à des mots et des expressions issus du vocabulaire en usage en Nouvelle-France. Les Québécois ont créé de savoureux néologismes – l'un des plus récents étant « courriel », abréviation de courrier électronique, pour désigner les e-mails – et intégré de nombreux anglicismes à la langue parlée. Ils éprouvent néanmoins une certaine répugnance à adopter les mots d'origine anglaise tels que parking, week-end ou stop, même s'ils ont reçu l'aval de l'Académie française.

L'accent des Québécois n'est pas partout le même et il est plus marqué dans certaines régions que d'autres. L'influence du *you* anglais et la volonté de ne pas souligner le fossé des classes et des générations a entraîné les jeunes à tutoyer spontanément leurs interlocuteurs.

LA GASTRONOMIE

Amateurs de bonne chère, les Québécois se passionnent pour les arts de la table, la cuisine et le vin. Originaires de la plupart des provinces françaises, leurs

La tarte au sucre, dessert familial traditionnel québécois et acadien

LA MUSIQUE

Pendant plus de 20 ans, la chanson québécoise a évolué dans l'esprit d'hommes comme Félix Leclerc et Gilles Vignault, véritables chantres des origines. Enracinées dans la musique traditionnelle des premiers colons, leurs ballades et leurs mélodies simples sont mélancoliques ou rythmées, mais presque toujours romantiques. Accompagnées à la guitare, elles traduisent l'optimisme et l'amour profond de la terre. Certains chansonniers acadiens, notamment Édith Butler et Angèle Arsenault, ont fait carrière au Québec. Après 1980 leur ont succédé des générations de créateurs – paroliers et musiciens – plus attachés aux valeurs contemporaines qu'historiques ou folkloriques : il existe plusieurs groupes célèbres rock, pop et indépendants.

Église catholique de Chéticamp, sur l'île du Cap-Breton

LA RELIGION

Les intérêts de la France en Amérique du Nord devant être contrebalancés par l'implantation de la religion catholique, cette dernière s'imposa en Nouvelle-France dès 1608. Au Québec et au Nouveau-Brunswick, à Terre-Neuve et sur l'île du Prince-Édouard, elle dicta une organisation sociale autour des paroisses. Les églises aux toitures faites de cuivre ou de tôles ont, la plupart du temps, été construites sur des promontoires. Certaines, comme la basilique Notre-Dame de Montréal *(p. 108-109)*, sont éblouissantes avec leurs dorures et leurs intérieurs ornementés. Toutefois, la dévotion du passé a quasiment disparu à l'époque moderne, surtout au Québec où le taux de fréquentation des églises est l'un des plus bas du pays.

LA « SOUVERAINETÉ »

Le Québec participa activement à la naissance de la confédération des provinces canadiennes en 1867 *(p. 44)*. Au-delà des avantages économiques et administratifs recherchés par l'entente, celle-ci prévoyait que chaque province conserverait ses prérogatives en matière de ressources naturelles, d'éducation, de santé, de langue et de religion. Les difficultés liées à l'exercice de ces principes furent à l'origine du mouvement indépendantiste ou « souverainiste », révélé à la face du monde par le cri « Vive le Québec… libre », lancé par le général de Gaulle en 1966. Dix ans plus tard, le parti Québécois, dirigé par René Lévesque, était porté au pouvoir. Ce parti régulièrement élu aux scrutins locaux a tenu à deux reprises depuis 1980 un référendum sur le projet de souveraineté, qu'il a perdu de justesse.

Hors du Québec, les francophones défendent également leurs droits. En Ontario, ils se sont battus pour avoir leurs propres écoles, au Manitoba, ils sont allés en justice pour forcer le gouvernement provincial à traduire toutes les lois en français, et au Nouveau-Brunswick, les Acadiens ont obtenu un pouvoir politique réel pour préserver leur patrimoine.

LES SYMBOLES

Avec sa croix blanche sur fond bleu où se détachent quatre fleurs de lys, le drapeau du Québec ne fait pas référence à une idée monarchiste, mais plutôt aux origines françaises de ses fondateurs. Les Acadiens ont adopté le tricolore, auquel ils ont greffé l'étoile de la Mer symbolisant la Vierge Marie ou *Stella Maris*. Le patron du Canada français est saint Jean Baptiste. Il est célébré le 24 juin, jour de la fête nationale au Québec. L'harfang des neiges et l'iris versicolore symbolisent la flore et la faune québécoises.

Drapeau du Québec, avec des fleurs de lys

Manifestants lors du dernier référendum sur la souveraineté

Les Premières Nations

En dépit de controverses à ce sujet, les premiers habitants de l'Amérique du Nord seraient passés de Sibérie en Alaska il y a environ 10 000 ans. C'étaient des chasseurs nomades traquant les mammouths et bisons qui, à la période glaciaire, assuraient leur subsistance. À cette première vague succéda une immigration constante de petits groupes. Les tribus essaimèrent lentement vers l'est et le sud jusqu'à ce qu'elles atteignent l'Atlantique et l'Amérique du Sud.

Masque amérindien de Vancouver

Au cours des siècles, elles développèrent des cultures très diverses, influencées par les environnements auxquels elles étaient confrontées. Dans le Nord gelé et dans les solitudes de Terre-Neuve, la vie était rude, mais les sols fertiles de l'Ontario et les côtes poissonneuses de la Colombie-Britannique virent naître des sociétés évoluées, vivant de la pêche et l'agriculture.

Les Européens commencèrent à affluer au XVIIᵉ siècle. En Nouvelle-France, première région canadienne colonisée par les Blancs, les relations interraciales d'abord cordiales se dégradèrent quand les nouveaux venus empiétèrent sur les anciens territoires de chasse. Le même scénario se répéta partout : les Amérindiens furent chassés vers des terres inhospitalières.

LES IROQUOIS

Les tribus de langue iroquoise – notamment les Agniers (Mohawks), les Hurons et les Senecas – étaient disséminées le long du Saint-Laurent et sur les rives des Grands Lacs. Elles pratiquaient la chasse et la pêche mais cultivaient aussi en abondance haricots, potirons, courges et maïs pour assurer leur subsistance. Elles vivaient dans des villages comptant souvent plusieurs centaines d'habitants. L'habitat traditionnel était la « maison longue », faite d'une armature en thuya recourbée et recouverte d'écorce. Certains villages étaient entourés de hautes palissades constituées de pieux aiguisés, à cause de la guerre endémique entre tribus.

Maison longue iroquoise

Cornplanter, chef de la tribu Seneca au XVIIᵉ siècle

LES INDIENS DES PLAINES

La guerre était également une constante dans les plaines du sud du Manitoba et de la Saskatchewan, où les Pieds-Noirs, majoritaires, étaient totalement dépendants du bison. Sa viande était consommée, sa peau utilisée pour les vêtements et les tentes, ses nerfs pour faire des fils, et ses os, des outils. Les premiers Pieds-Noirs pratiquaient une technique astucieuse de chasse au bison : ils rassemblaient les troupeaux et les précipitaient du haut de falaises à pic *(p. 294)*. À l'origine, le cheval était inconnu des Amérindiens, qui recouraient au chien comme bête de somme. Il ne se répandit qu'au XVIᵉ siècle, quand les conquistadores espagnols colonisèrent le Mexique. Servant de monnaie d'échange, les chevaux remontèrent peu à peu jusqu'aux plaines canadiennes. Ils bouleversèrent la vie des Pieds-Noirs en facilitant la chasse au bison. L'abattage de l'animal n'étant plus un souci, la tribu élabora une culture guerrière fondée sur la valeur des jeunes « braves ».

Indiens à cheval chassant le bison à l'arc

Habitat traditionnel dans un camp des Pieds-Noirs

LES INDIENS DE LA CÔTE PACIFIQUE

Ils étaient divisés en nombreuses petites tribus comme les Tlingits et les Salishs. Leur subsistance étant assurée grâce à la richesse des eaux du Pacifique, ils développèrent une société sédentaire et sophistiquée. Lors des *potlatchs*, l'une de leurs cérémonies les plus étonnantes, les hôtes rivalisaient en sacrifiant le plus de biens possible pour obtenir certains privilèges. Autre originalité : les mâts totémiques, illustrant chacun un mythe et sculptés avec une grande habileté. Ils sont ornés d'animaux et d'êtres fabuleux. À cet art s'ajoute celui de la sculpture des masques, de nos jours en pleine renaissance.

Mât totémique à Stanley Park

Cérémonie des Sqylaxs en Colombie-Britannique

LES INUIT ET LES INDIENS DES FORÊTS DU NORD

Formant une longue bande de l'Alaska au Groenland, le Grand Nord était le domaine des Inuit. Ces chasseurs nomades vivaient sous une tente de peau l'été et dans un igloo l'hiver. Étant donné leur environnement extrême et la rareté des ressources, ils vivaient en groupes familiaux restreints, ne se réunissant qu'à l'occasion d'événements comme la migration des caribous. Plus au sud, les tribus de la forêt septentrionale comme les Naskapis, les Chupewyans et les Cris des bois étaient aussi des chasseurs nomades, tributaires du poisson et du phoque ou du cerf et de l'orignal. Les meilleurs chasseurs jouissaient d'un grand prestige et le chaman devait s'assurer la bienveillance du monde des esprits ; leur organisation sociale n'allait guère plus loin.

Inuit en parka de caribou préparant son harpon

Chasseur inuit à côté de son igloo

Paul Okalik, Premier ministre du Nunavut

PROBLÈMES DES PREMIÈRES NATIONS

Depuis les années 1960, les peuples autochtones ont retrouvé une certaine assurance. Un grand pas en avant a été effectué avec la création de l'Assemblée des Premières Nations, une organisation intertribale désormais influente sur la scène nationale. Dans les années 1980, elle a soutenu avec succès l'autonomie accrue des réserves et abordé avec le gouvernement fédéral la question des droits territoriaux en parrainant une série de procès qui ont mis en évidence les spoliations subies par la population autochtone. Elle a également participé à la fondation du Nunavut *(p. 51)*, territoire inuit autonome créé en 1999 dans une partie des anciens Territoires du Nord-Ouest. Les autochtones demeurent néanmoins plus pauvres et défavorisés que leurs compatriotes blancs. Il faudra des décennies pour réparer les injustices passées, même s'il existe désormais une volonté politique pour améliorer la situation.

L'art au Canada

Les premières formes d'art remontent à la préhistoire : les Inuit ont très tôt sculpté l'ivoire et les bois de cervidés, et d'autres peuples des Premières Nations ont laissé des peintures rupestres ou des poteries richement ornées.

Les premiers immigrants européens, tant français qu'anglais, ont ignoré ce patrimoine pour puiser à leurs sources européennes. Au cours du XIXᵉ siècle et au début du XXᵉ, les artistes se rendirent à Paris, Londres et Rome pour acquérir leur formation. Ce n'est qu'au XXᵉ siècle que des peintres cherchèrent à créer un style proprement canadien, les forêts luxuriantes du pays, ses paysages majestueux et ses immensités glacées constituant une source majeure d'inspiration. Aujourd'hui, l'art canadien est le fait de multiples mouvements, au milieu desquels les œuvres autochtones occupent une place de choix.

Sur le Saint-Laurent (1897), peinture à l'huile de Maurice Cullen

Watson (1855-1936) et Ozias Leduc (1864-1955) furent les premiers peintres à être formés au Canada. Watson, qui réalisa surtout des scènes de genre en Ontario, déclara : « Je n'en savais pas assez pour avoir Paris ou Rome à l'esprit… Je me suis estimé comblé par Toronto. » Après 1867 et la naissance de la Confédération, 1883 vit la création de la Royal Canadian Academy of Arts et de la National Gallery of Canada. Cependant, beaucoup d'artistes continuèrent à partir étudier à Paris. Curtis Williamson (1867-1944) et Edmund Morris (1871-1913) rentrèrent de France déterminés à revivifier un art national en perte de vitesse. Ils fondèrent le Canadian Art Club en 1907, pour faire connaître les derniers mouvements. James Wilson Morrice (1865-1924), Maurice Cullen (1866-1934) et Marc Aurèle De Foy Suzor-Coté (1869-1937) furent des personnages clefs dans ce désir de modernité.

LES PEINTRES MODERNES

La domination de l'art européen fut remise en cause par les peintres qui eurent peut-être le plus d'influence au Canada : le groupe des Sept *(p. 160-161)*. Avant la Première Guerre mondiale, ils déploraient déjà l'absence d'identité canadienne dans l'art. Dans les années 1910-1920, suivant les pas du peintre Tom Thomson, mort prématurément, ils mirent au point un style dominé par des paysages aux couleurs audacieuses tels que *Terre sauvage* (1913) d'A. Y. Jackson. Dans la décennie suivante, 3 artistes célèbres, quoique influencés par le groupe, se distinguèrent par leur attachement à leur province d'origine : David Milne (1882-1953) est connu pour ses natures mortes, LeMoine Fitzgerald (1890-1956) pour ses scènes de genre et Emily Carr (1871-1945) pour ses représentations

Le peintre Lawren S. Harris (1885-1970)

LES PEINTRES AU NOUVEAU MONDE

Au XVIIᵉ siècle, les colons français importèrent des peintures religieuses ou commandèrent des œuvres en masse pour décorer les églises récemment construites. La coutume de rendre un témoignage visuel de la flore, de la faune et des peuples rencontrés fut inaugurée par Samuel de Champlain *(p. 41)*. Au XVIIIᵉ siècle, des officiers britanniques immortalisèrent des scènes de guerres, mais produisirent aussi des paysages délicats, comme Thomas Davies (1737-1812).

D'autres artistes exploitèrent avec succès la veine néo-classique alors en vogue en Europe. Ce fut le cas de Robert Field (1769-1819) et des Québécois Antoine Plamondon (1804-1895) et Théophile Hamel (1817-1870). Installé au Québec, le Néerlandais Cornelius Krieghoff (1815-1872) acquit la notoriété pour ses œuvres mettant en scène colons et Amérindiens sous la neige. Son contemporain Paul Kane (1810-1871) a consigné la vie des Premières Nations après une traversée épique du Canada, avec plus de 100 croquis et peintures ; *Mah-Min*, ou *La Plume* (vers 1856), est l'un des plus impressionnants *(p. 38)*. Au cours du XIXᵉ siècle, le paysage passa au premier plan. Homer

Skidegate, Graham Island, Colombie-Britannique **(1928), par Emily Carr**

frappantes des Salishs de la côte et de leurs mâts totémiques *(p. 280).* Elle fut la première femme dont le talent soit reconnu. Également poète, elle décrit dans *Renfrew* (1929) ses liens intenses avec la nature, qui s'expriment dans sa peinture : « […] dans le lointain, s'éloignant plan par plan […] des verts froids, souche noueuse de gris et brun ».

L'impact du groupe des Sept provoqua des réactions variées chez plusieurs générations d'artistes. John Lyman (1886-1967) rejeta leur style. Proche de Matisse, il refusa de faire de la terre le thème central de sa peinture. Il fonda la Contemporary Art Society à Montréal et promut un style nouveau entre 1939 et 1948, ouvrant même l'art au surréalisme.

Depuis la Seconde Guerre mondiale, l'abstraction a connu une véritable explosion. À Montréal, Paul-Émile Borduas (1905-1960), qui rencontre André Breton en 1942, crée avec entre autres Jean-Paul Riopelle le groupe des Automatistes, inspiré par le surréalisme. Mêmes tendances à Toronto avec les œuvres abstraites des Painters Eleven. Dans les années 1950, les peintres canadiens sont reconnus sur la scène internationale. Aujourd'hui, la peinture reflète tous les courants artistiques, ceux du monde entier comme de l'intérieur du pays, favorisés par sa mosaïque culturelle. Les œuvres expérimentales de Jack Bush, Greg Carnoe ou encore Joyce Wieland sont dans la droite ligne des idées qui agitaient les années 1960. Le Canada peut être fier de ses multiples galeries, tant publiques que privées, et de ses collections exceptionnelles d'art du XXe siècle.

L'ART AUTOCHTONE

L'art des Inuit *(p. 324-325)* et des Amérindiens du Nord-Ouest est très coté au Canada. Les fouilles ont livré de superbes objets inuits préhistoriques – figurines et têtes de harpon sculptées entre autres – revêtant souvent une dimension religieuse. Avec l'arrivée des Européens, la production artistique des Inuit, notamment les sculptures en ivoire, os et pierre, devint beaucoup plus commerciale. Des artistes comme Aqghadluk, Qaqaq Ashoona et Tommy Ashevak sont aujourd'hui réputés pour leur apport à l'art canadien contemporain, surtout au travers de leurs sculptures et tentures murales. Les sculptures des Amérindiens de la côte du Pacifique sont célèbres dans le monde entier, en particulier les œuvres en bois de thuya de l'artiste haida Bill Reid, les mâts totémiques de Richard Krentz, et la « maison longue » du chef Tony Hunt à Fort Rupert.

En peinture, on rencontre tous les styles, du réalisme à l'abstrait, avec Norval Morrisseau, Carl Ray ou Daphné Odjig. Les artistes célèbrent leurs traditions : exploits légendaires, mythes, amour de la terre et combat pour la préserver sont des thèmes récurrents.

LA SCULPTURE

La sculpture européenne fut importée au Canada par les Français afin d'orner les églises. Le sculpteur Louis-Amable Quévillon (1749-1823), par exemple, réalisa des retables et de belles statues en marbre à Montréal. La tradition européenne fut dominante jusqu'au début du XXe siècle, où les nouvelles villes firent appel à des artistes locaux. Plusieurs œuvres de l'hôtel du parlement de Québec sont ainsi dues à Louis-Philippe Hébert (1850-1917).

Au XXe siècle, la sculpture autochtone émergea à côté des styles Art nouveau et Art déco. Depuis les années 1960, des sculpteurs comme Armand Vaillancourt (né en 1932) et Robert Murray (né en 1936) tentent de développer un style canadien. Les matériaux modernes et l'influence de l'art conceptuel se manifestent dans les œuvres d'artistes contemporains comme Michael Snow, exposées non seulement dans les musées, mais aussi dans les bâtiments commerciaux et municipaux.

Sculpture, par **Robert Murray**

Le célèbre sculpteur haida Bill Reid

Littérature et musique au Canada

Comme l'écrivait en 1864 le révérend Edward Hartley Dewart, poète canadien, « une littérature nationale est nécessaire à la formation d'une identité nationale ». De fait, la littérature et la musique visent pour une grande part à définir une conscience nationale, mais elles reflètent aussi la diversité culturelle du pays. En plus des influences française, britannique et américaine, les francophones comme les anglophones ont parfois assimilé celles des différentes ethnies de la mosaïque culturelle. Les rapports avec les peuples des Premières Nations et les difficultés qu'implique la vie dans un pays aux vastes solitudes se reflètent par ailleurs dans la poésie et les fictions.

Les vedettes du film à succès *Anne... La maison aux pignons verts* (1934)

UN NOUVEAU DÉPART

Les premières œuvres littéraires, écrites entre le milieu du XVIe siècle et le XVIIIe, sont des récits d'explorateurs, marchands de fourrure, soldats et missionnaires, à commencer par *Brief récit* (1545) de Jacques Cartier. L'avocat et voyageur français Marc Lescarbot raconte également ses aventures hautes en couleur en Nouvelle-Écosse dans l'*Histoire de la Nouvelle-France* (1609). Après la conquête de la Nouvelle-France par les Britanniques en 1760, il faut attendre le XIXe siècle pour qu'apparaisse une autre forme de littérature : les poèmes patriotiques, comme *Le Vieux Soldat canadien* (1855) d'Octave Crémazie (1827-1879).

Le combat contre la nature et la vie au Nouveau Monde sont au cœur des premières œuvres en anglais. La Colombie-Britannique, dernière région colonisée, fait ainsi l'objet des passionnants Mémoires d'une institutrice britannique envoyée à Hope, et qui fut la première Européenne à traverser à cheval les périlleuses Hope Mountains : *A Pioneer Gentlewoman in British Columbia: The Recollections of Susan Allison* (1876). Au XIXe siècle, le passé, romancé, est l'un des sujets de prédilection. *Le Chien d'or* (1877) de William Kirby (1817-1906) en est un bon exemple, avec sa vision idéalisée du Québec du XVIIIe siècle. Les romans épiques de l'époque mettent en scène la vie et la culture des Amérindiens, notamment *Wacousta* (1832) de John Richardson (1796-1852). Les ouvrages du Britannique Archibald Stansfield Belaney (1888-1938), qui endosse l'identité d'un Indien ojibwé sous le nom de Grey Owl *(p. 248)*, connaissent un immense succès. Ainsi pour *Pilgrims of the Wild* (1935), histoire d'un voyage qu'il fit au Québec à la recherche d'une réserve pour protéger les castors, ou *The Tales of an Empty Cabin* (1936), élégie à la nature.

Au début du XXe siècle, l'intimité familiale occupe le devant de la scène. *Anne... La maison aux pignons verts* (1908), de Lucy Maud Montgomery (1874-1942), en est un parfait exemple. Il existe également un courant humoristique alimenté par Stephen Leacock *(p. 216)* ou encore Thomas Haliburton (1796-1865), juge qui créa le personnage de Sam Slick, le héros de *The Clockmaker* (1836).

LA POÉSIE

Les vers des premiers poètes de langue anglaise, Standish O'Grady (1793-1841) et Alexander McLachan (1818-1896), reflètent un point de vue colonial : ils critiquent une patrie corrompue (l'Angleterre) pour louer les perspectives offertes par le Nouveau Monde. Dans les années 1870-1880, la « nouvelle » poésie canadienne consiste en la description détaillée des paysages pour mettre en valeur la conquête de la nature par l'homme. Charles Mair (1838-1927) et Isabella Valancy Crawford (1850-1887) en furent deux représentants éminents. Au XXe siècle, les vastes

Leonard Cohen, poète et auteur-compositeur de renommée mondiale

espaces, toujours au cœur de la poésie canadienne, donnent lieu à un style plus sobre, sorte d'équivalent littéraire de la peinture du groupe des Sept *(p. 160-161)*. De grands noms se détachent : Robert Service (1874-1958), dont les ballades et poèmes s'inspirent d'épisodes historiques comme la ruée vers l'or (*The Spell of the Yukon*, 1907), et John McCrae (1872-1918), auteur de *In Flanders Fields* (1915), l'un des poèmes les plus célèbres sur la Grande Guerre.

De nos jours, la poésie de langues française et anglaise s'adresse à un public international avec des auteurs tels qu'Anne Wilkinson, Irving Layton, Earle Birney, E. J. Pratt, Leonard Cohen et Patrick Anderson.

Le poète canadien Robert Service en 1942

Les œuvres puissantes d'Anne Hébert comme *Le Tombeau des rois* (1953) s'attachent aux thèmes universels de l'enfance, de la mémoire et de la mort. La poésie et la fiction ont connu un brusque essor après la guerre grâce à l'action du Conseil des Arts du Canada.

LA LITTÉRATURE AUTOCHTONE

Malgré une puissante tradition orale au sein de la famille et du clan, des écrivains autochtones sont à l'origine d'autobiographies, livres pour enfants, pièces de théâtre, nouvelles, poèmes, essais et romans depuis le XIXᵉ siècle. *The Life, History and Travels of Kah-ge-ga-ga-bowh* (1847) par exemple, qui raconte la vie du Ojibwé George Copway (1818-1869), fit l'objet de pas moins de 6 tirages en un an. La première femme écrivain amérindien serait l'Okanagan Mourning Dove (1888-1936), avec *Cogewea, The Half-Blood* (1927). Plus récemment, une autre romancière Okanagan,

Jeanette Armstrong (née en 1948), publia *Slash* en 1985, et les combats d'une Métisse dans le Canada moderne sont décrits dans l'autobiographie à succès de Maria Campbell, *Halfbreed* (1973).

Un mélange de légende et de revendication politique pour les droits des Premières Nations anime la plupart des romans autochtones. C'est le cas de *The White Wampum* (1895) de Pauline Johnson et *In Search of April Raintree* (1983) de Beatrice Culleton. La première œuvre inuit en anglais est *Harpoon of the Hunter* (1970), de Markoosie (né en 1942), qui raconte l'apprentissage de la vie dans le nord de l'Arctique. Un des meilleurs dramaturges contemporains du Canada est le Cri Thompson Highway (né en 1951). Ses pièces dénoncent la dure réalité de la vie dans les réserves.

LA FICTION MODERNE

Depuis les années 1940, de nombreux auteurs canadiens ont acquis une renommée internationale : Margaret Atwood (née en 1939) pour ses poèmes, romans et critiques, et Carol Shields (née en 1935), qui a remporté le prestigieux Booker Prize britannique pour *The Stone Diaries* en 1996. Mordecai Richler (né en 1931) et Robertson Davies (1913-1995) sont célèbres pour leur tableau désabusé des sociétés canadienne et québécoise contemporaines. Beaucoup d'auteurs ont été connus du grand public quand leurs livres ont été portés à l'écran. *Bonheur d'occasion* (1945), de Gabrielle Roy, l'a été en 1982, le roman de W. P. Kinsella,

Michael Ondaatje, auteur du *Patient anglais*, couronné aux Oscars

Shoeless Joe (1982), est devenu en 1989 *Jusqu'au bout du rêve* avec en vedette Kevin Costner[2], et *Le Patient anglais* de Michael Ondaatje a remporté 9 Oscars en 1996. La solide tradition de la nouvelle est dominée par Alice Munro (née en 1931). Les récits historiques sont aussi particulièrement appréciés.

LA MUSIQUE

Certains des plus grands noms de la scène musicale internationale sont canadiens. Leonard Cohen, Kate et Anna McGarrigle, Joni Mitchell et Neil Young sont tous issus d'une solide tradition de musique folk. La nouvelle génération – Alanis Morissette et K. D. Lang – a repris à son compte cette musique mélodique ; The Cowboy Junkies et Shania Twain pratiquent pour leur part de nouveaux styles de musique country. Céline Dion ou Bryan Adams sont aussi connus au Canada qu'en Europe et aux États-Unis. Dans le domaine classique, la notoriété de l'orchestre symphonique de Montréal est au moins égale à celle dont jouissait le pianiste Glen Gould. Enfin, tous les ans, Montréal accueille l'un des festivals de jazz les plus célèbres du monde.

Joni Mitchell, chanteuse de folk légendaire

Les sports au Canada

Les Canadiens sont de fervents supporters, et la plupart des villes offrent toute l'année l'occasion d'assister à une manifestation sportive. Si le sport national officiel est la crosse – un jeu des Premières Nations consistant à lancer une balle avec une sorte d'épuisette en cuir –, c'est le hockey sur glace qui déchaîne les passions. Le base-ball et le football canadien (semblable à l'américain) attirent aussi les foules. Grands prix, tournois de golf et de tennis de portée internationale ont lieu régulièrement dans les grandes villes, et des compétitions entre professionnels, amateurs ou étudiants se déroulent dans de nombreuses localités. La pratique de tout un éventail de sports est également possible, entre le ski, le golf, la pêche ou la randonnée.

Joueurs de hockey – héros nationaux – lors d'un match de la ligue

LE HOCKEY SUR GLACE

Au Canada, le hockey sur glace jouit d'une popularité sans bornes. Toutes les villes ont une patinoire et chaque école, chaque collège et chaque université une équipe. La ligue nationale de hockey (NHL) a été fondée en 1917 et son grand prix, la coupe Stanley, fut créé en 1893 par lord Stanley, alors gouverneur général du Canada. Elle regroupe vingt-huit équipes, dont six canadiennes : le Canadien de Montréal, les Flames de Calgary, les Oilers d'Edmonton, les Maple Leafs de Toronto, les Senators d'Ottawa et les Canucks de Vancouver. Si au Canada comme aux États-Unis, la plupart des joueurs sont canadiens, des Russes, des Américains et des Suédois jouent cependant depuis

quelques années dans les meilleures équipes. Sport viril s'il en est, le hockey comporte souvent des accrochages entre joueurs, ce qui veut bien souvent dire qu'une partie de 60 minutes peut durer 3 heures. La saison va d'octobre à avril, date des matchs de qualification pour la coupe Stanley. Les grand joueurs comme Maurice Richard sont des mythes nationaux.

Il est pratiquement impossible de trouver des billets pour les grands matchs si l'on n'a pas réservé à l'avance auprès de son club ou de **Ticketmaster**. En revanche, il est plus facile d'assister aux matchs des petites ligues et des collèges ; l'université de Toronto et York, Concordia à Montréal et l'université d'Alberta à Edmonton ont de bonnes équipes. On trouve des billets, généralement à prix

modique, à l'entrée de la patinoire locale ou directement au centre administratif.

LE BASE-BALL

Bien que considéré comme un sport américain, le base-ball a des adeptes au Canada depuis 1854. Deux équipes jouent dans les deux grandes ligues américaines : les célèbres **Blue Jays de Toronto**, qui ont remporté le World Series en 1992 et 1993, et les **Expos de Montréal**, première équipe canadienne à jouer dans une ligue américaine en 1968. La saison dure d'avril à septembre, et les matchs de qualification ont lieu en octobre.

Les équipes rencontrent leurs rivales de la ligue américaine dans deux stades exceptionnels : les Jays au SkyDome de Toronto, une merveille architecturale avec son toit rétractable en fonction du temps *(p. 169)*, et les Expos au stade olympique de Montréal *(p. 120-121)*. Il faut réserver longtemps à l'avance. Il est plus facile de se procurer des billets pour les Expos de Montréal que pour les Jays, mais les matchs d'équipes de seconde division comme les Edmonton Trappers peuvent aussi s'avérer passionnants.

Jose Canseco des Blue Jays de Toronto se rendant au marbre

LE FOOTBALL

D'esprit analogue au football américain, le football canadien possède certaines règles plus strictes qui le rendent bien plus intéressant. Bien que les meilleurs joueurs canadiens préfèrent les États-Unis où ils sont mieux payés, le jeu draine des foules considérables au Canada. La ligue canadienne de football a 2 divisions de 4 équipes qui s'affrontent de juillet à novembre.

Le football canadien attirent en général un public familial enthousiaste, surtout lors de la finale de la coupe Grey. Disputée le dernier dimanche de novembre, elle est précédée d'une semaine de festivités et d'une grande parade dans la ville d'accueil. Le football se joue aussi dans la plupart des universités où le match du samedi après-midi constitue une sortie divertissante. Le championnat annuel des collèges, la coupe Vanier, a lieu au SkyDome de Toronto début décembre. Il est assez facile de trouver des billets.

LE BASKET-BALL

Ce qui était autrefois une passion typiquement américaine a gagné le monde entier pour devenir l'un des sports internationaux à l'essor le plus spectaculaire. Le jeu fut inventé en 1891 aux États-Unis par un Canadien, James A. Naismith. Les **Raptors de Toronto** et les **Grizzlies de Vancouver** jouent dans la National Basketball Association, la ligue la plus réputée au monde, contre des équipes mythiques comme les Chicago Bulls, Boston Celtics, New York Knicks et Los Angeles Lakers. La saison bat son plein d'octobre à la fin du printemps. Un match au GM Place de Vancouver ou à l'Air Canada Centre de Toronto sera un spectacle inoubliable. La plupart des universités canadiennes ont une équipe et si les spectateurs sont souvent moins nombreux qu'aux

matchs de la ligue professionnelle, la compétition est acharnée, surtout au championnat national de Halifax (tous les ans en mars). Le sport a gagné en popularité depuis les années 1990.

Match de basket-ball des Raptors de Toronto contre les L. A. Lakers

LE GOLF

Le Canada accueille tous les ans en septembre 2 grands tournois lors desquels de foules de spectateurs viennent admirer les plus grands joueurs du monde. Le plus important est le Canadian Open, disputé en général sur le parcours de Glen Abbey à Toronto, conçu par Jack Nicklaus. Le Greater Vancouver Open est une étape habituelle de la tournée de la Professional Golfers' Association, mais les concurrents n'ont pas le niveau de ceux de l'Open.

Le golf est un sport extrêmement populaire avec plus de 1 700 parcours magnifiques à travers le pays, de Banff Springs à l'ouest aux nombreux terrains vallonnés de l'île du Prince-Édouard à l'est.

LES SPORTS D'HIVER

Célèbre pour sa neige abondante et ses hivers froids et ensoleillés, le Canada est un pays idéal pour les amateurs de sports d'hiver. Moins bondées que leurs homologues européennes, les stations de ski canadiennes occupent des sites qui comptent parmi les plus

spectaculaires du monde. Il existe un large choix de stations aux quatre coins du pays, de Whistler dans les Rocheuses à Mont-Sainte-Anne au Québec. Outre le ski de piste et de randonnée, on peut s'essayer au surf des neiges, à la motoneige, au traîneau à chiens et même à l'héli-ski *(p. 387)*.

Surfeur des neiges dévalant une pente dans la poudreuse

LE CANADA AU JOUR LE JOUR

La durée des saisons est très variable d'un bout à l'autre du Canada, mais on peut dire sans trop s'avancer que les hivers y sont froids et commencent en novembre pour s'achever en mars, tandis que printemps et automne sont plutôt doux. La Colombie-Britannique est la région la plus tempérée, avec une température moyenne de 5 °C en janvier. Juillet et août étant en général

Pow-wow à Calgary

des mois chauds et ensoleillés jusque dans le Grand Nord, la plupart des festivals de plein air ont lieu à cette époque. Mais l'hiver est aussi marqué par un grand nombre de manifestations : courses de traîneaux, motoneiges, ou compétition de patinage. Le passé et la culture des divers groupes ethniques du Canada font également l'objet d'une foule d'événements.

PRINTEMPS

C'est en mars et avril que le temps est le plus variable, neige, pluie et soleil pouvant alterner dans une même journée. Au nord, on salue la fin de l'hiver, tandis qu'au sud, le printemps marque le début d'une série de festivals.

Traîneau à chiens au Caribou Carnaval de Yellowknife

MARS

Caribou Carnival *(fin mars)*, Yellowknife. Célébration de l'arrivée du printemps avec courses de traîneaux, motoneiges, et spécialités culinaires locales.

AVRIL

Toonik Tyme *(mi-avril)*, Iqaluit. Construction d'igloos, jeux traditionnels et banquets pendant une semaine.

Okanagan Spring Wine and Food Festival *(dernier week-end d'avr.)*, Okanagan Valley. Dégustation de vins, pique-nique dans les vignes et tournée des vergers en carriole *(p. 315)*.
Shaw Festival *(d'avr. à oct.)*, Niagara-on-the-Lake. Festival de théâtre avec des pièces de George Bernard Shaw et ses contemporains *(p. 206)*.

ÉTÉ

La hausse des températures s'accompagne d'une explosion de festivals, carnavals et manifestations culturelles de mai à août.

MAI

Canadian Tulipfest *(mi-mai)*, Ottawa. Déploiement coloré de millions de tulipes, entre autres événements variés.
Stratford Festival *(de mai à nov.)*, Stratford. Festival de théâtre célèbre dans le monde

entier avec des pièces de l'époque élisabéthaine à nos jours *(p. 209)*.
Omingmak Frolics *(mai)*, Cambridge Bay, Nunavut. Banquets, danses et jeux.
Dreamspeakers *(fin mai)*, Edmonton. Festival international d'art et de cinéma des Premières Nations.
Shorebirds and Friends Festival *(fin mai)*, Wadena, Saskatchewan. Excursions guidées pour observer la faune.
Vancouver International Children's Festival *(dernier week-end de mai)*, Vancouver. Théâtre, cirque et musique pour les enfants à partir de 3 ans.

JUIN

Grand Prix du Canada *(début juin)*, Montréal. L'une des deux étapes du championnat de Formule 1 en Amérique du Nord, sur le circuit Gilles Villeneuve.
Midnight Madness *(mi-juin)*, Inuvik. Célébration du solstice d'été.

Tapis coloré de tulipes à la Canadian Tulipfest d'Ottawa

Capture d'un jeune bœuf lors du Half Million Dollar Rodeo, au célèbre Stampede de Calgary

Mosaic – Festival of Cultures
(1er week-end), Regina.
Manifestations culturelles du
monde entier.

Banff Festival of the Arts
(de mi-juin à mi-août), Banff.
Deux mois d'opéra, musique,
théâtre et danse.

Jazz Fest International
(fin juin-juil.), Victoria.
Concerts de jazz et blues dans
toute la ville.

**Festival international de
Lanaudière** *(fin juin-juil.)*,
Joliette. Festival majeur de
musique classique.

**Festival international de jazz
de Montréal** *(fin juin-juil.)*,
Montréal. Célèbre festival de
jazz avec nombreux concerts
gratuits en plein air.

**Nova Scotia International
Tatoo** *(fin juin-juil.)*, Halifax.
Plus de 2 000 participants pour
l'un des spectacles les plus
importants au monde en salle.

Juillet

Folk on the Rocks
(2e week-end), Yellowknife.
Tambours, danses et chants
de gorge inuits.

**Calgary Exhibition and
Stampede** *(mi-juil.)*,
Calgary. Pendant 10 jours,
célébration du Far West avec
défilés et un important rodéo
(p. 292).

Molson Indy *(mi-juil.)*,
Toronto. Course d'Indy Car à
Exhibition Place.

**Antigonish Highland
Games** *(mi-juil.)*,
Antigonish. Jeux des
Highlands écossais en
Amérique du Nord, avec
cornemuse et danses.

Festival d'été de Québec
(2e semaine), Québec. Dix
jours de musique et de danse.

Festival Juste pour rire
(du 14 au 25 juil.), Montréal.
Festival d'humour de 12 jours
avec plus de 600 comédiens
du monde entier.

Omnium du Maurier
(juil.-août), Montréal.
Tournoi de tennis de portée
internationale.

**Une ford au Molson Indy
de Toronto**

Août

Royal St. John's Regatta
(4 août), St. John's. Plus
ancienne manifestation
sportive d'Amérique du Nord.
Courses d'avirons et carnaval.

Wikwemikong Pow-wow
(1er week-end), île Manitoulin.
Festival des Indiens ojibwés
avec concours de danses et de
percussions *(p. 222)*.

Discovery Days Festival
(mi-août), Dawson City.
Plongée à l'époque de la ruée
vers l'or avec défilés en
costume d'époque et courses
de canoë.

First People's Festival
(mi-août), Victoria. Trois jours
d'expositions, danses et
potlachs (rassemblements
amérindiens).

Folklorama *(mi-août)*,
Winnipeg. Festival
multiculturel de cuisine,
spectacles et arts.

**Victoria Park Arts and Crafts
Fair** *(mi-août)*, Moncton. Plus
grande vente en plein air des
provinces maritimes : objets
d'art, antiquités, artisanat.

Festival acadien de Caraquet
(du 5 au 15 août), Caraquet.
Célébration de la culture
acadienne.

**Halifax International Busker
Festival** *(2e semaine)*, Halifax.
Artistes de rue des quatre coins
du monde.

Festival de montgolfières
(août), Saint-Jean-sur-
Richelieu. Le plus grand
rassemblement du Canada.

**Canadian National
Exhibition** *(août-sept.)*,
Toronto. Foire annuelle avec
meeting aérien, concerts et
un casino.

Les meilleurs cavaliers au monde participent aux Masters de Calgary

AUTOMNE

Cette saison au temps frais mais souvent ensoleillé est illuminée par les couleurs flamboyantes des feuillages, particulièrement impressionnantes dans les forêts du Québec et d'Ontario. Dans ces provinces, bien qu'encore propice aux activités de plein air, elle sonne la fin des beaux jours.

SEPTEMBRE

Masters *(1re semaine)*, Calgary. Manifestation équestre de niveau international.
Molson Indy *(début sept.)*, Vancouver. Deuxième compétition de Formule Indy de l'année se déroulant en plein centre de Vancouver.
Toronto International Film Festival *(sept.)*, Toronto. Festival fréquenté par de célèbres vedettes et réalisateurs.

Flambée des couleurs *(de mi-sept. à oct.)*, Cantons de l'Est. Fêtes autour du thème du feuillage automnal éclatant.
Niagara Grape and Wine Festival *(dernière semaine)*, Niagara Falls. Visites des vignobles, dégustation de vins et concerts.

OCTOBRE

Okanagan Wine Festival *(début oct.)*, Okanagan Valley. Visites et dégustations dans toute la vallée *(p. 315)*.
Oktoberfest *(mi-oct.)*, Kitchener-Waterloo. Le plus grand festival bavarois hors d'Allemagne *(p. 216)*.

Costumes et musique bavarois traditionnels à l'Oktoberfest

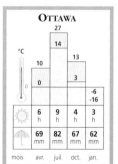

VANCOUVER

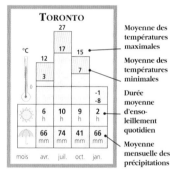

TORONTO

Moyenne des températures maximales
Moyenne des températures minimales
Durée moyenne d'enso-leillement quotidien
Moyenne mensuelle des précipitations

Climat

Si partout, l'hiver est long et froid, le Canada présente une grande variété de climats. La population est concentrée le long de la frontière avec les États-Unis. Le sud de l'Ontario et la côte sud et centrale de la Colombie-Britannique sont les régions les plus chaudes. Le centre et le nord du pays connaissent les hivers les plus durs.

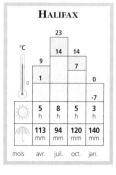

Celtic Colours *(mi-oct.)*, île du Cap-Breton. Festival international de musique celtique.

HIVER

Hormis sur la côte pacifique, l'hiver est long, froid et très enneigé. Les animations tournent autour des sports d'hiver, les meilleures pistes de ski du monde étant celles de stations comme Whistler en Colombie-Britannique. Les vacances de Noël sont l'occasion de se divertir pendant les journées sombres.

NOVEMBRE

Royal Agricultural Winter Fair *(de début à mi-nov.)*, Toronto. La plus grande foire agricole d'intérieur du monde, avec le Royal Horse Show et le Winter Garden Show.
Canadian Finals Rodeo *(mi-nov.)*, Edmonton. Désignation des champions de rodéo du Canada.
Winter Festival of lights *(de mi-nov.à mi-janv.)*, Niagara Falls. Jeux d'éclairage spectaculaires et concerts.

DÉCEMBRE

Canadian Open Sled Dog Race *(déc.)*, Fort St. John et Fort Nelson. Sports d'hiver et courses de traîneaux, ambiance familiale.

JOURS FÉRIÉS

Nouvel an (1er jan.)
Vendredi saint
Dimanche de Pâques
Lundi de Pâques. Férié seulement pour les administrations et les écoles.
Fête de Dollard (lundi précédant le 25 mai)
Fête du Canada (1er juil.)
Fête du Travail (1er lundi de sept.)
Action de grâces (2e lundi d'oct.)
Jour du souvenir (11 nov.)
Noël (25 et 26 déc.)

Décorations lumineuses pour Noël

Christmas Carolships Parade *(mi-déc.)*, Vancouver. Des bateaux décorés de lampions de Noël croisent dans les eaux de Vancouver.

JANVIER

Ice Magic *(mi-janv.)*, Lac Louise. Concours international de sculpture sur glace.
Techni-Cal Challenge – Dog Sled Race *(mi-janv.)*, Minden. Plus de 80 équipes pour cette course internationale de traîneaux à chiens.
Rossland Winter Carnival *(dernier week-end)*, Rossland. Concours de surf des neiges, retraite aux flambeaux, musique et danse.
Carnaval d'hiver de Québec *(jan.-fév.)*, Québec. La célèbre

course de canoë sur le Saint-Laurent n'est une des nombreuses attractions de cette grande fête.
Jasper in January *(deux dernières semaines)*, Jasper. Compétitions de ski et salon de l'alimentation
Banff/Lake Louise Winter Festival *(dernière semaine)*, Banff, Lake Louise. Nombreuses attractions, fêtes du patin à glace et bals populaires.

FÉVRIER

Yukon Quest International Sled Dog Race *(fév.)*, Whitehorse. Célèbre course de 1 600 kilomères de Fairbanks en Alaska à Whitehorse.
Yukon Sourdough Rendez-Vous *(fév.)*, Whitehorse. Concours du « trappeur fou » et nombreuses manifestations pour les enfants.
Frostbite Music Festival *(3e week-end)*, Whitehorse. Tout un choix de musiques, du jazz au rock.
Calgary Winter Festival *(2e sem.)*, Calgary. Nombreuses distractions familiales, musique et banquets.
Festival du voyageur *(mi-fév.)*, Winnipeg. Célébration de l'histoire du commerce des fourrures avec une grande fête de rue.
Winterlude *(tous les week-ends)*, Ottawa. Nombreuses activités, notamment patinage sur le canal Rideau.

Deux aigles sculptés dans la glace lors de Winterlude à Ottawa, en février

HISTOIRE DU CANADA

L e Canada est réputé pour ses immensités sauvages et superbes. Les premiers colons européens s'adaptèrent à des conditions souvent rudes grâce à l'aide des Amérindiens et jetèrent les bases d'une nation prospère. Le pays, qui a accueilli des immigrants du monde entier, est considéré comme l'un des plus tolérants de la planète.

Bien avant que les Vikings traversent l'Atlantique en 985 ou 986 apr. J.-C., l'actuel territoire du Canada était habité par diverses civilisations. Des tribus de chasseurs étaient passées à pied d'Asie en Amérique du Nord à une époque où elles faisaient partie d'un même continent : la Laurasie

Mât totémique des Haidas, Amérindiens de la côte (détail)

Ces premiers occupants, désignés aujourd'hui par le terme de Premières Nations, s'adaptèrent au fil des siècles à un environnement difficile, ce dont témoignent leur culture et les techniques qu'ils mirent au point pour survivre.

LES PREMIERS HABITANTS

Deux groupes principaux de chasseurs-cueilleurs parcouraient le nord du pays, du Yukon au Labrador : les Algonquins et les Athapascans. Ces nomades répartis en petites communautés inventèrent le canoë en écorce de bouleau et les raquettes, qui leur permettaient de sillonner les vastes étendues enneigées. La nourriture et l'habillement étaient assurés par la pêche et la chasse, activités à l'origine du commerce lucratif de la fourrure et du poisson.

Plus au nord, les Inuit, arrivés vers 2500 av. J.-C., survivaient dans une région aux hivers obscurs et glacés et aux étés brefs, tandis qu'au sud, les Iroquois, installés dans des villages forestiers, habitaient des « maisons longues » et vivaient de la culture du maïs. Dans les plaines de l'Ouest, les tribus tiraient leur subsistance du bison, et sur la côte pacifique, de la pêche et du commerce. La culture des peuples de la côte était remarquablement évoluée, comme l'attestent notamment leurs imposants mâts totémiques.

Malgré leurs modes de vie hétérogènes, les Premières Nations avaient en commun de se considérer comme une composante de la nature, et non comme son maître. Selon eux, les animaux chassés avaient une âme et il arrivait malheur à quiconque offensait celle-ci en tuant sans raison.

La générosité des Amérindiens envers les Européens précipita sans doute leur perte. Comme le souligne l'historien canadien Desmond Morton : « Si les Indiens n'avaient pas partagé avec les Européens leurs techniques de survie, leurs territoires et leurs ressources, les premiers explorateurs et colons auraient été bien plus nombreux à mourir et auraient même sans doute abandonné leur quête, comme l'avaient fait les Vikings cinq siècles plus tôt. »

CHRONOLOGIE

Drakkar, vers 980 apr. J.-C.

9000 av. J.-C. Les Amérindiens ont progressé vers le sud jusqu'à la rivière Eramosa près de l'actuelle Guelph, en Ontario			**985-986 apr. J.-C.** Le Norvégien Bjarni Herjolfsson, se rendant au Groenland, aperçoit les côtes du Labrador		**1497** Premier voyage de Jean Cabot en Amérique du Nord

20000 av. J.-C.	10000 av. J.-C.	1 apr. J.-C.	500	900	1000	1500

10000 av. J.-C. Des chasseurs nomades arrivent en Amérique du Nord par un pont terrestre qui le relie à l'Asie	**992** Lief Ericksson « le Chanceux » fonde le Vinland quelque part au sud de la baie d'Hudson	**Vers 1004** Thorfinn Karlsefni fonde une colonie au Labrador pour commercer avec les Indiens, mais elle est abandonnée 2 ans plus tard à cause de leur hostilité

◁ *Mah-Min (La Plume)*, peinture d'un chef assiniboine par Paul Kane, vers 1856

LES PREMIERS EUROPÉENS

Les sagas scandinaves d'Europe du Nord rapportent qu'en 986 apr. J.-C., des Vikings islandais débarquèrent au Labrador où ils tentèrent vainement à plusieurs reprises de fonder une colonie. Parti du Groenland à la fin du Xᵉ siècle, Lief Ericksson « le Chanceux » découvre à l'ouest une terre qu'il baptise Vinland à cause des vignes sauvages qui y poussent en abondance. Vers 1004 apr. J.-C., Thorfinn Karlsefni et ses compagnons passent l'hiver au Vinland, mais convaincus de l'impossibilité de s'y établir à cause de leur faible nombre et de l'hostilité des *skraelings* (Inuit), ils rentrent au Groenland dès le printemps. De remarquables vestiges de ce premier établissement viking ont été découverts à Terre-Neuve en 1963 *(p. 67)*.

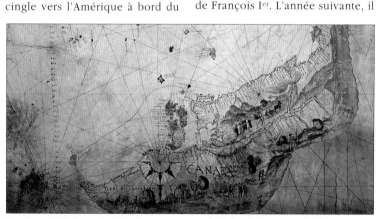

Jean Cabot, navigateur
et explorateur italien

L'ARRIVÉE DES ANGLAIS

En 1497, le navigateur italien Jean Cabot (Giovanni Caboto, 1450-1498) cingle vers l'Amérique à bord du *Matthew* pour le compte du roi d'Angleterre Henry VII. Le 24 juin, il débarque avec quelques hommes en un lieu abrité sur l'île du Cap-Breton dont il prend possession au nom du roi. Il dresse la carte d'une partie de la côte est avant de rentrer en Angleterre où il est accueilli en héros.

En mai 1498, Jean Cabot reprend la mer avec 5 navires et 300 hommes, espérant découvrir le passage du Nord-Ouest vers la Chine. En raison des intempéries, il y renonce et met le cap au sud, vers la Nouvelle-Écosse. Il se retrouve au milieu des icebergs, sa flotte sombre au large du Groenland, et les Anglais se désintéressent de ces nouvelles terres.

L'ARRIVÉE DES FRANÇAIS

Jacques Cartier (1491-1557) fait son premier voyage au Canada en 1534. Le navigateur malouin passe par le détroit de Belle-Isle et prend possession des côtes de Gaspésie au nom de François Iᵉʳ. L'année suivante, il

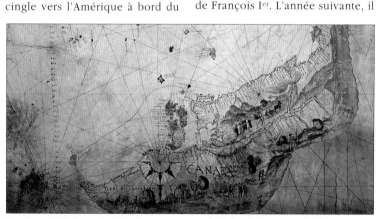

Carte du voyage de Jacques Cartier et de ses successeurs par Pierre Desceliers, vers 1534-1541

CHRONOLOGIE

1541 À l'embouchure de la rivière Cap rouge, Cartier fonde Charlesbourg-Royal, premier établissement français d'Amérique, abandonné en 1543

Vers 1570 Naissance de Samuel de Champlain, « père de la Nouvelle-France »

1605 Champlain et du Gua de Monts fondent Port-Royal, actuelle Annapolis, en Nouvelle-Écosse

1525	1550	1575	1600

1535 Cartier remonte le Saint-Laurent jusqu'à Stadaconé (Québec) et Hochelaga (Montréal)

Jacques Cartier

1608 Champlain fonde Québec, premier établissement européen permanent au Canada

1610 Henry Hudson explore la baie d'Hudson

découvre l'estuaire d'un fleuve, qu'il baptise Saint-Laurent en l'honneur du saint fêté ce jour-là, et qu'il remonte jusqu'au site de l'actuelle Québec. Poursuivant en chaloupe, il atteint le village amérindien de Hochelaga, où Montréal verra le jour. Les hivers sont rudes et les Indiens commencent à se montrer hostiles. La tentative de colonisation mise en œuvre par Cartier et Roberval en 1541 échoue. Leur recherche d'or et d'argent s'avérant en outre infructueuse, le peuplement du Canada ne s'amorcera qu'au siècle suivant.

Samuel de Champlain, combattant les Iroquois

LE PÈRE DE LA NOUVELLE-FRANCE
Samuel de Champlain (vers 1570-1635), marin et soldat visionnaire, fait son premier voyage au Canada en 1603. Laissant son bateau à Tadoussac, il remonte le Saint-Laurent en canoë jusqu'aux rapides de Lachine. Il repart en 1604 avec Pierre du Gua de Monts, lieutenant général pour la Nouvelle-France. Après un échec à l'île Sainte-Croix, ils tentent d'implanter une colonie à Port-Royal en 1605. En 1608, Champlain fonde Québec, où il construit l'« Habitation » – des logis et des magasins entourés d'une palissade.

Poussé par un impératif économique – le commerce des fourrures –, il conclut des alliances avec les Algonquins et les Hurons contre leurs ennemis, les Iroquois, se rend au pays huron, qui est aujourd'hui le centre de l'Ontario, et reconnaît les Grands Lacs.

Champlain et ses compagnons ont non seulement créé des établissements durables dans la vallée du Saint-Laurent, mais exploré la moitié du continent. Ils ont édifié la Nouvelle-France qui, à son apogée, s'étendait de la baie d'Hudson jusqu'à la Nouvelle-Orléans, en Louisiane, au sud, et de Terre-Neuve aux Rocheuses, à l'ouest.

Champlain, qui en a assumé la direction – en 1619, il reçoit le titre de « lieutenant du Roi en Canada » – a ainsi ouvert la voie de la colonisation.

Le dernier voyage d'Hudson

LA BAIE D'HUDSON

Le navigateur anglais Henry Hudson débarque en 1610 dans la baie qui porte toujours son nom. Porte de nombreuses voies navigables et routes commerciales vitales, elle assure le succès du lucratif commerce des fourrures. Fondée à Londres en 1670, la Compagnie de la baie d'Hudson obtient le monopole du commerce des fourrures sur les terres riveraines. Ses seuls concurrents sont alors les marchands qui ont créé la Compagnie du Nord-Ouest à Montréal vers 1780. Les deux compagnies fusionnent en 1821.

1642 Fondation de Montréal par Paul de Chomedey de Maisonneuve

1649 Les Iroquois dispersent la nation huronne et le jésuite Jean de Brébeuf est martyrisé lors de leurs incursions en pays huron

Gravure d'un Iroquois

1702-1713 Guerre entre colons britanniques et français suite à la succession au trône d'Espagne

1625	1650	1675	1700

1629 L'aventurier britannique David Kirke s'empare de Québec ; la ville est restituée à la France en 1632

Peau de raton laveur

1670 Charles II d'Angleterre approuve la charte de la Compagnie de la baie d'Hudson

1679 La population de la Nouvelle-France s'élève à 9 400 personnes

Les hostilités franco-britanniques

Pendant tout le XVIIIe siècle, les hostilités franco-britanniques en Europe ont eu des répercussions au Nouveau Monde. En 1713, la Nouvelle-Écosse, Terre-Neuve et la région de la baie d'Hudson passent sous domination britannique, et en 1763, à l'issue de la guerre de Sept Ans, tout le Canada français. Exacerbées par la religion – les Canadiens français, en majorité catholiques, ont conservé la libre pratique de leur culte –, les tensions entre les deux peuples aboutissent en 1791 à la partition du pays en Bas-Canada (Québec), à majorité francophone, et Haut-Canada (Ontario), à majorité anglophone.

Profitant du conflit entre les Britanniques et Napoléon en Europe, les Américains tentent d'envahir le Canada en 1812. Ils sont battus en 1814, mais la menace d'une nouvelle invasion planera au long du XIXe siècle.

L'exode des Acadiens
En 1755, les Britanniques s'emparent des terres des Acadiens qu'ils déportent (p. 58-59).

Les plaines d'Abraham, à Québec, ont été le théâtre de la victoire des Britanniques sur les Français.

Le général Isaac Brock
Pendant la guerre de 1812, les exploits de Brock dans la région des Grands Lacs redonnèrent espoir au peuple canadien.

LA GUERRE DE SEPT ANS

La fameuse bataille des plaines d'Abraham en 1759 fut la dernière à se dérouler au Canada entre Français et Britanniques. Louis Joseph de Montcalm, le commandant français, lança l'offensive contre les troupes de Wolfe qui assiégeaient la ville depuis presque 3 mois. En infériorité numérique, les Français furent battus. Les deux généraux périrent et Québec tomba aux mains des Britanniques. La guerre s'acheva finalement en 1763 par le traité de Paris qui cédait aux Britanniques presque toute l'Amérique française.

Les loyalistes de l'Empire-Uni
La reddition du général britannique Cornwallis en 1781 mit un terme définitif à la guerre de l'Indépendance américaine (1775-1783). De nombreux loyalistes – Britanniques restés fidèles à la Couronne – s'enfuirent des États-Unis nouvellement créés pour se réfugier au Canada.

Louisbourg
Construite entre 1720 et 1740 sur l'île du Cap-Breton, la forteresse de Louisbourg fut une base militaire et navale française jusqu'à sa destruction par les Britanniques en 1758. Restaurée, elle est aujourd'hui une curiosité touristique très visitée (p. 92-93).

Le général James Wolfe
Cet officier britannique, qui mourut aux plaines d'Abraham, s'était emparé de la forteresse de Louisbourg en 1758 avant de remporter la victoire à Québec en 1759.

Les bateaux de l'amiral Saunders, sous les ordres du général Wolfe, arrivèrent sous les remparts de Québec le 26 juin 1759.

L'Acte de Québec
En 1774, il accorda aux Canadiens français la liberté de langue et de religion et la remise en vigueur du code civil français.

CHRONOLOGIE

Sir Alexander Mackenzie

1755 Les Acadiens sont expulsés de Nouvelle-Écosse

1743 Les frères La Vérendrye découvrent les montagnes Rocheuses

1758 La forteresse de Louisbourg tombe aux mains des Britanniques

1793 L'Anglais Alexander Mackenzie, explorateur et marchand de fourrure, atteint l'océan Pacifique par voie de terre

1720	1740	1760	1780	1800

1713 La Nouvelle-Écosse, Terre-Neuve et la baie d'Hudson passent sous domination britannique

1759 Wolfe bat Montcalm à la bataille des plaines d'Abraham

Médaille commémorant la prise de Québec en 1759

1760 Montréal se rend aux Britanniques

1774 Par l'Acte de Québec, les Canadiens français gardent leur langue et leur religion

1812-1814 Guerre anglo-américaine

UN DOMINION BRITANNIQUE

Vingt-cinq ans après la guerre de 1812, un nouveau type de violence éclate au Canada. Les Anglais veulent détenir la majorité des voix et limiter l'influence de l'Église catholique. En 1834, bien que représentant les trois quarts de la population, les Français n'occupent que le quart des postes publics. En 1837, des révoltes éclatent dans le Haut- et le Bas-Canada. Elles sont menées par des réformateurs tant français que britanniques qui réclament une participation concrète aux affaires publiques. La Couronne réagit en 1841 en faisant des deux colonies une même province, le Canada-Uni, doté d'un gouverneur nommé par le roi, d'un Conseil législatif et d'une Assemblée élue par le peuple. Le français n'est plus reconnu comme langue officielle des débats. L'Assemblée accroît progressivement son indépendance : en 1848, le français retrouve sa place à la Chambre et dans les documents officiels, et en 1849, les rebelles de 1838 sont indemnisés. Le Canada-Uni a désormais un « gouvernement responsable » : il peut voter des lois sans l'approbation du représentant de la Couronne.

Malgré leurs succès économiques, les autres colonies britanniques d'Amérique du Nord, autonomes, s'inquiètent des ambitions américaines. Ces craintes sont renforcées par les incursions des Fenians en territoire canadien entre 1866 et 1870. (Les Fenians étaient des Irlandais immigrés à New York qui comptaient exploiter le sentiment antibritannique des Canadiens français pour obtenir l'indépendance de l'Irlande.) Un projet

Les délégués des provinces examinent à Londres les conditions d'une confédération

d'union entre les différentes provinces voit alors le jour. Les débats pour une confédération s'ouvrent en 1864.

Celle-ci naît le 1er juillet 1867. Aux termes de l'Acte de l'Amérique du Nord britannique, les provinces du Québec (est du Canada) et de l'Ontario (ouest du Canada) sont créées et, avec la Nouvelle-Écosse et le Nouveau-Brunswick, elles forment le dominion du Canada. Le nouveau gouvernement repose sur le système parlementaire britannique, avec un gouverneur général (représentant de la Couronne), une Chambre des communes et un Sénat. Les questions d'intérêt national – défense, droit pénal et commerce – relèvent du Parlement, tandis que les questions locales comme l'enseignement sont du ressort des provinces.

LA RÉVOLTE DES MÉTIS

La terre de Rupert – milliers de kilomètres carrés au sud et à l'ouest de la baie d'Hudson – est achetée à la Compagnie de la baie d'Hudson par la Confédération qui y crée la province du Manitoba. Issus pour la

Le chef métis Louis Riel

plupart de mariages entre les négociants français de fourrures et des Indiennes, les Métis redoutent l'arrivée massive de colons anglophones qui s'emparent de leurs territoires. En 1869, ils se soulèvent, avec à leur tête Louis Riel, pour défendre leurs droits sur cette terre. Un compromis est signé en 1870 et le Manitoba rejoint la Confédération. Cependant, de nombreux Métis partent vers l'ouest et le district de Saskatchewan.

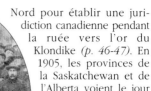

Pose du dernier clou du chemin de fer Canadian Pacific en 1885

Riel est élu en 1873 et 1874 à la Chambre des communes mais, sa tête étant mise à prix, il émigre aux États-Unis. Le gouvernement ayant l'intention de coloniser l'Ouest, les Métis de Saskatchewan le rappellent en 1884 pour prendre la tête de la rébellion du Nord-Ouest, qui sera éphémère. Battu à Batoche en mai, Riel est accusé de trahison et pendu à Regina le 16 novembre 1885.

NAISSANCE D'UNE NATION

La défaite des Métis et la construction d'un chemin de fer transcontinental seront déterminants pour la colonisation de l'Ouest. La Colombie-Britannique, colonie de la Couronne depuis 1858, accepte d'entrer dans le dominion en 1871 à la condition expresse d'être reliée au reste du pays par le rail. En 1886, le premier train circule entre Montréal et Vancouver, et des centaines de milliers de colons partent s'installer dans l'Ouest à la fin du XIXe siècle. L'île du Prince-Édouard, la plus petite province du Canada, adhère au dominion en 1873. En 1898, le territoire du Yukon est créé dans le Nord pour établir une juridiction canadienne pendant la ruée vers l'or du Klondike *(p. 46-47)*. En 1905, les provinces de la Saskatchewan et de l'Alberta voient le jour sur la terre de Rupert, dont le reste devient les Territoires du Nord-Ouest. Chaque province possède un Premier ministre et une assemblée élue. Grâce aux nouveaux immigrants, la population des nouvelles provinces a doublé en 1911.

Dans un premier temps, Terre-Neuve préfère garder son statut de colonie britannique. Ce territoire ne rejoindra la Confédération canadienne qu'en 1949.

LES MÉTIS

Les Métis du centre du Canada étaient les enfants d'Indiennes et de colons français. Ce groupe semi-nomade possédant une structure sociale particulière et un style de vie quasiment tributaire de la chasse au bison ne s'est jamais considéré comme appartenant au dominion. Les Métis répondirent à l'unification du pays par deux rébellions manquées, mais ils n'obtinrent aucun droits territoriaux et furent condamnés à vivre dans la pauvreté ou à s'intégrer malgré eux.

Métis chassant le bison dans la prairie

Sir John MacDonald

1867 Dominion du Canada ; sir John A. MacDonald premier Premier ministre du Canada

1870 Le général Wolseley étouffe la rébellion métis de Red River ; création de la province du Manitoba

Le général Wolseley

1886 Découverte d'or dans la Forty-Mile River

| 1860 | 1870 | 1880 |

1866 Incursion des Fenians en territoire canadien

Insigne du Canadian Pacific

1885 Riel mène la rébellion du Nord-Ouest. Les Métis sont battus à Batoche et Riel est pendu à Regina. Achèvement du chemin de fer transcanadien.

1857 La reine Victoria désigne Ottawa capitale du Canada-Uni

La ruée vers l'or du Klondike

Un homme d'affaires du Klondike *Venu de Nouvelle-Écosse, Alex McDonald rachetait les concessions des mineurs découragés et en embauchait d'autres pour les exploiter à son profit. Il empocha des millions.*

Depuis les années 1830, le bruit courait qu'il y avait de l'or au Yukon, mais ils étaient peu à s'être risqués sur ces terres ingrates et jalousement gardées par les Indiens. Le 16 août 1896, George Washington Carmack et deux amis indiens, Snookum Jim et Tagish Charlie, trouvent une grosse pépite d'or dans une rivière qu'ils nommeront Bonanza Creek : c'est le début de la ruée vers l'or la plus frénétique et la plus fabuleuse de l'histoire du Canada. Dans les 2 ans qui suivent, plus de 100 000 prospecteurs se mettent en route vers les terrains aurifères.

Ils seront 40 000 à les atteindre. La plupart se rendent en bateau jusqu'à Skagway ou Dyea en Alaska, puis traversent à grand-peine la chaîne côtière en empruntant le White ou le Chilkoot Pass pour arriver aux sources du Yukon. De là, ils doivent encore parcourir 500 kilomètres en bateau. Les chercheurs d'or trouveront l'équivalent de 50 millions de dollars canadiens.

Les bateaux à vapeur fonctionnaient avec une seule aube à la poupe.

Skagway, Alaska
Le village de tentes de Skagway était un tremplin pour le Klondike. Les coups de feu y étaient monnaie courante et on y trouvait autant de saloons que d'escrocs. Le plus célèbre d'entre eux, Jefferson Randolph Smith, dit le Mielleux, mourut dans une fusillade en 1898.

Le Yukon prend sa source dans la chaîne côtière, en Colombie-Britannique, et serpente sur plus de 2 500 kilomètres.

Le rôle de la Police montée
Durant la ruée vers l'or, la Police montée fut chargée de maintenir l'ordre. Grâce à elle, les débordements furent étonnamment rares. Une petite troupe de 19 hommes menée par l'inspecteur Charles Constantine fut envoyée au Yukon en 1895 ; en 1898, ils étaient 285 basés à Fort Herchmer, à Dawson.

La fièvre du Klondike
La découverte du filon fut connue du monde entier en juillet 1897, quand des mineurs débarquèrent sur les quais de Seattle et San Francisco de l'or plein les poches.

Vapeurs et autres bateaux transportant des milliers de chercheurs d'or remontaient le Yukon jusqu'à Dawson où ils se bousculaient pour s'amarrer au quai.

Dawson City
L'été 1897, le petit camp de tentes au confluent des fleuves Yukon et Klondike passa à 5 000 habitants. Un an plus tard, il en comptait 40 000 : Dawson City était devenue l'une des plus grandes villes du Canada.

Dans l'air du temps
Même la littérature trouva sa place au Klondike. La ruée vers l'or inspira des romans, comme L'Appel de la forêt *(1903), de Jack London (ci-contre), et des poèmes de Robert Service.*

LA TRAVERSÉE DU YUKON
Tant de bateaux furent emportés par les rapides du Yukon à Miles Canyon que la Police montée exigea la présence d'un guide compétent dans chaque embarcation. Les passeurs les plus habiles pouvaient ainsi gagner jusqu'à 100 dollars canadiens par voyage. Passé le canyon, il y avait encore une zone dangereuse, puis les eaux étaient calmes jusqu'à Dawson City.

CHRONOLOGIE

Couverture du Klondike News, *1898*

1896	1897	1898	1899
1896 George Carmack, Tagish Charlie et Snookum Jim découvrent le filon de Bonanza Creek ; le libéral Wilfrid Laurier est le premier Canadien français Premier ministre du pays		**1898** Le Yukon reçoit le statut de territoire, en partie pour asseoir l'autorité britannique face aux Américains de l'Alaska voisin	
	1897 Avec des mineurs débarqués à San Francisco et Seattle, le bruit de la découverte d'or se répand, déclenchant une frénétique ruée vers l'or		**1899** Découverte d'or à Nome, en Alaska ; Dawson est abandonnée au profit de ce nouveau mirage plus à l'ouest

NOUVEL OPTIMISME, NOUVELLES ARRIVÉES

La ruée vers l'or du Klondike a des répercussions dans tout le Canada, entraînant l'essor de villes comme Vancouver et Edmonton, ainsi que la création du Territoire du Yukon. Une période d'optimisme s'ouvre en 1896 avec l'élection d'un gouvernement libéral dirigé par Wilfrid Laurier, premier Canadien français à occuper seul le poste de Premier ministre. Il est convaincu que le « XXᵉ siècle sera canadien ».

Affiche de 1914 pour la promotion de l'immigration au Canada

Les nouvelles provinces des Prairies attirent beaucoup d'Européens désireux d'y mettre en valeur de vastes parcelles de terres. En 1913, le mouvement atteint un niveau record avec 400 000 arrivées. Le Canada commence enfin à profiter d'une économie mondiale prospère et à se poser en puissance industrielle et agricole.

LE SOUTIEN AUX ALLIÉS

La jeune nation connaît sa première épreuve en 1899 avec la guerre des Boers en Afrique du Sud, la seconde en 1914, quand la Première Guerre mondiale éclate en Europe. Au début, Wilfrid Laurier se montre prudent face à la crise sud-africaine, mais sous la pression de la population anglophone, il envoie 1 000 soldats au Cap en 1899. Finalement, au total, 6 000 hommes participeront au conflit. À la fin de la guerre, en 1902, ils rentrent avec un sens de l'identité nationale qui étonne certains de leurs compatriotes. En effet, au pays, les divisions n'ont pas disparu. L'opposition est vive entre les conservateurs d'Ontario et les hommes politiques québécois francophones. Mais une autre crise se profile à l'horizon.

Rejoignant les Alliés en Flandre, les Canadiens se distinguent pendant la Première Guerre mondiale. Le pilote canadien Billy Bishop est un as de l'aviation alliée et un autre pilote canadien, Roy Brown, aurait abattu le Baron rouge. Les soldats canadiens s'illustrent aux deux grandes batailles d'Ypres (1915) et Vimy (1917). À la conclusion de l'armistice, le 11 novembre 1918, le camp canadien compte 175 000 blessés et 60 000 morts.

L'INDÉPENDANCE

Grâce à son rôle capital durant la Première Guerre mondiale, le Canada est reconnu comme un pays indépendant, représenté à la Société des nations. Cette indépendance est confirmée en 1931 par le statut de Westminster, le Canada ayant comme unique contrainte de ne pas porter atteinte à l'intégrité du Commonwealth.

Les Canadiens à Paardeberg, lors de la guerre des Boers, en 1900

CHRONOLOGIE

1899 Les premiers Canadiens vont combattre en Afrique du Sud

1911 Robert L. Borden et les conservateurs remportent les élections fédérales, battant Wilfrid Laurier, chef du parti libéral, sur la question de la réciprocité

1917 Explosion d'un navire de munitions à Halifax faisant 1 600 morts et 9 000 blessés ; la ville est anéantie sur 5 kilomètres carrés

1918 Percée canadienne dans les tranchées allemandes à Amiens

| 1900 | 1905 | 1910 | 1915 | 1920 |

1903 Le Canada doit reconnaître la frontière de l'Alaska, un tribunal britannique ayant donné raison aux États-Unis

1914 La Grande-Bretagne déclare la guerre à l'Allemagne, entraînant le Canada dans le conflit européen

Frederick Banting

1922 Les Canadiens Charles Best, Frederick Banting et John MacLeod remportent le prix Nobel de médecine

Cependant, la crise économique de 1929 porte un coup sérieux à l'optimisme national. La sécheresse dévaste les fermes de l'Alberta, de la Saskatchewan et du Manitoba.

Le chômage sévit en ville comme en campagne ; un ouvrier sur quatre se retrouve sans emploi, et la vue d'hommes sillonnant le pays dans des wagons de marchandises à la recherche de travail devient monnaie courante.

La soupe populaire pendant la crise de 1929

LA SECONDE GUERRE MONDIALE

La nécessité de ravitailler les armées alliées pendant la Seconde Guerre mondiale fait sortir le Canada de la crise. La marine canadienne joue un rôle décisif dans l'issue de la bataille de l'Atlantique (1940-1943) et des milliers d'aviateurs alliés sont formés au Canada. Les régiments canadiens acquièrent une réputation de courage, notamment à Dieppe en 1942, où beaucoup

Allemands capturés par l'infanterie canadienne le 6 juin 1944

de soldats laisseront la vie. Ils se battent sur tous les fronts, de l'Italie à la Normandie. Lors des violents affrontements qui suivent le débarquement, les deuxième et troisième divisions canadiennes essuieront plus de pertes sur les plages normandes que toutes les autres unités sous commandement britannique. C'est encore les Canadiens qui libéreront la plus grande partie des Pays-Bas.

Le Premier ministre canadien de l'époque, le libéral Mackenzie King (1935-1948), organise un plébiscite pour l'envoi de conscrits à l'étranger, malgré l'opposition du Québec, et entreprend la construction de la route de l'Alaska pour assurer le ravitaillement des troupes *(p. 260-261)* ; il dirige un énorme effort de guerre.

UNE VOIX INTERNATIONALE

En septembre 1945, le Canada sort de la guerre avec la troisième flotte du monde, la quatrième armée de l'air et une armée de 730 000 hommes. Malgré le prix élevé payé pendant le conflit – 43 000 soldats tombés au champ d'honneur et une dette nationale quadruplée –, la nation se trouve dans une position de force. En effet, la majeure partie des emprunts a servi à créer des industries durables, entraînant le doublement du produit national brut et l'essor économique d'après-guerre.

1926 La motion Balfour proclame que la Grande-Bretagne et ses dominions ont un statut égal	 Logo d'Air Canada	1937 Premiers vols de Trans-Canada Air Lines (Air Canada)	1942 Près de 22 000 Canadiens d'origine japonaise sont dépouillés de leurs biens et internés	1944 Le premier jour du débarquement en Normandie, les troupes canadiennes effectuent la percée la plus importante
1925	**1930**	**1935**	**1940**	**1945**
1929 Début de la Grande Dépression	1931 Le statut de Westminster accorde au Canada l'indépendance totale sur le plan législatif	1941 Hong Kong tombe aux mains des Japonais ; les Canadiens sont faits prisonniers		1945 Fin de la Seconde Guerre mondiale ; entrée du Canada à l'ONU

Cargo céréalier canadien dans la Voie maritime du Saint-Laurent en 1959, peu après son inauguration

Depuis la Seconde Guerre mondiale, l'économie canadienne n'a cessé de se développer. Grâce à cette croissance et aux mesures sociales du gouvernement comme la retraite, l'assurance-chômage et l'assurance-maladie, les Canadiens jouissent d'un des plus hauts niveaux de vie du monde et d'une qualité de vie qui attire des immigrants du monde entier. Depuis 1945, ils proviennent pour la plupart du sud de l'Europe, d'Asie, d'Amérique du Sud et des Caraïbes.

Le Canada s'est affirmé sur la scène internationale. Membre de l'ONU depuis sa création en 1945, c'est le seul pays à avoir participé à presque toutes les grandes opérations pour le maintien de la paix. Rien d'étonnant dans ce contexte à ce que Lester B. Pearson, alors ministre canadien des Affaires étrangères, ait reçu le prix Nobel de la paix en 1957 pour son rôle dans le dénouement de la crise de

Suez. Le Canada est aussi un membre respecté du Commonwealth, des pays de la Francophonie, du G8, de l'Organisation des États américains (OEA) et de l'OTAN.

LE CONTENTIEUX
FRANCO-BRITANNIQUE

En dépit de toutes ces réussites, le Canada a dû faire face depuis ces 25 dernières années a des problèmes fondamentaux d'identité nationale et d'unité. Le cœur du débat demeure la vieille rivalité entre les communautés anglophones et francophones. Les acteurs les plus célèbres des événements de la fin du XXe siècle ont été le Premier ministre du Canada, Pierre Elliott Trudeau (1968-1984), et le Premier ministre du Québec, René Lévesque (1968-1987).

Élu Premier ministre du Québec en 1960, Jean Lesage inaugure la « Révolution tranquille », une époque riche en réformes, comme la nationalisation des sociétés américaines, visant à rendre les Québécois « maîtres chez [eux] ». Cependant, en octobre 1970, la situation dégénère : Le FLQ (front de libération du Québec) enlève le commissaire aux Affaires britanniques James Cross et le ministre québécois du travail Pierre Laporte. Cross est délivré par la

L'ex Premier ministre du Québec René Levesque et l'ex Premier ministre du Canada Pierre Elliott Trudeau

CHRONOLOGIE

1949 Terre-Neuve adhère à la Confédération ; le Canada entre dans l'OTAN	**1959** Le Premier ministre John Diefenbaker met fin au projet AVRO Arrow	*L'avion supersonique AVRO Arrow Delta*	**1967** Montréal accueille Expo '67 et le Canada célèbre son centenaire

1950		**1955**		**1960**		**1965**		**1970**

| **1950** Intervention en Corée sous le drapeau de l'ONU | *Lester Pearson* **1957** Lester Pearson remporte le prix Nobel de la paix pour son rôle dans la crise de Suez | **1965** Adoption de l'« unifolié » comme drapeau officiel du Canada | **1972** Première victoire des Canadiens contre les Soviétiques en hockey, déclenchant des manifestations de joie dans tout le pays |

Manifestation de 1990 à Montréal pour l'indépendance du Québec

police, mais Laporte est retrouvé mort. Invoquant la loi des « mesures de guerre », Trudeau envoie des troupes à Montréal et interdit le FLQ. Son action se solde par près de 500 arrestations.

En 1976, le parti Québécois de René Lévesque obtient la majorité des voix. En 1980, ce dernier organise un référendum sur la « souveraineté-association » : le Québec deviendrait un État à part entière entretenant des liens privilégiés avec le Canada. Le non l'emporte de peu, et la question du « souverainisme » (séparatisme) continue à dominer la politique du pays. De son côté, Trudeau a consacré sa vie politique au fédéralisme. Il a combattu le séparatisme et voulu donner au Canada sa propre Constitution, indépendante de Londres, en 1982. Le Québec a jusqu'à présent refusé d'y adhérer.

VERS LE CONSERVATISME

En 1984, Brian Mulroney, à la tête du parti progressiste-conservateur, remporte les élections générales avec la plus forte majorité de l'histoire du Canada. Tournant le dos à la politique de Trudeau, il resserre les liens avec l'Europe et, surtout, avec les États-Unis. Les années suivantes, il s'emploie à réformer le système consti-

tutionnel. D'une part, en 1987, il conclut les accords du lac Meech avec les 10 Premiers ministres des provinces canadiennes, qui accordent au Québec un statut particulier. Mais, devant être ratifiés avant 1990, ils sont rejetés par le Manitoba et Terre-Neuve qui ont entre-temps changé de gouvernement. D'autre part, les campagnes menées par les Inuit pour une meilleure représentation au Parlement aboutissent en 1991 à l'accord de Charlottetown, qui révèle au grand jour le problème de l'autonomie des Premières Nations. Soumis à un référendum national, il est rejeté en 1992. Beaucoup de réformes sont cependant en marche aujourd'hui. Le patrimoine français du Québec est officiellement reconnu et les Inuit gèrent leur propre territoire, le Nunavut.

L'INDÉPENDANCE DU NUNAVUT

Le 1er avril 1999, un tout nouveau territoire a été créé au Canada : le Nunavut (« Notre terre »). La campagne pour un État inuit commença dans les années 1960. Le Premier ministre du

Cérémonie de signature à Iqaluit le 1er avril 1999

Nunavut, Paul Okalik, âgé de 34 ans, est le chef du tout premier gouvernement majoritaire d'une population comptant 85 % d'Inuit. L'inuktitut succède à l'anglais comme langue officielle et des activités comme la pêche et la chasse traditionnelles ont été relancées. Jusqu'en 2012, le gouvernement fédéral investira plus d'un milliard de dollars canadiens dans les services publics du Nunavut.

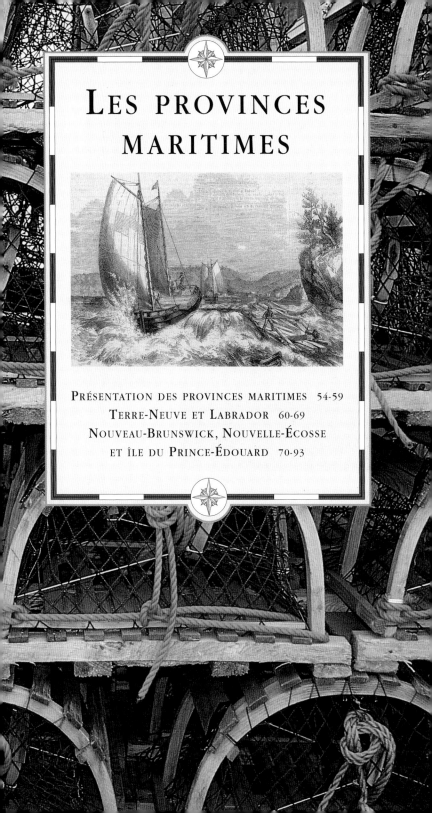

LES PROVINCES MARITIMES

Présentation des provinces maritimes

Côtes rocheuses, pittoresques villages de pêcheurs, plages ensoleillées, auberges confortables et population accueillante ont forgé la réputation des provinces maritimes. Chacune a sa personnalité : le nord-est du Nouveau-Brunswick est marqué par la culture acadienne, tandis que la côte sud est renommée pour la magnifique baie de Fundy, sculptée par les marées. Outre des sites connus dans le monde entier comme la forteresse de Louisbourg, du XVIIIᵉ siècle, et les fantastiques paysages que traverse la Cabot Trail, la Nouvelle-Écosse compte de nombreuses villes historiques. L'île du Prince-Édouard est célèbre pour ses terres couleur émeraude, ses plages de sable et l'abondance des homards. À Terre-Neuve, les montagnes du parc national du Gros-Morne dominent de leurs 806 mètres des fjords bleus étincelants. Quant au Labrador, il présente un paysage côtier grandiose, avec souvent des icebergs scintillants.

MER DU LABRADOR

● NAIN

LABRADOR

Smallwood Reservoir

(500)

● CHURCHILL FALLS

● LABRADOR CITY

CAMPBELL ●

NOU...
BRUNS...

Les fermes acadiennes marquent le paysage du Nouveau-Brunswick depuis quatre siècles

La plage de Two Islands, ou « des Deux Frères », en raison des îlots jumeaux au large, Parrsboro, Nouvelle-Écosse

CIRCULER

Des vols réguliers d'Air Canada, d'Air Nova et de Canadian Airlines couvrent toute la région. La Transcanadienne dessert les quatre provinces mais pas le Labrador, et à Terre-Neuve elle se poursuit entre Channel-Port aux Basques et St. John's. Le nouveau pont de la Confédération relie l'île du Prince-Édouard au cap Tormentine (Nouveau-Brunswick). Pour Terre-Neuve, on peut prendre l'avion ou un bateau ralliant Sydney, en Nouvelle-Écosse, à Port aux Basques ou Argentia. Un ferry relie aussi la Nouvelle-Écosse à Bar Harbor, dans le Maine. Il existe des lignes d'autocar, mais pour les régions reculées, mieux vaut se renseigner.

CARTE DE SITUATION

LÉGENDE

Autoroute

Route principale

Route secondaire

Cours d'eau

VOIR AUSSI

• *Hébergement* p. 344-346

• *Restaurants et cafés* p. 364-366

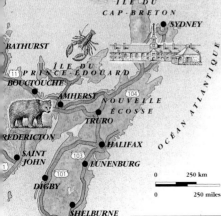

Quidi Vidi, sur la côte atlantique, est l'un des plus vieux villages de Terre-Neuve

La faune des provinces maritimes

Les provinces maritimes – Nouvelle-Écosse, Nouveau-Brunswick et île du Prince-Édouard –, ainsi que Terre-Neuve, la côte nord, les îles de la Madeleine et la péninsule gaspésienne au Québec constituent pour la faune un habitat maritime riche et diversifié. Le climat, de type océanique, subit l'influence du Gulf Stream qui remonte des Caraïbes vers le nord, et des eaux froides qui descendent de l'Arctique, charriant souvent des icebergs. La côte est du Canada, où alternent caps rocheux et plages de sable fin, est peuplée de mammifères tant marins que terrestres et de centaines d'espèces d'oiseaux marins.

Le pluvier siffleur, un petit oiseau en voie de disparition, vit et se reproduit sur la côte atlantique du Canada.

HABITAT LITTORAL

Le littoral décline falaises rocheuses, plages de sable et marais salants. Vers l'intérieur des terres, le paysage se transforme en tourbières, forêts et prairies. Ce type d'habitat séduit de nombreux petits mammifères comme le raton laveur et le castor, et convient à diverses espèces d'oiseaux. Au point de contact entre la terre et la mer, les zones intertidales, fertiles, abritent mollusques, algues et invertébrés.

La loutre de rivière vit en communauté dans les rivières, les lacs et les baies océaniques où elle chasse le poisson.

Le macareux moine perche sur les falaises. Curieux et amical, il se caractérise par son bec de couleur vive.

Le raton laveur, avec son masque noir, s'attaque aux poissons, aux écrevisses, ainsi qu'aux oiseaux et à leurs œufs.

Le castor se rencontre dans les bois marécageux près de la côte. Il ronge les arbres pour construire des barrages, se loger et se nourrir.

HABITAT OCÉANIQUE

Abritant une faune abondante, les mers qui bordent les provinces maritimes subissent l'influence du courant froid du Labrador qui descend du nord, du Gulf Stream qui remonte du sud, et de la grande coulée d'eau douce de l'embouchure du Saint-Laurent. La baie de Fundy, riche en nutriments, connaît les plus grandes marées du monde. Au large de Terre-Neuve, le Grand-Banc était autrefois un terrain de pêche particulièrement réputé.

Le rorqual bleu, qui mesure jusqu'à 30 mètres de long, est le plus grand mammifère du monde. L'observation des baleines est devenue une activité touristique florissante, notamment au large de la côte est.

Le homard, *fort apprécié dans la région, s'attrape dans des casiers placés près du littoral. Des règlements stricts sont appliqués pour empêcher la disparition de l'espèce.*

Le saumon de l'Atlantique, *contrairement à ses cousins du Pacifique, retourne frayer dans son cours d'eau d'origine plusieurs fois au cours de sa vie. Il fait l'objet d'une pêche sportive* (p. 21).

Les dauphins à gros nez, *caractérisés par leur long nez et leur « sourire », vivent au large de la côte est, au Nouveau-Brunswick et en Nouvelle-Écosse.*

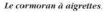

OISEAUX MARINS DE LA CÔTE ATLANTIQUE

Avec ses caps et ses falaises rocheuses, la côte est du Canada est un domaine idéal pour les oiseaux marins. Les eaux côtières et les zones intertidales constituent une abondante réserve alimentaire pour le cormoran ou le pétrel. Certaines espèces sont menacées par les changements écologiques, mais les populations de macareux et de petits pingouins continuent à prospérer.

Le cormoran à aigrettes, *appelé parfois « corbeau marin », capture le poisson en plongée, allant parfois jusqu'à 10 mètres de profondeur.*

L'océanite cul-blanc *appartient à la famille des hydrobatidés. Son odorat développé lui permet de naviguer en haute mer.*

Les Acadiens

Peu d'histoires de la colonisation du Nouveau Monde évoquent autant de tragédies et de réussites que celle des Acadiens. Au XVIIe siècle, 500 colons français s'installent dans la fertile vallée d'Annapolis, en Nouvelle-Écosse, qu'ils baptisent Acadie. En 1750, leur nombre a atteint 14 000 et leur culture est devenue dominante. En 1755, jugeant cette enclave trop menaçante pour leur province, les Britanniques les expulsent, notamment vers les États-Unis. La paix est signée entre l'Angleterre et la France en 1763 et les Acadiens reviennent peu à peu. Leur culture francophone est toujours florissante dans les villages côtiers.

Les Acadiennes présentent des lainages locaux et des toiles de lin durant les festivals d'été.

Fondée par les Français au Nouveau-Brunswick *en 1604 sur l'île Sainte-Croix, la première colonie acadienne possède un plan aéré et ordonné typique.*

L'AGRICULTURE ACADIENNE

Agriculteurs durs à la tâche, les Acadiens défrichèrent la vallée d'Annapolis, construisirent des villages et créèrent un vaste réseau de digues pour gagner des terres sur les marais. Les récoltes de l'été étaient soigneusement entreposées pour l'hiver, les pommes de terre et les légumes stockés dans les celliers, ainsi que le foin pour nourrir le bétail et les chèvres. Au XIXe siècle, les Acadiens cultivaient également le tabac et le lin.

Le foin, essentiel car servant de fourrage l'hiver, était ratissé en « chafauds », meules pointues qui séchaient dans les champs.

Le « Grand Dérangement » *se produisit en août 1755. Ayant rassemblé brutalement les Acadiens, les troupes britanniques les forcèrent à l'exode. Plus de 6 000 d'entre eux furent embarqués, certains à destination des États-Unis ; ce sont les ancêtres des actuels Cajuns. D'autres rentrèrent chez eux, et leurs descendants sont dispersés dans les provinces maritimes.*

Les Acadiens *pratiquèrent pendant des siècles l'agriculture et la pêche. Leur mode de vie est recréé aujourd'hui au Village historique acadien (p. 75).*

L'église Sainte-Anne, *à Sainte-Anne-du-Ruisseau, illustre le style acadien, élégant dans sa simplicité. Le catholicisme occupait une place importante, et les Acadiens cherchèrent de l'aide auprès de l'Église lors de l'exode de 1755.*

Les musiciens acadiens *ont été les garants de leur culture depuis le XVIIᵉ siècle. Avec leurs airs entraînant au violon ou à la guitare, ils sont réputés pour leur ballades enjouées.*

La vie des Acadiens *gravitait autour de la ferme. Les hommes travaillaient aux champs et pêchaient ; les femmes participaient à la récolte annuelle.*

HENRY WADSWORTH LONGFELLOW

Célèbre pour ses longs poèmes narratifs aigres-doux, l'Américain Henry Longfellow (1807-1882) a été l'un des poètes les plus populaires du XIXᵉ siècle, aux États-Unis comme en Europe. *Évangéline* (1847), qui retrace l'itinéraire d'un jeune couple, est inspiré par les épreuves et les injustices que subirent les Acadiens. Ce poème touchant, considéré comme un classique, relate, dans ce pays qui aurait dû être idyllique, la tragédie d'Évangéline : dans les bouleversements du XVIIIᵉ siècle, elle perdit son amour. « Fort depuis ses cavernes rocheuses, l'océan voisin profond [chante],/Écoutez la funèbre tradition chantée par les pins de la forêt [...]/Écoutez un conte d'amour en Acadie, patrie des gens heureux. »

TERRE-NEUVE ET LABRADOR

Avec leurs pics imposants et leurs 17 000 kilomètres de côtes déchiquetées, Terre-Neuve et le Labrador se caractérisent par de vastes espaces sauvages où la nature offre un spectacle majestueux. De gigantesques icebergs dérivent le long du littoral, les baleines évoluent dans des baies étincelantes et les orignaux paissent paisiblement dans des étendues marécageuses. Les paysages de la côte ouest de Terre-Neuve sont impressionnants. Les montagnes de granit du parc national du Gros-Morne sont creusées de fjords profonds, tandis que, vers l'est, le relief s'adoucit avec les baies et les anses du parc national de Terra Nova. La région doit une partie de son attrait à la reconstitution historique des cultures qui s'y sont succédé : Amérindiens primitifs à Port au Choix, Vikings à L'Anse aux Meadows et pêcheurs de baleines basques à Red Bay, dans le détroit de Belle-Isle.

LA RÉGION D'UN COUP D'ŒIL

Villes historiques
Gander **9**
Happy Valley-
    Goose Bay **16**
Labrador City **18**

Nain **15**
St. John's p. 62-63 **1**
Trinity **6**

Parcs nationaux
Parc national
    de Terra Nova **7**
Parc national
    du Gros-Morne **11**

Sites historiques et naturels
Baie Notre-Dame **8**
Battle Harbour **14**
Churchill Falls **17**
Côte sud-ouest **10**
Détroit de Belle-Isle **13**
Péninsule d'Avalon **2**
Péninsule de Bonavista **5**
Péninsule de Burin **3**
Péninsule nord **12**
Saint-Pierre-et-Miquelon **4**

LÉGENDE

Aéroport international

Route principale

Voie ferrée

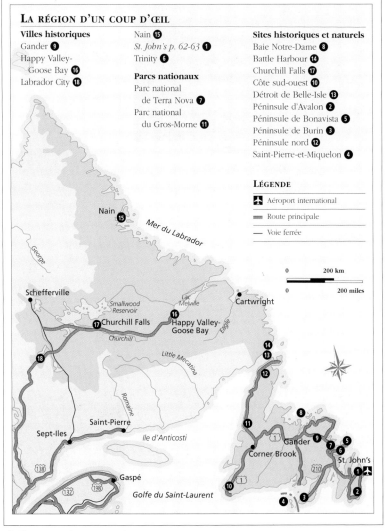

◁ **Village typique de Terre-Neuve, exposé aux intempéries et vivant de la pêche**

St. John's ❶

Le navigateur italien Jean Cabot (*p. 40*), qui dirigea en 1497 une expédition au nom de Henry VII d'Angleterre, attira l'attention sur Terre-Neuve en décrivant une « mer si poissonneuse qu'un panier jeté par-dessus bord remonte débordant de morues ». Il déclencha une ruée vers le Nouveau Monde qui fit de St. John's un des principaux centres de l'industrie de la pêche et l'établissement le plus ancien d'Amérique du Nord. La ville vit toujours de la mer, grâce à la pêche, la prospection pétrolière et l'entretien des navires de nombreux pays. Les habitants sont réputés pour leur accueil chaleureux, agréable compensation au cadre rude de cette cité historique.

Pendentif du musée local

Vue du centre de St. John's en arrivant par la mer

À la découverte de St. John's

La capitale de Terre-Neuve s'explore aisément à pied. Les lieux à voir sont proches les uns des autres dans Water Street. L'arrivée par la mer permet de jouir de la plus belle vue sur le port, avec les falaises abruptes à l'est, où les vieilles maisons aux tons pastel s'accrochent aux rochers.

🏛 Murray Premises

à l'angle de Water St. et Beck's Cove
☎ (709) 754 1090.
◯ de 8 h à 22 h 30 t.l.j. ♿
Tout à l'ouest de Water Street, ces locaux en brique sur armature de bois construits en 1846 sont les seuls vestiges des grands bâtiments destinés au commerce et au conditionnement du poisson, nombreux à l'époque sur les quais de St. John's. On s'y activait pour expédier la morue aux quatre coins du monde. En 1892, le complexe échappa de justesse à un incendie qui détruisit une grande partie de la ville ; il marque la limite ouest de la zone ravagée. Restaurés et classés Lieu historique national,

les Murray Premises abritent des boutiques, des bureaux et un restaurant de fruits de mer.

🏛 Newfoundland Museum

285 Duckworth St. ☎ (709) 729 2329. ◯ de 9 h à 17 h mar., mer., ven. ; de 9 h à 21 h jeu. ; de 10 h à 18 h sam. et dim. ● lun.
Il retrace l'histoire de la province depuis 9 000 ans. Des objets provenant de fouilles locales évoquent la préhistoire, et des reconstitutions de modestes chaumières de pêcheurs et d'élégants salons des premiers citadins de l'époque coloniale. La section consacrée à l'art amérindien est très visitée.

🏛 Le front de mer

Water St. ☎ (709) 576 8106. ♿
Water Street, qui suit le bord de mer, est la plus vieille rue d'Amérique du Nord. Elle date de la fin du XVIe siècle, quand le commerce n'en était qu'à ses débuts. Sur les anciens quais bruyants de Water Street et Duckworth St., les bars et les maisons closes ont laissé la place à de pittoresques boutiques de cadeaux, des

galeries d'art et certains des meilleurs restaurants de Terre-Neuve. Au bord de l'eau, Harbour Drive est un lieu idéal pour flâner, et George Street, à quelques pas, est le cœur de la vie nocturne.

🏛 East End

King's Bridge Rd. ℹ (709) 576 8106.
Avec ses ruelles pavées et ses élégantes demeures, l'East End est l'un des quartiers les plus riches de St. John's du point de vue de l'architecture. Commissariat House était au XIXe siècle la résidence du commissaire général britannique. Cette demeure historique de 1836, simple mais élégante, est devenue un musée provincial. Non loin, Government House, bâtie dans les années 1820, est la résidence officielle du lieutenant-gouverneur de la province.

🏛 The Battery

Battery Rd. ℹ (709) 576 8106.
Des maisons colorées accrochées aux falaises abruptes à l'entrée du port forment ce quartier, dont l'aspect et l'ambiance sont ceux d'un village de pêcheurs du XIXe siècle. Ce site souvent photographié doit son nom de « batterie » aux fortifications élevées au cours des siècles pour défendre le port.

⚓ Signal Hill

Signal Hill Rd. ☎ (709) 772 5367.
◯ Centre d'interprétation : de juin à sept. : de 8 h 30 à 20 h ; de sept. à mai : de 8 h 30 à 16 h 30. 📷 ♿
Cette colline rocheuse offre une vue panoramique spectaculaire de l'Atlantique, des hautes falaises à l'entrée du port et de la vieille ville blottie autour.

Signal Hill, au-dessus du port de pêche de St. John's

Cabot Tower surplombe le port du haut de Signal Hill

🏛 Cabot Tower

Signal Hill Rd. ☎ *(709) 772 5367.*
🕐 *de juin à sept. : de 8 h 30 à 20 h 30 ; de sept. à mai : de 8 h 30 à 16 h 30.* ♿

La tour fut bâtie au sommet de Signal Hill en 1897 pour le 400ᵉ anniversaire de l'arrivée de Cabot. L'été, le week-end, des soldats en costume d'époque exécutent des manœuvres du XIXᵉ siècle.

Un autre Italien, Guglielmo Marconi, capta ici en 1901 le premier message transatlantique envoyé par radio.

🏛 Quidi Vidi Village

Quidi Vidi Village Rd. ☎ *(709) 729 2977.* 🕐 *t.l.j.*

De l'autre côté de Signal Hill, les bâtiments usés par le temps du vieux village de Quidi Vidi se pressent autour d'un petit port. À Mallard Cottage, qui remonte au milieu du XVIIIᵉ siècle, des antiquités en tout genre sont en vente. Le village est dominé par la Quidi Vidi Battery, ensemble de canons mis en place en 1762 pour défendre l'entrée du port. Les petites casernes où vivaient les soldats, dont l'existence et les épreuves sont racontées par des guides en uniforme d'époque, y ont été reconstituées.

🍁 Pippy Park

Nagles Place. ☎ *(709) 737 3655.*
🕐 *t.l.j.* ♿

Les visiteurs sont parfois surpris de voir des orignaux en liberté à St. John's, mais c'est chose fréquente dans ce parc naturel de 1 400 hectares situé à 4 kilomètres du centre-ville. Il renferme des étangs et le jardin botanique local, ainsi que le Fluvarium, installation unique en Amérique du Nord : neuf hublots permettent d'observer sous l'eau l'activité naturelle d'un impétueux ruisseau à truites.

> **MODE D'EMPLOI**
>
> 👥 *102 000.* ✈ *6 km N. de la ville.* 🚌 *Memorial University.* ⛴ *Argentia, 130 km S.-E.* ℹ *mairie de St. John's, New Gower St. (709) 576 8196.* 🎭 *St. John's Days Celebrations (juin) ; Signal Hill Tattoo (juil.-août) ; Royal St. John's Regatta (août).*

🏛 Le phare du cap Spear

☎ *(709) 772 5367.* 🕐 *de mi-mai à mi-oct. : t.l.j.* 🎟 ♿

À 10 kilomètres au sud-est de la ville, le Lieu historique national du cap Spear occupe le point le plus à l'est du continent nord-américain. Le majestueux phare qui couronne les falaises battues sans relâche par l'océan est depuis longtemps le symbole de l'indépendance de Terre-Neuve. Il y a en fait deux phares : l'original, construit en 1836 et le plus ancien de Terre-Neuve, voisine avec un bâtiment élevé en 1955.

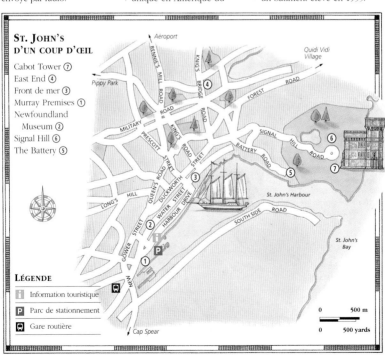

ST. JOHN'S D'UN COUP D'ŒIL

Cabot Tower (7)
East End (4)
Front de mer (3)
Murray Premises (1)
Newfoundland Museum (2)
Signal Hill (6)
The Battery (5)

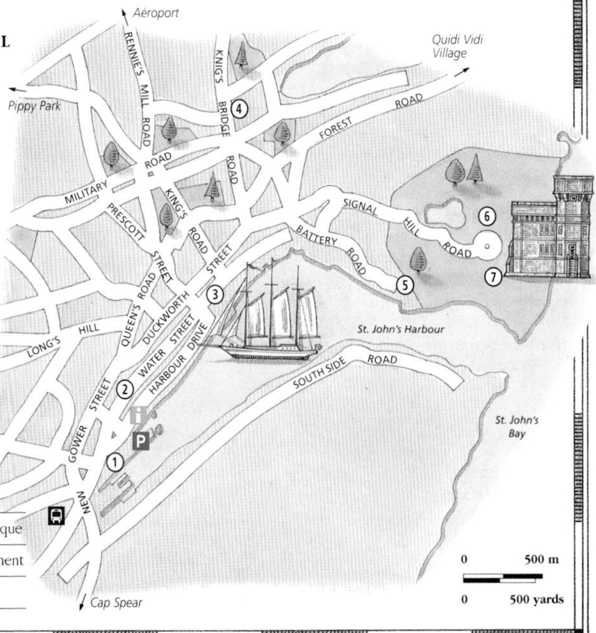

LÉGENDE

- ℹ Information touristique
- [P] Parc de stationnement
- 🚌 Gare routière

À la découverte des baleines et oiseaux dans la péninsule d'Avalon

Péninsule d'Avalon ②

🔲 St. John's. 🚢 Argentia. ℹ️ Dept. of Tourism, Confederation Building, St. John's (709) 729 2830.

La pittoresque localité de Ferryland est le lieu d'un vaste chantier de fouilles : celui de Colony Avalon, premier établissement fondé au Nouveau Monde par l'explorateur anglais lord Baltimore en 1621. La colonie devait vivre en autarcie, tirant ses ressources de la pêche, de l'agriculture et du commerce, et suivre de solides principes de tolérance religieuse.

À la fin de l'année suivante, le nombre de colons était passé de onze à trente-deux et la population ne cessa d'augmenter. Pendant des années, ce fut la seule colonie prospère de la région. Bien que seuls 5 % du site aient été dégagés à ce jour, celui-ci figure déjà, par le nombre d'objets récupérés, parmi les plus riches des premiers établissements européens d'Amérique du Nord. Plus de 500 000 pièces ont été exhumées : céramiques, pipes en terre, ustensiles ménagers, mais aussi éléments de structure de nombreux édifices. Un centre d'interprétation retrace l'histoire de la colonie et la visite guidée permet de voir les archéologues au travail,

Promenade en mer à Witless Bay

sur le site et au laboratoire. À l'extrémité sud de la péninsule, la **réserve écologique du cap St. Mary** est le seul endroit de la province accessible à pied où l'on peut observer des oiseaux marins. Un court sentier suit les falaises vertigineuses jusqu'à un rocher où nichent plus de 8 000 fous de Bassan.

Au sud-ouest de la péninsule, dominant l'entrée de la ville historique française de Placentia, les visiteurs peuvent flâner dans le **Lieu historique national de Castle Hill**. Le fort français bâti en 1632 protégeait la ville.

🦅 Réserve écologique du cap St. Mary
par la route 100. ☎️ (709) 729 2431. 🕐 toute l'année.
Centre d'interprétation
🕐 de mai à oct. : t.l.j. 🈯 🅰️
🏛 Lieu historique national de Castle Hill
Jerseyside, Placentia Bay. ☎️ (709) 227 2401. 🕐 de sept. à mi-juin : de 8 h 30 à 16 h 30 ; de fin juin à août : de 8 h 30 à 20 h. 🈯 🅰️ 🅿️

Péninsule de Burin ③

🔲 St. John's. 🚢 Argentia. ℹ️ Columbia Drive, Marystown (709) 279 1211.

Ses paysages comptent parmi les plus impressionnants de Terre-Neuve. Des sommets rocailleux dominent un tapis vert bigarré de bruyère et parsemé de dizaines de lacs étincelants. À Grand Banc, localité centrée sur la pêche, le **Southern Newfoundland Seaman's Museum** est consacré aux marins de Terre-Neuve disparus en mer. Au départ de la ville voisine de Fortune, un ferry dessert les îles de Saint-Pierre et Miquelon.

🏛 Southern Newfoundland Seaman's Museum
Marine Drive. ☎️ (709) 832 1484. 🕐 de mai à oct. : t.l.j. 🅰️ partiel. 🅿️

Saint-Pierre et Miquelon ④

🏠 6 400. 🛬 ✈️ 🚢 ℹ️ 4274, place du Général-de-Gaulle (508) 41 23 84.

Ces deux petites îles sont françaises depuis 1783. Unique localité de l'île du même nom, Saint-Pierre est un charmant village de bord de mer où l'influence de la métropole se manifeste dans la présence de délicieuses boulangeries. L'histoire des îles, notamment leur rôle actif de refuge de contrebandiers dans les années 1930, pendant la Prohibition, est racontée au **musée** local. Plus de trois millions de caisses d'alcool transitaient alors chaque année par ce port minuscule où de nombreux entrepôts nés de ce

Départ du ferry de Terre-Neuve pour Saint-Pierre-et-Miquelon

Le phare du cap Bonavista, où Jean Cabot aurait posé le pied pour la première fois au Nouveau Monde

trafic sont encore debout. Un ferry relie chaque jour Saint-Pierre à Miquelon.

Ce territoire se compose de la Grande-Miquelon et Langlade, ou Petite-Miquelon. Un isthme de 12 kilomètres de long s'étend entre ces deux petites terres. Il est parcouru par une route bordée de dunes herbeuses où paissent des chevaux sauvages, et de plages de sable battues sans relâche par le ressac.

🏛 **Musée de Saint-Pierre**
rue du 11-Novembre. 📞 011 508 41 30 35. ◯ de 14 h à 17 h t.l.j. 🚫 ♿

Péninsule de Bonavista ❺

📍 St. John's. ⛴ Argentia.
ℹ Clarenville (709) 466 3100.

S es côtes déchiquetées qui partent à l'assaut de l'Atlantique sont ponctuées de falaises, de criques abritant des ports et de petits villages enchanteurs comme Birchy Cove et Trouty.

La ville de Bonavista est l'endroit où l'explorateur italien Jean Cabot (p. 40) aurait débarqué pour la première fois au Nouveau Monde. Un monument à sa mémoire s'élève sur un haut cap rocheux près du phare du cap Bonavista, construit en 1843.

Ryan Premises, en bord de mer, est un vaste édifice du

XIXᵉ siècle. Restauré et classé Lieu historique national, il comprend trois grands bâtiments où le poisson était séché, entreposé et emballé pour expédition. Il évoque également l'histoire des pêcheries d'Amérique du Nord.

Trinity ❻

🏞 300. ℹ Centre d'interprétation, West St. (709) 464 2042.

A vec ses pittoresques bâtiments du XIXᵉ siècle dominant les eaux bleues de Trinity Bay, ce village est l'un des plus beaux de Terre-Neuve. L'idéal pour découvrir ses boutiques d'artisanat et ses restaurants est de le parcourir à pied. Le **Trinity Museum** renferme plus de 2 000 objets qui retracent le passé de la ville.

Autre curiosité du village, Hiscock House servait d'épicerie, de forge et de bureau de poste. Elle a retrouvé son aspect de 1910, quand elle était tenue par Emma Hiscock, qui élevait en même temps pas moins de six enfants.

🏛 **Trinity Museum**
Church Rd. 📞 (709) 464 2244. ◯ de mi-juin à mi-sept. : de 10 h à 18 h t.l.j. 🚫 ✉

Parc national de Terra Nova ❼

Transcanadienne. 📍 de St. John's. ◯ de juin à mi-oct. : t.l.j. 🚫 ♿ ✉ partiel. ℹ Glovertown (709) 533 2801.

C ollines boisées aux douces ondulations et fjords profonds du nord-est de Terre-Neuve sont le cadre de ce parc national. Au centre d'interprétation marin consacré à la flore et la faune maritimes locales, un moniteur vidéo sous-marin retransmet toute la vie des fonds marins de la baie, et des excursions sont organisées pour aller observer les baleines.

Vue du parc national de Terra Nova

Baie Notre-Dame ❽

🚉 *Gander.* 🚢 *Port aux Basques.*
ℹ *Notre Dame Junction, Route 1
(709) 535 8547.*

À l'est de la baie, les petits
villages traditionnels de
pêcheurs de Terre-Neuve ont
conservé un mode de vie
imprégné par le passé. Au
musée de Twillingate, installé
dans un élégant presbytère
édouardien, plusieurs salles
renferment des meubles
anciens. On peut aussi admirer
des objets autochtones
provenant de sites voisins et
divers souvenirs qui rappellent
la passionnante histoire de la
navigation dans la région.

Des sorties en bateau dans la
baie sont prévues pour voir de
plus près les icebergs au
printemps et en été, ainsi que
les baleines. Non loin, les
villages romantiques de Wild
Cove et Durrell valent le détour.

**Le musée de Twillingate, dans
un presbytère du XIXᵉ siècle**

Gander ❾

🏙 *1 300.* ✈ ✕ ℹ *109 Transcanadienne (709) 256 7110.*

Cette petite ville célèbre dans
l'histoire de l'aviation est
appréciée des touristes qui s'y
ravitaillent en carburant et en
nourriture. À Grand Falls-
Windsor, à

Habitation traditionnelle au village indien de Grand Falls

50 kilomètres à l'ouest de
Gander, le Mary March
Regional Museum, du nom
de la dernière des Béothuks,
illustre 5 000 ans de présence
humaine dans la vallée
de la rivière des Exploits.
Décimés par la maladie,
les Béothuks subirent un
véritable génocide entre 1750
et 1829. Derrière le musée
se trouve le point de départ
d'une visite guidée du village
historique.

La côte sud-ouest ❿

🚉 *Embarcadère des ferries.* 🚢 *Port
aux Basques.* ℹ *Port aux Basques
(709) 695 2262.*

Dans le sud de Terre-
Neuve, sur les
45 kilomètres qui séparent
Channel-Port aux Basques de
Rose Blanche, la route 470
traverse des paysages
montagneux et verdoyants et
longe le littoral rocheux
sculpté par le ressac. Près de
Rose Blanche, un trottoir en
bois serpente sur 500 mètres
à travers la lande fleurie
jusqu'aux impressionnantes
chutes Barachois, hautes de
55 mètres. Une aire de pique-

nique a été aménagée à leurs
pieds. La route du littoral
réserve des vues splendides,
en particulier près de Petit
Jardin.

Parc national
du Gros-Morne ⓫

📞 *(709) 458 2417.* 🚉 *Corner
Brook.* 🚢 *St. Barbe.* ⭕ *t.l.j.*
🖼 ♿ 📷

Le tout premier site
touristique de Terre-Neuve
figure sur la liste du
patrimoine mondial de
l'Unesco. Les Long Range
Mountains dominent de
700 mètres les fjords bleus qui
entaillent la chaîne côtière.
Bien antérieures aux
Rocheuses – elles datent du
précambrien –, elles comptent
au nombre des plus vieilles
montagnes du monde.

Pour visiter le parc, l'idéal est
une promenade en bateau sur
le Western Brook Pond, un fjord
étroit entre de hautes falaises où
il est fréquent de voir
ou d'entendre
orignaux,
caribous
ou
aigles.

Les Long Range Mountains vues depuis un sentier du parc national du Gros-Morne

Excursion dans la péninsule nord ⓬

Viking Trail

Panneau sur l'A430

Terre de légendes et de mystères, la péninsule nord de Terre-Neuve offre aux amateurs d'aventure l'occasion de parcourir plus de quarante siècles d'histoire, de la première présence humaine aux pêcheurs d'aujourd'hui, en passant par la colonisation. La route nord longe une côte rude et rocheuse. Chemin faisant, des sites importants comme L'Anse aux Meadows évoquent les cultures anciennes.

Carnet de route

Itinéraire : *690 km par l'Autoroute 430.*
Point de départ : *Deer Lake, à la jonction de l'Autoroute 1.*
Où faire une pause ? *Gros-Morne's Wiltondale Visitor's Centre and Tablelands ; Port au Choix ; Grenfell Museum à St. Anthony.*

Port au Choix 5
Sur ce site historique, des expositions sont consacrées aux Amérindiens primitifs des Maritimes et aux Dorsétiens, Inuit qui vécurent ici vers 2000 av. J.-C. et 500 apr. J.-C.

Hawke's Bay 4
Port baleinier au début du XXe siècle, Hawke's Bay est réputé pour la pêche au saumon.

The Arches 3
Ce lieu charmant doit son nom à trois arches de calcaire qui ont probablement 400 millions d'années.

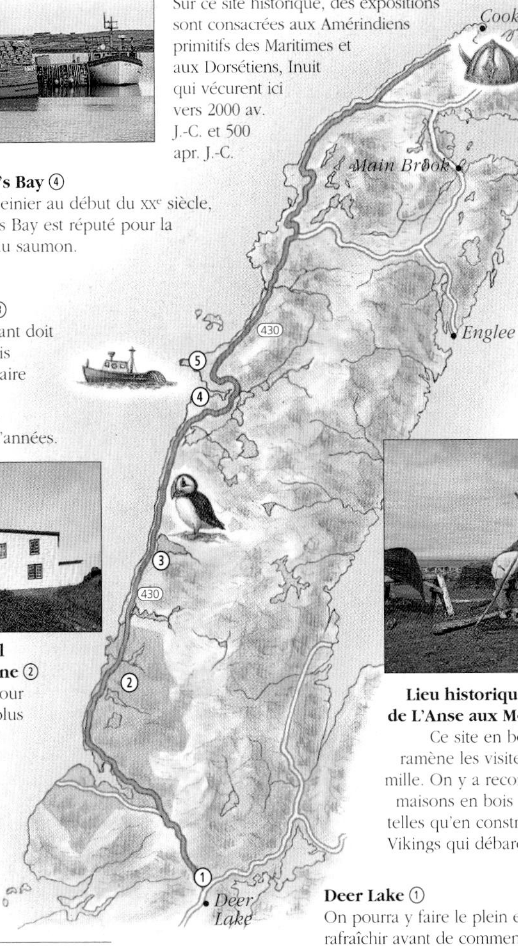
Cooks Harbour
6
L'Anse aux Meadows
St. Anthony
Main Brook
430
Englee
5
4
3
430
2
1
Deer Lake

Parc national du Gros-Morne 2
Il est connu pour être l'un des plus beaux de tout le Canada.

Lieu historique national de L'Anse aux Meadows 6
Ce site en bord de mer ramène les visiteurs en l'an mille. On y a reconstitué huit maisons en bois et en terre, telles qu'en construisirent les Vikings qui débarquèrent ici.

Deer Lake 1
On pourra y faire le plein et se rafraîchir avant de commencer l'excursion. Deer Lake et ses environs sont remarquables avec leurs paysages déchiquetés, leur mer étincelante, leurs riches flore et faune et leurs villages de pêcheurs, minuscules et accueillants.

Légende

- Itinéraire conseillé
- Autre route
- Point de vue

0 — 25 km
0 — 25 miles

Cabanes de pêcheurs à Red Bay, sur la côte du Labrador

Détroit de Belle-Isle ⑬

🚢 *Blanc-Sablon.*
ℹ️ *(709) 931 2006.*

C e détroit doit sa renommée à des paysages côtiers d'une beauté exceptionnelle. L'été, un ferry relie Terre-Neuve à Blanc-Sablon au Québec, non loin de la frontière du Labrador. De là, une route de 85 kilomètres part vers la côte en traversant des collines sauvages et désertiques, recouvertes d'une fine bruyère et d'épicéas tordus par le vent.

Au milieu du XIXe siècle, le détroit de Belle-Isle était une voie maritime extrêmement importante. Pour faciliter la navigation dans ces eaux souvent traîtresses, le phare de Point Amour a été construit près de L'Anse-Amour en 1854. Classé Lieu historique provincial, il est le deuxième phare du Canada par la hauteur (30 mètres). Du sommet, on jouit d'un panorama exceptionnel de la côte du Labrador.

Sur la route menant au phare, un monument marque l'emplacement de la plus vieille tombe d'Amérique du Nord, celle d'un jeune Amérindien primitif des Maritimes enterré il y a 7 500 ans dans ce tumulus devenu Lieu historique national.

Au bout de la route 510 se trouve le **Lieu historique national de Red Bay**. Des bateaux en partent pour une île voisine où, au XVIe siècle, les pêcheurs de baleine basques ouvrirent la première fabrique du Nouveau Monde.

Le tour de l'île permet de découvrir les fondations des baraques, des ateliers de construction navale et des tonnelleries.

⋔ Lieu historique national de Red Bay
Route 510. 📞 *(709) 920 2142.*
🕐 *de mi-juin à mi-oct. : t.l.j.* ♿ ⛔

Battle Harbour ⑭

❌ 🚢 ℹ️ *Batte Harbour, Terre-Neuve. (709) 921 6216.*

C onsidéré autrefois comme la capitale officieuse du Labrador (des années 1870 aux années 1930), ce petit hameau sur une île proche de la côte sud était un village de pêcheurs prospère à la fin du XVIIIe siècle et au XIXe. En 1966, la population en déclin a été relogée à St. Mary's, sur le continent. Cependant, les maisons – certaines sont vieilles de deux siècles – sont restées inchangées. La ville a été restaurée dans les années 1990, et l'île se visite.

Nain ⑮

🏃 *1 000.* ❌ 🚢 ℹ️ *Town Council, Nain (709) 922 2842.*

A u nord, Nain est la dernière localité de quelque importance. Elle est desservie par une ligne maritime côtière ; le bateau transporte passagers et fret, mais pas les voitures. La population, faible, est surtout composée d'Inuit. Leur culture est très bien représentée à Piulimatsivik, musée possédant des objets précieux de leur passé. À Nain habitent en outre de nombreux artistes inuits très connus au Labrador. D'autres expositions soulignent le rôle important des missionnaires moraves. Ce mouvement chrétien évangélique actif à la fin du XVIIIe siècle a introduit l'enseignement et les services médicaux dans cette région déserte.

Non loin, à Hopedale, se trouvait une des nombreuses missions moraves fondées au Labrador. Aujourd'hui, le **Lieu historique national de Hopedale Mission** comprend plusieurs bâtiments dont la mission, plus vieil édifice à structure en

Enfants inuits à Nain

Battle Harbour Island, avec des icebergs à l'horizon

Rue enneigée de Nain pendant le long hiver

bois des provinces maritimes. Ils ont été fabriqués en Allemagne en 1782 et expédiés par bateau.

🏛 Lieu historique national de Hopedale Mission

Agvituk Historical Society, Hopedale.
📞 *(709) 933 3777.* ⏱ *t.l.j.* 📷

**L'église morave
de Happy Valley-Goose Bay**

Happy Valley-Goose Bay ⑯

🏙 *8 600.* ✈ ⊠ ⛴ 🛈 *Labrador North Chamber of Commerce (709) 896 8787.* 📷 *obligatoire, réserver.*

La plus grande ville du centre désertique du Labrador était pendant la dernière guerre une importante escale pour les vols transatlantiques. Aujourd'hui, elle sert de base pour les avions de chasse de l'armée canadienne.

Le Labrador Heritage Museum est consacré à la passionnante histoire de la région. Les fourrures de différents animaux, des outils et une cabane traditionnelle évoquent plus particulièrement la vie des trappeurs.

Churchill Falls ⑰

🛈 *Churchill Falls Development Corporation (709) 925 3335.* 📷
📷 *obligatoire, réserver.*

Cette localité est idéalement située pour faire le plein, quelques provisions ou encore vérifier ses pneus, car il n'y a pas de station-service entre Happy Valley-Goose Bay et Labrador City. Churchill Falls est connue pour sa centrale hydroélectrique construite au début des années 1970, l'une des plus grandes du monde et véritable exploit technique. La rivière Churchill, la plus importante du Labrador, a été détournée pour actionner ses turbines qui produisent jusqu'à 5 225 mégawatts – assez pour satisfaire les besoins d'un petit pays. Cet impressionnant complexe fait l'objet de visites guidées.

Labrador City ⑱

🏙 *9 000.* ⊠ 🚐 🚐 🛈 *Labrador North Tourism Development Corporation (709) 944 7631.*

Au milieu d'une zone qu'occupait la toundra, cette ville incarne le visage industriel du Canada moderne. Attirée par l'exploitation de la plus grande mine de fer à ciel ouvert du monde, la population a monté en flèche depuis la fin des années 1950. Le bâtiment ancien qui abritait jadis la première banque de la ville est aujourd'hui le Height of Land Heritage Centre, un musée dont les collections – photos et objets – concourent à la conservation du patrimoine historique du Labrador.

Ponctuées d'innombrables lacs et sillonnées de cours d'eau encore intacts, les vastes étendues désertes qui entourent Labrador City sont un paradis renommé pour les chasseurs et les pêcheurs du monde entier. Tous les ans en mars, la région apporte son soutien à Labrador 150. Cette course de traîneaux à chiens est l'une des premières compétitions mondiales du genre. Les espaces inhabités du Labrador occidental sont aussi le domaine des 700 000 caribous de la rivière George. Des organismes spécialisés proposent des excursions sur les traces du troupeau qui connaissent toujours un grand succès.

LE LABRADOR COASTAL FERRY

Ce bateau est le principal mode de transport pour les nombreuses communautés installées sur la côte. Au départ de St. Anthony, dans le nord de Terre-Neuve, il dessert 48 localités en 12 jours aller-retour, débarquant à chaque escale marchandises et passagers. La moitié des places est réservée aux touristes, l'autre aux habitants. En route, le bateau s'arrête au port historique de Battle Harbour et remonte certains fjords. Il n'est pas rare de croiser des icebergs.

HAND BARRO

NOUVEAU-BRUNSWICK, NOUVELLE-ÉCOSSE ET ÎLE DU PRINCE-ÉDOUARD

Impossible ici d'échapper à la séduction de la mer ! Paysages côtiers fantastiques, villages centenaires, sites historiques de renommée mondiale et nombreuses attractions familiales ont fait de ces trois provinces l'une des premières destinations touristiques du Canada. Au Nouveau-Brunswick, la baie de Fundy, déchiquetée, répond aux douces ondulations d'un paysage aux criques paisibles où se blottissent les villages acadiens et aux longues plages de sable. Avec ses baies étincelantes et ses vieilles villes de pêcheurs usées par le temps, la Nouvelle-Écosse incarne la poésie de la mer. Élégantes auberges de campagne et lieux historiques font revivre le passé. L'île du Prince-Édouard, la plus petite province du Canada, est réputée pour ses champs émeraude, ses falaises rouges et ses eaux bleues.

LA RÉGION D'UN COUP D'ŒIL

Villes historiques
Amherst ⓫
Annapolis Royal ⓰
Bouctouche ❽
Digby ⓱
Fredericton ❹
Grand Falls ❺
Halifax p. 86-87 ㉒
Lunenburg ⓳
Mahone Bay ⓴
Parrsboro ⓭
Peggy's Cove ㉑
Saint John ❷

Shelburne ⓲
Truro ⓬
Windsor ⓮
Wolfville ⓯

Parcs nationaux
Parc national de Fundy ❶
Parc national de Kouchibouguac ❼

Sites historiques et naturels
Baie de Passamaquoddy ❸
Côte est ㉓

Île du Cap-Breton p. 88-93 ㉔
Île du Prince-Édouard p. 76-79 ❿
Péninsule acadienne ❻
Village historique acadien ❾

LÉGENDE

✈ Aéroport international

═ Autoroute

▬ Route principale

— Voie ferrée

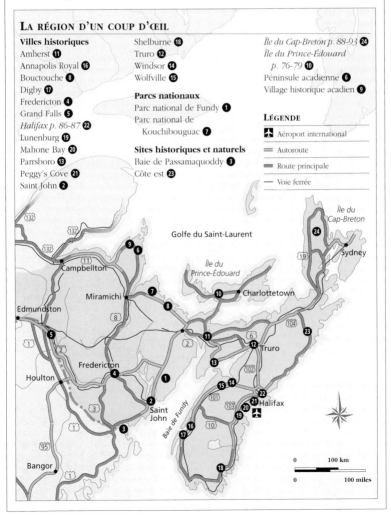

⊲ À Lunenburg, une cabane de pêcheurs en bois typique sert de cadre au Fisheries Museum of the Atlantic

Baleines à bosse évoluant dans la baie de Fundy

Parc national de Fundy ❶

📞 (506) 887 6000. 🚌 Moncton.
🚌 Sussex. ⛴ Saint John. ⏲ t.l.j.
🅿 de juin à sept. ♿ ✔

Sur la côte est du Nouveau-Brunswick, la baie de Fundy est réputée pour ses formidables marées dont l'amplitude peut atteindre 15 mètres. Les plus de 100 milliards de tonnes d'eau qui y déferlent deux fois par jour ont taillé un littoral sauvage et rocheux exceptionnel.

Orignal du parc national de Fundy

Le parc national de Fundy est l'un des meilleurs endroits pour apprécier ce phénomène. À marée basse, on peut aller à pied jusqu'aux rochers appelés Hopewell Rocks. La baie est le paradis des naturalistes. Ses eaux riches en nutriments attirent la plus grande population mondiale de baleines, notamment la baleine minke, la baleine à bosse, le rorqual et même la rarissime baleine franche.

Saint John ❷

🏙 125 000. ✈ 🚌 ⛴ 🛈 Mairie,
King St. (506) 658 2990.

Fondée en 1604 par des pionniers français, Saint John (anciennement Saint-Jean) se développe de manière fulgurante en 1785 avec l'arrivée de 14 000 loyalistes fuyant la tourmente de la guerre de l'Indépendance américaine. La plus grande cité du Nouveau-Brunswick a gardé le charme d'une petite ville. Il fait bon flâner dans le centre historique, récemment restauré. Le marché de la vieille ville déborde d'activité avec ses piles de produits colorés, ses étals de crustacés frais, ses cafés et un excellent restaurant de poisson traditionnel.

À Market Square, une cour relie les bâtiments de l'ancien centre marchand. Restaurants et magasins de luxe voisinent avec le très vivant **New Brunswick Museum**. Des expositions divertissantes consacrées à la géologie, à la culture et à l'histoire naturelle de la province y sont présentées sur trois niveaux.

Le Loyalist House Museum, à deux pas, est installé dans une imposante demeure georgienne bâtie vers 1810 par le loyaliste David Merritt. L'intérieur rénové, avec ses meubles anciens, reflète le mode de vie d'une famille aisée de l'époque.

🏛 New Brunswick Museum

Market Square.
📞 (506) 643 2300.
⏲ t.l.j.
⬤ 25 déc. 🅿 ♿

Baie de Passamaquoddy ❸

🚉 St. Stephen. ⛴ Black's Harbour & Letete. 🛈 St. Stephen (506) 466 7390.

Des villages qui entourent cette baie parsemée d'îles, le plus attirant est peut-être St. Stephen, station de villégiature au charme historique indéniable. L'hôtel Algonquin Resort, qui surplombe la ville, est impeccablement tenu. Avec ses élégants jardins et son parcours de golf de 27 trous, il rappelle le début du siècle, quand St. Andrews était une retraite renommée, fréquentée par l'élite.

Dans le centre, Water Street est bordée d'intéressantes boutiques, de magasins d'artisanat et de bons restaurants installés dans des édifices centenaires. Sur les docks, des agences proposent sorties en bateau ou en kayak et observation des baleines. Non loin, l'élégante demeure georgienne construite en 1824 pour le loyaliste Harris Hatch abrite désormais le **Ross Memorial Museum**. Sa vaste collection d'antiquités et d'objets d'art a été constituée au début du XXe siècle.

Deux ferries relient la ville voisine de St. George aux îles Campobello et Grand Manan, respectivement à 20 et 30 kilomètres au sud de St. Andrews. Sur la première,

Saint John, depuis la rivière du même nom

Les charmantes maisons victoriennes de Fredericton se reflètent dans la Saint John

le parc international Roosevelt Campobello est une réserve de 1 135 hectares aménagée autour de la résidence d'été du président américain Franklin D. Roosevelt. Restaurée, celle-ci compte 34 pièces contenant des objets historiques et personnels ayant appartenu à Roosevelt et sa famille.

Réputée pour la beauté farouche de ses côtes, l'île Grand Manan décline ses hautes falaises rocheuses, ses pittoresques villages de pêcheurs et ses bateaux aux couleurs vives. Elle est appréciée des ornithologues amateurs, car elle attire tous les ans de grandes colonies d'oiseaux marins.

🏛 Ross Memorial Museum
188 Montague St. **[** *(506) 529 5124.* ○ *de fin juin à sept. : du lun. au sam. ; sept. et oct. : du mar. au sam.* ☐

Fredericton ➍

🏘 *44 000.* ✕ ➎ ➍ *Office du tourisme, 11 Carleton St. (506) 460 2041.*

Établie sur les deux rives de la rivière Saint John, Fredericton est la capitale du Nouveau-Brunswick. Avec ses maisons victoriennes et son église au bord de l'eau, c'est l'une des villes les plus coquettes des provinces maritimes. Ses bâtiments historiques rappellent son ancien rôle de poste militaire britannique. La **Beaverbrook Art Gallery** renferme une étonnante collection de tableaux des XIXᵉ et XXᵉ siècles.

Au Village historique de King's Landing, à 37 kilomètres à l'ouest, plus de cent figurants en costume d'époque redonnent vie aux fermes, à l'église et à l'école, replongeant le visiteur au milieu du XIXᵉ siècle.

🏛 Beaverbrook Art Gallery
703 Queen St. **[** *(506) 458 8545.* ○ *de juin à oct. : t.l.j. ; de fin oct. à juin : du mar. au dim.* ➎ ☐ **[**
🏘 Village historique de King's Landing
Route 2, O. de Fredericton. **[** *(506) 363 4999.* ○ *de juin à mi-oct. : de 10 h à 17 h t.l.j.* ➎ ☐ *partiel.*

Grand Falls ➎

🏘 *6 100.* ➐ ➍ *Malabeam Reception Centre (506) 475 7788.* ☐

Entre Fredericton et Edmundston, la rivière Saint John traverse un paysage vallonné où alternent forêts et terres cultivées. La petite ville de Grand Falls se dresse de part et d'autre de son unique rue, bien achalandée. Cette agréable étape doit son nom aux formidables chutes que la Saint John crée en dévalant la gorge de Grand Falls. Au milieu d'espaces verts, l'eau qui dégringole sur plus de 25 mètres a creusé au fil du temps une gorge de 1,5 kilomètre de long dont les flancs escarpés atteignent par endroits 70 mètres de haut.

Plus au nord, la ville d'Edmunston abrite les **New Brunswick Botanical Gardens** : les allées mènent à huit jardins à thème et deux arboretums. Les couleurs vives, les parfums délicats et la douce musique qui émane de sources invisibles sont un éblouissement pour les sens.

🍀 New Brunswick Botanical Gardens
Saint-Jacques, Edmunston. **[** *(506) 739 6335.* ○ *de juin à oct. : de 9 h au coucher du soleil t.l.j.* ➎

Les gorges de Grand Falls, creusées par la Saint John

Les plages de sable s'étendent à perte de vue dans le parc national de Kouchibouguac

La péninsule acadienne ❻

🚉 Bathurst. 🚌 Bathurst.
⛴ Dalhousie. 🛈 Water St.,
Campbellton (506) 789 2376.

Avec ses paisibles localités côtières et ses plages que baigne une mer calme, la péninsule acadienne est une destination touristique privilégiée. Les Acadiens, arrivés au XVIIᵉ siècle, y ont développé un mode de vie fondé sur une agriculture prospère (p. 58-59).

À Shippagan, petite ville de pêcheurs à l'extrémité de la péninsule, on peut admirer plus de 3 000 espèces de la faune atlantique dans les bassins du **Marine Centre and Aquarium**, qui présente aussi une exposition sur l'industrie locale de la pêche.

Dans les environs, l'île Lamèque est reliée au continent par une chaussée, et à l'île Miscou par un pont. Sur cette dernière, un trottoir en bois d'un kilomètre traverse une tourbière, dont l'écosystème est commenté par des panneaux. Non loin, le phare de Miscou, en bois et haut de 35 mètres, est le plus ancien de ce type en service au Canada.

Patrie de nombreux artistes acadiens, Caraquet est un centre culturel animé. Sur le front de mer, des agences spécialisées proposent des excursions guidées en kayak dans la baie des Chaleurs. Les amateurs d'histoire acadienne ne manqueront pas l'**Acadian Wax Museum**.

➤ **Marine Centre and Aquarium**
Route 113, Shippagan. 📞 (506) 336 3013. ◯ de mi-mai à mi-oct. : de 10 h à 18 h t.l.j. 🅿 ♿
🏛 **Acadian Wax Museum**
Route 11, Caraquet. 📞 (506) 727 6424. ◯ de juin à sept. : t.l.j. 🅿 ♿

Parc national de Kouchibouguac ❼

📞 (506) 876 2443. 🚌 Newcastle.
🚉 Newcastle. ⛴ Miramichi. ◯ t.l.j.

Ce parc de 238 kilomètres carrés, dont le nom signifie en micmac « rivière des longues marées », est une splendeur avec ses dunes façonnées par le vent, ses marais salants peuplés d'une faune abondante et ses 25 kilomètres de plages de sable fin. C'est un excellent terrain pour les cyclistes, mais l'une des activités les plus populaires est Voyager Marine Adventure, une excursion de trois heures en canoë vers les bancs de sable proches du littoral où se prélassent des phoques gris.

Bouctouche ❽

🚶 2 350. 🚉 🛈 14 Acadia St. (506) 743 8811. ◯ de juin à sept. (d'oct. à mai 📞 (506) 743 7260).

Ville de bord de mer au riche patrimoine acadien, Bouctouche abrite le **Pays de la Sagouine**, un village à thème portant le nom de l'héroïne d'Antonine Maillet, auteur acadien née en 1929 ; cette bonne à tout faire avisée fait partie intégrante du patrimoine populaire canadien. Non loin, l'Irving Eco-Centre étudie et protège un réseau de 12 km de dunes, de marais salants et de plages à l'entrée du port.

🎪 **Pays de la Sagouine**
57 Acadia St. 📞 1 800 561 9188. ◯ de mi-juin à sept. : de 10 h à 18 h t.l.j.

Le trottoir en bois de l'Irving Eco-Centre, la « Dune de Bouctouche »

Village historique acadien ❾

Après la tragique déportation de 1755-1763 *(p. 58-59)*, les Acadiens revinrent peu à peu dans les provinces maritimes où ils défrichèrent de nouvelles terres et reconstruisirent leur mode de vie. Sur 364 hectares, le Village historique acadien donne l'image d'une communauté rurale d'entre 1770 et 1890 ; 45 maisons originales ont été restaurées, dont plusieurs fermes en activité. Des guides bilingues en costume d'époque exécutent les mêmes tâches qu'au XIXᵉ siècle. On peut se promener en carriole, regarder le forgeron, l'imprimeur ou le meunier au travail et faire le tour des fermes et des maisons où les femmes filent, tissent ou cuisinent.

MODE D'EMPLOI

Route 11, 10 km O. de Caraquet.
📞 *(506) 726 2600.* 🚌 *de Bathurst.* 🕐 *de juin à oct. : de 10 h à 18 h t.l.j.* ⬤ *d'oct. à mai.*
🅿️ 🄿 ♿ ✂️ 🄿 🏪 🍴

École et église
Au cours des siècles troublés, le catholicisme s'est avéré vital pour les Acadiens. Les prêtres dispensaient aussi l'enseignement, essentiel dans le village.

TONNELLERIE
FERBLANTERIE
BASSIN À HOMARDS

La chapelle a été construite par les pionniers acadiens en 1831.

Hommes en carriole
Les fermes sont exploitées de manière traditionnelle par des gens du coin qui viennent tous les jours. Les récoltes sont transportées en carriole dans les granges pour l'hiver.

La ferme Doucet, construite en 1840, a retrouvé son aspect d'origine.

La ferme Mazerolle vend du pain frais cuit tous les jours sur place dans un grand four.

Hangar Robin

Taverne Poirier

Maison Savoie Centre d'éducation

Maison Godin

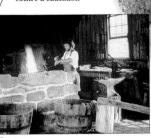

Forge
C'était à maints égards le centre de la communauté. Tous les villages acadiens avaient leur forgeron qui réparait les outils agricoles et ferrait les chevaux.

0   100 m
0   100 yards

Le centre d'accueil propose une présentation audiovisuelle et son restaurant sert une cuisine acadienne typique.

Île du Prince-Édouard ❿

Superbe et bucolique, l'île du Prince-Édouard est célèbre pour ses paysages luxuriants. Ses chaudes couleurs, ses champs émeraude, ses routes de terre rouge et sa mer saphir se combinent à l'infini pour charmer le regard. Elle est bien connue des golfeurs qui viennent jouer leur balle sur les meilleurs parcours du Canada, et des adeptes de soleil qui lézardent sur ses plages de sable. Cette île semble destinée à la découverte tranquille. Les routes côtières sinueuses offrent un panorama sans cesse renouvelé de mer, de sable et de ciel. Les petites villes historiques abritent des galeries d'art et d'élégantes auberges qui proposent de fameux dîners de homards, frais pêchés dans l'Atlantique.

Green Gables
Cette demeure du XIXᵉ siècle servit de cadre au roman Anne… La maison aux pignons verts.

Baie de Malpeque
Elle dépend en partie du parc provincial de Cabot Beach. On y ramasse annuellement 10 millions des célèbres huîtres de Malpeque.

Dans le parc provincial de Cedar Dunes, un phare de 1875, restauré, veille sur des plages de sable et un grand camping près de la mer.

North Cape

Mill

Portage

BAIE D'EGMONT

Malpeque

Cavendish

Kensington

Hunter River

Victoria

LÉGENDE

▬ Route principale

═ Route secondaire

▬ Cours d'eau

— Limite du parc national

🛳 Ferry

✈ Aéroport

☼ Point de vue

À NE PAS MANQUER

★ Le parc national

★ Charlottetown

Summerside
Cette ville paisible aux belles rues ombragées s'anime en juillet pour le festival du homard.

Le pont de la Confédération, inauguré en 1997, relie l'île au continent. Long de 13 kilomètres, il a coûté 900 millions de dollars canadiens.

0   100 km

0   100 miles

★ Parc national de l'île du Prince-Édouard

Avec ses 40 kilomètres de côtes où alternent falaises et plages baignées d'une mer tempérée, ce parc offre d'excellentes prestations aux sportifs et aux vacanciers. Un centre d'accueil s'adresse aux amateurs de faune marine.

MODE D'EMPLOI

Water St., Charlottetown. (902) 368 4444. Charlottetown. pour Wood Islands, Borden-Carleton. pour Wood Islands, Borden-Carleton, Souris.

Phare d'East Point
Au point le plus oriental de l'île se dresse un phare du XIXe siècle dont la salle de radio a été restaurée. Sans gardien et totalement automatique, il est désormais ouvert aux visiteurs.

★ Charlottetown

Les élégantes rangées de maisons du XIXe siècle sont typiques de la plus petite capitale provinciale du Canada. C'est dans cette ville aujourd'hui assoupie que la Confédération Canadienne vit le jour en 1867.

Red Point Beach
Des rochers rouges caractéristiques descendent jusqu'aux longues plages où le sable émet des sons mystérieux à chaque pas.

St. Peter's

Souris

ÎLES DE LA MADELEINE

Hillsborough

Georgetown

Orwell

Valleyfield

DÉTROIT DE NORTHUMBERLAND

Le parc provincial de Brudenell River, entouré de côtes rocheuses, offre de beaux panoramas marins.

NOUVELLE-ÉCOSSE

Panmure Island

À la découverte de l'île du Prince-Édouard

Dans la plus petite province du Canada, les activités sont si concentrées que tout est à portée de la main. Avec ses avenues impeccables, Charlottetown, au centre de l'île, est connue pour être le berceau du Canada. Dans la campagne environnante, des routes de terre rouge mènent à de minuscules parcs provinciaux en passant par des fermes et des villages de pêcheurs. Vers la côte nord se déploient les paysages verts et vallonnés du parc national de l'île du Prince-Édouard, avec ses célèbres plages, tandis qu'au sud, les eaux plus chaudes sont propices à la baignade.

Cabanes de pêcheurs au bord de la French River, près de Cavendish

Cavendish
Cette petite ville est si animée qu'on a du mal à y reconnaître le cadre paisible d'*Anne… La maison aux pignons verts*, roman de Lucy Maud Montgomery. Pour retrouver l'atmosphère d'antan, on pourra se rendre à **Lucy Maud Montgomery's Cavendish Home**, où l'écrivain vécut de longues années, ou à **Green Gables**, demeure du XIXᵉ siècle et source d'inspiration du récit.

♛ Lucy Maud Montgomery's Cavendish Home
Route 6. ☎ (902) 963 2231. ◯ de juin à oct. : de 10 h à 17 h t.l.j. ♿ 🅿

♛ Green Gables
Route 6. ☎ (902) 672 6350. ◯ de mai à oct. : de 9 h à 20 h t.l.j. ♿

Cavendish
Routes 6 & 13. ℹ (902) 963 7830.

Parc national de l'île du Prince-Édouard
Green Gables fait partie de ce parc dont l'entrée ouest se trouve à Cavendish. C'est la partie la plus animée. Avec son sable fin et sa mer calme, Cavendish Beach est l'une des plages les plus fréquentées de la province. Les touristes préfèrent souvent North Rustico Beach, au bout de la route du bord de mer. À l'extrémité ouest du parc, le Homestead Trail traverse 8 kilomètres de bois et de prairies verdoyantes.

Le côté est du parc est plus paisible. Reeds and Rushes, un trottoir en bois, conduit rapidement à une zone marécageuse où nichent des espèces locales d'oies et de canards.

♣ Parc national de l'île du Prince-Édouard
🅿 Charlottetown. ⛴ Wood Islands. ℹ (902) 672 6350. ◯ t.l.j. 🅿 🅿

La côte sud
Les routes de la côte sud, entre le pont de la Confédération et Charlottetown, offrent des vues superbes des terres cultivées et des rivages marins. C'est au petit village de Victoria-by-the-Sea qu'on trouvera les plus jolies boutiques d'artisanat de l'île.

Sur le chemin de Charlottetown, un bref détour permet de visiter le **Lieu historique national de Fort Amherst-Port la Joye** où, en 1720, les Français établirent la première colonie permanente de l'île. Les Britanniques s'en emparèrent en 1758 et bâtirent Fort Amherst pour protéger l'entrée du port de Charlottetown. Les remblais sont toujours visibles au milieu d'un parc.

♛ Lieu historique national de Fort Amherst-Port la Joye
Rocky Point. ☎ (902) 566 7626. ◯ de mai à oct. : t.l.j. 🅿 🅿

Cavendish Beach est l'un des lieux les plus appréciés du parc national de l'île du Prince-Édouard

Vue de l'église du xixe siècle du Village historique d'Orwell Corners

Panmure Island

La beauté naturelle de la partie est de l'île est particulièrement manifeste à Panmure Island, au sud de Georgetown. Ses routes plates font le bonheur des cyclistes. L'été, le **phare** octogonal en bois est ouvert, et, du sommet, le regard embrasse plages, marais salants et forêts. Édifié en 1853, il guide toujours les bateaux qui entrent au port.

⊞ Phare de Panmure Island
Panmure Island. **☎** (902) 838 3568.
◯ juil. et août : de 9 h à 18 h t.l.j.

Village historique d'Orwell Corners

À la lisière du petit hameau d'Orwell, le Village historique d'Orwell Corners recrée la vie quotidienne d'une modeste communauté du xixe siècle. Orwell Corners était florissant jusqu'à une date récente, mais l'évolution des transports et du commerce ont diminué son importance. Restauré et ouvert en 1973, le village compte entre autres une forge, une église, une école et Clarke's Store. Ce magasin était le cœur de la communauté ; à l'étage, des couturières confectionnaient les robes des dames de la région.

À juste un kilomètre, la **résidence de sir Andrew Macphail** est une demeure victorienne qu'adorait son propriétaire. Ce médecin, journaliste, professeur et soldat, comptait parmi ses amis des Premiers ministres et des écrivains de renom comme Kipling. Entourée de bois profonds sillonnés de sentiers, la maison renferme des objets évoquant sa vie.

⊞ Village historique d'Orwell Corners
Orwell. **☎** (902) 651 2013.
◯ de mai à oct. : t.l.j
⊞ Résidence de sir Andrew Macphail
par la route 1, Orwell. **☎** (902) 651 2789. **◯** de juin à sept. : de 10 h à 17 h t.l.j.

Charlottetown

C'est une ravissante petite ville. Sur Peake's Quay, les voiliers se balancent mollement le long de la marina, et magasins et restaurants se pressent sur le front de mer. L'élégant **Confederation Centre of the Arts** présente un nombre impressionnant de spectacles, notamment la fameuse comédie musicale *Anne... La maison aux pignons verts*.

Charlottetown est le berceau du Canada. En effet, en 1864, à **Province House**, Lieu historique national, s'est tenue la conférence qui a donné

naissance à l'État canadien *(p. 44)*. Plusieurs pièces soigneusement restaurées ont retrouvé leur aspect du xixe siècle. Autre Lieu historique national, **Ardgowan** était jadis la demeure de William Pope, un des pères de la Confédération.

🏛 Confederation Centre of the Arts
145 Richmond St. **☎** (902) 628 1864. **◯** t.l.j.
⊞ Lieu historique national de Province House
165 Richmond St. **☎** (902) 566 7626.
◯ t.l.j., téléphoner pour les horaires.

⊞ Lieu historique national d'Ardgowan
Mount Edward Rd. **☎** (902) 566 7050. **◯** t.l.j.
Charlottetown
ℹ Water St. (902) 368 4444.

Demeures historiques dans Great George Street, à Charlottetown

LUCY MAUD MONTGOMERY

L'auteur le plus célèbre de l'île naquit à Cavendish en 1874. La maison voisine de Green Gables servit de cadre à *Anne... La maison aux pignons verts* (1908), dont le récit se déroule à la fin du xixe siècle. Ce roman, dont le manuscrit ne fut accepté qu'à la sixième présentation, connut un succès mondial. A ce jour, des millions d'exemplaires ont été vendus en seize langues. En 1911, Lucy se maria et partit pour l'Ontario où elle éleva ses deux fils. Elle écrivit encore 17 livres dont 10 mettant Anne en scène. Tous sauf un ont pour cadre l'île du Prince-Édouard. Elle mourut en 1942. Sa tombe donne sur les fermes et les champs de Cavendish, sa ville natale bien-aimée, l'Avonlea qu'elle mentionne si souvent dans ses récits. **L'écrivain Lucy Maud Montgomery**

Amherst ⓫

🏚 9 700. 🚌 ℹ️ *Route 104, sortie 1(902) 667 0696.*

Cette ville commerçante et agricole animée, en plein centre des provinces maritimes, surplombe les magnifiques marais de Tantramar – les plus grands du monde. Ils sont bordés de terres asséchées grâce aux digues bâties par les Acadiens au XVIIIᵉ siècle. Le **Cumberland County Museum**, installé dans la résidence familiale du sénateur R. B. Dickey, un des pères de la Confédération, met l'accent sur le développement industriel de la région et son histoire naturelle. On notera les intéressants échantillons des marchandises fabriquées jadis dans les usines dynamiques de la ville.

🏛 **Cumberland County Museum**
150 Church St. 📞 *(902) 667 2561.* ⭕ *de juin à sept. : t.l.j.* 🈲 ♿

Truro ⓬

🏚 11 700. 🚌 🚌 ℹ️ *Victoria Square (902) 893 2922.*

Ville prospère au carrefour des principales routes de la Nouvelle-Écosse, Truro est connue pour son mascaret : quand la marée monte dans la baie de Fundy et s'engouffre dans le Minas Basin, elle engendre une vague qui remonte sur plusieurs kilomètres les rivières se jetant au fond du bassin. Un panneau près de la Salmon River explique ce phénomène

La façade de Haliburton House, demeure du célèbre humoriste, à Windsor

et donne les heures de marées. Les vagues atteignent parfois 2 mètres de haut, notamment à la nouvelle lune et à la pleine lune, créant un bouillonnement d'écume sur lequel on peut faire du rafting. C'est le cas, non loin, sur la Shubenacadie.

Parrsboro ⓭

🏚 1 600. ℹ️ *Main St. (902) 254 3266.*

Sur la rive nord du Minas Basin, Parrsboro possède les plus fortes marées du monde, qui dépassent 15 mètres d'amplitude. Avec ses plages parsemées de pierres semi-précieuses et de fossiles, le Minas Basin attire aussi les minéralogistes amateurs. L'excellent **Fundy Geological Museum**, à Parrsboro, possède de superbes améthystes trouvées dans la région, ainsi que des empreintes et des os de dinosaure.

Crâne de dinosaure, Fundy Geological Museum

🏛 **Fundy Geological Museum**
162 Two Islands Rd. 📞 *(902) 254 3814.* ⭕ *de juin à mi-oct. : t.l.j. ; de fin oct. à mai : du mar. au dim.* 🈲 ♿

Windsor ⓮

🏚 3 600. 🚌 ℹ️ *Autoroute 101, sortie 6 (902) 798 2690.*

C'est dans cette ville paisible dont les élégantes demeures victoriennes se reflètent dans l'Avon qu'habitait le juge Thomas Chandler Haliburton. Homme de loi et historien, il fut également l'un des premiers humoristes d'Amérique du Nord largement reconnus. Ses aventures de Sam Slick connurent un immense succès au milieu du XIXᵉ siècle. Ce personnage, intelligent et hâbleur, est un colporteur d'horloges yankee qui forge des expressions passées dans le langage courant. La maison de Haliburton a été transformée en musée : le **Haliburton House Provincial Museum**. Entourée de jardins qu'il entretenait lui-même, elle est meublée d'antiquités victoriennes et contient des objets personnels, comme son bureau.

🏛 **Haliburton House Provincial Museum**
414 Clifton Ave. 📞 *(902) 798 2915.* ⭕ *de juin à mi-oct. : t.l.j.* ♿ *partiel.*

La plage de Two Island à Parrsboro, connue pour deux affleurements rocheux appelés les « Frères de Parrsboro »

Wolfville ⑮

🏠 3 500. 🛈 Willow Park (902) 542 7000.

Un charme très raffiné se dégage de Wolfville, siège de l'illustre université Acadia, et de la campagne environnante. La fertile vallée d'Annapolis rejoint ici les rives du Minas Basin, donnant naissance à une région de riches terres cultivées, de vergers, de zones intertidales et de marais salants où la faune abonde.

La plupart des terres arables ont été gagnées sur les marais grâce aux digues construites par les Acadiens au XVIIIᵉ siècle. Après le Grand Dérangement de 1755 (*p. 58-59*), les Britanniques les offrirent aux villageois les plus démunis de la Nouvelle-Angleterre, à condition qu'ils s'y implantassent par village entier. Ces colons très travailleurs – les planteurs – apportèrent la prospérité aux villes de la vallée d'Annapolis.

Wolfville est une jolie localité aux avenues bordées de magasins et de restaurants. Le centre d'information touristique marque le début d'une belle balade qui longe les digues acadiennes sur 5 kilomètres jusqu'au **Lieu historique national de Grand-Pré**. L'arrivée des Britanniques dans ce village acadien en août 1755 marqua le début du Grand Dérangement : ils expulsèrent des milliers d'Acadiens, pourtant pacifiques, de Nouvelle-Écosse. Pour commémorer cette tragédie, une superbe église en pierre a été élevée en 1921 sur le modèle des églises rurales françaises à l'emplacement de l'ancien village de Grand-Pré. On peut la visiter et flâner dans les jardins où une statue d'Évangéline, l'héroïne du poème épique de Longfellow sur les Acadiens, attend Gabriel, son amoureux. Le centre d'information du site présente une exposition sur les Acadiens, leur

Évangéline, héroïne du poème de Longfellow

déportation et leur retour dans les provinces maritimes.

🛐 Lieu historique national de Grand-Pré

Autoroute 101, sortie 10 🛈 (902) 542 3631. ◯ t.l.j. 🖼 ♿

Annapolis Royal ⑯

🏠 630. 🚌 🛈 Prince Albert Rd. (902) 532 5769.

Tout à l'ouest de la vallée d'Annapolis, cette ville historique pittoresque est proche de l'endroit où Samuel de Champlain créa en 1605 le premier comptoir de fourrures de Port-Royal (*p. 41*). Le **Lieu historique national de Port-Royal** en est une réplique fidèle. Les fermes françaises de l'époque ont été reconstituées, d'après des plans de Champlain lui-même.

À une heure de route vers l'intérieur des terres, le **parc national de**

Panneau à l'entrée du parc de Kejimkujik

Kejimkujik couvre 381 kilomètres carrés de nature sauvage, émaillée de lacs et de fleuves étincelants. Il existe de nombreux itinéraires de balade en canoë et quinze sentiers de randonnée allant de la simple promenade au circuit de 60 kilomètres à la découverte de la faune.

🛐 Lieu historique national de Port-Royal

15 km O. d'Annapolis Royal. 🛈 (902) 532 5589. ◯ de mai à oct. : de 9 h à 17 h. 🖼 ♿

🌲 Parc national de Kejimkujik

Autoroute 8. 🛈 (902) 682 2772. ◯ t.l.j. 🖼 de mi-mai à oct. ♿

Digby ⑰

🏠 2 300. ✈ 🚌 ⛴ 🛈 Shore Rd. (902) 245 2201.

Le nom de Digby, actif port de pêche, est avant tout associé aux pétoncles charnues qui sont la prise principale de son importante flottille. Un parcours touristique longeant la presqu'île de Digby jusqu'aux côtes rocheuses de Long Island et Brier Island permet de jouir des paysages magnifiques des environs. Au large de ces deux îles, les rorquals communs, les petits rorquals et les baleines à bosse sont nombreux. Les excursions pour aller les observer sont une des distractions favorites de la région. Parfois même, on peut voir des baleines franches noires. Il n'y en a que trois cent cinquante par le monde, dont deux cents l'été dans la chaude baie de Fundy.

Enfants s'essayant au canoë sur un lac du parc national de Kejimkujik

Maisons au bord de l'eau à Bridgewater, près de Lunenburg, en Nouvelle-Écosse ▷

Le Dory Shop Museum à Shelburne, centre de construction de bateaux

Shelburne ⑱

🏛 2 250. 🚗 🛈 Dock St. (902) 875 4547.

Ville historique paisible, Shelburne est blottie au fond d'un port abrité. Elle a été fondée à la hâte par 3 000 fidèles de l'Empire britannique fuyant les persécutions après la guerre de l'Indépendance de 1775. D'autres loyalistes suivirent et Shelburne devint rapidement la plus grande ville britannique d'Amérique du Nord, avec une population de 16 000 habitants. Mais beaucoup des nouveaux arrivants étaient de riches marchands non préparés aux rigueurs de la vie dans ces terres sauvages. Peu à peu, ils partirent s'installer à Halifax ou rentrèrent en Angleterre, abandonnant les belles demeures du XVIIIᵉ siècle qu'ils s'étaient fait construire.

Une promenade dans Water Street permet d'admirer certaines des plus belles, avant d'arriver au **Dory Shop Museum**, sur le quai. Depuis sa fondation en 1880, ce bâtiment de deux niveaux abrite un musée et un atelier de construction de doris. À l'époque de la flotte de goélettes de Grands Bancs, ces embarcations à fond plat étaient réputées pour leur résistance et leur navigabilité, et Shelburne était fière de ses sept ateliers d'où sortaient tous les ans des milliers de bateaux.

🏛 Dory Shop Museum
Dock St. ☎ (902) 875 3219. 🔵 de juin à sept. : t.l.j. 🎟 🛦 partiel.

Lunenburg ⑲

🏛 2 800. 🚗 🛈 Front de mer (902) 634 8100.

C'est la ville maritime la plus poétique de Nouvelle-Écosse. Au milieu du XVIIIᵉ siècle, désireux de disposer d'une autre colonie loyaliste, les Britanniques tracèrent un plan d'urbanisme pour Lunenburg et en offrirent les terrains à des colons protestants allemands. En 1996, la ville a été inscrite sur la liste du patrimoine mondial de l'Unesco. C'est en effet un des exemples les mieux conservés d'établissement britannique planifié au Nouveau Monde.

Sur le front de mer, le **Fisheries Museum of the Atlantic** occupe plusieurs bâtiments anciens. Aux quais du musée sont amarrés de nombreux navires comme le *Theresa E. Conner*, la dernière goélette de Grands Bancs.

🏛 Fisheries Museum of the Atlantic
Bluenose Dr. ☎ (902) 634 4794. 🔵 de mi-mai à mi-oct. : t.l.j. ; de fin oct. à mai : du lun. au ven. 🎟 🛦 partiel.

Une des trois églises du bord de mer de Mahone Bay

Mahone Bay ⑳

🏛 1 100. 🚗 🛈 Autoroute 3 (902) 624 6151.

La petite localité de bord de mer de Mahone Bay a été désignée « plus jolie ville du Canada ». Blotties au fond de la baie éponyme, des demeures du XVIIIᵉ siècle s'alignent sur le front de mer, et trois églises se reflètent

Le Fisheries Museum of the Atlantic, sur les quais romantiques de Lunenburg

majestueusement dans les eaux calmes du port.

La ville a attiré les meilleurs artistes et artisans du Canada, dont les boutiques pittoresques bordent la rue principale. Le petit **Settlers Museum** évoque l'installation des colons protestants en 1754 et l'importance des chantiers navals locaux. Il possède également une remarquable collection de céramiques et d'antiquités des XVIIIe et XIXe siècles.

🏛 **Settlers Museum**
578 Main St. 📞 *(902) 624 6263.*
⭕ *de mai à sept. : du mar. au dim.*

Peggy's Cove ㉑

🏃 *60.* ℹ️ *Sou'wester (902) 823 2256.*

L e phare de Peggy's Cove, qui coiffe des rochers de granit fouettés par les vagues, est l'une des curiosités les plus photographiées du Canada et le symbole du lien ancien entre la Nouvelle-Écosse et la mer. Avec ses maisons colorées accrochées aux rochers, son petit port aux jetées ayant subi l'épreuve du temps et ses hangars à poisson, ce village de pêcheurs figure parmi les plus pittoresques de la province. Il est très agréable de s'y promener, sauf aux alentours de midi en été à cause des nombreux cars de touristes. Le début de la matinée et la fin de l'après-midi sont les meilleurs moments pour parcourir tranquillement le promontoire de granit, en jouissant des brises marines salées et des séduisants panoramas côtiers.

Le village est la patrie de William E. deGarthe (1907-1983), célèbre artiste et sculpteur inspiré par la mer. Soixante-cinq de ses tableaux et sculptures les plus connus sont exposés à la deGarthe Gallery, juste au-dessus du port. Devant celle-ci, le Memorial est une sculpture de 30 mètres créée par deGarthe à la mémoire des pêcheurs de Nouvelle-Écosse. Taillée dans un affleurement de granit, elle représente 32 d'entre eux avec

Le phare de Peggy's Cove, emblème des provinces maritimes

leur femme et leurs enfants. Le grand ange évoque un personnage réel : Peggy, unique survivante d'un terrible naufrage au XIXe siècle, qui a donné son nom au village.

Halifax ㉒

P. 86-87.

La côte est ㉓

🚉 *Halifax.* 🚌 *Antigonish.* ⛴ *Pictou.* ℹ️ *Canso (902) 366 2170.*

U ne excursion sur la côte est ramène le visiteur dans la Nouvelle-Écosse d'antan. En effet, les villes et villages de cette partie de la province ont peu évolué depuis le début du XXe siècle. La minuscule ferme qui abrite le Fisherman's Life Museum à Jeddore, Oyster Ponds (60 kilomètres à l'est de Halifax), était habitée vers 1900 par un pêcheur côtier, sa femme et ses 13 filles. Aujourd'hui, des guides en

costume d'époque (la plupart sont les épouses des pêcheurs locaux) reproduisent dans ce musée vivant le quotidien d'une famille de pêcheurs. Les visiteurs qui arrivent à midi sont parfois invités à partager le déjeuner préparé sur une cuisinière à bois. Des démonstrations de crochetage de tapis, de fabrication de *quilts* et de tricot ont lieu tous les jours, et on peut visiter les locaux où le poisson salé était conservé.

Cependant, le plus grand musée vivant de Nouvelle-Écosse est **Sherbrooke Village**. Entre 1860 et 1890, la localité connut une croissance spectaculaire en raison de la ruée vers l'or et de l'exploitation forestière. L'or épuisé, Sherbrooke s'assoupit de nouveau. Au début des années 1970, 25 bâtiments historiques ont été restaurés. Dans le village, des dizaines de guides en costume font revivre la Nouvelle-Écosse du XIXe siècle. La promenade en carriole permet d'avoir un bon aperçu de la ville tout en écoutant le cocher raconter des épisodes de l'histoire locale. Chez l'apothicaire, on assiste à l'élaboration minutieuse de différentes préparations pharmaceutiques, et on peut poser en costume d'époque devant une caméra ancienne transférant les images sur une plaque de verre. Aux portes de la ville, le Lumber Mill est un moulin actionné par une énorme roue hydraulique.

🏫 **Sherbrooke Village**
par l'Autoroute 7. 📞 *(902) 522 2400.* ⭕ *de juin à oct. : t.l.j.* 📷

Visite chez l'apothicaire au musée vivant de Sherbrooke Village

Halifax ❷

**Mémorial
des hommes
de la marine
marchande**

Une mer miroitante, des parcs entretenus avec soin et un mariage unique d'édifices modernes et anciens font de Halifax une ville romantique et fascinante. Aujourd'hui, on a peine à croire que ce foyer de culture a été pendant 250 ans une place forte belliqueuse. Fondée en 1749 par le général George Cornwallis et 2 500 colons anglais, Halifax devait servir de base militaire aux Britanniques au nord de Boston. Elle connut un passé aventureux : à une époque où le commerce maritime permettait d'amasser des fortunes colossales, les corsaires venaient y parader. Avec ses nombreux collèges et ses 5 universités, Halifax est désormais l'un des principaux centres d'enseignement supérieur du Canada.

À la découverte de Halifax

La ville est facile à explorer à pied, car la plupart des musées, sites, magasins et restaurants sont situés dans le centre historique, assez ramassé.

Pour admirer l'architecture du passé, rien ne vaut une promenade dans le quartier à l'ouest de Brunswick Street, vallonné et verdoyant. De la citadelle, on jouit d'un excellent panorama de la ville.

⊞ Historic Properties

1869 Upper Water St. ☎ (902) 429 0530. ◯ t.l.j. ♿ partiel.
Les Historic Properties sont un ensemble d'élégantes bâtisses en pierre élevées le long des quais au XIXe siècle pour servir d'entrepôt aux corsaires. Aujourd'hui, on y trouve toutes sortes de magasins, des pubs et d'excellents restaurants. Elles sont le lieu de ralliement favori des habitants de Halifax durant les chaudes soirées d'été. Ils

viennent déambuler sous les lumières du port, écouter la musique qui s'échappe des pubs voisins, ou jouer au casino Sheraton.

🏛 Maritime Museum of the Atlantic .

1675 Lower Water St. ☎ (902) 424 7490. ◯ t.l.j. 🎦 l'été. ♿ 🎦 sur demande.
Situé sur le port, ce musée possède d'importantes collections consacrées à l'histoire maritime de la Nouvelle-Écosse, notamment de petites embarcations et un magasin restauré de fournitures pour bateaux. À l'extérieur, l'*Acadia*, très beau navire de recherche de 1921 remis en état, est amarré au quai. L'exposition la plus intéressante est celle du *Titanic*, qui présente des objets récupérés sur le navire, ainsi qu'un somptueux escalier, copie de l'original, réalisée pour le film *Titanic* (1997), tourné en partie ici.

⊞ Le port

ℹ (902) 490 5946.
D'intéressantes boutiques de cadeaux, des cafés et des restaurants installés dans des édifices anciens se succèdent le long d'un trottoir en bois. Cette charmante promenade aboutit au ferry de Dartmouth, l'un des plus vieux d'Amérique du Nord. L'excursion dans la rade est un moyen économique pour admirer Halifax.

⊞ Government House

1200 Barrington St.
ℹ (902) 490 5946.
Résidence actuelle du lieutenant-général de Nouvelle-Écosse, ce bâtiment est d'un grand intérêt historique et architectural ne se visite pas. Achevée en 1807, Government House a coûté plus de 72 000 dollars canadiens, somme énorme à l'époque.

**Le kiosque du jardin public
de Halifax, entouré de fleurs**

♣ Le jardin public

Spring Garden Rd. ☎ (902) 490 4895. ◯ t.l.j. ♿ partiel.
Créé en 1836, ce jardin est une belle oasis victorienne de 7 hectares de verdure et de couleurs, un havre de paix propice à la flânerie en plein cœur de la ville trépidante. Les allées serpentent parmi les mares aux canards, les fontaines et d'immenses parterres éclatants. Au centre du jardin, un kiosque chamarré accueille des concerts le dimanche. Pendant le week-end, des artisans présentent leurs créations, variées et colorées, devant les grilles en fonte du parc.

Le front de mer de Halifax vu depuis le ferry de la ville

🏛 Lieu historique national de la citadelle de Halifax

☎ (902) 426 5080. 🕒 de mai à oct. : t.l.j. 🎫 l'été. ♿ 🤚

Édifiée entre 1828 et 1856, la citadelle, en forme d'étoile, domine la ville, offrant une vue superbe sur ce port naturel, deuxième du monde par la taille. Avec ses lignes de fortification, elle constitua une défense si redoutable que Halifax ne fut jamais attaquée. Sur le vaste terrain de manœuvres, le 78e régiment de Highlanders, en kilt, exécute deux fois par jour des exercices de mousquet. À l'intérieur, l'exploration des magasins de poudre et des tunnels sombres qui mènent à des chambres secrètes fait le bonheur des enfants.

🏛 Old Town Clock

Symbole de la ville, cette vieille tour se trouve au pied de la citadelle. Son horloge fut offerte en 1803 par le prince Edward, duc de Kent, qui était à l'époque le commandant de la place. Très à cheval sur la ponctualité, il dessina une horloge à quatre cadrans, un pour chaque direction, pour que militaires et citadins ne soient jamais en retard. La base de l'horloge abritait jadis le logement du gardien (qui ne se visite pas).

La célèbre horloge d'Halifax, offerte en 1803 par la famille royale d'Angleterre

Mode d'emploi

👥 115 000. ✈ 35 km N. de la ville. 🚆 CN Station. 🚌 6040 Almon St. ℹ Halifax International Visitors' Centre, 1595 Barrington St. (902) 490 5946. 🎉 Nova Scotia International Tattoo (juil.) ; Atlantic Jazz Festival (juil.).

🏛 Province House

1726 Hollis St. *☎ (902) 424 4661. 🤚 t.l.j. ♿*

Bâtie entre 1811 et 1819, Province House est le plus ancien bâtiment législatif du Canada. Ses dimensions modestes sont compensées par l'élégance de ses lignes et l'importance des décisions prises entre ses murs. En 1863, les pères de la Confédération s'y réunirent pendant deux jours pour discuter de la création du Canada *(p. 44)*. On peut visiter les salles où ces projets virent le jour.

Halifax d'un coup d'œil

Citadelle 6
Government House 4
Historic Properties 1
Jardin public 5
Maritime Museum of the Atlantic 2
Old Town Clock 7
Port 3
Province House 8

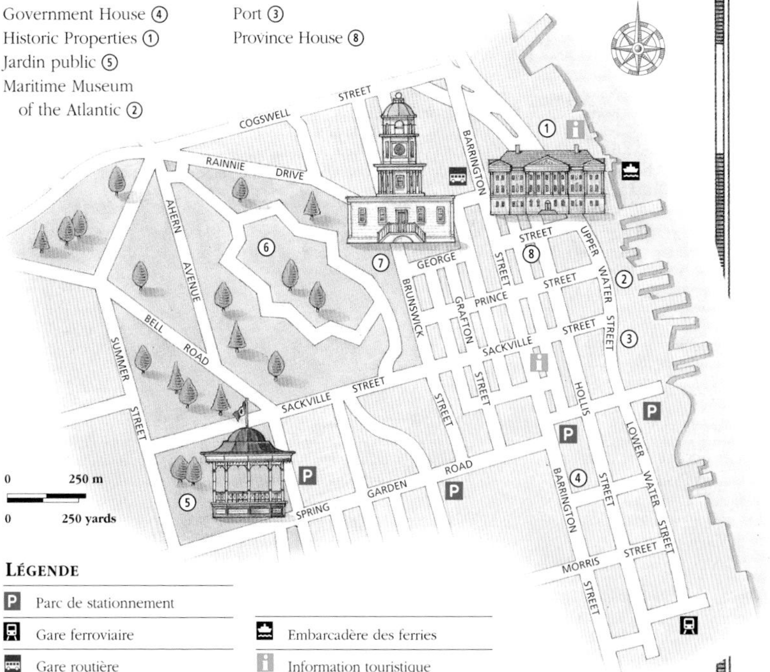

Légende

- P Parc de stationnement
- 🚆 Gare ferroviaire
- 🚌 Gare routière
- ⛴ Embarcadère des ferries
- ℹ Information touristique

Île du Cap-Breton ㉔

Whisky Glenora

L'attrait majeur du cap Breton est son extraordinaire beauté naturelle. Tous les ans, des milliers de visiteurs parcourent la fameuse Cabot Trail à la découverte des paysages rocailleux du parc national des Hautes-Terres du Cap-Breton *(p. 90-91)*. Mais la splendeur de cette île verte et fertile se manifeste également au long des routes de campagne et dans les régions plus reculées. Les Mabou Highlands, qui enlacent les eaux douces du lac Ainslee, le lac Bras d'or, aux rives pittoresques survolées par des aigles, et les villages côtiers romantiques comme Gabarus, battu par le vent, sont des sites incontournables. C'est aussi le cas de la forteresse de Louisbourg, reconstitution d'une ville de garnison française du XVIIIᵉ siècle.

La Cabot Trail
Elle est particulièrement spectaculaire sur les 106 kilomètres qui suivent la côte.

Église Saint-Pierre à Cheticamp
Élevée en 1883, sa flèche en argent est typique des églises catholiques. L'église est en plein centre de Cheticamp, cœur de l'importante communauté acadienne locale de 3 000 personnes. La ville est aussi connue pour l'observation des baleines.

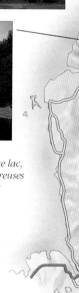

Lac Ainslee
Des routes touristiques font le tour de ce lac, dont les eaux calmes attirent de nombreuses espèces d'oiseaux comme les plongeons huards et les balbuzards pêcheurs.

LÉGENDE

▬▬	Route principale
═══	Route secondaire
▬▬	Route pittoresque
—	Cours d'eau
ℹ	Information touristique
☼	Point de vue
✈	Aéroport
—	Limite du parc national
⚓	Ferry

Margaree Harbour

Malgarita

Mabou

105

St. Pe

Port Hastings

104

Isle Madame

0   15 km
0   15 miles

Bay St.
Lawrence

PARC NATIONAL
DES HAUTES-TERRES
DU CAP-BRETON

Ingonish
Beach

Bird
Islands

St. Ann's

[105]

Baddeck

St. Andrew's Channel

[223]

Iona

[4]

Big Pond

Bras d'or

[125]

Glace Bay

[4]

[327]

Gabarus

MODE D'EMPLOI

ⓘ (902) 925 5781.
✈ *Sydney.*
⊟ *de Halifax.*
⚓ *de Port aux Basques et
Argentia, Terre-Neuve.*

Meat Cove
*Réputée comme l'un des
plus beaux sites de l'île
du Cap-Breton, cette baie
réserve des vues de l'océan
à couper le souffle.*

**La ville de Sydney
Mines** remonte au
XVIIIᵉ siècle ; les
galeries des mines
se prolongent sous
la mer jusqu'à
5 kilomètres.

Sydney
*Relativement petite, bien
que troisième ville de
Nouvelle-Écosse, Sydney est
un centre minier depuis de
longues années. Ses maisons
anciennes constituent
aujourd'hui son principal
attrait.*

**L'Alexander Graham
Bell Museum** est situé au
bord du lac Bras d'or,
dans ce qui fut la
résidence d'été de
Bell pendant 30 ans.
Plans, copies et
prototypes de ses
plus célèbres
inventions y sont
exposés.

Maisons des pionniers
*Construites au XIXᵉ siècle
à Iona, elles ont été
entièrement restaurées.*

Forteresse de Louisbourg
*Sa visite est une plongée en l'an
1744, en plein Canada
français (p. 92-93). Tout
autour, des sentiers invitent
à la promenade.*

À la découverte de l'île du Cap-Breton

**Homard frais
du cap Breton**

L'île la plus étendue de Nouvelle-Écosse possède certains des paysages les plus grandioses du Canada. Des collines des Hautes-Terres parcourues de ruisseaux étincelants aux plages de sable fin, les 300 kilomètres de la Cabot Trail assurent une des plus mémorables excursions du pays. Des routes de campagne séduisantes mènent aux magnifiques Mabou Highlands qui entourent le lac Ainslee et à de petites villes romantiques comme Baddeck ou le village acadien de Chéticamp, près de la verte vallée de la Margaree.

Après North Mountain, qui est le point culminant du parc (475 mètres), elle atteint la vallée de l'Aspy, où un embranchement mène au pied des chutes de Beulach Ban, hautes de 30 mètres.

Au cap nord, une petite route se dirige vers Bay St. Lawrence, village en bordure du parc où l'on peut observer les baleines, puis à Meat Cove, au bout d'un parcours magnifique. Plus loin, le Scenic Loop se détache de la Cabot Trail pour longer la côte, offrant des vues impressionnantes dans sa descente sur White Point. Cette route rejoint la Cabot Trail à l'est, à la station balnéaire d'Ingonish. Son terrain de golf, le Highland Links, est l'un des plus réputés du Canada.

♣ Parc national des Hautes-Terres du Cap-Breton

🛈 Ingonish Beach.
📞 (902) 285 2691. ⭘ t.l.j. ▨
♿ partiel.

Baddeck

Situé au nord-ouest du lac Bras d'or, en face de la propriété d'Alexander Graham Bell, tombé amoureux de l'endroit, le lieu de séjour le plus recherché de l'île est niché au milieu de riches terres arables. Baddeck est restée la petite ville accueillante qui séduisait les visiteurs au XIXᵉ siècle. Tout est accessible à pied. La rue principale, bordée de boutiques, de cafés et de restaurants, suit la rive du lac, et Water Street, également au bord de l'eau, est le point de départ pour des promenades en bateau.

La principale curiosité de Baddeck est le **Lieu historique national Alexander Graham Bell**. Un musée y abrite une très riche collection de photos, documents et objets sur la vie du célèbre inventeur et philanthrope, allant de ses premiers téléphones à une reproduction de son hydrofoil, le HD-4.

Baddeck

🛈 Chebucto St. (902) 295 1911.
🏛 **Lieu historique national Alexander Graham Bell**
559 Chebucto St. 📞 (902) 295 2069. ⭘ t.l.j. ▨♿

Bateaux de pêche au homard à Main à Dieu, sur l'île du Cap-Breton

Parc national des Hautes-Terres du Cap-Breton

Dans les années 1930, le gouvernement canadien créa ce parc national de 1 520 kilomètres carrés dans les Hautes-Terres, à l'extrémité nord de l'île du Cap-Breton. Alternance de montagnes, d'étendues sauvages verdoyantes et de splendides côtes battues par les vents, il doit aussi sa célébrité à la Cabot Trail, une route spectaculaire dont un tronçon épouse la côte nord sur 106 kilomètres, entre Chéticamp et Ingonish.

De part et d'autre de la Cabot Trail, principal itinéraire à l'intérieur du parc, se trouvent la plupart des curiosités. La route commence par escalader les pentes des montagnes littorales, puis continue vers le plateau des Hautes-Terres. Juste après French Lake, la courte Bog Walk est une promenade de planches qui traverse les marécages ; des panneaux explicatifs décrivent cet écosystème lié aux tourbières,

où poussent des espèces rares d'orchidées. Il arrive aussi qu'on aperçoive l'un des nombreux orignaux qui paissent dans ces zones humides.

Après avoir franchi les French Mountains et les Mackenzie Mountains, la Cabot Trail amorce une descente spectaculaire vers le hameau ancien et plein de charme de Pleasant Bay, pour retourner ensuite dans les Hautes-Terres.

La mer à Ingonish Beach, sur l'île du Cap-Breton

Pêcheur à la mouche dans les eaux de la Margaree, qui abondent en saumons et en truites

Vallée de la rivière Margaree

Cette petite vallée vert émeraude est enchanteresse. Depuis le milieu du XIXᵉ siècle, la rivière attire des foules de pêcheurs à la truite et au saumon auxquels se joignent aujourd'hui randonneurs, amateurs d'antiquités et touristes.

Dans la petite ville de North East Margaree, le **Margaree Salmon Museum**, minuscule mais très chic, avec ses superbes cannes à pêche et moulinets anciens, séduit tous les visiteurs – pêcheurs ou non.

Des routes pavées ou gravillonnées longent la Margaree jusqu'au superbe site de Big Intervale, où ses sources dégringolent des Hautes-Terres. Les alentours se prêtent à la pêche, à la randonnée et au cyclotourisme.

Margaree Valley
Margaree Fork (902) 248 2803.
Margaree Salmon Museum
60 E. Big Interval Rd. (902) 248 2848. de mi-juin à mi-oct. : de 9 h à 17 h t.l.j. partiel.

Chéticamp

Cette ville animée est le principal centre acadien de Nouvelle-Écosse. Sa belle église, Saint-Pierre, se voit de la mer à des kilomètres. Les Acadiens du Cap-Breton sont d'habiles artisans et les sept coopératives de la ville produisent des céramiques et des tapis crochetés de toute beauté. Ceux d'Élisabeth LeFort, réputés, sont exposés au Vatican et à la Maison Blanche, et certains des plus beaux sont présentés au **Dr. Élisabeth LeFort Museum**, aux Trois-Pignons.

Chéticamp attire aussi les amoureux des baleines ; des excursions permettent d'observer les nombreuses espèces évoluant au large.

Dr. Élisabeth LeFort Museum
1584 Main St. (902) 224 2642. de mai à oct. : t.l.j.

Sydney

Sydney est la seule ville importante de l'île du Cap-Breton et la troisième de Nouvelle-Écosse. Siège de la plus grande aciérie d'Amérique du Nord, elle possède néanmoins un séduisant petit quartier historique. Plusieurs édifices y ont été restaurés, comme Cossit House et Jost House, qui datent des années 1870. Dans le centre-ville, boutiques, magasins et restaurants bordent Charlotte Street, la rue principale.

Sydney
Sydney (902) 539 9876.

ALEXANDER GRAHAM BELL

Alexander Graham Bell est né en Écosse en 1847. La surdité de sa mère fit qu'il se passionna dès l'enfance pour la parole et la communication. En 1870, sa famille s'installa en Ontario (p. 216). Ses travaux impliquant la transmission de la voix par des moyens électroniques, il commença à expérimenter différentes technologies utilisées par le télégraphe. En 1876, il émit le

Alexander Graham Bell

premier message téléphonique du monde. Son invention, brevetée, fit de lui l'un des hommes qui changèrent la face du monde. En 1877, il épousa Mabel Hubbard, une de ses étudiantes sourdes. En 1885, le couple visita le Cap-Breton où Bell fit construire plus tard sa belle propriété, Beinn Bhreagh. Jusqu'à sa mort en 1922, il y passa tous les étés à travailler. À Baddeck, l'Alexander Graham Bell Museum est consacré à sa vie et à ses divers travaux.

La forteresse de Louisbourg

Bâtie entre 1713 et 1744, cette splendide forteresse était le symbole de la puissance française au Nouveau Monde. C'est aujourd'hui la plus vaste reconstitution d'un ouvrage militaire en Amérique du Nord. La porte à peine franchie, le visiteur est ramené en 1744, au début de la guerre entre la France et l'Angleterre. Des dizaines de guides en costume d'époque recréent l'animation d'une ville commerçante française du XVIIIᵉ siècle : dans les rues et les maisons, marchands, soldats, poissonniers et lavandières vaquent à leurs activités quotidiennes. De la plus modeste habitation de pêcheur à l'élégante demeure de l'ingénieur militaire en chef, la plus grande attention a été portée à tous les détails. Les animateurs costumés donnent des informations sur la forteresse, son histoire et la vie des habitants qu'ils incarnent.

Guide en costume

Vue à vol d'oiseau
Siège du gouvernement et commandement central de la présence militaire française au Nouveau Monde, la forteresse abritait plusieurs milliers d'âmes.

```
0        50 m
0        50 yards
```

**Le quai
et la porte Frédéric**
Le quai est toujours le point central du fort car de nombreuses activités se déroulent près de l'imposante arcade jaune de l'entrée d'honneur.

★ La résidence de l'ingénieur
Chargé de tous les travaux publics à l'intérieur de la forteresse, l'ingénieur était un des hommes les plus puissants de la communauté.

À NE PAS MANQUER

★ Le bastion du roi

★ La résidence de l'ingénieur

MODE D'EMPLOI

Route 22, S.-O. de Louisbourg.
📞 (902) 733 2280. ⬤ mai, juin,
sept. et oct. : de 9 h 30 à 17 h
t.l.j. ; juil. et août : de 9 h à 19 h
t.l.j. 🅿️ 🅾️ ♿ 🚪 🖥️ 🍴 ↗️

★ Le bastion du roi
Cinq cents soldats français vivaient dans ces
bâtiments, sorte de citadelle à l'intérieur de la
forteresse.

La glacière servait à
entreposer les produits
frais pour la table du
gouverneur.

**Logements
des officiers**

La boulangerie du roi
On peut acheter du pain frais dans
cette boulangerie qui fournissait
jadis les rations des soldats.

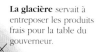

La forge
Les techniques
traditionnelles sont
pratiquées par des
artisans en costume
qui ont étudié les
procédés du XVIIIe siècle.

Le corps de garde abritait la première
ligne de défense, vitale ; les gardes
s'y tenaient quand ils étaient en service.

La porte du Dauphin
Des soldats en uniforme d'époque y contrôlent les
entrées comme en 1744. Son décor a été reconstitué
en se fondant sur des vestiges de la porte d'origine
retrouvés dans les années 1960.

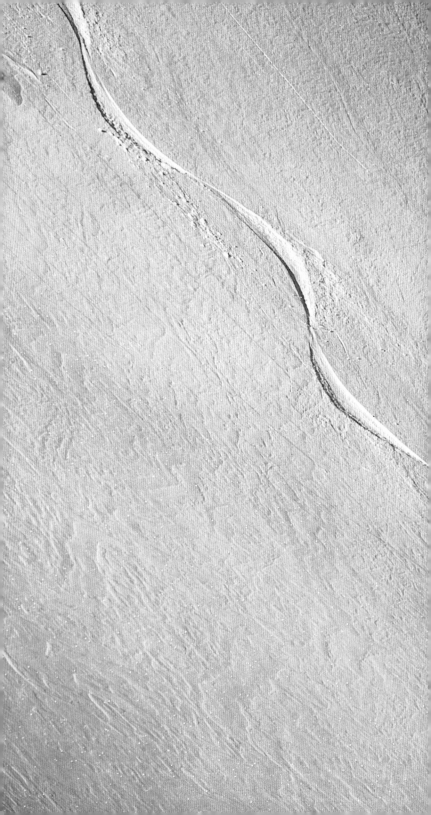

LE QUÉBEC

Présentation du Québec

L e Québec est la plus grande province du Canada et le plus vaste territoire francophone du monde. La majorité de ses 7 millions d'habitants, descendants des colons français, a depuis toujours défendu son identité culturelle. Aux villes et villages qui ont surgi au nord de la frontière américaine s'oppose la toundra qui enserre la baie d'Hudson. Le Saint-Laurent est une artère vitale. Sur la rive nord du fleuve, à la superbe région de Charlevoix, adossée à la chaîne des Laurentides, succède la toundra en montant vers la baie James et son important complexe hydroélectrique et le détroit d'Hudson. Sur sa rive sud, la Gaspésie est plus montagneuse. Montréal, la cosmopolite, et Québec, capitale provinciale et seule ville fortifiée d'Amérique du Nord, sont les deux grandes métropoles du Québec.

Saint-Jovite, avec en toile de fond les magnifiques couleurs automnales des Laurentides

Le centre de Montréal, la plus grande ville du Québec, s'anime à la tombée de la nuit

Détroit d'Hudson

Baie d'Hudson

0 — 100 km

0 — 100 miles

LÉGENDE

Autoroute

Route principale

Cours d'eau

VOIR AUSSI

• *Hébergement* p. 346-350

• *Restaurants et cafés* p. 366-370

VAL-D'OR

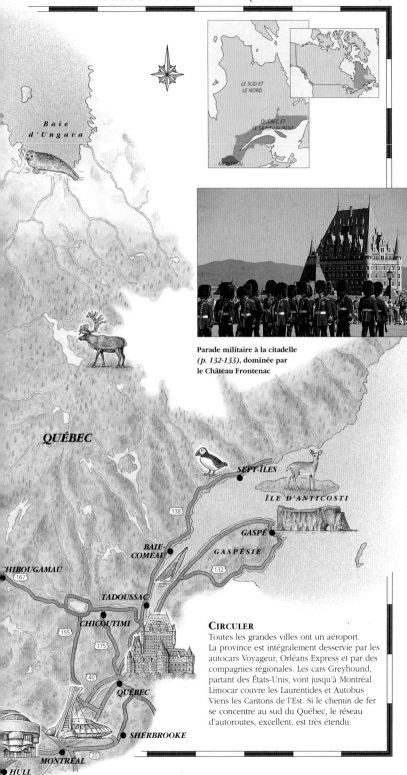

LE SUD ET
LE NORD

QUÉBEC ET
LE SAINT-LAURENT

MONTRÉAL

**Parade militaire à la citadelle
(p. 132-133), dominée par
le Château Frontenac**

*Baie
d'Ungava*

QUÉBEC

SEPT-ÎLES

ÎLE D'ANTICOSTI

138

GASPÉ

BAIE-
COMEAU

GASPÉSIE

CHIBOUGAMAU
167

132

TADOUSSAC

CHICOUTIMI

155

175

40

QUÉBEC

SHERBROOKE

20

MONTRÉAL

HULL

CIRCULER

Toutes les grandes villes ont un aéroport.
La province est intégralement desservie par les
autocars Voyageur, Orléans Express et par des
compagnies régionales. Les cars Greyhound,
partant des États-Unis, vont jusqu'à Montréal.
Limocar couvre les Laurentides et Autobus
Viens les Cantons de l'Est. Si le chemin de fer
se concentre au sud du Québec, le réseau
d'autoroutes, excellent, est très étendu.

Les forêts d'érables

Feuille d'érable rouge du Canada

L es vieilles forêts d'érables, dont le Québec et l'Ontario tirent fierté depuis longtemps, ont plus à offrir que la flamboyante beauté de leur feuillage, qui vire à l'orangé et au carmin dans tout le sud en automne. Au printemps, en effet, les arbres donnent leur produit le plus fameux : la sève. Douceâtre et limpide, elle est obtenue par la simple entaille de l'écorce de l'arbre, un procédé qui n'a pas évolué depuis sa découverte par les Amérindiens. En revanche, son transport et sa transformation ont provoqué la naissance d'une industrie dont le Québec est le leader dans le monde. Les érables à sucre *(Acer saccharum)* dépassent souvent 30 mètres de haut et leur tronc peut atteindre un mètre de diamètre. Le sirop est la production principale. Le bois dur sert à faire des meubles, et la feuille de l'érable rouge a inspiré la création de l'« unifolié », le drapeau du Canada, en 1965.

La première étape consiste à entailler le tronc de l'érable au printemps, à la montée de la sève.

Traditionnellement, *la sève était transportée à travers les forêts dans de grands tonneaux placés sur un traîneau à chevaux. Depuis les années 1970, des tubulures en plastique blanc l'amènent directement à la cabane à sucre.*

Les cabanes à sucre *ou « sucreries » sont construites dans la forêt au milieu de l'érablière, ou groupe d'érables producteurs de sève. Il faut de longues heures pour faire évaporer lentement la sève et la réduire en sirop. Les Québécois sont nombreux à respecter cette tradition printanière et à venir goûter à la tire versée sur la neige.*

LES PRODUITS DE L'ÉRABLE

À la fin du XIXᵉ siècle, stérilisation et mise en conserve s'allient pour donner naissance à une véritable industrie acéricole dont le pivot est le sirop d'érable. Il accapare aujourd'hui 80 % de la récolte annuelle. Les propriétaires d'érablières vont donc, à partir de cette époque, étudier particulièrement les procédés de conservation, et établir une charte de classification des sirops par nuances, arômes et saveurs. Simultanément, ils développent des produits secondaires qui répondent à la demande de consommateurs américains, européens et asiatiques. En plus des traditionnels tire, sirop et pain de sucre, le Québec distribue à travers le monde des produits 100 % purs et sans additifs : beurre d'érable (à tartiner), gelées, granules, ainsi que des produits de confiserie et de pâtisserie.

Les produits de l'érable entrent dans la composition d'aliments sucrés et salés

Sirop d'érable

L'HISTOIRE DU SIROP D'ÉRABLE

Les Amérindiens auraient découvert par hasard la sève d'érable qui, à la fonte des neiges, s'échappe de la moindre blessure ou branche cassée. Ils la consommaient au naturel pour s'en désaltérer, ou légèrement évaporée au soleil ou sur la pierre. Établis dès le XVIIᵉ siècle dans la vallée du Saint-Laurent, les Français transportaient avec eux des ustensiles de métal qui leur ont permis de faire bouillir la sève et de la transformer en sirop, puis en sucre. Pendant près de deux siècles, la fabrication de ces produits a été artisanale. On fait provision du sucre ; le sirop ne se conservant pas, on le consomme rapidement.

Il faut faire bouillir 40 litres de sève pour obtenir un litre de sirop. La couleur ambrée et l'arôme apparaissent en cours de distillation. Le premier sirop de chaque lot est le plus clair et le plus prisé.

Transformer la sève en sirop prend beaucoup de temps. Elle bout sur un feu de bois jusqu'à ce que l'eau qu'elle contient (environ 98 %) se soit évaporée. Certaines sucreries ont recours à des évaporateurs mécaniques, mais la plupart sont fidèles aux techniques traditionnelles.

La Voie maritime du Saint-Laurent

La Voie maritime du Saint-Laurent et le système hydrographique des Grands Lacs traversent le nord-est de l'Amérique du Nord sur plus de 3 700 kilomètres, entre le golfe du Saint-Laurent sur l'Atlantique et Dulhut, tout à l'ouest du lac Supérieur, dans le Minnesota. La Voie maritime à proprement parler s'étend sur 553 kilomètres de Montréal au lac Érié et couvre 245 750 kilomètres carrés d'eaux navigables. C'est la plus longue voie fluviale du monde à fort tirant d'eau. Les navires transportent d'énormes tonnages pour le marché canadien, mais plus de 60 % des échanges se font avec des ports étrangers, notamment d'Europe, du Proche-Orient et d'Afrique. Le trafic est varié : les gros transporteurs de céréales voisinent avec les bateaux de plaisance.

CARTE DE SITUATION

■ *Voie maritime*

L'HISTOIRE DE LA VOIE MARITIME

Dès la fin du XVIIᵉ siècle, le sulpicien François Dollier de Casson avait soumis un projet pour contourner les rapides de Lachine. Mais il fallut attendre 1804 pour voir l'inauguration d'un premier canal qui, réaménagé, prit le nom de canal royal du Canada en 1824. En 1833 fut ouvert le premier canal Welland. Le quatrième, construit en 1932, fut la première partie moderne de la Voie maritime. L'an 1951 marqua le début de la coopération entre les États-Unis et le Canada pour un nouveau projet, lancé au Canada en 1954. Le 25 avril 1959, la Voie était inaugurée.

Des bateaux de plaisance croisent sur la Voie maritime dans la région des Thousand Islands près de Kingston, en Ontario. L'été, les petits bateaux profitent des excellentes possibilités de navigation et de ski nautique qu'offre ce tronçon.

Le *D'Iberville*, premier bateau sur la Voie

Ottawa

ONTARIO

Kingston

Toronto

Lac Ontario

LAC HURON

ÉTATS-

UNIS

Lac Érié

0	100 km
0	100 miles

LÉGENDE

⛴ Écluse

Montréal *est le port d'origine de la Voie maritime. C'est là que fut inaugurée, au XVIIIe siècle, cette porte donnant accès à l'intérieur du continent. Aujourd'hui, grâce aux brise-glace, la voie est ouverte près de 10 mois sur 12.*

GOLFE DU SAINT-LAURENT

Les cargos *transportent minerai de fer, céréales et charbon, entre autres matières premières : plus de 2 milliards de tonnes de marchandises ont circulé depuis 1959. L'industrie lourde canadienne ne pourrait pas vivre sans la Voie maritime.*

Québec

QUÉBEC

Grâce à un système d'écluses comme celle de Saint-Lambert à l'ouest de Montréal, les navires évitent les rapides du fleuve et subissent sans problème la dénivellation de 68,8 mètres entre Montréal et le lac Ontario.

Montréal

LA CONSTRUCTION DE LA VOIE MARITIME

En 1895, les gouvernements américain et canadien créèrent une commission spéciale (Deep Waterways Commission) pour étudier le meilleur moyen de transformer le fleuve. En effet, aucun des aménagements qu'avaient subi les différents canaux existants au cours du XIXe siècle n'avait répondu à l'évolution des navires de transport. L'ampleur du projet et l'absence d'objectifs communs entre le Canada et les États-Unis retardèrent l'ouverture du chantier jusqu'au 10 août 1954. Évalué à un milliard de dollars canadiens, le projet comportait un deuxième volet, soit le transport d'électricité québécoise vers l'Ontario et l'État de New York. Les travaux furent menés à bien en moins de 12 mois par 22 000 ouvriers. La Voie maritime du Saint-Laurent fut inaugurée le 25 avril 1959. Sept villages disparurent et près de 7 000 personnes durent être déplacées au cours de ces travaux d'Hercule.

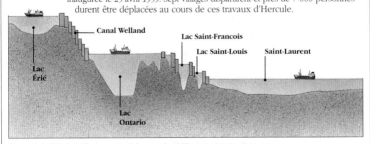

Lac Érié

Canal Welland

Lac Saint-Francois

Lac Saint-Louis

Saint-Laurent

Lac Ontario

Coupe de la Voie maritime avec les écluses et les différents niveaux des eaux

MONTRÉAL

Deuxième ville du Canada, Montréal est la plus grande cité francophone du continent américain. L'établissement fondé sous le patronage de la Vierge par les Français au XVII° siècle sur une île du Saint-Laurent est devenu un centre industriel, commercial et culturel d'avant-garde. Certains édifices témoignent encore de ses origines mystiques, les flèches de ses cent clochers s'opposant à ses gratte-ciel.

Fondée en 1642 sur un site fréquenté par les Amérindiens, Montréal a su profiter de sa remarquable situation géographique qui la plaçait à la tête des principaux axes de pénétration vers l'intérieur du continent. Au confluent du Saint-Laurent et de la rivière des Outaouais (Ottawa), elle a été le premier noyau du développement industriel et commercial du Canada. Si aujourd'hui, elle a perdu une partie de son pouvoir économique au profit de Toronto, plus à l'ouest, son rôle de pôle culturel est passé au premier plan. Sur ses 3 millions d'habitants, environ 70 % sont d'origine française et 15 % d'origine britannique, le reste correspondant à toutes les grandes ethnies. Les différentes communautés sont réparties en une véritable mosaïque : anglophones à l'ouest, francophones à l'est, les autres groupes formant des îlots dispersés.

Des quartiers cossus s'agrippent aux flancs du mont Royal, la colline de 234 mètres au centre de l'île qui a donné son nom à la ville. Avec ses rues pavées, le Vieux-Montréal est blotti au bord de l'eau, tandis que les commerces se trouvent plus au nord, en particulier le long de la rue Sainte-Catherine. Un labyrinthe de galeries est relié au métro et à la souterraine, avec ses magasins, restaurants, cinémas, bureaux et logements. Une visite du parc olympique et du musée d'Art contemporain, venu augmenter la liste déjà importante des musées de la ville dans les années 1990, donnera un autre aperçu de la Montréal moderne.

Vue sur les gratte-ciel de Montréal

◁ Serveurs devant un bistro typique du centre-ville de Montréal

À la découverte de Montréal

Montréal et 28 municipalités de moindre importance découpent l'île de Montréal, longue de 50 kilomètres. Le cœur de la ville est situé entre le mont Royal et le Saint-Laurent. Les rues suivent un plan en damier assez régulier : le boulevard Saint-Laurent, dit « la Main », traverse l'île du nord au sud. Il définit l'est et l'ouest de la ville, notion essentielle puisque pour la plupart des rues parallèles au fleuve, les adresses portent la mention est ou ouest.

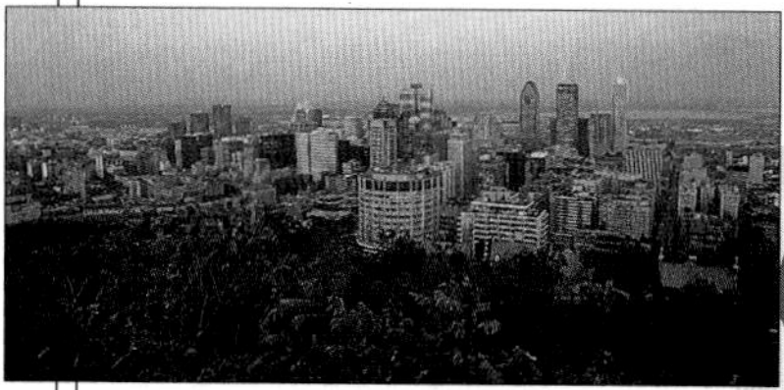

Le centre de Montréal au crépuscule

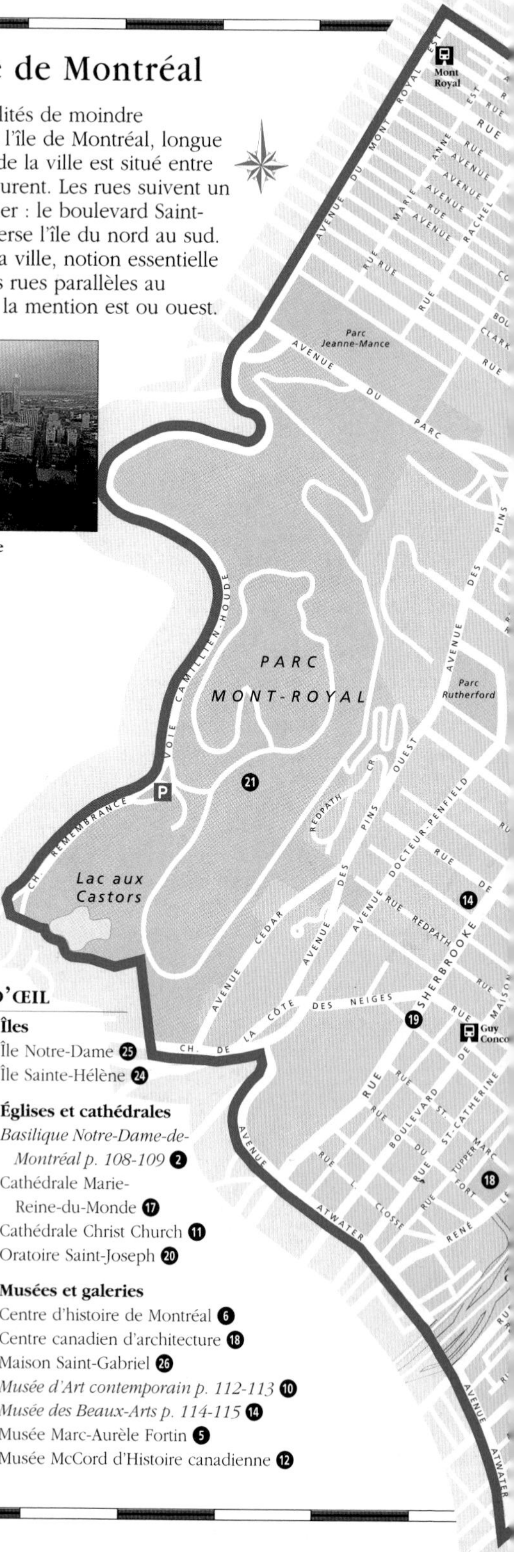

LÉGENDE

Vieux-Montréal pas à pas *p. 106-107*

✈ Aéroport international

🚊 Gare ferroviaire

🚌 Gare routière

⛴ Embarcadère des ferries

ℹ Information touristique

🅿 Parc de stationnement

Ⓜ Station de métro

▬ Autoroute

▬ Route principale

▬ Rue piétonne

LE CENTRE D'UN COUP D'ŒIL

MONT ROYAL

RUE

AVENUE

RUE

PARC MONT-ROYAL

Parc Jeanne-Mance

Parc Rutherford

VOIE CAMILLIEN-HOUDE

CH. REMEMBRANCE

Lac aux Castors

SHERBROOKE

REDPATH

DES PINS

AVENUE DES CÈDRES

CH. DE LA CÔTE DES NEIGES

Mont Royal

Guy Concordia

㉑

⓮

⓳

⓲

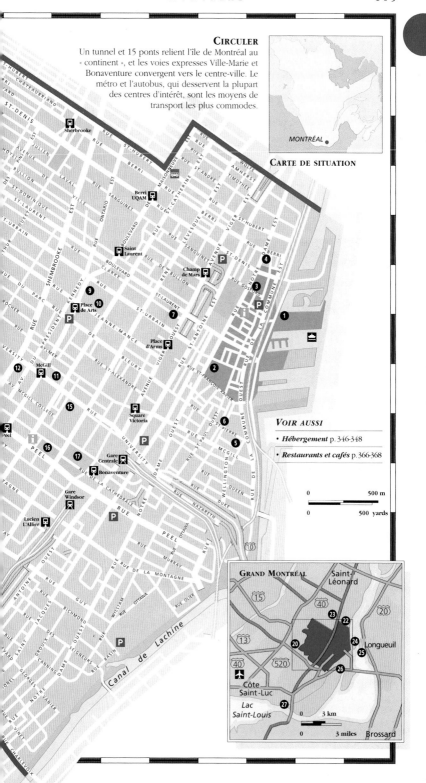

CIRCULER

Un tunnel et 15 ponts relient l'île de Montréal au « continent », et les voies expresses Ville-Marie et Bonaventure convergent vers le centre-ville. Le métro et l'autobus, qui desservent la plupart des centres d'intérêt, sont les moyens de transport les plus commodes.

MONTRÉAL

CARTE DE SITUATION

VOIR AUSSI

- *Hébergement* p. 346-348

- *Restaurants et cafés* p. 366-368

0   500 m

0   500 yards

GRAND MONTRÉAL

Saint-Léonard

Longueuil

Côte Saint-Luc

Lac Saint-Louis

Brossard

0   3 km

0   3 miles

Le Vieux-Montréal pas à pas

Enseigne dans la rue Saint-Paul

Une partie du Vieux-Montréal est formée de vestiges du petit poste français fondé en 1642 par Paul de Chomedey de Maisonneuve près des rapides de Lachine. Si les efforts d'évangélisation eurent peu de succès, la ville prospéra d'abord grâce à la traite des fourrures, qui permit à une élite de se faire construire de belles demeures à l'intérieur des fortifications. Cependant, l'expansion de Montréal au XIXᵉ siècle sonna le déclin de la vieille ville. Au début des années 1960, ce quartier historique fut redécouvert et on s'attacha à le restaurer. Rues de la Commune, Notre-Dame et Saint-Paul, des édifices du XVIIIᵉ siècle abritent aujourd'hui restaurants, bistros et boutiques.

Vue depuis le Saint-Laurent
Les rues anciennes qui descendent vers le fleuve majestueux réservent une escapade romantique en plein cœur de la ville moderne.

★ Basilique Notre-Dame
Avec son intérieur polychrome richement décoré, ce joyau de la ville achevé en 1829 est l'une des plus belles églises catholiques d'Amérique du Nord. ❷

Musée d'Archéologie et d'Histoire de Montréal
La visite des sous-sols permet de découvrir plusieurs vestiges, dont un système d'alimentation en eau du XVIIᵉ siècle.

À NE PAS MANQUER

★ **La basilique Notre-Dame**

★ **Le château Ramezay**

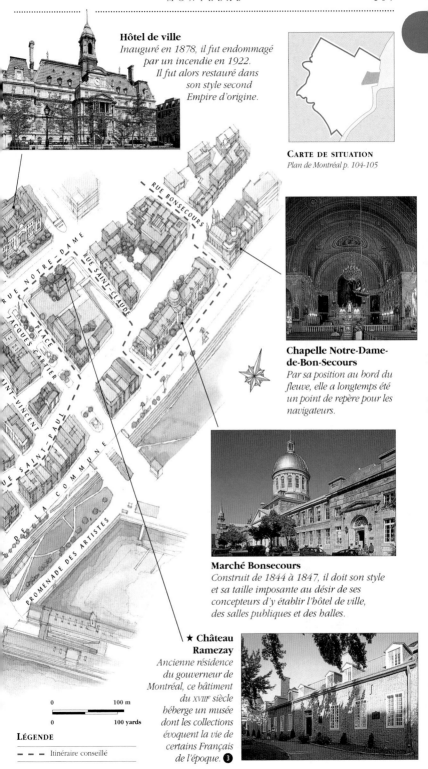

Hôtel de ville
*Inauguré en 1878, il fut endommagé
par un incendie en 1922.
Il fut alors restauré dans
son style second
Empire d'origine.*

CARTE DE SITUATION
Plan de Montréal p. 104-105

RUE BONSECOURS

RUE NOTRE-DAME

RUE SAINT-CLAUDE

PLACE JACQUES-CARTIER

SAINT-VINCENT

RUE SAINT-PAUL

RUE DE LA COMMUNE

PROMENADE DES ARTISTES

**Chapelle Notre-Dame-
de-Bon-Secours**
*Par sa position au bord du
fleuve, elle a longtemps été
un point de repère pour les
navigateurs.*

Marché Bonsecours
*Construit de 1844 à 1847, il doit son style
et sa taille imposante au désir de ses
concepteurs d'y établir l'hôtel de ville,
des salles publiques et des halles.*

★ **Château
Ramezay**
*Ancienne résidence
du gouverneur de
Montréal, ce bâtiment
du XVIIIe siècle
héberge un musée
dont les collections
évoquent la vie de
certains Français
de l'époque.* ❸

| 0 | 100 m |
| 0 | 100 yards |

LÉGENDE

– – – Itinéraire conseillé

Vieux-Port ❶

333, rue de la Commune.
📞 *(514) 496 7678.* 🚆 *Gare centrale.* 🚌 *55.* 🚌 *Terminus Voyageur.* Ⓜ *Square-Victoria.*

A u début des années 1950, Montréal possédait le port intérieur le plus important d'Amérique du Nord. Il déclina considérablement avec l'aménagement de la Voie maritime, qui permettait aux navires de fort tonnage d'atteindre les Grands Lacs sans s'y arrêter. En 1981, la Société du Vieux-Port reçut le mandat de revitaliser ce secteur. Elle le transforma en parc public : le Vieux-Port de Montréal. Ses pelouses et sa promenade de

Promenade à vélo sur les quais du Vieux-Port

12,5 kilomètres au bord de l'eau se fondent dans le Vieux-Montréal, qui a ainsi retrouvé son ouverture sur le fleuve. L'ambiance très animée du Vieux-Port est propice aux loisirs. On y vient l'été pour flâner, faire du vélo ou du roller.

Château Ramezay ❸

280, rue Notre-Dame E. 📞 *(514) 861 3708.* 🚆 *VIA Rail.* 🚌 *14, 55.* 🚌 *Terminus Voyageur.* Ⓜ *Champ-de-Mars.* 🕐 *de juin à sept. : de 10 h à 18 h t.l.j. ; d'oct. à mai : de 10 h à 16 h 30 du mar. au dim.* ⬤ *25 déc., 1er jan.* 📷 ♿ ✓

E n 1705, deux ans après avoir accepté le poste de gouverneur de Montréal, Claude de Ramezay fit construire ce qui était alors la « plus belle maison du Canada ». En 1745, ses héritiers la vendirent à la Compagnie des Indes occidentales qui la transforma en magasin.

Basilique Notre-Dame-de-Montréal

S ituée devant la place d'Armes, Notre-Dame, devenue basilique en 1982, est l'église la plus vaste de la ville. De style néo-gothique, elle a été élevée de 1824 à 1829 sous la direction de l'architecte américain James O'Donnell. La construction des clochers a été achevée en 1843. En 1874, après divers travaux de restauration destinés à y faire pénétrer la lumière, l'exécution d'un remarquable décor intérieur fut confiée au célèbre sculpteur canadien Victor Bourgeau.

Le maître-autel est en bois de pin et de noyer.

La nef, au ciel d'azur étoilé, est éclairée par 3 roses.

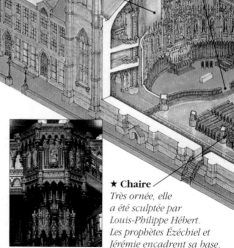

★ **Retable**
Réalisé d'après des croquis de Victor Bourgeau, c'est le point de mire du sanctuaire.

À NE PAS MANQUER

★ **Le retable**

★ **La chaire**

★ **Chaire**
Très ornée, elle a été sculptée par Louis-Philippe Hébert. Les prophètes Ézéchiel et Jérémie encadrent sa base.

Après la conquête britannique, elle accueillit un temps le siège du gouvernement et, en 1775-1776, Montréal étant aux mains des Américains, des délégués de George Washington. Avant de devenir un musée au début du XXᵉ siècle, le « château » Ramezay avait abrité une école de médecine et une école de droit.

La restauration effectuée après 1976 lui a conféré le charme des vieilles demeures françaises du XVIIIᵉ siècle. Les boiseries de la salle de Nantes proviennent de la propriété nantaise d'un administrateur de la Compagnie des Indes occidentales, et les collections évoquent les différentes classes sociales sous les régimes français et anglais.

Lieu historique national Sir-George-Étienne-Cartier ❹

458, rue Notre-Dame. 📞 *(514) 283 2282.* 🚉 *Gare centrale.* 🚌 🚌 *Terminus Voyageur.* 🚇 *Champ-de-Mars.* ⭕ *de mi-mai à août : t.l.j. ; de sept. à déc. et de mars à mi-mai : du mer. au dim.* ⬤ *jan. et fév.* 🎦 ♿ 🛍

Horloge au musée Étienne-Cartier

George-Étienne Cartier (1814-1873), un des pères de la Confédération canadienne *(p. 44)*, fut l'un des hommes politiques canadiens-français les plus influents de son époque. Vers 1840 et en 1862, il acquit

deux maisons mitoyennes de construction récente. Élevées au rang de Lieu historique national, elles présentent chacune un aspect de sa vie. La première est consacrée à sa carrière de juriste, homme politique et promoteur du chemin de fer. Les visiteurs peuvent y écouter, en français ou en anglais, un résumé des fondements politiques du Canada moderne. La deuxième évoque l'appartenance de Cartier à la bourgeoisie de l'ère victorienne.

La visite des pièces est accompagnée de la diffusion de bribes de conversation qu'auraient pu s'échanger des domestiques.

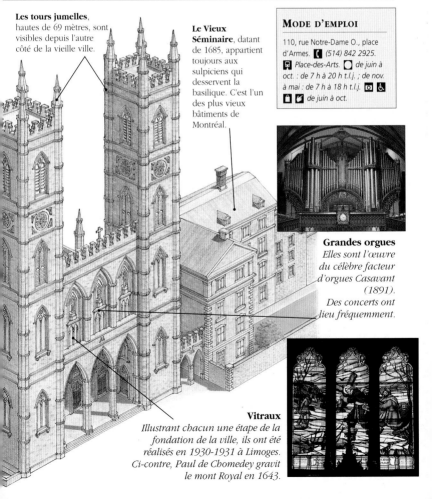

Les tours jumelles, hautes de 69 mètres, sont visibles depuis l'autre côté de la vieille ville.

Le Vieux Séminaire, datant de 1685, appartient toujours aux sulpiciens qui desservent la basilique. C'est l'un des plus vieux bâtiments de Montréal.

MODE D'EMPLOI

110, rue Notre-Dame O., place d'Armes. 📞 *(514) 842 2925.* 🚇 *Place-des-Arts.* ⭕ *de juin à oct. : de 7 h à 20 h t.l.j. ; de nov. à mai : de 7 h à 18 h t.l.j.* 📷 ♿ 🎦 🛍 *de juin à oct.*

Grandes orgues
Elles sont l'œuvre du célèbre facteur d'orgues Casavant (1891). Des concerts ont lieu fréquemment.

Vitraux
Illustrant chacun une étape de la fondation de la ville, ils ont été réalisés en 1930-1931 à Limoges. Ci-contre, Paul de Chomedey gravit le mont Royal en 1643.

Musée Marc-Aurèle Fortin ❺

118, rue Saint-Pierre. ☎ (514) 845
6108. ▯ Gare centrale. ▯ Terminus
Voyageur. Ⓜ Square-Victoria.
◯ de 11 h à 17 h du mar. au dim.
▯ ▯

Installé dans un vieil entrepôt
en pierre qui appartenait à
des religieuses, ce musée
possède une riche collection
d'œuvres de Fortin et organise
des expositions d'artistes
québécois contemporains.
Né en 1888, alors que les styles
européens dominaient l'art
nord-américain, Marc-Aurèle
Fortin métamorphosa la
peinture de paysage au
Canada. Il adorait la lumière
du Québec et eut recours à
de nombreuses techniques
originales, notamment pour
en capter la « chaude lumière ».
À sa mort en 1970, il laissait
non seulement un ensemble
prodigieux d'œuvres, mais
aussi un regard totalement neuf
sur la nature, en particulier sur
les campagnes de Sainte-Rose,
son village natal.

**La façade en pierre grise du
musée Marc-Aurèle Fortin**

Centre d'histoire de Montréal ❻

335, place d'Youville. ☎ (514) 872
3207. ▯ 61. Ⓜ Square-Victoria.
◯ de mi-mai à août : t.l.j. ; de sept. à
mai : du mar. au dim. ● de mi-déc.
à mi-jan. ▯

Il a été aménagé dans l'ancien
quartier général du « service
d'incendie » construit en 1903.
Ses collections illustrent l'histoire
de Montréal, des premiers
établissements amérindiens
jusqu'à l'époque moderne, en
insistant sur la vie quotidienne :
le mannequin d'un crieur public,
par exemple, avertit les habitants
des amendes encourues s'ils

Le Centre d'histoire de Montréal

laissent leurs cochons et leurs
moutons en liberté. L'étage
consacré à la vie dans les
années 1930 et 1940 est
particulièrement intéressant. Les
visiteurs peuvent se délasser
dans un salon d'époque,
écouter des extraits d'émissions
de radio ou encore entrer dans
une cabine téléphonique pour
surprendre un ouvrier donnant
rendez-vous à sa petite amie.
Puis retour aux temps
modernes grâce à la simulation
d'un trajet en tramway.

Quartier chinois ❼

Ⓜ Champ-de-Mars ; Place-des-Arts.

Cette appellation devient un
peu anachronique, car de
nombreux restaurants et
magasins du quartier chinois,
qui couvre 18 pâtés de maisons
au nord du Vieux-Montréal,

appartiennent
aujourd'hui à des
immigrants
vietnamiens et thaïs.
Ils sont arrivés à
Montréal à la suite des
crises qui ont secoué
le Sud-Est asiatique au
xxe siècle. Les Chinois
étaient cependant les
premiers venus. Ils
commencèrent à
affluer en 1880, en
même temps que de
nombreux Européens.
Une législation
discriminatoire les
confina dans ce
secteur où ils
reproduisirent
plusieurs éléments de
leur mode de vie.
Autorisés plus tard à posséder
des biens dans toute la ville,
beaucoup de leurs
descendants déménagèrent
vers des quartiers plus chic. Ils
sont des milliers à revenir le
week-end, et les rues étroites
débordent alors d'une foule
à la recherche de soie,
de souvenirs, de disques et
de bonnes tables.
Des restaurant spécialisés
proposent des cuisines
d'origine variée – Canton,
Thaïlande, Vietnam et Corée –
et l'odeur du porc grillé et des
nouilles flotte dans les rues.
Ceux qui veulent échapper à
l'agitation se rendront au
charmant petit jardin de la rue
Clark dédié à Sun Yat-Sen, le
leader chinois charismatique.
Noter aussi les deux grandes
arches chinoises qui enjambent
le boulevard Saint-Laurent et
les deux pagodes juchées sur
le toit de l'hôtel Holiday Inn.

Éventaire aux couleurs vives sur le marché animé du quartier chinois

Les gens du quartier pique-niquent dans le calme du parc Lafontaine, au Plateau-Mont-Royal

Plateau-Mont-Royal ❽

🔳 *Tourisme Plateau-Mont-Royal : (514) 524 8767.* Ⓜ *Sherbrooke ; Mont-Royal ; Laurier.*

C'est le quartier qui traduit le mieux la joie de vivre des Montréalais. Ses artères principales sont bordées de bistros, de librairies, de boutiques et de terrasses de café. Dans les boîtes de nuit, l'excentrique côtoie le classique, et pour se restaurer le choix ne manque pas entre les snack-bars, les sandwicheries et les meilleurs restaurants de la ville. Les bars, du plus convenable au franchement louche, sont également légion.
Le quartier est habité par un mélange d'étudiants, d'ouvriers francophones, de jeunes membres branchés des professions libérales et de familles originaires d'Europe et d'Amérique latine.

Ils prennent l'air soit au parc Lafontaine, splendide espace de verdure très fréquenté, soit sur leur balcon, une fantaisie architecturale typique de Montréal. Pour gagner de la surface habitable dans les maisons à logements multiples, chaque appartement a un balcon. Ils sont souvent reliés directement à la rue par des escaliers en fer forgé aux formes les plus diverses. Couverts de fleurs l'été, ces espaces extérieurs sont de véritables oasis de paix dans la ville.

Les familles nombreuses d'ouvriers, pour qui ces logements furent construits au début du siècle, vivaient modestement mais elles réussirent à économiser assez pour faire élever de belles églises paroissiales, étonnamment vastes, comme Saint-Jean-Baptiste, rue Rachel Est. La bourgeoisie catholique habitait un peu plus au sud, dans d'élégantes demeures rue Saint-Denis ou sur le Carré Saint-Louis, un des squares les plus coquets de la ville.

Place-des-Arts ❾

175, rue Sainte.-Catherine O. 🔳 *(514) 842 2112.* Ⓜ *Place-des-Arts.*

Ce complexe de 5 salles de spectacle est la plus vaste scène culturelle de Montréal. Concerts de l'Orchestre symphonique et spectacles de l'Opéra de Montréal bénéficient de la salle Wilfrid Pelletier qui, avec près de 3 000 places, est la plus grande du centre.

Les bâtiments de la Place-des-Arts donnent sur la même esplanade, moderne, que l'extraordinaire musée d'Art contemporain *(p. 110-111)*.

La Place-des-Arts, le meilleur centre de spectacles de Montréal

Musée d'Art contemporain ⓾

Fondé en 1964, il ne s'est installé dans le centre-ville qu'en 1992. Son emplacement actuel, le troisième, convient idéalement à sa mission : mettre en valeur l'art contemporain. Plus de 60 % de ses quelque 6 000 tableaux, dessins, photos, vidéos et pièces de la collection permanente sont les œuvres de Québécois. Certaines datent de 1939, mais la plupart sont contemporaines. Des artistes novateurs internationaux sont également représentés, comme le très controversé Bill Viola, Louise Bourgeois et Andrès Serrano. Les objets sont exposés dans de larges galeries bien éclairées, et les salles d'exposition sont distribuées autour d'une rotonde qui fait toute la hauteur du bâtiment.

Les Dentelles de Montmirail
(détail)
Œuvre de Natalie Roy (1995), elle fait partie d'une riche collection d'art québécois contemporain.

Premier étage

★ **Niagara Sandstone Circle** *(1981)*
Ce « cercle de grès » sculpté par l'Anglais Richard Long est véritablement novateur. Avec des matériaux empruntés à l'environnement naturel, thème central de l'œuvre, sa disposition géométrique invite à la méditation.

Rez-de-chaussée

LÉGENDE

- ☐ Collections permanentes
- ☐ Expositions temporaires
- ☐ Sculptures de Pierre Granche
- ☐ Cinéma
- ☐ Galerie vidéo
- ☐ Galerie multimédia
- ☐ Théâtre/Salle de séminaire
- ☐ Ateliers artistiques
- ☐ Locaux techniques

Hall d'entrée
Orné de quelques-unes des pièces de la collection, cet espace moderne et aéré, sur lequel donne un restaurant situé à l'étage, est utilisé pour des manifestations exceptionnelles.

À NE PAS MANQUER

★ **Pierre Granche**

★ **Richard Long**

SUIVEZ LE GUIDE !
Seule une petite partie des collections du musée est exposée en permanence. Elle occupe l'étage, à côté des expositions tournantes et itinérantes. Le jardin des sculptures, accessible depuis le bâtiment principal, accueille aussi des expositions en alternance. C'est un endroit parfait pour se reposer en cours de visite.

MODE D'EMPLOI

185, rue Sainte-Catherine O.
📞 (514) 847 6226. 🚇 Place-des-
Arts. 🕐 de 11 h à 18 h mar. et
du jeu. au dim. ; de 11 h à 21 h
mer. ● lun. ; 25 déc., 1er jan. 🅿
⬭ ♿ 🏛 🍴 📷 🎁 sur r.-v.

★ **Comme si le temps... de
la rue** (1991-1992)
*Pour cette installation
d'extérieur permanente dont
les formes symbolisent
Montréal, Pierre Granche
s'est inspiré de figures de la
mythologie égyptienne.
Conçue pour contraster
avec son environnement
urbain, l'œuvre respire
humour et poésie.*

Entrée principale

Façade
*Le musée a été inauguré en
1992. Les œuvres des
collections permanentes
sont exposées en alternance.*

Cathédrale Christ Church ⑪

635, rue Sainte-Catherine O. 📞 (514)
843 6577. 🚇 Gare centrale. 🚌 15.
🚇 McGill. 🕐 de 8 h à 17 h 30 t.l.j. ♿

Entrepris en 1857 d'après des
plans de l'architecte Frank
Wills, le siège de l'évêché
anglican de Montréal fut
inauguré en 1859.
Gracieux édifice néo-
gothique en calcaire à
la flèche élancée, ses
murs extérieurs sont
ornés de gargouilles.
L'église étant trop
lourde pour le terrain, la
flèche en pierre fut
remplacée en 1940
par une copie en
aluminium. Beaucoup
de personnes travaillant dans le
quartier viennent à midi écouter
des concerts dans la fraîcheur
de la nef éclairée par de
magnifiques vitraux – certains
proviennent de l'atelier de
William Morris à Londres.

**La cathédrale Christ Church,
inspirée d'un modèle anglais du
XIVe siècle**

Musée McCord d'Histoire canadienne ⑫

690, rue Sherbrooke O. 📞 (514)
398 7100. 🚇 Gare centrale. 🚌 24.
🚇 McGill. 🕐 de 10 h à 18 h du
mar. au ven. ; de 10 h à 17 h sam. et
dim. ● lun. ♿

Le juriste David Ross McCord
(1844-1930) collectionnait
avec passion pratiquement tout
ce qui avait trait au Canada :
livres, photos, bijoux, meubles,
vêtements, documents, journaux,

tableaux, jouets et porcelaines.
En 1919, il fit don de ses
multiples acquisitions à
l'université McGill pour créer un
musée d'histoire sociale
canadienne. La collection, riche
de plus d'un million de pièces,
est installée depuis 1971 dans un
imposant bâtiment en calcaire,
ancien centre social des
étudiants de McGill. Le musée
possède un bon
département d'histoire
ancienne et un
département d'art
populaire
exceptionnel. Le
remarquable ensemble
d'objets indiens et
inuits comprend
vêtements, armes,
bijoux, fourrures et
poteries. Une salle est
spécialement consacrée à
l'histoire sociale de Montréal. Le
clou du musée est constitué par
700 000 photos illustrant la vie
quotidienne au XIXe siècle.

**Chaussons inuits au
musée McCord**

Université McGill ⑬

805, rue Sherbrooke O. 📞 (514)
398 6555. 🚇 Gare centrale. 🚌 24.
🚇 McGill. 🕐 de 9 h à 18 h du lun.
au ven. 📷 réserver. ♿

La plus vieille université du
Canada, anglophone, a
ouvert ses portes en 1829 sur un
terrain légué à cette fin par
James McGill (1744-1813),
négociant en fourrures et
spéculateur foncier. Une allée
mène au pavillon des arts, de
style néo-classique et coiffé d'un
dôme ; c'est la plus ancienne
construction du campus.
Les 70 autres bâtiments vont
du style victorien ornementé
au béton brut. Parmi les plus
beaux, le musée d'Histoire
naturelle Redpath possède une
des collections les plus
éclectiques et les plus originales
au monde. Un nombre
impressionnant de fossiles, dont
un squelette de dinosaure,
côtoient des objets africains, des
monnaies romaines et une tête
réduite.

🏛 Musée d'Histoire naturelle
Redpath
859, rue Sherbrooke O. 📞 (514) 398
4086. 🕐 de 9 h à 17 h du lun. au jeu. ;
de 13 h à 17 h dim. ● ven. et sam. ♿

Musée des Beaux-Arts ⓮

La collection d'art la plus ancienne et la plus riche du Québec occupe deux bâtiments radicalement différents qui se font face dans la rue Sherbrooke. Au nord, le pavillon Benaiah Gibb, scandé de colonnes en marbre blanc, s'oppose à l'imposante arche en béton et au panneau en verre incliné du pavillon Jean-Noël Desmarais. Ce dernier est consacré à l'art européen du Moyen Âge au xxᵉ siècle, et surtout à celui de la Renaissance. La galerie des cultures anciennes relie les deux pavillons. Elle abrite de riches collections comprenant vases romains et boîtes à encens chinoises. Le pavillon Benaiah Gibb traite de l'art canadien : objets inuits, mobilier, pièces d'argenterie religieuse des premiers colons et tableaux du xviiiᵉ siècle aux années 1960.

Façade du pavillon Jean-Noël Desmarais
Ouvert en 1991, le plus grand des deux pavillons renferme une collection passée de 1 860 pièces à près de 26 000.

★ **Portrait d'une jeune femme** *(vers 1665)*
Cette œuvre célèbre de Rembrandt est peinte dans le style réaliste caractéristique de l'artiste. L'expression méditative de la jeune femme est mise en valeur par le fond d'un noir intense.

PAVILLON BENAIAH GIBB

Il porte le nom du premier mécène du musée. Il est relié au pavillon sud par un passage souterrain accueillant la galerie des cultures anciennes. Consacrées à l'art américain antérieur à 1960 – méso-américain, inuit et amérindien –, les collections comprennent du mobilier ancien de style européen, de l'argenterie et des objets décoratifs. Les autres galeries suivent l'histoire de la peinture canadienne : art sacré, puis premières études d'Indiens par l'artiste itinérant Paul Kane et peinture impressionniste de James Wilson Morrice. Le xxᵉ siècle est représenté, entre autres, par le groupe des Sept et Paul-Émile Borduas.

Théière en argent du xviiiᵉ siècle

Niveau 3

À NE PAS MANQUER

★ *Homme de la maison de Leiva*, par le Greco

★ *Portrait d'une jeune femme,* par Rembrandt

Accès au pavillon Benaiah Gibb

Accès à l'entrée principale

Niveau S2

Niveau 4

★ Homme de la maison de Leiva
(1590)
Les portraits aux formes exaltées du Greco illustrent l'époque de la Renaissance.

SUIVEZ LE GUIDE !

Les collections de peintures, exceptionnelles, occupent les niveaux 3 et 4 du pavillon Desmarais. Aux niveaux 1 et 2 se trouvent café et boutique. Le niveau S2 est le prolongement de la galerie des cultures anciennes, en sous-sol. À tous les niveaux, des ascenseurs permettent de rejoindre l'entrée principale.

LÉGENDE

☐ Art contemporain

☐ Art des cultures anciennes

☐ Art européen du XIXe siècle

☐ Art européen du XXe siècle

☐ Arts décoratifs européens

☐ Maîtres anciens

☐ Expositions temporaires

☐ Locaux techniques

Entrée du labyrinthe de la ville souterraine

La ville souterraine ⑮

🚃 *Gare centrale.* 🚌 *Terminus Voyageur.* 🚇 *Place-des-Arts.*

Quand les premières lignes de métro furent ouvertes à Montréal en 1965, une nouvelle forme urbaine vit le jour : la ville souterraine. En théorie, il est possible de mener une vie bien remplie à Montréal sans mettre le nez dehors. Les premières stations n'étaient reliées en sous-sol qu'aux deux gares ferroviaires principales, à quelques hôtels et à la galerie marchande de la tour de bureaux de la place Ville-Marie.

Aujourd'hui, le réseau souterrain s'étire sur plus de 30 kilomètres et compte environ 1 600 magasins, 200 restaurants, des hôtels, des cinémas et des salles de concert.

Square Dorchester et place du Canada ⑯

ℹ️ *1001, rue Square Dorchester.* 📞 *(514) 873 2015.* 🚃 *Gare centrale.* 🚌 *Terminus Voyageur.*

Ces deux vastes espaces de verdure en plein centre ont été pris sur un ancien cimetière catholique. Au nord du boulevard René-Lévesque, le square Dorchester accueille la statue de sir Wilfrid Laurier, premier Premier ministre francophone du Canada, qui partage l'ombre des arbres avec un monument aux morts de la guerre des Boers. Au sud, sur la place du Canada, se dresse une statue de sir John A. Macdonald, le premier Premier ministre du pays. Les édifices environnants sont éclectiques : une église gothique, la tour noire et brillante d'une banque et l'édifice de la Sun Life Building, le premier gratte-ciel de Montréal.

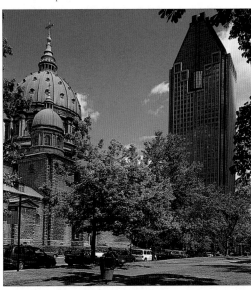

Architecture variée autour du square Dorchester

Les gratte-ciel de Montréal le soir ▷

La façade de Marie-Reine-du-Monde rappelle Saint-Pierre de Rome

Cathédrale Marie-Reine-du-Monde ⑰

1085, bl. René-Lévesque. 【 (514) 866 1661. 🚊 Gare centrale. 🚌 Terminus Voyageur. 🚇 Bonaventure. ◐ de 6 h 30 à 19 h 30 du lun. au ven. ; de 7 h 30 à 20 h 30 sam. ; de 8 h 30 à 19 h 30 dim. ♿

L a première cathédrale catholique de Montréal ayant été incendiée en 1852, l'évêque Ignace Bourget voulut établir un nouvel édifice sur le cimetière qui allait être abandonné et, en même temps, projeter vers l'ouest de la ville l'image d'une Église qu'il voulait dynamique et influente. À sa demande, l'architecte Victor Bourgeau réalisa en conséquence une reproduction, réduite, de Saint-Pierre de Rome. Inaugurée en 1894 par son successeur, la cathédrale est précédée d'un portique sur lequel 13 statues en bronze sont fixées. Elles représentent les saints patrons des paroisses qui appartenaient alors au diocèse. Le magnifique baldaquin de l'autel, en bronze et doré à la feuille d'or, est inspiré de celui du Bernin à Saint-Pierre. Le pilier de l'angle nord-est de l'église témoigne également de la fidélité de Bourget à Rome : une plaque en marbre porte les noms des habitants de Montréal qui participèrent en 1870 à la défense du pape assiégé dans Rome par les nationalistes italiens.

Le baldaquin de la cathédrale

Centre canadien d'architecture ⑱

1920, rue Baile. 【 (514) 939 7026. 🚊 Gare centrale. 🚌 Terminus Voyageur. 🚇 Guy-Concordia. ◐ de juin à sept. : de 11 h à 18 h mar., mer., et de ven. à dim., de 11 h à 21 h jeu. ; d'oct. à mai : de 11 h à 17 h mar., mer., et de ven. à dim., de 11 h à 21 h jeu. ● lun. 🎫 ♿ 🎧 sur demande.

L 'entrée dans ce vaste édifice en forme de U se fait par une discrète porte en verre percée dans la façade en calcaire gris quasiment sans fenêtres. Les salles, très claires, accueillent des expositions temporaires. Si certains thèmes sont franchement théoriques, d'autres sont plus insolites, comme les maisons de poupées et les villages miniatures. La maison Shaughnessy, somptueuse, qui donne sur le boulevard René-Lévesque Ouest, est intégrée dans les deux ailes du bâtiment moderne. Elle fut construite en 1874 pour sir Thomas Shaughnessy, président du Canadian Pacific Railway. Le Centre est également un important institut de recherches. Sa collection de plans d'architecte, dessins, maquettes et photos est la plus complète du genre.

À elle seule, la bibliothèque renferme plus de 165 000 ouvrages sur les édifices les plus marquants de la planète.

Rue Sherbrooke ⑲

🚊 Gare centrale. 🚌 Terminus Voyageur. 🚇 Sherbrooke.

D ans la deuxième moitié du XIXᵉ siècle, Montréal était l'une des villes les plus importantes de l'Empire britannique. Ses commerçants et ses industriels contrôlaient environ 70 % de la richesse du Canada et beaucoup se firent construire de splendides demeures sur les pentes du mont Royal, dans un secteur surnommé « mille-carré-doré ». Cinquante ans plus tard, la rue Sherbrooke, entre Guy et University, était devenue l'artère la plus élégante du pays.

Cette élégance a en partie survécu aux démolitions et à la modernisation des années 1960. Holt Renfrew, le grand magasin haut de gamme de Montréal, et le majestueux hôtel Ritz-Carlton sont toujours là, ainsi que l'église unie Erskine and American, à l'angle de l'avenue du Musée, qui arbore des vitraux de l'atelier Tiffany. Boutiques, librairies et galeries d'art occupent les maisons mitoyennes en pierre grise. Ceux qui, malgré leur fortune, n'avaient pas les moyens de s'installer dans le mille-carré-doré firent bâtir dans les rues de la Montagne, Crescent et Bishop des rangées de belles résidences.

Plus à l'ouest, le Grand Séminaire, toujours en activité, fut le premier ensemble construit dans ce secteur de la ville (1685).

Demeure historique rue Sherbrooke, dans le « mille-carré-doré »

L'oratoire Saint-Joseph, plus grand sanctuaire du Canada, et l'escalier que certains pèlerins gravissent encore à genoux

Oratoire Saint-Joseph ⑳

3800, chemin Queen-Mary. 📞 *(514) 733 8211.* 🚇 *Gare centrale.* 🚌 *Terminus Voyageur.* 🚇 *Côte-des-Neiges.* 🕐 *de 7 h à 21 h t.l.j.* ♿

Tous les ans, des pèlerins gravissent encore à genoux les 300 marches qui mènent à l'entrée de cette immense église. Leur piété aurait sans aucun doute fait le bonheur de frère André (1845-1937). Sa foi et des miracles attribués à saint Joseph sont à l'origine du sanctuaire. En 1904, la petite gare où il distribuait une huile miraculeuse aux malades fut remplacée par un premier oratoire, sur les pentes du mont Royal. Les pèlerins canadiens et américains affluèrent bientôt. La construction de l'oratoire actuel s'étala sur plusieurs décennies. Le cœur de frère André, béatifié en 1982, y est conservé.

Le dôme en cuivre qui coiffe l'église est l'un des plus grands du monde, avec 44,5 mètres de haut et 38 de diamètre. L'intérieur est purement moderne ; dans le transept, les statues en bois des apôtres sont l'œuvre d'Henri Charlier, ainsi que le maître-autel et le gigantesque crucifix. Les verrières impressionnantes ont été réalisées par Marius Plamondon. Le bâtiment principal abrite un musée consacré à la vie de frère André, et une messe est dite tous les jours dans la crypte, éclairée par les centaines de cierges allumés par les pèlerins.

Parc Mont-Royal ㉑

📞 *(514) 844 4928.* 🚇 *Gare centrale.* 🚌 *11.* 🚇 *Mont-Royal.* 🕐 *de 6 h à minuit t.l.j.* ♿

La colline verte et escarpée qui domine le centre-ville n'a que 234 mètres de haut, mais les Montréalais l'appellent familièrement « la montagne ». Jacques Cartier s'y rendit en 1535 et lui donna le nom de mont Royal qui, sous la forme de Montréal, s'appliqua d'abord à l'île, puis à l'ancienne Ville-Marie. En 1867, la municipalité procéda aux premières expropriations afin de transformer ce vaste territoire en un parc public. Elle fit appel à Frederick Law Olmsted, le paysagiste de Central Park à New York, qui s'efforça d'en préserver la beauté naturelle. Au xxᵉ siècle, une croix lumineuse dominant la ville, le lac des Castors et la voie Camillien-Houde sont venus compléter l'ensemble.

Avec ses 101 hectares de prairies et de forêts, le mont, qui offre des vues spectaculaires sur la ville, permet aux habitants d'échapper un moment à la vie urbaine. La large terrasse devant le chalet du Mont-Royal surplombe les gratte-ciel du centre-ville. La limite nord du parc jouxte deux cimetières majestueux, l'un catholique, celui de Notre-Dame-des-Neiges, l'autre protestant, le cimetière Mont-Royal. Un grand nombre de sculptures et monuments funéraires contribuent à leur charme particulier.

Vue imprenable de Montréal depuis les hauteurs du parc Mont-Royal

Parc olympique ❷

Créé pour les jeux Olympiques de 1976, le parc olympique de Montréal peut se targuer de posséder des édifices d'une modernité audacieuse. Le Français Roger Taillibert a signé les plans d'un stade à l'architecture révolutionnaire. De forme circulaire, il est couvert d'un toit qui pouvait être soulevé par des câbles d'acier tendus à la tour de Montréal, inclinée, qui le surplombe. À l'origine destiné aux grands matchs sportifs, sa vocation actuelle est surtout récréative et touristique. Il se visite aussi pour son architecture. Non loin, le Biodôme est un musée de l'environnement où quatre écosystèmes ont été reconstitués.

Pingouin au Biodôme

Vue aérienne du parc olympique
Le parc propose une foule d'activités tous les jours de la semaine.

Le Biodôme est aménagé dans l'ancien vélodrome olympique de 1976, d'où son toit en forme de casque de cycliste.

★ Biodôme
Il présente d'étonnantes reconstitutions d'écosystèmes : la forêt tropicale humide, le milieu polaire glacial, les forêts des fertiles Laurentides et la vie aquatique du Saint-Laurent.

Centre sportif
Entièrement équipé, il propose des services imbattables aux amateurs de sports de haut niveau, notamment une piscine de plongée de 14 mètres de profondeur.

★ Stade olympique

Les lignes audacieuses de ce stade achevé en 1976 symbolisent la Montréal moderne.

MODE D'EMPLOI

4141, av. Pierre-de-Coubertin.
(514) 252 8687. Viau.
de juin à sept. : de 10 h à 20 h
t.l.j. ; d'oct. à mai : de 10 h à 18 h
t.l.j.
obligatoire au stade olympique.

Initialement, le toit du stade devait être rétractable, mais en raison de problèmes structurels, il est inamovible.

★ Tour de Montréal

Avec ses 175 mètres, la plus haute tour inclinée du monde se penche avec grâce au-dessus du stade. Un funiculaire extérieur d'une capacité de 76 personnes rejoint sa vaste plate-forme d'observation en moins de deux minutes.

Observatoire

De cette plate-forme en verre, les vues de la ville sont stupéfiantes. Des panneaux signalent des curiosités parfois distantes de 80 kilomètres.

Un funiculaire monte en flèche le long de la Tour. Il existe un billet combiné avec la visite guidée du stade ou du Biodôme.

```
0              50 m
0              50 yards
```

À NE PAS MANQUER

★ Le stade olympique

★ La tour de Montréal

★ Le Biodôme

PLAN DU PARC OLYMPIQUE

1 Centre sportif

2 Centre Pierre-Charbonneau

3 Aréna Maurice-Richard

4 Biodôme

5 Stade olympique

6 Jardin botanique

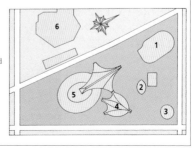

Le jardin botanique est une oasis de calme, loin de l'agitation de la ville

Jardin botanique de Montréal ㉓

4101, rue Sherbrooke E. *(514) 872 1400.* Pie-IX. *de mai à oct. : de 9 h à 21 h t.l.j. ; de nov. à avr. : de 9 h à 17 h t.l.j.*

Ce jardin, l'un des plus vastes du monde, couvre 75 hectares. On y trouve 30 jardins de plein air, 10 serres, une exposition de plantes vénéneuses passionnante, le plus grand ensemble de bonsaï hors d'Asie et un insectarium ayant vaguement la forme d'un scarabée plein de petites bestioles, aussi bien mortes que vivantes. Les 2,5 hectares du jardin du Lac de rêve Montréal-Shanghai, reconstitution d'un jardin Ming du XIVᵉ siècle, et l'exquis jardin japonais avec son pavillon d'où les visiteurs peuvent admirer le paysage en toute quiétude sont deux havres de paix dans la ville de Montréal.

Bonsaï au jardin botanique

Île Sainte-Hélène ㉔

(514) 873 015. Île-Sainte-Hélène. Vieux-Port. *de 10 h à 17 h du mer. au mar.* *groupes seulement.*

Cette petite île boisée du Saint-Laurent, qui doit son nom à l'épouse de Samuel de Champlain *(p. 41)*, a été agrandie lors des travaux d'aménagement d'Expo '67, l'exposition universelle de l'été 1967. Cependant, la surface de l'île originale a été protégée pour en conserver le caractère bucolique.

Il reste plusieurs souvenirs de l'événement, le plus notable étant La Ronde, le parc d'attractions de l'exposition, et le dôme de ce qui fut le pavillon des États-Unis. C'est aujourd'hui un centre d'interprétation qui étudie le système fluvial du Saint-Laurent et des Grands Lacs : la Biosphère. Entre cette dernière et les montagnes russes, un ensemble de bâtiments militaires, le Vieux Fort, fut construit après 1820 pour protéger Montréal d'une éventuelle attaque américaine. Devant les casernes en pierre volcanique rouge de l'île se trouve le terrain de manœuvres du Olde 78ᵗʰ Fraser Highlanders et de la Compagnie franche de la Marine, reconstitutions de deux régiments britannique et français du XVIIIᵉ siècle. Le fort abrite aussi l'admirable petit musée David M. Stewart d'histoire sociale et militaire.

🏛 **Musée David M. Stewart**
20, chemin Tour-de-l'Isle. *(514) 861 6701.* *de 10 h à 17 h t.l.j.* *mar. ; 25 déc. ; 1ᵉʳ jan.*

Île Notre-Dame ㉕

(514) 873 2015. Gare centrale. Terminus Voyageur. Place-d'Armes. *de fin juin à août : de 7 h à 20 h t.l.j. ; de sept. à juin : de 7 h à 18 h t.l.j.* *payant.*

Cette île de 116 hectares au milieu du Saint-Laurent a été créée de toutes pièces en 1967 avec des gravats provenant des travaux du métro de Montréal. Plus encore que l'île Sainte-Hélène, elle a servi de cadre à Expo '67. Son principal centre d'intérêt, et de loin, est un monumental casino. Il a été aménagé dans les anciens pavillons de la France et du Québec. Il est ouvert en permanence, et chaque jour des milliers de joueurs se pressent aux tables de jeu et aux machines à sous. L'île possède en outre un bassin olympique creusé pour les jeux de 1976, un superbe parc floral et un système novateur de filtration de l'eau sur son unique plage. C'est aussi là qu'est situé le circuit Gilles-Villeneuve,

La Biosphère abrite des expositions sur le Saint-Laurent et les Grands Lacs

Le casino de l'île Notre-Dame est ouvert 24 heures sur 24

du nom du célèbre champion canadien, où se déroule chaque année en juin le Grand Prix du Canada de Formule 1.

Maison Saint-Gabriel ㉖

2146, place Dublin. **☎** *(514) 935 8136.* **☒** *Charlevoix.* **🚌** *57.* **○** *de fin juin à août : t.l.j. ; de sept. à juin : du mar. au dim.* 🅿 ♿ ✔ *obligatoire.*

Ce domaine agricole, vestige de la Nouvelle-France, est une frontière historique et verte entre le Saint-Laurent et l'ancien quartier ouvrier de la Pointe-Saint-Charles. Constitué dès le milieu du XVIIᵉ siècle, il a permis à la congrégation de Notre-Dame, fondée en 1658 par Marguerite Bourgeoys, première institutrice de Montréal, de subsister.

Un musée ouvert en 1966 dans la résidence des sœurs fournit un bel exemple de l'architecture du XVIIᵉ siècle : épais murs de pierre et toit à forte pente reposant sur une charpente dont les poutres sont d'origine. La salle commune est dominée par une cheminée construite avant 1668 et par un évier de pierre adossé à une fenêtre. Dans la cuisine adjacente, un âtre monumental et un évier, plus exceptionnel encore, sont toujours en place.

L'atmosphère des XVIIᵉ et XVIIIᵉ siècles est parfaitement reconstituée, autant dans ces deux pièces et dans la salle de repos que dans le vaste dortoir de l'étage et grenier. Là, les sœurs et leurs pensionnaires – Marguerite Bourgeoys s'occupait aussi des « filles du Roy », envoyées au Canada pour peupler la nouvelle colonie – s'adonnaient au tissage.

Lachine ㉗

Bd Saint-Joseph. **🛈** *(514) 873 2015.* **☒** *Lionel-Groulx.* **🚌** *191.*

Lachine est l'une des municipalités situées à l'ouest de Montréal. Elle doit son nom aux célèbres rapides de Lachine, ainsi baptisés parce qu'ils formaient un obstacle au passage des explorateurs qui cherchaient la route de la soie. Les demeures pleines de charme de la vieille ville, qui bordent le boulevard Saint-Joseph, ont pour beaucoup été reconverties en restaurants et bistros avec terrasse donnant sur le parc René-Lévesque et sur le lac Saint-Louis, doté d'un port de plaisance. L'une des plus anciennes, construite vers 1680 par des marchands, abrite le **musée de Lachine**, avec des collections d'art populaire et une galerie d'art. Le **Lieu historique national du commerce de la fourrure à Lachine** est consacré à la pelleterie ; pendant des années, elle fut la principale ressource de Montréal.

Le canal Lachine, aménagé au XIXᵉ siècle pour contourner les rapides, relie directement la ville au Vieux-Port. La voie d'eau, en cours de réfection, est bordée d'espaces verts et d'une piste cyclable.

🏛 Musée de Lachine
110, chemin de LaSalle. **☎** *(514) 634 3471.* **○** *de mars à déc. : de 11 h 30 à 16 h 30 du mer. au dim.* ✔ *réserver.*
🏛 Lieu historique national du commerce de la fourrure à Lachine
1255, bd Saint-Joseph. **☎** *(514) 637 7433.* **○** *d'avr. à oct. : t.l.j.* 🅿 ♿ ✔

Vue du musée historique de Lachine depuis le canal

QUÉBEC ET LE SAINT-LAURENT

Dominant le Saint-Laurent du haut de la falaise du cap Diamant, Québec est véritablement l'âme du Canada français. En tant que capitale provinciale, la ville est le siège du gouvernement québécois et, presque entièrement francophone, le fer de lance du nationalisme canadien français. Toutes ses rues valent la peine d'être parcourues : l'ambiance du vieux continent qui y règne, son architecture et son intérêt historique incontestable ont contribué à son inscription sur la liste du patrimoine mondial de l'Unesco en 1985. Le Saint-Laurent, voie fluviale majeure, abrite une faune marine exceptionnelle. Les baleines franches et les petits rorquals le remontent jusqu'à Tadoussac pour se nourrir à l'embouchure du Saguenay. Sur la rive nord, les hauteurs des Laurentides se prêtent à la pratique d'activités de plein air tout au long de l'année. Les paysages des côtes de Beauport, Beaupré et Charlevoix, parmi les plus somptueux du pays, contrastent avec les hautes falaises et les étendues sauvages de la Gaspésie. Au large, l'île d'Anticosti est une étonnante réserve naturelle.

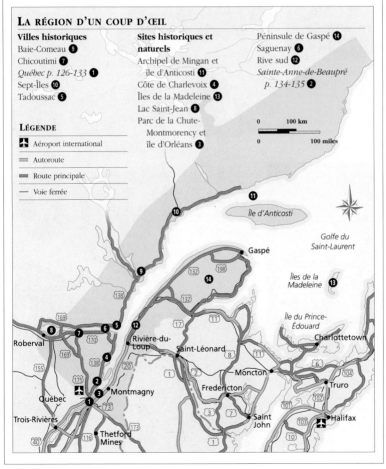

LA RÉGION D'UN COUP D'ŒIL

Villes historiques
Baie-Comeau ❾
Chicoutimi ❼
Québec p. 126-133 ❶
Sept-Îles ❿
Tadoussac ❺

Sites historiques et naturels
Archipel de Mingan et île d'Anticosti ⓫
Côte de Charlevoix ❹
Îles de la Madeleine ⓭
Lac Saint-Jean ❽
Parc de la Chute-Montmorency et île d'Orléans ❸

Péninsule de Gaspé ⓮
Saguenay ❻
Rive sud ⓬
Sainte-Anne-de-Beaupré p. 134-135 ❷

LÉGENDE

✈ Aéroport international
═ Autoroute
▬ Route principale
— Voie ferrée

0   100 km
0   100 miles

Île d'Anticosti
Golfe du Saint-Laurent
Gaspé
Îles de la Madeleine ⓭
Île du Prince-Édouard
Charlottetown
Roberval
Rivière-du-Loup
Saint-Léonard
Moncton
Québec
Montmagny
Fredericton
Truro
Trois-Rivières
Thetford Mines
Saint John
Halifax

◁ **Édifices historiques dans la basse-ville de Québec**

Québec pas à pas ❶

Québec est l'une des communautés les plus anciennes d'Amérique. À l'emplacement du site découvert en 1535 par Jacques Cartier, Samuel de Champlain *(p. 41)* fonda un poste de traite en 1608. En 1759, à l'issue de la bataille des plaines d'Abraham qui se déroula devant ses remparts, les Anglais s'en emparèrent, ainsi que du reste de la colonie française. Aujourd'hui, c'est là que bat le cœur du Canada français. Réhabilitée dans les années 1970, la basse-ville, la partie la plus ancienne, est pittoresque avec ses escaliers et ses cafés.

★ Basilique Notre-Dame-de-Québec
Cathédrale fondée en 1647, elle sert d'écrin à des souvenirs du début du régime français et des tableaux de maîtres anciens.

Musée du Fort
Le passé militaire revit au travers d'objets relatifs à la guerre et de spectacles son et lumière reconstituant les 5 sièges de la ville et des batailles.

Cathédrale anglicane Holy Trinity
Son élégante façade de pierre néo-classique de 1804 dissimule un décor en partie dû à Louis Quévillon.

Château Frontenac
Emblème le plus célèbre de Québec, il couronne la ville depuis 1893 et compte 600 chambres luxueuses.

DES JARDINS

DE BUADE

SAINTE ANNE

DES JARDINS

DU FORT

SAINT LOUIS

| 0 | | 100 m |

| 0 | | 100 yards |

LÉGENDE

– – – Itinéraire conseillé

Musée de la Civilisation
Cet ensemble moderne aéré, dans lequel sont intégrés des édifices anciens comme la maison Estèbe, est consacré à l'histoire de l'homme à travers les âges.

MODE D'EMPLOI

🏙 167 500. ✈ 16 km O. de la ville. 🚌 450, rue de Gare-du-Palais. 🚌 320, rue Abraham-Martin. ⛴ 10, rue des Praversiers. ℹ 835, av. Wilfrid-Laurier (418) 649 2608. 🎭 Carnaval d'hiver (fév.) ; festival d'été (juil.).

★ Place Royale
Véritable condensé de l'histoire de Québec, la place Royale a été restaurée, et dans les rues des alentours, les édifices ravalés des XVIIIᵉ et XIXᵉ siècles ont retrouvé leur aspect d'origine.

Le funiculaire entre la terrasse Dufferin et la basse-ville offre d'excellentes vues aériennes du centre historique et du fleuve.

À NE PAS MANQUER

★ La place Royale

★ La basilique Notre-Dame

Maison Chevalier
Gérée par le musée de la Civilisation, cette demeure du XVIIIᵉ siècle construite pour un marchand est consacrée aux arts décoratifs. Dans toutes les pièces, les meubles et l'argenterie voisinent avec des objets de la vie quotidienne de familles aisées des XVIIIᵉ et XIXᵉ siècles.

Québec

Unique cité fortifiée d'Amérique du Nord, Québec possède un cachet très européen avec ses jolies ruelles pavées et ses bâtiments du XVIIIe siècle. Les principaux centres d'intérêt de la ville, faciles d'accès, sont groupés au sommet et au pied de la falaise du cap Diamant, sur laquelle s'élève la citadelle. Cette petite capitale provinciale – elle ne dépasse guère 93 kilomètres carrés – abrite le parlement provincial ou Assemblée nationale. Celle-ci conduit ses débats en français dans les splendides salles du grandiose hôtel du parlement, dont la façade date du début du XIXe siècle.

Le Château Frontenac s'élève au-dessus des toits de Québec

À la découverte de Québec

Le meilleur moyen d'explorer la ville est à pied. Québec peut être divisée en trois ensembles. La basse-ville, la partie la plus ancienne, suit la rive du Saint-Laurent au pied du cap Diamant. Au-dessus, la haute-ville, fortifiée, regorge comme la basse-ville de magasins et restaurants. S'y trouvent en outre les deux cathédrales – catholique et protestante – et l'imposant Château Frontenac. L'hôtel du parlement, où siège l'Assemblée nationale, borde la Grande-Allée, à l'extérieur des remparts.

🚇 Terrasse Dufferin

Cette longue terrasse en bois qui s'étire au sommet du cap Diamant, entre le Château Frontenac et un angle de la citadelle, est dotée de bancs et de cinq élégants kiosques. Elle offre une vue imprenable sur le Saint-Laurent, les Laurentides et l'île d'Orléans.

L'hiver, la municipalité y installe un toboggan pour luge appelé les « Glissades de la terrasse ».

🍁 Parc des-Champs de-Bataille

835, av. Wilfrid-Laurier. ☎ (418) 649 6157. ⏰ t.j.l. ♿
Le site où fut scellé l'avenir du Canada est aujourd'hui un espace de verdure agrémenté de monuments et d'une fontaine commémorative, seuls indices de son passé dramatique. Le 13 septembre 1759, les soldats britanniques, sous les ordres du général James Wolfe, escaladèrent la falaise et défirent l'armée du marquis de

Jeanne d'Arc, au parc des Champs de bataille

Montcalm devant les remparts de Québec (p. 42-43). En 1908, pour le tricentenaire de la fondation de la ville, les 100 hectares que les Québécois appellent toujours les « plaines d'Abraham » sont devenus l'un des plus grands parcs urbains d'Amérique du Nord.

🏛 Hôtel du parlement

Av. Honoré-Mercier & Grande Allée E. ☎ (418) 643 7239. 🔒 de fin juin à début sept. : t.l.j. ; de fin sept. à juin : du lun. au ven. ♿
L'« Assemblée nationale » – le parlement du Québec – se réunit dans cet édifice de style second Empire, terminé en 1886. C'est une véritable vitrine du passé de la province : sur l'imposante façade et les côtés de la haute tour centrale, des niches abritent 22 statues en bronze des grands hommes qui ont façonné l'histoire du Québec. Les premiers habitants du territoire sont honorés par le bronze d'une famille amérindienne près de l'entrée principale. À l'intérieur, le salon bleu est le cœur de l'activité politique du Québec.

🏛 Fortifications

☎ (418) 648 7016. ⏰ d'avr. à oct. : t.l.j. 📷 ♿
Dans les années 1870, après un siècle de paix, les remparts de Québec, construits par les Français au XVIIe siècle et terminés par les Britanniques en 1760, devinrent l'un des attraits majeurs de la ville. Au nord et à l'est, les murs, qui ont été rabaissés vers 1873, sont ponctués par une grande batterie de canons. Sur le côté ouest, l'enceinte atteint 6,5 mètres de haut. Une promenade de 4 kilomètres de long a été aménagée au sommet des murs.

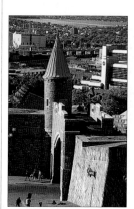

Les fortifications du XVIIIe siècle au parc de l'Artillerie

**Les éventaires débordants attirent
les foules au marché du Vieux-Port**

✠ Vieux-Port

ℹ *100, quai Saint-André.* ☏ *(418)
648 3300.* ♿
Ce quartier charmant s'organise
autour du vieux port, au nord-
est de la ville fortifiée.
Contrastant avec l'urbanisme
dense de la basse-ville, le
Vieux-Port est une zone
piétonne aérée au bord du
fleuve, riche en attractions
modernes. C'est aussi le point
de départ de croisières vers la
chute Montmorency. Au bord
de l'eau se succèdent boutiques
élégantes, immeubles, salle de
spectacle à ciel ouvert et
magasins installés dans des
entrepôts reconvertis.

🏛 Musée de la Civilisation

85, rue Dalhousie. ☏ *(418) 643
2158.* ◯ *de fin juin à début sept. :
t.l.j. ; de fin sept. à début juin :
du mar. au dim.* 🎫 ♿
Conçu par Moshe Safdie,
brillant architecte canadien
contemporain, cet édifice
moderne en verre et calcaire de
la basse-ville est dédié à
l'histoire et la culture. Malgré
son allure ultramoderne, le
bâtiment a remporté plusieurs
prix pour son mariage très
réussi avec son environnement
historique. Le musée comprend
trois bâtiments anciens, dont
deux du XVIIᵉ siècle : la maison
Estèbe, ancienne demeure de
marchands, et la maison
Chevalier, près de la place
Royale, où architecture et
mobilier québécois sont
présentés dans un cadre
d'époque.
Les collections comptent
également des meubles de la
Chine impériale et les vestiges
d'un bateau français à fond plat
vieux de 250 ans. Au deuxième
étage, l'exposition permanente
Mémoires donne un bon aperçu
de 400 ans d'histoire
québécoise avec des objets de
la vie quotidienne.

**Architectures ancienne et moderne
au musée de la Civilisation**

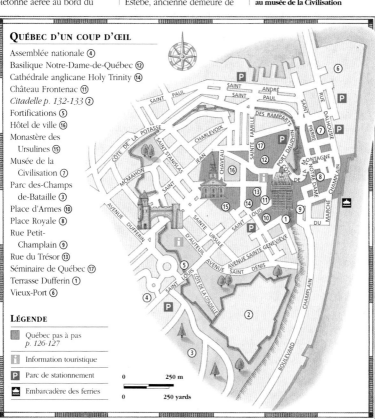

QUÉBEC D'UN COUP D'ŒIL

LÉGENDE

▦ Québec pas à pas
  p. 126-127

ℹ Information touristique

🅿 Parc de stationnement

⚓ Embarcadère des ferries

0   250 m
0   250 yards

♛ Place Royale
Rue Saint-Pierre.

De toutes les places canadiennes, la place Royale est incontestablement la plus chargée d'histoire.

À l'emplacement de l'« habitation » de Samuel de Champlain, le gouverneur français Frontenac établit un marché en 1673. Un buste de Louis XIV fut installé en 1686 et la place baptisée « Royale ».

Cet espace pavé au centre de la basse-ville dont émane une élégance et une noblesse discrètes est bordé par les demeures, aux toits pentus et aux volets pastel, de riches négociants du début du XVIIIᵉ siècle. Son aspect a peu changé depuis lors, car après avoir connu un déclin au XIXᵉ siècle, la place a été entièrement restaurée. Elle est de nos jours le rendez-vous des artistes de rue.

Les acheteurs se pressent rue Petit-Champlain

▥ Rue Petit-Champlain
au pied de la terrasse Dufferin, vieille ville. **[** *(418) 692 2613.* **[** *partiel.*

L'escalier Casse-Cou mérite bien son nom. Partant de la haute-ville, il passe devant des commerces répartis sur plusieurs niveaux pour aboutir à cette étroite rue piétonne dans la partie la plus ancienne de la ville. Les artisans français y bâtirent leurs maisons dès les années 1660 et les dockers irlandais s'y installèrent au XIXᵉ siècle. Malgré son architecture remarquable, le quartier déclina au début du XXᵉ siècle. Depuis, les maisons ont été reconverties en magasins et restaurants et la courte rue est devenue l'une des plus animées du vieux Québec. Les boutiques sont intéressantes, mais souvent bondées.

La silhouette du château Frontenac est un point de repère dans la ville

♛ Place d'Armes
Cet espace vert au nord du château Frontenac était jadis le terrain de manœuvres des soldats français. Aujourd'hui, des calèches attrayantes attendent le visiteur pour explorer ce quartier charmant. Au centre, le monument de la Foi

commémore le tricentenaire de l'arrivée des missionnaires récollets en 1615. Dans l'angle sud-ouest, à côté de la belle cathédrale anglicane, s'élève l'ancien palais de Justice, du début du XIXᵉ siècle. En face, le musée du Fort abrite une maquette animée de Québec au XIXᵉ siècle.

♛ Château Frontenac
1, rue des Carrières.
[*(418) 692 3861.* **[**

Ce gigantesque édifice aux toits de cuivre vert qui domine le vieux Québec et le Saint-Laurent est un hôtel de luxe bâti par la compagnie du Canadian Pacific Railway au XIXᵉ siècle. Son architecte, l'Américain Bruce Price, le dota de dizaines de tours et tourelles et de rangées de lucarnes. Construction et agrandissements s'étalèrent sur près d'un siècle après l'ouverture d'une première partie de l'hôtel en 1893, pour s'achever en 1983. Fait de brique et de pierre, il compte plus de 600 chambres. Les salons

Verchères et Champlain, très visités, sont parmi les pièces les plus somptueuses.

⚑ Basilique Notre-Dame-de-Québec
20, rue Buade. **[** *(418) 694 0665.*
[*de 7 h 30 à 16 h 30 t.l.j.* **[**

Elle est le siège de l'archevêque catholique de Québec, dont le diocèse s'étendait jadis jusqu'au Mexique. La première église, bâtie sur le site avant 1640, a été incendiée. La deuxième, élevée en 1647 et remaniée au XVIIIᵉ siècle, a été détruite par les bombes anglaises en 1759. Reconstruite en 1768, elle a été réduite en cendres en 1922.

La cathédrale actuelle date de 1925. Grâce à l'utilisation de matériaux modernes tels que le béton et l'acier, l'édifice dégage une grande impression de légèreté, renforcée par les vitraux éclatants, la riche décoration dorée et le gracieux baldaquin du maître-autel.

L'imposante façade de la basilique Notre-Dame-de-Québec

♨ Rue du Trésor

près de la place d'Armes.
Cette rue étroite est une
véritable institution
québécoise. Interdite à la
circulation, elle est bondée
l'été de visiteurs qui se font
dessiner, peindre ou
caricaturer par les nombreux
artistes de rue ou qui
viennent chiner des croquis et
des aquarelles de vues de
Québec.

♦ Cathédrale anglicane Holy Trinity

31, rue des Jardins. ☎ *(418) 692
2193.* ◯ *t.l.j.* ♿
Après avoir prié pendant
quelques décennies dans
l'église des récollets qui brûla
en 1796, les anglicans de
Québec eurent droit à leur
propre cathédrale en 1804.
Construite aux frais de l'État
sur le modèle néo-
classique de Saint
Martin's in the
Fields à Londres,
elle fut la première
cathédrale anglicane
en dehors de
Grande-Bretagne.
Plusieurs dons faits
par des Britanniques
y sont toujours
conservés,

**Reliquaire du couvent
des ursulines**

notamment un livre de prières
et une Bible offerts par
George III. Les bancs en
chêne venant de la forêt royale
de Windsor et le carillon à huit
cloches est le plus vieux du
Canada. L'été, artistes et
artisans se pressent dans
l'enclos verdoyant de l'église.

♦ Monastère des ursulines

12, Rue Donnacona. ☎ *(418) 694
0694.* ◯ *t.l.j.* ♿
Mère Marie de l'Incarnation,
à l'origine de la présence des
ursulines à Québec dès 1639,
supervisa en 1640 la
construction de leur couvent
qui fut deux fois réduit en
cendres. Les ailes Saint-
Augustin et Sainte-Famille,
visibles aujourd'hui, datent
de la reconstruction des
années 1685-1715. À l'ombre
de son verger et de ses
jardins subsiste la plus
ancienne école pour filles
d'Amérique du Nord.
Une soixantaine de
religieuses occupent encore
les lieux. Dans la chapelle au

L'hôtel de ville est précédé d'un petit parc

magnifique décor et le musée
sont exposés, entre autres,
des meubles Louis XIII, des
objets domestiques,
des peintures et des
broderies. Le rôle
éducatif et
missionnaire des
religieuses est
également mis en
lumière. Des objets
d'art amérindien et
français des XVIIe et
XVIIIe siècles
côtoient le crâne du
marquis de Montcalm, mort
au champ d'honneur en
1759.

♨ Hôtel de ville

43, côte de la Fabrique. ☎ *(418) 691
4606.* ◯ *Centre d'interprétation : de
fin juin à sept. : t.l.j. ; d'oct. à juin : du
mar. au dim.* ♿
Construit en 1896, cet
imposant édifice se dresse à
l'extrémité ouest de la rue de
Buade, rendez-vous des
artistes québécois qui y
vendent leurs œuvres. Mais

c'est surtout le petit parc
attenant, où sont organisées
l'été des représentations
théâtrales, qui attire les
foules.

♨ Séminaire de Québec

2, côte de la Fabrique.
☎ *(418) 692 2843.* ◯ *l'été.*
🎫 *obligatoire.* ♿
En 1663, François de
Montmorency Laval, premier
évêque catholique de
Québec, fonda un séminaire
à côté de sa cathédrale pour
former les prêtres de son
diocèse. Il s'est agrandi au fil
des siècles pour devenir un
charmant ensemble d'édifices
des XVIIe, XVIIIe et XIXe siècles,
autour d'une paisible cour
gazonnée.
Le musée de l'Amérique
française, qui se déploie sur
cinq niveaux, possède la plus
prestigieuse collection de
pièces d'archives au Canada.
On y remarquera l'oratoire
privé de Mgr Briand, réalisé
vers la fin du XVIIIe siècle.

Intérieur de la chapelle du séminaire de Québec

La citadelle

Insigne du Royal 22ᵉ Régiment

Les ingénieurs militaires français et anglais ont successivement contribué à la construction de ce fort magnifique, destiné à parer une éventuelle attaque qui n'eut jamais lieu. Planifiés dès 1716, les travaux ont été exécutés sous la direction du colonel Durnford de 1820 à 1830. Aujourd'hui, le tour des fortifications en étoile, à la manière de Vauban, est l'occasion d'une promenade agréable. Toujours en activité, la citadelle est la base du fameux Royal 22ᵉ Régiment, que l'on peut voir exécuter ses tâches quotidiennes et ses manœuvres.

Les fortifications
À partir du milieu du XIXᵉ siècle, la citadelle assura la défense du flanc est de la ville.

Ancienne prison militaire

Le cap Diamant, point culminant de Québec, surplombe la basse-ville.

Résidence du gouverneur général
Avec son double escalier central et son vestibule en marbre, ce splendide manoir est la résidence officielle du gouverneur général du Canada depuis le XIXᵉ siècle.

Les fossés sont une structure défensive clef.

Redoute du cap Diamant
Première fortification de Québec construite en 1693 sur ordre de Frontenac, la redoute est le plus vieux bâtiment de la citadelle. Elle abrite aujourd'hui des souvenirs de guerre et offre un beau panorama du Saint-Laurent.

La croix de Vimy fut élevée à la mémoire des Canadiens tombés en France à la bataille de Vimy en 1917.

Chapelle
La poudrière de 1831 sert aujourd'hui de chapelle.

★ **La relève de la garde sur le champ de parade**
*La relève de la garde a lieu tous les jours, de juin à
la fête du Travail (1er lundi de septembre). L'uniforme
de cérémonie du Royal 22e Régiment, tunique écarlate
et pantalon bleu, a été créé par les Britanniques.*

La caserne
*En tant que base militaire active,
la caserne est occupée par le
Royal 22e Régiment, l'un des
mieux entraînés du Canada,
connu pour sa bravoure pendant
les deux guerres mondiales.*

**Le bastion du Prince-
de-Galles** abrite une
poudrière désaffectée.
Construit en 1750,
il contenait jadis
2 388 tonneaux de
poudre à canon.

| 0 | 25 m |
| 0 | 25 yards |

À NE PAS MANQUER

★ **La relève
de la garde**

★ **La porte Dalhousie**

★ **Porte Dalhousie**
*Seule porte à avoir conservé son architecture d'origine,
elle est entourée de batteries de canons qui permettaient
de couvrir d'un tir défensif les flancs nord, sud et ouest
de la citadelle.*

Sainte-Anne-de-Beaupré ❷

Ce sanctuaire dédié à la mère de la Vierge, un des plus vénérés du Canada, a été fondé en 1658 par les pionniers de la côte de Beaupré. Il attire chaque année plus de 1,5 million de touristes et de pèlerins, notamment à l'occasion de la Sainte-Anne en juillet.

La basilique actuelle, de style néo-roman très ornementé, date des années 1920. À l'intérieur, parmi les innombrables ex-voto laissés par des pèlerins reconnaissants, des béquilles illustrent le succès de leurs prières. Le vaisseau est divisé en cinq nefs par d'épaisses colonnes et la voûte en berceau est couverte de mosaïques à fond d'or relatant la vie de sainte Anne, représentée dans le transept par une grande statue dorée portant la Vierge dans ses bras.

Statue de sainte Anne
Cette statue richement ornée est placée dans la basilique supérieure, face à la relique de sainte Anne offerte par le pape Jean XXIII en 1960.

PLAN DU SANCTUAIRE

1 Basilique
2 Monastère
3 Séminaire
4 Musée
5 Bureau des bénédictions

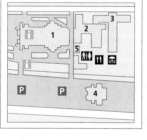

Les vitraux, dont la grande rose est le joyau, représentent le parcours des pèlerins dans le sanctuaire.

LA BASILIQUE
En 1876, sainte Anne fut proclamée sainte patronne du Québec et en 1887, l'église reçut le titre de basilique. Les rédemptoristes ont pris la direction du sanctuaire en 1878.

Entrée de la basilique supérieure

Les mosaïques du sol répondent aux motifs du plafond.

★ Façade
La première basilique fut incendiée en 1922 et reconstruite à partir de 1923. Son trésor est constitué d'objets datant du régime français.

À NE PAS MANQUER

★ La façade

★ La Pietà

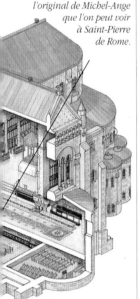

★ **Pietà**
*C'est une fidèle réplique de
l'original de Michel-Ange
que l'on peut voir
à Saint-Pierre
de Rome.*

La chute Montmorency est la cascade la plus spectaculaire du Québec

Parc de la Chute-Montmorency et île d'Orléans ❸

Chute Montmorency (418) 663 2877.
⏰ *de 8 h 30 à 23 h t.l.j.* ♿
*Centre d'information touristique de
l'île d'Orléans, 490, côte du Pont,
Saint-Pierre (418) 828 9411.*

À 7 kilomètres à l'est de Québec, la chute Montmorency est la plus célèbre de la province. De 30 mètres plus haute que les chutes du Niagara (56 mètres), elle marque l'endroit où la Montmorency se jette dans le Saint-Laurent. Le parc environnant permet de l'admirer de plusieurs points de vue : un pont suspendu, un téléphérique et, pour les plus intrépides, des sentiers qui gravissent les falaises voisines.

Non loin, un pont moderne arachnéen mène à l'île d'Orléans, riche et fertile, couverte de fleurs, de champs de fraisiers et de terres cultivées. Émaillée de villages, elle donne un excellent aperçu de la vie paisible des campagnes du Québec.

Côte de Charlevoix ❹

ℹ️ *630, bd de Comporté, La Malbaie
(418) 665 4454.*

Elle se déroule sur 200 kilomètres sur la rive nord du Saint-Laurent, de Sainte-Anne-de-Beaupré, à l'ouest, à l'embouchure du Saguenay. Ce mince ruban de campagnes fleuries s'étirant à la lisière sud de la toundra devant une profonde forêt boréale s'est vu attribuer le titre de Réserve mondiale de la biosphère par l'Unesco en 1988. De douces vallées protègent les villages des bords du fleuve, certains s'abritant sous des falaises hautes de 400 mètres. Baie-Saint-Paul, située dans une vallée fertile, est d'une beauté exceptionnelle. À 35 kilomètres au nord-est de ce village, le **parc des Grands-Jardins** est une vaste étendue de lacs et de taïga, forêt d'épinettes noires où vit le caribou. Les collines se prêtent aux balades et à la randonnée. Dans la minuscule et paisible île aux Coudres, au milieu du fleuve, les terres cultivées verdoyantes servent de cadre à des fermes historiques et deux moulins.

🏛 **Parc des Grands-Jardins**
Route 381, Saint-Urbain. 📞 *(418)
846 2057.* ⏰ *de mai à oct. : t.l.j. ;
de nov. à avr. : sam. et dim.* ♿

**Moulin sur l'île aux Coudres,
dans la région de Charlevoix**

Intérieur
*Éclairé par le soleil qui filtre à
travers les vitraux, l'intérieur
beige et or est décoré dans ses
moindres recoins.*

La ville de Tadoussac, au confluent du Saint-Laurent et du Saguenay

Tadoussac ❺

🏛 *850.* 🚌 ⛴ ℹ️ *197, rue des Pionniers (418) 235 4744.*

Cette petite ville aux vieilles rues bordées de boutiques est une bonne base pour découvrir les proches environs du Saint-Laurent.

Ayant remarqué que depuis des générations, les Amérindiens se réunissaient sur ce site pour commercer et parlementer, les négociants français y fondèrent vers 1600 le premier poste canadien de traite des fourrures. Au XIXᵉ siècle, en marge de ce commerce florissant, les bateaux commencèrent à amener des touristes nantis venus goûter la beauté sauvage des lieux.

Le paysage est en effet magnifique. Adossés à des falaises rocheuses et à de hautes dunes, les quais font face au confluent du Saint-Laurent et du Saguenay. À voir dans la ville : la reconstitution du poste de traite des fourrures du XVIIᵉ siècle et la plus vieille église en bois du Canada, la Petite Chapelle, construite en 1747 sur les ruines de la « chapelle des Indiens », érigée en 1646. Mais l'attraction majeure est au large. L'estuaire est l'habitat permanent d'une colonie de bélugas, rejoints l'été par des petits rorquals, rorquals communs et rorquals bleus, attirés par des conditions naturelles exceptionnelles. Il est possible de les approcher en bateau.

Le Saguenay ❻

🚉 *Jonquière.* 🚌 *Chicoutimi.* ℹ️ *198, rue Racine E. (418) 543 9778.*

La rivière coule dans le fjord naturel le plus méridional du monde, formé par le recul d'un glacier lors de la dernière période glaciaire, il y a 10 000 ans. Ses eaux sombres, profondes de 300 mètres par endroits, coulent sur 155 kilomètres au pied de falaises d'une hauteur moyenne de 450 mètres.

Reliant le lac Saint-Jean à l'estuaire du Saint-Laurent, le Saguenay est également connu pour ses rives paisibles et sa faune abondante. Elle prospère surtout dans sa partie sud, le joli Bas-Saguenay, en grande partie parc marin fédéral. On peut y observer la colonie d'un millier de baleines qui a élu domicile dans le fjord.

Le regard embrasse toute l'étendue du fjord depuis le cap Trinité, une falaise de 320 mètres qui surplombe la rivière. La célèbre statue de 10 mètres de la Vierge, érigée sur un récif, semble contempler le paysage.

Chicoutimi ❼

🏛 *64 600.* ℹ️ *198, rue Racine E. (418) 543 9778.*

Blottie au creux des montagnes sur la rive ouest du Saguenay, Chicoutimi est l'une des villes les plus accueillantes du Québec et le centre culturel et économique de la région. Des quais récemment restaurés, les vues des hauteurs environnantes et du confluent du Chicoutimi, du Du-Moulin et du Saguenay sont superbes.

Vivant autrefois de la pâte à papier, la ville possède toujours une grande usine, **la pulperie de Chicoutimi**. Désaffectée, elle est ouverte au public. Un musée voisin donne tous les détails sur cette vieille industrie québécoise qui fournissait en papier une bonne partie de l'Amérique du Nord.

🏭 **Pulperie de Chicoutimi**
300, rue Dubuc. 📞 *(418) 698 3100.* 🕐 *de fin juin à sept. : de 9 h à 18 h t.l.j.* ♿

Les rives du profond fjord du Saguenay

Excursion au lac Saint-Jean ❽

En plein cœur des étendues rocheuses couvertes d'épinettes propres au centre du Québec, le lac Saint-Jean est une oasis de paix. D'une superficie de 1 350 kilomètres carrés, il est entouré de fermes, de villages pittoresques, comme Chambord, et de plages de sable ensoleillées. Cette région vallonnée occupe une cuvette formée par le passage des glaciers lors de la dernière période glaciaire. Des ruisseaux dévalent ses parois escarpées pour se jeter dans les eaux bleues du lac et finalement donner naissance au Saguenay.

Carnet de route

Point de départ : *Chambord.*
Itinéraire : *180 km.*
Circuler : *Le circuit est long mais agréable, la route étant bien entretenue. La plupart des villes et villages, tel Mashteuiatsh, ont des auberges et restaurants où faire une halte. Les routes secondaires offrent de plaisantes alternatives.*

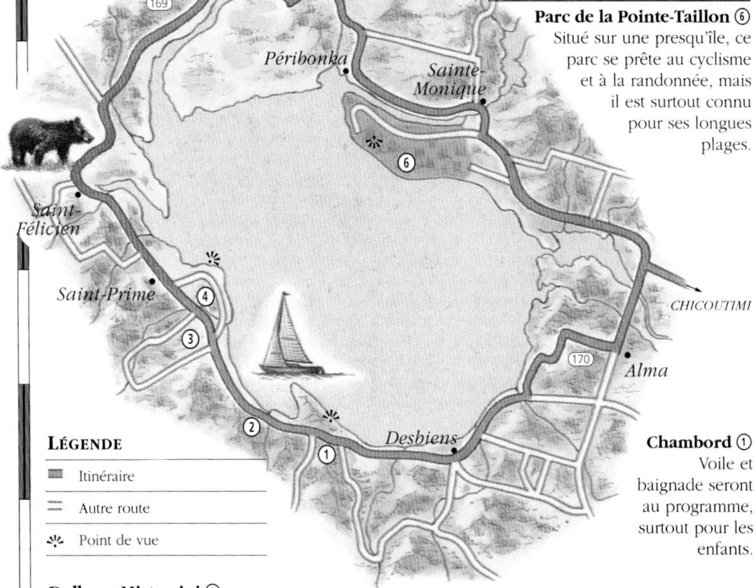

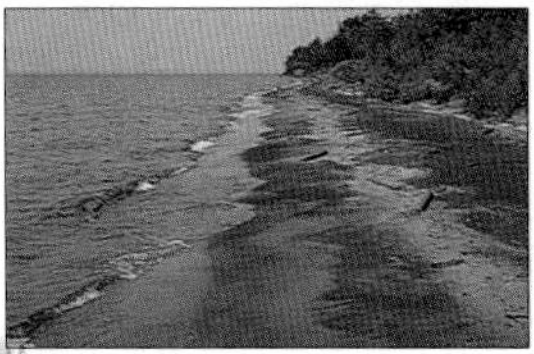

Parc de la Pointe-Taillon ⑥
Situé sur une presqu'île, ce parc se prête au cyclisme et à la randonnée, mais il est surtout connu pour ses longues plages.

Chambord ①
Voile et baignade seront au programme, surtout pour les enfants.

Dolbeau-Mistassini ⑤
En juillet, lors des dix jours du Festival Western, les foules viennent voir rodéos et cow-boys en Stetson.

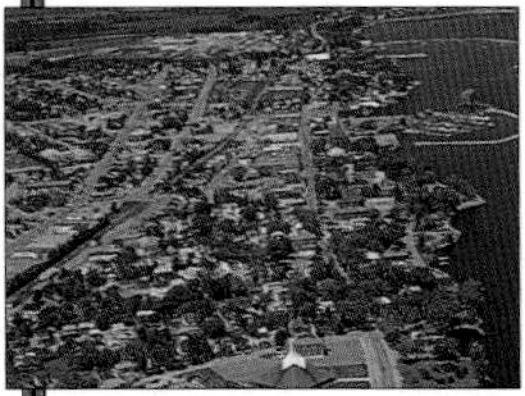

Mashteuiatsh, Pointe Bleue ④
Dans cette réserve amérindienne des Montagnais, les visiteurs peuvent assister à des démonstrations d'activités traditionnelles.

Roberval ③
Ce charmant village est idéal pour assister à l'arrivée de la traversée à la nage du lac Saint-Jean ; elle a lieu tous les ans en juillet depuis 1946.

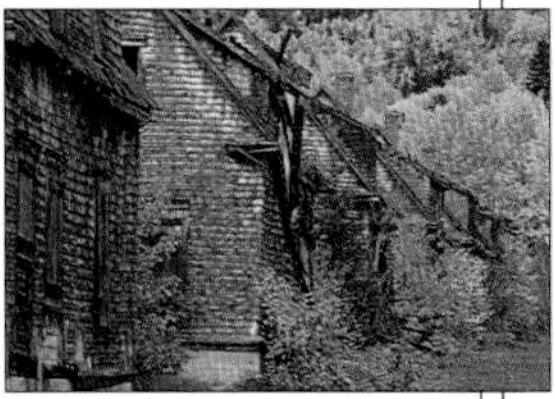

Val-Jalbert ②
Cette petite ville-musée est dominée par la chute Ouiatchouane, qui faisait fonctionner une pulperie dans les années 1920.

Le barrage Daniel-Johnson, au nord de Baie-Comeau

Baie-Comeau ❾

🏛 *26 700.* ✈ 🚗 🚤 ℹ *337, La Salle (418) 294 2876.*

C ette petite ville doit entièrement son existence au *Chicago Tribune* : en 1936, le journal américain construisit une papeterie près de l'embouchure de la Manicouagan pour alimenter ses presses. Le quartier Amélie, classé en 1985, est le plus ancien de la localité. Il compte de belles demeures, dont un imposant hôtel des années 1930.

Si l'industrie papetière est toujours primordiale dans la région, Baie-Comeau doit aujourd'hui son importance à la proximité de l'énorme complexe hydroélectrique Manic-Outardes, situé sur la Route 389, de 22 à 200 kilomètres au nord. La centrale la plus spectaculaire est Manic-5, à 190 kilomètres de la ville. Là, le barrage Daniel-Johnson a engendré un vaste lac-réservoir dans un cratère qui a été formé par une météorite il y a plusieurs milliers d'années d'après les géophysiciens.

Sept-Îles ❿

🏛 *26 000.* 🚗 🚗 🚤 ℹ *312, av. Brochu (418) 962 0808.*

J usqu'aux années 1950, Sept-Îles était un vieux village de pêcheurs assoupi. Mais après la Seconde Guerre mondiale, les grandes compagnies virent dans ce hameau niché au bord d'une vaste baie la base

parfaite pour l'exploitation des gisements de fer du nord du Québec. C'est aujourd'hui la plus grande ville de la rive nord du golfe du Saint-Laurent et le deuxième port canadien de la Voie maritime. Depuis le trottoir de planches sur la rive, les visiteurs peuvent voir de près les manœuvres des navires et l'activité des docks.

Fière des ses équipements portuaires de pointe, la ville possède aussi d'intéressants vestiges du passé. Non loin du centre-ville, le Vieux Poste est une belle reconstitution d'un poste de traite où les Indiens troquaient leurs fourrures avec les marchands français. Un petit musée d'art amérindien vend de l'artisanat local.

Malgré son importance industrielle, la région de Sept-Îles est d'une beauté exceptionnelle, avec les kilomètres de plages de sable

Vue aérienne du port actif de Sept-Îles

du littoral, tout proche, et la rivière Moisie, riche en saumons, qui se jette dans le golfe du Saint-Laurent à 20 kilomètres à l'est de la ville. Les sept îles rocheuses dont celle-ci tire son nom constituent le parc de l'archipel des Sept-Îles. La Grande-Basque est l'une des préférées des campeurs et des randonneurs pour ses plages et ses sentiers de découverte de la nature. Celle du Corossol est un sanctuaire pour une multitude de mouettes, sternes et macareux ; elle se visite avec un guide. Des excursions en bateau autour des îles sont également organisées.

Archipel de Mingan et île d'Anticosti ⓫

🚗 *Sept-Îles.* 🚤 *Sept-Îles.* ℹ *312, av. Brochu, Sept-Îles (418) 962 0808.*

C ette région vierge et inhabitée bénéficie d'une popularité croissante pour son paysage rude, sa flore et sa faune abondantes et ses écosystèmes intacts. En 1984, les 40 îles de l'archipel de Mingan, qui s'échelonnent au large de la rive nord du golfe du Saint-Laurent, sont devenues le premier parc national insulaire du Canada. Macareux, sternes et diverses variétés de mouettes trouvent refuge dans cette réserve, tandis que phoques gris, phoques communs et phoques du Groenland se pressent le long des minuscules criques ; les rorquals se montrent également à l'occasion. Outre leur riche faune, les îles sont célèbres pour leurs étranges monolithes en calcaire aux formes surréalistes sculptés par la mer au cours des siècles. Les plus connus ressemblent à des pots de fleurs couronnés d'herbes. Une excursion en bateau permet d'admirer ce phénomène de la nature.

L'île d'Anticosti, à l'est de l'archipel, était jusqu'en 1974 une propriété privée de 8 000 kilomètres. Son ancien

Monolithes de calcaire « en pot de fleurs » au parc national de l'archipel de Mingan

propriétaire, le chocolatier français Henri Menier, l'acheta en 1895 et la peupla de cerfs de Virginie pour que ses invités puissent chasser. Le troupeau a prospéré et, bien que la chasse se pratique toujours, il compte 120 000 têtes. La faune abonde : plus de 150 espèces d'oiseaux vivent en paix dans la forêt relativement préservée et sur les plages. On peut se loger à Port-Menier, village de 300 habitants desservi par le ferry.

Phoque sur l'île d'Anticosti

La rive sud ⓬

🚉 *Rivière-du-Loup.* 🚌 *Rivière-du-Loup.* ⛴ *Rivière-du-Loup.*
ℹ *Rivière-du-Loup (418) 862 1981.*

Nombre de villes et villages jalonnent la rive sud du Saint-Laurent. À l'ouest, ils se concentrent autour de Montréal, et à l'est, entre Lévis et la côte gaspésienne. Rivière-du-Loup, une localité apparemment modeste, donne en fait un bon avant-goût du Québec profond. Dominée par une église ancienne en pierre, la vieille ville s'étend au long de rues accidentées et ses maisonnettes du XVIIIᵉ siècle possèdent un cachet attachant. D'autres villages de la région cachent des curiosités. Plus loin sur la Route 132, Trois-Pistoles est fière d'une histoire qui remonte à l'arrivée des pêcheurs de baleine basques en 1580.

L'île aux Basques, au large, était au XVIᵉ siècle un port baleinier remplacé maintenant par une réserve naturelle qui se visite.

Vers Rimouski, le centre commercial de la région, le parc du Bic est une petite réserve de 33 kilomètres carrés consacrée aux deux zones forestières, feuillue et boréale, et à la riche faune côtière. On peut la découvrir en kayak de mer.

Îles de la Madeleine ⓭

ℹ *128, chemin du Débarcadère, Cap-aux-Meules (418) 986 2245.*

Cet archipel situé en plein milieu de l'immense golfe du Saint-Laurent est constitué d'îlots et d'une douzaine d'îles, dont sept sont habitées. Les familles de pêcheurs qui y sont établies ont choisi de peindre leurs maisonnettes de jolis tons de mauves, jaunes et rouges vifs. Si du fleuve, la vue de ces petites communautés sur leurs îles basses battues des vents est saisissante, ces dernières valent qu'on s'y rendent. Outre les charmants villages anciens, les plages infinies au sable fin se prêtent à de splendides balades.

Maison de pêcheur peinte sur l'île du Havre-Aubert, aux îles de la Madeleine

Excursion en Gaspésie ⓮

Cette péninsule située à l'embouchure du Saint-Laurent renferme certains des paysages les plus sauvages et les plus séduisants du Québec. Vers l'est, les bouquets d'arbres se transforment en épaisses forêts de pins et le relief se fait rude et rocailleux, avec des falaises atteignant 500 mètres au nord-ouest. Au centre, culminant à 1 300 mètres, les monts Chic-Chocs sont au cœur d'intéressantes excursions en montagne. Au sud, la baie des Chaleurs abrite des villages industriels et de pêcheurs du XIXe siècle et, vers l'intérieur, on trouve exploitations fruitières, jardins exotiques et parcs naturels.

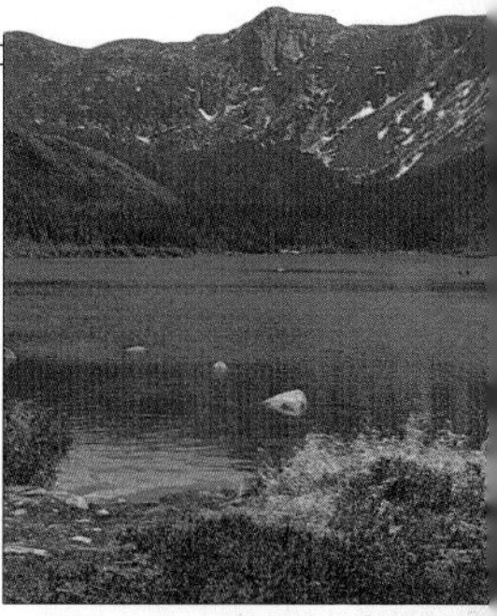

Parc de la Gaspésie ③
Avec ses 800 kilomètres carrés de terrains rudes et moussus, il marque la transition entre la forêt boréale et la forêt subalpine.

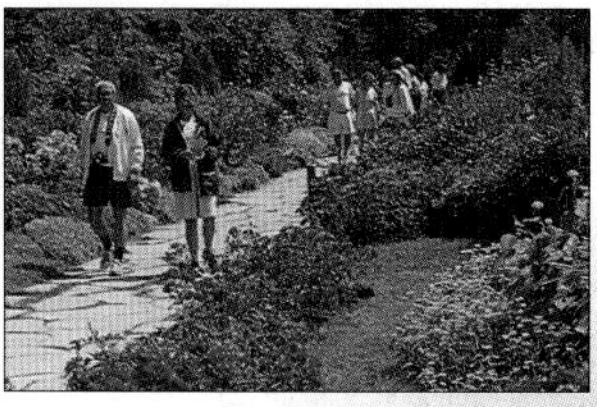

Grand-Métis ①
Cette petite ville recèle un des plus beaux jardins du Canada, où poussent plus de 1 000 espèces rares.

Cap-Chat ②
Il devrait son nom à un rocher voisin en forme de chat et possède l'éolienne la plus haute du monde (110 mètres).

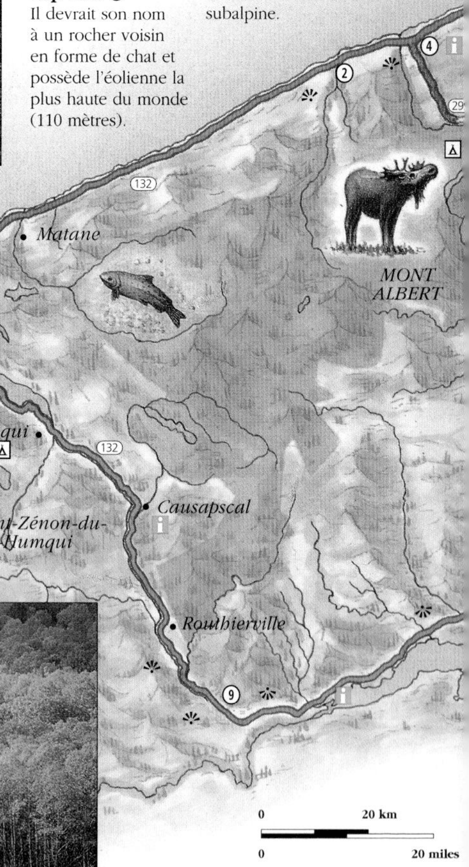
QUÉBEC
Matane
132
MONT ALBERT
Amqui
Causapscal
Saint-Zénon-du-Lac-Humqui
Routhierville
0 20 km
0 20 miles

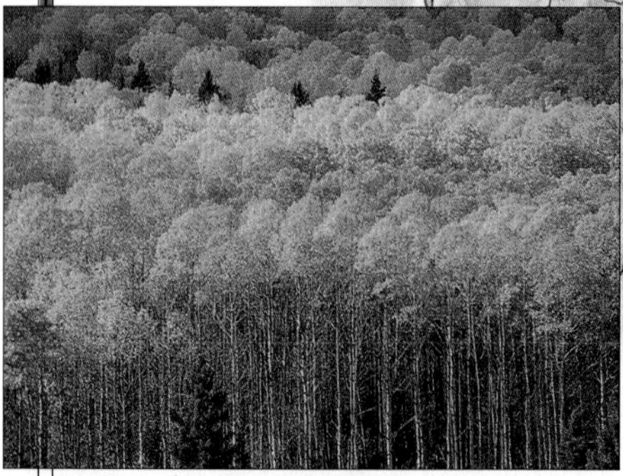

Vallée de la Matapédia ⑨
Au confluent de deux excellentes rivières à saumon, cette pittoresque vallée est parsemée de ponts couverts. Dissimulant des exploitations forestières établies de longue date, ses ormes et ses érables revêtent en automne des couleurs sublimes.

Carleton ⑨
Fondée en 1756 par les Acadiens fuyant le Grand Dérangement *(p. 58-59)*, Carleton est aujourd'hui une station balnéaire décontractée. D'excellents hôtels et restaurants bordent ses larges rues et les nombreux visiteurs apprécient la douceur du climat côtier.

Sainte-Anne-des-Monts (4)
À l'entrée du parc de la Gaspésie et de la réserve faunique des monts Chic-Chocs, ce village du XIXe siècle, a de bons restaurants.

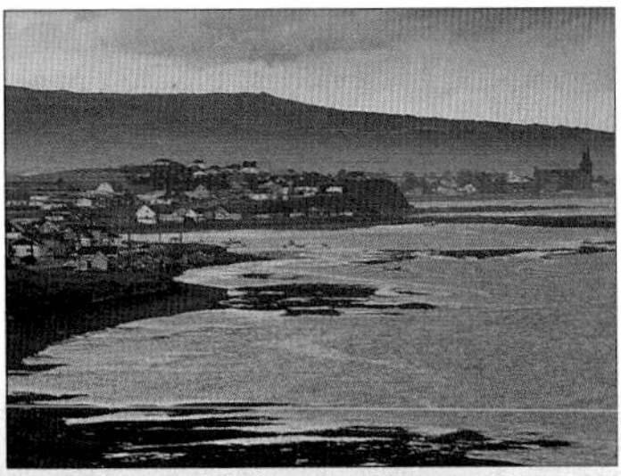

Carnet de route

La Route 132, voie principale de cette excursion, longe la côte depuis Grand-Métis en décrivant une boucle. Trop long pour être effectué dans la journée, le trajet peut être interrompu dans de nombreux villages. Pour admirer les étendues rocailleuses, il faut s'enfoncer à l'intérieur des terres par la route 299.

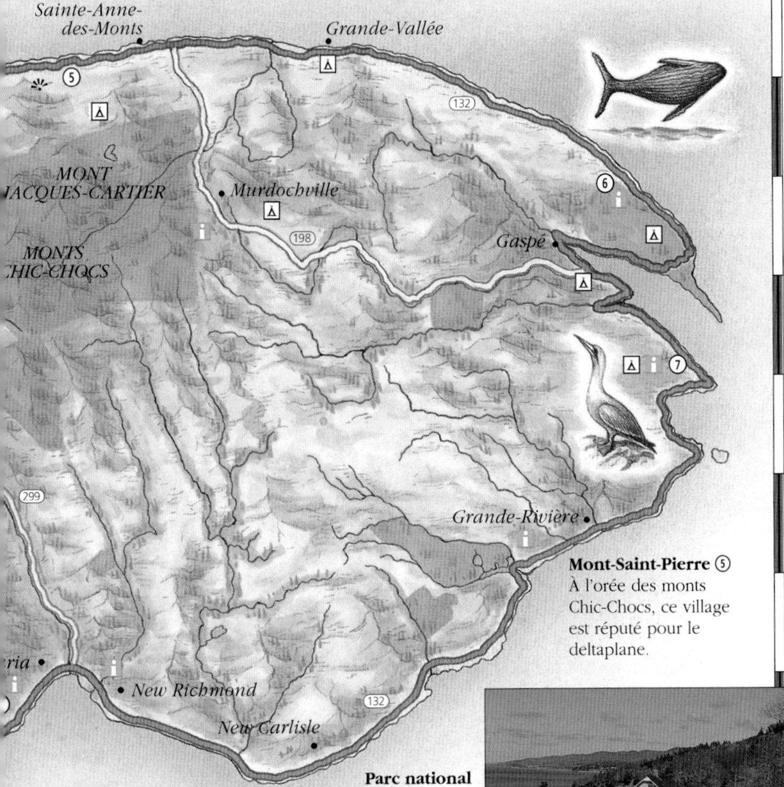

Sainte-Anne-des-Monts
Grande-Vallée
5
132
MONT JACQUES-CARTIER
Murdochville
198
MONTS CHIC-CHOCS
6
Gaspé
7
299
Grande-Rivière
ria
New Richmond
132
New Carlisle

Mont-Saint-Pierre (5)
À l'orée des monts Chic-Chocs, ce village est réputé pour le deltaplane.

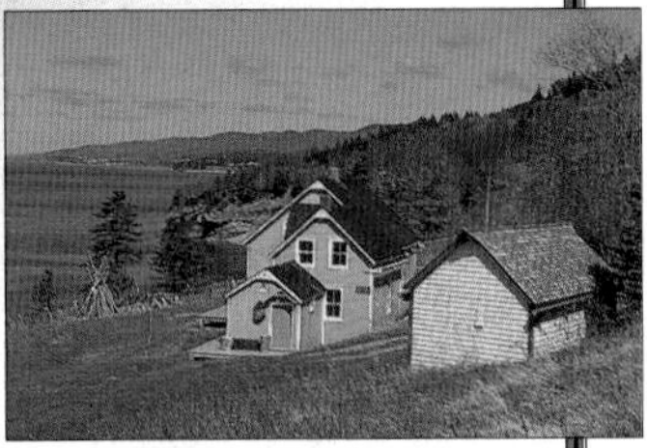

Parc national Forillon (6)
Il s'agit de l'extrémité nord des Appalaches, dont les roches ont été sculptées par la mer.

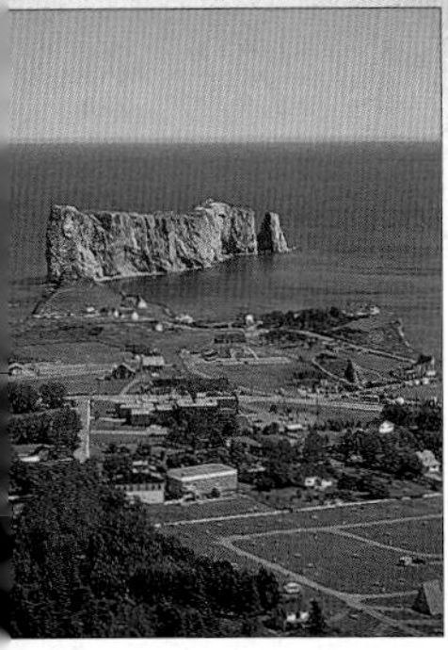

Rocher Percé (7)
Au large, au sud de la petite ville de Percé, ce site fameux est le résultat de l'érosion marine. Prisé des artistes canadiens dans les années 1930, Percé fourmille toujours de galeries d'art.

Légende

- Itinéraire
- Autre route
- [Δ] Camping
- [i] Information touristique
- Point de vue

LE SUD
ET LE NORD

L e vaste territoire qui s'étend entre la frontière de l'Ontario et la ville historique de Québec est extrêmement varié. Au sud, les champs vallonnés des Appalaches et les forêts d'érables écarlates attirent des foules de visiteurs. Dans les glaces du Nunavik, au nord, la beauté austère des forêts de conifères fait place à une profusion de fleurs sauvages au printemps, non loin des plus grandes installations hydroélectriques du monde. Au centre, le massif ancien des Laurentides, émaillé de lacs, est un véritable terrain de loisir naturel, avec ses excellentes pistes de ski. Habité par les Amérindiens jusqu'à la création des premiers établissements français au XVIIᵉ siècle, le Québec actuel a été conquis par les Britanniques en 1759-1760, mais les descendants des Français y sont toujours majoritaires.

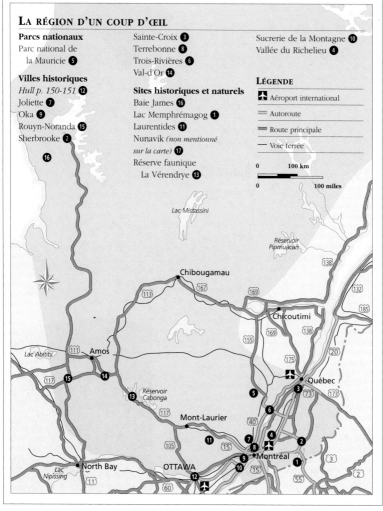

LA RÉGION D'UN COUP D'ŒIL

Parcs nationaux
Parc national de
  la Mauricie **5**

Villes historiques
Hull p. 150-151 **12**
Joliette **7**
Oka **9**
Rouyn-Noranda **15**
Sherbrooke **2**

Sainte-Croix **3**
Terrebonne **8**
Trois-Rivières **6**
Val-d'Or **14**

Sites historiques et naturels
Baie James **16**
Lac Memphrémagog **1**
Laurentides **11**
Nunavik *(non mentionné
sur la carte)* **17**
Réserve faunique
  La Vérendrye **13**

Sucrerie de la Montagne **10**
Vallée du Richelieu **4**

LÉGENDE

✈ Aéroport international

═ Autoroute

▬ Route principale

— Voie ferrée

0 ___ 100 km

0 ___ 100 miles

◁ **Les maisons colorées de Saint-Jovite, au cœur des Laurentides**

Église près du lac Memphrémagog

Lac Memphrémagog ❶

🏠 *Magog.* 🚆 *Magog.* ℹ️ *55, rue Cabana, Magog 1 (800) 267 2744.*

Il se trouve dans les Cantons de l'Est, qui s'étendent de la vallée du Richelieu à la frontière des États américains du Maine, du New Hampshire et du Vermont. Cette région aux paysages proches de ceux des Appalaches, avec ses collines, champs, bois et lacs, est l'une des premières productrices de sirop d'érable au Québec *(p. 98-99)*.

Long et étroit, le lac Memphrémagog est enchâssé dans les montagnes. Il hébergerait un monstre, Memphré, aperçu pour la première fois en 1798. Son quart sud empiétant sur le Vermont, il n'est pas étonnant que les loyalistes britanniques fuyant la guerre de l'Indépendance américaine aient été parmi les premiers colons de la région. Leur influence est sensible dans les charmantes maisons en brique rouge et en bois de la fin du XIXᵉ siècle à Georgeville ou Vale Perkins, villages enchanteurs au bord du lac, ou encore à Magog, à son extrémité nord.

En 1913, des bénédictins normands fondèrent l'abbaye de Saint-Benoît-du-Lac sur l'un des plus beaux sites du lac. Producteurs de cidre et d'un fromage bleu apprécié, l'ermite, il sont également réputés pour le chant grégorien ; on peut les écouter pendant la messe.

Sherbrooke ❷

🏠 *77 500.* ✈️ 🚌 🚆 ℹ️ *3010 rue King 1 (800) 561 8331.*

Située dans une vallée encaissée, celle qui se proclame « Reine des Cantons de l'Est » est bien la capitale industrielle, commerciale et culturelle de la région. Son très beau quartier historique a pour toile de fond les collines du confluent des rivières Saint-François et Magog.

Les premiers colons étaient des loyalistes britanniques des États de la Nouvelle-Angleterre. Leur héritage a survécu dans les maisons anciennes et les jardins du Vieux-Nord, ainsi que dans les noms des rues. Pourtant, la ville est presque entièrement francophone. Le Réseau riverain, qui part du centre-ville, est un charmant parc sur les rives de la Magog, doté de 20 kilomètres de pistes cyclables et de sentiers pédestres.

Sainte-Croix ❸

🏠 *2 600.* ℹ️ *6375, rue Garneau (418) 926 2620.*

Le joyau de cette jolie ville au bord du Saint-Laurent est un manoir en bois peint blanc entouré d'une élégante galerie à deux niveaux au sein du fabuleux **domaine Joly-De Lotbinière**, construit en 1851 par le seigneur local. Les talus couverts de géraniums et les terrasses de noyers descendent jusqu'au fleuve. Parmi les plantes rares, 20 chênes rouges auraient plus de 250 ans, mais les jardins sont surtout renommés pour la culture des pommes de terre bleues.

🏛 Domaine Joly-De Lotbinière
Route de Pointe-Platon.
☎️ *(418) 926 2462.* ⏰ *de juin à sept. : t.l.j. ; d'oct. à mai : de 10 h à 18 h sam. et dim.* 🅿️ ♿ *partiel.*

Vallée du Richelieu ❹

ℹ️ *1080, chemin des Patriotes Nord, Mont-Saint-Hilaire (450) 536 0395.*

Très fertile, elle suit la rivière Richelieu sur 130 kilomètres, entre le Saint-Laurent et le lac Champlain. Un fort du XVIIIᵉ siècle y subsiste, à quelques kilomètres à l'est de Montréal : le **fort Chambly**. C'est un bel exemple des ouvrages défensifs de cette période. Construit en pierres massives de 1709 à 1711 pour remplacer le fortin érigé en 1665, il vaut la visite. Plus au nord, à Saint-Denis, la Maison nationale des patriotes rappelle le soulèvement québécois contre la domination britannique et la bataille de Saint-Denis, le 23 novembre 1837.

Panneau pour le fort Chambly

La rivière traverse de séduisants villages entourés de vergers et de vignobles. Offrant de belles vues de Montréal, Mont-Saint-Hilaire est célèbre pour ses érablières et son église du XIXᵉ siècle. Décorée par Ozias Leduc *(p. 28)*, elle a été classée monument historique en 1965.

🏛 Fort Chambly
2, rue Richelieu, Chambly. ☎️ *(450) 658 1585.* ⏰ *de mars à juin : de 10 h à 17 h du mer. au dim. ; de juin à sept. : de 10 h à 18 h t.l.j.* ● *de nov. à fév.* 🅿️

L'église de Mont-Saint-Hilaire

Canoë sur le lac Wapizagonke, dans le parc national de la Mauricie

Parc national de la Mauricie ❺

par l'Autoroute 55, Saint-Jean-des-Piles. **⟨** *(819) 538 3232.* 📠
Shawinigan. 🚌 *Shawinigan.* ◯ *t.l.j.*
📷 **⟨** *partiel.* 💳 *payant.*

Ses quelque 540 kilomètres carrés de forêts, de lacs et de granit rose précambrien sont le rendez-vous des amateurs de camping, randonnée, canoë et ski de fond. Le parc couvre une partie des Laurentides *(p. 147)*, appartenant au Bouclier canadien et vieilles de 950 à 1 400 millions d'années. La beauté rude de la Mauricie se découvre aussi en voiture, au long des 63 kilomètres sinueux qui séparent Saint-Mathieu de Saint-Jean-des-Piles. De là part un autre circuit réservant de belles vues de l'étroite vallée du lac Wapizagonke, paradis des pêcheurs qui y taquinent truites et brochets. Orignaux et ours vivent en liberté dans le parc.

Trois-Rivières ❻

🏠 *51 800.* ✈ 🚌 🚆 🚢 🛈 *1457,*
rue Notre-Dame (819) 375 1122.

Le Québec est un des plus gros producteurs de pâte à papier en Amérique du Nord, et Trois-Rivières est un centre majeur de cette industrie. Son riche passé s'en trouve parfois occulté. Les premiers colons français arrivèrent en 1634 et bien que les édifices conservés de cette époque soient rares, le vieux quartier, charmant, abrite plusieurs maisons et magasins des XVIIIᵉ et XIXᵉ siècles.

Au cœur de la vieille ville, le **monastère des ursulines**, présentes dans la ville depuis 1697, abrite une chapelle coiffée d'un dôme et un petit jardin qui est désormais un parc public. La rue des Ursulines est bordée de petites maisons anciennes aux styles architecturaux variés. Dans le même quartier, le manoir Boucher-de-Niverville (1668 et 1729), siège de la chambre de

La chapelle du monastère des ursulines, à Trois-Rivières

commerce locale, accueille des expositions tournantes consacrées à l'histoire régionale.

🏛 **Monastère des ursulines**
734, rue des Ursulines.
⟨ *(819) 375 7922.*
◯ *mars et avr. : du mer. au dim. ;*
de mai à oct. : du mar. au dim. ;
de nov. à fév. : se renseigner par
téléphone. 📷

Joliette ❼

🏠 *31 100.* 🚆 🛈 *500, rue Dollard*
(450) 759 5013.

La ville industrielle de Joliette, sur la rivière Assomption, est un centre de culture dynamique. Créé en 1976, le musée d'Art met en valeur les œuvres rassemblées par le père Wilfrid Corbeil. Les collections permanentes vont de l'art sacré médiéval à l'art moderne. En 1974, le père Fernand Lindsay fut à l'origine du Festival international de Lanaudière, une série de concerts estivaux donnés par des musiciens de renom international.

La petite ville voisine de Rawdon, à 18 kilomètres à l'ouest, est réputée à juste titre pour l'extrême beauté de son site. Des sentiers sinueux en partent et longent la rivière Ouareau jusqu'aux pittoresques chutes Dorwin.

Terrebonne ⑧

🏚 36 680. 🚗 � 🏚 🛈 *3643, rue Queen (450) 834 2535.*

Au nord-ouest de la grande banlieue de Montréal, cette petite ville historique sur la rivière des Mille-Îles fut concédée en seigneurie en 1673 mais peuplée seulement vers 1730. En 1922, un incendie ravagea la plupart des édifices anciens, à l'exception de quelques maisons élégantes du XIXᵉ siècle rues Saint-François-Xavier et Sainte-Marie, transformées pour la plupart en restaurants et bistros animés. Le véritable joyau de la ville est l'**île des Moulins**, un complexe préindustriel de la rivière des Mille-Îles, avec des moulins à farine, à scie et à carder des XVIIIᵉ et XIXᵉ siècles. Un des plus grands bâtiments du site est la première boulangerie industrielle du Canada. Elle fut bâtie par la Compagnie du Nord-Ouest en 1803 pour fabriquer les biscuits de marins dont se nourrissaient ses représentants qui partaient tous les ans en canoë vers l'ouest collecter des fourrures. Terrebonne est aussi renommée pour ses rodéos et diverses manifestations d'éleveurs qui s'y tiennent régulièrement.

⚏ Île des Moulins
par l'Autoroute 25, sortie 22 E. 📞 *(450) 471 0619.* ⏰ *de juin à sept. : de 13 h à 21 h t.l.j.* ♿

Le traversier d'Oka, sur le lac des Deux-Montagnes

Oka ⑨

🏚 3 840. 🚗 � 🛈 *183, rue des Anges (450) 479 8389.*

La vue sur ce village est inoubliable depuis le traversier partant d'Hudson, sur l'autre rive du lac des Deux-Montagnes. La petite église néo-romane de 1878 se profile à travers les arbres, encadrée par les montagnes et les vergers. Mais le principal édifice religieux d'Oka est une **abbaye cistercienne** fondée par des moines venus de France en 1881. Entourée de jardins paisibles, l'église abbatiale est plutôt austère, dans la tradition cistercienne, mais son architecture néo-romane est pleine de grâce. La boutique vend le fromage à pâte molle créé en 1893 par un frère cistercien. Non loin, le parc d'Oka – près de 20 kilomètres carrés d'étangs et de forêts – possède la plus belle plage et le meilleur camping des environs de Montréal. Il attire toute l'année sportifs et visiteurs.

⛪ Abbaye cistercienne
1600, chemin d'Oka. 📞 *(450) 479 8361.* ⏰ *de 8 h à 20 h du lun. au sam.* ⏺ *déjeuner ; dim.*

Sucrerie de la Montagne ⑩

300, Rang St-Georges, Rigaud. 🚗 📞 *(450) 451 5204.* ⏰ *toute l'année, mais se renseigner par téléphone.* ♿ 🎫 *obligatoire.* ▨

Cette « cabane à sucre » commerciale s'inspire des établissements du XVIIIᵉ siècle où les sucriers transformaient la sève. Située dans une forêt d'érables de 50 hectares au sommet du mont Rigaud, elle est consacrée aux douceurs les plus célèbres du Québec et propose toute la panoplie des produits de l'érable (*p. 98-99*). La sève d'érable est mise à bouillir dans de grandes cuves pour obtenir le sirop de renommée mondiale. Une vingtaine de bâtiments rustiques abritent notamment une belle boulangerie, un magasin général et de confortables bungalows pour les hôtes de passage. Un vaste restaurant de 500 places sert des repas traditionnels avec jambon, soupe aux pois, fèves au lard, oreilles de Christ (couenne de porc), pickles et multiples dérivés de l'érable : sirop, sucre, bonbons et tire. Le dîner se déroule au son de la musique folklorique. La visite guidée s'assortit d'explications sur la fabrication du sirop d'érable, qui suit toujours les méthodes anciennes, et la découverte de l'extraction de la sève par les Amérindiens.

Flacon de sirop d'érable

L'église de la rue Saint-Louis à Terrebonne

Excursion dans les Laurentides [11]

VTT

Du nord de Saint-Jovite à la station animée de Saint-Sauveur-des-Monts au sud, les Laurentides sont un vaste parc de loisirs naturel fréquenté toute l'année pour ses lacs, rivières, sentiers pédestres, pistes cyclables et de ski. Vieilles d'un milliard d'années, ces montagnes font partie du Bouclier canadien. Émaillée de villages fondés au XIXe siècle, la région est idéale pour la détente et la pratique de multiples sports dans ses nombreux parcs naturels.

Carnet de route

Le circuit de 175 km dans les Laurentides peut s'effectuer depuis Montréal dans la journée par l'Autoroute 15. La route 117, plus lente mais plus pittoresque, est toutefois préférable pour profiter pleinement de la région. Embouteillages fréquents en haute saison (juillet-août) et de décembre à mars.

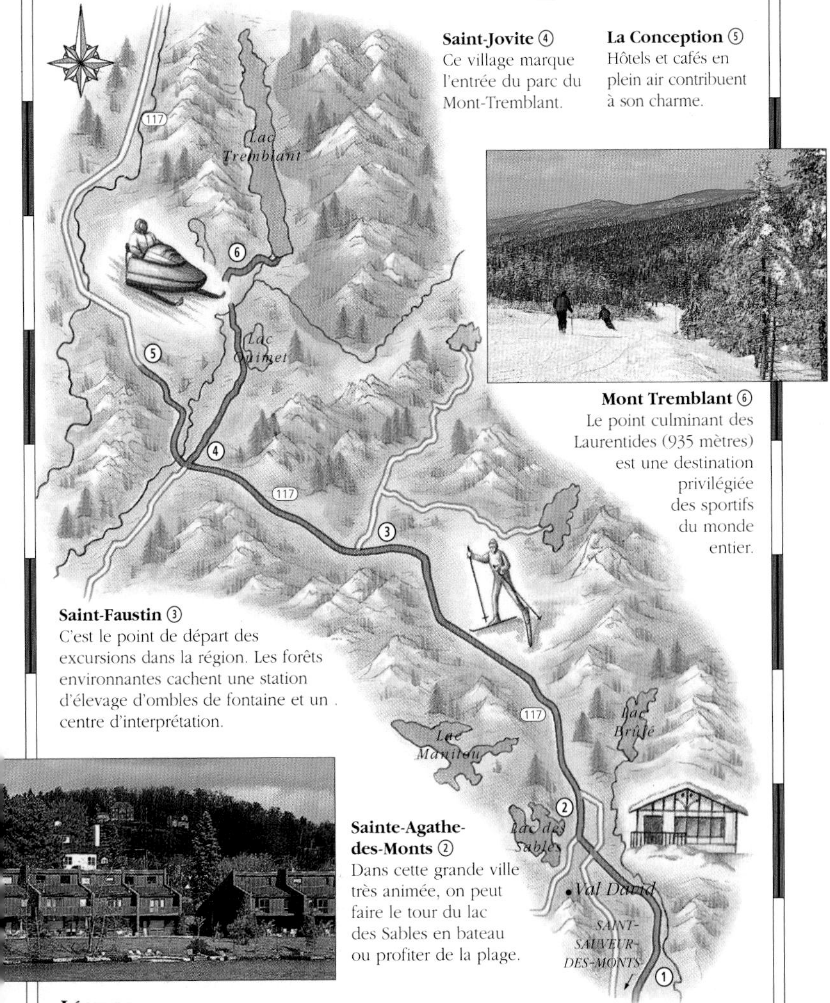

Saint-Jovite ④
Ce village marque l'entrée du parc du Mont-Tremblant.

La Conception ⑤
Hôtels et cafés en plein air contribuent à son charme.

Mont Tremblant ⑥
Le point culminant des Laurentides (935 mètres) est une destination privilégiée des sportifs du monde entier.

Saint-Faustin ③
C'est le point de départ des excursions dans la région. Les forêts environnantes cachent une station d'élevage d'ombles de fontaine et un centre d'interprétation.

Sainte-Agathe-des-Monts ②
Dans cette grande ville très animée, on peut faire le tour du lac des Sables en bateau ou profiter de la plage.

Val-Morin ①
Avec sa synagogue et son église, ce village enchanteur témoigne de la diversité ethnique québécoise.

Légende

- Itinéraire
- Autre route

0 3 km
0 3 miles

La chute Montmorency, impressionnante et tonitruante ▷

Hull ⓬

Aire de détente

Hull n'étant séparée d'Ottawa que par la rivière des Outaouais, elle entretient des rapports étroits avec la capitale canadienne, qui y a implanté plusieurs bâtiments administratifs. Cinq ponts permettent de passer d'une ville à l'autre. Fondée au début du XIXᵉ siècle, Hull a construit son économie autour de l'exploitation forestière, de la fabrication d'allumettes et du bois de sciage. Ville résidentielle et industrielle, elle offre aux visiteurs de nombreux attraits touristiques, qui vont des maisons ouvrières et bourgeoises aux panoramas saisissants sur les chutes Chaudière et Rideau, ainsi que sur la rivière Gatineau. Hull abrite le musée canadien des Civilisations, l'un des meilleurs du pays, qui propose un passionnant voyage à travers mille ans d'histoire.

♣ Parc de la Gatineau

Autoroute 5. ((819) 827 2020.
◯ t.l.j.
Les citadins viennent se délasser dans cette véritable oasis de 360 kilomètres carrés jalonnée de lacs et de collines, entre les rivières Gatineau et des Outaouais. Le parc recèle des ruines gothiques récupérées par l'ancien Premier ministre William Lyon MacKenzie-King.

Casino de Hull

1, bd du Casino. ((819) 772 2100.
◯ de 11 h à 3 h t.l.j. &
Ce casino étincelant, équipé de 1 300 machines à sous et 45 tables de jeu, reçoit 4 millions de visiteurs par an.

Salle de jeux au casino de Hull

Propriété de la Société des loteries du Québec, il a ouvert en 1996 au milieu d'un parc rempli de fleurs et de fontaines.

♛ Pont Alexandra

Bâti en 1900, ce beau pont à armature d'acier qui franchit la rivière des Outaouais relie

MODE D'EMPLOI

🚶 60 700. ✈ Ottawa International, 12 km S. de la ville.
🚌 200 Tremblay Rd, Ottawa.
ℹ La Maison du Tourisme, 103, rue Laurier (819) 778 2222.
🎷 Rhapsodie d'automne (sept./oct.).

l'Ontario au Québec. Piétons, automobilistes ou cyclistes y jouissent d'un beau panorama de la rivière, du musée canadien des Civilisations et du parlement d'Ottawa.

♛ Maison du citoyen

25, rue Laurier. ((819) 595 7175.
◯ de 8 h à 17 h du lun. au ven.
◯ jours fériés. &
Au cœur de ce complexe moderne, l'Agora est un vaste espace servant de lieu de réunion pour les habitants de Hull, et d'aire de détente pour les employés municipaux. L'hôtel de ville, un théâtre, une bibliothèque et une galerie complètent l'ensemble.

♛ Promenade du Portage

Artère vitale du centre bordée de grands magasins et de cafés animés, elle est tout indiquée pour faire des achats. Avec la place Aubry, le quartier est un excellent centre de vie nocturne.

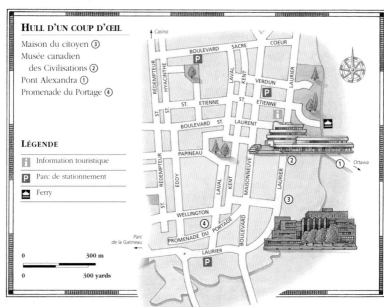

HULL D'UN COUP D'ŒIL

Maison du citoyen ③
Musée canadien des Civilisations ②
Pont Alexandra ①
Promenade du Portage ④

LÉGENDE

ℹ Information touristique
🅿 Parc de stationnement
⛴ Ferry

0   300 m
0   300 yards

Musée canadien des Civilisations

Ce musée construit au bord de la rivière des Outaouais à la fin des années 1980 est entièrement dévolu à l'histoire de l'homme au Canada. L'architecte, Douglas Cardinal, voulait que les lignes fluides des deux bâtiments évoquent le paysage canadien. Le pavillon du Bouclier canadien n'est que courbes. Celui du Glacier reçoit les expositions permanentes et temporaires. On y accède par la Grande Galerie, stupéfiante avec sa forêt de mâts totémiques. La salle du Canada retrace l'évolution du pays, des incursions vikings jusqu'à nos jours. Le musée des Enfants est une initiation aux civilisations du monde entier.

MODE D'EMPLOI

100, rue Laurier. (819) 776 7000
de mai à sept. : de 9 h à 18 h
t.l.j. www.civilisation.ca

La façade évoque les paysages vallonnés de l'Ontario

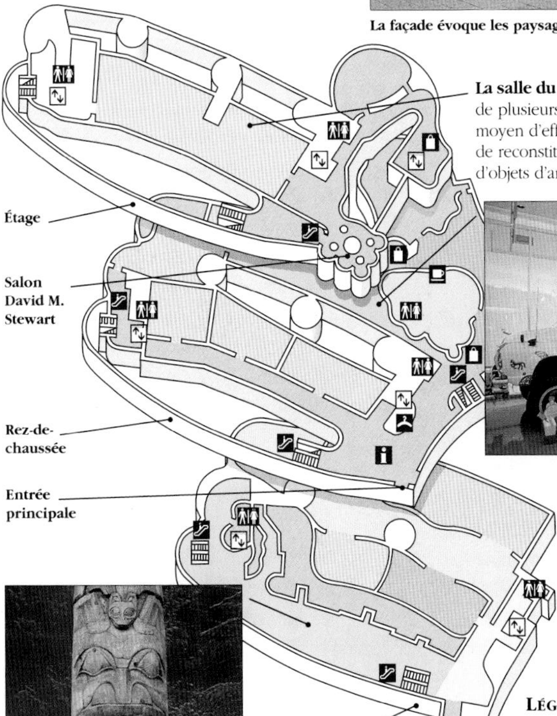

La salle du Canada recrée le passé de plusieurs régions du pays au moyen d'effets sonores et visuels, de reconstitutions d'édifices et d'objets d'antan.

Étage

Salon David M. Stewart

Rez-de-chaussée

Entrée principale

Sous-sol

Bibliothèque

Le musée des Enfants
Ceux-ci y font le tour du monde grâce à des techniques interactives, un marché international animé et ce trolleybus pakistanais au décor chamarré.

LÉGENDE

- Musée des Enfants
- Grande Galerie
- Salle du Canada
- Salle de la rivière
- Arts et traditions populaires
- Expositions temporaires
- Collections permanentes
- Salon de recherche W. E. Taylor
- Salon Marius Barbeau
- Cinéma Imax et Omnimax
- Locaux techniques

★ La Grande Galerie
Éclairée par des baies s'élevant sur 3 niveaux, elle est remplie de mâts totémiques de la côte pacifique ; chacun raconte un mythe amérindien.

À NE PAS MANQUER

★ La Grande Galerie

Les étendues sauvages de la réserve faunique La Vérendrye vues du ciel

Réserve faunique La Vérendrye ⑬

℡ *(819) 736 7431.* **🚌** *Maniwaki.* **○** *l'été.* **♿** *partiel.*

À environ 530 kilomètres au nord-ouest de Montréal sur la route 117, cette réserve naturelle est renommée pour ses longs cours d'eau sinueux. Ses milliers de kilomètres de voies navigables sont un paradis pour les amateurs de canoë, et ses 13 000 kilomètres carrés d'étendues sauvages sont peuplés d'orignaux, ours, cerfs et castors. Plusieurs campings

Orignal à La Vérendrye

ouvrent leurs portes à ceux qui recherchent le calme absolu. À la belle saison, on peut pêcher le doré, la truite et le brochet. La route 105 S., qui traverse le parc et dessert de nombreux lacs et rivières, est le point de départ de sentiers de randonnée.

Val-d'Or ⑭

🏙 *25 000.* **✈** **ℹ** *20 , 3ᵉ av. E. (819) 824 9646.*

Principale agglomération du nord-ouest du Québec, Val-d'Or doit son existence à la découverte d'or en 1911. La région recelant également du cuivre et de l'argent, ainsi que d'immenses territoires boisés,

c'est sur l'ensemble de ces richesses qu'elle appuya son essor. L'intérêt des lieux réside dans cette histoire encore très vivante. Ainsi, de la tour Rotary, haute de 18 mètres, à la lisière de la ville, la vue s'étend sur dix fronts de taille toujours en activité.

La mine Lamaque, aujourd'hui désaffectée, était l'une des plus grosses productrices d'or de la région. À son apogée, au début du xxᵉ siècle, elle avait sa propre petite ville avec un hôpital, une résidence pour les ouvriers célibataires et des rues coquettes bordées de petites cabanes en rondins pour les familles. Ses directeurs habitaient des demeures plus luxueuses et une somptueuse maison d'hôtes hébergeait les dirigeants de passage. Annexé à Val-d'Or, le **village minier de Bourlamaque-Cité de l'or**, très bien conservé et classé en 1978, témoigne de la rusticité de l'époque de la ruée vers l'or, dans les années 1930. On peut visiter le village, les vieux laboratoires et le front de taille. Les plus courageux descendront à 90 mètres sous terre pour s'initier au quotidien des mineurs.

🏛 Village minier de Bourlamaque-Cité de l'or
90, rue Pereault. **℡** *(819) 825 7616.* **○** *de juin à sept. : de 9 h à 18 h t.l.j.* **📷** **♿** *partiel.*

Rouyn-Noranda ⑮

🏙 *26 450.* **✈** **ℹ** *191, av. du Lac (819) 797 3195.*

«Capitales» québécoises du cuivre, les villes jumelles de Rouyn et Noranda ont été réunies en 1986 pour former une seule agglomération. Leur création au milieu des années 1920 fut provoquée par l'exploitation des riches filons de cuivre de cette région de l'Abitibi-Témiscamingue. Malgré leur proximité, les deux secteurs de la ville actuelle sont très différents.

Sur la rive nord du lac Osisko, Noranda, fondée en 1927, accueillit les dirigeants des mines qui lui conférèrent un style américano-britannique. Aujourd'hui, les résidents travaillent le plus souvent dans les usines des alentours. Près du centre, la fonderie Horne, une des plus grosses du monde, se visite sur rendez-vous.

Sur la rive sud du lac, Rouyn, créée un an avant Noranda, était au départ un village minier et de services. Cette vocation a subsisté, Rouyn étant le centre de services et de commerce le plus actif de la région. La **maison Dumulon**, premier bureau de poste et magasin général de Rouyn, évoque l'esprit des pionniers au travers d'expositions.

🏛 Maison Dumulon
191, av. du Lac. **℡** *(819) 797 7125.* **○** *de juin à sept. : t.l.j. ; d'oct. à juin : du lun. au ven.* **●** *25 déc., 1ᵉʳ jan.* **📷** **♿**

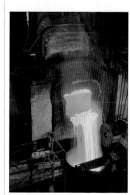

À Noranda, le cuivre est traité avant d'être exporté

Les troupeaux de caribous migrent vers le nord l'été, en traversant le Nunavik

Baie James ⑯

🛈 *Fédération des Pourvoyeurs du Québec, Jonquière (418) 877 5191.*

Avec une superficie de 350 000 kilomètres carrés, à peu près gros celle de l'Allemagne, le territoire de la Baie-James, faiblement peuplé, est beaucoup plus vaste que la plupart des autres territoires de la région. Ses paysages de lacs, arbres rabougris et roches précambriennes sont tout sauf citadins. La taïga laisse place à la toundra en allant vers le nord, glacé et quasi inaccessible. Mais le manque d'infrastructure est largement compensé par le potentiel énergétique. Les grands fleuves qui se jettent dans la baie peuvent produire suffisamment d'électricité pour éclairer la totalité de l'Amérique du Nord. À ce jour, le gouvernement du Québec a dépensé près de 15 milliards de dollars canadiens pour construire le tiers des barrages d'un programme hydroélectrique qui est déjà l'un des plus considérables du monde. Les centrales produisent près de 16 000 mégawatts, alimentant une grande partie du Québec et du nord-est des États-Unis. Avec son barrage et sa centrale souterraine, la Grande-2 (LG2) est le plus gros complexe de la planète. Principale localité de la région,

Radisson est un centre touristique fonctionnel et commode qui offre de belles vues des environs. D'en haut, on peut voir une partie des 215 digues et barrages de la baie, notamment LG2, juste à l'est de la localité.

Une des grandes centrales électriques de la baie James

Nunavik ⑰

🛈 *Association touristique du Nunavik (819) 964 2876.*

Dans le grand nord du Québec, le territoire du Nunavik couvre une superficie proche de celle de l'Espagne. Ses 7 000 habitants, presque tous des Inuit, vivent dans 14 communautés des

bords de la baie d'Hudson, du détroit d'Hudson et de la baie d'Ungava. Le Nunavik est la dernière frontière du Québec, une terre sauvage et belle, accessible uniquement par avion. Caribous, ours polaires et bœufs musqués parcourent la taïga et la toundra, tandis que phoques et bélugas peuplent les eaux glacées.

Avec une population légèrement supérieure à 1 400 habitants, Kuujjuaq, près de la baie d'Ungava, est la plus grande localité du Nunavik. C'est une bonne base pour des expéditions vers la superbe vallée de Kangiqsujuaq, près de la baie de Wakeham, et vers les montagnes déchiquetées des alentours de Salluit.

Les visiteurs viennent dans la région à la rencontre d'une faune abondante évoluant dans son habitat naturel. L'été est la saison idéale pour s'y rendre, mais si la température monte, le sol reste gelé toute l'année. Il n'y a pas de voie ferrée et les routes sont rares. La compagnie d'un guide chevronné est indispensable. De nombreux groupes et communautés inuits offrent leurs services et proposent de partager la vie communautaire. Attendez-vous à un accueil très chaleureux et à goûter aux spécialités culinaires traditionnelles !

L'Ontario

Présentation de l'Ontario

Deuxième province du Canada par son impressionnante superficie de plus d'un million de kilomètres carrés, l'Ontario s'étend des Grands Lacs, à la frontière américaine, aux rives glacées de la baie d'Hudson. Très difficile d'accès, le nord, d'une beauté stupéfiante avec ses rivières tumultueuses, ses forêts profondes et sa toundra, est desservi par avion et par de rares routes touristiques et voies ferrées. Cette région sauvage faiblement peuplée contraste vivement avec les terres fertiles du sud et les bords du lac Ontario, qui ont attiré des milliers d'immigrants. Là se trouvent Toronto, la plus grande ville du Canada, et les chutes du Niagara, première destination touristique du pays.

La CN Tower de Toronto, structure autoportante la plus haute du monde

Un bateau touristique s'approchant des spectaculaires chutes du Niagara

CIRCULER

Des différentes autoroutes qui longent la rive nord du lac Ontario, les principales sont la 401, à l'est, reliant Toronto à Montréal, et la Queen Elizabeth Way (QEW), à l'ouest, entre Toronto et les chutes du Niagara. Les chutes du Niagara, Toronto et Ottawa son desservies par autocar et train (VIA Rail). Au nord de Toronto, l'Autoroute 400 rejoint la Transcanadienne qui part à l'ouest vers le lac Supérieur. De nombreux trains et lignes d'autocars mènent aussi vers le nord.

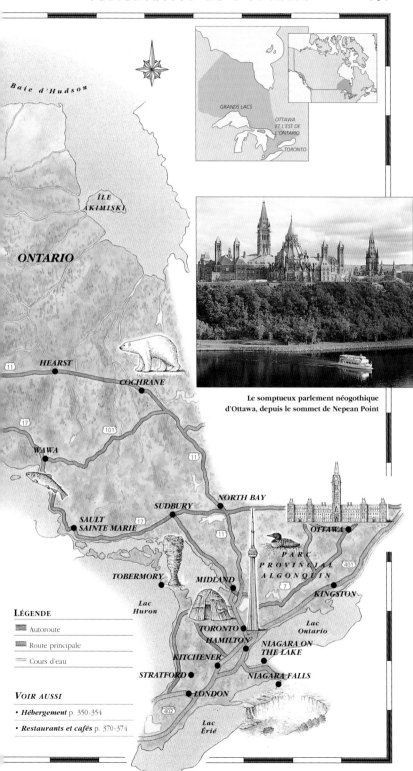

GRANDS LACS

OTTAWA
ET L'EST DE
L'ONTARIO

TORONTO

Baie d'Hudson

*ÎLE
AKIMISKI*

ONTARIO

HEARST

COCHRANE

Le sompteux parlement néogothique
d'Ottawa, depuis le sommet de Nepean Point

WAWA

NORTH BAY

SUDBURY

**SAULT
SAINTE MARIE**

OTTAWA

TOBERMORY

MIDLAND

*PARC
PROVINCIAL
ALGONQUIN*

KINGSTON

*Lac
Huron*

*Lac
Ontario*

TORONTO

HAMILTON

**NIAGARA ON
THE LAKE**

KITCHENER

STRATFORD

NIAGARA FALLS

LONDON

*Lac
Érié*

Légende

Autoroute

Route principale

Cours d'eau

Voir aussi

• *Hébergement* p. 350-354

• *Restaurants et cafés* p. 370-374

La Compagnie de la baie d'Hudson

Insigne de la Compagnie

La Compagnie de la baie d'Hudson a été constituée le 2 mai 1670 par le roi Charles II d'Angleterre à l'initiative de Pierre-Esprit Radisson et Médard Chouart et suite au succès de l'expédition du *Nonsuch* ; ce navire britannique rapporta de la baie d'Hudson, récemment découverte, des monceaux de précieuse fourrure de castor. Le roi accorda de larges pouvoirs à la Compagnie, dont le monopole des droits commerciaux sur un vaste territoire bordant la baie : la Terre de Rupert. Elle devait en outre développer des liens avec les Amérindiens. La mode européenne favorisa l'essor du commerce de fourrure, car au XVIIIe siècle, dames et gentilshommes éprouvaient une véritable passion pour le chapeau de feutre et la demande en peau de castor était énorme.

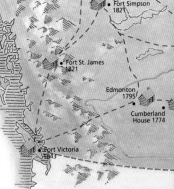

Les négociants européens en fourrure instaurèrent rapidement avec les trappeurs indiens un important commerce qui suivit le rythme des saisons.

Fort Yukon
1846-1869

Fort Good
Hope 1821

Fort Simpson
1821

Fort St. James
1821

Edmonton
1795

Cumberland
House 1774

Fort Victoria
1843

TERRITOIRES ET COMPTOIRS

À partir de 1670, les Anglais expédièrent des marchandises vers les principaux comptoirs de la Compagnie sur la baie d'Hudson, de modestes établissements aux entrepôts protégés par une palissade. À mesure que la Compagnie progressait vers l'ouest, les principaux avant-postes, devenus autonomes, pourvoyaient aux besoins des nouveaux postes, plus petits et saisonniers pour certains. En 1750, la Compagnie était implantée à l'embouchure de tous les grands cours d'eau se jetant dans la baie d'Hudson. Sur la baie James, Fort Albany comprenait prison, hôpital, forge, tonnellerie, jetée pour la construction de canots, abris pour le bétail et les moutons, et l'on s'efforçait courageusement de cultiver la terre. La Compagnie poursuivit son expansion vers l'ouest jusqu'en 1870, où ses droits territoriaux furent transmis au jeune Canada.

LÉGENDE

Poste de traite

- - Route commerciale

Terre de Rupert en 1670

Lors du massacre de Seven Oaks en juin 1816, en Ontario, 20 hommes furent tués au cours d'un affrontement entre employés de la Compagnie de la baie d'Hudson et de la Compagnie du Nord-Ouest, sa rivale. En 1821, elles fusionnèrent leurs territoires.

Les négociants anglais embarquaient diverses marchandises au printemps pour les échanger l'hiver contre des peaux avec les tribus locales. Il s'agissait de babioles mais aussi d'articles plus importants tels que couvertures, couteaux et armes.

BONHEURS ET MALHEURS DE LA COMPAGNIE

Jusqu'aux années 1840, la Compagnie de la baie d'Hudson régna sans partage au Canada. En 1870, elle vendit ses territoires au Canada, sauf les zones autour des postes de traite. Comme ils occupaient des emplacements stratégiques, elle connut au XXᵉ siècle une expansion foudroyante dans l'immobilier et le commerce de détail. C'est aujourd'hui une des plus grosses sociétés et enseignes commerciales du Canada.

The Bay à Vancouver, grand magasin de la Compagnie de la baie d'Hudson

Fort Chimo
1830

Churchill
1717

York Factory
1682-1857

Rupert's House
1668

Albany
1679

Moose Factory
1673

Winnipeg
1813

Montréal

| 0 | 500 km |
| 0 | 500 miles |

Le pelage du castor est particulièrement épais, et donc prisé, en hiver. C'est alors que les trappeurs indiens bravaient la glace et la neige pour capturer l'animal. Au printemps, ils troquaient leurs ballots de peaux contre diverses marchandises aux postes de traite de la Compagnie.

Les voiliers de la Compagnie, chargés au départ de marchandises destinées au troc avec les Indiens, apportèrent bientôt de quoi ravitailler ses établissements en expansion. Ils repartaient avec jusqu'à 16 000 peaux.

Le groupe des Sept

Créé en 1920, ce groupe de peintres révolutionna l'art canadien. Ses membres, qui étaient pour la plupart graphistes en Ontario, furent inspirés par leur collègue Tom Thomson. Amoureux des grands espaces, celui-ci commença en 1912 à parcourir les étendues désertes du nord de l'Ontario, dont il rapporta une multitude de croquis impressionnistes aux couleurs vives.

Tom Thomson
(1877-1917)

Ses amis comprirent qu'il engageait l'art canadien dans une voie nouvelle. En effet, ses paysages de leur pays échappaient à la tutelle de l'art européen, qui avait jusque-là marqué la peinture outre-Atlantique. Après la Première Guerre mondiale et la mort de Thomson (1917), ils créèrent le groupe des Sept, dont la première exposition eut lieu à Toronto en 1920. Beaucoup des tableaux exposés montraient les terres sauvages de la Nouvelle-Écosse, de l'Ontario et du Québec. Cet art nouveau instaura un sentiment de fierté.

L'Érable rouge *(1914), œuvre clef d'A. Y. Jackson, incarne bien le but des Sept : créer une conscience canadienne.*

Orée de la forêt *(1919), par Frank Johnston, illustre parfaitement la déclaration du groupe :
« L'art doit croître et fleurir sur un territoire pour que le pays devienne le véritable foyer de son peuple. »
S'imprégnant de la magnificence de leur pays, les peintres recouraient à une technique spontanée.*

Au-dessus du lac Supérieur *a été peint par Lawren Harris en 1922. Connu pour ses images simples et majestueuses, Harris a su rendre le climat automnal rigoureux et vivifiant de la région des Grands Lacs, surnommée le « nord mystique ». L'étude du paysage était à ses yeux la meilleure voie vers la paix de l'esprit. Selon la philosophie des Sept, l'expression n'était véritablement éloquente que lorsque le sujet de l'œuvre – ici le paysage canadien – était commun au spectateur et à l'artiste.*

Chutes, rivière de Montréal *(1920) est une peinture de J.F.H. MacDonald, pour qui Algoma était une source inépuisable d'inspiration. Chaque membre du groupe avait ainsi un lieu favori, en général dans l'Ontario. Ils y partaient l'été pour faire des esquisses, se montrant ensuite leurs régions préférées.*

LE GROUPE DES SEPT

Quittant leur quartier général – un wagon reconverti –, les membres du groupe des Sept sillonnaient leurs lieux favoris (parc Algonquin, baie Géorgienne, Algoma et lac Supérieur) pour créer un art propre à leur pays. Lors de l'exposition de 1920 intitulée *Le Groupe des Sept*, leurs étonnants tableaux remportèrent un succès immédiat et ils continuèrent à exposer ensemble presque tous les ans. Leurs thèmes et leur technique étaient intimement liés à leurs racines. Par leurs méthodes grossières en apparence, ils rejetaient la peinture à l'huile réaliste et pesante pratiquée en Europe à la même époque.

Leur dernière exposition tenue en 1931, les Sept se dispersèrent pour laisser la place à une association plus large de peintres originaires de tout le pays, le Groupe canadien des peintres. À l'origine d'un mouvement artistique à part fondé sur leur passion pour la beauté naturelle de leur pays, les peintres du groupe des Sept sont toujours très célèbres au Canada. Leurs œuvres figurent en bonne place dans les galeries les plus prestigieuses du pays, et notamment de l'Ontario.

Photographie prise en 1920, au club des Arts et des Lettres de Toronto, montrant de gauche à droite : Varley, Jackson, Harris, Barker Fairley (un ami écrivain), Johnston, Lismer et MacDonald. Carmichael est absent.

AUTOMNE, ALGOMA (1920)
Cette toile aux couleurs chaudes restitue l'atmosphère extraordinaire d'un soir d'automne en Ontario. Algoma était la région de prédilection de MacDonald. Il se rendait régulièrement dans ce véritable petit paradis du nord de la province pour exécuter des croquis. Ce tableau s'en tient à des thèmes exclusivement canadiens : le feuillage éclatant et les pins aux contours flous expriment l'identité canadienne. Influencé par les paysages dépouillés de l'art scandinave du début du XXᵉ siècle, MacDonald s'attache ici au drame du froid.

Le groupe des Sept en 1920

TORONTO

*D*épouillée de sa vieille image de ville coloniale, Toronto s'affirme aujourd'hui comme l'une des cités les plus dynamiques d'Amérique du Nord, avec ses 4 millions d'habitants issus de plus de cent groupes ethniques. Capitale de la province la plus riche du pays, Toronto, centre financier et commercial du Canada, exhibe fièrement ses musées réputés, ses cafés raffinés et ses magasins de luxe.

Toronto est une ville entreprenante. L'établissement amérindien originel du XVIIᵉ siècle, situé au bord du lac Ontario, devient en 1720 un poste français de traite des fourrures. Pendant la guerre de 1812 *(p. 42)*, Américains et Anglais se disputent la ville, qui devient ensuite une cité paisible. Après la Seconde Guerre mondiale, la population croît brutalement avec l'afflux de 500 000 immigrants, en majorité italiens et, plus récemment, chinois.

Toute visite se doit de commencer par la CN Tower, troisième monument au monde par la hauteur et première attraction touristique de la ville. Du sommet, on peut repérer facilement tous les lieux intéressants, et une fois en bas, on n'est qu'à quelques pas du SkyDome et du quartier des banques. Chinatown, avec ses rues pleines de vie, se trouve au nord du centre-ville, tout comme l'Art Gallery of Ontario, de renommée mondiale. Plus loin, l'université de Toronto abrite dans son enceinte le très beau Royal Ontario Museum ainsi que deux musées spécialisés : le Gardiner Museum of Ceramic Art et le Bata Shoe Museum, aux collections plus contemporaines. Un court trajet en métro vers le nord mène à Casa Loma, demeure édouardienne excentrique qui mérite vraiment la visite, et Spadina House, sa voisine, une élégante villa victorienne. Bien d'autres curiosités, comme le zoo et l'Ontario Science Centre, sont disséminées à la périphérie. À Kleinburg, dans un cadre moderniste, la McMichael Art Collection recèle un ensemble exceptionnel de tableaux du groupe des Sept.

Moment de détente dans l'un des nombreux cafés du centre de Toronto

Dominant la ville, la flèche de la CN Tower se reflète dans un immeuble de bureaux

À la découverte de Toronto

Toronto est une vaste métropole tentaculaire qui couvre plus de 259 kilomètres carrés sur la rive nord du lac Ontario. La banlieue se compose de cités-satellites comme Etobicoke et Scarborough qui, avec Toronto, constituent la Greater Toronto Area (GTA ou Grand Toronto). Le centre est divisé en quartiers qui s'interpénètrent. Celui des banques, par exemple, s'étend entre Front Street et Queen Street, à l'ouest de Yonge Street, l'artère principale qui partage la ville dans le sens nord-sud.

Toronto d'un coup d'œil

Rues et bâtiments historiques

Casa Loma 22
Chinatown 12
Fort York 23
Hôtel de ville 11
Little Italy 24
Parlement d'Ontario 15
Premier bureau de poste 8
Queen Street West 9
Royal Alexandra Theatre 7
Royal York Hotel 3
Spadina House 21
Université 14
Yorkville 20

Parcs et jardins

Ontario Place 25
Queen's Park 16
Zoo 28

Îles et plages

The Beaches et les falaises de Scarborough 27
Toronto Islands 26

Musées et galeries

Art Gallery of Ontario p. 174-175 10
Bata Shoe Museum 19
Black Creek Pioneer Village 30
George R. Gardiner Museum of Ceramic Art 17
Hockey Hall of Fame 4
Hummingbird Centre for the Performing Arts 5
McMichael Art Collection 31
Ontario Science Centre 29
Royal Ontario Museum p. 182-183 18
Toronto-Dominion Gallery of Inuit Art 6

Architecture moderne

CN Tower p. 168 1
SkyDome 2

Quartier commerçant

Kensington Market 13

Circuler

Les transports en commun sont excellents à Toronto. Une ligne de métro relie l'est à l'ouest et deux autres le nord au sud. Autobus et tramway desservent les quartiers environnants au départ de toutes les stations de métro. Aux heures de pointe, la circulation est dense dans le centre.

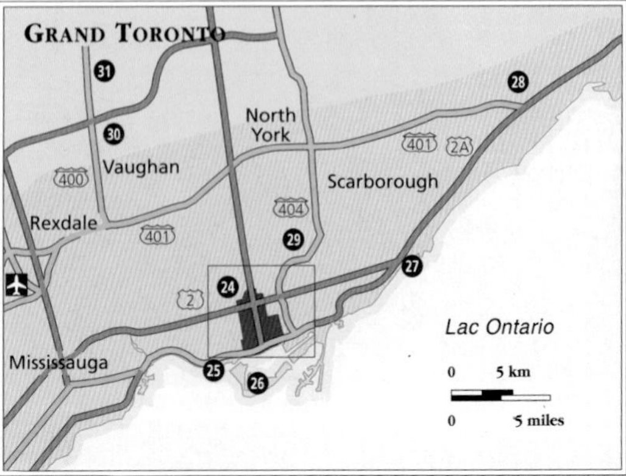

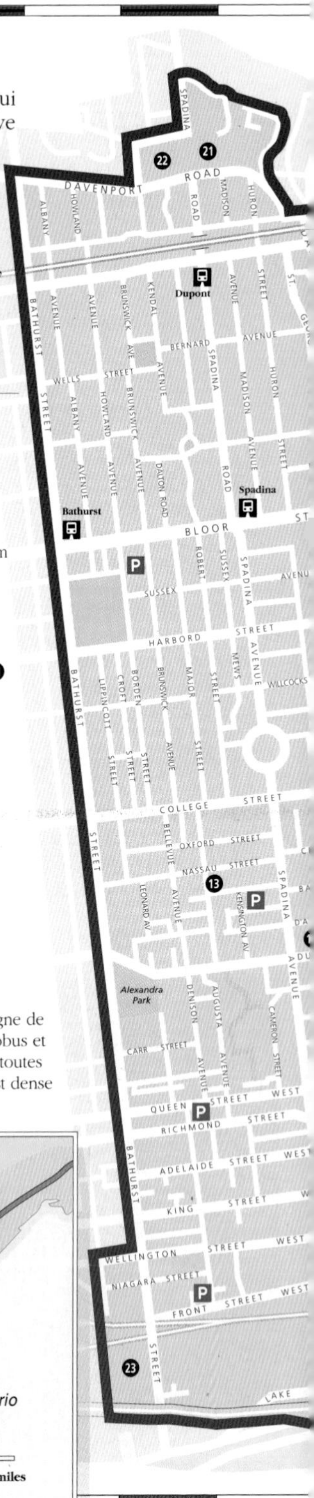

La CN Tower dominant les gratte-ciel de Toronto

CARTE DE SITUATION

TORONTO

LÉGENDE

Centre-ville *p. 172-173*

Quartier du port *p. 166-167*

Aéroport international

Embarcadère des ferries

Gare ferroviaire

Station de métro

Information touristique

Parc de stationnement

Autoroute

Route principale

Rue piétonne

VOIR AUSSI

• *Hébergement* p. 350-352

• *Restaurants et cafés* p. 370-372

Le quartier du port pas à pas

Ce quartier a subi plusieurs transformations au cours du temps. Le lac Ontario clapotait autrefois contre Front Street, mais à l'époque victorienne, 3 kilomètres de terres ont été récupérées pour accueillir des ateliers ferroviaires et des hangars. Le commerce extérieur de l'Ontario a été canalisé dans cette bande industrielle jusqu'à son déclin, dans les années 1960. Dans les années 1980, la zone, qui occupe désormais 10 kilomètres carrés de terres asséchées, a connu une renaissance : les urbanistes l'ont dotée de parcs verdoyants, de rues piétonnes, d'excellents hôtels et de multiples curiosités touristiques.

★ **CN Tower**
Du haut de la structure autoportante la plus élevée du monde, la vue porte jusqu'à 160 kilomètres. Le plancher en verre est réservé aux plus intrépides. ❶

Convention Centre
Divisé en deux sections – une nord et une sud –, il accueille d'importantes foires commerciales ainsi que des salons professionnels et grand public.

★ **SkyDome**
Un spectacle dans cet immense stade, qui consomme autant d'électricité que l'éclairage de l'île du Prince-Édouard, est une expérience inoubliable. ❷

Location de bateaux
Une sortie sur le lac Ontario et autour des trois Toronto Islands à bord d'un petit voilier, d'un bateau à moteur ou dans le cadre d'une promenade organisée permet de profiter de belles vues de la ville.

| 0 | 150 m |
| 0 | 150 yards |

LÉGENDE

- - - Itinéraire conseillé

Le quartier du port

C'est une sorte de poumon à l'intérieur de la ville. Ses manifestations contemporaines contribuent à faire de Toronto le troisième centre mondial pour le théâtre et la danse.

CARTE DE SITUATION
p. 164-165

Molson Place
Cette salle de concert à ciel ouvert accueille les soirs d'été des spectacles classiques et modernes.

La Gardiner Expressway
traverse le centre-ville ; elle se dirige à l'ouest vers les chutes du Niagara (p. 210-211).

SIMCOE STREET

GARDINER EXPRESSWAY

QUEENS QUAY

Queen's Quay Terminal
Cet entrepôt de 1927, rénové, est couvert d'un toit vitré vert bouteille. À l'intérieur, un théâtre de danse moderne, des cafés, des restaurants et des boutiques de cadeaux créent une ambiance contemporaine.

À NE PAS MANQUER

★ Le SkyDome

★ La CN Tower

CN Tower ❶

Haute de 553 mètres, cette tour est la structure autoportante la plus élevée du monde. Dans les années 1970, la Canadian Broadcasting Company (CBC) décida de bâtir un nouveau relais de télécommunications en partenariat avec la compagnie ferroviaire Canadian National (CN). Il ne fut pas conçu dans le but d'être la plus haute aiguille du monde, mais il impressionna tellement les visiteurs qu'il devint vite une des curiosités touristiques majeures du Canada. La CN Tower abrite le plus grand restaurant tournant de la planète, qui effectue une rotation complète en 72 minutes.

MODE D'EMPLOI

301 Front St. W. 📞 *(416) 868 6937.* 🌐 *www.cntower.ca*
⏰ *d'oct. à avr. : de 9 h à 22 h ; de mai à sept. : de 9 h à 23 h.*
🚫 *25 déc.* 🅿️ ♿ 🍴 🛍️ 🏛️

La Sky Pod est desservie par son propre ascenseur. À 447 mètres, la « nacelle » est le plus haut point accessible de la tour.

Le 360 Restaurant
Ce restaurant tournant offre une vue spectaculaire accompagnée d'une cuisine de premier ordre.

De la plate-forme d'observation extérieure, protégée par des grilles d'acier, la hauteur de la tour est impressionnante, surtout par grand vent.

La plate-forme d'observation intérieure permet d'admirer la ville confortablement, à l'abri du vent. Les sites principaux sont signalés par des panneaux.

La CN Tower vue du lac
La tour offre une vue panoramique extraordinaire. Par temps clair, le regard porte au sud jusqu'aux chutes du Niagara (p. 210-213).

Le plancher en verre
Il faut des nerfs d'acier pour se risquer sur cette épaisse couche de verre armé suspendue à plus de 300 mètres du sol.

Les ascenseurs extérieurs à paroi vitrée sont si rapides qu'on en a le souffle coupé et les oreilles bouchées. Ils rejoignent le dernier étage en moins d'une minute.

L'escalier intérieur, de 1 776 marches, est le plus long du monde. Il est réservé aux évacuations d'urgence. Les 70 gros orages annuels n'ont aucune incidence sur le fonctionnement des ascenseurs.

Le poste d'observation
On peut admirer la ville de ses galeries intérieure ou extérieure, à 346 mètres au-dessus du sol.

SkyDome ❷

1 Blue Jay Way. 🔲 *(416) 341 3663.*
🔲 *Union Station.* 🔲 *terminus de Bay
Street.* 🔲 *Union.* ⭕ *t.l.j.* 🖼 ♿ ▦

Inauguré en 1989, le
SkyDome est le premier
stade au monde à avoir été
doté d'un toit entièrement
rétractable. Par beau temps,
il reste à ciel ouvert, sinon,
le toit se met en place pour
protéger joueurs et
spectateurs. Cette prouesse
technique repose sur des
principes simples : quatre
panneaux gigantesque montés
sur des rails peuvent recouvrir
l'aire de jeu en 20 minutes
seulement. Le bâtiment, à
l'architecture novatrice et
pratique, a des allures
d'énorme noisette.
À l'extérieur, deux sculptures
humoristiques géantes
représentant les spectateurs
d'un match imaginaire sont
l'œuvre de Michael Snow, un
artiste contemporain en vogue.
Le SkyDome est le stade de
deux grandes équipes : les
Argonauts de Toronto, de la
Canadian Football League, et
l'équipe de base-ball des
Blue Jays de Toronto, de
l'American League. Il accueille
également des manifestations
exceptionnelles et des
concerts. La visite guidée
permet d'examiner de près le
mécanisme du toit et de voir
un film de 20 minutes qui
retrace les différentes phases
de la construction.

Le hall du Royal York Hotel est représentatif du luxe régnant
à l'intérieur

Royal York Hotel ❸

100 Front St. W. 🔲 *(416) 368 2511.*
🔲 *Union Station.* 🔲 *terminus de Bay
Street.* 🔲 *Union.* ▦ *121+.* ♿

Le Royal York était jadis
l'hôtel le plus renommé
de Toronto : par son luxe,
il éclipsait sans mal ses
rivaux. Construit en 1929
face à la gare centrale
pour la commodité
des personnalités en
visite, il fut pour des
milliers d'immigrants
la première chose
qu'ils découvraient en
arrivant. Plus qu'un
simple établissement
commercial, c'était
donc un point de
repère. Sa conception revient
à Ross et Macdonald, deux
architectes de Montréal, qui
adoptèrent le style en vogue à

**Portier
du Royal York**

l'époque : la façade animée
et asymétrique évoque un
château Renaissance.
À l'intérieur, les somptueux
salons sont dotés de galeries
qui rehaussent leur charme.
Les visiteurs de marque
descendent toujours au Royal
York, rénové il y a peu,
bien que des hôtels plus
récents aient tenté de le
détrôner. Union Station,
de l'autre côté de la
rue, est également due
à Ross et Macdonald.
Antérieure au Royal
York, elle est de même
style. Sa longue et
imposante façade en
pierre est ponctuée
de colonnes, tandis
que le hall principal
est couvert d'un superbe
plafond à caissons soutenu
par 22 robustes piliers
de marbre.

Le toit rétractable du SkyDome couvre le terrain accueillant certains des matchs de base-ball les plus importants

Le Hummingbird Centre, siège des compagnies de danse et d'art lyrique

Hockey Hall of Fame ❹

BCE Place, 30 Yonge St. ☎ *(416) 360 7765.* ▣ *Union Station.* ▣ *terminus de Bay Street.* ▣ *Union Station.* ◯ *de 10 h à 17 h du lun. au ven. ; de 9 h 30 à 18 h sam. ; de 10 h 30 à 17 h dim.* 🎞 ⟁

Ce bâtiment a été élevé à la gloire du sport national *(p. 32)* : le hockey, sur glace comme sur gazon, est né au Canada. À l'origine simple divertissement d'hiver sur les lacs et les étangs gelés, il déchaîne aujourd'hui les passions. L'espace d'exposition, ultramoderne, est divisé en sections correspondant aux divers aspects du jeu. On peut y voir les maillots de grands joueurs comme Wayne Gretsky et Maurice Richard, la réplique du vestiaire du Canadien de Montréal et des crosses et des patins anciens.

La coupe Stanley, au Hockey Hall of Fame

Plus loin, l'évolution du masque de gardien de but est expliquée en détail, de sa naissance aux versions actuelles, couvertes de motifs sophistiqués. Les présentations interactives sont nombreuses et les visiteurs peuvent même s'entraîner sur une mini-patinoire. Les films des matchs de hockey les plus célèbres sont projetés dans un petit cinéma. Dans une salle à l'entrée du Hall est exposée une collection de trophées, dont la coupe Stanley, récompense suprême, offerte par lord Stanley en 1893.

Hummingbird Centre for the Performing Arts ❺

1 Front St. E. ☎ *(416) 393 7469.* ▣ *Union Station.* ▣ *terminus de Bay Street.* ▣ *Union Station.* ⟁

Avec ses 3 000 places et plus, le Hummingbird Centre est l'une des premières salles de spectacle de Toronto. Il est géré par la municipalité, qui en est propriétaire. Il portait le nom d'O'Keefe Centre jusqu'en 1996, où la compagnie de logiciels Hummingbird fit don de plusieurs millions de dollars pour le rénover. Avec son intérieur moderne, le Centre abrite aujourd'hui les compagnies nationales d'art lyrique et de danse. Il propose un programme très varié, comprenant même des comédies légères et des spectacles pour enfants. La troupe de ballet de Houston a présenté récemment *Dracula* et *Casse-noisettes*. La scène du Hummingbird Centre attire les artistes du monde entier, qu'il s'agisse des grands noms de la musique pop ou classique. Pourtant, l'acoustique est souvent critiquée et le public évite les premiers rangs.

Toronto-Dominion Gallery of Inuit Art ❻

Wellington St. ☎ *(416) 982 8473.* ▣ *Union Station.* ▣ *Union Station.* ▣ *Union Station.* ◯ *de 8 h à 18 h du lun. au ven. ; de 10 h à 16 h sam. et dim.* ⟁

Composé de 5 gratte-ciel noir de jais, le Toronto-Dominion Centre est la manifestation gigantesque et moderne des talents financiers de la Toronto-Dominion Bank. Dans le vestibule de la tour sud, une riche collection d'art inuit est présentée sur deux niveaux. Les objets exposés ont été réunis pour le compte de la banque dans les années 1960 par des experts qui achetèrent plus de 100 pièces sculptées dans des matériaux allant du bois de caribou à l'ivoire de morse. L'essentiel est toutefois en pierre : les sculptures en stéatite représentent des animaux et des esprits mythiques, ainsi que des scènes de la vie quotidienne. Dues à Johnny Inukpuk (né en 1911), les plus belles possèdent la force brute des éléments.

Royal Alexandra Theatre ❼

260 King St. W. ☎ *(416) 872 1212.* ▣ *Union Station.* ▣ *terminus de Bay Street.* ▣ *St. Andrew.* ⟁

Dans les années 1960, le Royal Alexandra Theatre était sur le point de disparaître sous les bulldozers quand un chef d'entreprise de Toronto

La façade du Royal Alexandra Theatre, de style édouar

Les cafés à la mode de Toronto se trouvent dans Queen Street West

haut en couleurs, « Honest Ed » Mirvish, le roi des magasins à bas prix, vint à son secours. Il sauva ce qui était jadis le lieu le plus en vogue de Toronto, un superbe théâtre édouardien à l'intérieur luxueux déclinant velours rouge, marbre vert, brocart et gracieuses volutes.

Le Royal Alexandra accueille aujourd'hui des pièces à succès, mais aussi, et surtout, les comédies musicales de Broadway qui tiennent souvent l'affiche plusieurs mois d'affilée. Ses représentations sont extrêmement populaires, et les habitués faisant la queue pour admirer l'édifice autant que le spectacle, il est conseillé de réserver à l'avance.

Premier bureau de poste ❽

260 Adelaide St. E. 🅲 (416) 865 1833. 🅿 Union Station. 🅿 terminus de Bay St. 🅿 Yonge St. 🕐 de 9 h à 16 h du lun. au ven. ; de 10 h à 16 h sam. et dim. ♿ 📷 sur r.-v.

Au début de l'ère victorienne, l'Empire britannique avait besoin de bons moyens de communication pour toutes ses colonies. En 1829, la Chambre des communes fonda un service postal colonial et cinq ans plus tard,

ouvrit un bureau dans l'important avant-poste de Toronto, nouvellement créé. La première poste de la ville est encore debout malgré plusieurs tentatives de la municipalité pour la faire démolir. C'est l'unique exemple en Amérique du Nord d'un bureau de poste datant de l'ère postale britannique qui soit toujours en activité. On fait le détour pour écrire une lettre à la plume d'oie et la faire cacheter à la cire chaude par un employé en costume d'époque. Après un incendie dévastateur en 1978, le bâtiment a été entièrement remis en état grâce aux documents anciens et aux archives municipales.

Enfants dans Queen Street West

Queen Street West ❾

🅿 Union Station. 🅿 terminus de Bay Street. 🅿 Queen.

Cette rue bourdonne toute la journée et jusqu'au petit matin. Dans les années 1980, cette vieille zone d'entrepôts était le lieu de rendez-vous des étudiants et de la jeunesse branchée. Aujourd'hui, on y trouve aussi bien d'élégantes boutiques de créateurs que des bars excentriques, des cafés chic et des grandes chaînes de magasins. L'animation se concentre entre University et Spadina, où restaurants et bars bon marché sont légion.

Au premier bureau de poste, on affranchit le courrier à la main

Le centre-ville pas à pas

Tout au long du XIXᵉ siècle, l'activité commerciale s'est concentrée dans Yonge Street, bordée de boutiques de gros et de détail. Cette artère marquait aussi une rupture ethnique. En 1964, la construction de Nathan Phillips Square et d'un nouvel hôtel de ville en face de l'ancien a entraîné le déplacement du centre de gravité de Toronto vers Queen Street. Au sud s'étend le quartier des banques, où les anciens édifices victoriens ont laissé place à des tours en verre et en béton à partir des années 1960. La zone du port a été entièrement réhabilitée. Quant à Yonge Street, sa célébrité vient désormais du Eaton Centre, une des plus grandes galeries marchandes du monde.

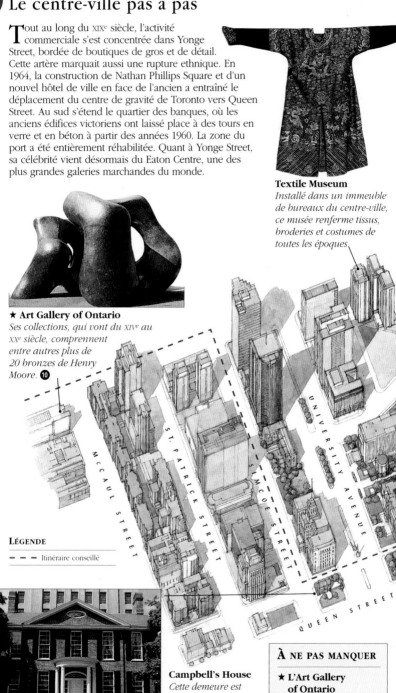

Textile Museum
Installé dans un immeuble de bureaux du centre-ville, ce musée renferme tissus, broderies et costumes de toutes les époques.

★ **Art Gallery of Ontario**
Ses collections, qui vont du XIVᵉ au XXᵉ siècle, comprennent entre autres plus de 20 bronzes de Henry Moore. ❿

LÉGENDE

– – – Itinéraire conseillé

Campbell's House
Cette demeure est un témoignage de l'époque victorienne (XIXᵉ siècle).

À NE PAS MANQUER

★ **L'Art Gallery of Ontario**

★ **L'hôtel de ville**

Eaton Center
S'il fallait situer le centre de Toronto, ce serait l'entrée de cette galerie marchande, au croisement de Yonge Street et Dundas Street. L'Eaton Center se targue de vendre tout ce qui existe sur la planète.

CARTE DE SITUATION
Voir plan de Toronto p. 164-165

Yonge Street
est la principale artère nord-sud de la ville.

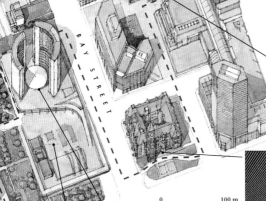

Church of the Holy Trinity
Cette belle église catholique à l'intérieur élégant date du XIXᵉ siècle.

0	100 m
0	100 yards

Nathan Phillips Square, l'un des centres de la vie de la cité, est le rendez-vous favori de la jeunesse.

★ Hôtel de ville
Construite en 1964, cette réalisation controversée a peu à peu gagné la faveur des habitants. La Plaza sert de patinoire l'hiver. ⓫

Ancien hôtel de ville
Contrastant avec son homologue de l'autre côté de la rue, cet édifice du XIXᵉ siècle abrite désormais le palais de justice de Toronto et le ministère de la Justice.

Art Gallery of Ontario ⑩

F ondée en 1900, l'Art Gallery possède l'une des plus riches collections du Canada. Son premier siège permanent fut The Grange, un manoir de style anglais bâti en 1817, qui lui fut cédé en 1913. Restauré en 1973 dans le style des années 1830, il se visite maintenant pour son intérêt

Hina et Fatu **(1892),** **Paul Gauguin**

historique. Il est relié à l'aile principale du musée, une construction moderne où sont exposés des peintures européennes de Rembrandt à Picasso, un superbe ensemble de tableaux canadiens, notamment du groupe des Sept *(p. 160-161)*, et des productions de l'art inuit. Les sculptures de Henry Moore occupent une galerie entière.

Henry Moore Sculpture Centre

⌂ ↕

♿

★ Henry Moore Sculpture Centre
Inauguré en 1974, il abrite la plus grande collection publique des œuvres de l'artiste, notamment Draped Reclining Figure *(1952-1953).*

Premier étage

Floor Burger *(1962)*
Le hamburger géant de Claes Oldenburg, fait de toile pour voile de bateau peinte et de mousse de caoutchouc, est une œuvre emblématique du pop art.

Rez-de-chaussée

↕

ℹ ♿

↕

Entrée

La façade
L'Art Gallery a rouvert en 1993 après une rénovation de quatre ans qui visait à unifier ses styles architecturaux, allant du georgien au moderne. L'imposant bronze de Henry Moore, Large Two Forms *(1966-1969), domine la cour d'entrée.*

À NE PAS MANQUER

★ *Vent d'ouest* par Tom Thomson

★ Le Henry Moore Sculpture Centre

★ L'art Inuit

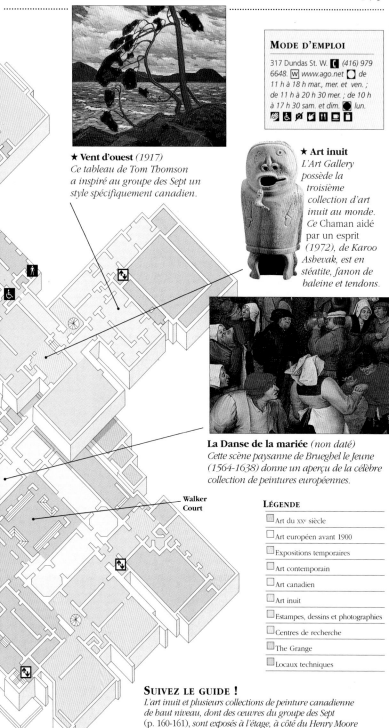

★ Vent d'ouest *(1917)*
*Ce tableau de Tom Thomson
a inspiré au groupe des Sept un
style spécifiquement canadien.*

MODE D'EMPLOI

317 Dundas St. W. ☎ *(416) 979
6648.* Ⓦ *www.ago.net* ○ *de
11 h à 18 h mar., mer. et ven. ;
de 11 h à 20 h 30 mer. ; de 10 h
à 17 h 30 sam. et dim.* ● *lun.*

★ Art inuit
*L'Art Gallery
possède la
troisième
collection d'art
inuit au monde.
Ce* Chaman aidé
par un esprit
*(1972), de Karoo
Ashevak, est en
stéatite, fanon de
baleine et tendons.*

La Danse de la mariée *(non daté)*
*Cette scène paysanne de Brueghel le Jeune
(1564-1638) donne un aperçu de la célèbre
collection de peintures européennes.*

**Walker
Court**

LÉGENDE

☐ Art du XXᵉ siècle

☐ Art européen avant 1900

☐ Expositions temporaires

☐ Art contemporain

☐ Art canadien

☐ Art inuit

☐ Estampes, dessins et photographies

☐ Centres de recherche

☐ The Grange

☐ Locaux techniques

SUIVEZ LE GUIDE !
*L'art inuit et plusieurs collections de peinture canadienne
de haut niveau, dont des œuvres du groupe des Sept
(p. 160-161), sont exposés à l'étage, à côté du Henry Moore
Centre for the Study of Sculpture. Celui-ci renferme sculptures,
bronzes et moules de Moore, et plus de 700 estampes et dessins.
Le rez-de-chaussée est consacré à l'art européen.*

L'esthétique ultramoderne de l'hôtel de ville de Toronto a été très controversée

Hôtel de ville ⓫

à l'angle de Queen St. & Bay St. 🅲 (416) 392 7341. 🅿 *Union Station.* 🚌 *terminus de Bay Street.* 🚋 *Queen Street.* ⏱ *du lun. au ven. de 8 h 30 à 16 h 30.* ♿

Achevé en 1964, l'hôtel de ville de Toronto est l'œuvre de l'architecte finlandais Viljo Revell. Lors de l'inauguration officielle, le Premier ministre Lester B. Pearson déclara : « C'est un édifice aussi moderne que demain. » Mais pour beaucoup, « demain » était arrivé trop tôt, et un tonnerre de protestations s'éleva de plusieurs quartiers contre ce monument.

Aujourd'hui encore, près de 40 ans après, il semble d'une modernité absolue. Avec ses deux tours curvilignes en béton et en verre flanquant un édifice central circulaire où se réunit le conseil municipal, il est la quintessence de l'urbanisme des années 1960. Il fait face à l'ancien hôtel de ville, un grandiose édifice néo-roman du XIXᵉ siècle.

Chinatown ⓬

🅿 *Union Station.* 🚌 *terminus de Bay Street.* 🚋 *505, 77.*

Avec ses 250 000 membres, la communauté chinoise représente 6 % de la population. La première vague d'immigration toucha la Colombie-Britannique lors de la ruée vers l'or, à la fin des années 1850. Les Chinois venus en Ontario à la fin du XIXᵉ siècle pour travailler au Canadian Pacific Railway s'installèrent dans des villes au bord de la voie ferrée. À Toronto, ils furent employés dans les laveries, usines et chemins de fer. La dernière vague d'immigration des années 1990 concerne les Chinois aisés de Hong Kong.

Bien qu'habitant un peu partout, ils occupent essentiellement quatre quartiers qui tranchent totalement sur les alentours et peuvent être qualifiés de Chinatown. Le plus vaste et le plus animé s'étend autour de Spadina Avenue, entre Queen Street et College Street, et de Dundas Street, à l'ouest de l'Art Gallery of Ontario. Sons, couleurs et odeurs rappellent plus Hong Kong que Toronto : magasins et éventaires débordant sur les trottoirs offrent une variété ahurissante de spécialités chinoises et le soir, les enseignes lumineuses vantent des dizaines d'excellents restaurants.

Kensington Market ⓭

Baldwin St. & Augusta Ave. 🅿 *Union Station.* 🚌 *terminus de Bay Street.* 🚋 *510.*

Résidentiel et cosmopolite, Kensington Market est l'un des quartiers les plus attachants de Toronto. Il a été créé au début du XXᵉ siècle par des immigrants d'Europe de l'Est. Ils s'entassèrent dans de modestes maisons d'abord près du carrefour de Spadina Avenue et Dundas Street, puis dans les rues étroites alentour pour vendre leurs marchandises. Les boutiques qu'ils ouvrirent dans leurs petites maisons des années 1930 sont restées la caractéristique principale de l'endroit.

Aujourd'hui, les commerçants juifs, polonais et russes

Enseignes de restaurant à Chinatown

côtoient Portugais, Jamaïcains, Hindous, Chinois et Vietnamiens dans les rues bourdonnantes d'activité. Le centre de ce marché de plein air est Kensington Avenue dont le bas, proche de Dundas Street, regorge de petits magasins où l'on trouve des vêtements de tous styles – des tenues punks aux pantalons pattes d'éléphant –, entre autres bonnes occasions. Le haut de Kensington Avenue est occupé par les étals de produits frais des quatre coins du monde – poissons et monceaux de fromages et de fruits exotiques.

Petite boutique de fruits secs typique de Kensington Market

La façade du Parlement, où se tiennent les assemblées législatives provinciales depuis 1893

Université ⑭

27 King's College Circle. 📞 *(416) 978 2011.* 🚇 *Union Station.* 🚊 *terminus de Bay Street.* Ⓜ *St. George.* ♿

L'université de Toronto est un institut interconfessionnel créé en 1850 malgré l'opposition de certains groupes religieux qui y voyaient une atteinte au contrôle exercé par l'Église sur l'enseignement. Surmontant les accusations d'impiété, le nouvel établissement entreprit d'absorber ses rivaux pour devenir une des universités les plus prestigieuses du Canada.

Ce passé explique l'agencement irrégulier de l'actuel campus, un espace verdoyant où sont répartis différents établissements. Les plus beaux pavillons sont situés près de l'extrémité ouest de Wellesley Street. Là, dans Hart House Circle, se trouvent Hart House, construite en 1919 sur le modèle de certains des collèges des fameuses universités britanniques d'Oxford et Cambridge, et la Soldier's Tower, monument néo-gothique à la mémoire des étudiants victimes des deux guerres mondiales. Non loin, dans King's College Circle, se succèdent University College, un imposant édifice néo-roman de 1859, Knox College, avec sa rude maçonnerie de grès gris, et la belle rotonde du Convocation Hall. La visite s'achève par une petite promenade tranquille sur Philosophers' Walk.

L'université de Toronto rappelle les vieilles institutions britanniques

Parlement d'Ontario ⑮

Queen's Park. 📞 *(416) 325 7500.* 🚇 *Union Station.* 🚊 *terminus de Bay Street.* Ⓜ *Queen's Park.* 🚌 *97B.* 🕐 *de mai à sept. : de 9 h à 16 h t.l.j. ; de sept. à mai : de 9 h à 16 h du lun. au ven.* ♿

Le parlement d'Ontario, édifice en grès rose inauguré en 1893, écrase de sa masse l'extrémité de University Avenue. Son ampleur n'était pas innocente : la province avait beau n'être qu'un petit – et très loyal – élément de l'Empire britannique, elle entendait jouer un rôle de premier plan, d'autant qu'elle avait les moyens financiers pour le faire. Les membres du parlement provincial commandèrent donc cette construction extrêmement coûteuse de style néo-roman. Achevée en 1892, la façade principale est un déploiement de tours, arcs roses et sculptures surmontés d'une série de toits pentus.

L'intérieur présente la même profusion. Des colonnes classiques dorées encadrent l'escalier principal et de grands vitraux éclairent les longues galeries lambrissées de boiseries. La salle où se tiennent les assemblées est somptueuse, avec ses magnifiques bois sculptés portant des devises très morales comme « Avec audace et raison » ou « Par le courage et non par la ruse ».

En 1909, un incendie ravagea l'aile ouest, qui fut reconstruite en marbre italien. Les parlementaires furent contrariés de constater qu'une grande partie de cette pierre si chère était altérée par des fossiles de dinosaures, encore visibles dans le vestibule ouest !

Les visiteurs sont parfois admis aux sessions.

Le Parlement vu depuis Queen's Park, dans le centre-ville

Queen's Park ⑯

College St. & University Ave. ☎ (416) 325 7500. 🚇 Union Station. 🚌 terminus de Bay Street. 🚋 506. 🚏 Queen's Park. ♿

Juste derrière le parlement, Queen's Park est une oasis de verdure au milieu de ce quartier densément construit, idéale pour prendre un moment de détente. Le parc est bordé à l'ouest par le campus de l'université, avec ses bâtiments du XIXe siècle, point de départ de promenades guidées en été.

Tous les ans, en juin, le spectaculaire défilé de la Gay Pride passe au nord du parc. Le temps d'un week-end, la communauté homosexuelle relativement importante de Toronto occupe ainsi le devant de la scène grâce à ce festival créé dans les années 1970.

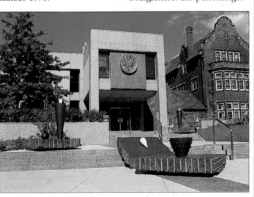

La façade moderne du Gardiner Museum of Ceramic Art

George R. Gardiner Museum of Ceramic Art ⑰

111 Queen's Park. ☎ (416) 586 8080. 🚇 Union Station. 🚌 terminus de Bay St. 🚏 Museum. 🕐 de 11 h à 19 h du lun. au ven. ; de 11 h à 17 h sam. et dim. ● 1er jan., 25 et 31 déc. 📷 ♿

Inauguré en 1984, ce musée est le seul d'Amérique du Nord consacré exclusivement à la poterie et à la porcelaine. Présentées avec talent, les collections retracent l'évolution de la céramique, en portant un intérêt particulier à certaines techniques. L'histoire commence avec des pièces précolombiennes ; plusieurs, provenant du Pérou et du Mexique, sont exceptionnelles, notamment des dieux de la fertilité aux traits grimaçants.

Les majoliques aux couleurs vives sont représentées par des vases du XIIIe au XVIe siècle, les plus anciens ayant été fabriqués à Majorque, les autres en Italie. Des objets du quotidien aux décors riants voisinent avec des pièces Renaissance plus tardives à thème mythologique ou historique. La faïence anglaise figure en bonne place, mais les pièces les plus belles restent celles de la Renaissance en provenance d'Italie, d'Allemagne et d'Angleterre. Les personnages

Arlequin, figurine en porcelaine de Meissen

de la *commedia dell'arte* sont particulièrement remarquables. Savamment décorées aux couleurs de l'arc-en-ciel, ces figurines étaient placées sur la table des aristocrates qui voulaient ravir ou impressionner leurs invités d'honneur, voire s'assurer leurs faveurs.

La collection de porcelaines, époustouflante, compte un grand nombre de pièces raffinées réalisées à Meissen entre 1700 et 1780. À ne manquer sous aucun prétexte : le service à thé et à chocolat du début du XVIIIe siècle présenté avec son écrin de voyage d'origine en cuir, qui permettait à sa propriétaire de l'emmener lors de ses déplacements. Chacune des minuscules tasses a un décor différent, constitué d'une scène nautique entourée de motifs à l'or fin. On notera également la centaine de flacons à parfum sculptés ou moulés de toute l'Europe.

Royal Ontario Museum ⑱

P. 182-183.

The Bata Shoe Museum ⑲

327 Bloor St. W. ☎ (416) 979 7799. 🚇 Union Station. 🚌 terminus de Bay Street. 🚏 St. George. 🕐 de 10 h à 17 h du mar. au sam. ; de midi à 17 h dim. ● 1er jan., ven. saint, 1er juil. et 25 déc. 📷 ♿

Inauguré en 1995, il renferme une variété extraordinaire de chaussures réunies par Sonja Bata, l'actuelle directrice de la firme du même nom, entreprise familiale présente aujourd'hui dans 60 pays. Pour être sûre que sa collection serait présentée dans les meilleures conditions, elle confia la conception du bâtiment à l'un des architectes canadiens les plus prestigieux : Raymond Moriyama. L'édifice, dont la forme rappelle une luxueuse boîte à chaussures, joue sur les angles, offrant d'invraisemblables coins et recoins. La présentation se fait sur plusieurs petits niveaux. Le musée accueille des expositions temporaires sur un thème donné, comme les chaussures japonaises et les *Padukas* (socques) indiennes traditionnelles, et certains éléments du fond, qui est considérable, sont montrés par roulement.

En ce qui concerne les expositions permanentes, « All About Shoes » donne un aperçu du rôle et de l'évolution de la chaussure, en commençant par un moulage de la plus ancienne empreinte connue, faite il y a 4 millions d'années en Tanzanie. On y verra aussi un ensemble intéressant de poulaines, ces souliers pointus du Moyen Âge. Une autre section est consacrée aux célébrités. Les chaussures de scène les plus excentriques y sont exposées : mocassins vernis bleus et blancs d'Elvis Presley, semelles compensées d'Elton John, sans parler des vieilles sandales de l'ancien Premier ministre canadien Pierre Elliott Trudeau.

Le musée possède également un ensemble de curiosités : des chaussures françaises conçues pour écraser les châtaignes, des semelles compensées vénitiennes du XVIᵉ siècle et une paire de bottes imitant l'empreinte des combattants du Vietcong utilisées par les Américains pendant la guerre du Vietnam.

On apprendra encore l'importance du talent de

Farniente un dimanche après-midi au Café Nervosa, dans le quartier chic de Yorkville

cordonnier des Inuit et des Américiens.

Yorkville ⑳

Union Station.   terminus de Bay Street.   Bay.

D ans les années 1960, le tout petit quartier de Yorkville, dans le centre-ville, était le rendez-vous des hippies. Accueillant régulièrement des figures de la contre-culture comme Joni Mitchell, c'était l'équivalent de Chelsea à Londres ou de Greenwich Village à New York. Depuis, les hippies sont partis et les modestes maisons mitoyennes en brique et en bois ont été soit occupées par des magasins haut de gamme et des restaurants chics, soit transformées en somptueux hôtels particuliers. Boutiques de créateurs, librairies spécialisées, galeries d'art,

belles bijouteries, marchands de vin et chausseurs de luxe se pressent dans le quartier, qui draine des foules de clients. Pour goûter à l'ambiance des lieux, le mieux est de s'asseoir à la terrasse d'un café pour déguster un *cappuccino*. Quant à ceux qui sont prêts à faire des folies, leurs pas les mèneront vers Yorkville Avenue et Cumberland Avenue, ou encore vers les élégantes et discrètes galeries marchandes qui en partent : Hazelton Lanes, à l'angle de Yorkville Avenue et The Avenue, est l'une des plus huppées, avec des enseignes comme Ralph Lauren et Versace. Bien que la crise des années 1990 ait quelque peu affecté le commerce, le quartier est toujours prospère. C'est le soir que les cafés commencent véritablement à s'animer, mais attention, s'amuser à Yorkville peut également coûter cher !

Au Bata Shoe Museum sont exposées les chaussures les plus extravagantes

Reconstitution d'un vestiaire au Hockey Hall of Fame, à Toronto ▷

Royal Ontario Museum ⑱

**Appui-tête Ming,
galerie d'art chinois**

F ondé en 1912, le Royal Ontario Museum possède des collections d'une richesse et d'une variété extraordinaires : beaux-arts et arts décoratifs, sciences naturelles et archéologie. Plusieurs visites sont nécessaires pour découvrir ses nombreux trésors, comme la salle abritant des squelettes de dinosaures du monde entier ou le fabuleux département d'Extrême-Orient. On y verra l'ensemble le plus important d'objets de l'époque impériale en dehors de la Chine, dont de délicats appuis-tête en céramique et le tombeau d'un grand personnage d'époque Ming découvert au bout de 300 ans, unique spécimen complet en Occident.

Deuxième étage

★ Galerie des dinosaures
Le lieu le plus visité du musée abrite 13 squelettes de dinosaures placés dans leur environnement du jurassique reconstitué. Des techniques d'animation proches de celles de Jurassic Park *attirent grands et petits.*

Premier étage

Rez-de-chaussée

Façade
Le Royal Ontario Museum est le plus grand musée du Canada. Il est installé dans un bel édifice achevé en 1914 et destiné à accueillir les collections du XIXᵉ siècle de l'université de Toronto.

Entrée principale

★ Tombe Ming
Cette splendide tombe impériale, qui aurait appartenu à un vaste complexe du XVIIᵉ siècle, est le clou des galeries d'art chinois. Il s'agit peut-être de la sépulture d'un général Ming.

Tête de Zeus
Dans la cour des sculptures classiques, le roi des dieux règne sur 50 statues.

MODE D'EMPLOI

100 Queen's Park. 📞 *(416) 586 8000.* 🌐 *www.rom.on.ca* Ⓜ *Museum.* 🕐 *de 10 h à 18 h du lun. au sam. ; de 10 h à 20 h mar. ; de 11 h à 18 h dim.* ⬤ *25 déc., 1er jan.* 📷 *partiel.*

Momie égyptienne
Outre des masques funéraires et des objets du quotidien, la section égyptienne, dans les galeries du bassin méditerranéen, comprend une riche collection de momies, dont celle d'un musicien de cour enfermée dans un cercueil peint et doré si complexe que les spécialistes n'osent pas l'ouvrir.

SUIVEZ LE GUIDE !

Avec 6 millions de pièces et 4 niveaux d'exposition (dont trois présentés ici), les 40 galeries du musée se visitent individuellement ou avec un guide. Les œuvres canadiennes occupent le sous-sol (non représenté). Le rez-de-chaussée est consacré à l'art asiatique et aux sciences de la terre. Les galeries des dinosaures et des sciences de la vie sont au premier étage et les salles d'Antiquité au deuxième.

Grotte des chauves-souris
Près de 3 000 chauve-souris en cire et vinyle attendent les visiteurs dans cette caverne sombre et sinistre, inspirée d'une grotte jamaïcaine longue de 4 kilomètres.

Albatros empaillé
Avec son envergure de 3 mètres, il est l'une des pièces les plus impressionnantes de la galerie des oiseaux, qui offre des présentations interactives.

À NE PAS MANQUER

★ **La tombe Ming**

★ **La galerie des dinosaures**

LÉGENDE

☐ Galeries d'art asiatique

☐ Galerie Samuel Hall Currelly

☐ Cour des sculptures chinoises

☐ Salle d'exposition Garfield Weston

☐ Sciences de la terre

☐ Sciences de la vie

☐ Expositions temporaires

☐ Bassin méditerranéen

☐ Europe

☐ Locaux techniques

Spadina House ㉑

285 Spadina Rd. 🛈 *(416) 392 6910.*
🚇 *Union Station.* 🚌 *77+, 127.*
🚇 *Dupont.* ⬜ *de jan. à mars : de
12 h à 17 h sam. et dim. ; d'avr. à
août : de 12 h à 17 h du mar. au
dim. ; de sept. à déc. : de 12 h à 16 h
du mar. au ven., de 12 h à 17 h sam.,
dim. et lun. ; 25 et 26 déc., 1ᵉʳ jan.*
📷 ♿ 🎫 *obligatoire.*

Premier président de la
Toronto-Dominion Bank
dans les années 1860, James
Austin fit construire cette
élégante demeure victorienne
en 1866 sur la falaise dominant
Spadina Avenue. Anna, la
dernière des Austin, quitta la
maison en 1982, la laissant
avec tout son mobilier à
l'Historical Board de Toronto.
Spadina House est donc une
authentique résidence familiale,
représentative des goûts de
quatre générations de Canadiens
aisés. On ne manquera pas de
jeter un coup d'œil à la frise Art
nouveau de la salle de billard,
ni au système de trappe de la
serre, qui permettait aux
jardiniers de soigner les plantes
sans être vus.

**La porte d'entrée de Spadina House
avec ses colonnes victoriennes**

Fort York ㉓

Garrison Rd. 🛈 *(416) 392 6907.*
🚇 *Union Station.* 🚋 *7.* ⬜ *du mar.
au dim.* ⬛ *lun., ven. saint, du
18 déc. au 2 jan. environ* 📷 ♿ 🎫

Les Britanniques
construisirent Fort York en
1793 pour affirmer leur contrôle
du lac Ontario et protéger ce
qui est devenu Toronto. Les
faiblesses de ce fort de taille
modeste se manifestèrent
lorsque les Américains
l'envahirent au terme d'une
longue bataille pendant la
guerre de 1812 *(p. 42)*. Les
Britanniques renforcèrent
ensuite ses défenses et grâce à
sa garnison, l'économie locale
prit son essor. Les casernes, la
vieille poudrière et les quartiers
des officiers sont l'occasion
d'une visite intéressante.

Casa Loma ㉒

Cet édifice, fruit de la rencontre d'un Moyen
Âge d'opérette et de la technologie du début
du XXᵉ siècle, a été conçu par E. J. Lennox,
auteur de l'ancien hôtel de ville de Toronto.
Il n'avait pas pour prétention de copier une
demeure du passé, et du point de vue architectural, il est totalement original. En fait, c'est
un hommage à la marotte de sir Henry Pellatt
(1859-1939), qui fit fortune au début
du XXᵉ siècle en exploitant le potentiel
hydroélectrique des chutes
du Niagara. En 1911, il décida de
se faire bâtir un château à Toronto.
La construction de Casa Loma
nécessita 3 ans… et 3,5 millions
de dollars canadiens.

Des portes dérobées
dont l'une menait à la
cave de si...
Henry
s'ouvrent dans
les boiseries
du bureau

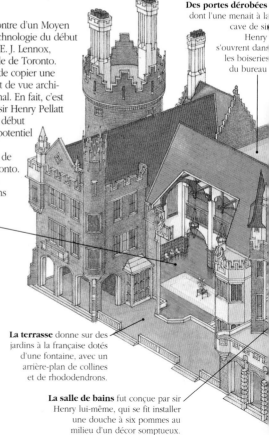

★ **La grande salle**
*Haute de 18 mètres, elle est
ornée de cariatides sculptées
et éclairée par une baie de
12 mètres de haut.*

La terrasse donne sur des
jardins à la française dotés
d'une fontaine, avec un
arrière-plan de collines
et de rhododendrons.

La salle de bains fut conçue par sir
Henry lui-même, qui se fit installer
une douche à six pommes au
milieu d'un décor somptueux.

Étal de légumes frais à Little Italy

Little Italy ㉔

St. Clair Ave. W. 🚇 Union Station.
🚌 terminus de Bay St. 🚋 512. ℹ️
207 Queen's Quay W. (416) 203 2500.

Toronto compte 500 000 habitants d'origine italienne. Les Italiens arrivèrent en 1830, mais la première grande vague d'immigration eut lieu entre 1885 et 1924. Leur sens de la famille, allié à l'instabilité de leur pays après la Seconde Guerre mondiale, provoqua un autre afflux dans les années 1940 et 1950. Si les Italiens vivent et travaillent partout dans la ville, le cœur de leur communauté est le très vivant « Corso Italia », ou Little Italy, autour de St. Clair Avenue West. Les maisons valent le coup d'œil pour leurs couleurs éclatantes – rouge, vert et blanc. Les cafés où déguster un excellent *espresso* et les cinéma passant des films italiens donnent l'impression d'être en Europe. On peut d'ailleurs goûter une cuisine méditerranéenne hors pair à l'une des nombreuses terrasses du quartier.

Ontario Place ㉕

955 Lakeshore Blvd. W. ☎️ (416) 314 9900. 🚇 Union Station. 🚋 511.
🕐 de mi-mai à sept. : de 10 h à minuit. 📷 ♿

Ce parc de loisir au bord du lac s'étend sur trois îlots artificiels. Il offre des distractions familiales, allant de la promenade tranquille aux animations terrifiantes. Au Village des enfants, ces derniers trouveront terrains de jeux et piscines, longs toboggans aquatiques, jeux électroniques et bateaux tamponneurs. Quant à la Cinesphere, c'est un énorme dôme où des films sont projetés sur écran géant. Enfin, le *Haida*, vieux destroyer de la Seconde Guerre mondiale, a été transformé en musée.

La façade et les jardins
Le charme du domaine vient aussi de ses 2 hectares de jardin, avec ses bordures toujours fleuries, ses roses, ses pelouses et ses bois.

MODE D'EMPLOI

1 Austin Terrace. ☎️ (416) 923 1171. 🚇 Dupont. 🕐 de 9 h 30 à 16 h t.l.j. ⬤ 25 déc. et 1er jan.
🚫 📷 🎧 ♿ 🍴 🛍️

★ La serre
Le marbre blanc d'Ontario couvrant les murs contraste avec les couleurs du verre de la coupole victorienne. Les conduites de chauffage étaient cachées derrière les jardinières.

À NE PAS MANQUER

★ La grande salle

★ La serre

Visite à quatre et deux roues des Toronto Islands

Les Toronto Islands ㉖

🚉 Union Station. 🚌 terminus de Bay St. 🚋 6, 75. ⛴ Queen's Quay. 🛈 207 Queen's Quay W. (416) 203 2500.

À quelques encablures du rivage, protégeant l'entrée du port, ces trois îles basses reliées par des passerelles, d'où la voiture est bannie, procurent calme et détente. Grâce à la brise fraîche du lac, on y échappe l'été aux chaleurs extrêmes qui avoisinent parfois les 35 °C. Par beau temps, une jolie vue s'offre sur le sommet de la CN Tower (p. 168).

Il faut environ une demi-heure pour parcourir à pied les îles de bout en bout. Avec ses espaces verts et ses étendues désertes, Ward's Island est une zone résidentielle somnolente à l'est ; Centre Island abrite le Centreville Amusement Park, avec des attractions pour les enfants, et à l'ouest, Hanlan's Point possède la plus belle plage des trois.

The Beaches et les falaises de Scarborough ㉗

🚉 Union Station. 🚌 terminus de Bay St. 🚋 lignes vers Queen St E. 🛈 207 Queen's Quay W. (416) 203 2500.

Situé à l'est du centre-ville, entre Woodbine Avenue et Victoria Park Avenue, The Beaches est l'un des quartiers les plus agréables de Toronto. Ses rues étroites et ombragées, bordées de belles maisons en brique précédées de vérandas, partent du lac. Dans Queen Street East, l'artère principale, les excellents cafés et les boutiques de stylistes ne manquent pas. Ce quartier, il y a peu encore discret et paisible, est devenu à la mode grâce à sa longue plage de sable et ses planches ; ces dernières années, les prix ont flambé dans l'immobilier. La piste de 3 kilomètres qui la traverse attire rollers et vélos, surtout en été, et la piscine publique est très fréquentée. Malgré la pollution du lac Ontario, les baigneurs n'hésitent pas à plonger dans ses eaux. On peut également louer des planches à voile.

À l'est, le grand faubourg limitrophe de Scarborough doit aussi son succès à la proximité du lac. Des falaises spectaculaires constituées de très anciens sables et argiles s'étirent au bord du lac Ontario sur 16 kilomètres. Plusieurs parcs y donnent accès : ceux de Scarborough Bluffs et Cathedral Bluffs offrent de très beaux panoramas des falaises déchiquetées, et Bluffers Park est idéal pour pique-niquer et profiter de la plage. Les géologues amateurs pourront observer jusqu'à 5 couches sédimentaires sur certains rochers du parc.

Toronto Zoo ㉘

361A Old Finch Ave., Scarborough. 📞 (416) 392 5900. 🚇 Scarborough. 🚇 Kennedy. 🚌 86A. ◐ de mi-mai à sept. : de 9 h à 19 h 30 t.l.j. ; de mi-mars à mi-mai et de sept. à mi-oct. : de 9 h à 18 h t.l.j. ; de mi-oct. à mi-mars : de 9 h 30 à 16 h 30. ● 25 déc. 🖼 ♿ 🛒

Toronto peut se targuer d'avoir l'un des meilleurs zoos du monde. Il occupe une vaste zone dans la vallée de la rivière Rouge et est facilement accessible par les transports en commun ou la voiture.

Les animaux sont répartis en fonction de leur habitat naturel, que ce soit à l'extérieur, où la vallée offre des zones de forêts et de grandes étendues, ou à l'intérieur, dans une série de pavillons chauffés à la température appropriée.

Pour découvrir le zoo, les visiteurs ont le choix entre plusieurs sentiers très bien balisés, à moins qu'ils ne préfèrent le Zoomobile. Le parcours commenté de 30 minutes à bord de ce train donne un bon aperçu de l'endroit. Prévoir environ 4 heures pour observer correctement les animaux, notamment les espèces canadiennes. La zone Children's Web dispose d'un terrain de jeu et d'expositions destinés aux enfants.

Orang-outan et son petit au zoo de Toronto

Ferblantier devant son échoppe au Black Creek Pioneer Village

Ontario Science Centre ㉙

770 Don Mills Rd. *(416) 696 3127.*
Oriole. Eglinton ou Pape.
Eglinton Ave. E routes. de 10 h
à 17 h t.l.j. 25 déc.

Ce centre est l'un des lieux les plus visités de Toronto. Il attire des foules d'enfants grâce à ses présentations interactives exploitant et étudiant toutes sortes de phénomènes. Elles sont réparties en douze catégories comme « Terre vivante », « De la matière à l'énergie », « Autoroute de l'information » et « Corps humain ». On peut se poser sur la Lune, voyager jusqu'au bout de l'Univers ou s'amuser à avoir les cheveux qui se dressent sur la tête grâce à l'accélérateur de Van de Graaff.

Black Creek Pioneer Village ㉚

à l'angle de Steeles Ave. W. & Jane St.
(416) 736 1733. Jane. 35b.
mai et juin : de 9 h 30 à 16 h 30
du lun. au ven., de 10 h à 17 h sam.
et dim. ; de juil. à sept. : de 10 h à
17 h t.l.j. ; d'oct. à déc. : de 9 h 30 à
16 h du lun. au ven., de 10 h à
16 h 30 sam. et dim. de jan.
à mai ; 25 déc.

Au fil des ans, une quarantaine d'édifices du XIXe siècle ont été transportés de différentes régions de l'Ontario pour donner naissance à ce village au nord-ouest de la ville. Le résultat n'est bien sûr guère réaliste - aucun village d'Ontario n'a jamais ressemblé à celui-là -, mais c'est un amusant exemple d'histoire vivante. Des figurants en costume d'époque présentent des techniques artisanales : fabrication de chandelles, boulangerie, imprimerie. Parmi les édifices les plus intéressants figurent une élégante maison de médecin de 1860 et le magasin général Lasky Emporium, toujours en activité, où l'on peut acheter du pain. L'échoppe du ferblantier est tenue par des artisans qualifiés. Il y a aussi une loge maçonnique.

Quatre bâtiments sont attribués à Daniel Stong, un pionnier du XIXe siècle.

McMichael Art Collection ㉛

10365 Islington Ave., Kleinburg.
(905) 893 1121. Yorkdale.
TTC37. t.l.j. 25 déc.

À la périphérie de Kleinburg, à une trentaine de minutes de route du centre-ville vers le nord, Robert et Signe McMichael se firent construire une belle résidence en pierre et en rondin surplombant la vallée boisée de la Humber. Collectionneurs passionnés d'œuvres d'art canadien, les McMichael firent don de leur maison et de leurs peintures au gouvernement en 1965. Depuis, la collection s'est considérablement enrichie et, avec plus de 6 000 pièces, elle compte aujourd'hui parmi les plus importantes de la province.

Les créations du groupe des Sept *(p. 160-161)* occupent une place prépondérante : plusieurs salles montrent un choix éclectique de leurs œuvres. Les tableaux les plus accomplis ont pour thème les paysages sauvages et puissants des régions reculées du Canada, où chacun des membres du groupe avait choisi une zone d'étude. Tom Thomson et le talentueux Lawren Harris sont

***Shibagau Shard*, par Bill Vazan, McMichael Art Collection**

particulièrement bien représentés. Le musée possède aussi de passionnants départements d'art inuit et amérindien, et notamment *Bases Stolen from the Cleveland Indians and a Captured Yankee* (1989), sculpture du célèbre artiste contemporain Gerald McMaster (né en 1953).

Façade en pierre et rondin de la demeure de Robert et Signe McMichael

OTTAWA ET L'EST DE L'ONTARIO

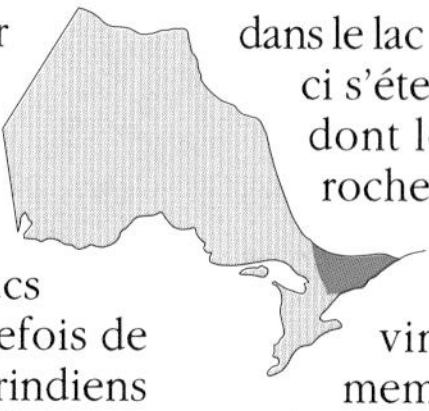

Réputé à juste titre pour son histoire et la beauté de ses paysages, l'est de l'Ontario est l'une des régions les plus touristiques du pays. Ses innombrables lacs et cours d'eau servaient autrefois de voies commerciales aux Amérindiens et aux explorateurs. Aujourd'hui, cet environnement superbe se prête admirablement aux loisirs de plein air : canotage, pêche, randonnée et ski. Au niveau de la petite ville de Kingston, le Saint-Laurent, l'un des plus grands fleuves de la planète, prend sa source dans le lac Ontario. Au nord de celui-ci s'étend le Bouclier canadien, dont les lacs très anciens, les roches cristallines et les forêts sont l'essence même du Canada. Le parc provincial Algonquin, extrêmement sauvage, connaît un grand succès auprès des vacanciers, tout comme la région pittoresque des lacs Kawartha. Dominant la rivière du même nom, Ottawa enfin, la capitale fédérale au riche passé et aux nombreux monuments, attire plus de 5 millions de visiteurs par an.

LA RÉGION D'UN COUP D'ŒIL

Villes historiques

Barry's Bay 13
Combermere 11
Eganville 12
Haliburton 10
Kingston 5
North Bay 15
Ottawa p. 190-197 1
Prescott 3
Upper Canada Village 2

Parcs nationaux et provinciaux

Parc provincial Algonquin p. 202-203 14
Serpent Mounds Park 8

Îles et cours d'eau

Canal Rideau 6
Lacs Kawartha 9
Prince Edward County 7
Les Thousand Islands 4

LÉGENDE

✈ Aéroport international
Autoroute
Route principale
Voie ferrée

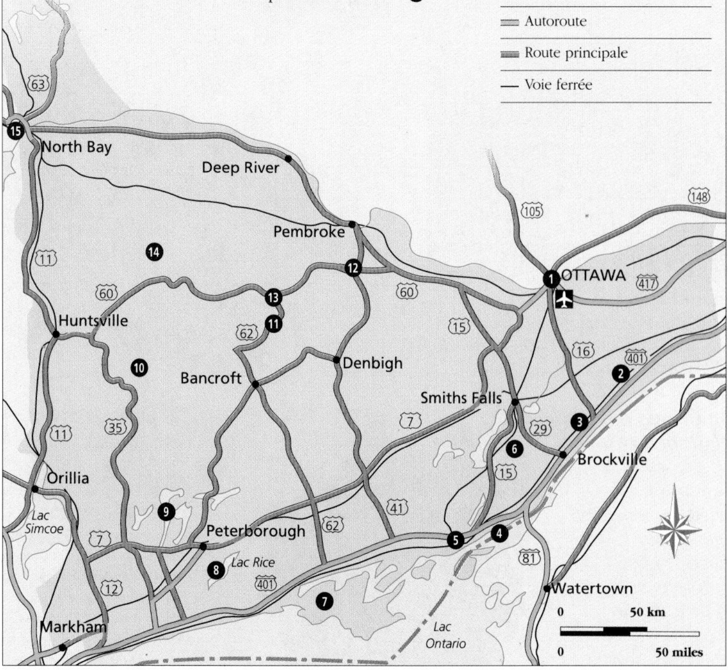

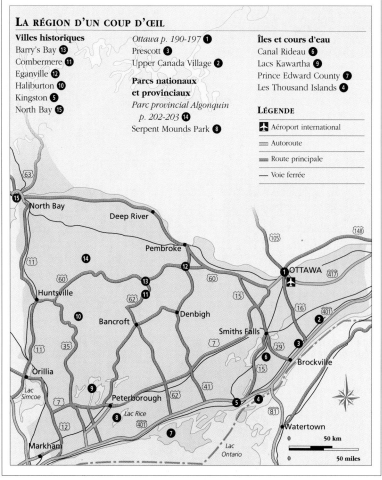

◁ **Canotage sur le canal Rideau, au pied de l'imposant parlement d'Ottawa**

Ottawa pas à pas ❶

Le choix d'Ottawa comme capitale de la « province du Canada » en 1857 résulta d'un compromis dû en partie à la rivalité entre les Anglais et les Français et entre les villes de Toronto et Montréal. Depuis sa fondation en 1826, Ottawa a su se forger une identité. Elle occupe un superbe site au bord de l'Ottawa (ou rivière des Outaouais) et de la rivière Rideau. Loin d'être uniquement une capitale politique, elle est devenue un creuset où voisinent anglophones et francophones. Ses édifices, modernes et historiques, et ses nombreux centres d'intérêt drainent des millions de visiteurs par an.

Un membre de la Police montée près du parlement

★ Le Parlement
La relève de la garde a lieu à l'extérieur tous les jours en juillet et août. Ce cérémonial ajoute à la majesté du siège du gouvernement.

Le Monument au maintien de la paix, est un point de repère dans la ville.

Canal Rideau
Creusé au début du XIXᵉ siècle, ce canal aux rives verdoyantes est bordé de sentiers et de pistes cyclables.

Monument commémoratif de guerre du Canada
Une célébration du souvenir a lieu le 11 novembre devant ce monument. Allumée en 1967 pour commémorer le centenaire de la Confédération, une flamme y brûle en permanence.

WELLINGTON STREET

Château Laurier est un hôtel de luxe, peut-être le plus célèbre du Canada. Depuis son ouverture en 1912, il offre aux personnalités canadiennes un cadre somptueux.

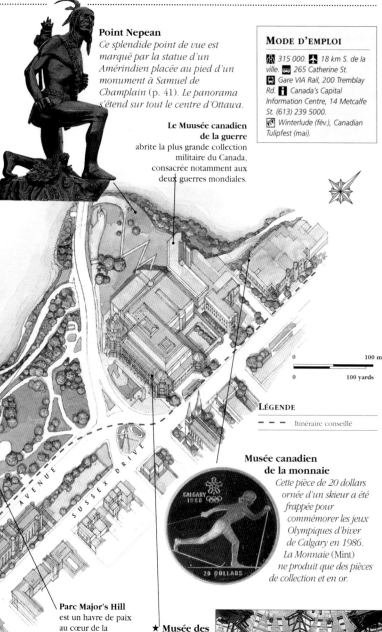

Point Nepean
Ce splendide point de vue est marqué par la statue d'un Amérindien placée au pied d'un monument à Samuel de Champlain (p. 41). Le panorama s'étend sur tout le centre d'Ottawa.

Le Muusée canadien de la guerre
abrite la plus grande collection militaire du Canada, consacrée notamment aux deux guerres mondiales.

MODE D'EMPLOI

315 000. 18 km S. de la ville. 265 Catherine St. Gare VIA Rail, 200 Tremblay Rd. Canada's Capital Information Centre, 14 Metcalfe St. (613) 239 5000.
Winterlude (fév.), Canadian Tulipfest (mai).

| 0 | 100 m |
| 0 | 100 yards |

LÉGENDE

- - - Itinéraire conseillé

Musée canadien de la monnaie
Cette pièce de 20 dollars ornée d'un skieur a été frappée pour commémorer les jeux Olympiques d'hiver de Calgary en 1986. La Monnaie (Mint) ne produit que des pièces de collection et en or.

Parc Major's Hill
est un havre de paix au cœur de la capitale animée.

★ **Musée des beaux-arts du Canada**
Première collection d'objets d'art, elle compte 25 000 pièces rassemblées dans un édifice en granit construit en 1988.

À NE PAS MANQUER

★ Musée canadien de la monnaie

★ Le Parlement

À la découverte d'Ottawa

Robe de poupée ancienne, Musée Bytown

Le centre de la capitale étant relativement peu étendu, les principales curiosités sont accessibles à pied. Au sud de la ville, le canal Rideau est un lieu de détente tant l'été, où l'on se balade en bateau, ou à pied sur ses berges, que l'hiver où, gelé, il sert de patinoire. Côté culture, le Centre national des arts accueille pièces de théâtre, opéras et ballets, et les férus d'histoire et d'art ont à leur disposition une multitude de musées et galeries.

Ottawa est également une ville de festivals : Winterlude donne lieu à trois week-ends de festivités en février, et au printemps, la Canadian Tulipfest transforme la ville en un océan de fleurs, sans parler de la Fête nationale de la Confédération, le 1er juillet, qui attire des milliers de visiteurs.

La périphérie regorge de musées pour tous les goûts, notamment la Ferme expérimentale centrale et le Museé national de l'aviation.

Caisse enregistreuse du XIXe siècle, Muusée Bytown

Le parlement néo-gothique d'Ottawa surplombe majestueusement la ville

⚜ Le Parlement

Parliament Hill. **(** *1 (800) 465 1867.*
☐ *t.l.j.* **●** *1er juillet.* 🖼️

Le Parlement domine majestueusement le centre d'Ottawa. Les toits vert-de-gris – ils sont en cuivre – des bâtiments est et ouest s'élèvent fièrement au-dessus des gratte-ciel qui ont surgi depuis qu'ils sont devenus le centre du pouvoir, il y a 150 ans. Cet ensemble d'édifices en grès, achevé en 1860, occupe une colline qui surplombe de 50 mètres la rivière Ottawa. Par son style néo-gothique victorien et par sa situation, le parlement rappelle incontestablement le palais de Westminster, à Londres. En partie détruit par le feu en 1916, il a aujourd'hui retrouvé toute sa splendeur.

Il se visite pendant les sessions du gouvernement, de la Chambre des communes et du Sénat. Grès et calcaire taillés à la main ornent les salles. Ne pas manquer la bibliothèque avec ses boiseries et son décor de fer forgé. L'été, la Police montée patrouille sur les pelouses impeccables devant le Parlement, où les visiteurs côtoient les hommes politiques.

🏛 Musée Bytown

Ottawa Locks. **(** *(613) 234 4570.*
☐ *de mai à oct. : t.l.j.* 🖼️

Le nom initial de la capitale, Bytown, fut changé en Ottawa en 1855. Situé à l'est du Parlement, près du canal Rideau, dans le plus vieil édifice en pierre d'Ottawa (1827), le Bytown Museum est l'endroit idéal pour étudier l'histoire locale. Le colonel John By, officier chargé de la

---

Museé national de l'aviation

MACDONALD- CARTIER BRIDGE

ALEXANDRA BRIDGE

0	500 m
0	500 yards

LÉGENDE

P Parc de stationnement

i Information touristique

▨ Ottawa pas à pas
p. 190-191

construction du canal Rideau, y installa son quartier général en 1826. Pendant les travaux, on entreposa du matériel militaire et de l'argent dans ce bâtiment, appelé aussi Bytown. Le rez-de-chaussée abrite une exposition sur la construction du canal et donne un aperçu de la vie privée au début du XIXe siècle grâce à un large éventail d'objets domestiques.

Hôtel Château Laurier, élégante retraite au cœur de la capitale

🏨 Hôtel Château Laurier

1 Rideau St. ☎ 1 (613) 241 1414.
FAX (613) 562 7030. ♿
Cette magnifique réplique en pierre d'un château français est représentative des grands hôtels construits par les compagnies de chemin de fer au début du XXe siècle. Situé en plein centre, au pied du Parlement, il attire les célébrités depuis son ouverture en 1912. Les grands salons à haut plafond sont décorés dans le style Louis XV. Pour ceux qui souhaitent voir des stars ou des hommes politiques en vue, une visite s'impose. Éclairé par une cour et orné de colonnes élancées, de stucs et de palmiers, Zoë's Lounge est un restaurant particulièrement agréable, de même que Wilfred's, dont la salle est plus grande.

🏛 Musée canadien de la guerre

330 Sussex Dr. ☎ (819) 776 8600.
◐ de mai à mi-sept. : t.l.j. 📷 ♿
Malgré leur réputation de pacifistes, les Canadiens ont participé aux grands combats mondiaux. Un musée est consacré à cet aspect de leur histoire. Il possède la plus grande collection militaire du pays. On verra la reconstitution grandeur nature d'une tranchée de la Première Guerre mondiale, des objets relatifs à l'invasion américaine de 1775, au débarquement en Normandie (1944) et au rôle joué par la Marine canadienne en 1942, lors de la bataille de l'Atlantique, dans le combat des Alliés contre les sous-marins allemands pour protéger la Grande-Bretagne. Parmi les autres souvenirs de la Seconde Guerre mondiale figure la voiture personnelle de Goering, criblée d'impacts de balle. En réalité, elles ont été faites par l'un de ses anciens propriétaires qui voulait en augmenter la valeur. Une section présente différentes armes, de la massue à la mitrailleuse, et une autre, des œuvres d'art inspirées par le thème de la guerre, surtout les deux dernières guerres mondiales.

Panneau de démobilisation, Musée canadien de la guerre

Musée de la science et de la technologie du Canada

⚒ Musée canadien de la monnaie

320 Sussex Dr. 📞 *(613) 991 5853.*
⭘ *t.l.j.* 📷 🚌 ♿ *obligatoire.*
Fondée en 1908 en tant que succursale de la Monnaie royale britannique, la Monnaie royale canadienne n'émet plus de monnaie fiduciaire mais elle frappe de nombreuses pièces de collection et d'autres en or arborant la feuille d'érable. Elle traite aussi environ 70 % de l'or canadien dans sa raffinerie, l'une des plus grandes d'Amérique du Nord. Des visites guidées de l'édifice entièrement rénové sont proposées tous les jours, mais les passionnés devront réserver pour assister à la fabrication des brillantes pièces d'or.

L'imposante façade de la basilique Notre-Dame, à Ottawa

🔒 Basilique Notre-Dame

à l'angle de Sussex Dr. & St. Patrick St.
📞 *(613) 241 7496.* ⭘ *t.l.j.* ♿
Dans le quartier du marché Byward, Notre-Dame, construite en 1839, est avec ses tours jumelles l'église catholique la plus connue d'Ottawa. Le plafond de style néo-gothique est spectaculaire, de même que les fenêtres, les sculptures et les grandes orgues. Les boiseries d'acajou sont dues au sculpteur Philippe Parizeau (1852-1938), et les statues en bois des prophètes et des apôtres abritées dans des niches à Louis-Philippe Hébert (1850-1917). Ces dernières ont ensuite été peintes de façon à imiter la pierre. Devant la basilique se dresse la statue de Joseph Eugène Guiges, premier évêque d'Ottawa, qui veilla à l'achèvement des travaux.

Marché Byward est l'un des quartiers les plus vivants d'Ottawa

⚒ Marché Byward

Ward St. 📞 *(613) 244 4410.* ⭘ *de jan. à avr., fin oct. et nov. : du mar. au dim. ; de mai à mi-oct. et déc. : t.l.j.* ● *25 et 26 déc., 1er jan.* ♿ *partiel.*
Le quartier du marché Byward est animé toute l'année : à l'extérieur l'été, à l'intérieur l'hiver. Situé à l'est du Parlement, de l'autre côté du canal Rideau, il fourmille de pittoresques magasins d'artisanat, de cafés, de boutiques, de bistros, de boîtes de nuit, mais aussi d'éventaires de maraîchers. Ne pas manquer les stands des artisans sur la promenade du marché Byward de George Street ni les cours pavées de Sussex Courtyards.

♣ Maison Laurier

335 Laurier Ave. 📞 *(613) 992 8142.*
⭘ *de 9 h à 17 h du mar. au sam., de 14 h à 17 h dim.* ● *lun.* 📷 ♿
Aujourd'hui Lieu historique national, cette maison bourgeoise victorienne construite en 1878 a été la résidence principale de deux éminents Premiers ministres

canadiens : sir Wilfrid Laurier et Mackenzie King. Magnifiquement meublée, elle contient souvenirs, documents et objets personnels de ces deux grandes figures nationales.

Canal Rideau

ℹ *1 (413) 225 4781.*
Le canal Rideau est une voie d'eau artificielle aménagée au milieu du XIXe siècle. Il rejoint Kingston *(p. 198)* en passant par les lacs et canaux d'Ottawa. Avec ses rives sillonnées de sentiers et de pistes cyclables, le canal prend des allures champêtres dans sa traversée de la ville. Utilisé jadis pour la navigation, il est aujourd'hui le cœur d'une zone de loisirs. L'été, ses rives se prêtent à la promenade, et l'hiver, il devient la patinoire municipale, très fréquentée pendant Winterlude.

✂ La ferme expérimentale centrale

Experimental Farm Dr. 📞 *(613) 991 3044.* ⭘ *de 9 h à 17 h t.l.j.*
● *25 déc.* 📷 🚌 ♿
Cette ferme est un centre national de recherche en agriculture et horticulture. C'est là que se tiennent les plus belles expositions florales du pays, notamment une à la gloire du chrysanthème, tous les ans en novembre. L'arboretum compte plus de 2 000 variétés d'arbres et arbustes. Si la visite des étables à la rencontre du bétail ou des troupeaux d'animaux de concours enchante surtout les enfants, le tour des 500 hectares du domaine dans un chariot tiré par des chevaux de Clydesdale devrait plaire à tous.

À la ferme expérimentale, les enfants peuvent approcher les animaux

Le restaurant du Centre nationale des arts, au bord du canal Rideau

🏛 Centre nationale des arts
53 Elgin St. ☎ (613) 996 5051. ◷ t.l.j. 🎥 📷 obligatoire. ♿

Achevé en 1969, il est doté de trois scènes, d'un élégant restaurant donnant sur le canal et d'une terrasse utilisée l'été. Conçu par l'éminent architecte canadien Fred Neubold, l'édifice se compose de trois hexagones qui s'interpénètrent et ouvrent sur l'Ottawa et le canal Rideau. De nombreux artistes canadiens et internationaux du monde de la danse, du théâtre et de la musique s'y produisent régulièrement, notamment le Centre nationale des arts. La salle d'opéra a une capacité d'accueil de 2 300 places, le théâtre, avec son avant-scène novatrice, de 950, et le Studio, superbe scène d'art et d'essai, de 350. Le Centre étant très réputé, il est conseillé de réserver longtemps à l'avance, surtout pour les manifestations de portée internationale.

🏛 Musée de la monnaie de la Banque du Canada
245 Sparks St. ☎ (613) 782 8914 ◷ de mai à sept. : de 10 h 30 à 17 h du lun. au sam., de 13 h à 17 h dim. ; d'oct. à avr. : de 10 h 30 à 17 h du mar. au sam., de 13 h à 17 h dim.

Installé dans la Banque du Canada, ce musée est consacré à l'histoire de la monnaie, et plus particulièrement à celle du Canada. On y apprend une multitude de choses sur les objets qui ont pu servir ici de monnaie d'échange au cours du temps : dents de baleine, perles de verre, céréales, papier et métal. On voit également le fonctionnement de la banque nationale.

🏛 Musée natinal de la science et la technologie
1867 St. Laurent Blvd. ☎ (613) 991 3044. ◷ de mai à sept. : de 9 h à 18 h t.l.j. ; d'oct. à avril : de 9 h à 17 h du mar. au dim. 🎥

Ce musée interactif vous montre le monde comme vous ne l'avez jamais vu : ses collections permanentes explorent l'histoire spatiale du Canada, les transports à travers les âges et l'évolution des techniques. On peut monter dans une locomotive à vapeur d'époque ou, dans un cadre plus moderne, manipuler les manettes de lancement d'une fusée imaginaire dans une mini-salle de commande, ou encore participer à une mission de sauvetage d'une colonie sur Mars.

🏛 Musée national de l'aviation
Aviation & Rockcliffe Parkways. ☎ (613) 993 2010. ◷ de mai à sept. : t.l.j. ; d'oct. à avr. : du mar. au dim. 🎥

Dans un vaste bâtiment proche de l'aéroport de Rockcliffe, le Musée national de l'aviation abrite une centaine d'avions civils et militaires, dont le célèbre *Silver Dart* de 1909, une des premières machines volantes du monde, ou l'ogive de l'*Avro Arrow*, chasseur supersonique qui provoqua une crise politique au Canada quand le gouvernement mit fin à son exploitation dans les années 1970. Le *Spitfire*, vedette de la dernière guerre, côtoie des avions de brousse historiques, comme le *Beaver*, et les premiers avions de transport. Les exploits de héros de guerre canadiens, notamment Billy Bishop, as de la Première Guerre mondiale, sont évoqués.

Maquette Musée national de la science et la technologie

Musée des beaux-arts du Canada

Inauguré en 1988, cet édifice spectaculaire conçu par l'architecte Moshe Safdie est à la hauteur de l'impressionnante collection d'objets d'art qu'il accueille. Situé près du cœur de la capitale, tout de verre et de granit rose, c'est une œuvre d'art à part entière. Le Musée des beaux-arts est l'un des trois plus grands musées du pays, et le plus important pour ce qui est des beaux-arts, avec d'excellentes collections nationales et internationales. Elle se trouve à quelques pas du canal Rideau et du parc Major's Hill.

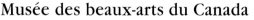

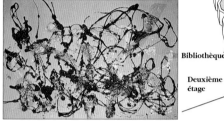

Bibliothèque

Deuxième étage

Café

Nº 29 *(1950)*
Cet exemple de « dripping », technique propre à Jackson Pollock, faisait partie d'une toile gigantesque découpée, d'où son titre, Nº 29.

★ **Chapelle de Rideau Street**
Cette chapelle de 1888, vouée à la destruction, est désormais à l'abri dans une paisible cour intérieure.

SUIVEZ LE GUIDE !

Le premier étage accueille la plus grande collection au monde d'art canadien, ainsi que des œuvres internationales et les grandes expositions itinérantes. Le deuxième étage abrite les galeries européenne et américaine, l'art asiatique et la galerie des estampes, dessins et photographies. Les deux cours et le café sont d'agréables lieux de détente.

LÉGENDE

- ☐ Expositions temporaires
- ☐ Art canadien
- ☐ Art contemporain
- ☐ Art européen et américain
- ☐ Art asiatique
- ☐ Estampes, dessins et photographies
- ☐ Art inuit
- ☐ Locaux techniques

À NE PAS MANQUER

★ **La chapelle de Rideau Street**

★ *Le Pin de Banks,* **par Tom Thomson**

Sculpture inuit
Elle est représentée par des œuvres anciennes et modernes ; l'Aurore boréale décapitant un jeune homme date de 1965.

MODE D'EMPLOI

380 Sussex Dr. ☎ (613) 990 1985.
ⓦ http : //national.gallery.ca 🚌
3, 306. ◯ de mai à oct. : de 10 h
à 18 h du ven. au mer., de 10 h à
20 h jeu. ; d'oct. à avr. : de 10 h à
17 h mer. et de ven. à dim., de 10 h
à 20 h jeu. ● lun., mar., 26 déc.,
1er jan. 🎫 pour les expositions
temporaires. 📷 dans certaines
zones. 🎦 à 11 h et 14 h. 📦 🚻

Façade
Outre les expositions de peintures, estampes, architecture et photographies, le musée organise régulièrement projections de films, conférences et concerts.

★ Le Pin de Banks *(1916)*
Père spirituel du groupe des Sept, ce mouvement artistique du début du XXe siècle, Tom Thomson se fit d'abord remarquer par ses tableaux impressionnistes des paysages de l'Ontario, comme cette huile aux couleurs vives représentant un arbre typique de la région au milieu d'une étendue déserte.

Premier étage

Blanche *(vers 1912)*
Précurseur du groupe des Sept, James Wilson Morrice se rendit à Paris où il peignit Blanche Baume, son modèle préféré, dans un style post-impressionniste fortement influencé par Bonnard et Gauguin.

Rez-de-chaussée

Entrée principale

Salle de conférences

Water Court
L'architecture contemporaine de cet espace aéré contraste avec les trésors du passé dont regorge le reste du musée. On y expose des sculptures.

Upper Canada Village ❷

🚉 Cornwall. 🚌 ℹ️ Morrisburg
1 (800) 437 2233.

Cette petite ville de campagne a été transportée à 11 kilomètres à l'ouest de Morrisburg pour échapper à la montée des eaux du Saint-Laurent lors de l'aménagement de la Voie maritime dans les années 1950. Désormais attraction touristique, c'est un témoignage de l'histoire sociale de la région, avec ses 40 édifices antérieurs à la naissance de la Confédération (1867). Des villageois en costume d'époque répètent les gestes des années 1860, avec des outils d'antan. La boulangerie et le magasin général sont toujours en activité.

Il est également question d'histoire au **Battle of Crysler's Farm Visitor Centre**, mémorial aux victimes de la guerre de 1812.

🏛 Battle of Crysler's Farm Visitor Centre

Autoroute 401, sortie 758. 📞 (613) 543 3704. 🕐 de mi-mai à mi-oct. : de 9 h 30 à 17 h t.l.j. 📷 ♿

Prescott ❸

🏙 4 000. 🚉 🚌 ℹ️ 360 Dibble St. (613) 925 2812.

Les attraits majeurs de cette ville du XIXᵉ siècle, qu'un pont routier relie à l'État de New York, aux États-Unis, résident dans son architecture et la présence du Saint-Laurent. Les quais récemment rénovés

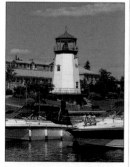

À la marina de Prescott, le phare de 1838 veille sur les bateaux

et la marina constituent un agréable lieu de promenade au bord de l'eau. Très visité, le **Lieu historique national de Fort Wellington**, à l'est du centre-ville, a été initialement construit pendant la guerre de 1812 et rebâti en 1838. Une casemate en pierre transformée en musée militaire abrite le quartier des officiers, restauré. Des guides en uniforme d'époque assurent des visites l'été, et en juillet, on peut assister à des parades militaires et des reconstitutions de bataille.

🏛 Lieu historique national de Fort Wellington

Prescott. 📞 (613) 925 2896. 🕐 de fin mai à mi-oct. : t.l.j. ♿

Les Thousand Islands ❹

ℹ️ 2 King St. East, Gananoque (613) 382 2250.

Le Saint-Laurent, l'un des plus grands fleuves du monde, est la voie d'accès aux Grands Lacs pour les navires de haute mer. Rares sont les endroits au long du parcours qui peuvent rivaliser en beauté avec les Thousand Islands. Cet archipel formé de plus de mille îlots minuscules s'étend du sud de l'Ontario aux villes riveraines de Gananoque, Brockville, Ivy Lea et Rockport. Entre autres curiosités, Boldt Castle est une folie bâtie sur l'une des îles par M. Boldt, hôtelier millionnaire, qui la laissa inachevée, désespéré par la mort de sa femme en 1904. Lors d'une réception estivale sur l'île, Oscar, son chef au Waldorf Astoria, inventa la sauce Thousand Islands.

Depuis l'embarcadère de Kingston, les possibilités de croisière sont nombreuses, et ceux qui n'ont pas le pied marin pourront apprécier le

En voilier au milieu des Thousand Islands

paysage depuis la Thousand Islands Parkway, une route reliant la jolie ville de Gananoque à Mallorytown Landing.

Kingston ❺

🏙 141 000. ✈️ 🚉 🚌 ℹ️ 209 Ontario St. (613) 548 4415.

Cet ancien centre de construction navale et de traite des fourrures fut l'espace de quelques années (1841-1844) la capitale du Canada-Uni (p. 45). Les générations successives de constructeurs de bateaux firent élever de splendides demeures en pierre qui témoignent de ce passé. Kingston, où se déroulèrent les régates des jeux Olympiques de 1976, est toujours un grand centre de la navigation fluviale en Amérique du Nord et le point de départ de nombreuses croisières locales. C'est aussi la ville d'Ontario possédant le plus grand nombre de musées. Mondialement connu, **Old Fort Henry**, un bastion britannique restauré, est un musée de la vie militaire animé par des gardes vêtus de l'uniforme rouge de l'époque. Ils exécutent des manœuvres et des exercices d'artillerie au son du fifre et du tambour,

Garde à Old Fort Henry

comme dans les années 1860. La seule université militaire du Canada se trouve à Kingston et le Royal Military College Museum, installé dans une tour Martello de 1846, évoque l'histoire des élèves officiers.

À l'ouest du centre-ville, le **Marine Museum of the Great Lakes** apporte des informations sur les Grands Lacs et les bateaux qui les ont sillonnés, notamment le premier navire construit ici en 1678. On admirera l'aménagement intérieur de l'*Alexander Henry*, un brise-glace de 3 000 tonneaux reconverti en *bed-and-breakfast*. La technologie moderne est en vedette à Kingston Mills, une écluse à l'extrémité sud du canal Rideau, où les bateaux franchissent un dénivelé de 4 mètres.

Demeure historique à Picton, dans la paisible île de Quinté

⚏ Old Fort Henry
Kingston. 📞 *(613) 542 7388.*
⭘ *de mi-mai à fin sept. : t.l.j.* 🖼 ♿
⚏ Marine Museum of the Great Lakes
55 Ontario St. 📞 *(613) 542 2261.*
⭘ *de juin à oct. : de 10 h à 17 h t.l.j. ; de nov. à mai : de 10 h à 16 h du lun. au ven.* 🖼 🖼

Canal Rideau ❻

📘 *34a Beckwith St. South, Smiths Falls (613) 283 5170.*

À l'origine, ce canal de 200 kilomètres de long terminé en 1832 devait protéger le Canada des Américains. Ce chef-d'œuvre de la technique du XIXᵉ siècle comporte 47 écluses et 50 barrages. C'est en bateau que l'on apprécie le

Vue du canal Rideau à la hauteur de Westport

mieux cette belle voie d'eau étincelante, qui traverse de paisibles forêts, des terres agricoles et des lacs enchanteurs. Le parcours est jalonné de vieux villages. Une halte à Smith's Fall permet de visiter le **Canal Museum**. Au nord de Kingston, le canal traverse plusieurs parcs provinciaux se prêtant aux balades en canoë. Aussi apprécié des sportifs, le Rideau Trail est un sentier de randonnée de 400 kilomètres entre Kingston et Ottawa.

⚏ Canal Museum
34 Beckwith St. S. 📞 *(613) 284 0505.*
⭘ *de mi-juin à mi-oct. : t.l.j. ; de mi-oct. à mi-juin : du mar. au dim.* 🖼 ♿

Prince Edward County ❼

📘 *116 Main St., Picton.*
📞 *(613) 476 2421.*

Le temps s'écoule lentement dans le Prince Edward County, à l'hospitalité un peu désuète. Baigné par les eaux du lac Ontario et de la baie de Quinté, et parfois appelé « île de Quinté », il est réputé pour ses deux campings et les plages ensoleillées du parc provincial Sandbanks. Les eaux y ont formé un ensemble exceptionnel de dunes : certaines atteignent jusqu'à 25 mètres de haut.

Les loyalistes de l'Empire-Uni *(p. 42)*, installés sur l'île après la guerre de l'Indépendance (1775), y fondèrent de petites villes attachantes et développèrent une agriculture intensive.

Le vélo et la voiture sont les meilleurs moyens pour découvrir l'architecture historique locale en empruntant les petites routes et le Loyalist Parkway, et en s'arrêtant de temps à autre pour s'imprégner de la beauté des paysages.

Serpent Mounds Park ❽

Highway 7. 📞 *(705) 295 6879.*
🚉 *Coburg.* 🚌 *Peterborough.*
⭘ *de mi-mai à mi-oct. : de 9 h à 20 h t.l.j.* 🖼 ♿

Serpent Mounds est un ancien cimetière indien situé au bord du lac Rice. De vieux chênes ombragent neuf tumulus qui témoignent d'une présence humaine en ces lieux il y a plus de 2 000 ans. Le plus grand, unique en son genre au Canada, a une curieuse silhouette en zigzag censée évoquer un serpent en mouvement. Le site est toujours sacré pour les Indiens. Le lac Rice, à l'arrière-plan, entouré d'aires de pique-nique, est apprécié des pêcheurs.

Sur la minuscule Indian River, à 9 kilomètres, Lang Pioneer Village offre une image plus traditionnelle du passé canadien, avec 20 édifices du XIXᵉ siècle restaurés, des jardins et des animaux de ferme. Remis en état, le vieux moulin fonctionne et des ouvriers en costume d'époque présentent des techniques d'antan. Forgerons et ferblantiers donnent volontiers des cours.

Joncs luxuriants autour d'un étang du parc provincial de Petroglyphs

Lacs Kawartha ❾

🏛 *Peterborough (705) 742 2201.*
🚉 *Peterborough.* 🚌 *Cobourg.*

Les lacs Kawartha font partie de la voie navigable Trent-Severn, longue de 386 kilomètres. Aménagée au XIXe siècle, elle relie le lac Ontario à la baie Géorgienne. C'est aujourd'hui une zone de loisirs, où l'on peut entre autres s'adonner à la pêche et à la navigation. Il est facile de louer une péniche dans l'un des villages riverains pour partir explorer les environs. En plein cœur de la région, la petite ville accueillante de Peterborough est connue pour son université, ses agréables parcs au bord de l'eau et la plus grande chute hydraulique du monde. À 37 kilomètres au nord, à la célèbre Whetung Gallery de la réserve indienne de Curve Lake, on trouvera les plus belles réalisations d'art et d'artisanat locales.

Le **parc provincial de Petroglyphs**, à 30 kilomètres au nord de Peterborough, est appelé dans la région Teaching Rocks – les « pierres qui enseignent » –, à cause de plus de 900 sculptures vieilles de 500 à 1 000 ans taillées dans des affleurements de calcaire blanc par les autochtones. Redécouverts en 1954, ces symboles et images merveilleusement conservés d'animaux, de bateaux, d'esprits et d'humains ont en effet été tracés pour apprendre l'histoire du monde aux jeunes hommes de la tribu.

Aujourd'hui, des vitres les protègent des pluies acides. Pour les Indiens, le site est toujours sacré et respecté.

🍁 **Parc provincial de Petroglyphs**
Northey's Bay Rd. par l'Autoroute 28.
🗧 *(705) 877 2552.* 🕐 *de mai à oct. : de 10 h à 17 h t.l.j.* 🖼 ♿

Les Hautes-Terres de Haliburton ❿

🏛 *Haliburton (705) 286 1760.*

Destination favorite des amoureux de plein air, les Hautes-Terres de Haliburton sont réputées pour leurs forêts, leurs lacs et leurs paysages spectaculaires. L'été, des milliers de visiteurs viennent y canoter, pêcher et se baigner. En automne, les touristes affluent par cars entiers pour admirer les couleurs flamboyantes propres à cette saison, tandis que d'autres viennent chasser le cerf de Virginie. L'hiver, ils sont remplacés par les adeptes de ski, surf des neiges et motoneige.

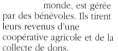

***Vierge*, Pioneer Museum**

Le village de Haliburton est proche de l'Autoroute 35, une route touristique qui serpente à travers de superbes paysages, de Minden au village enchanteur de Dorset, au nord. De la tour d'incendie élevée sur une falaise surplombant le village, la vue du lac Bays et des environs est spectaculaire, surtout en automne, quand les arbres se parent d'une multitude de nuances de rouge et d'orangé.

Combemere ⓫

🏠 *250.* 🏛 *Ottawa Valley Tourist Association, 9 International Dr., Pembroke (613) 732 4364.*

Au carrefour de routes menant à plusieurs parcs provinciaux de l'est de l'Ontario – Algonquin *(p. 202-203)*, Carson Lake et Opeongo River –, ce village est parfaitement situé pour faire le plein de carburant et de provisions. À quelques kilomètres au sud de Combemere se trouve le **Madonna House Pioneer Museum**. Fondée par Catherine Doherty, la « maison de la Vierge », communauté catholique laïque ayant des missions partout dans le monde, est gérée par des bénévoles. Ils tirent leurs revenus d'une coopérative agricole et de la collecte de dons.

🏛 **Madonna House Pioneer Museum**
Autoroute 517. 🗧 *(613) 756 3713.*
🕐 *de mi-mai à mi-oct. : de 10 h à 17 h*

Golfeurs admirant les paysages de la région de Haliburton

Les maisons des environs de Barry's Bay sont habitées par de nombreux artisans

Eganville ⑫

🏠 1 300. 🛈 Ottawa Valley Tourist Association, 9 International Dr., Pembroke (613) 732 4364.

Avec ses petits restaurants et sa station-service, ce village sur l'Autoroute 60, à seulement 8 kilomètres des **grottes de Bonnechere**, est bien pratique pour les visiteurs de cette région pittoresque. Il y a 500 millions d'années, les grottes étaient au fond d'un océan tropical, ce qui explique pourquoi elles sont recouvertes de fossiles de créatures primitives. Le site, privé, est ouvert aux visiteurs l'été.

ᛘ Grottes de Bonnechere
📞 (613) 628 2283. ⭘ de mai à sept. : t.l.j. ; sept. et oct. : sam. et dim. ♿

Barry's Bay ⑬

🏠 1 100. 🛈 Ottawa Valley Tourist Association, 9 International Dr., Pembroke (613) 732 4364.

Cette ravissante petite ville a une communauté polonaise assez importante, de même que sa voisine, Wilno, qui fut le premier établissement polonais au Canada. Les nombreux artisans de la région vendent leurs produits dans les villages des environs. Barry's Bay est aussi connue par ses magasins d'équipement pour les loisirs de plein air et les sports nautiques. Les installations sportives du lac Kamaniskeg et des Redcliffe Hills, où l'on peut louer des bungalows,

fonctionnent toute l'année. Au sommet d'une colline voisine, Wilno est fière de sa belle église et de sa grotte St. Mary's.

Parc provincial Algonquin ⑭

P. 202-203.

North Bay ⑮

🏠 56 000. ⊠ 🚌 🚆 🛈 1375 Seymour St. (705) 472 8480.

À l'extrémité est du lac Nippissing, à 350 kilomètres au nord de Toronto, North Bay se proclame la « porte du Moyen

Nord ». Les enfants les plus célèbres de la région sont incontestablement les sœurs Dionne, quintuplées nées en 1934. La modeste ferme de leurs parents a été déplacée et transformée en un musée très visité : le **Dionne Homestead Museum**.

Sur le lac Nippissing voisin, réputé pour la pêche et son cadre sauvage, des excursions sont organisées sur les traces des explorateurs français. North Bay est une bonne base pour visiter les nombreux camps de vacances de la région.

🏛 Dionne Homestead Museum
1375 Seymour St. 📞 (705) 472 8480. ⭘ de mi-mai à mi-oct. : t.l.j. ♿ ⛔

LES SŒURS DIONNE

Un miracle de la nature se produisit le 28 mai 1934 dans le hameau de Corbeil avec la naissance de quintuplées chez Oliva et Elzire Dionne : Annette, Émilie, Yvonne, Cécile et Marie. À elles cinq, elles ne pesaient que 6,1 kilos à la naissance. Leurs poumons étaient si petits qu'il fallait leur donner chaque jour quelques gouttes de rhum pour les aider à respirer. Selon les spécialistes, il y avait une chance sur 57 millions de mettre au monde de vrais quintuplés. Les fillettes devinrent des célébrités internationales et attirèrent les foules à la fin des années 1930, donnant naissance à une véritable industrie. En 1985, la demeure des Dionne fut transportée à North Bay où les visiteurs sont replongés 60 ans en arrière et s'émerveillent à nouveau devant ce prodige.

Parc provincial Algonquin ⓮

« Passage
d'orignal »

Avec ses luxuriantes forêts de sapins et d'érables, ses lacs miroitants et sa faune abondante, ce parc fondé en 1893 – le plus ancien d'Ontario – est pour de nombreux Canadiens un symbole national aussi important que les chutes du Niagara. Ses étendues sauvages couvrent 4 827 kilomètres carrés, où les visiteurs auront une chance de voir castors, orignaux et ours dans leur milieu naturel. Le parc résonne souvent du cri envoûtant du huart, répandu dans le nord de l'Ontario. En août, des soirées sont organisées pour appeler les loups : les participants tentent de provoquer leur réponse en imitant leur hurlement. Les activités de plein air sont innombrables, avec notamment 1 500 kilomètres de promenade en canoë à travers les forêts.

Killarney Lodge
Il existe plusieurs pavillons de ce type dans le parc. Offerts à la location, ils sont très appréciés en été et en automne.

À l'Algonquin Gallery
sont exposées des œuvres de tous les pays, la majorité ayant un rapport avec la nature et la faune. Parmi les peintres représentés figure Tom Thomson, précurseur du fameux groupe des Sept *(p. 160-161)*.

Orignal près de l'Autoroute 60
Il est rare de passer un jour sans voir des orignaux, surtout près des lacs et des mares d'eau saumâtre en bordure des routes, qu'ils semblent affectionner.

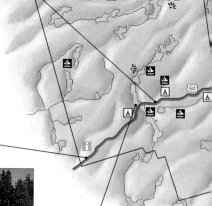

Lac Canoë
Près de 1 500 kilomètres de voies navigables se prêtent à la pratique du canoë. Les itinéraires, balisés, sont très bien conçus. Ils vont du parcours de 6 kilomètres seulement pour débutants et familles à 70 kilomètres pour les plus chevronnés.

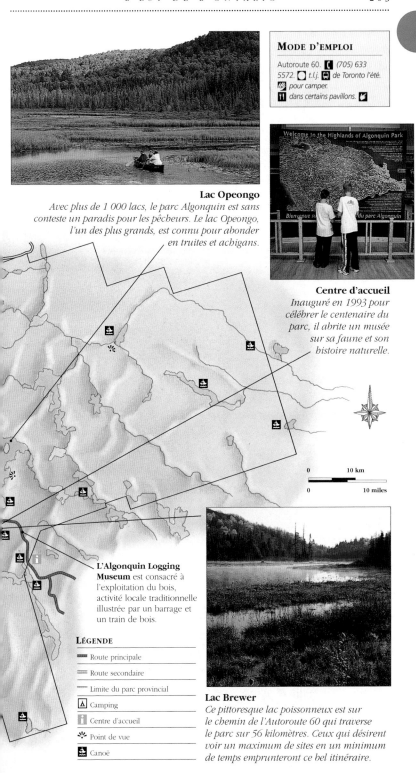

MODE D'EMPLOI

Autoroute 60. ☎ (705) 633
5572. ☐ t.l.j. ☐ de Toronto l'été.
🏕 pour camper.
🍴 dans certains pavillons. 🖊

Lac Opeongo
*Avec plus de 1 000 lacs, le parc Algonquin est sans
conteste un paradis pour les pêcheurs. Le lac Opeongo,
l'un des plus grands, est connu pour abonder
en truites et achigans.*

Centre d'accueil
*Inauguré en 1993 pour
célébrer le centenaire du
parc, il abrite un musée
sur sa faune et son
histoire naturelle.*

**L'Algonquin Logging
Museum** est consacré à
l'exploitation du bois,
activité locale traditionnelle
illustrée par un barrage et
un train de bois.

0   10 km

0   10 miles

LÉGENDE

━━━ Route principale

═══ Route secondaire

─── Limite du parc provincial

△ Camping

ℹ Centre d'accueil

☀ Point de vue

🛶 Canoë

Lac Brewer
*Ce pittoresque lac poissonneux est sur
le chemin de l'Autoroute 60 qui traverse
le parc sur 56 kilomètres. Ceux qui désirent
voir un maximum de sites en un minimum
de temps emprunteront ce bel itinéraire.*

LES GRANDS LACS

Les multiples attraits des Grands Lacs – petites villes agricoles tranquilles des rives du lac Érié, baies parsemées d'îles du lac Huron et étendues sauvages autour du lac Supérieur – sont trop souvent éclipsés par la renommée des chutes du Niagara. Ce site exceptionnel, l'un des plus célèbres au monde, est le fruit d'une dénivellation de 50 mètres entre les lacs Érié et Ontario. Les tribus indiennes tiraient autrefois leur subsistance des terres fertiles de cette région de lacs et de rivières, mais les négociants en fourrure y trouvèrent avant tout une voie navigable vitale. À la fin de la guerre de 1812, le Canada britannique obtint le droit de commercer sur la rive nord des lacs. Entre 1820 et 1850, les colons bâtirent des fermes et l'exploitation minière et forestière prospéra dans cette province qui était à l'époque la plus riche du Canada. La Transcanadienne longe le nord des lacs Huron et Supérieur sur plus de 1 000 kilomètres, traverse le parc Killarney et passe près de vieilles villes comme Sault Sainte Marie avant d'arriver au port de Thunder Bay.

LA RÉGION D'UN COUP D'ŒIL

Parcs provinciaux et nationaux
Parc national de Point Pelee **6**
Parc national des Georgian Bay Islands **14**
Parc provincial de Killarney **22**

Villes historiques
Brantford **11**
Goderich **17**
Hamilton **1**
Kitchener-Waterloo **10**
London **8**
Niagara-on-the-Lake **2**

Orillia **12**
Sainte-Marie among the Hurons p. 218-219 **16**
Sault Sainte Marie **24**
Stratford **9**
Temagami **23**
Thunder Bay **26**
Windsor **7**

Sites naturels
Baie de Nottawasaga **15**
Chutes du Niagara p. 210-211 **3**
Île Manitoulin **21**
Lac Érié **5**
Lac Huron **19**
Lac Supérieur **25**

Muskoka **13**
Péninsule de Bruce p. 221 **20**
Sauble Beach **18**
Welland et le canal Welland **4**

LÉGENDE

✈ Aéroport international
═ Autoroute
▬ Route principale
— Voie ferrée

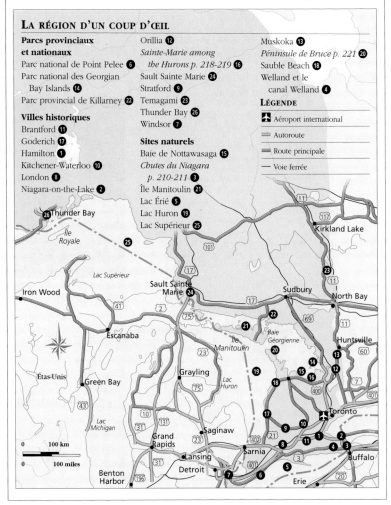

◁ **Les rives aux couleurs profondes du lac Cranberry, dans le parc provincial de Killarney**

L'imposante façade de Dundurn Castle, à Hamilton

Hamilton ❶

🏠 322 350. ✈ 🚊 🚇 🚌 ℹ 127 King St. East (905) 546 2666.

À l'extrémité ouest du lac Ontario, à environ 70 kilomètres de Toronto, Hamilton vit avant tout de l'acier : ses usines traitent près de 60 % de la production totale du Canada. Mais Hamilton n'est pas qu'une ville industrielle. **Dundurn Castle**, une demeure Régence des années 1830 qui abrite une belle collection de meubles d'époque, compte au nombre de ses attraits. Il a été construit par la famille McNab, l'une des plus influentes d'Ontario, à laquelle appartenait sir Allan Napier McNab, Premier ministre du Canada de 1854 à 1856.

Au nord du port de Hamilton, les **Royal Botanical Gardens** couvrent environ 1 093 hectares de forêts, marécages et petits lacs. Les sentiers qui serpentent sur les rives du lac aboutissent à plusieurs jardins à thème, notamment le jardin Laking, avec ses pivoines et ses iris, une belle roseraie et le jardin des lilas, au lourd parfum. Une grande serre est consacrée aux plantes du monde entier poussant sous un climat méditerranéen.

Rose des Royal Botanical Gardens

En ville également, au Canadian Warplane Heritage Museum, sont présentés plus de 30 avions en état de marche, qui s'échelonnent de la Seconde Guerre mondiale à l'âge de l'avion à réaction.

🏛 **Dundurn Castle**
610 York Blvd. 📞 (905) 546 2872. ◷ de mi-mai à sept. : de 10 h à 16 h t.l.j. ; de sept. à mi-mai : de midi à 16 h du mar. au dim. 🎦 ♿ partiel.
🌷 **Royal Botanical Gardens**
680 Plains Rd. West. 📞 (905) 527 1158. ◷ t.l.j. 🎦 ♿ partiel.

Niagara-on-the-Lake ❷

🏠 13 000. 🚊 ℹ 153 King Street (905) 468 4263.

Cette charmante petite ville aux élégantes demeures et aux rues ombragées est située à l'embouchure du Niagara dans le lac Ontario. Initialement nommée Newark, elle devint sous ce nom la capitale du Haut-Canada (appellation de l'Ontario à l'époque) en 1792. Cet honneur fut éphémère : 4 ans plus tard, les Britanniques transférèrent la capitale à York (actuelle Toronto), plus éloignée de la frontière avec les États-Unis. Ce fut une sage décision, car pendant la guerre de 1812 (p. 42-43), les Américains franchirent le Niagara et, en 1813, ils rasèrent Newark. Les Britanniques reconstruisirent leurs maisons, donnant naissance à la ville georgienne que l'on peut admirer de nos jours.

Il est très agréable de se promener à travers la ville, mais le principal centre d'intérêt reste **Fort George**. Construit dans les années 1790 au sud-est de la localité par les Britanniques, il a été soigneusement restauré. L'enceinte en terre et en bois circonscrit les reconstitutions de 10 édifices, dont 3 blockhaus, la caserne, un corps de garde et le quartier des officiers. Dans la poudrière, toutes les installations étaient en bois ou en cuivre et les hommes devaient porter des chaussures sans boucle pour limiter les risques d'explosion. Des guides en uniforme britannique du XIXe siècle font revivre les lieux.

Tous les ans, d'avril à novembre, Niagara-on-the-Lake accueille le Shaw Festival, une prestigieuse manifestation théâtrale consacrée aux pièces de George Bernard Shaw et d'autres dramaturges.

🏛 **Fort George**
Queen's Parade, Niagara Pkwy. 📞 (905) 468 4257. ◷ de 9 h 30 à 17 h 30 t.l.j. 🎦 ♿

Maisons du début du XIXe siècle à Niagara-on-the-Lake

Chutes du Niagara ❸

P. 210-213.

Welland et le canal Welland ❹

🏠 48 000. ✈ 🚇 ℹ Seaway Mall, 800 Niagara St. (905) 735 8696.

Welland, dont l'activité principale est la fabrication d'acier, est coupée en deux par le célèbre canal Welland, creusé au début du

Vue aérienne du petit village de Long Point, au bord du lac Érié

XIXᵉ siècle pour résoudre le problème posé par les chutes du Niagara qui entravaient la circulation des bateaux entre le lac Ontario et le lac Érié. Les entrepreneurs locaux choisirent un tracé à l'ouest du Niagara, à travers l'isthme de 45 kilomètres qui sépare les lacs. Il fallait auparavant décharger les marchandises d'un côté des chutes et les transporter par roulage de l'autre côté, procédé long et coûteux.

Si le premier canal Welland était assez rudimentaire, des améliorations constantes ont abouti à la version actuelle à huit écluses géantes qui permettent de franchir une dénivellation totale de 99 mètres. Chef-d'œuvre technique, le canal peut livrer passage aux plus gros navires. Il est longé au nord par Government Road, une route menant du

lac Ontario à Thorold ; sept des huit écluses sont sur le trajet. La plate-forme d'observation de l'écluse nᵒ 3, dotée d'un centre d'information sur l'histoire du canal, offre une excellente vue.

Lac Érié ❺

ℹ 100 Goderich St., Fort Erie (905) 871 3505.

Ce lac porte le nom des peuples amérindiens qui en habitaient jadis les rives. Les Ériés – ou « peuple du chat » – étaient réputés pour leurs talents de pêcheur. Long de 400 kilomètres et large de 60 en moyenne, le lac Érié est le moins profond des Grands Lacs et sépare le Canada des États-Unis. Sur sa rive nord, une des régions les plus

paisibles d'Ontario, s'égrène un chapelet de petites villes rurales et de ports nichés dans une campagne vallonnée. Trois péninsules s'avancent dans le lac. L'une d'elles forme le parc national de Point Pelee (« de la Pointe pelée »). En partie couverte d'une forêt vierge, elle est peuplée de milliers d'oiseaux migrateurs au printemps et en été.

À une trentaine de kilomètres au sud des chutes, la petite ville de **Fort Erie** se trouve non loin du Niagara, à sa sortie du lac Érié, en face de Buffalo, sa tentaculaire voisine américaine, à laquelle elle est reliée par l'impressionnant Peace Bridge. Fort Erie est une réplique de l'un des plus imposants forts britanniques qui jalonnaient la frontière américano-canadienne – l'original a été détruit par les Américains pendant la guerre de 1812. Le pont-levis franchi, on trouve casernes, poudrière, quartier des officiers et corps de garde. Les soldats britanniques se battaient pour être affectés au fort. En effet, il était relativement facile de traverser la rivière pour passer du côté de l'armée américaine qui offrait – pensait-on – de meilleures conditions et une solde plus importante.

🏛 Fort Erie
350 Lakeshore Rd. **📞** (905) 871 0540.
🕐 de mi-mai à sept. : t.l.j.
♿ partiel.

Cargo sur le canal Welland, près de la ville du même nom

Parc national de Pointe Pelée ⑥

((519) 322 2365. **▤** Windsor.
▤ Windsor. **○** t.l.j. 🅿️ **&** ✔

Le parc national de Point Pelee occupe une longue langue de terre qui se projette sur 20 kilomètres dans le lac Érié et constitue la partie la plus méridionale du Canada. Il se compose d'habitats très variés : marécages, champs et très vieilles forêts de feuillus. Ces dernières sont exceptionnelles, car leurs arbres n'ont jamais été abattus.

La profusion d'essences différentes crée un épais sous-bois où noyers noirs d'Amérique, sassafras officinaux, caryers, platanes d'Occident et sumacs se disputent la lumière. Cette végétation attire des milliers d'oiseaux migrateurs au printemps et en automne.

Depuis les tours de guet et les chemins forestiers, on peut observer plus de 350 espèces. En automne, le parc est envahi de nuées de papillons monarques orange et noirs. Un trottoir en bois, ponctué de postes d'observation, traverse les marécages de Point Pelee. Il est possible de louer des vélos et des canoës au départ de cette promenade de planches pour aller explorer les lieux. Un peu plus loin dans le parc, un centre d'accueil fournit des informations sur la flore et la faune locales.

Une cascade marque l'entrée principale du casino de Windsor

Windsor ⑦

🏠 191 450. **✈** ⊠ **▤ ▤ ℹ** 333 Riverside Drive W. (519) 255 6530.

Des centaines de véhicules à plaque américaine sortent chaque jour des usines de cette ville vivant de l'industrie automobile, comme Detroit, sa voisine américaine. Son casino, très à la mode, attire les foules jour et nuit.

Bars et cafés animés ne manquent pas à Windsor. Les meilleurs sont ceux qui bordent les trois premiers pâtés de maisons de la rue principale, Ouellette. À côté, la très intéressante **Art Gallery of Windsor** accueille d'excellentes expositions itinérantes.

Art moderne à l'Art Gallery of Windsor

La visite guidée de la distillerie Hiram Walker évoque l'époque où la ville était le paradis des contrebandiers : pendant la prohibition, des millions de bouteilles d'alcool entrèrent clandestinement aux États-Unis en traversant la rivière Detroit.

À 20 kilomètres au sud de Windsor, en longeant la Detroit, on rejoint Fort Malden, construit par les Britanniques à Amherstburg. La caserne de 1819 est joliment restaurée et l'ancienne blanchisserie abrite un centre d'interprétation expliquant le rôle du fort dans la guerre de 1812 (p. 42-43).

🏛 Art Gallery of Windsor
3100 Howard Ave. **(** (519) 969 4494. **○** t.l.j. 🅿️ participation libre. **&**

London ⑧

🏠 305 150. **✈** ⊠ **▤ ▤ ℹ** 300 York St. (519) 661 5000.

La sympathique London est la ville principale d'une des régions les plus fertiles d'Ontario. Elle abrite la respectable University of Western Ontario, qui possède une impressionnante galerie d'art moderne et un campus parsemé de dizaines de demeures victoriennes. Le centre-ville est particulièrement raffiné et bien entretenu. Les plus beaux édifices sont deux cathédrales du XIXᵉ siècle : Saint Paul, anglicane, et Saint Peter, catholique. La première, en brique rouge et de style néo-gothique, a été construite en 1846, et la

Canotage au long du trottoir de planches du parc national de Point Pelee

seconde, plus ornementée, quelques années plus tard.

Au nord-ouest, le Museum of Archeology est consacré à l'histoire des peuples qui se sont succédé dans la région pendant 11 siècles. Non loin, Lawson Indian Village est la reconstitution très visitée d'un établissement occupé il y a 5 siècles par les Indiens neutres.

Une « maison longue » telle qu'il y a 5 siècles, à Lawson Indian Village

Stratford ❾

🏛 28 000. 🚉 🚌 88 Wellington St. (519) 271 5140.

En 1830, un aubergiste du nom de William Sargint ouvrit la « Shakespeare Inn » au bord d'une des pistes de campagne rocailleuses qui parcouraient alors le sud de l'Ontario. Les fermiers qui s'installèrent aux alentours baptisèrent la rivière locale « Avon » et la ville qui s'y développa « Stratford », comme la ville natale de Shakespeare.

En 1952, Tom Patterson, un journaliste local, décida d'organiser un festival Shakespeare. Depuis la première édition modestement tenue sous une tente, ce festival est devenu une des manifestations théâtrales majeures du Canada. De mai à début novembre, il attire plus de 500 000 visiteurs. Si la place d'honneur revient bien sûr aux pièces de Shakespeare, celles d'autres dramaturges sont aussi jouées, y compris des œuvres contemporaines.

Stratford est une ville charmante, et les touristes y sont plus que bienvenus : on y trouve plus de 250 pensions de famille et plusieurs restaurants excellents. Le centre d'accueil édite une brochure répertoriant tous les *bed-and-breakfasts* de la ville, avec photos à l'appui. Il organise aussi des visites à pied à la découverte de son patrimoine architectural. Avec ses tours et tourelles, l'hôtel de ville victorien en est un bel exemple.

L'UNDERGROUND RAILROAD

Ces mots ne désignent ni un chemin de fer *(railroad)*, ni un souterrain *(underground)*, mais une organisation créée dans les années 1820 par les abolitionnistes pour aider les esclaves du sud des États-Unis à s'enfuir au Canada ou dans les États libres du nord. Elle agissait en secret, surtout dans le sud, où les peines pour complicité de fuite étaient très sévères. Les activités de l'Underground Railroad durèrent jusqu'à la fin de la guerre civile américaine en 1865. Le révérend Josiah Henson, qui en bénéficia, fonda plus tard une école pour les anciens esclaves. *La Case de l'oncle Tom,* le roman de Harriet Beecher Stowe (1851), est inspiré de l'histoire de sa vie.

Le révérend Josiah Henson

À Stratford, les Shakespearean Gardens qui bordent l'Avon sont dominés par les pignons du palais de justice

Les chutes du Niagara ❸

Le grondement des chutes a beau s'entendre à des kilomètres, leur découverte est toujours une surprise époustouflante : un grand arc d'eau sifflante dévale une falaise de 50 mètres de haut, créant un épais nuage d'écume emporté par le vent. Le fleuve tumultueux est divisé en deux cataractes par Goat Island, une minuscule île noyée d'embruns. D'un côté se trouvent les Horseshoe Falls, les chutes canadiennes, en « fer à cheval », de l'autre côté, les chutes américaines, plus petites. Elles sont particulièrement impressionnantes lorsqu'on s'en approche à bord du Maid of the Mist. Il est aussi possible de descendre par une série de tunnels creusés dans le rocher jusqu'à l'arrière des chutes canadiennes.

Chutes américaines
Le Niagara dévale les chutes américaines larges de 300 mètres.

Rainbow Bridge
Ce pont qui franchit la gorge séparant le Canada des États-Unis offre des vues panoramiques des chutes. Par temps ensoleillé, des arcs-en-ciel se forment à travers la brume.

Douane

Au Niagara Falls Museum, objets et photos rappellent les tentatives de plusieurs casse-cou pour descendre les chutes – en kayak, dans un tonneau et dans une cloche à plongeur.

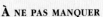

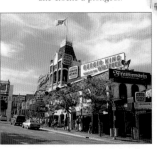

Clifton Hill
Cette rue offre tout un choix d'attractions. Au Ripley's Believe it or Not Museum, on verra notamment un chien à dents d'homme.

> **À NE PAS MANQUER**
>
> ★ **Les Horseshoe Falls**
>
> ★ **La promenade sur le Maid of the Mist**

★ Horseshoe Falls
*En forme de fer à cheval,
la plus importante des deux
cataractes mesure
800 mètres de large et
50 de haut.*

La Minolta Tower, comme la Skylon
Tower, offre des vues panoramiques
du site. Trois plates-formes
d'observation surplombent les chutes.

0 _____ 250 m

0 _____ 250 yards

Excursion derrière les chutes
*Un ascenseur puis plusieurs
tunnels creusés dans le rocher
permettent de descendre
derrière les Horseshoe Falls ;
le mur d'eau est si épais qu'il
empêche la lumière du jour
de passer.*

Skylon Tower
*La plate-forme d'observation
de la tour offre une vue
générale du site. Comme elle
est ouverte le soir, on peut
admirer les chutes illuminées.*

**★ Promenade sur le *Maid
of the Mist***
*Ce bateau n'hésite pas à
s'approcher au plus près des
chutes : sensations garanties !*

À la découverte de Niagara Falls

Niagara Falls est une petite ville accueillante qui s'étire le long du Niagara sur environ 3 kilomètres. Destination favorite des jeunes mariés, elle est bien équipée pour satisfaire les besoins de ses 14 millions de visiteurs annuels. Elle est divisée en trois secteurs : au sud, une mince bande d'espaces verts s'étend le long de la rivière depuis les chutes jusqu'à Clifton Hill, la rue la plus tapageuse d'Ontario, avec ses attractions voyantes. À l'ouest, Lundy's Lane est la rue des principaux motels. Au nord, dans Bridge Street, se trouvent le centre d'affaires et les gares routière et ferroviaire.

Horseshoe Falls

Ces chutes « en fer à cheval », qui doivent leur nom à leur forme, ont 800 mètres de large et 50 de haut. Elles sont formées par les eaux tumultueuses du Niagara qui dévalent avec fracas une falaise semi-circulaire et achèvent leur chute dans un bouillonnement extraordinaire. Le Niagara franchit ainsi la dénivellation entre les lacs Érié et Ontario. Les chutes offrent un spectacle impressionnant, bien que le cours du fleuve soit contrôlé par des centrales hydroélectriques qui captent une bonne partie des eaux pour actionner leurs turbines. La vitesse d'érosion a ainsi été ramenée à 30 centimètres par an au lieu d'un mètre au début du XXe siècle.

À bord du *Maid of the Mist*

Maid of The Mist

River Rd. (905) 358 5781.
de mi-mai à oct. : t.l.j.
La meilleure façon de prendre véritablement conscience de la puissance des chutes est d'embarquer sur le Maid of the Mist. Partant de la jetée au bas de Clifton Hill, le bateau remonte le courant jusqu'au pied des chutes où les eaux viennent s'écraser. Pour cette promenade

Enseignes dans la très commerciale Clifton Hill

vivifiante (et arrosée), les imperméables sont fournis !

Clifton Hill

Cette rue courte et raide est tout sauf raffinée. Elle remonte depuis le bord de la gorge du Niagara au milieu d'une ribambelle de fast-foods et d'attractions touristiques tapageuses. Néons et enseignes géantes signalent au passage le Guinness Book of World Records, la House of Frankenstein, That's Incredible Museum, Houdini's Museum et Ripley's Believe it or Not Museum, où l'on peut parler à un génie dans une bouteille de cristal et voir des phénomènes de foire comme un homme à plusieurs pupilles.

Great Gorge Adventure

4330 River Road. (905) 371 0254.
de mi-avr. à mi-oct. : t.l.j.
C'est du fond du canyon qu'on apprécie le mieux la

Les eaux tonitruantes des Horseshoe Falls forment un arc spectaculaire

Passerelle le long du Niagara vers le pied des chutes

force phénoménale du Niagara. La Great Gorge Adventure permet de vivre cette expérience grâce à un ascenseur et à des tunnels qui descendent du sommet de la gorge à une passerelle au bord de la rivière. Les tourbillons et les rapides comptent parmi les plus spectaculaires, mais aussi les plus traîtres du monde.

The Old Scow

Juste au-dessus des chutes, échoué sur les rochers au milieu du Niagara, l'*Old Scow* est un chaland à fond plat naufragé en août 1918. Un remorqueur le halait pour traverser le fleuve quand les cordes cassèrent net. Le chaland fut alors emporté par le courant à moins de 750 mètres des chutes. Les deux hommes d'équipage semblaient perdus quand, par miracle, le bateau s'échoua au dernier moment sur le récif où il est encore aujourd'hui. Ils n'étaient pas au bout de leurs peines : il leur fallut attendre encore 29 heures avant d'être sauvés, hissés par un treuil.

⚘ Niagara Glen Nature Reserve

3050 River Road. 📞 (905) 371 0254. 🕐 t.l.j.
Cette petite réserve naturelle se trouve à 7 kilomètres en aval des chutes. Cette partie de la gorge, couverte de buissons et d'arbres bas qui s'accrochent aux parois rocheuses, a été préservée.

Tel était sans doute son aspect avant l'arrivée des Européens. Sept sentiers de randonnée, faciles à la descente mais raides à la montée, parcourent rochers et grottes au milieu des fleurs sauvages.

Whirlpool Rapids

3850 River Road. 📞 (905) 371 0254. 🕐 d'avr. à oct. : t.l.j. ; en mars : sam. et dim. 📷
À 4,5 kilomètres environ en aval des chutes, le Niagara décrit un coude brusque et spectaculaire qui crée un violent tourbillon. Cet endroit est l'un des plus meurtriers de toute l'Amérique du Nord. Le phénomène vient de ce que le fleuve, se heurtant au nord-ouest du canyon, est contraint de faire demi-tour. Le Spanish Aero Car, un téléphérique aux

Papillon au Niagara Parks Botanical Gardens

couleurs vives, a été conçu tout spécialement pour offrir la vue la plus impressionnante des rapides, et en effet, sous cet angle, le spectacle vaut le coup d'œil.

⚘ Niagara Parks Botanical Gardens et serre aux papillons

2565 River Road. 📞 (905) 371 0254. 🕐 t.l.j. 📷 pour la serre. ♿
À 9 kilomètres en aval des chutes, ce jardin botanique couvre plus de 40 hectares. Impeccablement entretenu, il est divisé en plusieurs secteurs, dont le plus beau est la roseraie, renfermant pas moins de 2 000 variétés. Dans le vaste espace consacré aux espèces rares du monde entier, des expositions florales sont organisées toute l'année. Il existe également un arboretum, où poussent notamment de beaux spécimens de hêtres, mûriers, ifs et magnolias.
Mais la serre aux papillons est l'attraction la plus populaire. La visite commence par la projection d'un film expliquant le cycle de la vie du papillon : œuf, larve, etc. Dans un immense dôme chauffé, plusieurs milliers de papillons – l'un des ensembles les plus importants au monde – volettent au milieu d'une flore tropicale luxuriante. De multiples allées permettent aux visiteurs d'admirer leurs évolutions.

C'est du Spanish Aero Car qu'on voit le mieux les Whirlpool Rapids

Les touristes peuvent voir de très près les eaux écumantes des Horseshoe Falls

Le bureau d'Alexander Graham Bell au Bell Homestead, à Brantford

Kitchener-Waterloo ⑩

🚶 210 300. 🚉 🚍 🛈 80 Queen Street N. (519) 745 3536.

Initialement appelée Berlin par les immigrants allemands qui s'y installèrent dans les années 1820, la ville a été rebaptisée Kitchener (du nom du grand général de l'Empire britannique) pendant la Première Guerre mondiale. C'est aujourd'hui un centre de ravitaillement pour les agriculteurs des environs, notamment les membres de communautés religieuses comme les mennonites (p. 217). Descendants des premiers immigrants, ils viennent faire leurs courses en ville en carriole, vêtus du costume traditionnel. Tous les ans, à l'occasion des neuf jours de l'Oktoberfest, ils célèbrent la culture allemande.

Vendeur de fruits à Brantford

Brantford ⑪

🚶 85 000. ✈ 🚉 🚍 🛈 1 Sherwood Drive (519) 751 9900.

Cette ville industrielle modeste doit son nom à Joseph Brant (1742-1807), chef iroquois à la tête d'une confédération de tribus, les « Six Nations », qui s'installa ici en 1784. Pensant que l'intérêt de son peuple était de soutenir les Britanniques, il fit combattre ses guerriers aux côtés des soldats anglais pendant la guerre de l'Indépendance (1775-1783). Il avait hélas choisi le camp des vaincus et, après la guerre, lui et ses hommes durent se réfugier au Canada, où les Britanniques leur concédèrent des terres à Brantford. Les Iroquois habitent toujours la région. Tous les ans en août, ils organisent le grand pow-wow des Six Nations sur le territoire de la tribu. Lors de cette grande fête indienne, danses et exposition d'artisanat local sont au rendez-vous.

Brantford est aussi connue pour ses liens avec le téléphone. En 1876, Alexander Graham Bell (1847-1922), qui avait émigré d'Écosse en Ontario en 1870, établit la toute première liaison interurbaine entre Brantford et le village voisin de Paris. Son ancienne maison, le **Bell Homestead National Historic Museum**, se trouve dans la campagne à la sortie de la ville. Deux bâtiments occupent le site : le manoir de Bell, meublé dans le style de l'époque et rempli d'objets évoquant ses inventions et l'histoire du téléphone, et le premier bureau de téléphone du Canada, transporté ici depuis Brantford en 1969.

🏛 Bell Homestead National Historic Museum
94 Tutela Heights Rd. 📞 (519) 756 6220. 🕐 de 9 h 30 à 16 h 30 du mar. au dim. ⬤ 25 déc., 1er jan. 🈲🈺

Orillia ⑫

🚶 26 000. 🚉 🛈 150 Front St. S. (705) 326 4424.

Cette agréable ville de campagne est la patrie de Stephen Leacock (1869-1944), romancier et humoriste. Ses *Sunshine Sketches of a Little Town* se moquaient des futilités de la vie provinciale en Ontario. Sa maison au bord du lac, devenue le **Stephen Leacock Museum**, renferme des meubles d'origine et divers documents sur sa vie. Située sur une étroite bande de terre entre le lac Couchiching et le lac Simcoe – ancien lieu de pêche des Hurons –, Orillia est une bonne base pour canoter sur les deux plans d'eau. Au Centennial Park, doté d'une marina, une longue promenade de planches rejoint la plage de Couchiching.

🏛 Stephen Leacock Museum
50 Museum Drive, Old Brewery Bay. 📞 (705) 329 1908. 🕐 t.l.j. 🈲 ♿

Bethune Memorial House, à Gravenhurst, Muskoka

Muskoka ⑬

🚶 50 000. 🚉 Gravenhurst. 🚍 Huntsville. 🛈 295 Muskoka Rd. S., Gravenhurst (705) 687 4432.

Cette région de lacs au nord d'Orillia, entre les villes de Huntsville et Gravenhurst, s'anime l'été quand les citadins se pressent vers le nord pour rejoindre leurs résidences secondaires. Gravenhurst est une station balnéaire à l'extrémité sud du lac

Muskoka où un petit musée est consacré au docteur Norman Bethune (1890-1939). Il organisa le service médical de l'armée communiste chinoise. Restaurée et meublée dans le style de la fin du XIXᵉ siècle, sa maison natale est devenue la Bethune Memorial House.

En planche à voile près de Turgean Bay Island, dans la baie Géorgienne

Parc national des Georgian Bay Islands ⓮

📞 *(705) 756 2415.* 🚌 *Midland.* 🕐 *t.l.j.* 📷 *l'été.* ♿ ▣

Les eaux d'un bleu intense de la superbe baie Géorgienne, qui communique avec le lac Huron, sont parsemées de centaines de petites îles, souvent un simple rocher piqué d'un pin fouetté par le vent. Soixante d'entre elles ont été réunies au sein du parc national des Georgian Bay Islands autour de Beausoleil Island, où l'on

LES MENNONITES

Cette communauté chrétienne anabaptiste a été fondée en Europe au début du XVIᵉ siècle. Les mennonites furent bientôt persécutés parce qu'ils refusaient de prêter serment de fidélité à l'État et de participer à la guerre. Au XVIIᵉ siècle, certains d'entre eux créèrent un groupe encore plus strict, les amish, qui émigrèrent aux États-Unis, puis en Ontario en 1799. Ils pratiquent la propriété collective et s'opposent à la civilisation moderne. Ils sont facilement reconnaissables, vêtus de costumes traditionnels.

Couple d'amish dans sa carriole

peut pratiquer de nombreux sports nautiques.

Beausoleil est sillonnée par des sentiers de randonnée touristiques, mais il est conseillé de prévoir un bon équipement, car on ne trouve rien dans ce lieu reculé. Le seul moyen pour rejoindre l'île est le bateau-taxi au départ de Honey Harbour. La traversée dure environ 40 minutes. On peut aussi faire des excursions d'une journée dans les îles.

Baie de Nottawasaga ⓯

🚌 *Barrie.* 🚌 *Wasaga Beach.* ℹ️ *550 River Rd. W., Wasaga Beach (705) 429 2247.*

La baie de Nottawasaga, qui fait partie de la pittoresque baie Géorgienne, est l'une des villégiatures les plus prisées de la région. À Wasaga Beach se déroulent des kilomètres

de plages de sable doré, propices à la baignade et au bronzage. La station compte aussi de nombreux chalets et bungalows. Derrière la Beach Area 2, le musée du Lieu historique de Nancy Island abrite le *Nancy*, un des rares navires britanniques conservés de la guerre de 1812 *(p. 42-43)*.

À Penetanguishene, à l'est de la baie, l'histoire maritime est également évoquée : Discovery Harbour est une superbe reconstitution de la base navale britannique bâtie en 1817. Les deux grands voiliers amarrés dans le port, le *Tecumseh* et le *Bee*, ont été construits selon les normes en vigueur au XIXᵉ siècle. L'été, des bénévoles proposent des sorties en mer, avec participation aux manœuvres.

De l'autre côté de la baie, Owen Sound, autrefois port actif des Grands Lacs, est un endroit tranquille. Son passé est évoqué au Marine-Rail Museum.

Discovery Harbour, base navale britannique restaurée, dans la baie de Nottawasaga

Sainte-Marie among the Hurons ⑯

**Poterie
iroquoise du
XVIIᵉ siècle**

À 5 kilomètres à l'est de la ville de Midland, ce site, l'un des plus fascinants d'Ontario, est la reconstitution d'un établissement fondé par les jésuites « au pays des Hurons » en 1639. Le village comprend deux grands secteurs : un pour les Européens avec chapelle et ateliers, l'autre pour les Hurons, avec deux « maisons longues » couvertes d'écorce.

Marquant la limite entre les deux, la petite église Saint-Joseph, simple édifice en bois, a été construite par les jésuites qui tentèrent de convertir les Hurons au christianisme. Leurs efforts suscitèrent des réactions diverses, et les relations complexes entre les deux cultures sont présentées ici.

**Extérieur d'une
« maison longue »**
*Les murs recouverts d'écorce
reposaient sur une armature
en cèdre incurvée.*

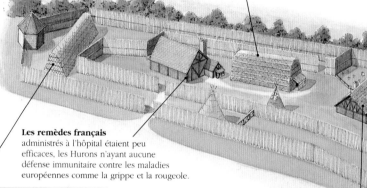

Les remèdes français
administrés à l'hôpital étaient peu
efficaces, les Hurons n'ayant aucune
défense immunitaire contre les maladies
européennes comme la grippe et la rougeole.

Église Saint-Joseph
*Elle abrite la tombe de
Jean de Brébeuf et Gabriel
Lalement, deux jésuites
qui furent capturés et
torturés par les Iroquois
avant d'être tués.*

★ **Réunions autour du feu**
*Dans la « maison longue »,
poissons, peaux et tabac
étaient suspendus au plafond
pour sécher grâce à un feu
qui brûlait à ciel ouvert tout
l'hiver. Sa fumée nuisait à la
santé des Hurons.*

Wigwam ojibwé
*Il est voisin de la palissade en bois qui entoure la mission.
Les jésuites l'auraient construit pour que les Ojibwés de
passage se sentent les bienvenus.*

À NE PAS MANQUER

★ **Les réunions autour
du feu**

★ **L'artisanat**

MODE D'EMPLOI

Autoroute 12 (5 km E. de
Midland). (705) 526 7838.
de mai à oct. : de 10 h à 17 h
t.l.j.

★ Artisanat

*Les guides en costume d'époque ont été initiés aux
techniques artisanales traditionnelles tant
des Hurons que des Français, notamment la fabrication
des canoës et le travail des métaux.*

La forge jouait un rôle
essentiel, car les besoins
étaient importants en
articles de base tels que
charnières et clous, souvent
faits avec du fer recyclé.

Le charpentier
disposait d'une
importante réserve en
bois local. Les jésuites
firent venir des artisans
de France pour
construire la mission.

Intérieur de la chapelle
*La chapelle a été
soigneusement reconstituée.
La lumière qui filtre à travers
les poutres permet de retrouver
l'ambiance dans laquelle les
prêtres disaient la messe
chaque jour avant l'aube.*

Entrée

0   25 m
0   25 yards

Les bastions, construits
en pierre pour arrêter
les flèches et les balles
de mousquet, protégeaient
la mission contre
les attaques et servaient
de tours de guet.

Le jardin potager
*Il est cultivé selon le système
des Hurons : maïs, fèves et
courges sont plantés en
alternance. Ils disposaient
ainsi de vivres toute l'année, et
complétaient leur alimentation
par de la viande et du poisson.*

Goderich ⑰

🏚 7 450. ☒ ⬛ à l'angle
de Hamilton St. & de l'Autoroute 21.
📞 (519) 524 6600.

Cette charmante petite ville qui surplombe le lac Huron à l'embouchure de la Maitland a été fondée en 1825 par la Canada Company. Cette compagnie britannique avait persuadé le gouvernement d'Ontario de se défaire d'un million d'hectares de terres fertiles pour seulement 30 cents l'hectare, un prix tellement avantageux qu'elle fut soupçonnée de corruption. Désireuse d'attirer les colons, elle fit construire la Huron Road reliant Cambridge, à l'est, à Goderich.

Goderich possède deux excellents musées. Le **Huron County Museum** abrite une importante collection de matériel agricole ancien. Les pièces les plus intéressantes sont aussi les plus encombrantes : tracteurs, cueilleuses et botteleuses, qui dominèrent le monde agricole des années 1880 aux années 1920. Il y a aussi une gigantesque batteuse à vapeur. La **Huron Historic Jail**, construite entre 1839 et 1842, est une prison victorienne très bien conservée. La visite est passionnante, des cellules froides et humides à la maison du gouverneur, (XIXᵉ siècle), en passant par les chambres des geôliers.

♖ Huron Historic Jail
181 Victoria St. N. 📞 (519) 524

Magasins anciens dans la charmante ville de Goderich

Sauble Beach est une longue plage de sable fin au bord du lac Huron

2686. ⬭ de mai à sept. : de 10 h à 16 h 30 du lun. au sam., de 13 h à 16 h 30 dim. ▨

🏛 Huron County Museum
110 North St. 📞 (519) 524 2686.
⬭ de mai à sept. : de 10 h à 16 h 30 du lun. au sam., de 13 h à 16 h 30 dim. ▨ ⬛

Sauble Beach ⑱

🚌 Owen Sound. ⬛ RR1, Sauble Beach (519) 422 1262, ⬭ de mai à sept.

Sauble Beach, l'une des plus belles plages de tout l'Ontario avec son sable doré, s'étire sur 11 kilomètres le long du lac Huron. Derrière cette plage fréquentée, une bande longue et étroite est occupée par des terrains de camping, des cabanes et des bungalows. Au milieu du site, le minuscule village de Sauble Beach ne compte que

500 habitants. Ses petites rues tranquilles sont bordées d'auberges et de *bed-and-breakfasts* accueillants. Le camping du parc provincial de Sauble Falls, au nord de la plage, est le plus calme.

Lac Huron ⑲

⬛ Sarnia, rive sud (519) 344 7403.
⬛ Barrie, Baie Géorgienne (705) 725 7280. ⬛ Sault Sainte Marie (705) 945 6941.

De tous les Grands Lacs, c'est celui dont les rives offrent les paysages les plus variés. Au sud, au niveau des villes de Sarnia et Windsor, essentiellement industrielles, il se rétrécit avant de se jeter dans le lac Érié. La rive sud-est, bordée de falaises de faible hauteur, marque la limite d'une des régions agricoles les plus fertiles d'Ontario. Plus au nord, la péninsule de Bruce, longue et étroite, qui s'avance dans le lac, marque un changement de paysage spectaculaire. Aux terres plates du sud succède le relief du Bouclier canadien, plus accidenté et râpé par les glaciers. La transition est très sensible aux alentours de la baie Géorgienne dont les rives superbes, ponctuées de lacs, forêts, plages et villages, attirent de très nombreux visiteurs. Parsemées d'îles, les eaux du lac se prêtent à la pratique des sports nautiques et des activités de plein air : natation, randonnée et pêche.

La péninsule de Bruce ⓴

Longue de 100 kilomètres et séparant le bassin principal du lac Huron de la baie Géorgienne, elle offre certains des plus beaux panoramas de la région. Le parc national de Bruce Peninsula, sur la rive est, présente des caps escarpés et des falaises de calcaire parcourues de sentiers de randonnée. Au nord du port de Tobermory, le parc national marin de Fathom Five est connu des plongeurs en raison de ses eaux transparentes et de ses étonnantes formations rocheuses.

Carnet de route

L'itinéraire emprunte l'Autoroute 6 que l'on rejoint depuis Owen Sound au sud ou Tobermory au nord.
Itinéraire : *100 km.*
Où faire une pause ? *Pour faire de la plongée ou une excursion, le départ pour Flowerpot Island se fait de Tobermory, qui offre aussi de bonnes possibilités d'hébergement.*

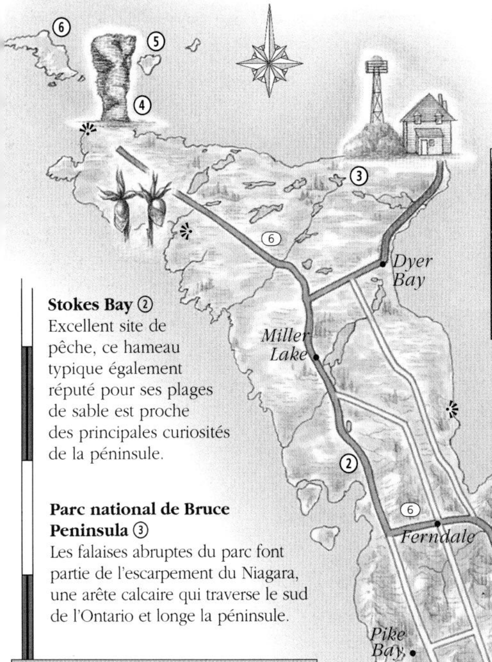
6
5
4
3
6
Dyer Bay
Miller Lake
2
6
Ferndale
Barrow Bay
Hope Bay
Pike Bay
6
1

Cape Croker ①
Le phare de Cabot Head et la maison du gardien, à son extrémité, sont accessibles par la route panoramique partant du village de Dyer's Bay.

Parc national marin de Fathom Five ⑥
Regroupant 19 îles, il s'étend au large de l'extrémité nord de la péninsule. Des épaves gisent dans ses eaux cristallines.

Stokes Bay ②
Excellent site de pêche, ce hameau typique également réputé pour ses plages de sable est proche des principales curiosités de la péninsule.

Parc national de Bruce Peninsula ③
Les falaises abruptes du parc font partie de l'escarpement du Niagara, une arête calcaire qui traverse le sud de l'Ontario et longe la péninsule.

Tobermory ④
Tout au nord de la péninsule, ce petit village de pêcheurs est le centre touristique de la région et le point de départ du ferry pour Flowerpot Island.

Flowerpot Island ⑤
Seule île du parc marin de Fathom Five dotée d'infrastructures de base, elle est connue pour les colonnes rocheuses qui jalonnent ses côtes.

0 5 km
0 5 miles

Légende

- Itinéraire touristique
- Autre route
- Point de vue

Île Manitoulin ㉑

🏛 5 000. 🚌 ℹ️ *Little Current (705) 368 3021.*

Parallèle à la rive nord du lac Huron, elle est la plus grande île en eau douce du monde avec ses 2 800 kilomètres carrés. Ses petits villages et ses champs vallonnés, ses bois et ses lacs sont bordés de longues plages désertes. Les eaux claires du North Channel, qui sépare l'île du continent, attirent l'été des centaines de plaisanciers, tandis que les randonneurs, fuyant l'agitation des villes, viennent explorer ses multiples sentiers.

Les Indiens Ojibwés, premiers habitants de l'île il y a plus de 10 000 ans, lui donnèrent le nom du Grand Esprit : Manitou. Les peuples des Premières Nations, qui constituent toujours plus d'un quart de la population insulaire, organisent tous les ans en août un des plus grands pow-wows du Canada appelé Wikwemikong (baie du castor).

Sur la rive nord, Gore Bay compte 5 musées minuscules consacrés aux premiers habitants de l'île. La capitale, Little Current, est une ville paisible dotée de quelques motels, *bed-and-breakfasts* et restaurants.

Gore Bay, sur l'île Manitoulin

Le lac George est l'un des nombreux lacs du parc provincial de Killarney

Parc provincial de Killarney ㉒

📞 *(705) 287 2900.* 🚆 *Sudbury.*
🕐 *t.l.j.* ♿ *pour certains services.*

Le parc provincial de Killarney est une belle étendue sauvage de lacs bleus cristallins, de forêts de pins et de plaines marécageuses, sans parler des La Cloche Mountains, aux impressionnantes crêtes de quartzite blanc. Ce paysage a inspiré les artistes, notamment Franklin Carmichael, un membre du groupe des Sept *(p. 160-161)*, qui considérait le parc comme l'endroit le « plus stimulant et le plus plaisant » d'Ontario. Il faut entre sept et dix jours pour parcourir les 100 kilomètres de la La Cloche Silhouette Trail ; les randonneurs confirmés viennent en nombre pour profiter des vues des montagnes et de la baie Géorgienne. On peut aussi explorer le parc en canoë : le réseau de lacs et rivières est bien balisé.

Temagami ㉓

🏛 1 000. 🚌 🚆 ℹ️ *Chamber of Commerce, Lakeshore Rd. (705) 569 3344.*

Ce minuscule village et ses environs sauvages ont toujours attiré négociants en fourrure et trappeurs, peintres et écrivains. Le plus célèbre est Grey Owl *(p. 248)*, un Anglais peu ordinaire qui se fit passer pour un Indien. Temagami est au bord du lac éponyme, aux eaux profondes, qui se perd en une multitude de fjords et de baies. Il est semé de 1 400 îles offrant beaucoup de

Le lac Temagami est un haut lieu du canotage

circuits à découvrir à pied, en VTT et en canoë.

À l'ouest, le Lady Evelyn Smoothwater Wilderness Park est encore plus reculé. On ne peut l'atteindre qu'en canoë ou hydravion depuis Temagami, mais le paysage, époustouflant, vaut un tel effort. La tour d'incendie de Temagami, haute de 30 mètres et réservant une vue panoramique sur les pinèdes, de même que le parc provincial de Finlayson, idéal pour camper ou pique-niquer, sont beaucoup plus accessibles.

Sault Sainte Marie 24

🏚 81 500. ⊠ 🚌 🏠 🚹 à l'angle de Huron St. & Queen St. W. (705)945 6941.

Sault Sainte Marie s'est développée près des rapides de la St. Mary's river – d'où son nom, « sault » étant une allusion aux chutes –, qui relie les lacs Supérieur et Huron. Cette ville fondée par les Français en 1688 fut l'un des premiers établissements européens d'Ontario.

À l'origine mission jésuite et poste de traite des fourrures, elle commença à prospérer en 1798, lorsqu'on creusa un canal pour contourner les rapides. Modernisé à maintes reprises, celui-ci livre aujourd'hui passage aux plus gros porte-conteneurs, continuant à favoriser l'économie locale.

Si des promenades en bateau sont régulièrement organisées sur le canal, la grande attraction touristique est l'**Algoma Central Railway**, un circuit en train d'une journée dans les contrées sauvages du nord jusqu'au spectaculaire Agawa Canyon. Là, une pause de 2 heures est prévue pour le déjeuner.

En ville, le Roberta Bondar Pavilion est une gigantesque structure en forme de tente couverte de peintures illustrant l'histoire de la ville. Il porte le nom de la première femme astronaute du Canada, embarquée à bord de *Discovery* en 1992. Le pavillon accueille aussi concerts, expositions et un marché l'été.

Écluse du canal de Sault Sainte Marie

🚆 Algoma Central Railway
129 Bay St. 📞 (705) 946 7300. ⭘ de juin à mi-oct. : un départ quotidien. 📷 ♿

Lac Supérieur 25

🚹 Ontario Travel Information Centre, Sault Sainte Marie (705) 945 6941.

Avec une superficie de 82 000 kilomètres carrés, le moins pollué et le plus occidental des Grands Lacs est aussi la plus grande surface d'eau douce du monde. Il est connu pour ses tempêtes soudaines et violentes, longtemps redoutées des navigateurs. Sa côte nord est une vaste étendue sauvage soumise à la force des éléments, dominée par de spectaculaires affleurements

de granit et par des forêts apparemment sans fin. Pour goûter pleinement la beauté de cette région, il faut visiter le parc national Pukaskwa et le parc provincial du lac Supérieur, desservis par la Transcanadienne (Autoroute 17).

Thunder Bay 26

🏚 114 000. ✈ ⊠ 🚌 🚹 Terry Fox Information Centre, Autoroute 11/17 E. (807) 983 2041.

Avec ses quais dominés par d'énormes silos, Thunder Bay est le troisième port en eau douce du Canada. Les céréales y sont acheminées depuis les prairies de l'ouest, puis expédiées dans le monde entier en passant par les Grands Lacs. La ville, fondée en 1679 sur la rive nord du lac Supérieur, était à l'origine un comptoir français. Cette époque est évoquée à l'**Old Fort William**, avec des marchands, des explorateurs français et des Indiens en costume d'époque. En 1970, Fort William a été réuni à Port Arthur, localité voisine, pour donner naissance à Thunder Bay.

🏰 Old Fort William
Par Broadway Ave. 📞 (807) 473 2344. ⭘ de mi-mai à mi-oct. : de 10 h à 17 h t.l.j.. 📷 ♿ partiel.

Le lac Supérieur, la plus grande étendue d'eau douce du monde

LES
PRAIRIES

À la découverte des Prairies

Les Prairies comprennent les provinces de Manitoba et de Saskatchewan, ainsi que l'est de l'Alberta. C'est la première région agricole du Canada et la plus riche en ressources énergétiques. Dominée par la prairie, comme son nom l'indique, elle couvre une partie du centre-ouest aussi vaste que le Mexique. Mais ses paysages ne se limitent pas à des champs s'étirant à perte de vue, avec ses forêts de peupliers faux-trembles à l'ouest et au nord des plaines, sa toundra au nord du Manitoba et son désert rocheux des Badlands (mauvaises terres) au sud.

Broadway Bridge et le centre de Saskatoon se reflètent dans la South Saskatchewan

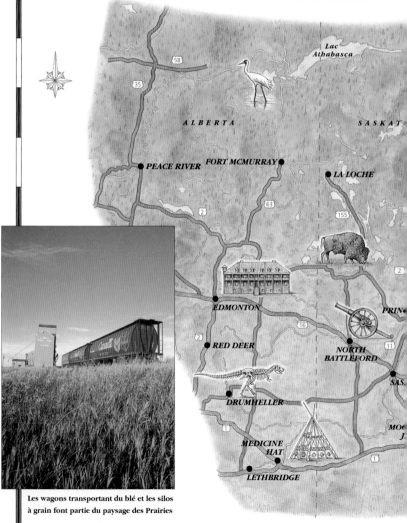

Les wagons transportant du blé et les silos à grain font partie du paysage des Prairies

CIRCULER

Les quatre villes principales de la région, Winnipeg, Edmonton, Regina et Saskatoon, sont bien desservies par les transports en commun. Des liaisons régulières sont assurées par avion, train et autocar avec la Colombie-Britannique et les autres provinces. Chaque ville a aussi un aéroport international. De Winnipeg, la Transcanadienne suit l'itinéraire tracé au XIXᵉ siècle par le Canadian Pacific Railway jusqu'à Calgary, à 1 333 kilomètres à l'ouest. La Yellowhead Highway, plus touristique, part de The Forks à Winnipeg, traverse Yorkton et Saskatoon, arrive à Edmonton au bout de 1 301 kilomètres et continue à travers le parc national de Jasper et la Colombie-Britannique.

LÉGENDE

Autoroute

Route principale

Cours d'eau

Frontière provinciale

CHURCHILL

Baie d'Hudson

MANITOBA

LYNN LAKE

THOMPSON

106

FLIN FLON

THE PAS 6

60

3

10

Lac Winnipeg

Le Manitoba est l'une des régions agricoles les plus riches du Canada

| 0 | 150 km |
| 0 | 150 miles |

YORKTON

DAUPHIN

16

6

'GINA

1

PORTAGE LA PRAIRIE

WINNIPEG

VOIR AUSSI

- *Hébergement* p. 352-353
- *Restaurants et cafés* p. 372-373

À l'époque des dinosaures

Les paysages désertiques de Red Deer Valley, dans les Badlands, font davantage penser aux bandits et aux coyotes qu'aux dinosaures. Pourtant, il y a 75 millions d'années, ces énormes reptiles ayant dominé la planète pendant 160 millions d'années peuplaient la région. Celle-ci était alors un marais tropical, comme les Everglades de Floride. Les changements climatiques radicaux qui l'ont transformée en un désert ont permis la conservation d'innombrables restes de dinosaures. Tous les spécimens retrouvés ici datent du crétacé (il y a 144 à 65 millions d'années). Aujourd'hui, le parc provincial Dinosaur figure sur la liste du Patrimoine mondial de l'Unesco.

CARTE DE SITUATION

Sur ce crâne de tricératops, le bouclier nucal qui protégeait son cou des attaques est bien visible. Ses deux cornes postfrontales faisaient un mètre de long. C'est dans l'Alberta qu'on a retrouvé le plus grand nombre de dinosaures à cornes.

Le personnel qualifié creuse soigneusement un sillon autour de l'os toujours en terre. Une fois déterré, il sera soigneusement réuni à l'os voisin.

Le magnolia serait l'une des premières plantes angiospermes du monde ; il s'est beaucoup répandu au crétacé.

Le géologue Joseph Burr Tyrrell découvrit les premiers fragments importants de squelette de dinosaure dans la Red Deer Valley (Alberta) en 1884. Il tomba sur le crâne d'un albertosaure vieux de 70 millions d'années alors qu'il inspectait des gisements de charbon. Les paléontologues se précipitèrent alors, à la recherche de fossiles.

Cette reconstitution artistique d'un paysage du crétacé montre la flore de l'époque. Les fougères arborescentes, parfois hautes de 18 mètres, étaient prédominantes et formaient de grandes forêts.

À **Horseshoe Canyon**, le long de la Red Deer, les hautes collines érodées montrent des strates de sédiments très anciens. À l'ère glaciaire, les glaciers ont râpé les couches de vase et de sable qui recouvraient les restes de dinosaures et de plantes. L'érosion continue à modeler ce paysage lunaire aride.

Ce nid de dinosaure exposé au Royal Tyrrell Museum a été découvert à Devil's Coulee, dans l'Alberta, en 1987. Il contient plusieurs embryons et œufs d'hadrosaure, un herbivore.

La Tyrrell Museum Field Station, ouverte en 1987 dans le parc provincial Dinosaur, présente des expositions sur les dinosaures de la région.

FOUILLES PRÈS DE DRUMHELLER
Le Royal Tyrrell Museum gère plusieurs chantiers de fouilles ouverts à tous ceux qui souhaitent vivre la passionnante découverte d'un squelette de dinosaure destiné au musée. Les expéditions sont dirigées par les meilleurs paléontologues du Canada. Les participants apprennent à manier les différents outils de fouille. L'exhumation des fossiles exige de l'habileté. Pour pouvoir reconstituer le squelette, les techniciens doivent noter l'emplacement du moindre fragment.

L'os de la patte d'un dinosaure à bec de canard s'avère complet. En dessous, un autre fragment d'os a été recouvert de bandes de plâtre qui le protégeront pendant son transport au laboratoire.

Le squelette d'un albertosaure domine la salle des dinosaures au Royal Tyrrell Museum of Palaeontology. Premier dinosaure découvert dans la région, c'était un féroce prédateur. Malgré ses 8 mètres de long et son poids de 2 tonnes, il était capable de se déplacer à la vitesse de 40 km/h.

La Police montée canadienne

Stet en uniforme

L a Police montée, ou Gendarmerie royale canadienne (GRC), est un symbole de fierté au Canada. En 1873, sir John A. Macdonald, premier Premier ministre du Canada, fonda la North West Mounted Police en Ontario pour réprimer une flambée de violence entre trafiquants d'alcool et Indiens dans l'ouest du pays, qui avait culminé avec le massacre de Cypress Hills *(p. 245)*. Les « Mounties » atteignirent l'Oldman River dans l'Alberta, à 70 kilomètres à l'ouest de Cypress Hills, où ils construisirent Fort Macleod en 1874. Leur mission principale était d'instaurer de bonnes relations avec les Indiens des Prairies et de maintenir l'ordre parmi les nouveaux arrivants à la fin du XIXᵉ siècle, ce qu'ils firent avec succès lors de la construction du chemin de fer (Canadian Pacific Railroad) et de la ruée vers l'or au Yukon dans les années 1890.

Les luxuriantes Cypress Hills furent le cadre d'un massacre qui suscita la création de la North West Mounted Police.

Lors de la marche vers l'ouest, *une force de 275 hommes, avec 310 chevaux et du bétail, couvrit 3 135 kilomètres, de Fort Dufferin dans le Manitoba au sud de l'Alberta. Ils devaient arrêter là-bas des trafiquants de whisky. En dépit de conditions difficiles, les Mounties arrivèrent à l'Oldman River en 1874.*

LA LONGUE MARCHE

Les Mounties acquirent leur réputation de courage quand l'inspecteur James M. Walsh alla parlementer avec Sitting Bull, le chef des Sioux, accompagné de seulement 6 hommes. Les Sioux s'étaient repliés dans la région après avoir massacré le général américain Custer et ses hommes à Little Big Horn en 1876. Bien qu'ils fussent les ennemis traditionnels des tribus locales – Pieds-Noirs et Cris –, aucun incident ne se produisit après l'arrivée de la Police montée. Ayant réussi à faire régner l'ordre dans les Prairies, les forces de Walsh imposèrent le respect par leur diplomatie, notamment aux Indiens.

Le chef sioux Sitting Bull

James M. Walsh

Les aventures des premiers Mounties ont toujours inspiré écrivains et cinéastes. Avec sa mâchoire carrée et son uniforme rouge, le Mountie était le héros parfait. Le film le plus célèbre est Rose Marie (1936), avec en vedettes le chanteur de charme Nelson Eddy et Jeanette MacDonald.

Les cavaliers de haut niveau du carrousel sont sélectionnés au bout de 2 ans de service. Les officiers entament alors une formation intensive de 7 mois.

LE CARROUSEL MUSICAL

C'est un spectacle impressionnant lors duquel 32 cavaliers effectuent une série de figures au trot, au petit galop et au grand galop en musique. Celles-ci n'ont pas changé depuis leur première exécution par l'armée britannique il y a plus d'un siècle. Les Mounties se produisent ainsi tous les été au Canada et aux États-Unis.

Symbole du Canada, l'image du Mountie est omniprésente : sur les timbres, les pièces de monnaie ou sur cette affiche publicitaire des années 1940 vantant les charmes du lac Louise, dans le parc national de Banff.

Les 32 chevaux participant au carrousel musical, après 2 ans d'entraînement, sont issus d'un croisement entre étalons pur-sang et juments noires de Hanovre.

Aujourd'hui, la Police montée représente une force de police de 20 000 membres chargée de l'application des lois fédérales dans tout le Canada. Ils peuvent être amenés à compter les oiseaux migrateurs comme à lutter contre les trafiquants.

Les Prairies

Ce terme désigne le centre du Canada, une vaste région de forêts boréales et de terres fertiles couvertes par la prairie comprenant le Manitoba, la Saskatchewan et une partie de l'Alberta. Les premiers Amérindiens qui l'habitaient jadis étaient tributaires du bison pour leur nourriture, leur toit et leurs outils. À la fin du XIXe siècle, la chasse avait quasiment exterminé l'espèce. Les colons européens construisirent des villes et des fermes ; certains épousèrent des Amérindiennes, créant un nouveau groupe culturel, les Métis. L'économie du XXe siècle repose sur le gaz, le pétrole et la production céréalière. Ponctuées de hauts silos, les Prairies sont réputées pour leurs paysages variés et pour le passé captivant de leurs villes.

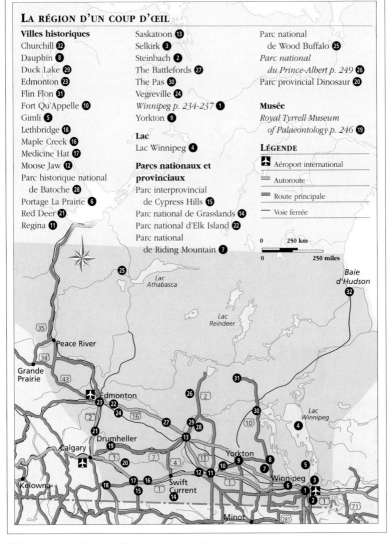

La région d'un coup d'œil

Villes historiques
Churchill 32
Dauphin 8
Duck Lake 29
Edmonton 23
Flin Flon 31
Fort Qu'Appelle 10
Gimli 5
Lethbridge 18
Maple Creek 16
Medicine Hat 17
Moose Jaw 12
Parc historique national de Batoche 28
Portage La Prairie 6
Red Deer 21
Regina 11
Saskatoon 13
Selkirk 3
Steinbach 2
The Battlefords 27
The Pas 30
Vegreville 24
Winnipeg p. 234-237 1
Yorkton 9

Lac
Lac Winnipeg 4

Parcs nationaux et provinciaux
Parc interprovincial de Cypress Hills 15
Parc national de Grasslands 14
Parc national d'Elk Island 22
Parc national de Riding Mountain 7
Parc national de Wood Buffalo 25
Parc national du Prince-Albert p. 249 26
Parc provincial Dinosaur 20

Musée
Royal Tyrrell Museum of Palaeontology p. 246 19

Légende
Aéroport international
Autoroute
Route principale
Voie ferrée

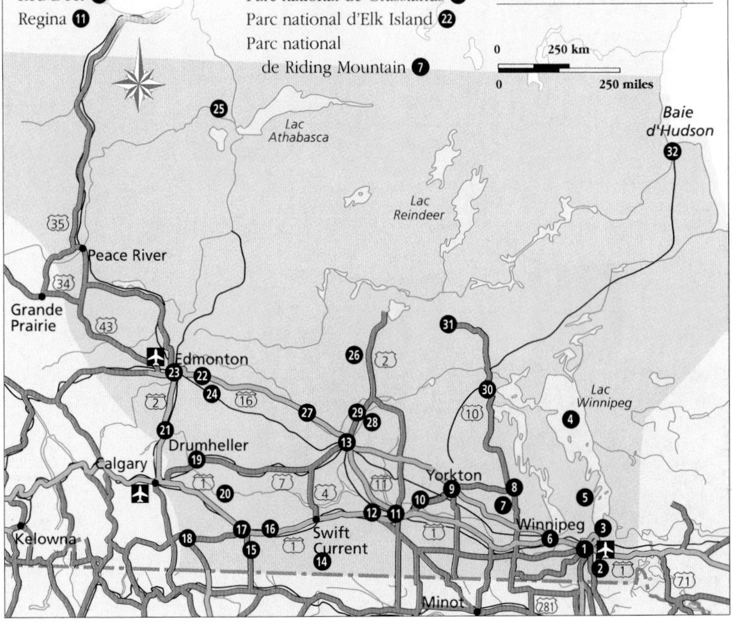

◁ **Une jeune Amérindienne de l'Alberta en costume traditionnel exécute une danse séculaire**

Winnipeg ❶

Cette grande ville cosmopolite est située au centre géographique du Canada. Elle abrite plus de la moitié de la population du Manitoba, surtout dans les quartiers de la périphérie qui illustrent sa diversité ethnique. Le confluent de la rivière Rouge et de l'Assiniboine était déjà un carrefour commercial important pour les premiers Amérindiens il y a 6 000 ans. Au XVIIᵉ siècle, les Européens y installèrent un poste de traite des fourrures. Dans les années 1880, les céréales devinrent la ressource principale de l'ouest du pays, grâce au chemin de fer qui passait par Winnipeg. La ville offre aujourd'hui un agréable séjour.

À la découverte de Winnipeg

La plupart des lieux à voir sont accessibles à pied depuis le centre-ville. L'excellent Manitoba Museum of Man and Nature et l'Ukrainian Cultural Centre se trouvent à l'est de l'Exchange District.

Au confluent de la rivière Rouge et de l'Assiniboine, The Forks est un lieu de détente familial consacré à l'histoire de la ville. Au carrefour de Portage Street's et de Main Street s'alignent banques et centres commerciaux.

🚇 Saint-Boniface

📋 279, ave. Portage, Winnipeg. 📞 (204) 1943-1970. ◻ du lun. au ven. de 8 h 30 à 16 h 30. ♿

Ce quartier historique est habité par l'une des plus grandes communautés francophones en dehors du Québec. Face à The Forks, de l'autre côté de la rivière Rouge, ce faubourg tranquille a été fondé en 1818 par des prêtres pour accueillir les Métis (p. 45) et les Français installés ici. En 1844, les « Sœurs grises » construisirent un hôpital qui abrite aujourd'hui le musée Saint-Boniface. Bien que ravagée par un incendie en 1968, la basilique du même nom a conservé son élégante façade blanche.

🏛 Manitoba Children's Museum

The Forks. 📞 (204) 924 4000. ◻ t.l.j. 🎦 ♿

Au sein du Lieu historique national The Forks, ce musée propose aux enfants de 3 à 11 ans des animations attrayantes. Dans la galerie All Aboard (« Tous à bord »), ils peuvent conduire un train avec la reconstitution d'une locomotive diesel de 1952 tout en s'instruisant sur l'histoire du chemin de fer canadien. Ils peuvent aussi produire une émission télévisée dans un studio.

🚇 Lieu historique national The Forks

45 Forks Market Rd. 📞 (204) 983 2007. ◻ site : t.l.j. ; bureaux : du lun. au ven. 🎦 manifestations exceptionnelles. ♿

Ce site à la gloire de l'histoire de la ville est un ancien terminus ferroviaire, jadis très actif, dont le port fluvial, les entrepôts et les écuries ont été restaurés. Ces dernières accueillent un grand marché où l'on trouve un large choix de spécialités culinaires, des produits frais, de la viande et du poisson. Bijoux et objets d'art populaire et de l'artisanat local sont vendus dans l'ancien grenier à foin.

Sur les 23 hectares de The Forks (de « la

L'entrée principale, très colorée, du Manitoba Children's Museum

LÉGENDE

🚉　Gare VIA Rail

🅿　Parc de stationnement

ℹ　Information touristique

0　　　　　　500 m

0　　　　　　500 yards

On peut louer bateaux de plaisance et canoës sur le port de The Forks

fourche ») sont également situés un amphithéâtre de plein air et une tour de 6 étages offrant une vue spectaculaire sur les gratte-ciel de Winnipeg.

MODE D'EMPLOI

🏠 616 800. ✈ 12 km N.-O. de la ville. 🚉 Gare VIA Rail, à l'angle de Main St. & Broadway. 🚌 Gare Greyhound Canada, à l'angle de Portage Ave. & Colony St. ℹ Tourism Winnipeg, 279 Portage Ave. 【 (204) 943 1970. 📅 The Red River Exhibition (juin) ; Folklorama (août) ; Festival Voyageur (fév.).

🏛 Dalnavert

61 Carlton St. 【 (204) 943 2835. 🅾 du mar. au jeu., sam., dim. ⬤ lun., ven. 🈲 ♿

Bâtie en 1895, cette demeure victorienne superbement restaurée est un bel exemple du renouveau de l'architecture Queen Anne. L'élégante façade en brique rouge est précédée d'une longue véranda en bois. La maison, à l'ameublement cossu, a appartenu à sir Hugh John Macdonald, ancien Premier ministre du Manitoba et fils de John A. Macdonald, le premier Premier ministre du Canada.

Le dôme du Legislative Building

🏛 Legislative Building

à l'angle de Broadway & Osborne. 【 (204) 945 5813. 🅾 visites guidées du lun. au ven. ♿

Cet édifice est construit dans un calcaire rare et précieux, discrètement piqueté de fossiles. Il est entouré de 12 hectares de jardins magnifiquement entretenus, agrémentés de statues de poètes comme l'Écossais Robert Burns et l'Ukrainien Taras Ahevchenko, qui illustrent la diversité ethnique de la province.

🏛 Winnipeg Art Gallery

300 Memorial Blvd. 【 (204) 786 6641. 🅾 du mar. au dim. 🈲 sauf le mer.

Elle possède la plus grande collection d'art inuit au monde avec plus de 10 000 sculptures, estampes, dessins et textiles acquis depuis 1957. *Les Quatre Saisons de la toundra*, une remarquable tenture faite de tissus collés, est l'œuvre de l'artiste inuit Ruth Qaulluaryuk. On verra aussi des retables et des tapisseries gothiques et Renaissance.

WINNIPEG D'UN COUP D'ŒIL

♔ Exchange District et Market Square

Albert St. ⎮ (204) 942 6716.
En 1881, le Canadian Pacific Railway ayant décidé de faire passer son chemin de fer transcontinental par Winnipeg, la ville connut un brusque essor qui entraîna la création de plusieurs bourses du commerce. Exchange District, qui doit son nom à celle des céréales, fut bientôt couvert d'une ribambelle d'hôtels luxueux, de banques, d'entrepôts et de théâtres. Aujourd'hui Lieu historique national, le quartier, restauré, a retrouvé sa gloire d'antan. Il abrite boutiques de mode, magasins d'artisanat, de meubles et d'antiquités, galeries d'art et ateliers d'artistes.

Au centre du quartier, Old Market Square sert souvent de cadre à des festivals locaux et des concerts en plein air.

🏛 Ukrainian Cultural and Educational Centre

184 Alexander Ave. E. ⎮ (204) 942 0218. ◷ de 10 h à 17 h du lun. au ven., de 10 h à 15 h sam., de 14 h à 17 h dim. ♿
Installé dans un bel édifice des années 1930 dans l'Exchange District, ce centre culturel rend hommage au neuvième groupe ethnique du Canada. Son musée, sa galerie d'art et sa bibliothèque de recherche offrent un aperçu unique de l'histoire et de la culture ukrainiennes.

Le musée renferme des tissus aux couleurs vives et des sculptures sur bois, mais la collection la plus notable est celle des œufs de Pâques (*pysanky*) au décor élaboré, le plus souvent peint à la main.

L'enceinte de Lower Fort Garry, du XIXᵉ siècle, est d'origine

♔ Lower Fort Garry

Autoroute 9, près de Selkirk.
⎮ (204) 785 6050. ◷ de mai à sept. : de 10 h à 18 h t.l.j. ♿ ♿
À 32 kilomètres au nord de Winnipeg, au bord de la rivière Rouge, Lower Fort Garry est le seul poste de traite des fourrures en pierre du Canada conservé dans son état d'origine. Il a été construit en 1830 par George Simpson, le gouverneur de la division nord de la Compagnie de la baie d'Hudson, dont la grande maison est aujourd'hui l'une des principales curiosités du fort.

Au centre d'accueil, un film est projeté sur le fort et les fourrures. Plusieurs bâtiments ont été restaurés, notamment les logements des employés et l'entrepôt de fourrures.

Sculpture de Leo Mol, à Assiniboine Park

🏛 Royal Canadian Mint

520 Lagimodière Blvd. ⎮ (204) 257 3359. ◷ de mai à août : de 9 h à 16 h du lun. au ven. ♿ ♿ ♿
Installée dans un imposant édifice en verre rose, la Monnaie frappe annuellement plus de 4 milliards de pièces mises en circulation au Canada, et des monnaies étrangères pour 60 pays dont la Thaïlande et l'Inde.

♣ Assiniboine Park

2355 Corydon Ave. ⎮ (204) 986 5537. ◷ t.l.j. ♿
Occupant 153 hectares sur la rive sud de l'Assiniboine, c'est l'un des plus grands parcs urbains des Prairies. Les visiteurs viennent surtout pour admirer la cinquantaine de bronze du Leo Mol Sculpture Garden, Leo Mol étant un célèbre artiste local. Des expositions saisonnières de fleurs et d'arbustes ont lieu dans la serre tropicale. Le parc abrite aussi un jardin anglais, un chemin de fer miniature et un bel exemple de jardin à la française. L'ancienne buvette, devenue la Pavilion Gallery, est consacrée aux artistes locaux.

Au zoo d'Assiniboine Park vivent 275 espèces différentes. Pour la plupart, les animaux sont originaires des latitudes septentrionales et des régions de montagne, comme l'ours polaire, le couguar, l'orignal et le pygargue à tête blanche. Une grande statue de Winnie l'Ourson orne les lieux ; elle s'inspirerait du héros de A. A. Milne. L'été, les multiples sentiers du parc se prêtent au cyclisme et à la randonnée, et l'hiver, citadins et visiteurs y pratiquent ski de fond, patinage et luge.

Une étonnante pyramide en verre rose abrite la Royal Canadian Mint

Manitoba Museum of Man and Nature

Les collections exceptionnelles de ce passionnant musée sont présentées avec beaucoup d'originalité. Inauguré en 1970, il traite de la géographie et du peuplement de la région. Le parcours se fait en remontant le temps, depuis la préhistoire jusqu'à l'époque moderne. À chaque zone géographique correspond également une galerie. On part ainsi de celle de l'histoire de la Terre, qui contient des fossiles parfois vieux de 500 millions d'années, pour arriver à la reconstitution de Winnipeg dans les années 1920, avec une gare, un cinéma et un cabinet de dentiste.

MODE D'EMPLOI

190 Rupert Ave. **(** (204) 956 2830.
⊞ 11. **○** mi-mai à sept. : 10 h à 18 h t.l.j. ; sept. à mai : 10 h à 16 h du mar. au ven., 10 h à 17 h sam. et dim. **●** sept. à mai, lun. **⟨⟩ ⟨⟩ ⟨⟩ ⟨⟩**

LÉGENDE

☐ Orientation

☐ Histoire de la Terre

☐ Arctique

☐ Forêt boréale

☐ Prairie

☐ Activités d'éveil

☐ Section urbaine

☐ *Nonsuch*

☐ Compagnie de la baie d'Hudson

☐ Bois et forêts

☐ Expositions temporaires

☐ Locaux techniques

Diorama des orignaux
Un orignal et son petit parmi les conifères de la forêt boréale sont présentés à côté d'Indiens Cris en train d'emmagasiner des vivres et de peindre des rochers.

Mezzanine de la forêt boréale

Mezzanine de l'histoire de la Terre

SUIVEZ LE GUIDE !
Les galeries sont disposées sur deux niveaux, des escaliers donnant accès aux mezzanines. La collection sur la Compagnie de la baie d'Hudson est présentée dans un autre bâtiment, construit en 1999.

Entrée principale

Galerie du *Nonsuch*
Ce voilier à deux mâts, construit en Angleterre en 1970, est une réplique du ketch qui jeta l'ancre dans la baie d'Hudson en 1688.

Chasse au bison
Ce Métis chassant le bison illustre l'intérêt porté par le musée à la relation entre l'homme et son environnement.

L'été, les Prairies resplendissent de mille couleurs ▷

Chevaux de labour au Mennonite Heritage Village de Steinbach

Steinbach ❷

🏛 11 350. ✈ 🚌 🛈 *Autoroute 12N. (204) 326 9566.*

À environ une heure de route au sud-est de Winnipeg, Steinbach abrite une communauté très unie autour de ses impressionnantes entreprises de camionnage, ses imprimeries, manufactures et, surtout, concessions automobiles. Elles sont dirigées en majorité par les mennonites *(p. 217)*, réputés pour leur équité en affaires.

Après avoir fui les persécutions religieuses en Russie, ils sont arrivés à Steinbach en 1874 dans leurs carrioles. Bien qu'à l'écart des voies ferrées, la ville a prospéré car ils étaient de bons agriculteurs avant de se lancer dans la vente de voitures (qu'ils n'utilisent pas eux-mêmes).

Le **Mennonite Heritage Village** est la reconstitution d'une colonie mennonite du XIXᵉ siècle avec quelques édifices d'origine, ainsi qu'une église et une école meublées dans le style de l'époque. Le restaurant sert une cuisine traditionnelle, et le magasin général vend des produits de l'artisanat local.

Locomotive à vapeur au Mennonite Heritage Village

🏛 **Mennonite Heritage Village**
Autoroute 12N. 📞 *(204) 326 9661.*
⭕ *de mai à sept. : t.l.j.* 📷 ♿

Selkirk ❸

🏛 9 800. 🚌 🛈 *200 Eaton Ave. (204) 482 7176.*

La ville, qui doit son nom au cinquième comte de Selkirk, Thomas Douglas, dont la famille avait des intérêts dans la Compagnie de la baie d'Hudson, a été fondée en 1882 par des colons qui atteignirent la rivière Rouge. Elle est surtout connue aujourd'hui pour être un paradis de la pêche, ce que proclame la statue d'un poisson qui se dresse dans la rue principale.

Le Marine Museum of Manitoba est l'autre attraction majeure de la localité. Six bateaux anciens restaurés y sont exposés, dont le *Keenora*, le plus vieux vapeur du Manitoba, qui date de 1897.

Lac Winnipeg ❹

🚉 *Winnipeg.* 🚌 *Winnipeg.*
🛈 *Winnipeg (204) 945 3777.*

Vaste étendue d'eau de plus de 400 kilomètres de long, le lac Winnipeg, et la Nelson qui s'en écoule, relie le sud du Manitoba à la baie d'Hudson, au nord. Aujourd'hui, ses rives sont bordées de stations balnéaires très fréquentées par les habitants de la région et les touristes.

La rive sud-est est une succession de plages. Winnipeg Beach, notamment, est réputée être l'une des meilleures pour la planche à voile. Là, dans un parc, se dresse une impressionnante tête d'Amérindien sculptée dans le bois par Peter « Wolf » Toth, un artiste de la région. Baptisée *Whispering Giant* – « Géant qui murmure » –, elle rend hommage aux premiers habitants du Manitoba : Ojibwés, Cris et Assiniboines.

Dans le **parc provincial de Grand Beach**, de longues plages de sable blanc côtoient d'énormes dunes couronnées d'herbe et hautes de plus de 8 mètres. Au-delà des plages s'étend l'un des trésors du parc : une lagune peuplée de nombreux oiseaux, entre autres le pluvier siffleur, une espèce menacée.

À l'ouest du lac, **Oak Hammock Marsh**, autre zone marécageuse, sert d'habitat à une riche faune, dont 280 espèces d'oiseaux.

Bateaux historiques devant le Marine Museum of Manitoba, à Selkirk

Whispering Giant, **sculpture en bois de cèdre, à Winnipeg Beach**

Plus au nord, le **parc provincial de Hecla** regroupe plusieurs îles. Une chaussée relie Hecla Island, qui était habitée à l'origine par les Anishinabes (Ojibwés), au rivage. Les premiers colons européens, des Islandais, arrivèrent en 1875. Au bord du lac, le village de Hecla est aujourd'hui un splendide musée de plein air avec ses édifices du XIXᵉ siècle remis en état. Plusieurs sentiers de randonnée et pistes cyclables menant à des points d'observation du gibier d'eau – notamment les grands hérons et le rare grèbe élégant – en partent.

🌿 **Parc provincial de Grand Beach**
Autoroute 12, près de Grand Marais.
📞 (204) 754 2212. ◯ t.l.j. 📷 ♿ partiel.

🌿 **Parc provincial de Hecla**
Autoroute 8, près de Riverton.
📞 (204) 279 2056. ◯ t.l.j. ♿

Gimli ❺

🏠 2 100. 🚉 ℹ Centre St. (204) 642 7974.

Sur la rive ouest du lac Winnipeg, Gimli possède la plus grande communauté islandaise hors d'Islande. En 1875, ayant obtenu le droit de s'établir, les colons arrivèrent non loin, à Willow Creek. Ils proclamèrent bientôt un État indépendant qui dura jusqu'en 1881. Le gouvernement insista alors pour que d'autres immigrants puissent s'installer à Gimli. Cette histoire hors du commun est expliquée au **New Iceland Heritage Museum**.

Gimli baigne dans une atmosphère résolument nautique avec ses trottoirs pavés qui descendent au port pittoresque avec sa jetée en bois. Le festival islandais du

Statue de Viking au village de Gimli

Manitoba s'y tient tous les ans en août. On peut se déguiser en Viking, participer à des jeux, écouter de la musique folklorique et déguster des spécialités islandaises.

À environ 25 kilomètres à l'ouest de Gimli, la Narcisse Wildlife Management Area est une réserve pour des milliers de couleuvres à flancs rouges que l'on peut observer l'été sur une courte piste tracée à cet effet.

🏛 **New Iceland Heritage Museum**
94, First Ave, Gimli. 📞 (204) 642 4001. ◯ juil. et août : t.l.j. ; hors saison, se renseigner par téléphone. 📷 participation libre. ♿

Portage la Prairie ❻

🏠 13 400. 🚉 🚉 ℹ 11 Second St. NE (204) 857 7778.

Cette ville rurale prospère se trouve au centre d'une riche région agricole où poussent blé, orge et colza. Son nom vient de ce qu'elle était un relais de portage entre le lac Manitoba et l'Assiniboine, voie navigable souvent empruntée par les premiers voyageurs. Le Fort La Reine Museum et Pioneer Village occupent l'emplacement du fort construit en 1738 par l'explorateur français La Vérendrye. Les outils et photos du musée évoquent la vie dans les Prairies au XIXᵉ siècle. Une exposition très visitée sur le chemin de fer montre un fourgon dans lequel voyageaient les ouvriers, une cabane de gardien et le wagon personnel de sir William Van Horne, maître d'œuvre du Canadian Pacific Railroad. Quant au Pioneer Village, avec ses magasins d'époque et son église, il restitue bien l'ambiance d'une colonie du XIXᵉ siècle.

Le Pioneer Village, sur le site de Fort La Reine, à Portage la Prairie

Parc national de Riding Mountain ⓐ

Autoroutes 10 & 19. **C** *1 800 707 8480.* ☐ *t.l.j.* 🖾 🚻 *partiel.*

Vaste étendue sauvage de 3 000 kilomètres carrés, le parc national de Riding Mountain constitue l'un des principaux attraits de l'ouest du Manitoba. Les meilleurs sentiers de randonnée et certains des plus beaux paysages de la province se trouvent au centre du parc, un plateau boisé parsemé de lacs. À l'est s'étire une crête couverte d'une forêt de résineux – épicéas, pins et sapins –, domaine des wapitis et des orignaux. Un petit troupeau d'une trentaine de bisons vit près du lac Audy. Exterminés par les chasseurs à la fin du XIXᵉ siècle, ils ont été réintroduits dans les années 1930. Les alentours de la localité de Wasagaming sont le seul secteur avec quelques équipements : on y trouvera des informations sur le réseau de pistes cyclables, sentiers de randonnée et allées cavalières, ainsi que des canoës à louer pour explorer le lac Clear, le plus grand du parc.

Bison du petit troupeau du parc national de Riding Mountain

Wasagaming dispose d'hôtels, restaurants et terrains de camping, et dans le village voisin d'Anishinabe, on peut même dormir sous un tipi.

Dauphin ⓑ

🏙 *8 800.* ✈ 🚌 🚇 🚻 *3rd Ave. (204) 638 4838.*

Agréable ville aux rues bordées d'arbres, Dauphin a été baptisée en référence au fils aîné du roi de France par l'explorateur français La Vérendrye. Située au nord du parc national de Riding Mountain, elle constitue un centre d'approvisionnement pour les fermes de la fertile vallée de la Vermilion. En ville, le Fort Dauphin Museum est la reconstitution d'un poste de traite du XVIIIᵉ siècle. On y verra un canoë en écorce de bouleau comme en utilisaient les trappeurs et plusieurs édifices essentiels pour les pionniers : une église, une école et une forge.

De nos jours, le dôme bulbeux caractéristique de l'église de la Résurrection révèle la présence de la communauté ukrainienne, dont les premiers représentants arrivèrent à Dauphin en 1891.

Yorkton ⓒ

🏙 *16 700.* ✈ 🚇 🚻 *jonction des Autoroutes 9 & 16 (306) 783 8707.*

Au centre de la Saskatchewan, Yorkton était à l'origine – en 1882 – une communauté rurale. L'architecture originale de ses églises reflète son patrimoine ukrainien, notamment l'église catholique Saint Mary's bâtie en 1914. Elle vaut la visite pour sa coupole de 21 mètres de haut, ses icônes et ses peintures étonnantes. La section locale du **Western Development Museum** est consacrée à l'histoire des immigrants de la région.

🏛 Western Development Museum

Yellowhead Hwy. **C** *(306) 783 8361.* ☐ *de mai à mi-sept. : t.l.j.* 🖾 🚻

La magnifique coupole de l'église catholique Saint Mary's à Yorkton

L'élégante façade de la Motherwell Homestead

Fort Qu'Appelle ⓓ

🏙 *2 000.* 🚻 *Regina (306) 789 5099.*

Cette ville pittoresque, située entre Regina et Yorkton sur l'Autoroute 10, doit son nom à un poste de traite des fourrures de la Compagnie de la baie d'Hudson ouvert en 1864. **Fort Qu'Appelle Museum**, à l'emplacement du fort d'origine, englobe une petite dépendance qui en faisait partie. Il présente entre autres des objets amérindiens ornés de perles et une collection de photos de pionniers.

La Qu'Appelle, longue de 430 kilomètres, arrose les deux tiers du sud de la Saskatchewan. À Fort Qu'Appelle, la rivière s'élargit en un chapelet de huit lacs que bordent plusieurs parcs provinciaux. Les routes touristiques qui traversent la campagne sont un des nombreux attraits de la vallée.

À une trentaine de kilomètres à l'est de Fort Qu'Appelle, le **Lieu historique national de Motherwell Homestead**, ouvert au public, est une élégante maison de pierre entourée de vastes jardins d'agrément. Elle a été construite par William R. Motherwell, nommé ministre de l'Agriculture de la Saskatchewan de 1905 à 1918.

🚻 Motherwell Homestead

par l'Autoroute 22. **C** *(306) 333 2116.* ☐ *de mai à oct. : t.l.j.* 🖾 🚻 *partiel.*

🏛 Fort Qu'Appelle Museum

à l'angle de Bay Ave. & Third St. **C** *(306) 332 6443.* ☐ *de juil. à sept. : t.l.j.* 🖾 🚻 *partiel.*

Regina ⓫

🏃 *199 700.* ✈ 🚉 🚌 ℹ
Autoroute 1 E (306) 789 5099.

La capitale de la Saskatchewan est accueillante et animée. La princesse Louise, fille de la reine Victoria et épouse du gouverneur général du Canada, la baptisa Regina en hommage à sa mère. Jusqu'en 1882, c'était un simple camp de tentes appelé Pile O'Bones, « tas d'os », car les Cris laissaient là les os de bison après la chasse.

Regina est aujourd'hui une ville moderne prospère dont les hautes tours contrastent avec les 350 000 arbres du Wascana Centre, 930 hectares d'espaces verts en pleine ville, avec un lac artificiel. Au milieu de celui-ci, Willow Island, desservie par un bateau, est idéale pour pique-niquer. Le parc est le refuge d'une soixantaine d'espèces d'oiseaux, notamment des bernaches du Canada. Il abrite par ailleurs le **Royal Saskatchewan Museum**. Cet intéressant musée traite de l'histoire des Amérindiens depuis leur arrivée jusqu'à nos jours au travers de conférences données par les anciens sur la terre et ses ressources, et de peintures murales, sculptures et tableaux d'artistes contemporains, originaires ou non de la province.

Peinture murale dans le centre-ville de Moose Jaw

Le premier quartier général de la North West Mounted Police est situé à l'ouest du centre-ville. Maintenant, on y assure la formation de toutes les recrues du pays. On y trouve aussi le **RCMP Centennial Museum**. Il fournit des informations sur l'histoire de la Police montée depuis sa création après le massacre de Cypress Hills en 1873 *(p. 245)*. Il ne faut pas manquer les cérémonies et les manœuvres, notamment la parade du sergent-major, le carrousel musical et les cérémonies de retraite au coucher du soleil.

Bernache du Canada à Wascana Centre

🏛 **RCMP Centennial Museum**
Dewdney Ave. W. 📞 *(306) 780 5838.* 🕐 *t.l.j.* ♿
🏛 **Royal Saskatchewan Museum**
à l'angle d'Albert St. & College Ave. 📞 *(306) 787 2815.* 🕐 *t.l.j.* ⚫ *25 déc.* ♿

Moose Jaw ⓬

🏃 *34 500.* ✈ 🚌
ℹ *99 Diefenbaker Dr. (306) 693 8097.*

Cette ville paisible a été fondée en 1882. Elle fut d'abord le terminus du Canadian Pacific Railroad, puis de l'American Soo Line en provenance de Minneapolis, dans le Minnesota. Un ensemble de peintures murales en hommage à la vie des premiers pionniers et colons du rail orne aujourd'hui 29 bâtiments du centre-ville, autour de First Avenue. Non loin, les hôtels et entrepôts des années 1920, concentrés dans River Street, témoignent de l'époque où Moose Jaw était la « cité du péché » : lors de la prohibition, des gangsters aussi célèbres qu'Al Capone faisaient passer de l'alcool fabriqué illégalement entre le Canada et les États-Unis.

La section locale du Western Development Museum est consacrée aux transports, en particulier au chemin de fer.

Parade des cadets de l'école de la Police montée à Regina

Danse traditionnelle lors d'un pow-wow à Saskatoon

Saskatoon ⓑ

🏛 229 750. ✈ ⊠ 🚌 🚉 🛈 6306 Idylwyld Dr. N (306) 242 1206.

Ancienne communauté méthodiste fondée en 1882 par John Lake, originaire d'Ontario, Saskatoon est située au cœur des Prairies. C'est aujourd'hui un centre commercial et agricole très actif grâce aux nombreux éleveurs et cultivateurs de blé des alentours. On en saura plus sur l'histoire de la région en se rendant à la section locale du Western Development Museum : l'accent est mis sur l'essor urbain au cours du XXᵉ siècle, au moyen de la reconstitution d'une rue animée d'une ville typique des Prairies.

La South Saskatchewan, rivière qui traverse la ville, est bordée de plusieurs parcs verdoyants, dont le magnifique **Wanuskewin Heritage Park** de 120 hectares, consacré à l'histoire des premiers Amérindiens. Ses nombreux sites archéologiques attestent la présence de communautés de chasseurs-cueilleurs il y a 6 000 ans. Certains chantiers de fouilles sont ouverts au public et les recherches en cours sont expliquées au laboratoire d'archéologie de l'excellent centre d'interprétation. Les peuples des plaines du Nord font office de guides. Des sentiers très praticables mènent à des cercles de tipis, à des pistes de bisons et à une « culbute à bisons » (p. 294).

Situés au bord de la rivière, l'Ukrainian Museum of Canada présente des tissus traditionnels aux couleurs vives, et la Mendel Art Gallery, des collections de poterie et de verrerie des premiers Amérindiens et des Inuit.

🌸 **Wanuskewin Heritage Park**
par l'Autoroute 11. 📞 (306) 931 6767. ⚪ t.l.j. ⚫ vendredi saint, 25 déc. 🎫 ♿ partiel.

Parc national de Grasslands ⓮

🛈 jonction des Autoroutes 4 & 18. 📞 Val Marie (306) 298 2257. 🚌 Val Marie. ⚪ t.l.j. ♿ partiel.

Au sud-ouest de la Saskatchewan, le parc national de Grasslands a été créé en 1981 pour protéger une des dernières prairies originelles d'Amérique du Nord. Il y règne des températures extrêmes : jusqu'à 40 ° l'été et - 40 ° l'hiver. Cet environnement recèle une faune rare, comme le lézard crapaud-cornu et la buse rouilleuse. La rocailleuse vallée de la Frenchman est le dernier habitat du chien de prairie du Canada.

Chien de prairie

On peut faire des randonnées et camper dans le parc, mais les équipements sont sommaires.

À l'est du parc, les **Big Muddy Badlands** offrent un paysage glaciaire impressionnant. Au début du XXᵉ siècle, les cavernes de calcaire érodé et les ravins profonds servirent de cachette aux voleurs de bétail comme Butch Cassidy et Dutch Henry.

🏛 **Big Muddy Badlands**
par l'Autoroute 34. 📞 (306) 267 3312. Excursions l'été depuis Coronach. 🎫

Les buttes isolées à sommet plat des Big Muddy Badlands, vues depuis le parc national de Grasslands

Parc interprovincial de Cypress Hills ⓯

Autoroute 41. 🚹 *(306) 662 5411.*
🚌 *Maple Creek.* ⭘ *t.l.j.* ♿ *partiel.*

À cheval sur la frontière de la Saskatchewan et de l'Alberta, le parc interprovincial de Cypress Hills offre de belles vues des plaines depuis ses sommets hauts de 1 400 mètres. Ses paysages ressemblent à ceux des contreforts des Rocheuses, couverts de fleurs sauvages et plantés de forêts de pins dont les Indiens faisaient les mâts de leurs tipis. Les randonneurs les plus chanceux pourront y observer wapitis, orignaux et caribous, ainsi que certaines des quelque 200 espèces d'oiseaux qui y font halte pendant la migration.

À l'est du parc, dans la Saskatchewan, le **Lieu historique national de Fort Walsh** est une reconstitution du fort bâti en 1875 par la Police montée pour éloigner les trafiquants de whisky qui semaient le désordre chez les Indiens. On a reconstruit à côté les postes de traite de Farwells et Solomons, impliqués dans ce commerce illicite. Des guides en costume d'époque relatent l'histoire du massacre de Cypress Hills.

🏛 Lieu historique national de Fort Walsh
Parc interprovincial de Cypress Hills.
🅃 *(306) 662 2645.* ⭘ *de mai à oct. : de 9 h à 17 h t.l.j.* 🈂

Maple Creek ⓰

🏚 *2 300.* 🚌 🚹 *Jonct. Autoroutes 1 et 21 (306) 662 4299.*

À la lisière des Cypress Hills, Maple Creek, surnommée affectueusement le « vieux patelin », était un centre d'élevage à sa création en 1882. Encore aujourd'hui, ses rues pleines de camions et de caravanes où l'on croise des ranchers coiffés du Stetson donnent l'impression d'être au Far West. De nombreuses façades du XIXᵉ siècle ont été conservées, comme celle du

Un pont métallique enjambe l'Oldman River à Lethbridge

Commercial Hotel, dont le hall est dallé de marbre. Le plus vieux musée de la province, le Saskatchewan Old Timers' Museum, est fier de ses excellentes collections qui évoquent les événements marquants de la région.

Medicine Hat ⓱

🏚 *46 700.* ✈ 🚌 🚹 *8 Gekring Rd S.E. (403) 527 6422.*

Dans la pittoresque vallée de la South Saskatchewan, cette ville fondée en 1883 est le centre de l'industrie du gaz en Alberta. Elle est célèbre pour Seven Persons Coulee, un important camp amérindien et « culbute à bisons », qui est un site archéologique majeur des plaines du Nord. Les trouvailles – ossements, outils et pointes de flèche – attestent une présence humaine ici il y a plus de 6 000 ans. Des visites guidées sont organisées sur le site.

Lethbridge ⓲

🏚 *66 050.* ✈ 🚹 *2805 Scenic Dr. (403) 320 1222.*

C'est sur le charbon, le pétrole et le gaz que repose la réussite de Lethbridge. La troisième ville d'Alberta, au bord de l'Oldman River, porte le nom de William Lethbridge, propriétaire de mines en 1885, mais le site a été habité par les Amérindiens, notamment les Pieds-Noirs, depuis la préhistoire.

Le célèbre Fort Whoop-up a été fondé en 1869 par les marchands de whisky John Healy et Alfred Hamilton dans le seul but de tirer profit de la vente illicite d'un whisky souvent meurtrier. Piégés par l'alcool, beaucoup d'Indiens furent empoisonnés ou même tués par la mixture à base de substances comme le tabac ou l'encre rouge. L'histoire du poste de traite est expliquée au centre d'accueil de la reconstitution du fort.

LE MASSACRE DE CYPRESS HILLS

Le 1ᵉʳ juin 1873, un groupe de marchands de whisky attaqua un camp des Assiniboines, tuant femmes, enfants et guerriers, en représailles du vol présumé de leurs chevaux par les Indiens. Beaucoup d'entre eux étaient déjà morts pour avoir bu leur alcool frelaté, mêlé à de l'encre ou de la strychnine. Le massacre entraîna la création de la North West Mounted Police, dont le premier poste fut Fort Macleod en 1874, puis Fort Walsh en 1875. La Police montée mit fin au trafic du whisky.

Deux Assiniboines, d'après une gravure de 1844

Royal Tyrrell Museum of Palaeontology ⑲

L'albertosaure sert de logo au musée

Inauguré en 1985, ce musée exceptionnel est le seul du Canada consacré à 4,5 milliards d'années d'histoire de la Terre. Les collections sont présentées en fonction de l'évolution, que l'on suit grâce aux dinosaures et aux fossiles de diverses périodes. Des présentations interactives sur ordinateur, des vidéos et des dioramas en 3 dimensions ont permis de reconstituer des paysages préhistoriques précis et de faire revivre l'époque des dinosaures.

MODE D'EMPLOI

A 858, 6 km N.-O. de Drumheller. 📞 (403) 823 7707. ✈ Calgary. ⏰ mai à août : 9 h à 21 h t.l.j. ; sept. et oct. : 10 h à 17 h t.l.j. ; nov. à avr. : 10 h à 17 h du mar. au dim. 🎦 📷 ♿

LÉGENDE

☐ Salle des sciences
☐ Salle des théropodes
☐ Découvertes
☐ Burgess Shale
☐ Salle des dinosaures
☐ Bearpaw sea
☐ Âge des reptiles
☐ Âge des mammifères
☐ Paléoconservatoire
☐ Paléozoïque terrestre
☐ Salle Nova Discovery
☐ Galerie du pléistocène
☐ Locaux techniques

Salle des dinosaures
Un tyrannosaure royal domine près de 35 squelettes complets de dinosaures.

L'exposition introductive sur les fossiles explique leur formation, de l'ambre (résine fossilisée) aux empreintes vieilles de 500 millions d'années.

CHANTIERS DE FOUILLES DU MUSÉE

Exhumation d'un dinosaure

La plupart des restes de dinosaures du Royal Tyrrell Museum ont été découverts dans les Badlands d'Alberta, un paysage aride de ravines et de promontoires abrupts. Plusieurs formules sont proposées pour observer les chantiers, allant de la visite de 2 heures au séjour d'une semaine ou plus. Il est alors possible d'aider les paléontologues.

SUIVEZ LE GUIDE !
La collection est installée sur plusieurs niveaux reliés par des rampes. Chaque section est consacrée à une ère géologique. Les expositions introductives sur les fossiles et les dinosaures sont suivies de présentations des mammifères préhistoriques et des périodes glaciaires. La salle des dinosaures est la plus visitée.

Albertosaure
J. B. Tyrrell, qui donna son nom au musée, découvrit un albertosaure fossilisé en 1884 dans la Drumheller Valley. Ce reptile était un prédateur redoutable.

Un sentier de randonnée très apprécié fait le tour du lac Astotin, le plus étendu du parc d'Elk Island

Parc provincial Dinosaur ⓴

Route 544. 📞 *(403) 378 4342.*
⏰ *t.l.j.* 🎦 ♿ *partiel.*

À deux heures de route au sud-est de la ville de Drumheller, le parc provincial Dinosaur, créé en 1955 et inscrit sur la liste du Patrimoine mondial de l'Unesco, contient l'un des gisements de fossiles les plus riches du monde. Situé dans la Red Deer Valley, il renferme des squelettes de dinosaures datant surtout du crétacé (il y a 144 à 65 millions d'années). Plus de 300 trouvailles d'importance ont été faites, et les spécimens trouvés dans la vallée sont exposés dans une trentaine d'instituts de par le monde.

La **Dinosaur Trail**, au départ de la localité de Drumheller, est un circuit de 48 kilomètres qui traverse la « vallée des

dinosaures ». On verra des fossiles et divers objets relatifs à la préhistoire. Des points élevés comme Horseshoe Canyon offrent des panoramas étonnants des Badlands.

🏕 **Dinosaur Trail**
ℹ *Drumheller (403) 823 1331.*

Red Deer ⓴

🏃 *63 100.* 🚌 ℹ *Heritage Ranch, Autoroute 2 (403) 346 0180.*

À mi-chemin entre Calgary et Edmonton, cette localité animée, fondée en 1882 par des colons écossais, était à l'origine une ville d'étape. Moderne et dotée de bons équipements culturels et de loisirs, Red Deer est au cœur des espaces verts vallonnés du centre de l'Alberta. Elle possède quelques bâtiments intéressants comme l'église Saint Mary's et la Water Tower, surnommée l'« oignon vert ». La belle réserve de Waskasoo Park s'étend au bord de la rivière Rouge.

Parc national d'Elk Island ⓴

Autoroute 16. 📞 *(780) 992 2950.*
⏰ *t.l.j.* 🎦 ♿ *partiel.*

Créée en 1906, la première réserve faunique du Canada est devenue un parc national en 1913. Cet espace sauvage n'est qu'à une demi-heure de route d'Edmonton. Ses 194 kilomètres carrés offrent un habitat unique aux grands mammifères comme le wapiti, le bison des plaines et le bison des bois, plus rare et menacé. Alternance de prairies vallonnées, de bois de peupliers faux-trembles et de zones humides, le parc possède l'un des écosystèmes les plus menacés d'Amérique du Nord.

Les peupliers faux-trembles poussent surtout sur les collines, alors que saules baumiers, peupliers et bouleaux à papier préfèrent les terrains marécageux, tout comme la carex. Les zones humides sont le domaine d'une foule d'oiseaux, dont le bruant et la parutine jaune.

Excellent but d'excursion d'une journée au départ d'Edmonton, Elk Island est aussi appréciée des habitants de la région pour pique-niquer le week-end. Il existe 13 sentiers de randonnée de niveaux variés. Le parc offre un grand choix d'activités estivales et l'hiver, le ski de fond est le sport le plus populaire.

Les *hoodoos*, ou cheminées de fée, sculptés par l'érosion

Le palais des glaces à Edmonton

Edmonton ㉓

🏃 890 000. ✈ ⊠ 🚇 🚌 ℹ
9797 Jasper Ave. (780) 496 8400.

Établie sur les deux rives de la North Saskatchewan, la capitale de l'Alberta a été fondée en 1795 avec d'autres postes de traite de la Compagnie de la baie d'Hudson. Elle est aujourd'hui au cœur de la florissante industrie pétrolière du Canada.

Dans le centre-ville, la grande curiosité est sans aucun doute le gigantesque **West Edmonton Mall**, présenté comme le plus grand centre commercial du monde. Il renferme plus de 800 magasins et services, un parc d'attractions, une centaine de restaurants, un parc aquatique avec plage et fausses vagues, un terrain de golf et une patinoire. Également dans le centre-ville et contrastant avec cette modernité, l'édifice raffiné de l'Alberta Legislature, inauguré en 1912, est le plus ancien de la province. À l'emplacement de l'ancien Fort Edmonton, dominant la rivière, il est entouré d'un jardin superbement dessiné, rempli de fontaines.

Au sud-ouest du centre, à Fort Edmonton Park, où ont été reconstituées des rues de 1885 et 1920, le visiteur est replongé dans l'ambiance du fort originel de la Compagnie de la baie d'Hudson. On peut flâner parmi les boutiques d'antan, se promener en carriole, en train à vapeur ou en tramway.

🏬 **West Edmonton Mall**
170th St. & 87th Ave. 📞 (780) 444 5304. ⏰ t.l.j. ♿

Vegreville ㉔

🏃 5 300. 🚌 ℹ au pysanka drive (780) 632 6800.

Sur la Yellowhead Highway, à l'est d'Edmonton, Vegreville est peuplée en majorité d'Ukrainiens. Les habitants sont réputés pour la fabrication d'œufs de Pâques richement décorés *(pysanki)*, dans la tradition ukrainienne. Un œuf gigantesque au décor fabuleux se voit nettement de la route : il est couvert de motifs élaborés en bronze, or et argent qui relatent l'histoire des colons ukrainiens et rend hommage à leur foi religieuse, à leurs abondantes moissons et à la protection que leur accorda la Police montée. Haut de 7 mètres, l'œuf se compose de plus de 3 500 morceaux d'aluminium.

Œuf de Pâques géant décoré dans la tradition ukrainienne à Vegreville

Parc national de Wood Buffalo ㉕

entrée principale : Fort Smith, Territoires du Nord-Ouest.
📞 (867 872 7900). ⏰ t.l.j. 📷

Avec une superficie de 44 807 kilomètres carrés, presque celle du Danemark, c'est le plus grand parc national du Canada. Les habitats variés qu'il offre à des espèces animales rares comme le bison des bois lui ont valu d'être inscrit en 1983 sur la liste du Patrimoine mondial de l'Unesco.

On rencontre 3 types d'environnements : de hautes terres boisées qui portent des traces d'incendie, un grand plateau mal drainé, parsemé de ruisseaux et de marais, et le delta de la Peace et de l'Athabasca, avec des prairies couvertes de carex, des étangs et des marécages. Il n'est pas rare de voir des faucons pèlerins et des grues blanches.

L'HISTOIRE DE GREY OWL

Le célèbre naturaliste connu sous le nom de Grey Owl – « Hibou gris » – se préoccupa d'écologie bien avant l'heure. Inspiré par Anahareo, son épouse mohawk, il écrivit en 1931 *Men of the Last Frontier*, le premier de ses livres à succès. La même année, il devint le naturaliste officiel du parc national du Prince-Albert. Il construisit sur les rives paisibles du lac Ajawaan une cabane d'où il gérait un programme pour la protection des castors. Quand il mourut d'une pneumonie en 1938, un journaliste fit sensation en révélant qu'il était anglais. Né à Hastings en 1888, Archibald Stansfield Belaney prit l'identité de Grey Owl quand il retourna au Canada après la Première Guerre mondiale. Il s'habillait de peaux de daim et tressait ses cheveux comme les Apaches. Son legs, la protection de la nature, est toujours bien vivant.

Grey Owl avec un castor

Parc national du Prince-Albert 26

Créé en 1927, le parc national du Prince-Albert couvre 3 875 kilomètres carrés d'étendues sauvages passant de la forêt de trembles des douces collines du sud aux épinettes et sapins de la forêt boréale au nord. La faune diffère en fonction de ces environnements : orignal, loup et caribou dans le nord, wapiti, bison et blaireau dans le sud. Les zones les plus accessibles sont le centre et les alentours des lacs Kingsmere et Waskesiu, sillonnés de sentiers de randonnée et de voies navigables pour les canoës. La ville de Waskesiu est le meilleur point de départ pour explorer le parc.

MODE D'EMPLOI

par l'A2. 📞 (306) 663 4522. 🕐 mi-mai à août : de 8 h à 22 h t.l.j. ; sept. à mai : 8 h à 16 h. Nature Centre 🕐 juil. et août : 10 h à 17 h t.l.j. 🛒 📷 ♿ 🅰

LÉGENDE

━━ Route principale

━━ Route secondaire

╍╍ Sentier de randonnée

── Cours d'eau

🅰 Camping

🏕 Aire de pique-nique

ℹ Centre d'accueil

🔭 Point de vue

La cabane de Grey Owl au bord du lac Ajawaan
Un sentier de randonnée très fréquenté y mène.

Station balnéaire sur le lac Waskesiu
Le village de Waskesiu dispose de bonnes infrastructures d'accueil : magasins, hôtels et plage de sable.

Les lacs Hanging Heart constituent une voie navigable qui mène au lac Crean. C'est l'un des meilleurs itinéraires en canoë.

Le Lakeview Drive Nature Centre traite de l'écosystème du parc.

Lac Kingsmere

Lac Crean

EDMONTON

0 ___ 3 km

0 ___ 3 miles

Lac Waskesiu

Waskesiu

PRINCE ALBERT

Vue du lac Waskesiu
Le feuillage automnal de la forêt boréale autour du lac, vu de Kingsmere Road.

La Kingfisher Trail, sentier de 13 kilomètres longeant le lac Waskesiu, attire les promeneurs.

Affût de canon au Lieu historique national de Fort Battleford

The Battlefords ❷

🏃 19 500. 🚗 ℹ️ *Centre d'accueil, jonction des Autoroutes 16 & 40 (306) 445 2000.*

Les villes de North Battleford et Battleford, qui se font face au bord de la North Saskatchewan, sont souvent appelées The Battlefords. Tirant son nom d'un gué de la Battle River, la région fut longtemps le théâtre de conflits entre les Pieds-Noirs et les Cris. L'un des premiers établissements d'importance à l'ouest, Battleford fut la capitale des Territoires du Nord-Ouest de 1876 à 1882. Aujourd'hui, c'est l'industrie qui fait vivre les deux villes, bien que la section locale du Western Development Museum soit consacrée à la vie rurale dans les Prairies.

Installée dans l'ancienne bibliothèque municipale, l'**Allan Sapp Gallery** est un attrait majeur des Battlefords. Allan Sapp, un artiste contemporain très apprécié au Canada, est l'auteur de tableaux et dessins aux tons délicats qui célèbrent les traditions du peuple Cri des plaines du Nord.

De l'autre côté de la rivière, au sud de Battleford, le **Lieu historique national de Fort Battleford** est un fort de la Police montée restauré. La palissade entoure des bâtiments d'origine comme l'écurie pour les chevaux malades. Des guides en costume d'époque évoquent la rébellion du Nord-Ouest, quand 500 colons se réfugièrent dans le fort.

🏛 **Allan Sapp Gallery**
1091 100th St. ℹ️ *(306) 445 1760.* ⏰ *de 13 h à 17 h t.l.j.* ♿ *partiel.*
🏛 **Lieu historique national de Fort Battleford**
par l'Autoroute 4. ℹ️ *(306) 937 2621.* ⏰ *de mi-mai à mi-oct. : t.l.j.* 🅿️ ♿

Parc historique national de Batoche ❷

Route 225, par l'Autoroute 312. 📞 *(306) 423 6227.* ⏰ *de mai à oct. : t.l.j.* 🅿️ ♿

En 1885, le village de Batoche fut le cadre de la dernière révolte des Métis menée par Louis Riel et Gabriel Dumont contre la garde nationale canadienne *(p. 45).*

Dans l'Ouest, les marchands de fourrures avaient épousé des Amérindiennes dès le XVIIe siècle et adopté la langue et les coutumes des tribus. Il en résulta une nouvelle communauté, les Métis, qui se soulevèrent dès 1869 dans la région de Winnipeg quand le gouvernement fédéral tenta de les priver des titres de propriété de leurs terres. Quand le scénario se reproduisit en 1885, les Métis rebelles rappelèrent Riel de son exil dans le Montana pour proclamer un gouvernement provisoire à Batoche. Les hostilités éclatèrent le 9 mai 1885, inaugurant la rébellion du Nord-Ouest. Riel se rendit, fut jugé pour trahison et pendu à Regina.

D'une superficie de 648 hectares, le parc historique national occupe l'emplacement du village et du champ de bataille. Son centre d'interprétation présente un audiovisuel sur l'histoire de Batoche.

L'église Saint-Antoine-de-Padoue et le presbytère au parc historique national de Batoche

LES OURS POLAIRES

« Seigneur de l'Arctique », l'ours polaire peut peser jusqu'à 700 kilos. En automne, les ours commencent à se regrouper autour de la baie à l'est de Churchill, en attendant que la glace se forme pour pouvoir chasser le phoque. Grâce à leur odorat développé, ils peuvent déceler la présence des phoques sous un mètre de neige et de glace et jusqu'à 32 kilomètres à la ronde.

À cette saison, il passe par Churchill jusqu'à 150 ours. Pour les observer en toute sécurité, le meilleur moyen est d'emprunter le buggy de la toundra, grand autocar chauffé et surélevé.

Le « seigneur de l'Arctique »

Duck Lake ❷⁹

🏠 670. 🚌 ℹ️ *301 Front St. (306) 467 2277.*

Un peu à l'ouest du petit village agricole de Duck Lake, une plaque commémore les premiers coups de feu tirés lors de la rébellion du Nord-Ouest. Le 26 mars 1885, une bagarre éclata entre un interprète de la Police montée et un émissaire Cri ; l'officier fut tué. L'incident fit 12 victimes chez les Mounties et 6 chez les Métis. C'est le thème des peintures murales du centre d'accueil de la ville.

The Pas ❸⁰

🏠 5 900. 🚌 🚆 ℹ️ *324 Ross Ave. (204) 623 7256.*

Important poste de traite des fourrures il y a trois siècles, The Pas est aujourd'hui une plaque tournante pour la distribution et le transport dans le nord-ouest du Manitoba. Non loin, le parc provincial de Clearwater Lake tire ce nom de son lac qui serait si clair qu'on en verrait le fond, à 11 mètres. Un sentier de randonnée traverse les « grottes ». Ces énormes crevasses, servant d'abri à de nombreux animaux tels que l'ours noir, l'écureuil et la belette, sont dues à un phénomène géologique ; les roches ont été détachées du littoral.

Flin Flon ❸¹

🏠 7 200. ✈️ 🚆 ℹ️ *Autoroute 10A (204) 687 4518.*

Flin Flon doit ses rues en pente raide à ce qu'elle a été construite sur des roches du précambrien, contemporaines de la formation de la croûte terrestre, donc vieilles d'environ 3,8 milliards d'années. La région est célèbre pour sa néphrite, au vert remarquable. Des mines d'or et de cuivre sont également exploitées à Fin Flon, mais les visiteurs préfèrent les étendues sauvages du parc provincial de Grass River.

La Grass et ses affluents, qui s'élargissent en une multitude de lacs parsemés de chapelets d'îles, constituent depuis des siècles une voie commerciale utilisée par les Indiens, puis par les explorateurs et les marchands de fourrures européens pour se déplacer entre les forêts du nord et les Prairies. Des promenades guidées en canoë permettent de découvrir cet itinéraire historique, qui se prête également à la pêche au brochet, au touladi et au doré.

Churchill ❸²

🏠 1 100. ✈️ 🚆 ℹ️ *211 Kelsey Bd. (204) 675 2022.*

À l'embouchure de la Churchill dans la baie d'Hudson, ce port a toujours l'allure d'une ville de pionniers rudimentaire, aux arbres rares, sans hôtels de luxe ni rues goudronnées. Le vaste paysage arctique est enneigé, sauf de juin à fin août. Churchill est accessible uniquement par avion ou train à partir de Winnipeg, Thompson et The Pas. Malgré son isolement, c'était un important point d'entrée au Canada pour les premiers explorateurs et marchands de fourrures européens au XVIIIᵉ siècle. La Compagnie de la baie d'Hudson y installa un avant-poste en 1717.

Aujourd'hui, les visiteurs viennent observer les ours polaires, les bélugas et la splendide flore de la toundra. Au printemps et en automne, la couche de mousse, de lichen et de minuscules fleurs se transforme soudain en une symphonie de rouges, violets, et jaunes et l'été, les bélugas remontent le courant vers les eaux plus chaudes.

Panneau près de Churchill : danger, ours polaire

LA COLOMBIE-
BRITANNIQUE ET
LES ROCHEUSES

Présentation de la Colombie-Britannique et des Rocheuses

Avec leurs forêts et lacs d'une beauté stupéfiante et leur grande variété de paysages, la Colombie-Britannique et les Rocheuses sont extrêmement touristiques. Les sommets pelés de ces dernières, au nord, contrastent avec les vergers et vignobles d'Okanagan Valley, au sud. Grâce à son climat tempéré, la Colombie-Britannique possède plus d'espèces végétales et animales que le reste du Canada.

Elle draine des milliers d'amoureux des loisirs de plein air. À l'ouest, l'île de Vancouver déploie ses charmes : une forêt pluviale très ancienne et l'impressionnant littoral du parc national de Pacific Rim. Entre l'océan Pacifique et la chaîne côtière, la ville de Vancouver est exceptionnellement attrayante. Elle est reliée par de bons moyens de transport au reste de la région, notamment à Calgary, à l'est.

La forêt pluviale séculaire du parc national de Gwaii Haanas, îles de la Reine-Charlotte

Éclairé par 3 000 ampoules, le parlement de Victoria, sur l'île de Vancouver, se reflète dans les eaux du port intérieur

VOIR AUSSI

- *Hébergement* p. 355-359

- *Restaurants et cafés* p. 375-379

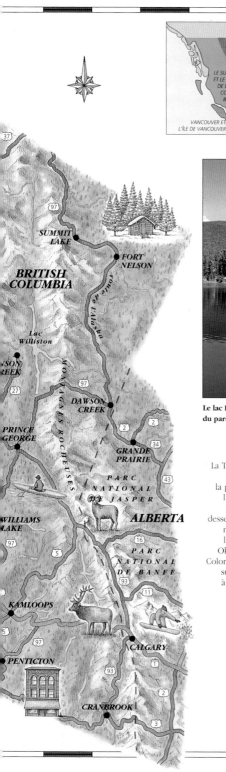

MONTAGNES ROCHEUSES

LE SUD ET LE NORD DE LA COLOMBIE-BRITANNIQUE

VANCOUVER ET L'ÎLE DE VANCOUVER

Le lac Émeraude, enchâssé dans les montagnes du parc national de Yoho, dans les Rocheuses

CIRCULER

La Transcanadienne (Autoroute 1) est le seul grand axe entre Vancouver et le reste de la province. Elle traverse Fraser Canyon sur l'itinéraire de la ruée vers l'or et continue jusqu'en Alberta. Depuis Hope, 3 routes desservent l'intérieur : la Coquihalla Highway mène à Kamloops ; l'Autoroute 99 rejoint l'Autoroute 97 qui va du nord au sud par Okanagan Valley ; l'Autoroute 3 traverse la Colombie-Britannique d'est en ouest. VIA Rail suit un parcours touristique de Vancouver à Jasper et BC Rail dessert Prince George. Les autocars sillonnent toute la région.

```
0          100 km
0          100 miles
```

LÉGENDE

Autoroute

Route principale

Cours d'eau

-- Frontière provinciale

Les montagnes Rocheuses

L es Rocheuses canadiennes sont une partie de la Cordillère nord-américaine, constituée il y a 120 à 15 millions d'années, large bande montagneuse qui s'étend du Mexique au Canada. On y trouve certains des plus hauts sommets du Canada, le champ de glace de Colombie (389 kilomètres carrés) et des lacs glaciaires. L'été, les fleurs sauvages tapissent les prairies alpines ; l'hiver, les pentes enneigées se prêtent aux sports d'hiver. La flore et la faune des Rocheuses canadiennes sont protégées dans plusieurs parcs nationaux. Les plus connus sont ceux de Banff, Jasper et Yoho *(p. 298-309)*, qui recèle les fameux fossiles des Burgess Shale.

Orchidée des Rocheuses

CARTES DE SITUATION

Les Rocheuses canadiennes

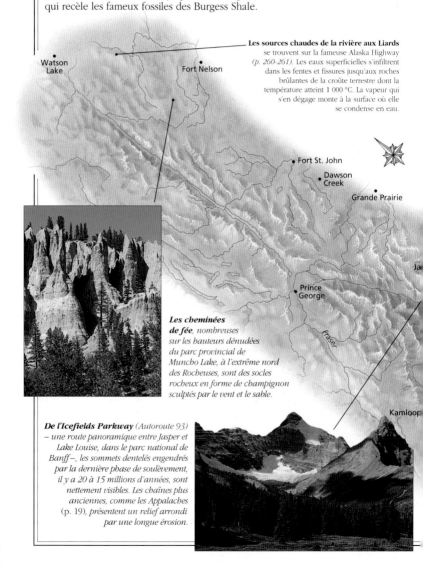

Les sources chaudes de la rivière aux Liards se trouvent sur la fameuse Alaska Highway *(p. 260-261)*. Les eaux superficielles s'infiltrent dans les fentes et fissures jusqu'aux roches brûlantes de la croûte terrestre dont la température atteint 1 000 °C. La vapeur qui s'en dégage monte à la surface où elle se condense en eau.

Watson Lake

Fort Nelson

Fort St. John

Dawson Creek

Grande Prairie

Ja

Prince George

Fraser

Les cheminées de fée, nombreuses sur les hauteurs dénudées du parc provincial de Muncho Lake, à l'extrême nord des Rocheuses, sont des socles rocheux en forme de champignon sculptés par le vent et le sable.

Kamloop

De l'Icefields Parkway (Autoroute 93) – une route panoramique entre Jasper et Lake Louise, dans le parc national de Banff –, les sommets dentelés engendrés par la dernière phase de soulèvement, il y a 20 à 15 millions d'années, sont nettement visibles. Les chaînes plus anciennes, comme les Appalaches (p. 19), présentent un relief arrondi par une longue érosion.

Maligne Canyon est une gorge de calcaire profonde de 50 mètres dans le parc national de Jasper. Elle a été formée par les eaux de fonte d'un glacier qui couvrait autrefois la vallée. La rivière Maligne se faufile aujourd'hui le long de cet étroit chenal creusé de plusieurs grottes souterraines.

Le Lewis Overthrust, *dans le parc national des Waterton Lakes, est un phénomène géologique dû à la poussée vers l'est des roches au cours de la formation des Rocheuses. Une masse faite de la couche sédimentaire inférieure des Rocheuses – appelée Lewis Thrust – se déposa alors sur les prairies.*

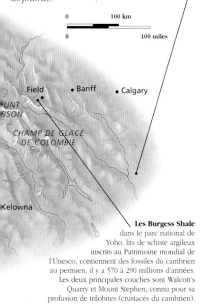

```
0          100 km
0          100 miles
```

Field • Banff • Calgary

·UNT
·BSON

CHAMP DE GLACE
DE COLOMBIE

·Kelowna

Les Burgess Shale dans le parc national de Yoho, lits de schiste argileux inscrits au Patrimoine mondial de l'Unesco, contiennent des fossiles du cambrien au permien, il y a 570 à 290 millions d'années. Les deux principales couches sont Walcott's Quarry et Mount Stephen, connu pour sa profusion de trilobites (crustacés du cambrien).

LA FORMATION DES MONTAGNES ROCHEUSES

Elle résulte de 3 phénomènes principaux. Dans un premier temps, les plaques tectoniques se heurtèrent, provoquant un soulèvement de la croûte terrestre. Ensuite, la plaque pacifique, en s'enfonçant sous la nord-américaine, provoqua la formation d'une chaîne de volcans à partir des roches en fusion de la croûte océanique. Enfin, suite à l'érosion due aux glaciations, aux rivières et au vent, des roches sédimentaires furent déposées sur la plaque nord-américaine, plissée par de nouveaux mouvements tectoniques il y a 50 à 25 millions d'années. Les sommets déchiquetés des Rocheuses témoignent de leur formation récente.

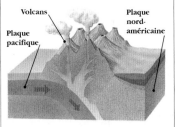

1 Il y a 150 millions d'années, la plaque pacifique, progressant vers l'est, s'est résorbée dans les roches en fusion des profondeurs de la plaque nord-américaine qui s'est soulevée pour créer la Cordillère.

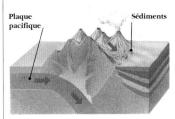

2 La Cordillère s'est érodée au cours de millions d'années et pendant les périodes glaciaires. Les sédiments ainsi formés se sont déposés à l'est de la chaîne de montagnes.

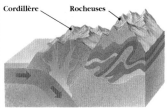

3 Il y a environ 50 millions d'années, la plaque pacifique, continuant son avancée, a repoussé la Cordillère vers l'est et comprimé les roches sédimentaires pour former les Rocheuses.

Forêts et faune du littoral de la Colombie-Britannique

Le cygne trompette doit son nom à son cri claironnant. Il habite marais, lacs et rivières.

De sa frontière avec les États-Unis, au sud, jusqu'à l'extrémité des îles de la Reine-Charlotte, au nord, le littoral de la Colombie-Britannique est une réserve naturelle fabuleuse. Le climat, tempéré par les eaux chaudes du Pacifique nord, a permis le développement d'une forêt pluviale, domaine du cerf à queue noire, de l'ours noir et du couguar. Cette épaisse couverture d'arbres – les plus hauts du Canada (le douglas et l'épinette de Sitka peuvent atteindre 85 mètres) – s'étend aux nombreuses îles et autour des baies et criques, qui regorgent d'espèces végétales et animales.

LA FORÊT PLUVIALE TEMPÉRÉE

Les fortes précipitations et le climat doux ont favorisé l'émergence de luxuriantes forêts de thuyas, épinettes, pins, imposants douglas et épinettes de Sitka. Une grande variété de fougères, mousses et fleurs sauvages comme les orchidées couvrent le sous-bois ruisselant. Les écologistes font campagne pour protéger ces très vieilles forêts menacées d'abattage.

Le pygargue à tête blanche est très répandu près des îles de la Reine-Charlotte où il fond sur les poissons dans l'océan. La région abrite la colonie la plus nombreuse de toute la Colombie-Britannique.

L'ours argenté ne vit que sur la côte de la Colombie-Britannique. Sous-espèce du Baribal, il est agile pour attraper les saumons.

Le cerf à queue noire, le plus petit membre de sa famille, ne se rencontre que sur la côte du Pacifique nord. Il est la proie du couguar dans la région.

L'arlequin plongeur est petit et timide et le mâle porte des marques étonnantes. Bon nageur, il aime les rivières rapides et le ressac violent du Pacifique.

LE SAUMON

Cinq espèces de saumon du Pacifique vivent dans les eaux côtières de la Colombie-Britannique : rose, coho, chinook, nerka et kéta. Ils alimentent une des plus importantes pêcheries industrielles du monde. Les saumons du Pacifique ne frayent en rivière qu'une fois avant de mourir. Leur progéniture descend le courant jusqu'à la mer et s'y nourrit jusqu'à l'âge adulte, atteignant un poids allant de 7 à plus de 45 kilos. À la maturité, le saumon remonte le courant sur de longues distances pour retrouver la frayère où il est né.

Le chinook saute en remontant le courant à la saison du frai.

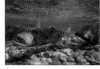

Le nerka, à la chair ferme et savoureuse, est un produit vedette des pêcheries industrielles de Colombie-Britannique.

LE LITTORAL

Les eaux chaudes du Pacifique nord abritent plus d'espèces que n'importe quelle autre zone côtière tempérée. Cette région se caractérise par ses milliers d'îles et de criques servant de refuges à des animaux de toutes sortes comme les baleines grises et à bosse, l'orque, la loutre de mer, le phoque et l'otarie de Steller.

L'otarie de Steller vit en colonies sur les côtes rocheuses de Colombie-Britannique. Ses membres antérieurs courts lui permettent de se mouvoir sur la terre.

Le goéland bourgmestre, gros oiseau à dos gris, niche dans les falaises côtières et les nombreuses petites îles.

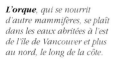

L'orque, qui se nourrit d'autre mammifères, se plaît dans les eaux abritées à l'est de l'île de Vancouver et plus au nord, le long de la côte.

La loutre de mer, chassée pour son épaisse fourrure, avait presque disparu. Elle est aujourd'hui très répandue au large de la Colombie-Britannique.

La route de l'Alaska

Sa construction fut un véritable exploit. Une première route, qui serpentait sur 2 451 kilomètres à travers déserts, montagnes, tourbières et forêts, fut terminée en 1942, en 8 mois et 12 jours seulement. Reliant les États-Unis à l'Alaska en traversant la Colombie-Britannique, elle fut entreprise après l'attaque japonaise sur Pearl Harbor en 1941 pour assurer le ravitaillement militaire et défendre la côte nord-ouest de l'Alaska. La route d'origine, gravillonnée, est aujourd'hui remplacée par une autoroute à deux voies, en grande partie asphaltée. Les nombreux tournants étant peu à peu supprimés, sa longueur totale a diminué et elle couvre désormais 2 394 kilomètres.

CARTE DE SITUATION

Région couverte par la carte

YUKON

FAIRBANKS

Destruction Bay

Haines Junction

Johnson's Crossing

Teslin

PARC NATIONAL DE KLUANE

PARC PROVINCIAL GLACIER

Le parc national de Kluane, à moitié couvert par les champs de glace, offre certains des paysages les plus spectaculaires au long de la route. Les monts Kluane comptent parmi les plus élevés du Canada.

***Whitehorse**, au mile 910 de la route de l'Alaska, est la capitale du Yukon et le centre des industries forestière et minière de la province. Elle a gardé l'ambiance du temps des pionniers, avec les coyotes qui hurlent la nuit.*

Le mile historique 836 marque l'emplacement du projet Canol, un oléoduc construit le long de la route pour contribuer à l'effort militaire. Long de 965 kilomètres, il aboutit à une raffinerie à Whitehorse.

Le lac Teslin, dont le nom signifie « eaux longues et étroites » en tlingit, étire ses 130 kilomètres au pied des sommets enneigés que longe la route. La région attire chasseurs et pêcheurs de truites, ombles et brochets.

L'hiver, la route de l'Alaska est souvent enneigée et endommagée par le gel. Des équipes d'entretien veillent à ce qu'elle soit praticable toute l'année.

LA CONSTRUCTION DE LA ROUTE

La route de l'Alaska fut construite en moins de neuf mois par des hommes du génie militaire américain et des ouvriers canadiens du bâtiment. L'affiche de recrutement annonçait : « Ce n'est pas une partie de plaisir… Il faudra lutter contre les marécages, les rivières, la glace et le froid. Vous serez incommodés, voire blessés, par les mouches et les moustiques. Si vous n'êtes pas prêts à accepter ces conditions, NE VOUS PORTEZ PAS CANDIDAT. »

Les ouvriers logeaient dans des camps mobiles de l'armée qui avançaient avec le chantier. Quand une compagnie s'enlisait dans l'un des nombreux marécages, on plaçait des arbres entiers côte à côte sur lesquels on répandait du gravier pour la désembourber. Cinq couches furent parfois nécessaires.

Un camion enlisé attend la pose des rondins

Dans la vallée de la Peace, la route traverse des champs fertiles entre Dawson Creek et Fort St. John. Avant la construction du pont suspendu en 1943, les voyageurs franchissaient la rivière en bac.

Watson Lake

37

PARC PROVINCIAL DE MUNCHO LAKE

Kechika

PARC PROVINCIAL DE KWADACHA

•Fort Nelson

OMBIE-ANNIQUE

PROVINCIAL T. EDZIZA

PARC PROVINCIAL DE SPATSIZI PLATEAU

Fort St. John

Dawson Creek

Peace

97

4

Le mile historique 588 ou « Contact Creek » marque l'endroit où les deux équipes d'ouvriers, venues du nord et du sud, se rencontrèrent en 1942.

Le premier des 10 000 panneaux de la Sign Post Forest au lac Watson fut posé en 1942 par un G.I. nostalgique de Danville, sa ville natale dans l'Illinois.

| 0 | 100 km |
| 0 | 100 miles |

LÉGENDE

La route de l'Alaska

Autre route

Parcs nationaux et provinciaux

- - Frontière provinciale

Vancouver et l'Île de Vancouver

Faisant face aux eaux des détroits de Johnstone et Géorgie, Vancouver occupe un des plus beaux sites du monde. Les montagnes côtières offrent une majestueuse toile de fond à ses tours de verre et à ses gratte-ciel couronnés de cuivre. En 1778, le capitaine James Cook débarqua au détroit de Nootka sur l'île de Vancouver et revendiqua la région pour les Britanniques. Elle était habitée depuis plus de 10 000 ans par les Salishs de la côte, dont le patrimoine culturel est à l'honneur dans deux excellents musées : l'UBC Museum of Anthropology à Vancouver et le Royal BC Museum à Victoria. Fondée après qu'un incendie détruisit la toute jeune Granville en 1886, Vancouver ouvre aux visiteurs ses quartiers historiques et ses jardins luxuriants, ainsi que les parcs sauvages de ses environs. Sur l'île voisine de Vancouver, desservie par ferry, le parc national de Pacific Rim est mondialement connu comme un important centre d'observation des baleines au Canada.

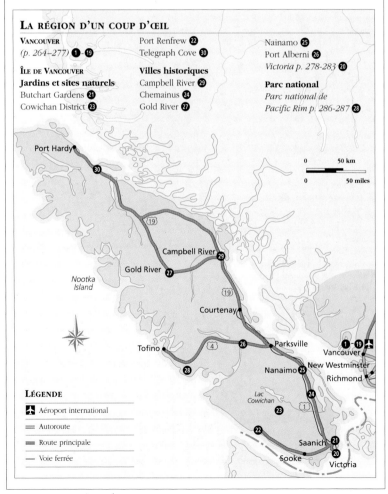

LA RÉGION D'UN COUP D'ŒIL

VANCOUVER
(p. 264–277) ❶ - ⓳

ÎLE DE VANCOUVER
Jardins et sites naturels
Butchart Gardens ㉑
Cowichan District ㉓

Port Renfrew ㉒
Telegraph Cove ㉚

Villes historiques
Campbell River ㉙
Chemainus ㉔
Gold River ㉗

Nainamo ㉕
Port Alberni ㉖
Victoria p. 278-283 ⓴

Parc national
*Parc national de
Pacific Rim p. 286-287* ㉘

Port Hardy

㉚

⑲

Campbell River ㉙

Gold River ㉗

*Nootka
Island*

⑲

Courtenay

Tofino

㉖

Parksville

⓿

❶ - ⑲

Vancouver

㉘

Nanaimo ㉕

New Westminster

Richmond

*Lac
Cowichan*

㉔

㉓

①

㉒

Saanich ㉑

⓴

Sooke   Victoria

LÉGENDE

✈ Aéroport international

▬ Autoroute

▬ Route principale

— Voie ferrée

0   50 km

0   50 miles

◁ **Serpent à deux têtes sculpté dans un mât totémique haida en bois de thuya, détail**

À la découverte de Vancouver

Le cœur de Vancouver bat autour de Robson Square, sur une mince langue de terre au milieu d'English Bay. Les 404,7 hectares de Stanley Park occupent l'extrémité de la péninsule, à côté du West End. Les quartiers historiques de Chinatown et Gastown sont proches de Main Street, l'axe nord-sud de la ville.

VANCOUVER D'UN COUP D'ŒIL

Rues et édifices historiques
Chinatown **2**
Old Hastings Mill Store **12**

Sites historiques
Pont suspendu de Capilano **18**
Royal Hudson Steam Train **14**

Parcs et jardins
Dr. Sun Yat-Sen Chinese Garden **1**
Grouse Mountain **17**
Lighthouse Park **19**
Lynn Canyon Park and Ecology Centre **16**
Queen Elizabeth Park
   et Bloedel Conservatory **9**
Stanley Park **13**
Van Dusen Botanical Gardens **10**

Architecture moderne
BC Place Stadium **4**

Musées et galeries
Maritime Museum **6**
Science World **3**
*University of British Columbia Museum
   of Anthropology p. 274-275* **11**
Vancouver Art Gallery **5**
Vancouver Museum et Pacific
   Space Centre **7**

Achats
Granville Island **8**
Lonsdale Quay Market **15**

LÉGENDE

Le port et Gastown
p. 266-267

✈ Aéroport international

🚈 Station du SkyTrain

🚌 Gare routière

⛴ Station du SeaBus

🚂 Gare ferroviaire

ℹ Information touristique

🅿 Parc de stationnement

Autoroute

Route principale

Rue piétonne

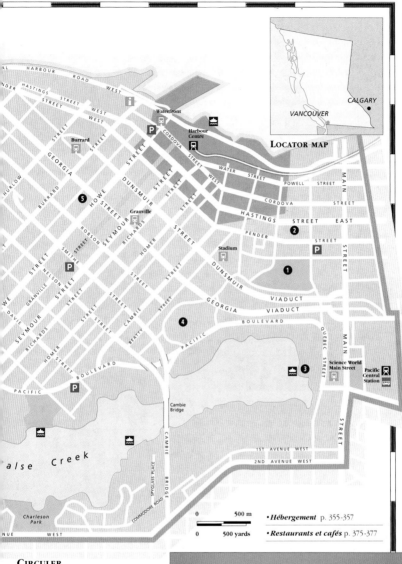

LOCATOR MAP

• *Hébergement* p. 355-357

• *Restaurants et cafés* p. 375-377

CIRCULER

Le centre-ville étant largement
entouré par la mer, le vaste réseau
de transports comprend le SeaBus,
l'autobus et le SkyTrain, un métro
automatique. Le SeaBus relie
Lonsdale Quay (Vancouver Nord)
à Waterfront Station (centre-ville), où
la correspondance est assurée avec
les autobus et le SkyTrain. Attention
aux heures de pointe, car l'accès au
centre-ville est limité à quelques
ponts, comme le Lion's Gate Bridge,
et les habitants de la périphérie sont
nombreux à faire la navette
en voiture.

Le port et Gastown pas à pas

Fermé par Columbia Street à l'est et Burrard Street à l'ouest, Gastown, l'un des plus vieux quartiers de Vancouver, fait face à l'anse de Burrard Inlet. Il s'est développé autour d'un saloon créé en 1867 par « Gassy » Jack Deighton, dont la statue se dresse dans Maple Tree Square. C'est aujourd'hui un charmant ensemble de rues pavées bordées de devantures et d'édifices restaurés du XIXᵉ siècle. Boutiques et galeries élégantes se pressent dans les rues Powell, Carrall et Cordova, tandis que restaurants et cafés sont légion dans les ruelles, cours et passages. Un café très populaire occupe même la première prison de la ville. À l'angle de Water Street et Cambie Street, où se produisent les artistes de rue, l'horloge à vapeur siffle tous les quarts d'heure.

★ Canada Place

Sur le quai, cette merveille architecturale en verre aux toits en forme de voiles blanches abrite un hôtel, deux salles de congrès et un terminal pour les bateaux de croisière.

Le SeaBus
Offrant de magnifiques vues du port, ce catamaran relie Waterfront Station, dans le centre, et Lonsdale Quay, à Vancouver Nord, de l'autre côté du Burrard Inlet.

Waterfront Station occupe l'imposant bâtiment XIXᵉ siècle du Pacific Canadian Railroad.

★ Harbour Centre Tower
Harbour Centre est un édifice moderne connu pour sa tour de 167 mètres. Par temps clair, la vue s'étend jusqu'à Victoria, sur l'île de Vancouver.

À NE PAS MANQUER

★ Canada Place

★ La Harbour Centre Tower

Water Street
Water Street, où s'alignent boutiques et cafés, donne un bon aperçu du charme désuet de Gastown avec ses pavés et lampadaires à gaz.

CARTE DE SITUATION
voir carte p. 264-265

Horloge à vapeur
Fabriquée dans les années 1870, elle serait la première horloge du monde actionnée à la vapeur.

Statue de « Gassy Jack »
Gastown tire son nom du sobriquet donné à Jack Deighton, un marin anglais connu pour son abattage (gassy veut dire bavard), qui ouvrit ici un bar pour les ouvriers d'une scierie voisine.

La galerie d'art inuit
de Water Street offre un excellent choix d'objets originaux tels que bijoux et peintures.

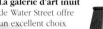

Powell Stret, remplie de petites galeries et de boutiques à la mode, est une rue très agréable pour « magasiner ».

Hotel Europe
À l'angle d'Alexander Street et Powell Street, cet étonnant bâtiment construit en 1908-1909 rappelle le Flatiron de New York. Hôtel à l'origine, c'est maintenant un immeuble résidentiel.

LÉGENDE

- - - Itinéraire conseillé

Pavillon chinois du Dr. Sun Yat-Sen Classical Chinese Garden

Dr. Sun Yat-Sen Classical Chinese Garden ❶

578 Carrall St. ☎ (604) 662 3207.
🚉 Gare centrale. 🚉 Gare centrale.
🚌 19, 22. 🚌 Terminus Downtown.
⊙ de juin à sept. : de 9 h 30 à 19 h ;
d'oct. à mai : se renseigner par
téléphone. ● 25 déc. 🖼 🎫 ♿

L'agitation du centre-ville semble loin dans cette reconstitution d'un jardin vieux de 8 siècles de la dynastie Ming faite pour Expo '86. Sa sérénité est fondée sur les vieux principes du taoïsme visant à l'équilibre harmonieux des forces opposées de l'homme et de la nature.
Il a été construit par plus de 50 artisans qualifiés venus de Suzhou, la cité-jardin de la Chine ; ils n'employèrent que des techniques et des outils traditionnels. Tous les pavillons et les allées couvertes sont en matériaux importés de Chine, comme les tuiles cuites à l'ancienne et les galets de la cour. Plantes et arbres symbolisent les différentes vertus : le saule évoque la grâce féminine, le prunier et le bambou, la force virile.

Chinatown ❷

Pender St. 🚌 lignes d'East Hastings et East Pender St.

L e quartier chinois de Vancouver est plus vieux que la ville elle-même. La première vague d'immigrants débarqua au Canada en 1858 lors de la ruée vers l'or. Dans les années 1880, les ouvriers chinois arrivèrent plus nombreux encore pour construire les voies ferrées du Canadian Pacific Railway. L'actuelle Chinatown, qui s'étend de Carrall Street à Gore Street, accueille toujours chaleureusement les nouveaux immigrants asiatiques.

Depuis que le quartier a été classé en 1970, ses maisons, remarquables par leurs toits sophistiqués et leurs balcons couverts, ont été restaurées. Pender Street, la rue principale, est idéale pour admirer les détails architecturaux des étages supérieurs, notamment

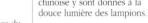

Enseigne à Chinatown

les balcons de bois peints, très ornés. Les panneaux aux caractères chinois colorés renforcent l'authenticité de l'atmosphère.

Impossible d'échapper à la nourriture ! On peut acheter un canard appétissant, assister à la fabrication ultrarapide de pâtés épicés *(won tons)* ou déguster les nombreux plats offerts par tous les bons restaurants. La diversité des magasins est étonnante : boulangeries vendant de petits pains salés et sucrés, herboristeries traditionnelles, bijouteries spécialisées dans le jade. Les salons de thé seront des refuges appréciés à la foule, tout comme le Dr. Sun Yat-Sen Classical Chinese Garden : on y sert le thé et des pâtisseries, et les soirs d'été, des concerts hebdomadaires de musique chinoise y sont donnés à la douce lumière des lampions.

Science World ❸

1455 Quebec St. ☎ (604) 268 6363.
🚉 Gare centrale. 🚉 Gare centrale.
⊙ de 10 h à 17 h du lun. au ven., de
10 h à 18 h sam. et dim. ● 25 déc.
🖼 ♿

D ominant les eaux de False Creek près de la gare ferroviaire de Main Street, le dôme miroitant de 47 mètres conçu pour Expo '86 par l'inventeur américain

Cette impressionnante sphère abrite Science World, un musée très interactif

R. Buckminster Fuller est l'un des monuments les plus frappants de la ville. Il symbolise la terre, et depuis 1989, il abrite Science World. Ce musée des sciences, dont les présentations reposent sur des dispositifs interactifs, plaît énormément aux enfants : ils peuvent faire des bulles carrées en soufflant, explorer l'intérieur d'une caméra et jouer avec des liquides magnétiques. Dans la Sara Stern Search Gallery, ils toucheront et palperont fourrures, os et peaux d'animaux, et dans la Shadow Room, ils courront après leur ombre. Il y a également un large éventail d'animations laser.

Le musée est aussi réputé pour son cinéma Omnimax, situé en haut de la coupole. Il passe sur écran géant des scènes aériennes se déroulant dans les paysages spectaculaires de l'Everest ou du Grand Canyon.

BC Place Stadium ❹

777 Pacific Blvd. S. 📋 (604) 444 3663. 🚇 Stadium. ⏰ variable, en fonction des manifestations. 📷 📋 de mai à oct. : du mar. au ven. ♿

Se détachant au-dessus des toits de Vancouver, le dôme blanc du BC Place Stadium a souvent été comparé à un champignon géant. Lors de son inauguration en 1983, c'était le premier stade couvert du Canada, doté de la plus grande structure gonflable du monde. Réputé pour son adaptabilité, il peut en quelques heures passer d'un terrain de football d'une capacité de 60 000 spectateurs à une salle de concerts de 30 000 places.

La reine Élisabeth II et le pape Jean-Paul II font partie de ses visiteurs de marque. Lors d'une visite guidée des coulisses – vestiaires, terrain de jeu et salles de presse –, vous aurez peut-être la chance d'apercevoir quelques vedettes. Le stade comprend aussi le **BC Sports**

Le grand dôme blanc du British Columbia Place Stadium

Hall of Fame and Museum, consacré à l'histoire des grands sportifs de la région.

🏛 BC Sports Hall of Fame and Museum
BC Place Stadium. 📋 (604) 687 5520. ⏰ de 10 h à 17 h t.l.j. 📷 ♿

Vancouver Art Gallery ❺

750 Hornby St. 📋 (604) 662 4700. 🚉 Gare centrale. 🚌 Gare centrale. 🚍 3. ⏰ t.l.j. 📷 ♿

Elle occupe l'ancien palais de justice de Colombie-Britannique, monument conçu en 1906 par Francis Rattenbury, l'architecte des édifices néo-gothiques du parlement de Victoria et de l'Empress Hotel (p. 278). L'intérieur a été modernisé en 1983 par Arthur Erikson, un autre architecte de renom, à qui l'on doit l'UBC Museum of Anthropology (p. 274-275). L'Art Gallery renferme une variété impressionnante

La façade victorienne de la Vancouver Art Gallery

d'œuvres canadiennes de toutes les époques, dont des tableaux du groupe des Sept (p. 160-161) et, surtout, la plus grande collection au monde de peintures d'Emily Carr, une des artistes les plus cotées du pays. Née à Vancouver en 1871, elle étudia les cultures des Amérindiens des alentours, saisissant leur mode de vie dans son carnet de croquis, rempli de paysages de la côte ouest. Des objets haidas, comme les mâts totémiques, apparaissent souvent dans ses tableaux, dominés par les bleus, verts et gris du ciel orageux de sa région.

Maritime Museum ❻

1905 Ogden Ave. 📋 (604) 257 8300. 🚉 Gare centrale. 🚌 Gare centrale. ⏰ de fin mai à août : t.l.j. ; de sept. à mi-mai : du mar. au dim. ⏹ 25 déc. 📷 ♿

Célébrant le passé de Vancouver comme port et centre de commerce, le Maritime Museum a pour vedette le *Saint-Roch*, une goélette de 1928 exposée en permanence. Destinée au ravitaillement des Mounties, elle fut dans les années 1940-1942 le premier bateau à traverser le passage du Nord-Ouest dans les deux sens. La mémoire du capitaine britannique George Vancouver et des équipages du *Chatham* et du *Discovery* qui, en 1792, établirent la carte des anses du littoral de la Colombie-Britannique, est également évoquée. Au centre de découverte pour les enfants, un puissant télescope permet d'observer l'animation du port.

Les gratte-ciel de Vancouver, cernés par les montagnes, se reflètent dans les eaux de Johnson Strait ▷

Sculpture en acier devant la façade caractéristique du Vancouver Museum

Vancouver Museum et Pacific Space Centre ❼

Vancouver Museum.
📞 (604) 736 4431. Pacific space center. 📞 (604) 738 7827.
🚉 Gare centrale. 🚌 Gare centrale.
🚌 22. ⏰ juil. et août : t.l.j. ; de sept. à juin : du mar. au dim. 📷 ♿

Situé dans Vanier Park près du Maritime Museum (p. 269), le Vancouver Museum, apporte sa note dans le paysage urbain : son toit convexe en béton blanc est souvent comparé à une soucoupe volante. À l'extérieur, du côté sud, une étonnante fontaine est formée d'une sculpture en acier ressemblant à un crabe géant. La galerie d'orientation renferme une exposition permanente sur le littoral rocheux et l'intérieur montagneux de la Colombie-Britannique, ainsi que sur l'histoire de Vancouver, depuis les cultures des Amérindiens de la région jusqu'aux premiers jours de la ville, montrés au travers de photos en noir et blanc. Le musée est réputé pour son évocation de la vie quotidienne, avec des pièces comme un wagon du chemin de fer Canadian Pacific des années 1880, des vêtements des années 1930 et des panneaux de signalisation typiques de Vancouver.

Le Pacific Space Centre, attenant, s'adresse surtout aux enfants. La Cosmic Courtyard, une galerie interactive consacrée à l'exploration de l'espace, traite notamment de la participation du Canada à la recherche spatiale et astronomique.

Granville Island ❽

1398 Cartwright St. 📞 (604) 666 5784. 🚉 Gare centrale. 🚌 Gare centrale. 🚌 51. ⏰ marché : de 9 h à 18 h t.l.j. ; autres commerces : de 10 h à 18 h t.l.j. ♿

Ce secteur autrefois défiguré par les usines est aujourd'hui un merveilleux ensemble de magasins, galeries et ateliers d'artistes installés dans ses entrepôts et abris métalliques aux couleurs vives. L'incendie de 1886 qui détruisit presque entièrement la jeune ville de Vancouver chassa les habitants vers Granville Island ou au-delà. Beaucoup de bâtiments furent alors élevés sur des terres

Enseigne de la Granville Island Brewing Company

asséchées en 1915 pour accueillir les industries naissantes du bois et du fer. Si l'île n'a aucun grand magasin, ses petits commerces proposent un artisanat varié, original et de qualité – tapis, bijoux et textiles. Elle est aussi un foyer des arts du spectacle et s'enorgueillit de ses troupes de musiciens, danseurs et comédiens. Le marché quotidien offre à profusion des denrées qui reflètent la diversité ethnique de Vancouver. Les cafés et restaurants se pressent au bord de False Creek, où se trouvaient autrefois plusieurs scieries.

Queen Elizabeth Park et Bloedel Conservatory ❾

Cambie St. 📞 (604) 257 8570.
🚌 15. ⏰ serre : de mai à sept. : de 9 h à 20 h du lun. au ven., de 10 h à 21 h sam. et dim. ; d'oct. à avr. : de 10 h à 17 h 30 t.l.j. 📷 pour la serre. ♿

Ce parc situé sur Little Mountain, la plus haute colline de Vancouver (152 mètres), offre de belles vues de la ville. Malgré leur situation sur deux anciennes carrières de pierre, les jardins sont perpétuellement en fleurs dès le début du printemps. Juché au sommet de la colline, la Bloedel Conservatory est une serre où prospèrent plantes et arbres de diverses zones climatiques du monde – espèces de la forêt pluviale ou cactus du désert. Des oiseaux tropicaux colorés volent en liberté et les viviers sont remplis de carpes japonaises.

Le dôme en plastique de la Bloedel Conservatory, au Queen Elizabeth Park

Les somptueuses couleurs de l'automne ne sont que l'un des attraits de Stanley Park

Van Dusen Botanical Gardens ❿

5251 Oak St. 📞 (604) 257 8666. 🚇 Gare centrale. 🚇 Gare centrale. 🚌 17. ○ toute l'année ; se renseigner par téléphone. 🅿 ♿

L es 22 hectares de ce jardin ouvert en 1975 s'étendent en plein centre. En 1960, le Canadian Pacific Railway, propriétaire du terrain, projetait d'y construire des tours d'habitations. Grâce à la campagne lancée par les riverains et à une donation de W. J. van Dusen, un riche homme d'affaires local, le site fut laissé à la nature. Les visiteurs peuvent admirer plus de 7 500 variétés de plantes des quatre coins du monde dans cet espace ponctué de lacs et orné de statues en marbre. Au printemps, c'est un enchantement avec les narcisses, les crocus et les milliers de rhododendrons en fleur ; l'été, le Perennial Garden est rempli de roses, et septembre annonce les rouges et les oranges flamboyants de l'automne.

Sculpture des Botanical Gardens

University of British Columbia Museum of Anthropology ⓫

P. 274-275.

Old Hastings Mill Store ⓬

1575 Alma Rd. 📞 (604) 734 1212. 🚌 ligne de 4th Ave. ○ juil. et août : de 11 h à 16 h du mar. au dim. ; de sept. à juin : de 13 h à 16 h sam. et dim. 🅿 participation libre. ♿

L 'Old Hastings Mill Store, premier magasin général de Vancouver, est l'un des rares édifices en bois qui échappèrent au grand incendie de 1886.
Construit en 1865, il fut transporté en péniche de son lieu d'origine, à Gastown, jusqu'aux rives de Jericho Beach en 1930, puis à son emplacement actuel dans Alma Street, à l'angle de Point Grey Road.
Cette jolie maison devait servir de Yacht Club, mais dans les années 1940, des objets historiques donnés par les riverains y furent rassemblés, et elle devint un intéressant petit musée. La collection comprend diverses

L'Old Hastings Mill Store, l'un des édifices les plus vieux de Vancouver

pièces victoriennes – fiacre, machines à coudre anciennes – et un riche ensemble d'objets amérindiens, notamment une impressionnante série de paniers tressés à la main.

Stanley Park ⓭

2099 Beach Ave. 📞 (604) 257 8400. 🚇 Gare centrale. 🚇 Gare centrale. 🚌 135, 123. ⛴ Horseshoe Bay. ○ t.l.j. ♿

C es 404 hectares de nature sauvage à quelques centaines de mètres du centre-ville, pris sur les anciens territoires des Indiens musqueams et squamishs, furent transformés en parc en 1886 par le conseil municipal. On lui donna le nom de lord Stanley, gouverneur général du Canada. Ses attraits sont multiples : plages, sentiers pédestres, forêts de pins et de thuyas, merveilleuses vues du port, d'English Bay et des montagnes côtières. On peut louer un vélo à l'entrée pour se promener sur le sentier panoramique de 10 kilomètres qui longe la mer. À l'**aquarium de Vancouver**, dans le parc, des parois vitrées permettent d'observer les évolutions des orques et des bélugas.

➤ **Aquarium de Vancouver**
Stanley Park. 📞 (604) 659 3474. ○ de juin à sept. : de 9 h 30 à 20 h t.l.j. ; d'oct. à avr. : de 10 h à 17 h 30 t.l.j. 🅿 📷 ♿

University of British Columbia Museum of Anthropology ⓫

Fondé en 1947, ce musée exceptionnel possède l'une des plus belles collections au monde d'art amérindien de la côte nord-ouest. Il occupe un imposant édifice conçu en 1976 par l'architecte canadien Arthur Erickson et qui surplombe les montagnes et la mer. Les hautes colonnes et les immenses fenêtres du Great Hall, qui s'inspirent de l'architecture des maisons haidas, mettent en valeur les mâts totémiques, canoës et plats de banquet qui y sont présentés. À travers ses baies, les visiteurs ont vue sur la magnifique installation de l'artiste haida contemporain Bill Reid, qui comprend deux maisonnettes.

★ Le Great Hall
Vaste salle de verre et de béton, c'est un cadre idéal pour les mâts totémiques, les canoës et les sculptures.

MAISONS HAIDAS ET MÂTS TOTÉMIQUES

Surplombant la baie, ces deux maisons haidas et cet ensemble de mâts totémiques sont fidèles à la tradition artistique des Haidas et autres tribus du Nord-Ouest comme les Salishs, les Tsimshans et les Kwakiutls. Des animaux et créatures mythiques symbolisant les clans sont sculptés sur ces poteaux et maisons en thuya exécutés entre 1959 et 1963 par Bill Reid, l'artiste haida contemporain favori de Vancouver, et par le Namgis Doug Cranmer.

Mâts totémiques sculptés en thuya géant

Créatures grimpeuses
Ces planches de thuya sculptées auraient décoré l'intérieur des maisons familiales des Premières Nations. Leur style dépouillé est typique de la sculpture des Salishs de la côte.

À NE PAS MANQUER

★ Le Great Hall

★ *Le Corbeau et les Premiers Hommes,* par Bill Reid

Cruche en céramique
Cette cruche au beau décor a été réalisée en Europe centrale en 1674 par des anabaptistes. Les motifs végétaux contrastent avec le tracé libre des animaux du registre inférieur.

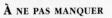

★ **Le Corbeau et les Premiers Hommes** (1980)
Cette interprétation moderne d'un mythe haida de la création, de Bill Reid, montre le corbeau, sage et rusé, tentant de faire sortir les hommes d'un coquillage géant avec des paroles doucereuses.

Mode d'emploi

6393 NW Marine Drive.
☎ (604) 822 3825. 🚌 4 UBC, 10 UBC. 🕐 juin à sept. : 10 h à 17 h du mer. au dim., 10 h à 21 h mar. ; d'oct. à mai : 11 h à 17 h du mer. au dim., 11 h à 21 h lun., mar. ● 25 et 26 déc. 🅿 🅾 🦽 🍴 🛒

Suivez le guide !

Le musée est de plain pied. La Ramp Gallery mène au Great Hall, où sont présentées les cultures des peuples des Premières Nations de la côte nord-ouest. La Visible Storage Gallery évoque d'autres cultures et la collection de céramiques européennes du XVᵉ au XIXᵉ siècle est installée dans la Koerner Ceramics Gallery.

Ornement frontal en bois
Décoré de coquille d'haliotide (ormeau), cet ornement était une coiffure de cérémonie réservée aux grandes occasions comme les naissances et les mariages.

Portes sculptées en thuya géant
Ces remarquables portes (détail ci-contre) gardant l'entrée du musée ont été faites en 1976 par un groupe d'artistes amérindiens du centre culturel de 'Ksan, près de Hazelton. Elles représentent l'histoire des premiers habitants de la région de la rivière Skeena, en Colombie-Britannique.

Légende

- 🔲 Ramp Gallery
- 🔲 Great Hall
- 🔲 Rotonde
- 🔲 Visible Storage/Research Collection
- 🔲 Galerie archéologique
- 🔲 Koerner Ceramics Gallery
- 🔲 Expositions temporaires
- 🔲 Theatre Gallery
- 🔲 Locaux techniques

Départ pour Squamish à bord du Royal Hudson Steam Train

Royal Hudson Steam Train ⓮

Gare BC Rail, 1311 W First St. 🕿 *(604) 984 5246.* ◯ *de mi-mai à sept. : du mer. au dim.* 🎫 *réserver.* ♿

Ce train à vapeur construit en 1940 tout spécialement pour la Colombie-Britannique est une des principales attractions du Grand Vancouver. Réplique du *Royal Hudson* qui transporta le roi George VI et la future Élisabeth II au Canada en 1939, il a été restauré en 1974 et assure l'été l'excursion de Squamish. Depuis une voiture panoramique, les voyageurs jouissent de vues magnifiques sur les forêts et le littoral rocheux pendant les 2 heures de trajet, et au wagon-restaurant pullman, ils déjeunent dans un cadre authentique, cuir et boiseries étant d'origine. Non loin de Squamish, les cascades de Shannon Falls et le West Coast Railway Heritage Museum valent la visite. Pour changer, le retour à Vancouver peut se faire sur l'eau à bord du *Britannia*, qui passe par Howe Sound.

Lonsdale Quay Market ⓯

123 Carrie Cates Ct. 🕿 *(604) 985 6261.* 🚃 *Gare centrale.* 🚋 *Gare centrale.* ⛴ *Waterfront.* ◯ *de 9 h 30 à 18 h 30 du sam. au jeu., de 9 h 30 à 21 h dim.* ♿

Inauguré en 1986, cet étonnant bâtiment de béton et de verre fait partie du terminal du SeaBus sur la rive nord. Un niveau y est consacré à l'alimentation : un vaste marché vend aussi bien du pain chaud que des bleuets (myrtilles), et de nombreux cafés et restaurants proposent toutes sortes de cuisines ethniques. À l'étage, des boutiques offrent un large choix d'artisanat – bijoux, poterie et textiles.

Le complexe comprend un hôtel cinq étoiles, un pub et une boîte de nuit. Les festivals de musique organisés l'été sont l'occasion d'accéder aux terrasses, d'où la vue du port est imprenable.

Lynn Canyon Park and Ecology Centre ⓰

3663 Lynn Canyon Park Rd. 🕿 *(604) 981 3103.* 🚃 *Gare centrale.* 🚌 *Hastings.* 🚌 *228, 229.* ⛴ *Horse-shoe Bay.* ◯ *d'avr. à sept. : de 10 h à 17 h t.l.j. ; d'oct. à mars : de midi à 16 h.* ● *25 et 26 déc., 1ᵉʳ jan.* 🎫 *participation libre.* 🎫 ♿ *partiel.*

Situé entre Mount Seymour et Grouse Mountain, Lynn Canyon Park est connu pour ses forêts. Les randonneurs l'apprécient pour ses

itinéraires balisés variés. Si certains, menant à des cascades et des falaises, sont raides et accidentés, la plupart sont d'agréables promenades au milieu des douglas, pruches de l'Ouest et thuyas géants. Des sentiers principaux, il est courant d'apercevoir écureuils, geais et pics, mais pour rencontrer ours noirs, couguars, et cerfs à queue noire, il faut s'enfoncer dans la forêt. La vue est spectaculaire depuis le pont suspendu qui enjambe le canyon à 50 mètres de haut. Non loin, l'Ecology Centre propose des balades guidées, des projections de films d'histoire naturelle et d'intéressantes expositions sur l'écosystème de la région.

Grouse Mountain ⓱

6400 Nancy Greene Way. 🕿 *(604) 984 0661.* 🚋 *Lonsdale Quay.* 🚌 *236.* ◯ *de 9 h à 22 h t.l.j.* 🎫 ♿

Du sommet de Grouse Mountain, le regard embrasse le paysage majestueux et spectaculaire de la Colombie-Britannique, dans lequel est serti Vancouver. Par temps clair, il porte jusqu'à l'île de Vancouver à l'ouest, à la chaîne côtière au nord et aux Columbia Mountains à l'est. Un téléphérique, le Skyride, mène en haut des 1 211 mètres de la montagne, que les plus courageux grimperont par un sentier de 3 kilomètres. Là sont réunis tous les équipements d'une station de ski : école, pistes (une douzaine), location de matériel (aussi pour le surf des neiges), et restaurants offrant une vue splendide. Le soir, la montagne illuminée permet aux amateurs de prendre des leçons de ski en nocturne.

Plusieurs sentiers pédestres partent du sommet, mais certains sont difficiles. Été comme hiver, la station propose de multiples activités : balades en VTT, sorties guidées pour observer la faune et concours de

La magnifique forêt de douglas et de thuyas géants de Lynn Canyon Park

Panorama sur Vancouver depuis Grouse Mountain

Lighthouse Park ⑲

par Beacon Lane, Vancouver Ouest.
📞 *(604) 925 7200.* 🚉 *Gare centrale.* 🚌 *Gare centrale.*
⛴ *Horseshoe Bay.* ○ *t.l.j.*

Ce parc de 75 hectares est une zone vierge de forêts très anciennes et de côtes sauvages et rocheuses.
Il doit son nom au phare *(lighthouse)* hexagonal construit à l'entrée du Burrard Inlet en 1910 pour guider les bateaux dans ce chenal par temps de brouillard. Les arbres n'ayant jamais été abattus, certains douglas majestueux ont plus de 500 ans.

Le parc est sillonné de sentiers pédestres. Certains mènent à un superbe panorama sur le détroit de Géorgie et jusqu'à l'île de Vancouver, près du phare de Point Atkinson, haut de 18 mètres. Une randonnée typique de 5 kilomètres traverse en deux heures de très anciennes forêts, dans un terrain assez accidenté de ravines moussues et d'affleurements rocheux abrupts, qui sont autant de points de vue pour observer les oiseaux marins tournoyant au-dessus de la mer. Plus près du rivage, les rochers lisses se prêtent aux bains de soleil.

deltaplane, sans oublier les épreuves de bûcheron comme la sculpture à la tronçonneuse. Un cinéma passe des films sur l'histoire de Vancouver.

Pont suspendu de Capilano ⑱

3735 Capilano Rd, Vancouver Nord.
📞 *(604) 985 7474.* 🚉 *Gare centrale.* 🚌 *Highlands 246.* ○ *t.l.j. (horaires variables selon la saison, téléphoner).* ● *25 déc.* 📷 🎫 *de mai à oct.* ♿ *partiel.*

Dès sa construction en 1889, ce pont a constitué une attraction touristique majeure. Attiré par la beauté sauvage des lieux, le pionnier écossais George Grant MacKay avait bâti une petite cabane surplombant les gorges de la rivière Capilano. Cette dernière étant quasiment inaccessible, MacKay aurait construit le pont pour que son fils, pêcheur passionné, puisse en atteindre les rives.
Le pont actuel, le quatrième sur le site, domine le profond canyon de 70 mètres et reçoit chaque année des milliers de visiteurs. Les amoureux de la nature viennent également nombreux pour les promenades à l'ombre des vieilles forêts jamais exploitées, les étangs à truite et une cascade de 61 mètres de haut. Des guides relatent l'histoire de la région aux visiteurs. Le salon de thé élevé en 1911 est aujourd'hui une boutique de cadeaux.

Le phare de Point Atkinson

Le pont suspendu de Capilano franchit une gorge spectaculaire tapissée d'arbres

Victoria ⑳

Paisible et attrayante, la ville est réputée pour son charme de vieille station balnéaire, sensible surtout l'été, quand une profusion de fleurs déborde des paniers et des jardinières ornant réverbères, balcons et devantures. Le poste de traite des fourrures créé en 1843 par James Douglas pour la Compagnie de la baie d'Hudson connut des heures périlleuses durant la ruée vers l'or (1858-1863) : des milliers de prospecteurs fréquentaient alors la soixantaine de bars de Market Square. En 1871, Victoria devint la capitale de la Colombie-Britannique, mais elle fut vite dépassée par Vancouver, qui est aujourd'hui la plus grande ville de la province. Victoria n'en est pas moins restée son centre politique et l'un de ses principaux atouts touristiques.

Les bateaux de pêche et de plaisance se côtoient dans le port intérieur de Victoria

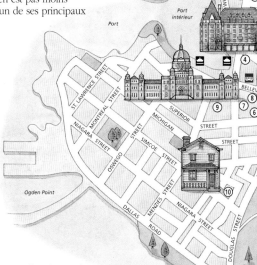

À la découverte de Victoria

Faire le tour du port intérieur (Inner Harbour) permet de découvrir les principales curiosités de la ville, comme le Royal British Columbia Museum et sa spectaculaire présentation de la géologie et des cultures amérindiennes de la région. Deux édifices de la fin du XIXᵉ siècle conçus par Francis Rattenbury, éminent architecte et fils adoptif de la ville, dominent le quartier : l'Empress Hotel et le Parlement. Entre Fort Street et View Street, Eaton Centre est un centre commercial de 4 niveaux. Avec ses restaurants et ses boutiques, Bastion Square s'étend à l'ouest des immeubles des années 1850 restaurés de Market Square.

🏛 Parlement

501 Belleville St. 📞 (250) 387 3046. 🕐 de 8 h 30 à 17 h t.l.j. ⬤ 25 déc., 1ᵉʳ jan. 🚻 📷

Tourné vers les eaux du port intérieur, le Parlement aux dômes multiples est un monument impressionnant, surtout le soir quand ses façades s'illuminent de milliers d'ampoules. Conçu par Francis Rattenbury en 1892, il fut achevé en 1897. Cet architecte britannique de 25 ans arrivé en Colombie-Britannique un an auparavant remporta le concours national lancé pour ce bâtiment. Parmi

Les eaux du port scintillent sous les lumières du Parlement

ses réalisations ultérieures dans la province figurent l'Empress Hotel, voisin, et le Crystal Garden.

L'histoire de la Colombie-Britannique est rappelée partout dans l'édifice. Une statue de l'explorateur George Vancouver couronne le dôme central et à l'intérieur, de grandes peintures murales représentent des scènes historiques.

♜ Empress Hotel

721 Government St. **C** *(250) 384 8111.* ◯ *t.l.j.* ♿

Terminé en 1905 sur des plans de Francis Rattenbury, cette merveille néo-gothique couverte de lierre qui s'élève au-dessus des toits de Victoria est l'un de ses principaux centres d'intérêt. Proche du Parlement, l'hôtel surplombe le port intérieur. Les visiteurs sont invités à goûter le décor

Bastion Square est très couru à l'heure du déjeuner

de la baie d'Hudson, avait été créé en 1843 à cet endroit. Le bâtiment MacDonald Block, construit en 1863 dans un style italianisant, fait maintenant partie de la place. Dans l'ancien palais de justice, de 1889, se trouve le BC Maritime Museum. L'été, visiteurs et employés se retrouvent aux terrasses des cafés.

♜ Market Square

560 Johnson St. **C** *(250) 386 2441.* ◯ *de 10 h à 17 h.* ● *25 déc., 1er jan.* ♿ *partiel.*

À deux pâtés de maison au nord de Bastion Square, à l'angle de Johnson Street, cette place est bordée par un saloon, un hôtel et des devantures victoriennes. La plupart des édifices datent des années 1880 et 1890, période de prospérité avec la ruée vers l'or du Klondike. Ils comptent au nombre des plus beaux de Victoria.

En 1975, après des décennies d'abandon, le secteur a bénéficié d'une rénovation indispensable. La place est désormais le paradis du shopping.

luxueux des bars et salons ou du restaurant Crystal, au mobilier ancien, coiffé d'une coupole en verre signée Tiffany.

♜ Bastion Square

Government St. **C** *(250) 953 2033.* ◯ *t.l.j.* ♿

Face au port pittoresque, cette place joliment restaurée est bordée par certains des plus vieux édifices de la ville. Les bureaux et hôtels de luxe élevés pendant la vague de prospérité de la fin du XIXe siècle abritent aujourd'hui des boutiques. Leur restauration fut entreprise en 1963, quand on découvrit que Fort Victoria, un poste de traite des fourrures de la Compagnie

LÉGENDE

🚉	Gare ferroviaire
🚌	Gare routière
🅿	Parc de stationnement
⛴	Ferry
🛈	Information touristique

Imposants mâts totémiques dans Thunderbird Park

♣ Thunderbird Park

à l'angle de Belleville St. et Douglas St.
Dans ce parc peu étendu, à l'entrée du Royal British Columbia Museum *(p. 282-283)*, se dressent des mâts totémiques géants, peints pour certains. L'été, les artistes amérindiens de l'atelier de sculpture du parc sculptent ces totems devant les visiteurs. Ils sont ornés des légendes de plusieurs tribus de la côte nord-ouest, qui sont ainsi conservées.

🏛 Helmcken House

10 Elliot St. Square. 📞 *(250) 361 0021*. 🕐 *de mai à oct. : de 11 h à 17 h ; de nov. à avr. : de midi à 16 h t.l.j. ; déc. : manifestations exceptionnelles.* ⬤ *jan.* 📷 🚻 📋
Donnant sur Elliot Square, non loin du port intérieur, la demeure de John Sebastian Helmcken, médecin de la Compagnie de la baie d'Hudson, serait la plus vieille de Colombie-Britannique. Elle a été construite en 1852 avec des douglas abattus dans la forêt environnante. Simple mais élégamment conçue, elle a conservé une grande partie de son mobilier d'origine, notamment le piano, dont les visiteurs peuvent jouer. Ils admireront

la collection de poupées anciennes et les objets personnels de la famille – vêtements, chaussures, articles de toilette et instruments médicaux.

🦜 Crystal Garden

713 Douglas St.
📞 *(250) 381 1213*. 🕐 *t.l.j.* 🚻
Construit en 1925 pour abriter la plus grande piscine d'eau de mer du Canada, Crystal Garden, inspiré du Crystal Palace de Londres, est l'œuvre de l'architecte Francis Rattenbury. La piscine a laissé place à un jardin tropical aux allures de jungle qui abrite 65 espèces de singes et d'oiseaux exotiques menacées de disparition. Dans la serre, le thé se prend au milieu de milliers de papillons multicolores.

Perroquet à Crystal Garden

🚻🦜 Eaton Center

Douglas St. 📞 *(250) 389 2228*. 🕐 *de 9 h 30 à 18 h lun., mar. et sam. ; de 9 h 30 à 21 h du mer. au ven. ; de 11 h à 17 h dim.* 🚻
À quelques minutes de marche du port intérieur, ce centre commercial est caché derrière les façades de plusieurs bâtiments historiques de Government Street. Le Driard Hotel, conçu

en 1892 par John Wright, a échappé à la démolition grâce à une campagne publique, de même que les façades des immeubles du Times (1910) et de Lettice et Sears (XIXᵉ siècle). Les magasins, qui s'étagent sur trois niveaux, vendent de tout : mode, cadeaux, chocolat artisanal et épicerie fine.

🏚 Carr House

207 Government St. 📞 *(250) 383 5843*. 🕐 *de mi-mai à mi-oct. : de 10 h à 17 h t.l.j.* 📷 🚻 📋
Emily Carr, une des plus célèbres artistes canadiennes *(p. 28-29)*, est née en 1871 dans cette charmante maison jaune en bois, construite en 1864 par les éminents architectes Wright et Saunders, selon les instructions et son père, Richard Carr. À quelques minutes de marche du port intérieur, la demeure et son jardin à l'anglaise sont ouverts au public. Toutes les pièces sont meublées comme il se doit dans le style de la fin du XIXᵉ siècle avec quelques objets de famille d'origine. On visite la salle à manger où Emily donna ses premières leçons d'art aux enfants du quartier. Le dessin qu'elle fit de son père trône toujours sur la cheminée du salon où, à l'âge de 8 ans, elle traça ses premiers croquis.

Carr House, où naquit la célèbre artiste Emily Carr

🍁 Beacon Hill Park

Cook St 📞 *(250) 361 0600.*
⏰ *t.l.j.* ♿

A la fin du XIXᵉ siècle, ce parc
charmant servait pour mettre
les chevaux au vert, jusqu'à
ce que John Blair, un jardinier
paysagiste écossais, le dote
en 1888 de deux lacs et
entreprenne un boisement
d'envergure. Ces 74,5 hectares
de tranquillité, qui étaient le
repaire favori de l'artiste Emily
Carr, sont renommés pour leurs
arbres âgés – certains chênes
de Garry, espèce rare, ont plus
de 400 ans –, leurs pittoresques
mares aux canards et un terrain
de cricket vieux de cent ans.

🏛 Art Gallery of Greater Victoria

1040 Moss St. 📞 *(250) 384 4101.*
⏰ *de 10 h à 17 h lun. au mer.,
ven. et sam. ; de 10 h à 21 h jeu. ;
de 13 h à 17 h dim.* 📷

Cette populaire galerie d'art est
installée dans une imposante
demeure victorienne, à l'est du
centre-ville et à quelques
centaines de mètres à l'ouest
de Craigdarroch Castle.
Les belles boiseries
moulurées, les
cheminées d'origine
et les hauts plafonds
servent d'écrin aux
collections,
éclectiques,
comprenant entre
autres un vaste
ensemble de
peintures, de
céramiques et de
poteries chinoises et
japonaises. La galerie
abrite le seul sanctuaire shinto
authentique d'Amérique du
Nord. En ce qui concerne la
peinture canadienne
contemporaine, les tableaux
de la célèbre artiste locale
Emily Carr exécutés entre 1900
et 1930 sont particulièrement
admirés ; ils évoquent de façon
obsédante le Nord-Ouest
orageux et la vie des
Amérindiens.

**Sanctuaire shinto de
l'Art Gallery (détail)**

♣ Craigdarroch Castle

1050 Joan St. 📞 *(250) 592 5323.*
⏰ *de juin à sept. : de 9 h à 19 h
t.l.j. ; d'oct. à mai : de 10 h à 16 h 30
t.l.j.* 🔴 *25 et 26 déc., 1ᵉʳ jan.* 📷

Achevé en 1889, Craigdarroch
Castle était la marotte
de Robert Dunsmuir, le très
respecté magnat local du
charbon. Bien que
cette vaste demeure
alliant styles roman
et gothique n'ait de
château que le nom,
elle s'inspire de la
demeure écossaise
de ses ancêtres.
En 1959, Craigdarroch
Castle étant menacé
de démolition, les
habitants du quartier,
réunis en association,
réussirent à le sauver.
L'intérieur, restauré,
abrite désormais un
musée qui donne un
aperçu du style de vie
d'un riche chef
d'entreprise canadien.
Le château possède
une des plus belles
collections de fenêtres
Art nouveau en verre
au plomb d'Amérique
du Nord.

De nombreuses pièces
et vestibules ont conservé
leurs parquets à motifs et
leurs boiseries en chêne
blanc, thuya et acajou.
Toutes les pièces sont
remplies de meubles
victoriens opulents
de la fin du
XIXᵉ siècle et
décorées aux
couleurs d'origine
– vert et rose
notamment.
Plusieurs couches
de peinture ont été
retirées avec soin
du plafond du salon
pour dégager son
décor ancien ;
les motifs, entre autres lions
et papillons, sont d'une
extrême finesse.

**Une tour de Craigdarroch Castle,
dans le style du château gothique français**

♣ Government House

1401 Rockland Ave. 📞 *(250) 387
2080.* ⏰ *t.l.j. (jardins seulement).* ♿

L'édifice actuel terminé en
1959 remplaça celui de 1903,
réduit en cendres, qui était dû
au célèbre architecte Francis
Rattenbury.

Étant la résidence officielle
du lieutenant-gouverneur de
Colombie-Britannique,
représentant de la reine dans
la province, la maison ne se
visite pas. Cependant,
5,6 hectares de jardins
superbes sont ouverts au
public : pelouses impeccables,
bassins, jardin à l'anglaise et
roseraie victorienne. Le regard
embrasse toute la propriété
depuis Pearke's Peak, une
hauteur couverte de rocailles
formée par les affleurements
rocheux qui entourent le parc.

Government House, en granit bleu et rose, date de 1959

Royal British Columbia Museum

Ce musée qui traite de l'histoire naturelle, de la géologie
et du peuplement de la région est considéré comme l'un des
meilleurs du Canada pour la présentation étonnante de ses
collections. Dans la galerie d'histoire naturelle, au deuxième étage,
des dioramas très inventifs reproduisent l'aspect, les sons, voire
même les odeurs de zones comme le littoral pacifique, l'océan
et la forêt pluviale. Tous les détails sur l'histoire régionale sont
donnés au troisième étage, notamment avec la reconstitution d'une
ville du début du XXᵉ siècle et la diffusion de films muets au saloon
et dans un cinéma, qui restituent l'ambiance de la rue. On verra
aussi une maison longue de cérémonie, clou de la superbe
collection de pièces amérindiennes.

**Troisième
étage**

Quartier chinois du XIXᵉ siècle
*Dans le cadre d'un tableau de rue de 1875,
cette herboristerie chinoise présente un
beau choix d'ingrédients.*

★ **Galerie des Premières Nations**
*Fait en écorce de thuya et en racine
d'épinette vers 1897, ce chapeau
est orné de la chèvre de
montagne, emblème du
clan du corbeau.*

Masques de cérémonie
*La souris, le raton laveur et le martin-
pêcheur sont sculptés sur ces masques
de Mungos, qui les portaient pour
danser lors de certaines cérémonies.*

LÉGENDE

- Premières Nations
- Histoire moderne
- Collections permanentes
- Histoire naturelle
- Auditorium
- Cinéma Imax du National Geographic
- Locaux techniques

Bâtiments du musée
*Avant l'ouverture du bâtiment
principal en 1968, les collections
furent hébergées plusieurs années
dans diverses salles du Parlement
et des environs. Le musée abrite
une salle d'archives.*

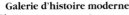

Galerie d'histoire moderne

Plusieurs rues, magasins et bâtiments publics du début du XVIIIe siècle aux années 1990 y sont reconstitués. Ci-contre, le Grand Hotel est précédé d'un trottoir de bois authentique.

MODE D'EMPLOI

675 Belleville St. 📞 (250) 387 3701. 🚌 5, 28, 30. ⏰ de 9 h à 17 h t.l.j. 🚫 25 déc., 1er jan.

Deuxième étage

★ Galerie d'histoire naturelle

Un mammouth grandeur nature garde l'entrée de cette galerie où plusieurs dioramas très vivants recréent les forêts côtières et la vie océane de la Colombie-Britannique depuis la dernière glaciation.

★ Diorama du littoral pacifique

Il recourt au son, à l'image, à la lumière et à des reproductions d'animaux réalistes comme cette otarie de Steller.

SUIVEZ LE GUIDE !

Les collections principales du musée sont présentées dans les étages. Dans la galerie d'histoire naturelle, au deuxième, se trouve la reconstitution de plusieurs environnements – du grand large à la forêt boréale. Les galeries des Premières Nations et d'histoire moderne sont au troisième.

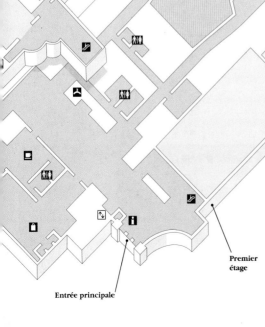

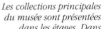

Premier étage

Entrée principale

À NE PAS MANQUER

★ **Le diorama du littoral pacifique**

★ **La galerie d'histoire naturelle**

★ **La galerie des Premières Nations**

Le bassin aux nénuphars du jardin à l'italienne des Butchart Gardens

Butchart Gardens ㉑

800 Benvenuto Ave., Brentwood Bay.
📞 *(250) 652 4422.* 🚆 *Victoria.*
🚌 *Victoria.* 🕐 *9 h t.l.j. ; fermeture variable selon la saison.* 🏳 ♿

Leur aménagement remonte à 1904. Alors que son mari, fabricant de ciment, entreprenait d'exploiter du calcaire un peu plus à l'ouest en direction de Victoria, Jennie Butchart décida de créer un nouveau jardin qui descendrait jusqu'au Tod Inlet. Une fois le gisement épuisé, elle intégra la carrière à son jardin florissant. Ce nouvel espace en contrebas a été depuis agrémenté d'un lac ombragé par des saules et d'autres arbres chargés de fleurs au printemps. Un énorme rocher resté dans la carrière a été transformé en une imposante rocaille. Du haut des marches de pierre, la vue est magnifique. De plus en plus populaires, les jardins se remplirent de milliers de plantes rares des quatre coins du monde rassemblées par madame Butchart.

Ils sont désormais divisés en plusieurs zones. Le jardin régulier à l'italienne s'orne d'un étang aux nénuphars doté d'une fontaine achetée en Italie par les Butchart en 1924. L'été, la roseraie est remplie du parfum de centaines de fleurs différentes. Les soirs d'été, des concerts de jazz et de musique classique ont lieu dans les jardins illuminés.

Port Renfrew ㉒

🚶 *300.* 🛈 *2070 Phillips Rd., Sooke (250) 642 6351.*

Ce petit village de pêcheurs accueillant vivait jadis du bois. Occasion d'une excursion d'une journée depuis Victoria, il est situé près de Botanical Beach où la mer, en se retirant, laisse dans les rochers des flaques remplies de créatures marines.

Port Renfrew est célèbre pour ses randonnées sur les anciennes routes forestières. Traversant une plantation de douglas, la Sandbar Trail mène à une rivière ensablée où l'on peut se baigner à marée basse. Les 48 kilomètres de la Juan de Fuca Marine Trail jusqu'à China Beach sont plus ardus. Le parcours donne lieu à plusieurs formules, entre l'expédition de plusieurs jours et de courtes balades sur la plage. Port Renfrew est l'un des 2 points de départ de la West Coast Trail (*p. 286-287*).

Cowichan District ㉓

🚆 ♿ 🚌 *de Duncan.* 🛈 *381A Transcanadienne, Duncan (250) 746 4636.*

Située sur la côte à une soixantaine de kilomètres au nord de Victoria, la région de Cowichan englobe les deux vallées de Chemainus et Cowichan. Son nom signifie « terre chaude » dans la langue des Cowichans, l'une des tribus les plus importantes de Colombie-Britannique. Grâce à la douceur du climat, le lac Cowichan, la plus grande étendue d'eau douce de l'île, se prête à la baignade l'été.

Le site est propice à la pêche, au canoë et à la randonnée. Entre Duncan et le lac, la Valley Demonstration Forest, où des panneaux traitent de l'exploitation forestière, offre de beaux panoramas. Duncan est connue comme la ville des totems, car plusieurs mâts bordent sa rue principale. Au lieu historique de Cowichan Native Village, l'histoire des Cowichans est relatée au travers de films. Des produits artisanaux sont en vente à la boutique de souvenirs, notamment des pulls, et au grand atelier de sculpture, les artistes taillent les mâts en public, tandis qu'un guide explique le symbolisme des images.

Panorama exceptionnel sur le lac Cowichan

Chemainus ㉔

🚶 *4 000.* 🚆 🚌 ⛴ 🛈 *9796 Willow St. (250) 246 3944.*

Quand sa scierie ferma en 1983, la pittoresque ville de Chemainus devint une curiosité car ses murs furent bientôt couverts d'immenses fresques racontant l'histoire de la région. Les artistes locaux poursuivirent le projet et aujourd'hui, plus de 32 peintures exécutées sur des panneaux construits spécialement retracent d'authentiques épisodes du

Face-à-face avec les Amérindiens d'une peinture murale de Chemainus

Bateaux de pêche et de plaisance amarrés au port de Nanaimo

passé de la ville. Ces images plus grandes que nature d'Indiens cowichans, de pionniers et de bûcherons ont redonné vie à la localité. Les visiteurs adorent chiner chez les antiquaires et se délasser aux nombreuses terrasses des cafés ou dans les salons de thé.

AUX ENVIRONS

À 70 kilomètres au sud de Chemainus, Swartz Bay est le port d'embarquement pour les Southern Gulf Islands, un archipel de 200 îles inhabitées pour la plupart, recherchées pour leur calme et leur beauté naturelle. En flânant sur les plages désertes, on a toutes les chances d'apercevoir un aigle ou un urubu à tête rouge. Des parties de pêche sont organisées pour les amateurs de saumon et de morue, ainsi que des sorties en kayak avec arrêts sur les rivages déserts pour observer loutres, phoques et oiseaux marins.

Salt Spring, avec près de 10 000 habitants, est l'île la plus peuplée. L'été, les visiteurs se promènent du côté de Ganges Village, dont la marina animée borde une jetée en bois, à côté de magasins, cafés, galeries et marchés colorés.

Nanaimo 25

🏠 *75 000.* ✈ 🚉 🚌 🚢 ℹ *2270 Bowen Rd. (250) 756 0106.*

Ancienne cité charbonnière, Nanaimo a été fondée dans les années 1850 à l'emplacement de 5 villages de Salishs de la côte. Deuxième ville de l'île de Vancouver, elle regorge de commerces sur l'Island Highway, mais c'est le vieux quartier qui est le préféré des visiteurs. Il compte de nombreux édifices du XIXᵉ siècle, notamment le palais de justice, conçu par Francis Rattenbury en 1895.

Le **Nanaimo District Museum**, à Piker's Park, abrite une reconstitution de la Chinatown du XIXᵉ siècle de Victoria, avec ses trottoirs en bois, son magasin général, son salon de coiffure pour hommes et sa salle de classe. Il y a aussi une réplique plus vraie que nature d'une mine de charbon. Des objets amérindiens sont présentés dans le diorama d'un village.

🏛 Nanaimo District Museum

100 Cameron Rd. 📞 *(250) 753 1821.* 🕐 *de 9 h à 17 h du mar. au dim.* ⬤ *de sept. à mai* 💷 ♿ 📷 *réserver.*

Port Alberni 26

🏠 *26 800.* ✈ 🚉 🚌 ℹ *Site 215, C10, RR2 (250) 724 6535.*

La localité est située au fond de l'Alberni Inlet, bras de mer de 48 kilomètres débouchant sur la côte ouest. Elle doit sa fortune à l'exploitation forestière et à la pêche, notamment au saumon. Tous les ans, le Salmon Derby and Festival offre 5 000 dollars canadiens pour le plus gros poisson pêché pendant le dernier week-end d'août.

L'été, un train tiré par une locomotive de 1929 part de la gare restaurée de Port Alberni (1912), près de l'Alberni Harbour Quay, et fait le tour du port. Les croisières à bord du *Lady Rose*, vieux de 40 ans, et du *Frances Barkley* sont une autre attraction du lieu. Les deux bateaux distribuent le courrier au long du fjord et assurent des excursions à Ucluelet, près du parc national de Pacific Rim. Ils transportent aussi kayaks et canoës pour ceux qui souhaitent canoter dans l'archipel des Broken

Aigle sculpté sur la jetée de Port Alberni

Islands *(p. 286).*

Juste à l'est de Port Alberni, le parc provincial de MacMillan Cathedral Grove offre aux randonneurs le spectacle impressionnant de douglas et thuyas géants centenaires.

Une locomotive de 1929 longe le front de mer à Port Alberni

Gold River ❷❼

🏃 *1 900*. ℹ️ *Autoroute 28 (250) 283 2418.*

Ce village vivant de l'exploitation forestière se trouve au bout de la pittoresque Autoroute 28, près du Muchala Inlet. Avec plus de 50 grottes aux environs, c'est un paradis pour les spéléologues. À 16 kilomètres à l'ouest, les formations cristallines uniques des Upana Caves et les grottes plus profondes de White Ridge attirent chaque été des centaines de visiteurs. L'été, l'*Uchuck III*, un dragueur de mines de la Seconde Guerre mondiale reconverti,

conduit les visiteurs à Friendly Cove où les Amérindiens auraient vu pour la première fois un Européen en 1778 : le capitaine Cook. Gold River est une bonne base pour découvrir le **parc provincial de Strathcona**, aux paysages exceptionnels. Créé en 1911, c'est le plus ancien de Colombie-Britannique. Cependant, une grande partie

Vue du parc provincial de Strathcona

de ses 250 000 hectares d'étendues sauvages accidentées au cœur de l'île n'est accessible qu'aux randonneurs confirmés.

🌿 **Parc provincial de Strathcona**
par l'Autoroute 28. 📞 *(250) 337 2400.* 🕐 *t.l.j.* 🏕️ *terrains de camping.* ♿ *partiel.* 🅿️ *juil. et août : se renseigner par téléphone.*

Campbell River ❷❾

🏃 *30 000*. ℹ️ *1235 Shoppers Row (250) 287 4636.*

Sur la côte nord-est de l'île de Vancouver, Campbell River est un centre réputé de la pêche au saumon. Les eaux de Discovery Passage sont sur le

Parc national de Pacific Rim ❷❽

S'étendant sur 130 kilomètres le long de la côte ouest de l'île de Vancouver, il est constitué de 3 zones distinctes : Long Beach, la West Coast Trail et les Broken Group Islands. Il est internationalement connu pour l'observation des baleines, dont les évolutions sont suivies avec attention au Wikaninnish Centre, près de l'Autoroute 4. Long Beach regorge de possibilités de randonnées avec plusieurs accès à la plage et un parking situé au départ de chaque itinéraire. La plus fameuse est de loin les 77 kilomètres couverts par la West Coast Trail entre Port Renfrew et Bamfield. Quant aux amateurs de kayak, les Broken Group Islands sont pour eux.

Broken Group Islands
Cet archipel d'une centaine d'îlots est apprécié des amateurs de kayak et de plongée.

La Schooner Trail est l'une des neuf pistes panoramiques faciles qui longent les étendues de sable de Long Beach.

Au Wikaninnish Centre, des plates-formes et des télescopes permettent d'observer les baleines.

Long Beach
Parsemée de débris de bois, cette plage battue par les vents où viennent s'écraser les rouleaux du Pacifique, qui font la joie des surfers, est d'une beauté farouche.

Dodd Island

Turret Island

Effingham Island

Les eaux rugissantes d'Elk Falls, sur la Campbell River

chemin de 5 grandes espèces de saumon, dont le chinook géant. Des sorties en bateau permettent de suivre les poissons remontant la rivière.

Il est aussi possible de louer un bateau de pêche, ou de tenter sa chance en ville depuis Discovery Pier, une jetée longue de 200 mètres.

À 10 kilomètres au nord-ouest de Campbell River, le parc provincial d'Elk Falls est couvert de vastes forêts de douglas émaillées de cascades, telles que les impressionnantes Elk Falls.

Telegraph Cove ㉚

🏠 100. 🚢 Port McNeill. ℹ Port Hardy (250) 949 7622.

Tout au nord de l'île de Vancouver, Telegraph Cove est un petit village pittoresque avec ses hautes maisons de bois construites sur pilotis surplombant les

eaux de Johnson Strait. L'été, près de 300 orques attirées par les saumons migrateurs viennent se prélasser dans les eaux peu profondes de Robson Bight, une réserve écologique créée en 1982, et frotter leurs flancs contre les bancs de graviers. On peut observer leurs évolutions de la jetée du village ou lors d'excursions en bateau.

Orques dans les eaux pures de Johnson Strait

OBSERVATION DES BALEINES

Plus de 20 espèces de baleines peuplent les eaux côtières de la Colombie-Britannique. Environ 17 000 baleines grises de Californie quittent chaque année l'océan Arctique pour se reproduire au large de la côte mexicaine. Elles évoluent en général près des côtes. À l'ouest de l'île de Vancouver, on peut les voir depuis la terre. De mars à août, des sorties en mer sont organisées depuis Tofino et Ucluelet.

La migration des baleines

MODE D'EMPLOI

Autoroute 4. ☎ (250) 726 7721. 🚌 de Port Alberni. ⏰ t.l.j. 📷 ♿ 🗓 de juin à sept. 🍴 🛍

LÉGENDE

━━ Route principale
═══ Route secondaire
▬ ▬ West Coast Trail
─── Limite du parc national
─── Cours d'eau
△ Camping
🏕 Aire de pique-nique
ℹ Information touristique
🔭 Point de vue

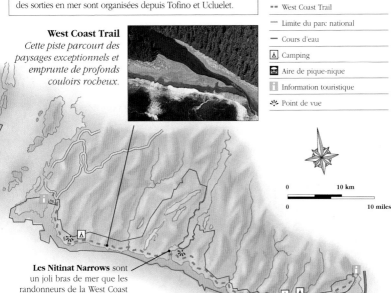

West Coast Trail
Cette piste parcourt des paysages exceptionnels et emprunte de profonds couloirs rocheux.

Les Nitinat Narrows sont un joli bras de mer que les randonneurs de la West Coast Trail, ouverte de mai à septembre, traversent en ferry.

0 ___ 10 km
0 ___ 10 miles

LES ROCHEUSES

Les Rocheuses canadiennes appartiennent à une chaîne de montagne qui part du Mexique et passe par les États-Unis. Elles s'étendent sur une largeur de 800 kilomètres, couvrant les provinces de Colombie-Britannique et Alberta. Leurs pics dentelés spectaculaires, dont trente dépassent 3 048 mètres d'altitude, ont été façonnés il y a 100 à 65 millions d'années par le soulèvement lent mais puissant de la croûte terrestre.

La nature de cette magnifique région aux sommets enneigés, aux glaciers étincelants et aux lacs glaciaires miroitants est préservée dans plusieurs parcs nationaux. Celui de Banff, le premier du Canada, a été ouvert en 1883 par le gouvernement fédéral suite à la découverte de sources d'eau chaude. Depuis 1985, les parcs de Banff, Jasper, Yoho et Kootenay figurent au patrimoine mondial de l'Unesco.

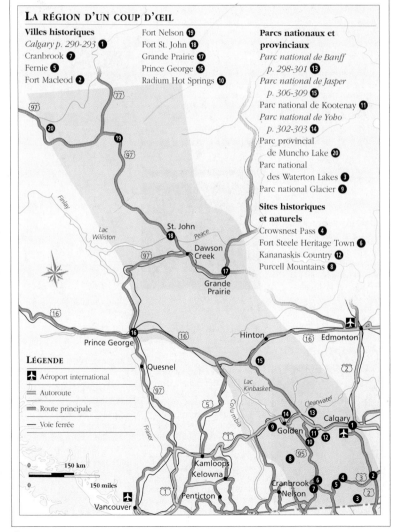

LA RÉGION D'UN COUP D'ŒIL

Villes historiques
Calgary p. 290-293 **1**
Cranbrook **7**
Fernie **5**
Fort Macleod **2**

Fort Nelson **19**
Fort St. John **18**
Grande Prairie **17**
Prince George **16**
Radium Hot Springs **10**

Parcs nationaux et provinciaux
Parc national de Banff p. 298-301 **13**
Parc national de Jasper p. 306-309 **15**
Parc national de Kootenay **11**
Parc national de Yoho p. 302-303 **14**
Parc provincial de Muncho Lake **20**
Parc national des Waterton Lakes **3**
Parc national Glacier **9**

Sites historiques et naturels
Crowsnest Pass **4**
Fort Steele Heritage Town **6**
Kananaskis Country **12**
Purcell Mountains **8**

LÉGENDE

✈ Aéroport international

Autoroute

Route principale

Voie ferrée

0 — 150 km
0 — 150 miles

◁ **Cavalier émérite au Stampede de Calgary**

Calgary ❶

Chemise indienne, Glenbow Museum

Fondée en 1875, Calgary est connue pour avoir accueilli les jeux Olympiques d'hiver de 1988 et pour le Stampede, plus grand rodéo du Canada. Se déployant entre les contreforts orientaux des Rocheuses et les Prairies, c'est la ville la plus étendue d'Alberta. Elle a beau sembler sophistiquée avec ses gratte-ciel, ses galeries et ses théâtres, camionnettes et bottes de cow-boys n'y ont rien de déplacé. Ce côté Far West rappelle que son modernisme ne date que du boom pétrolier des années 1960. Apprécié pour sa proximité du parc national de Banff, le centre de Calgary, avec ses bureaux et ses magasins, est à 120 kilomètres à l'est de la touristique Banff *(p. 301)*.

La Calgary Tower, au milieu des gratte-ciel du centre-ville

Calgary Tower

9th Ave. & Centre St. S.W. ☎ *(403) 266 7171.* ◯ *t.l.j.* $ ♿

Ses 191 mètres la placent en troisième position des édifices les plus hauts de Calgary. Elle possède 18 ascenseurs atteignant son sommet en 62 secondes et 2 escaliers de secours de 762 marches chacun. En haut, un restaurant et une plate-forme d'observation offrent aux 500 000 visiteurs annuels des vues imprenables sur les Rocheuses et, à l'est, sur les immenses plaines des Prairies.

🍁 Devonian Gardens

317 7th Ave. S.W. ☎ *(403) 268 3888.* ◯ *de 9 h à 21 h t.l.j.* ♿

Ce jardin intérieur d'un hectare situé en plein centre-ville, au quatrième étage du complexe du Toronto-Dominion Square, est desservi par un ascenseur vitré depuis 8th Avenue. À l'heure du déjeuner, les employés de bureau apprécient son calme, comme les visiteurs venus faire du shopping dans le quartier. Agrémenté de cascades, de fontaines, ainsi que d'un bassin transformé l'hiver en patinoire, il renferme plus de 135 variétés de plantes tropicales et locales. Des expositions y sont souvent présentées.

Dans le calme des Devonian Gardens, au bord d'un bassin

Boutique de créateur à Eau Claire Market, dans le centre-ville

🛍 Eau Claire Market

au bout de 3rd St. S.W. ☎ *(403) 264 6460.* ◯ *t.l.j.* ♿

Installé dans un entrepôt aux couleurs vives au bord de la Bow, face à Prince's Island Park, Eau Claire Market contraste agréablement avec les immeubles de bureau environnants du centre-ville. On y trouve de l'épicerie fine, des produits artisanaux, des vêtement, mais aussi de l'art contemporain, des cinémas, des cafés et des restaurants avec terrasse, animés par des artistes de rue. Le réseau d'allées est relié à une passerelle qui mène à Prince's Island Park.

10
9
P
EAU CLAIRE AVE.
2ND AVENUE SW
3RD AVENUE SW
4TH AVENUE SW
5TH AVENUE SW
6TH AVENUE SW
7TH AVENUE SW
8TH AVENUE SW
9TH AVENUE SW
10TH AVENUE SW
4TH STREET SW
3RD STREET SW
2ND STREET SW
1ST STREET SW
8
7
Calgary Science Centre
Canada Olympic Park
Heritage Park Historic Village

CALGARY D'UN COUP D'ŒIL

Calgary Centre for Performing Arts ④
Calgary Chinese Cultural Centre ⑧
Calgary Tower ⑥
Devonian Gardens ⑦
Eau Claire Market ⑨
Fort Calgary ②
Glenbow Museum ⑤
Hunt House et Deane House ③
Prince's Island Park ⑩
Saint George's Island ①

🍀 Prince's Island Park

Ce joli parc à deux pas du centre occupe une petite île au milieu de la Bow, à laquelle on accède par une passerelle au bout de 4th Street S.W. Dans la chaleur de l'été, visiteurs et habitants y pique-niquent à l'ombre fraîche des arbres et se promènent sur les sentiers et les pistes cyclables.

🏛 Calgary Chinese Cultural Centre

197 1st St. S.W. 📞 (403) 262 5071.
🕐 t.l.j. 💰 pour le musée. ♿
Le centre culturel chinois, situé au cœur de la ville, a été terminé en 1993. Il a été construit selon des techniques traditionnelles par des artisans venus de Chine sur le modèle du temple du Ciel à Pékin

La coupole du Calgary Chinese Cultural Centre

(1420), qui était réservé aux empereurs.

Avec son plafond haut de 21 mètres et sa coupole au décor de dragons et de phénix soutenue par quatre colonnes ornées de somptueux motifs dorés sur le thème des saisons, le Dr. Henry Fok Cultural Hall est le clou du complexe.

🏛 Glenbow Museum

130 9th Ave. SE. 📞 (403) 268 4100.
🕐 t.l.j. 💰 ♿
Ce musée en plein centre-ville est le plus grand des provinces de l'Ouest. Il possède un excellent ensemble d'œuvres européennes et canadiennes contemporaines, ainsi qu'un éventail de pièces évoquant l'histoire de l'Ouest canadien. Réparties sur 4 niveaux, les collections permanentes sont constituées d'objets ayant trait aux pionniers et aux Amérindiens ; les vêtements et les bijoux des Premières Nations sont remarquables. Au dernier étage, dédié à 5 siècles d'histoire militaire, sont exposées des armures médiévales et des épées de samouraï.

🎭 Calgary Centre for Performing Arts

205 8th Ave. SE. 📞 (403) 294 7455.
📠 (403) 294 7457. 🕐 t.l.j. 💰
Inauguré en 1985, ce vaste complexe du centre-ville donnant sur Olympic Plaza abrite quatre théâtres et une salle de concerts, ainsi que cinq salles de conférences ouvertes à la location. Le centre organise des manifestations très diverses.

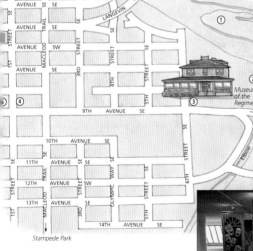

Museum of the Regiments

Stampede Park

```
0          100 m
0          100 yards
```

LÉGENDE

🅿	Parc de stationnement
🚉	Gare ferroviaire
🛈	Information touristique

Le vestibule du Calgary Centre for Performing Arts

Chambre de Mountie à Fort Calgary Historic Park

⚜ Hunt House et Deane House

750 9th Ave. S.E. **⒞** *(403) 269 7747.* ◯ *Deane House : t.l.j.* 🅰️

Hunt House est l'une des rares constructions conservées du premier établissement fondé sur le site de Calgary au début des années 1880.

À côté, Deane House a été construite en 1906 pour le capitaine Richard Burton Deane, commandant de Fort Calgary. Un restaurant bénéficie aujourd'hui de ce charmant cadre d'époque.

⚜ Fort Calgary Historic Park

750 9th Ave S.E. **⒞** *(403) 290 1875.* ◯ *de mai à oct. : t.l.j.* 🅰️ 🅱️

Fort Calgary a été élevé en 1875 sur les bords de la Bow par la Police montée. Un an après l'arrivée de la ligne du Grand Trunk Pacific Railway (compagnie du Grand Tronc, qui fusionna plus tard avec le Canadian Pacific Railway) en 1883, le petit établissement comptait plus de 400 habitants. En 1886, un incendie ayant ravagé les bâtiments importants, une nouvelle ville fut construite en grès, plus résistant. En 1911, le Grand Trunk Pacific Railway acheta le terrain et rasa le fort, dont des vestiges ont été découverts lors de fouilles en 1970. Le site, réhabilité, a été ouvert au public en 1978.

Le centre d'interprétation du fort reconstruit abrite un magasin de vivres et fournitures et un atelier de menuiserie. Les rives de la Bow se prêtent également à de charmantes balades. On assistera à une spectaculaire évasion, jouée par les guides en costume.

⚜ Saint George's Island

Cette île de la Bow, non loin du centre-ville, recèle un magnifique zoo, des jardins botaniques et un parc préhistorique.

Le zoo, le deuxième du pays, se targue d'avoir reconstitué l'habitat naturel de chaque espèce. Ces environnements montrent la diversité du paysage canadien et de sa faune. Dans la forêt de peupliers faux-trembles, il est possible de voir le caribou des bois, et sur les chemins de la forêt boréale, la rare grue blanche, qui se nourrit dans les eaux peu profondes des marais.

Les jardins botaniques qui entourent le zoo comportent une vaste serre remplie de plantes poussant sous divers climats par le monde. Au parc préhistorique, les visiteurs pourront pique-niquer dans un paysage du mésozoïque reconstitué avec plantes et formations rocheuses typiques de l'Alberta, et au milieu de 22 dinosaures grandeur nature.

Majestueuse grue blanche au zoo de Calgary, sur Saint George's Island

⚜ Stampede Park

1410 Olympic Way S.E. **⒞** *(403) 261 0101.* ◯ *t.l.j.* 🅰️ *pour certaines manifestations.* 🅱️

Le célèbre site du Stampede de Calgary est équipé pour accueillir toute l'année loisirs, foires et conférences. Son hippodrome et ses deux stades de hockey sur glace sont en service toute l'année. L'un est situé dans l'impressionnant Saddledome, ainsi nommé à cause de son toit en forme de selle *(saddle)*.

LE STAMPEDE DE CALGARY

Cet exubérant festival de 10 jours sur le thème du Far West a lieu tous les ans en juillet à Stampede Park. Remplaçant une foire agricole créée en 1886, le Stampede attira pas moins de 14 000 spectateurs en 1912. L'une des attractions favorites, la course de chariots couverts, a fait son apparition dans les années 1920. Les animations spectaculaires présentées aujourd'hui reposent sur des épisodes de l'histoire de l'Ouest. Certaines se déroulent aussi à travers la ville, comme l'éblouissante parade d'ouverture. Les participants doivent ensuite chevaucher un taureau, capturer un veau au lasso et maîtriser une vache. Les principales épreuves sont le Half-Million Dollar Rodeo et la course de cantines ambulantes, dont les prix combinés s'élèvent à plus de 1,2 million de dollars canadiens.

Heritage Park Historic Village abrite plus de 80 bâtiments anciens

🌿 Parc provincial de Fish Creek

Bow Bottom Trail SE. 📞 *(403) 297 5293.* ⬜ *t.l.j.* ♿ *partiel.*
Créé en 1975, c'est l'un des parcs urbains les plus vastes au monde, avec ses 1 189 hectares de forêts et d'étendues sauvages dans la vallée de Fish Creek. Les guides vous diront tout sur l'écologie et l'histoire de la région à l'aide de diapositives qui passent en revue les différents sites archéologiques du parc, notamment les culbutes à bisons datant d'entre 750 av. J.-C. et 1800. ·

Les bois sont constitués d'épinettes blanches et de peupliers faux trembles et baumiers. Le parc est sillonné de sentiers de randonnée qui servent de pistes de ski l'hiver. C'est aussi un refuge été comme hiver pour la bernache du Canada, le grand héron et le pygargue à tête blanche.

🏛 Heritage Park Historic Village

1900 Heritage Drive. 📞 *(403) 259 1900.* ⬜ *de mai à sept. : t.l.j. ; de sept. à déc. : le week-end.* ⬤ *de jan. à avr.* 📷 ♿
Au bord du réservoir de Glenmore, ce village compte plus de 83 bâtiments historiques allant de l'appentis à l'hôtel à un étage, apportés ici de tous les coins de l'Ouest canadien. Ils sont répartis suivant les époques, des années 1880, avec un poste de traite des fourrures, à 1900-1914, avec les maisons et les commerces d'une petite ville. La plupart des 45 000 objets ayant servi à l'aménagement des lieux – qu'il s'agisse de tasses à thé ou de trains à vapeur – ont été donnés par des habitants de Calgary et des environs. Parmi les plus

étonnants figurent un parc d'attraction du XIXᵉ siècle et 3 locomotives à vapeur en état de marche. Une réplique du *Moyie*, un bateau à aubes, assure d'agréables promenades de 30 minutes sur le réservoir de Glenmore. Mais l'une des attractions les plus populaires est de monter dans l'un des deux tramways allant jusqu'à l'entrée du parc. L'immersion dans le passé est renforcée par le claquement continuel des voitures à chevaux et par les odeurs et les bruits des échoppes, comme la boulangerie et la forge, animées par des guides en costume d'époque.

Fontaine victorienne à Heritage Park

🌿 Canada Olympic Park

88 Canada Olympic Rd. S.W. 📞 *(403) 247 5452.* ⬜ *de 9 h à 21 h t.l.j.* 📷 ♿
C'est là que se déroulèrent en 1988 les XVᵉ jeux Olympiques d'hiver. Bobsleigh et saut à ski figuraient parmi les disciplines, et aujourd'hui, les installations sont à la disposition des habitants comme des visiteurs à

longueur d'année. Du haut du tremplin olympique de saut à 90 mètres, la vue sur les Rocheuses et Calgary est véritablement exceptionnelle. On retrouvera les sensations données par la descente à ski et le bobsleigh grâce aux simulateurs de l'Olympic Hall of Fame and Museum.

🏛 Calgary Science Centre

701 11th St S.W. 📞 *(403) 221 3700.* ⬜ *de juin à sept. : t.l.j. ; de sept. à mai : du mar. au dim.* 📷 ♿
Ce musée interactif populaire présente plus de 35 merveilles scientifiques comme les ombres figées, les spectacles laser et les hologrammes.

Le Discovery Home est l'un des clous du Centre : grâce à sa technologie multimédia dernier cri, des images prennent vie sur un écran géant bombé. Des animations fascinantes portent sur les sujets les plus variés, du simple jardin au système solaire. Le vendredi soir, il est possible d'utiliser les puissants télescopes de l'observatoire pour admirer les étoiles.

🏛 Museum of the Regiments

4520 Crowchild Trail S.W. 📞 *(403) 974 2853.* ⬜ *de 10 h à 16 h t.l.j.* ⬤ *mer.* 📷 *participation libre.* ♿
Ouvert en 1990 et consacré à l'histoire des forces armées canadiennes, c'est le plus grand musée du genre dans l'Ouest canadien. Il met l'accent sur 4 régiments et présente avec réalisme des situations de combat réelles.

Char Sherman exposé devant le Museum of the Regiments

Le lac Waterton entouré de montagnes, dans le parc national des Waterton Lakes

Fort Macleod ❷

🏛 3 100. 🚉 ℹ️ *Fort Macleod Museum, 25th St. (403) 553 4703.*

E nvoyée au poste de traite de Fort Whoop-up pour mettre fin au trafic de whisky, la North West Mounted Police fonda Fort Macleod non loin en 1874 *(p. 230)*. C'est le plus ancien établissement d'Alberta.

La ville actuelle a conservé une trentaine de bâtiments du passé, et derrière les palissades du fort, reconstruites en 1957, un musée retrace l'expédition des Mounties.

À 16 kilomètres au nord-ouest de Fort Macleod, **Head-Smashed-In-Buffalo Jump**, la culbute à bisons la plus vieille et la mieux conservée du monde, a été déclarée site du Patrimoine mondial de l'Unesco en 1987. Cette méthode de chasse consistait à précipiter les animaux dans le ravin, rabattus par 500 hommes portant des peaux de bison. Le site porte le nom d'un guerrier qui, ayant décidé d'assister à la mise à mort du pied de la falaise, eut la tête défoncée.

🏛 **Head-Smashed-In-Buffalo Jump**
Route 785, par l'Autoroute 2. 🏛 *(403) 553 2731.* ⭕ *t.l.j.* 🈲🈳

Parc national des Waterton Lakes ❸

🚉 *Calgary.* ℹ️ *Park Info Centre ouvert de mi-mai à sept. (403) 859 5133.* ⭕ *t.l.j.* 🈲 🈳 *partiel.*

M oins connu que les autres parcs nationaux des Rocheuses, il possède pourtant des paysages tout aussi stupéfiants. Situé au sud-ouest de l'Alberta, à la frontière avec les États-Unis, le premier « parc international pour la paix » est contigu au parc national américain Glacier dont il partage l'écosystème.

Il doit sa beauté unique à un phénomène géologique qui s'est produit il y a plus d'un milliard d'années, avant la formation des Rocheuses : le Lewis Overthrust. Les roches anciennes ont été poussées au-dessus des sédiments plus récents, d'où cette absence de transition entre les pics abrupts et l'étendue plate des Prairies. Grâce à ses habitats – alpin et de plaine –, Waterton est le parc canadien qui abrite la faune la plus variée : ours, mouflon, gibier d'eau et espèces nidifiantes comme les pics.

Crowsnest Pass ❹

🚉 *Calgary.* ℹ️ *Frank Slide Interpretive Centre (403) 562 7388.*

S ur l'Autoroute 3 dans l'Alberta, près de la frontière de la Colombie-Britannique, le col de Crowsnest est cerné de montagnes enneigées comme la plupart des cols des

Visite souterraine de Bellevue Mine à Crowsnest Pass

Rocheuses. Dominée par l'industrie du charbon au début du XXᵉ siècle, la région a subi la pire catastrophe minière du Canada. En 1903, un énorme rocher se détacha de Turtle Mountain, glissa dans la vallée où il détruisit une partie de la ville de Frank et, emportant arbres et rochers, fit 70 victimes. Le Frank Slide Interpretive Centre présente un audiovisuel primé sur ce glissement de terrain, et un sentier guide les visiteurs à travers la vallée jusqu'aux traces laissées par le cataclysme. On peut se documenter sur le passé minier de la région à Bellevue Mine, où sont organisées des expéditions dans les galeries étroites qu'empruntèrent chaque jour les mineurs entre 1903 et 1961. On peut aussi visiter les captivantes Leitch Collieries, d'anciennes houillères.

Les Rocheuses surplombent les maisons de la ville de Fernie

Fernie ❺

🏔 4 877. 🔲 ℹ️ Autoroute 3 & Dicken Rd. (250) 423 6868.

Cette ville attrayante aux rues bordées d'arbres entourée de sommets pointus est située en Colombie-Britannique, à l'ouest de Crowsnest Pass. Suite à un incendie qui la ravagea en 1908, les maisons furent reconstruites en brique et en pierre, lui donnant son élégance actuelle. Le palais de justice de 1911, unique dans la province par son style, vaut le coup d'œil. Réputée pour les sports d'hiver, Fernie posséderait

la meilleure poudreuse des Rocheuses. La saison dure de novembre à avril. Dans la gigantesque station voisine de Fernie Alpine Resort, les remontées mécaniques ont une capacité horaire de 12 300 skieurs. L'été, le parc provincial de Mount Fernie offre un large choix de sentiers de randonnée dans un magnifique paysage de montagne. Les attraits sont multiples, entre le canotage sur les lacs et rivières des environs et la pêche.

Plusieurs compagnies proposent le survol des montagnes en hélicoptère pour voir de près les formations et les falaises de granit propres à ce secteur des Rocheuses.

Fort Steele Heritage Town ❻

Autoroute 95. 📞 *(250) 417 6000.* 🔲 *t.l.j.* 📷 ♿

C'est la reconstitution d'une ville de ravitaillement pour les pionniers fondée en 1864 quand on découvrit de l'or à Wild Horse Creek. Prospecteurs et hommes d'affaires affluèrent par la Dewdney Trail qui reliait Hope aux terrains aurifères. La ville reçut le nom de Samuel Steele, chef de la North West Mounted Police, arrivé en 1887 pour rétablir la paix entre des

Barbier du XIXᵉ siècle à Fort Steel Heritage Town

groupes d'Indiens ktunaxas et de colons européens. Elle connut une brève prospérité avec la découverte de plomb et d'argent, mais le tracé de la voie ferrée principale fut détourné sur Cranbrook, et au début du XXᵉ siècle, Fort Steele était devenue une ville fantôme.

Une soixantaine de bâtiments reconstruits ou restaurés sont aujourd'hui animés par des guides en costume d'époque : magasin général, écurie pour chevaux de louage et quartiers des officiers de la Police montée, où des objets personnels donnent l'impression qu'ils sont encore habités. Plusieurs activités artisanales sont montrées au public, comme la fabrication de courtepointes ou de crèmes glacées. Lors d'une visite au Lieu historique voisin de Wild Horse Creek, vous pourrez vous essayer à trouver de l'or.

LE BISON

Le bison d'Amérique du Nord est un bovidé à tête large ornée d'une épaisse crinière. Malgré sa masse (l'adulte pèse parfois 900 kilos), il est agile, rapide et imprévisible. Avant l'arrivée des colons européens dans les plaines de l'ouest aux XVIIIᵉ et XIXᵉ siècles, 60 millions de bisons, selon les estimations, vivaient en immenses troupeaux de centaines de milliers de têtes. Les Indiens des plaines ne les chassaient que pour leurs besoins – ils en tiraient nourriture, abri et outillage. Mais les Européens les tuèrent pratiquement jusqu'au dernier. Vers 1900, il en restait à peine un millier. En 1874, un cowboy du nom de Walking Coyote éleva un petit troupeau de 715 bisons des plaines dont les descendants peuplent aujourd'hui plusieurs parcs canadiens.

Bison des plaines d'Amérique du Nord

Luxueux wagon-restaurant au Museum of Rail Travel, à Cranbrook

Cranbrook ❼

🏠 *18 050.* ✈ 🚌 ℹ *2279 Cranbrook St. N. (250) 426 2279.*

S ituée entre les Purcell Mountains et les Rocheuses, Cranbrook est la plus grande ville du sud-est de la Colombie-Britannique. Ce carrefour essentiel pour la région est à deux pas de superbes forêts alpines et des vallées luxuriantes des contreforts des Rocheuses. Au long d'un des nombreux sentiers de randonnée, les plus chanceux apercevront wapitis, loups, couguars, ou grizzlis (c'est là qu'on en trouve la plus forte concentration).

Lacuriosité principale de la ville est le **Canadian Museum of Rail Travel**, installé dans la gare de 1900, restaurée. Des journaux anciens et des photos illustrant l'histoire du chemin de fer y sont conservés. En sortant, ne manquez pas de jeter un coup d'œil aux somptueux décors des trains d'époque.

🏛 The Canadian Museum of Rail Travel
3/95 & Baker St. ☎ *(250) 489 3918.* ⭕ *d'avr. à mi-oct. : t.l.j. ; de fin oct. à avr. : du mar. au sam.* ♿ 🅿

Purcell Mountains ❽

🚌 *Kamloops.* ℹ Autoroute 95, *Golden (250) 344 7125.*

C es monts déchiquetés sont séparés des Rocheuses par la large vallée de la Columbia. La région, une des plus reculées des Rocheuses, attire chasseurs et skieurs du monde entier, de même que les alpinistes, qui viennent se mesurer aux Bugaboos, une haute chaîne d'aiguilles granitiques. Au nord des Purcell Mountains, dans une des rares zones accessibles, la vaste Purcell Wilderness Conservancy est une réserve de 32 600 hectares. La chasse à l'ours, à la chèvre de montagne et au wapiti y est strictement réglementée.

De la jolie ville voisine d'Invermere, on rejoint l'Earl Grey Pass Trail, une des pistes les plus ardues du Canada qui traverse les monts sur 56 kilomètres. Earl Grey fut gouverneur général du Canada de 1904 à 1911. Il construisit dans les Purcell Mountains un cabanon de vacances pour sa famille en 1909, au bout d'une piste qu'empruntaient déjà les Indiens kinbaskets, des Premières Nations Shuswap. Le sentier qui a pris son nom est notoirement dangereux à cause des ours et des risques d'avalanche et de chute d'arbre. La randonnée, qui exige entraînement et expérience, est déconseillée aux débutants.

Parc national Glacier ❾

🚌 *Revelstoke/Golden.* ℹ *Revelstoke (250) 837 7500.* ⭕ *t.l.j.* ♿ 🅿 🚻

I l couvre 1 350 kilomètres carrés d'étendues sauvages dans la Selkirk Range des Columbia Mountains. Créé en 1886, son développement fut lié à celui du chemin de fer, qui franchit

Les Purcell Mountains sont réputées pour leurs paysages sauvages

Illecillewaet Glacier, dans le parc national Glacier

Rogers's Pass en 1885. Aujourd'hui, les sentiers les plus accessibles suivent les lignes désaffectées. D'autres chemins réservent des vues étonnantes des 420 glaciers du parc, notamment du Great Glacier, appelé maintenant Illecillewaet Glacier. Le parc est connu pour son climat très humide l'été et ses chutes de neige presque quotidiennes l'hiver, formant une couche de 23 mètres certaines années. En raison de sérieux risques d'avalanche, skieurs et alpinistes sont encadrés par les services du parc.

La ligne par Roger's Pass fut abandonnée par le Canadian Pacific Railway au profit d'un tunnel à cause de la fréquence des avalanches. La Transcanadienne emprunte la route du col puis bifurque vers la charmante localité de Revelstoke, d'où l'on gagne les forêts et les pics escarpés du parc national de Mount Revelstoke.

Radium Hot Springs ⑩

🏨 *1 000.* ℹ️ *Chambre de commerce (250) 347 9331.*

Cette petite ville célèbre pour ses sources d'eau chaude est une bonne base pour la découverte du parc national voisin de Kootenay. L'été, des pots de fleurs décorent les devantures des cafés et pubs qui bordent la rue principale. La ville, où les chambres de motel sont plus nombreuses que les habitants, accueille chaque année 1,2 million de visiteurs venus se baigner dans les eaux curatives. Il y a un bassin chaud pour la détente et une piscine, plus fraîche. On peut louer vestiaire, maillot de bain, douche et serviette, et se faire masser.

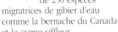

Cure thermale à Radium Hot Springs

La découverte des Columbia Valley Wetlands, très proches, est une autre variante. Alimentée par les glaciers des Purcell Mountains et des Rocheuses, la Columbia serpente à travers ces vastes marécages, domaine de plus de 250 espèces migratrices de gibier d'eau comme la bernache du Canada et le cygne siffleur.

Parc national de Kootenay ⑪

🏨 *Banff.* ℹ️ *Park Info Centre ouvert de mai à sept. (250) 347 9505.* 🕐 *t.l.j.* 🅿️ ♿ 🚻

Le parc national de Kootenay couvre 1 406 kilomètres carrés de terrains qui comptent parmi les plus variés des Rocheuses. La Kootenay Parkway (Autoroute 93), qui traverse le parc du nord au sud en longeant les rivières Vermilion et Kootenay, permet d'admirer presque tous les types de paysage ; la plupart des curiosités sont visibles depuis les nombreux et courts sentiers qui en partent.

La route serpente vers l'ouest et atteint Sinclair Pass, puis Sinclair Canyon, une profonde gorge calcaire aux hautes parois rouges où résonnent les eaux tombant de Sinclair Falls. Elle passe ensuite sous l'arche naturelle formée par les falaises orangées de Redwall Fault. Plus au nord, un court sentier mène aux Paint Pots. Ces bassins d'ocre sont formés par des sources souterraines ferrugineuses. Quelques kilomètres plus loin s'élèvent les hauts flancs de granit gris de l'impressionnant Marble Canyon, étroit défilé qu'enjambent plusieurs ponts.

Les Paint Pots, des bassins d'ocre, au parc national de Kootenay

Kananaskis Country ⑫

🏨 *Canmore.* ℹ️ *Suite 201, 800 Railway Ave., Canmore (403) 678 5508.*

Cette région verdoyante des contreforts des Rocheuses se compose de sommets montagneux, lacs, rivières et prairies alpines. Situés au sud-ouest de Calgary, à la limite du parc national de Banff, ces 5 000 kilomètres carrés d'étendues sauvages sont fréquentés par les visiteurs et les habitants de la région qui y font des randonnées et viennent observer la faune – aigle, loup et ours. Au centre de cette vaste zone de loisirs, la ville de Canmore offre de nombreuses possibilités d'hébergement et des informations sur les activités de plein air.

Parc national de Banff ⓭

Le plus connu des parcs nationaux des Rocheuses fut le premier créé au Canada, en 1885, après la découverte de sources d'eau chaude par 3 ouvriers du Canadian Pacific Railroad en 1883. Des siècles avant l'arrivée du rail, les Indiens pieds-noirs, stoneys et kootenays vivaient dans les vallées environnantes. Dans les 6 641 kilomètres carrés du parc se déploient des paysages qui comptent parmi les plus sublimes du pays : sommets vertigineux, forêts, lacs glaciaires et rivières majestueuses. Environ 5 millions de visiteurs profitent chaque année de tout un éventail d'activités – randonnée et canoë l'été, ski l'hiver.

Lac Peyto
Une des plus agréables promenades de Banff part de l'Icefields Parkway, près de Bow Summit, et mène à un panorama sur les eaux bleues métalliques du lac Peyto.

Parker Ridge

JASPER

Saskatchewan

93

A

Lac
Mistaya

93

Lac
Bow

Bow

1

| 0 | | 5 km |
| 0 | | 5 miles |

Icefields Parkway
Réputé pour ses vues exceptionnelles de pics élevés, forêts, lacs et glaciers, cet itinéraire de 230 kilomètres relie Lake Louise à Jasper.

Saskatchewan River Crossing se trouve au confluent de trois rivières, sur la route parcourue au XIXᵉ siècle par l'explorateur David Thompson.

ATTENTION AUX OURS !

Bien qu'on les voie rarement, grizzlis et ours noirs peuplent les parc nationaux des Rocheuses. Respectez les règlements affichés dans les terrains de camping par les gardiens. La brochure *You are in Bear Country* publiée par les services du parc donne des conseils de sécurité. Les principaux sont de ne pas approcher les animaux, ne pas les nourrir et ne pas courir. L'ours ayant un odorat très développé, les campeurs doivent enfermer nourriture et ordures dans un véhicule ou les déposer dans des poubelles spéciales.

Grizzli à Banff

Valley of the Ten Peaks
Une route au départ de Lake Louise serpente jusqu'au lac Moraine, bordé de dix sommets qui dépassent tous 3 000 mètres.

Johnston Canyon

Cette gorge abrite deux cascades impressionnantes. L'une des pistes les plus populaires du parc l'emprunte. Accessible depuis Bow Valley Parkway (p. 300), elle se compose d'un sentier goudronné praticable pour les fauteuils roulants et de passerelles proches des chutes.

LÉGENDE

━━ Autoroute

━━ Route principale

── Cours d'eau

🅰 Camping

ⓘ Information touristique

⁂ Point de vue

Le lac Minnewanka, le plus étendu du parc, est apprécié pour pique-niquer et canoter.

Bankhead
Un sentier de randonnée jalonné de photos anciennes guide les visiteurs dans cette ville fantôme et sa mine de charbon.

PARC NATIONAL
DE YOHO,
VANCOUVER

Lac Louise
Les eaux émeraude du lac Louise sont le symbole éternel de la beauté des Rocheuses. C'est l'un des lieux touristiques les plus anciens du parc. Le glacier Victoria s'avance jusqu'au bord du lac.

À la découverte du parc national de Banff

**Chèvre
de montagne**

Nul ne peut traverser le parc national de Banff sans être impressionné. Près de 25 sommets de plus de 3 000 mètres se reflètent majestueusement dans les eaux turquoise de ses nombreux lacs. Excellente base pour la découverte des environs, la ville de Banff offre un large choix d'équipements et d'attraits, comme les sources d'eau chaude thérapeutiques qui furent à l'origine de la création du parc. La route elle-même est une merveille : l'Icefields Parkway (Autoroute 93), qui part du célèbre lac Louise, serpente au milieu de paysages montagneux époustouflants entre Banff et le parc national de Jasper.

Icefields Parkway (Autoroute 93)

Cette autoroute touristique de montagne zigzague sur 230 kilomètres au milieu des crêtes déchiquetées des Rocheuses. Le trajet est un enchantement, la surprise devant les vues extraordinaires en grimpant vers les cols entre le lac Louise et Jasper se renouvelant à chaque virage.

Construite pendant la crise des années 1930 pour créer des emplois, cette route panoramique a été prolongée dans les années 1960 et dotée de refuges pour permettre aux automobilistes d'admirer le paysage. Elle monte jusqu'à 2 068 mètres à Bow Summit. De là, une route secondaire mène vers le **lac Peyto**, entouré de pics enneigés qui se reflètent dans le bleu éclatant de ses eaux. Le regard porte aussi sur Crowfoot Glacier, masse de glace s'accrochant à la montagne, qui doit son nom de « patte de corbeau » à sa forme. Plus au nord, un sentier descend depuis un parking jusqu'à **Mistaya Canyon**, connu pour ses parois verticales, ses grottes et son imposante arche naturelle. L'autoroute passe tout près des champs de glace (à cheval sur le parc national de Jasper), et Athabasca Glacier se voit nettement de la route. Chèvres de montagne et mouflons sont souvent attirés au bord de la route par le sel répandu contre le verglas.

La Bow Valley Parkway longe les rives grandioses de la rivière

Bow Valley Parkway

Longue de 50 kilomètres, cette route est une alternative touristique à la Transcanadienne entre Banff et le lac Louise. Jalonnée de panneaux explicatifs et de points de vue, elle permet d'explorer la champêtre vallée de la Bow, qui abrite une riche faune. Vous apercevrez peut-être ours, wapitis ou coyotes.

À environ 19 kilomètres à l'ouest de Banff, un bon chemin relie en quelques minutes la route à un sentier goudronné menant à **Johnston Canyon** et à deux cascades impressionnantes. Le chemin de la chute inférieure est accessible aux fauteuils roulants ; la chute supérieure est un peu plus éloignée (2,7 kilomètres à pied). Une passerelle en bois réservant de belles vues de la vallée, non loin de l'endroit où la voie ferrée traverse la montagne, descend le long de la paroi rocheuse au fond du canyon. Là se trouvent les Ink Pots, dus à l'un des phénomènes naturels les plus étonnants du lieu : des bulles viennent éclater à la surface de ces bassins remplis d'une eau turquoise. Des panneaux expliquent la genèse de ce fascinant canyon.

Lake Minnewanka Drive

Formant une boucle de 14 kilomètres, la route, étroite et sinueuse, part de l'échangeur de Minnewanka sur la Transcanadienne. C'est une agréable promenade jusqu'à des aires de pique-nique, des sentiers de randonnée et 3 lacs. Long de près de 20 kilomètres, le lac Minnewanka est le plus grand du parc.

Une piste très fréquentée mène rapidement à Bankhead, une mine de charbon désaffectée qui fut le premier établissement de Banff et connut son apogée dans la première moitié du XIXe siècle. Le sentier est ponctué de vieilles photos et de pancartes décrivant la vie des mineurs.

Le lac Minnewanka, le plus étendu de Banff, au milieu des montagnes

Le Banff Springs Hotel a été construit en 1888 dans le style baronial écossais

Banff

La ville de Banff s'est développée autour de sources d'eau chaude découvertes dans les années 1880. William Cornelius van Horne, président du Canadian Pacific Railway, voyant vite quel avantage il pourrait en tirer, fit construire le magnifique Banff Springs Hotel en 1888. Le lieu devint très populaire et la ville s'étendit pour recevoir le flot des visiteurs. Au pied de Sulphur Mountain, le **Lieu historique national Cave and Basin**, site de la source découverte en 1883 par les ouvriers du chemin de fer, est aujourd'hui un musée qui retrace le développement de Banff. La piscine d'**Upper Hot Springs**, également au pied de Sulphur Mountain, est idéale pour oublier ses courbatures dans les eaux riches en minéraux.

Sulphur Mountain domine la ville de ses 2 282 mètres. Un chemin de 5 kilomètres mène au sommet, que rejoint en 8 minutes un téléphérique aux parois vitrées. Les plates-formes d'observation offrent de beaux panoramas des Rocheuses. Banff est une ville animée toute l'année. Aux sports d'hiver tels que ski et traîneau à chiens succèdent l'été randonnée, vélo et alpinisme. Le **Banff Park Museum** construit

en 1903 conserve des spécimens d'animaux, entre autres d'oiseaux et d'insectes.

🏛 Banff Park Museum
91 Banff Ave. 📞 *(403) 762 1558.*
🕐 *t.l.j.* ⬤ *de sept. à juin : lun. ;
25 déc., 1ᵉʳ jan.* 📷 ♿

**Un téléphérique monte jusqu'à
Sulphur Mountain**

Lac Louise
ℹ *près de Samson Mall (403) 522
3833.*
Attrait majeur du parc national de Banff, ce lac d'une beauté exceptionnelle est le joyau des Rocheuses. Il est réputé pour le bleu de ses eaux et les pics enneigés qui l'environnent, ainsi que pour la proximité de Victoria Glacier : il s'étire presque jusqu'au bord de

l'eau. Les sentiers qui le longent sont dotés de panneaux expliquant sa formation il y a 10 000 ans, à la fin de la dernière période glaciaire. La couleur étonnante de ses eaux, comme celles des autres lacs du parc, est due à de très fines particules minérales en suspension juste sous la surface. L'imposant Château Lake Louise, hôtel construit en 1894, domine le paysage à son extrémité.

L'été, une télécabine monte à Whitehorn Mount d'où les vues sont extraordinaires sur le glacier et le lac. L'hiver, les amateurs de ski, escalade de glacier et surf des neiges viennent en foule. Le village de Lake Louise est un bon centre d'approvisionnement.

Lac Moraine
Moins connu que le lac Louise, le lac Moraine est pourtant tout aussi beau, avec ses eaux turquoise miroitantes. On trouvera hébergement, repas mais aussi location de canoë dans la jolie cabane au bord de l'eau. Plusieurs sentiers partent du lac. L'un longe la rive nord sur 1,5 kilomètre, mais celui montant à Larch Valley-Sentinel Pass, l'un des cols les plus élevés du parc, offre des vues plus grandioses.

Parc national de Yoho ⓮

C'est à la beauté de ses montagnes, lacs, cascades et formations rocheuses que la région doit son nom de Yoho, terme cri signifiant « crainte, respect et émerveillement ». Le parc s'étend sur le versant ouest des Rocheuses, en Colombie-Britannique, près des parcs nationaux de Banff et Kootenay. Il offre un large éventail d'activités : alpinisme, randonnée, canotage et ski. Mais il doit aussi sa renommée aux Burgess Shale, couches d'argiles exceptionnellement riches en

Gyroselle

fossiles de créatures marines de la période cambrienne (il y a plus de 500 millions d'années). L'accès au site se fait à l'issue de randonnées guidées comptant 15 participants maximum.

Lac Émeraude
À Emerald Lake Lodge, une cabane au bord des eaux d'un vert intense, on trouvera les équipements nécessaires pour profiter de ce lieu paisible enclavé au milieu du parc, qui se prête au canotage, à la randonnée et à l'équitation.

Natural Bridge
À quelques minutes de marche de l'Autoroute 1, au centre du parc, cette arche naturelle enjambant la Kicking Horse River est due à l'érosion qui, au cours des siècles, a creusé un chenal dans la roche massive.

PARC
NATIONAL
GLACIER,
VANCOUVER

LÉGENDE

▬	Autoroute
▬	Route principale
▬	Cours d'eau
⬛	Camping
⬛	Aire de pique-nique
⬛	Information touristique
☀	Point de vue

Hoodoo Creek
L'érosion a façonné ces fascinantes colonnes rocheuses qui s'atteignent par un court sentier depuis l'autoroute.

La Yoho Valley est connue pour ses splendides paysages, notamment les Takakkaw Falls.

Takakkaw Falls
Dans la langue des Amérindiens, Takakkaw signifie « c'est magnifique ». Hautes de 254 mètres, ces chutes comptent parmi les plus impressionnantes du Canada. On y accède par la Yoho Valley Road.

Burgess Shale est un site du Patrimoine mondial de l'Unesco créé pour protéger deux couches de fossiles.

PARC NATIONAL DE BANFF, CALGARY

Kicking Horse River
Cette rivière impétueuse longe la voie ferrée des années 1880. Celle-ci sert désormais au fret et au train touristique Rocky Mountaineer (p. 407).

Lac O'Hara
À l'ombre des sommets majestueux des monts Victoria et Lefroy, le lac O'Hara est d'une beauté exceptionnelle. Ceux qui voudront profiter des superbes sentiers des alentours devront réserver, car leur accès est limité pour protéger cet environnement fragile.

0   3 km

0   3 miles

Le lac Moraine, niché au milieu des sommets de la Valley of the ten Peaks ▷

Parc national de Jasper ⑮

D'une superficie de 10 878 kilomètres carrés, Jasper est le plus étendu et le plus septentrional des 4 parcs nationaux des Rocheuses, ainsi que le plus accidenté. Outre ses sommets élevés et ses vallées émaillées de lacs glaciaires, le parc renferme le Columbia Icefield – champ de glace de Colombie *(p. 308)* –, dont des coulées descendent jusqu'à plusieurs vallées. Vieille de 400 ans, la glace atteint par endroits une épaisseur de 900 mètres. Les sentiers de randonnée les plus faciles d'accès partent du lac et du canyon Maligne ou de la ville de Jasper. À peu près au centre du parc, la localité est le point de départ vers les sites les plus touristiques comme Miette Hot Springs.

Lac Pyramid
Les deux lacs voisins Pyramid et Patricia sont proches de la ville de Jasper.

Jasper Tramway
À quelques kilomètres de la ville, ce téléphérique très populaire monte à une plate-forme d'observation proche du sommet du mont Whistler, à 2 285 mètres d'altitude. D'en haut, le regard embrasse montagnes, forêts et lacs.

```
0          20 km
0          20 miles
```

LÉGENDE

━━ Route principale
═══ Route secondaire
── Cours d'eau
Ⓐ Camping
Aire de pique-nique
ℹ Information touristique
☀ Point de vue

VICTORIA CROSS RANGE

VANCOUVER ← 16

Jasper

93a

Snake Indian

Mount Edith Cavell
On peut monter en voiture jusqu'au lac Cavell, d'où le sentier continue vers Angel Glacier et les Cavell Meadows, jonchées de fleurs.

Maligne Canyon

C'est l'une des plus belles gorges des Rocheuses. De nombreuses passerelles aménagées le long de ses parois à pic ou traversant le gouffre permettent d'admirer d'impressionnantes cascades.

Miette Hot Springs

Les sources les plus chaudes des Rocheuses sont extrêmement relaxantes. Elles devraient leurs vertus curatives à leur haute teneur en soufre.

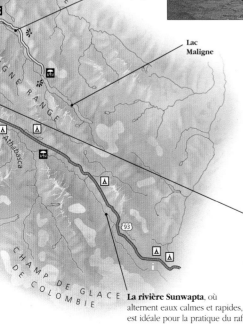

EDMONTON

Lac Medicine

Réputé pour ses variations de niveau, le lac Medicine est drainé par une série de galeries et cavités souterraines. C'est l'un des plus beaux de Jasper.

Lac Maligne

La rivière Sunwapta, où alternent eaux calmes et rapides, est idéale pour la pratique du raft.

Athabasca Falls

Ces chutes tumultueuses sont créées par la rivière Athabasca qui se fraie un passage dans une gorge étroite.

À la découverte du parc national de Jasper

Créé en 1907, le parc national de Jasper est d'une beauté extraordinaire, comme toute la région des Rocheuses, mais ses étendues sauvages sont encore plus difficiles d'accès que celles des autres parcs. La plupart ne se rejoignent qu'à pied, à cheval ou en canoë, et un permis délivré par le Park Trail Office est obligatoire pour les excursions de plus d'une journée. Autre particularité : c'est à Jasper qu'on a le plus de chance d'apercevoir ours, orignaux ou wapitis. Bien que la plupart des services du parc ne fonctionnent pas d'octobre à Pâques, les pistes de ski de fond sont ouvertes à ceux qui n'ont pas peur du froid. La pêche sous la glace, le ski alpin ou les randonnées guidées sur les rivières gelées sont d'autres alternatives. L'été, des excursions d'une journée sont possibles au départ de la ville de Jasper.

Le ski alpin, l'une des activités de plein air de la région

Le champ de glace de Colombie et l'Icefield Centre

Icefields Parkway. 📞 (780) 852 6288. ☐ de mai à oct. : t.l.j. ♿

Avec ses 389 kilomètres carrés, le champ de glace de Colombie est la plus vaste étendue glacée des Rocheuses. À cheval sur les deux parcs nationaux de Banff et Jasper, il s'est formé pendant la dernière période glaciaire.

Il y a environ 10 000 ans, la glace a recouvert la région et sculpté de larges vallées, des parois montagneuses à pic et des crêtes acérées. Malgré le recul des glaciers au cours des derniers siècles, la glace couvrait encore la zone que traverse aujourd'hui l'Icefields Parkway au début du XXᵉ.

À l'Icefield Centre, un centre d'interprétation explique la période glaciaire et l'impact des glaciers sur le paysage des Rocheuses. Il tient une liste des sentiers à la disposition des visiteurs et propose des excursions en autoneige à Athabasca Glacier.

Athabasca Falls

Situées à la jonction des Autoroutes 93 et 93A où la rivière Athabasca fait un plongeon de 23 mètres, ces chutes comptent parmi les plus spectaculaires du parc. Bien que le dénivelé soit modeste comparé à d'autres cascades des Rocheuses, les eaux de l'Athabasca forment un torrent puissant car elles s'engouffrent dans un étroit canyon.

Jasper

La ville fut créée en 1911 pour loger les ouvriers du Grand Trunk Pacific Railroad qui construisaient la voie ferrée dans la vallée de l'Athabasca. Comme à Banff, l'arrivée du chemin de fer s'accompagna du développement touristique du parc, et la ville se dota d'hôtels, de restaurants et d'un centre d'information touristique. Aujourd'hui, la plupart des attractions du parc sont proches de la ville, située en son centre sur l'Autoroute 16 et sur l'Icefields Parkway (Autoroute 93).

À 7 kilomètres de Jasper, un téléphérique très rapide, le Jasper Tramway, monte en 7 minutes à **Whistlers Mountain**. Du terminus, à 2 285 mètres, où se trouvent un restaurant et une boutique

Avec ses eaux déchaînées, l'Athabasca est appréciée des amateurs de rafting

de souvenirs, un sentier bien balisé mène au sommet, à 2 470 mètres. Par temps clair, la vue est incomparable. Les adeptes de la marche préféreront le sentier de 2,8 kilomètres qui offre des vues panoramiques des deux vallées de la Miette et de l'Athabasca. En juillet, les prairies sont couvertes de fleurs sauvages éclatantes.

Lacs Patricia et Pyramid

Au nord de Jasper, ces beaux lacs blottis au pied du mont Pyramid, haut de 2 763 mètres, sont l'occasion d'une excursion d'une journée depuis la ville. Ils se prêtent à la planche à voile et à la voile ; deux cabanes au bord du lac louent le matériel nécessaire.

Les eaux d'un bleu intense du lac Pyramid

Maligne Lake Drive

Cette route panoramique qui commence à 5 kilomètres au nord de Jasper se détache de l'Autoroute 16 pour suivre le fond de la vallée entre les chaînes Maligne et Queen Elizabeth. Ponctuée de points de vue sur la vallée de la Maligne, elle dessert plusieurs sites magnifiques. L'un des plus spectaculaires est Maligne Canyon, accessible par un chemin balisé de 4 kilomètres doté de panneaux explicatifs sur la formation géologique particulière de la gorge. Ce canyon est l'un des plus beaux des Rocheuses avec ses parois calcaires à pic hautes de 50 mètres et ses nombreuses cascades visibles depuis des passerelles. La

Croisière sur le lac Maligne, le plus grand lac naturel des Rocheuses

route se termine à l'imposant lac Maligne, le plus grand lac naturel des Rocheuses, long de 22 kilomètres et ceint de pics enneigés. Plusieurs sentiers panoramiques en font le tour ; l'un d'eux mène à Opal Hills, d'où les vues de la région sont merveilleuses. Des randonnées guidées sont organisées au départ de Jasper et matériel de pêche, canoës et kayaks peuvent se louer pour profiter du lac.

Lac Medicine

Également desservi par une petite route qui se détache de la Maligne Lake Drive, il est connu pour ses variations de niveau. En automne, il est presque à sec, et au printemps, les eaux montent, grâce à la tumultueuse rivière Maligne qui s'infiltre par un réseau étendu de cavités et galeries souterraines.

Miette Springs

(*(403) 866 3939.* **○** *de mi-mai à sept. : t.l.j.* 🅿️ ♿

Situées à 61 kilomètres au nord de Jasper sur la charmante Miette Springs Road, ces sources

dont la température peut atteindre 53,9 °C sont les plus chaudes des Rocheuses. Pour les curistes, les eaux thermales ramenées à une température plus supportable de 39 °C sont censées être délassantes et salutaires – elles sont riches en calcium et en sulfates, avec des traces d'hydrogène sulfuré, qui donne une odeur d'œuf pourri.

La station de Miette Springs est aujourd'hui dotée de deux nouvelles piscines dont l'une destinée aux enfants. Les sources font partie d'un complexe de loisirs comprenant hôtels et restaurants.

Mount Edith Cavell

Ce mont qui porte le nom d'une infirmière héroïque de la Première Guerre mondiale est à 30 kilomètres au sud de Jasper. La route panoramique qui l'escalade mérite le déplacement. Elle se termine au lac Cavell, près du versant nord de la montagne, d'où une piste balisée mène à un petit lac au pied d'Angel Glacier. La randonnée de 3 heures sur les versants du mont offre des vues sur une coulée du glacier.

Avancée de glace d'Angel Glacier, vue depuis Mount Edith Cavell

Cuisine typique de la fin des années 1900 au Grande Prairie Museum

Prince George ⑯

🏠 *70 000.* ✈ 🚉 🚌 ℹ *1198 Victoria St. (250) 562 3700.*

La plus grande ville du nord-est de la Colombie-Britannique est un centre régional très actif de ravitaillement et de transport. Deux grands axes la traversent : la Yellowhead (Autoroute 16) et l'Autoroute 97, qui devient l'Alaska Highway à partir de Dawson Creek. Fondée en 1807 sous le nom de Fort George, un poste de traite des fourrures au confluent des rivières Nechako et Fraser, la ville est idéalement située pour la découverte de la province.

Elle possède aujourd'hui tous les équipements d'une grande ville, notamment une nouvelle université spécialisée dans l'histoire et la culture des Premières Nations, ainsi qu'un orchestre symphonique et plusieurs galeries d'art. Le **Fort George Regional Museum** occupe le site du fort d'origine, à l'intérieur d'un parc de 26 hectares ; sa petite collection évoque les cultures amérindiennes, l'histoire des pionniers et des premiers colons de la région.

Un ensemble de visites gratuites des pulperies locales permet de découvrir une industrie essentielle de la ville : l'exploitation forestière. Toute la filière du bois est expliquée, depuis les parcelles de jeunes arbres aux monceaux de planches.

🏛 Fort George Regional Museum

20th Ave. & Queensway. (*(250) 562 1612.* ☐ *t.l.j.* ● *25 déc., 1ᵉʳ jan.* 🎟 *participation libre.* ♿

Grande Prairie ⑰

🏠 *28 250.* ✈ 🚌 ℹ *10632 102nd Ave. (403) 532 5340.*

Beaucoup de voyageurs pour Dawson Creek et l'Alaska Highway *(p. 260-261)*, au nord, font halte dans cette grande ville moderne du nord-ouest de l'Alberta entourée de champs fertiles. Carrefour de la région de la Peace River, avec ses centres commerciaux géants et ses nombreux magasins spécialisés du centre-ville, elle attire en outre les acheteurs par l'absence de taxe provinciale à l'achat *(p. 380)*.

Muskossepi Park déploie sa nature sauvage en plein centre. Ses 45 hectares sillonnés de sentiers, pistes cyclables et de ski sont propices aux loisirs de plein air. Le canotage est largement pratiqué : on peut louer des embarcations pour une balade sur le Bear Creek Reservoir. Le **Grande Prairie Museum** est également installé dans le parc. Ses 10 bâtiments abritent plus de 16 000 pièces anciennes, des reconstitutions d'édifices – école de 1911, bureau de poste rural, église – et un ensemble réputé d'os de dinosaures retrouvés dans la Peace Valley.

La Peace coule au milieu d'étendues plates dominées par des collines rocheuses creusées de canyons. Les ornithologues amateurs viennent y observer les aigles et le rare cygne trompette qui niche dans les zones marécageuses telles que Crystal Lake, au nord de la ville.

🏛 Grande Prairie Museum

Angle de 102nd St. & 102nd Ave. (*(403) 532 5482.* ☐ *de mai à sept. : t.l.j. ; d'oct. à avr. : du dim. au ven.* ● *25 déc., 1ᵉʳ jan.* 🎟 ♿

Fort St. John ⑱

🏠 *14 800.* ✈ 🚌 ℹ *9623, 19th St. (250) 785 6037.*

Au milieu des collines de la Peace Valley, la localité se trouve au mile 47 de l'Alaska Highway, à la construction de laquelle elle doit un essor spectaculaire : en 1942, elle passa de 800 à 6 000 habitants. La route terminée, Fort St. John est devenu un centre de ravitaillement parfait pour les visiteurs qui explorent les environs, et le pivot du développement agricole

Champs fertiles de la Peace Valley, dans le nord de la Colombie-Britannique

régional. Mais sa croissance phénoménale vient surtout de la découverte dans les années 1950 d'un gisement de pétrole qui s'avéra être le plus riche de la province. La fierté que la ville tire aujourd'hui de son patrimoine industriel est manifeste au musée local dédié à cette histoire récente, et dont l'entrée est signalée par un derrick de 43 mètres de haut.

Fort Nelson ⑲

🏠 6 000. ✈ 🚌 ℹ 5319 50th Ave. S. (250) 774 2541.

Malgré le développement des industries du pétrole, du gaz et du bois de construction dans les années 1960 et 1970, Fort Nelson a gardé l'ambiance d'une ville de pionniers. Avant la construction de l'Alaska Highway dans les années 1940, c'était une étape importante sur la route du Yukon et de l'Alaska, et jusqu'aux années 1950, elle n'avait ni téléphone, ni eau courante, ni électricité. Le commerce des fourrures fut l'activité principale jusqu'au boom énergétique, et

maintenant encore, trappeurs indiens et blancs chassent le loup, le castor et le lynx. Aujourd'hui desservie par l'avion et l'autocar, la ville a un hôpital et de bons équipements touristiques – motels, restaurants et stations-service. Les habitants sont réputés pour leur hospitalité et l'été, en haute saison, ils proposent aux visiteurs un programme de conférences gratuites sur la vie dans le nord. Un petit

Lynx près de Fort Nelson

musée retrace la construction des 2 394 kilomètres de l'Alaska Highway avec photos et objets à l'appui.

Parc provincial de Muncho Lake ⑳

par l'Autoroute 97. 📞 (250) 232 5460. 🕐 de mi-mai à sept. : t.l.j.

Avec Stone Mountain et Liard Hotsprings, c'est l'un des trois parcs provinciaux créés après la construction en 1942 de l'Alaska Highway, particulièrement pittoresque dans la région du lac Muncho.

C'est là que se trouvent les pics dénudés du nord des Rocheuses, dont les pentes calcaires abruptes témoignent de milliers d'années d'érosion glaciaire avec leurs failles, dépôts alluviaux et cheminées de fées. La route suit la rive est du lac Muncho, long de 12 kilomètres, avant de traverser la rivière aux Liards, à la lisière de la chaîne des Mackenzie.

Au début de l'été, les automobilistes verront sans doute des orignaux brouter dans les prairies parsemées de fleurs sauvages, ainsi que chèvres, mouflons et caribous attirés au bord de la route par les restes du sel ayant servi au déglaçage.

Dans le parc, un camping et des cabanes sont à la disposition des visiteurs souhaitant explorer ses 88 000 hectares. Les botanistes pourront hanter les marais à la recherche de la rare orchidée jaune « pantoufle de dame », et les pêcheurs trouver leur bonheur dans les eaux profondes du lac Muncho, riches en truites.

LE SUD ET LE NORD DE LA COLOMBIE-BRITANNIQUE

D e Prince George à la frontière américaine, le sud de la Colombie-Britannique regorge de beautés naturelles : forêts et cascades du parc provincial de Wells Gray, vallées luxuriantes, vignobles et villes touristiques au bord des lacs d'Okanagan Valley. Le nord de la province, l'une des étendues sauvages les plus impressionnantes d'Amérique du Nord, est compris entre Prince Rupert au sud, la chaîne côtière à l'ouest, les Rocheuses à l'est et le Yukon. Il est parcouru par la Cassiar Highway, route passant des terrains volcaniques spectaculaires autour de Mount Edziza, marqués de coulées de lave et cônes de scories, aux forêts glacées du parc provincial d'Atlin. La traversée vers les îles de la Reine-Charlotte, archipel habité depuis plus de 10 000 ans par les Haidas, réputés pour leurs totems sculptés, permet de jouir de vues superbes.

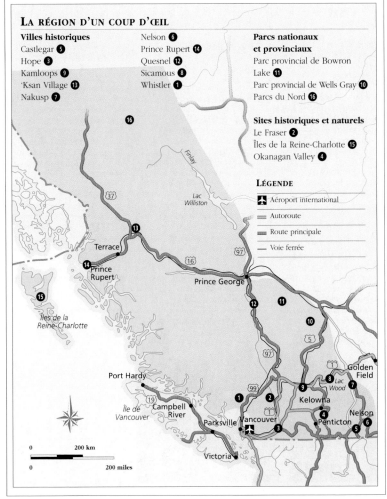

LA RÉGION D'UN COUP D'ŒIL

Villes historiques
Castlegar **5**
Hope **3**
Kamloops **9**
'Ksan Village **13**
Nakusp **7**

Nelson **6**
Prince Rupert **14**
Quesnel **12**
Sicamous **8**
Whistler **1**

Parcs nationaux et provinciaux
Parc provincial de Bowron Lake **11**
Parc provincial de Wells Gray **10**
Parcs du Nord **16**

Sites historiques et naturels
Le Fraser **2**
Îles de la Reine-Charlotte **15**
Okanagan Valley **4**

LÉGENDE

✈ Aéroport international

═ Autoroute

▬ Route principale

— Voie ferrée

Finlay

Lac Williston

(37)

Terrace

Prince Rupert **14**

15

Îles de la Reine-Charlotte

16

13

(16)

(97)

Prince George

12 **11**

10

(5)

(97)

Port Hardy

(1)

Golden Field

8 Lac Wood **7**

9

Île de Vancouver

Campbell River

(19)

(99)

1 **2**

Kelowna

4

Penticton

Nelson **6**

5

Parksville

Vancouver ✈ **3**

Victoria ✈

0   200 km

0   200 miles

◁ **Paysage hivernal boisé de Fraser Canyon, que traverse le fleuve du même nom**

La Transcanadienne suit le fleuve au-dessus de Fraser Canyon

Whistler ❶

🏂 4 450. 🚌 ℹ️ 4010 Whistler Way. (604) 932 2394.

C'est la plus grande station de ski du Canada. Nichée au milieu de la spectaculaire chaîne côtière, à 120 kilomètres à peine au nord de Vancouver, elle est divisée en 4 zones : Whistler Village, Village North, Upper Village et Creekside. L'enneigement est garanti l'hiver grâce au climat humide du Pacifique, et les monts Whistler et Blackcomb possèdent les pistes de ski les plus à pic d'Amérique du Nord. L'été, on peut y skier à Hortsman Glacier.

Quoique aménagée récemment – le premier remonte-pente date de 1961 –, la station de Whistler Village est très bien équipée et offre tous les types d'hébergement, du confortable *bed-and-breakfast* à l'hôtel 5 étoiles. Cafés accueillants et restaurants de toutes sortes se pressent autour de places pavées, où les magasins de vêtements de ski voisinent avec ceux d'artisanat local.

Le Fraser ❷

ℹ️ Vancouver (604) 739 0823.

Ce cours d'eau majestueux de 1 368 kilomètres traverse certains des plus fabuleux paysages de Colombie-Britannique. Il prend sa source au lac Yellowhead près de Jasper et se jette dans le détroit de Géorgie près de Vancouver. Il emprunte le sillon des Rocheuses vers le nord, puis oblique vers le sud près de Prince George, longe la chaîne côtière, passe entre les parois abruptes de Fraser Canyon et arrose Yale et Hope avant de bifurquer vers l'ouest.

Fraser Canyon fut un obstacle presque insurmontable quand le légendaire explorateur Simon Fraser remonta le fleuve en 1808. Des milliers de prospecteurs n'en accoururent pas moins dans la vallée après la découverte d'or 50 ans plus tard près de Yale. Dans cette petite ville de 200 habitants, le **Yale Museum** retrace cet épisode, ainsi que l'épopée de la construction de la ligne du Canadian Pacific dans le canyon. Cette partie du fleuve est idéale pour le rafting et peut faire l'objet d'excursions depuis la petite ville de Boston Bar. À Hell's Gate, le fleuve s'engouffre en grondant entre les parois du canyon, distantes de 34 mètres seulement.

🏛️ **Yale Museum**

Douglas St. 📞 (604) 863 2324. ⏰ de juin à sept. : de 10 h à 17 h t.l.j. 🏷️ ♿

Hope ❸

🏂 3 150. 🚌 ℹ️ 919 Water Ave. (604) 869 2021.

Située à l'extrémité sud de Fraser Canyon, Hope est traversée par plusieurs voies, dont les Autoroutes 1 (Transcanadienne) et 3. C'est donc une excellente base pour explorer Fraser Canyon et le sud de la Colombie-Britannique, ainsi que plusieurs parcs provinciaux. Celui de Manning, avec ses lacs somptueux, ses montagnes et rivières, se prête aux activités de plein air : natation, randonnée, pêche et voile l'été, ski alpin et de fond l'hiver.

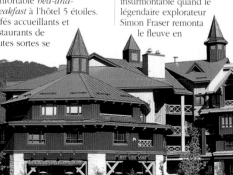

La station de ski du village alpin de Whistler, en Colombie-Britannique

Excursion à Okanagan Valley ❹

Composée en fait de plusieurs vallées reliées par un chapelet de lacs, Okanagan Valley s'étend sur 250 kilomètres d'Osoyoos, au sud, à Vernon, au nord. Ses villes principales sont situées sur l'Autoroute 97 qui traverse les solitudes de la région du lac Osoyoos avant d'atteindre les vergers et vignobles luxuriants qui ont fait la réputation du lieu. Avec ses hivers doux et ses étés chauds, Okanagan Valley est l'une des destinations les plus touristiques du Canada.

Vin d'Okanagan

CARNET DE ROUTE

Point de départ : Vernon au nord ou Osoyoos au sud, sur l'Autoroute 97.
Itinéraire : 230 km.
À ne pas manquer : Au printemps et en été, pendant les festivals des fleurs et des fruits, des étals chargés de fruits bordent la route.

SICAMOUS

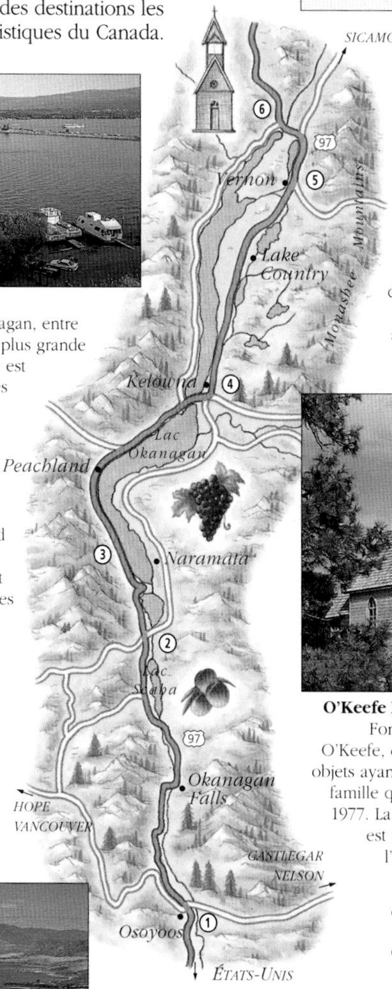

Vernon ⑤
Entourée de fermes et de vergers, Vernon doit sa luxuriance aux travaux d'irrigation de 1908. Plusieurs petites stations bordent les lacs voisins.

Kelowna ④
Sur la rive du lac Okanagan, entre Penticton et Vernon, la plus grande ville d'Okanagan Valley est la capitale des industries vinicole et fruitière.

Summerland ③
Localité petite mais charmante, Summerland possède plusieurs édifices du XIXᵉ siècle et offre des vues splendides depuis le sommet de Giant's Head Mountain.

Penticton ②
Cette ville ensoleillée est réputée pour sa longue plage, les visites d'établissements vinicoles et son festival de la pêche en août.

Peachland

Naramata

Lac Skaha

Okanagan Falls

HOPE VANCOUVER

CASTLEGAR NELSON

Osoyoos ①

ÉTATS-UNIS

O'Keefe Historic Ranch ⑥
Fondé en 1867 par les O'Keefe, ce ranch recèle des objets ayant appartenu à cette famille qui l'habita jusqu'en 1977. La cabane en rondins est d'origine, ainsi que l'église et l'entrepôt.

0 — 25 km
0 — 25 miles

Osoyoos ①
Les visiteurs sont attirés par les étés chauds, les eaux tièdes et les plages de sable du lac Osoyoos et le mini-désert voisin.

LÉGENDE

▬ Itinéraire conseillé
═ Autre route
� Point de vue

Les superbes édifices historiques en pierre sont l'un des attraits de Nelson

Castlegar ❺

🏠 7 200. ✈ 🚉 ℹ 1995 6th Ave.
📞 (250) 365 6313.

Au confluent des importantes rivières Kootenay et Columbia, cette plaque tournante au sud-est de la Colombie-Britannique est traversée par deux grandes voies, la Crowsnest et l'Autoroute 22. Au début du XXᵉ siècle, la ville accueillit un flot régulier de Doukhobors, dissidents religieux russes fuyant les persécutions. Au **Doukhobor Village Museum**, des costumes et outils traditionnels ainsi que des machines agricoles anciennes évoquent leur culture.

Tunique doukhobor traditionnelle

🏛 Doukhobor Village Museum

Jonction des Autoroutes 3 & 3A.
📞 (250) 365 6622.
🕐 de mai à sept. : t.l.j. 🏷 🚻

Nelson ❻

🏠 9 000. 🚉 ℹ 225 Hall St.
📞 (250) 352 3433.

Nelson est l'une des localités les plus attrayantes de la région. Grâce à l'arrivée du chemin de fer dans les années 1890, la ville minière fondée dans les années 1880 devint un centre prospère de transport de minerai et de bois. Elle doit son charme à sa situation au bord du lac Kootenay et aux nombreux bâtiments élevés entre 1895 et 1920. En 1986, elle servit de décor au film *Roxanne*, une comédie avec Steve Martin. Francis Rattenbury *(p. 278)*, l'architecte le plus célèbre de la province, participa à la conception des édifices les plus prestigieux, comme l'élégant bâtiment construit en 1899 pour Patrick Burns, éleveur qui fit fortune dans le conditionnement de la viande. En 1908, Rattenbury fut aussi l'auteur de Nelson Court House, un bâtiment imposant en pierre doté de tours et pignons.

La ville est aujourd'hui un foyer culturel actif avec 16 galeries d'art, de nombreux cafés, librairies et magasins d'artisanat. Ne pas manquer la petite promenade sur les quais à bord du Car 23, un tramway de 1906 restauré en 1992, qui fonctionna de 1924 à 1949.

Les visiteurs trouveront carte et itinéraire au centre d'information pour aller admirer les édifices du passé.

Nakusp ❼

🏠 1 700. ℹ 92 W. 6th Ave.
📞 (250) 265 4234.

Jolie ville au-dessus du lac Upper Arrow, Nakusp se détache sur les sommets enneigés des Selkirk Mountains. Cet ancien centre minier est maintenant réputé pour ses sources d'eau chaude riches en sulfates, calcium et hydrogène sulfuré, censées soulager tous les maux, y compris arthrite et rhumatismes. Les stations thermales de Nakusp Hot Springs et Halcyon Hot Springs sont proches de la ville.

À une quarantaine de kilomètres au sud de Nakusp,

La ville de Nakusp domine le pittoresque lac Upper Arrow

dans la Slocan Valley, New Denver et Sandon, deux villes fantômes, vivaient autrefois de l'exploitation de l'argent. En 1892, à son apogée, Sandon avait 5 000 habitants, 29 hôtels, 28 saloons et plusieurs maisons closes et salles de jeux. Un incendie en 1900, le faible prix du métal et l'épuisement du minerai entraînèrent l'abandon de Sandon. Avec ses maisons et commerces soigneusement restaurés, elle est aujourd'hui classée site historique. New Denver, qui subit le même sort, est également connue pour avoir abrité un camp d'internement pendant la Seconde Guerre mondiale : quand le Japon déclara la guerre au Canada, plus de 20 000 Canadiens d'origine japonaise furent ainsi enfermés. Entouré d'un jardin japonais traditionnel, le Nikkei Internment Centre dans Josephine Street est seul au Canada à rappeler cette page d'histoire.

Sicamous ❽

🏠 3 088. 🚌 ℹ️ 110 Finlayson Rd. 📞 (250) 836 3313.

On vient dans ce ravissant village au bord de l'eau pour ses 3 000 péniches et ses rues pavées abondamment fleuries. Entre les lacs Mara et Shuswap, à la jonction de la Transcanadienne et de l'Autoroute 97A, la ville est idéalement située pour visiter les lacs et la station de Salmon Arm, à l'extrémité nord d'Okanagan Valley (p. 315). L'été, on peut profiter de plus de 250 bateaux à louer, 12 marinas et un magasin de ravitaillement. Des bateaux, la vue porte sur les anses et les paysages boisés du lac Shuswap, dont les rives sont peuplées d'animaux comme l'ours noir, le cerf, l'orignal, le coyote et le lynx. L'été, visiteurs et habitants de la région apprécient la belle plage du lac et l'agréable

Bateaux amarrés aux pontons de Sicamous

promenade sur un sentier balisé longeant la rive.

Kamloops ❾

🏠 80 000. ✈️ 🚌 🚏 ℹ️ 1290 W. Transcanadienne. 📞 (250) 374 3377.

Dans la langue des Indiens secwepemcs, Kamloops signifie « Où les rivières se rencontrent ». Au confluent des branches nord et sud de la Thompson, la plus grande ville de l'intérieur est traversée par trois grandes artères – la Transcanadienne et les Autoroutes 5 et 97 vers Okanagan Valley – et par les lignes du Canadian Pacific et Canadian National.

Les premiers colons européens arrivés en 1812 étaient des marchands de fourrures qui commerçaient avec les Amérindiens. Au **Museum and Native Heritage Park**, consacré à la culture des Secwepemcs, sont exposés, entre autres, un canoë en écorce de bouleau, du matériel de chasse et des ustensiles de cuisine. À l'extérieur, des sentiers parcourent les vestiges d'un village d'hiver des Shuswaps vieux de 2 000 ans, qui comprend 4 maisons semi-enterrées fidèlement reconstruites, un camp d'été et une cabane de chasse, un treillis pour le séchage du poisson et un fumoir. La boutique du musée vend des paniers en aiguilles de pin et en écorce de bouleau,

Protège-sabot exposé à Kamloops

des mocassins et un grand choix de bijoux de perles et d'argent.

Dans le centre, la collection petite mais superbe de l'Art Gallery comprend des croquis de paysages du peintre A. Y. Jackson, membre du célèbre groupe des Sept (p. 160-161).

🏛 Museum and Native Heritage Park
353 Yellowhead Hwy. 📞 (250) 828 9801. ⏰ de juin à sept. : t.l.j. ; de sept. à mai : de 8 h 30 à 16 h 30 du lun. au ven. 🏷 ♿

Parc provincial de Wells Gray ❿

📞 (250) 851 3100. 🚌 Clearwater. 🚏 Clearwater. ⏰ t.l.j..

Les trésors du parc provincial de Wells Gray, créé en 1939, valent largement ceux des Rocheuses : prairies alpines, cascades rugissantes et sommets couronnés de glaciers qui s'élèvent à 2 575 mètres d'altitude. La ligne du Canadian National et l'Autoroute 5, qui suivent la rivière Thompson à la lisière est du parc, offrent de splendides panoramas.

Depuis la route de Clearwater Valley qui se détache de l'Autoroute 5, on peut faire des balades tranquilles ou des randonnées plus ardues de deux jours dans des secteurs reculés. De la route, des petits chemins mènent en quelques minutes aux Dawson Falls, chutes spectaculaires.

Parc provincial de Bowron Lake ⑪

📞 *(604) 435 5622.* 🚌 *Quesnel.*
🚂 *Quesnel.* ⏰ *t.l.j. (si le temps le permet).* ♿ *partiel.*

À 113 kilomètres à l'est de Quesnel, sur l'Autoroute 26, dans les Cariboo Mountains, le parc provincial de Bowron Lake est célèbre pour ses voies navigables. Elles forment un rectangle de 112 kilomètres composé de 9 lacs, 3 rivières, ruisseaux, petits lacs et nombreux portages (sentiers contournant les rapides). Des excursions d'une semaine en canoë sont organisées. Elles réunissent au maximum 50 personnes munies d'un permis délivré au centre d'accueil, et sont l'occasion d'observer la faune en toute tranquillité. À la fin de l'été, les ours viennent pêcher le saumon nerka venu frayer dans la rivière Bowron.

Grizzli

Quesnel ⑫

🏠 *23 000.* ✈ 🚌 🚂 ℹ *705 Carson Ave. (250) 992 4922.*

Q uesnel est une ville forestière animée, née avec la ruée vers l'or entre 1858 et 1861. C'était la dernière des villes minières qui jalonnaient la piste vers l'or ou Cariboo Road (actuelle

Autoroute 97) jusqu'à Kamloops. Quesnel occupe un site superbe dans le triangle que forment le Fraser et la rivière Quesnel. Le Riverfront Park Trail System, un beau chemin de 5 kilomètres ombragé, longe leurs rives. À l'orée de la ville, le parc provincial de Pinnacle recèle une merveille géologique : des cheminées de fées façonnées il y a 12 millions d'années quand la surface volcanique a été érodée par les glaciers.

À 85 kilomètres à l'est de Quesnel par l'Autoroute 26, **Barkerville** vit le jour quand l'Anglais Billy Barker trouva une poignée de pépites d'or en 1862. C'est un bon exemple de ville minière du XIXᵉ siècle parfaitement conservée, avec plus de 120 bâtiments restaurés ou reconstruits. Elle est animée de guides en costume, dont un forgeron au travail et des danseuses de cabaret présentant un spectacle d'époque.

♞ Barkerville
85 km E. de Quesnel par l'Autoroute 26.
📞 *(250) 994 3332.* ⏰ *t.l.j.* 📷 ♿

'Ksan Village ⑬

📞 *(250) 842 5544.* ⏰ *parc : toute l'année ; maisons : d'avr. à sept. t.l.j.* 📷 ♿

À 290 kilomètres à l'est de Prince Rupert, un établissement amérindien de 1870 a été reconstitué dans les années 1950 pour préserver la culture des Gitxsans. Ils habitent la région depuis des milliers d'années. Dans les années 1850, leur mode de vie fut menacé par le flot de colons européens arrivés à Prince Rupert et qui, mineurs ou fermiers, s'établirent le long de la rivière.

Les Gitxans sont réputés pour leur talent à fabriquer masques sculptés et peints, totems et canoës. Ce savoir-faire est transmis aujourd'hui

Mâts totémiques sculptés au village indien de 'Ksan

par les anciens aux jeunes générations à 'Ksan Village, où 7 maisons longues abritent une école de sculpture, un musée et une boutique de cadeaux.

Prince Rupert ⑭

🏠 *16 000.* ✈ 🚌 🚂 ⛴ ℹ *100 1st Ave. W. (250) 624 5637.*

C ette cité portuaire trépidante sur fond de forêts et montagnes est la deuxième ville de la côte de la Colombie-Britannique. Située sur l'île Kaien, à l'embouchure de la Skeena, elle domine le magnifique littoral échancré de fjords. Ferries et bateaux de pêche et de croisière se croisent dans le port, principal point d'embarquement pour les îles sauvages de la Reine-Charlotte et l'Alaska.

Comme beaucoup de villes de la province, Prince Rupert se développa grâce au chemin de fer. Dans la gare du Grand Trunk Railway de 1914, le Kwinitsa Railway Museum évoque l'homme d'affaires Charles Hay, dont les plans urbains ambitieux restèrent lettre morte car il disparut avec le *Titanic* en 1912.

Les Tsimshians étaient les premiers occupants de la région. Il y a 150 ans seulement, le port était bordé de leurs grandes maisons de thuya géant et de leurs totems sculptés. Consacré à leur histoire et à leur culture vieilles

Voiture à chevaux du XIXᵉ siècle dans les rues de Barkerville

de 10 000 ans, l'excellent **Museum of Northern British Columbia** propose des visites archéologiques.

🏛 **Museum of Northern British Columbia**
100 1st Ave. W. 📞 *(250) 624 3207.*
⬜ *t.l.j.* ⬤ *25 et 26 déc.* 🔲 ♿

Îles de la Reine-Charlotte ⑮

🚊 *Prince Rupert.* 🚊 *Prince Rupert.*
ℹ *3220 Wharf St., Queen Charlotte.*
(250) 559 8316, ouvert de mai à sept.

Le lac Atlin, dans le parc provincial du même nom

Aussi appelé Haida Gwaii, cet archipel de 150 îles en face de Prince Rupert adopte la forme d'un cône. Épargnées par la dernière période glaciaire, les îles possèdent un écosystème unique au Canada. Des espèces spécifiques de mammifères comme la musaraigne sombre et l'hermine vivent dans leurs forêts, et elles accueillent une importante colonie de pygargues à tête blanche. Au printemps, des centaines de baleines grises migrent le long des côtes.

Les îles sont habitées depuis des milliers d'années par les Haidas. Artistes habiles, leurs sculptures sur bois de thuya et argilite (pierre noire proche de l'ardoise qui n'existe que sur ces îles) sont très recherchées. Dans les années 1980, ils entreprirent des campagnes contre les compagnies forestières qui aboutirent en 1988 à la création du **parc national de Gwaii Haanas**. Cette réserve renferme une forêt pluviale séculaire, plantée d'épinettes de Sitka vieilles de 1 000 ans, de thuyas géants et de pruches de l'Ouest.

🌿 **Parc national de Gwaii Haanas**
📞 *(250) 559 8818.* ⬜ *de mai à sept.*
🔲

Parcs du Nord ⑯

Mount Edziza, Spatsizi : Autoroute 37.
Atlin : Autoroute 7. ℹ *(250) 387 4550.*

Les parcs provinciaux du nord de la Colombie-Britannique – Mount Edziza, Spatsizi Plateau et, plus au nord, Atlin – ne sont que solitudes, pics élevés, champs de glace et toundra.

Créé en 1972, le parc provincial de Mount Edziza se distingue par ses paysages volcaniques avec coulées de lave, plateaux basaltiques et cônes de scories. On y accède par une route secondaire depuis la Cassiar Highway (Autoroute 37). Le parc n'étant pas carrossable, il faut marcher sur de longues pistes rocailleuses ou louer un hydravion pour rejoindre ses vastes prairies, ses forêts de bouleaux et ses ruisseaux.

De l'autre côté de la route, le parc provincial de Spatsizi Plateau, encore plus sauvage, renferme les pics enneigés des monts Skeena. Les alentours du petit lac Gladys, au centre du parc, forment une réserve écologique pour l'étude des mouflons et chèvres de montagne. L'accès au parc se fait uniquement par une petite route depuis le village de Tatogga sur l'Autoroute 37, où l'on peut trouver un guide et louer un hydravion.

Le spectaculaire parc provincial d'Atlin n'est accessible que depuis le Yukon par l'Autoroute 7 qui part de l'Alaska Highway. Un tiers du parc est couvert de glaciers et vastes champs de glace.

Massett, l'une des trois villes principales de Graham Island, la plus peuplée des îles de la Reine-Charlotte

LE NORD
DU CANADA

Présentation du nord du Canada

Comprenant le Yukon, les Territoires du Nord-Ouest et le Nunavut, le nord du Canada s'étend sur 800 kilomètres depuis le pôle Sud, entre l'Atlantique et le Pacifique, et couvre 37 % de la superficie du pays. Le paysage est excessivement rude : toundra, gelée la majeure partie de l'année comme les lacs et les rivières, forêt boréale, montagnes et glaciers. La faune est néanmoins abondante : bœufs musqués, caribous, ours polaires et phoques. Au cœur du bref été, le soleil ne se couche pas, et l'aurore boréale *(p. 335)* éclaire le sombre hiver de ses rubans lumineux. Les Premières Nations, arrivées il y a 25 000 ans, et les Inuit, vers 3000 av. J.-C., se sont installés dans les zones les moins inhospitalières, qui sont aussi les plus pittoresques et les plus variées. Le Grand Nord, terre spectaculaire et unique, reçoit 500 000 visiteurs par an.

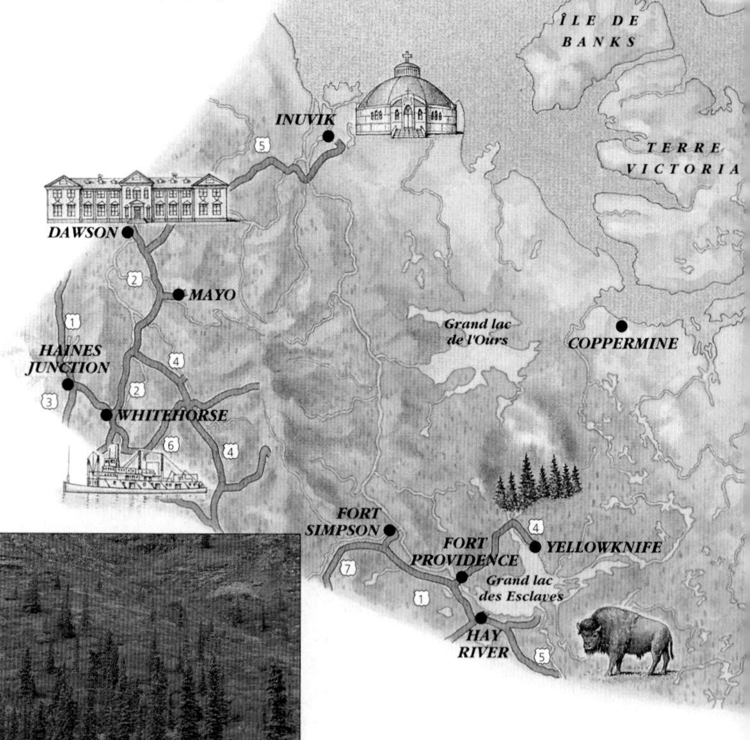

ÎLE DE BANKS

INUVIK

TERRE VICTORIA

DAWSON

MAYO

Grand lac de l'Ours

COPPERMINE

HAINES JUNCTION

WHITEHORSE

FORT SIMPSON

FORT PROVIDENCE

YELLOWKNIFE

Grand lac des Esclaves

HAY RIVER

Dans le nord du Yukon, le vert des conifères tranche sur l'orangé des feuillus

CIRCULER

Le maître mot de tout voyage dans le Nord est « coût ». Excursions, hébergement et même nourriture y sont beaucoup plus chers qu'ailleurs. Toutes les grandes villes du Yukon sont reliées par autocar mais l'automobile reste le moyen de transport le plus souple. L'avion est idéal pour se rendre au Nunavut et dans les Territoires du Nord-Ouest, qui comptent 600 pistes d'atterrissage et petits aéroports. Les possibilités d'hébergement sont limitées, de nombreux villages n'ayant qu'un seul hôtel, mais les villes du Yukon sont mieux pourvues.

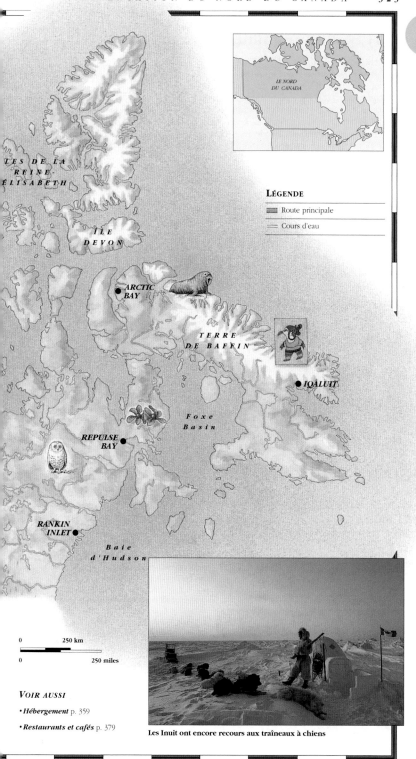

LE NORD
DU CANADA

LÉGENDE

Route principale

Cours d'eau

ÎLES DE LA
REINE-
ÉLISABETH

ÎLE
DEVON

ARCTIC
BAY

TERRE
DE BAFFIN

IQALUIT

Foxe
Basin

REPULSE
BAY

RANKIN
INLET

Baie
d'Hudson

0   250 km

0   250 miles

VOIR AUSSI

• *Hébergement* p. 359

• *Restaurants et cafés* p. 379

Les Inuit ont encore recours aux traîneaux à chiens

Art et culture inuits

Un mode de vie séculaire fondé sur la chasse a forgé la culture spécifique des Inuit. Leurs coutumes sont restées pratiquement inchangées dans les communautés de l'est et du centre, même si les formes artistiques traduisent certaines différences régionales. Encore aujourd'hui, la tradition orale l'emporte largement sur l'écrit. La production artistique des Inuit est étonnamment florissante, vu la rudesse de leur environnement et le peu de ressources naturelles. En fait, elle a été favorisée par ces conditions difficiles : les techniques utilisées pour la fabrication des outils, par exemple, ont servi pour la sculpture. Les Inuit vivent en symbiose avec la nature, source d'inspiration pour leur art et origine de nombreux mythes.

Cette petite fille face à un ours polaire imprimée avec un tampon de bois illustre une forme d'art créée dans les années 1950. Des modèles anciens sont aussi repris à la pierre gravée ou au pochoir.

Les vêtements chauds, à la fois fonctionnels et décoratifs, sont souvent tissés à la main, essentiellement à partir de fourrure et de laine.

Les perles et les bijoux inuits, jadis en os et en ivoire, sont aujourd'hui en pierres colorées et perles. Les pièces, uniques, représentent des animaux, parfois des êtres humains. Or et argent sont aussi employés avec l'influence de l'Occident.

Cette sculpture sur stéatite représente Inuk, héros d'un grand nombre de légendes inuits, avec un phoque, son fidèle compagnon.

FEMME INUIT PRÉPARANT UN OMBLE

Le terme d'« esquimau », signifiant « mangeur de viande crue » chez les Algonquins, est aujourd'hui dépassé, même si les Inuit ont coutume de ne pas cuire la viande, les régions arctiques étant dépourvues d'arbres et donc de bois à brûler. Caribou, ours polaire et poisson étaient séchés au soleil ou mélangés à des sauces à base de fruits et de baies. L'arrivée de la cuisinière et des carburants modernes a modifié le menu, mais les habitudes alimentaires sont encore très vivaces.

Ces ornements sculptés dans l'ivoire ou le fanon de baleine sont portés par les danseurs inuits lors des cérémonies. Comme pour l'habillement, les plumes sont utilisées pour la décoration.

Père et fils *sont vêtus de parkas fabriquées par les femmes de la famille avec la fourrure du caribou, du loup ou de l'ours polaire. Elles sont rehaussées de tissus occidentaux.*

L'igloo traditionnel est de plus en plus délaissé pour des camps ou des logements collectifs.

Les pêcheurs inuits *ont tiré le meilleur parti de ressources naturelles limitées, et leur subsistance repose largement sur la petite pêche.*

MYTHE INUIT

Installés aux frontières du monde habitable, les Inuit se protégeaient de la famine grâce à des croyances fondées sur le respect des animaux qu'ils

Inuk luttant contre son esprit

chassaient, en veillant à se prémunir contre le châtiment divin. Selon leurs mythes, toute créature vivante possède une âme, et le chaman du village doit voyager entre le monde céleste et le monde souterrain pour communier avec les esprits qui contrôlent la chasse et le temps pour les apaiser. Depuis les temps les plus reculés, les armes sont ornées avec l'image sculptée de l'esprit protecteur concerné, et chanteurs et musiciens transmettent les légendes d'esprits marins et de héros humains.

La chasse et la pêche traditionnelles restent au cœur de la culture inuit bien que dans les années 1960, le gouvernement fédéral ait tenté de mettre fin à ces pratiques anciennes.

La danse au tambour *est une forme de musique traditionnelle, rythmant les grandes étapes de la vie : naissance, mariage, chasse fructueuse, décès. Le chant de gorge en est une autre. Il est habituellement exécuté par deux femmes face à face qui racontent une légende, un épisode de la vie ou un mythe.*

LE NORD DU CANADA

Bien qu'étant l'une des régions les plus reculées du globe, l'Arctique ouvre désormais ses terres encore vierges se prêtant aux défis les plus audacieux des voyageurs en quête d'aventure. La plupart des localités de cette frontière du monde ne datent que du XXᵉ siècle. Les premières se sont développées autour d'avant-postes de la Police montée, envoyée sur place pour surveiller les trappeurs, explorateurs et pêcheurs de baleine en territoire canadien, et les plus récentes autour de postes de défense. Ces établissements attirent de plus en plus les Inuit qui abandonnent progressivement leur mode de vie nomade. Ils représentent de bonnes bases pour explorer les environs, d'une beauté stupéfiante. L'hiver, la température descend jusqu'à - 50 °C, mais l'été, l'air chaud balaie la terre froide et la toundra se couvre de fleurs. Le dégel succède aux huit longs mois d'hiver où tout est recouvert d'un blanc manteau. Ce pays de plaines désertes et pistes gelées, aux habitants à l'accueil chaleureux, vaut largement la découverte.

LA RÉGION D'UN COUP D'ŒIL

Villes historiques
Burwash Landing ❺
Carcross ❷
Dawson City ❼
Fort Providence ⓫
Haines Junction ❸
Hay River ⓬
Inuvik ❽

Norman Wells ❾
Stewart Crossing ❻
Whitehorse p. 328-329 ❶
Yellowknife p. 336-337 ⓭

Parcs nationaux
Parc national de Kluane ❹
Parc national de Nahanni ❿

Sites naturels
Baker Lake ⓯
Île de Banks et terre Victoria ⓰
Rankin Inlet ⓮
Terre de Baffin p. 338-339 ⓱

LÉGENDE

✈ Aéroport international

▬▬ Autoroute

— Route principale

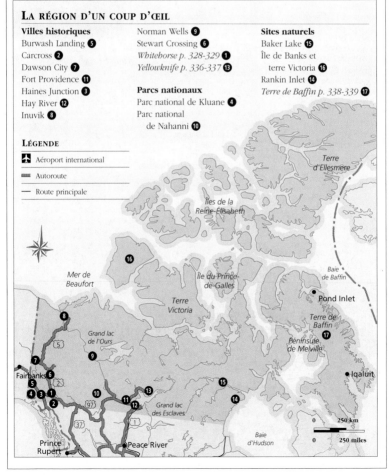

◁ **Les mers gelées entourent les côtes de la terre de Baffin**

Whitehorse ❶

La ville doit son nom de « cheval blanc » à la proximité de rapides du Yukon qui rappelaient aux chercheurs d'or la crinière du cheval Appaloosa. Elle se développa pendant l'hiver 1897-1898, quand 2 500 d'entre eux bravèrent à pied les pistes escarpées de Chilkoot et White Pass pour s'installer au bord des lacs Lindeman et Bennett. Les bateliers durent franchir les rapides plus de 7 000 fois au printemps 1898 avant qu'un tramway permette de les contourner. Au point d'embarquement vers les mines du Klondike et la vie nocturne trépidante de Dawson City au Yukon surgit une ville de tentes : Whitehorse était née. Malgré ses équipements modernes, cette capitale régionale, qui est la localité des Territoires du Nord-Ouest ayant connu l'essor le plus spectaculaire, n'a pas oublié son caractère sauvage.

🏛 MacBride Museum
First Avenue & Wood St. **C** *(867) 667 2709.* ⭘ *de fin mai à sept. : t.l.j. ; de sept. à mai : de midi à 16 h du mar. au jeu.* 🅿 ♿

Dans cette cabane en rondins à l'angle de Wood Street et First Avenue, au bord du fleuve, la passionnante histoire du Yukon est dévoilée dans toute sa gloire. Les galeries sont consacrées à la ruée vers l'or, Whitehorse, l'histoire naturelle, la Police montée et les Amérindiens. Ne pas manquer la locomotive du White Pass and Yukon Railroad, la cabane où sont diffusés des passages d'œuvres de Robert Service *(p. 31)*, un poète du Yukon et, surtout, l'ancien bureau du télégraphe. Dans les années 1950, le musée a été organisé autour de cet édifice construit en 1899 et restauré.

🏚 Log Skyscrapers
Lambert St. & Third St. **ℹ** *(867) 667 3084.*

Ils s'élèvent à deux pâtés de maisons de l'Old Log Church Museum, dans Elliott Street. Ces cabanes en rondins uniques en leur genre, vieilles de plusieurs dizaines d'années, comptent deux ou trois niveaux et sont divisées en appartements et bureaux. L'une fut la demeure d'un député du Yukon. Elles méritent le détour car elles tranchent agréablement sur l'architecture fonctionnelle du reste de la ville.

🏛 Old Log Church Museum
Elliott St. & Third Ave. **C** *(867) 668 2555.* ⭘ *de 9 h à 18 h du lun. au sam. ; de midi à 16 h dim.* 🅿 ♿

En 1900, le premier prêtre de Whitehorse ne disposait que d'une tente, mais dès 1901, une église en rondins et un presbytère furent construits. Ce sont deux des rares édifices conservés de l'époque de la ruée vers l'or. Whitehorse étant le siège épiscopal catholique, l'église est l'unique cathédrale en bois au monde.

Entièrement restaurée, elle abrite un musée sur la vie des Amérindiens avant l'arrivée des Européens, les premiers explorateurs, la ruée vers l'or, ainsi que l'œuvre évangélisatrice des missionnaires et l'histoire de l'église.

L'Old Log Church, construite intégralement en bois local

🏛 Le *Klondike*
au bout de 2nd Avenue. **C** *(867) 667 4511.* ⭘ *de mi-mai à mi-sept. : de 9 h à 19 h t.l.j.* 🅿 ♿

Le *Klondike*, bateau à aubes de 1929, coula en 1936. Reconstruit à partir de l'épave, il effectuait chaque saison 15 voyages de ravitaillement vers Dawson City. Au début des années 1950, des ponts construits trop bas empêchèrent les bateaux de passer. Le *Klondike* cessa de fonctionner en 1955 et fut

Le centre-ville de Whitehorse est abrité dans la vallée du Yukon

Le *Klondike* est amarré en permanence à Whitehorse

amarré définitivement à Whitehorse.

Il a depuis été restauré dans les moindres détails, jusqu'aux numéros de 1937 de *Life* posés sur les tables et aux uniformes d'époque de l'équipage. Désormais hors d'usage, le bateau est un Lieu historique national qui fait l'objet de visites guidées.

Lac Laberge

Klondike Hwy. ☎ *(867) 668 3225.* ◯ *t.l.j. si le temps le permet.*
Le plus grand lac de la région est à 62 kilomètres de Whitehorse par la Klondike Highway. La température chutant à - 30 °C, il est gelé la plus grande partie de l'année, mais il s'anime dès le dégel ; c'est une destination favorite l'été pour la baignade, la pêche et le nautisme.

Il abonde en truites, qui étaient pêchées par tonnes autrefois pour nourrir les hordes de chercheurs d'or. Il est par ailleurs connu dans la région car Robert Service en fit le lieu du bûcher de Sam McGee, dans un poème inspiré de la vie de ce héros local.

Chèvre de montagne

🦌 Yukon Wildlife Reserve

Takhini Hot Springs Rd.
☎ *(867) 633 2706.* ◯ *t.l.j.* 🦽
Cette belle réserve faunique créée en 1965 pour la recherche et l'élevage se trouve à 25 kilomètres de la ville par la Klondike Highway, sur la Takhini Hot Springs Road. Ses 280 hectares de forêts, herbages, prairies et zones humides sont peuplés de nombreux animaux du Grand Nord. On peut ainsi voir orignaux, bisons, wapitis, caribous, chèvres de montagne, cerfs, mouflons de Dall et bœufs musqués évoluer dans leur habitat naturel.

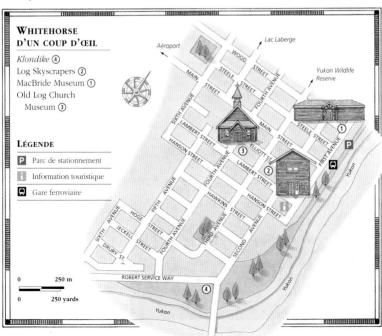

LÉGENDE

🅿️ Parc de stationnement

ℹ️ Information touristique

🚌 Gare ferroviaire

| 0 | 250 m |
| 0 | 250 yards |

Caribou au repos près de Carcross, au cours de la migration

Carcross ❷

🚶 250. 🚐 ℹ️ (867) 821 4431,
⬜ de mi-mai à sept. : t.l.j.

C e petit village est situé au pittoresque point de rencontre des lacs Bennet et Tagish, à une heure de route au sud de Whitehorse, la capitale régionale du Yukon. Les premiers chercheurs d'or qui traversèrent le redoutable Chilkoot Pass en se rendant vers les mines du nord baptisèrent le site « Caribou Crossing », à cause des troupeaux de caribous qui s'engouffraient dans le col entre les deux lacs lors de leurs migrations semestrielles. La ville fut créée en 1898 à l'apogée de la ruée vers l'or avec l'arrivée de la ligne du White Pass and Yukon. Son nom fut abrégé officiellement en Carcross pour éviter les confusions avec des localités d'Alaska, de Colombie-Britannique et du Klondike.

La culture amérindienne est vivace à Carcross, jadis important terrain de chasse au caribou des Tagishs. Des guides tagishs travaillèrent ainsi pour les géomètres de l'armée américaine pendant la construction de l'Alaska Highway en 1942 *(p. 260-261)*.

À 2 kilomètres au nord, Carcross Desert est le plus petit désert du monde. Balayée par des vents violents, la plaine sablonneuse stérile est l'unique vestige d'un lac glaciaire asséché après la dernière période glaciaire. L'endroit est mémorable.

Haines Junction ❸

🚶 862. 🚐 ℹ️ Kluane National Park Visitor Information Centre (867) 634 2345.

A u carrefour des routes de Haines et de l'Alaska, Haines Junction est la bienvenue pour se ravitailler en carburant et en nourriture, sur le chemin du grandiose parc national de Kluane. La ville a une poste, un restaurant et des hôtels. Comme elle abrite les bureaux du parc, on peut y organiser des descentes en raft, canoë, et des randonnées. Haines Junction fut jadis un camp de base pour les hommes du génie de l'armée américaine qui construisirent en 1942 une grande partie de l'Alcan Highway (actuelle Alaska Highway) reliant Fairbanks, en Alaska, au sud du Canada. Les St. Elias Mountains dominent la ville. Il est possible de survoler ces solitudes glacées, hérissées de pics et glaciers.

Kaskawulsh Glacier domine les cimes du parc national de Kluane

Parc national de Kluane ❹

ℹ️ (867) 634 2345. 🚐 Haines Junction. ⬜ toute l'année. 🏔️ ♿ ✈️

C ette zone magnifique de 22 000 kilomètres carrés au sud-ouest du Yukon est inscrite au Patrimoine mondial de l'Unesco. Le parc partage avec l'Alaska la chaîne des St. Elias Mountains, la plus haute du Canada, culminant au mont Logan (5 959 mètres), et englobe le plus vaste champ de glace du monde en dehors des pôles.

Les deux tiers du parc sont glaciaires : vallées et lacs gelés toute l'année alternent avec la forêt alpine, la prairie et la toundra. C'est l'un des derniers environnements au monde restituant l'image d'un paysage de la période glaciaire, c'est-à-dire d'il y a 10 000 à 5 000 ans av. J.-C. Les nombreux sentiers balisés bien tracés, dont plusieurs partent de la route principale, sont l'occasion de belles randonnées. Des

Les St. Elias Mountains gardent la petite ville de Haines Junction

Dans la région de la rivière Alsek, le parc national de Kluane se pare de couleurs éclatantes l'automne

itinéraires moins précis suivent les vieilles pistes minières. Débutants et randonneurs chevronnés trouveront leur bonheur, entre la balade de 2 heures et l'excursion avec guide de 10 jours.

Le parc de Kluane est l'étendue sauvage la plus attrayante du Yukon car ses paysages impressionnants cachent une vie animale foisonnante – orignaux, mouflons de Dall et grizzlis. La plupart des excursions sont organisées depuis Haines Junction, la localité voisine. La plus grande prudence s'impose en raison de la météo incertaine, des animaux sauvages et de l'isolement.

Burwash Landing ❺

🏠 88. ℹ *(867) 841 5561.*

À 124 kilomètres au nord-ouest de Haines Junction, ce petit village tout à l'ouest du lac Kluane se trouve à l'orée du parc national de Kluane sur l'Alaska Highway. Une communauté s'y installa en 1905 après la découverte d'or dans un ruisseau local. Burwash Landing dispose aujourd'hui de bons équipements et offre de superbes panoramas du lac Kluane au sud.

Le village est réputé pour son **musée**, essentiellement consacré à la vie animale – ne manquez pas la dent de mammouth –, à l'histoire naturelle de la région et au mode de vie traditionnel de la tribu des Tutchones du sud.

🏛 Kluane Museum
Burwash Junction. **☎** *(867) 841 5561.* **◯** *de mi-mai à mi-sept. : de 9 h à 21 h t.l.j.* 📷 ♿

Stewart Crossing ❻

🏠 25. 🚍 ℹ *Whitehorse (867) 667 3084.*

À environ 180 kilomètres à l'est de Dawson City *(p. 334),* Stewart Crossing est une petite localité à la jonction de la Klondike Highway et de la Silver Trail qui dessert les villages miniers de Mayo, Elsa et Keno, célèbres jadis pour le commerce de l'argent. Pendant la ruée vers l'or, à la fin du XIXᵉ siècle, on pouvait l'été extraire des alluvions des rivières suffisamment d'or pour financer les recherches de l'année suivante. Stewart Crossing, qui possède quelques commerces, sert de point de départ aux excursions en canoë sur la rivière Stewart. Fait rare dans ces terres sauvages, ces promenades, qu'il faut organiser à Whitehorse ou Dawson City, conviennent aux enfants et aux débutants.

Au-dessus du village, un point de vue pittoresque surplombe la spectaculaire vallée de la rivière Klondike et la Tintina Trench. Cette faille géologique longue de plusieurs centaines de kilomètres, dont le nom signifie « chef » chez les Amérindiens, est l'une des plus grandes du Yukon. Ses couches de roches millénaires à ciel ouvert, qui illustrent à merveille la théorie de la tectonique des plaques, suivent le tracé de la Klondike Highway, après un trajet parallèle au fleuve Yukon depuis le village de Fortymile.

Broad Valley, près de Stewart Crossing, non loin du fleuve Yukon

La beauté exceptionnelle d'une vallée du Yukon l'été ▷

Le Gaslight Follies Theatre à Dawson City

Dawson City ❼

🏠 2 150. ✈ 🚉 🏢 🚻 à l'angle
de Front & King Sts. (867) 993 5566.

Dawson City fut projetée sur le devant de la scène en 1898, avec la ruée vers l'or du Klondike (p. 46-47) : entre 30 000 et 40 000 personnes venues chercher fortune dans ce lieu où paissaient les orignaux le transformèrent en une bouillonnante métropole, le « Paris du Nord ».

Si l'exploitation de l'or continue, le tourisme est maintenant la source de revenus la plus sûre. L'époque de la ruée vers

Bienvenue à Inuvik

l'or est évoquée au **Dawson City Museum**, consacré au Klondike, et son ambiance restituée au populaire **Diamond Tooth Gertie's**, une salle de jeux avec piano bastringue et danseuses de french cancan.

🏛 **Dawson City Museum**
5th Ave. 📞 (867) 993 5291.
🕐 de mi-mai à sept. : de 10 h à 18 h
t.l.j. ; de fin sept. à mai : sur r.-v. 📷 ♿
🎭 **Diamond Tooth Gertie's**
à l'angle de 4th Ave. & Queen St. 📞
(867) 993 5575. 🕐 de mi-mai à mi-sept. : de 19 h à 2 h t.l.j. 📷 ♿

Inuvik ❽

🏠 3 300. ✈ 🚻 W. Arctic Regional
Visitors' Centre (867) 777 4727.

À 770 kilomètres au nord de Dawson City, Inuvik est située au cœur du delta du Mackenzie, tout au bout de la Dempster Highway, la route la plus septentrionale du Canada. Son histoire est récente : fondée dans les années 1950 comme centre de ravitaillement pour l'armée dans les Territoires du Nord-Ouest, elle bénéficia du boom pétrolier des années 1970. Son attrait réside plus dans son emplacement que dans son architecture, moderne et fonctionnelle. Ses quelques hôtels et magasins – véritable exploit pour une ville n'ayant qu'un feu de signalisation – en font une bonne base pour découvrir la région (les excursions pour le Grand Nord en partent).

Réputée pour l'artisanat inuit, c'est la ville la plus visitée du nord de l'Arctique.

AUX ENVIRONS

À 400 kilomètres à l'est d'Inuvik, le village de Paulatuk est une des plus petites communautés du territoire. Il est bien situé pour la chasse et la pêche, qui sont ses principales ressources depuis plusieurs siècles, et pour accéder aux grands espaces sauvages. Le tourisme se développe et des excursions guidées par des Inuit sont organisées pour découvrir la faune et la flore. On vient aussi admirer les Smoking Hills, étonnants tas de charbon et d'ardoise.

Norman Wells ❾

🏠 800. ✈ 🚻 NWT Tourism Office,
52nd St., Yellowknife (867) 873 7200.

En 1919, du pétrole brut fut découvert près d'un petit camp inuit. Son exploitation et la ville prirent leur essor pendant la Seconde Guerre mondiale, quand les Américains mirent en place un oléoduc pour approvisionner l'Alaska Highway alors en construction. Les puits fermèrent en 1996 pour raisons économiques.

Norman Wells est aujourd'hui le point de départ de la Canol Heritage Route, une très longue piste désertique qui rejoint Canol Road, au-dessus de la rivière Ross au Yukon, reliée au réseau de la Yukon Highway. Avec ses très rares équipements, le sentier, l'un des plus éprouvants au monde, constitue un défi auquel viennent se mesurer les randonneurs chevronnés.

Parc national de Nahanni ❿

✈ Fort Simpson. 🕐 toute l'année.
📷 🚻 Nahanni National Park
Reserve, Post Bag 300, Fort Simpson.
(867) 695 2713.

À cheval sur la rivière South Nahanni, entre la frontière du Yukon et le village de Fort Simpson, le parc fut le premier lieu au monde à être déclaré en 1978

L'église d'Inuvik est en forme d'igloo pour protéger du froid

La nature intacte du parc national de Nahanni

Hay River ⓬

🏚 3 600. ✈ 🚌 🛈 *MacKenzie Hwy (867) 874 3180.* ◯ *de juin à sept.*

Située au bord du grand lac des Esclaves, cette petite localité est le port principal des Territoires du Nord-Ouest. Elle est vitale pour les villes du Grand Nord comme Inuvik, qui s'y ravitaillent en produits de base. Les marchandises sont livrées par la rivière au dégel. La ville semble conçue à cet effet : sur les quais, barges et remorqueurs s'alignent à côté des bateaux de pêche.

Chose rare dans la région, l'histoire de Hay River est vieille d'un millénaire. Les Dénés s'installèrent il y a plusieurs siècles sur la rive sud du lac, zone stratégique pour la chasse et la pêche. Les attraits du lieu sont fournis par l'industrie locale – observation de l'activité du port – et l'ancien établissement déné. Situé au nord de la vieille ville, de l'autre côté de la rivière, c'est aujourd'hui un village de 260 habitants.

site du Patrimoine mondial de l'Unesco. Cette région sauvage extraordinaire abrite quatre vastes canyons, des sources d'eau chaude et les chutes les plus spectaculaires d'Amérique du Nord : les Virginia Falls. Avec leurs 90 mètres, elles sont deux fois plus hautes que celles du Niagara, mais leur volume est moindre. La flore et la faune sont très riches, avec une douzaine d'espèces de poissons et plus de cent vingt d'oiseaux. Loups, grizzlis et caribous des bois se promènent en liberté dans le parc.

Cependant, rafting et canotage l'emportent sur l'observation de la nature. L'été, les sports nautiques sont préférés à la randonnée à cause du dégel des rivières. Le parc est accessible par bateau depuis la Nahanni.

Fort Providence ⓫

🏚 750. 🚌 🛈 *NWT Tourism Office, 52nd St., Yellowknife (867) 873 7200.*

Les Dénés appellent ce village Zhahti Koe, ce qui signifie « maison de la mission ». Fort Providence était en effet une mission catholique au départ, avant que la Compagnie de la baie d'Hudson *(p. 158-159)* n'y ouvre un avant-poste au XIXᵉ siècle. Attirés par les perspectives d'emploi, les

Dénés s'installèrent de façon définitive et la ville est aujourd'hui un centre d'artisanat amérindien.

Juste au nord du village, au Mackenzie Bison Sanctuary, est protégé le plus grand troupeau de bisons des bois du monde, soit 2 000 têtes. La réserve s'étend sur 100 kilomètres au nord, sur la rive du grand lac des Esclaves, et de la route, on peut voir les bisons.

LES AURORES BORÉALES

Les aurores boréales sont le résultat de phénomènes de décharges électriques à grande échelle engendrés par l'interaction entre les vents solaires et le champ magnétique terrestre. Elles se produisent à une distance de 80 à 300 kilomètres d'altitude. Leurs effets sont visibles de nuit au Yukon, au Nunavut et dans les Territoires du Nord-Ouest, surtout entre mai et octobre. Certaines communautés inuits leur attribuent des significations religieuses, y voyant l'esprit des chasseurs morts. Au XIXᵉ siècle, les chercheurs d'or les prenaient pour des vapeurs émises par les gisements de minerai. Indépendamment de toute croyance, ces arcs lumineux offrent un spectacle féerique.

Yellowknife ⑬

Cet ancien établissement de la tribu indienne des Dénés doit son nom aux couteaux de chasse en cuivre à lame jaune utilisés par ses premiers habitants. Ses bénéfices diminuant, la Compagnie de la baie d'Hudson y ferma son avant-poste en 1823, mais la ville se développa pourtant grâce aux mines d'or dans les années 1930, puis de nouveau après 1945. Avec l'amélioration du réseau routier, elle devint capitale régionale des Territoires du Nord-Ouest en 1967. Depuis les années 1960, les services administratifs et la découverte d'or de loin en loin assurent sa prospérité.

Mode d'emploi

🏃 *15 200.* ✈ ℹ *The Northern Frontier Regional Visitors' Centre, 4804 49th St. (867) 873 4262.* 🎭 *The Cariboo Carnival (mars) ; Festival of the Midnight Sun (juil.) ; Folk on the Rocks (juil.).*

Maison flottante sur le grand lac des Esclaves

originale, dont la plupart des membres habitent des maisons flottantes de fortune, y vit en bordure de Yellowknife Bay. Une promenade autour de ce nouveau quartier résidentiel permet d'admirer l'architecture variée des édifices plus anciens. Les commerces se trouvent un peu plus au sud. À l'extrémité nord de Franklin Avenue, le Bush Pilot's Monument offre un bon point de vue.

La vieille ville

À un kilomètre au nord du centre, la vieille ville occupe une île et une péninsule rocheuse au bord du grand lac des Esclaves. En 1947, Yellowknife s'étendit avec l'apparition d'une nouvelle ville dans la plaine sablonneuse au sud. Une communauté

Le Wildcat Café

Wiley Road. 📞 *(867) 669 2200.* ⭕ *de juin à sept. : de 11 h à 21 h t.l.j.* ♿ Ouvert uniquement l'été, le Wildcat Café est une véritable institution. Fier d'afficher son ancienneté, le plus vieil établissement de Yellowknife

Yellowknife d'un coup d'œil

Legislative Assembly ④
Prince of Wales Northern Heritage Centre ③
Vieille ville ①
Wildcat Café ②

Légende

ℹ Information touristique
🅿 Parc de stationnement
🚌 Gare ferroviaire

0	400 m
0	400 yards

Back Bay

WILEY ROAD
INGRAHAM DRIVE
MCDONALD DRIVE

JOLLIFFE ISLAND

PEACE RIVER FLATS
HAMILTON DRIVE

FRANKLIN AVENUE

Yellowknife Bay

Niven Lake

49TH AVENUE
FRANKLIN AVENUE (50TH)
44TH STREET
DRAW AVENUE
46TH STREET
Aéroport
47TH STREET
48TH STREET
49TH AVENUE
49TH STREET
50TH STREET
52ND AVENUE
54TH AVENUE
51ST STREET
Frame Lake
52ND STREET

est aussi le plus photographié et fréquenté. La cabane en rondins délabrée située au pied de la vieille ville a été rénovée dans le style des années 1930. À l'intérieur, l'ambiance rappelle l'époque des pionniers qui y faisaient halte. On y sert de copieux ragoûts et des plats de poisson.

Le Wildcat Café, étape incontournable dans le Nord

🏛 Prince of Wales Northern Heritage Centre
49th Street. **(** (867) 873 7551. ⭕ *t.l.j.* ⬤ *jours fériés.* &
Cet excellent musée local est une bonne introduction à l'histoire des Territoires du Nord-Ouest. Une exposition est consacrée au mode de vie des Dénés et des Inuit, une autre au développement de la région après l'arrivée des Européens. L'importance de l'aviation est aussi évoquée, avec des objets relatifs aux sciences naturelles.

🏛 Legislative Assembly
Frame Lake. **(** (867) 669 2200. ⭕ *du lun. au ven.* & 🎫 *juil. et août*
Le dôme du siège du gouvernement local, élevé en 1993, domine le quartier. La forme circulaire de la chambre, unique en son genre, symbolise l'égalité des droits de tous les groupes ethniques, comme sa grande table ovale. Décorée de peintures et d'œuvres d'art inuit, cette pièce est dotée d'une grande peau d'ours polaire en guise de tapis. Les salles officielles se visitent en dehors des sessions de l'assemblée.

Rankin Inlet ⓮

🏠 *2 058.* ℹ *(867) 645 3838.* ✕

Fondée en 1955 quand la mine de nickel de North Rankin ouvrit ses portes, Rankin Inlet est la localité la plus importante du plateau rocailleux de Keewatin. Base touristique, c'est aussi le siège du gouvernement de cette région du Nunavut qui s'étend de l'est du Bouclier canadien à la baie d'Hudson, et dont la population, inuit à 85 %, vit essentiellement le long de la côte.

La région se caractérise par un mode de vie traditionnel et des paysages arctiques exceptionnels. À 10 kilomètres du centre-ville, **Meliadine Park** abrite un ancien camp de Thuléens (ancêtres des Inuit) restauré, avec des cercles de pierre servant à fixer les tentes, des entrepôts et des maisons d'hiver semi-enterrées.

🌿 Meliadine Park
10 kilomètres N.-O. de Rankin Inlet. **(** (867) 645 3838. ⭕ *t.l.j., si le temps le permet.*

Baker Lake ⓯

🏠 *1 385.* ✕ ℹ *(867) 793 2456.*

Centre géographique du Canada, Baker Lake est l'unique établissement inuit à l'intérieur des terres. Le site de la source de la rivière Thelon a toujours été un lieu de réunion estival de différentes communautés inuits. C'est aujourd'hui un centre important d'art inuit, notamment de

textiles. Plus à l'ouest, le **Thelon Game Sanctuary** est une réserve où l'on peut voir des troupeaux de bœufs musqués dans leur habitat naturel, entre autres animaux de ces latitudes.

🦌 Thelon Game Sanctuary
300 km O. de Baker Lake. **(** (867) 873 4262. ⭕ *t.l.j.*

Île de Banks et terre Victoria ⓰

ℹ *(867) 645 3838.*

L'île de Banks, dans l'océan Arctique, abrite les plus grands troupeaux de bœufs musqués du monde au **parc national d'Aulavik**, à son extrémité nord. L'endroit, l'un des plus reculés de la planète pour l'observation de la faune, n'est accessible que par avion. Comme souvent dans le Grand Nord, seuls les plus aisés et aventureux s'y risqueront.

La terre Victoria (Victoria Island) est divisée entre les Territoires du Nord-Ouest et le Nunavut, avec une ville de chaque côté : Holman pour les premiers, Cambridge Bay pour le second, où les Inuit venaient l'été pêcher l'omble et chasser le phoque et le caribou. C'est un centre de services pour la population locale et les visiteurs. Ours polaires, bœufs musqués, loups et oiseaux arctiques peuplent les alentours.

🌿 Parc national d'Aulavik
Sachs Harbour. **(** (867) 690 3904. ⭕ *t.l.j., si le temps le permet.* 📷

Près de Baker Lake, les Inuit construisent encore les igloos traditionnels

La terre de Baffin ⑰

Saxifrage pourpre en été

La terre de Baffin (Baffin Island), qui appartient au Nunavut, est l'un des lieux les plus reculés d'Amérique du Nord. Avec ses 500 000 kilomètres carrés, c'est la cinquième île de la planète et plus de 60 % de sa superficie est au nord du cercle arctique. Faiblement peuplée, elle ne compte que 11 000 habitants dont 9 000 Inuit, vivant pour la plupart dans les 9 villages éparpillés sur l'île. Le principal est Iqaluit, la capitale du Nunavut. Avec ses fjords profonds, ses glaciers étincelants et ses sommets acérés, la terre de Baffin se prête à tous les loisirs de plein air de l'Arctique. Canoë, kayak et randonnée glaciale prennent là-bas une autre dimension. Ces activités se pratiquent souvent au milieu d'une faune abondante, entre les ours polaires et les baleines.

Nanisivik a été fondé en 1974 pour exploiter le plomb et le zinc. Ils sont expédiés lorsque le bras de mer est libéré des glaces.

PÉNINSULE DE BRODEUR

● ARCTIC
☒ BAY

ÎLE BYLOT

☒

PÉNINSULE DE BORDEN

Pond Inlet
Pond Inlet est un bijou posé sur la couronne scintillante du Nunavut. Les excursions en motoneige ou traîneau à chiens jusqu'au bord de la banquise à la rencontre d'une vie marine foisonnante sont inoubliables.

ÎLE DU PRINCE CHARLE

PARC NATIONAL D'AUYUITTUQ

Troisième parc national du Canada avec ses 21 470 kilomètres carrés, c'est l'un des rares de la planète au nord du cercle arctique. Destination spectaculaire, il déploie ses immensités vierges de montagnes, vallées et fjords. Au printemps, avec le dégel, les prairies se couvrent soudain de fleurs sauvages. La faune est riche et variée, l'oie des neiges, le renard bleu ou encore l'ours polaire se partagent le vaste territoire. Même pendant le bref été, le temps peut être incertain avec risque de neige abondante. Les températures sont basses toute l'année. La ville voisine de Pangnirtung est un centre d'artisanat.

Fleurs sauvages au pied des pics gelés d'Auyuittuq

| 0 | 100 km |
| 0 | 100 miles |

Le cap Dorset présente un intérêt archéologique car les Thuléens et les Dorsétiens y ont vécu avant les Inuit.

LÉGENDE

— Cours d'eau

— Limite du parc national

　 Point de vue

☒ Aérodrome

Pangnirtung

Cette petite ville de 1 100 habitants est à l'extrémité sud de Pangnirtung Pass, le sentier de randonnée de 96 kilomètres le plus réputé de la terre de Baffin. Le col n'étant pas enneigé l'été, il est facile à franchir. Il offre des vues époustouflantes du fjord en contrebas.

SE RENDRE DANS LE NORD DU CANADA

Malgré le développement constant du tourisme dans les Territoires du Nord-Ouest, les possibilités d'accès et de communication restent très limitées. Unique moyen d'atteindre ces localités reculées, l'avion est cher comparé aux grandes lignes. La région compte toutefois plus de 600 aéroports et petites pistes d'atterrissage.

CLYDE

CAPE HOOPER

KEKERTUK

Lac Nettilling

Lac Amadjuak

PÉNINSULE DE HALL

Iqaluit

Iqaluit est la porte de la terre de Baffin. Choisie comme capitale du nouvel État du Nunavut (p. 51), la petite ville peuplée essentiellement d'Inuit possède de bons équipements.

Kimmirut

Le centre de la fameuse industrie inuit de sculpture sur pierre est situé dans un secteur légèrement plus chaud que le reste de l'île, où les prairies se couvrent de fleurs pendant le court été.

LES BONNES ADRESSES

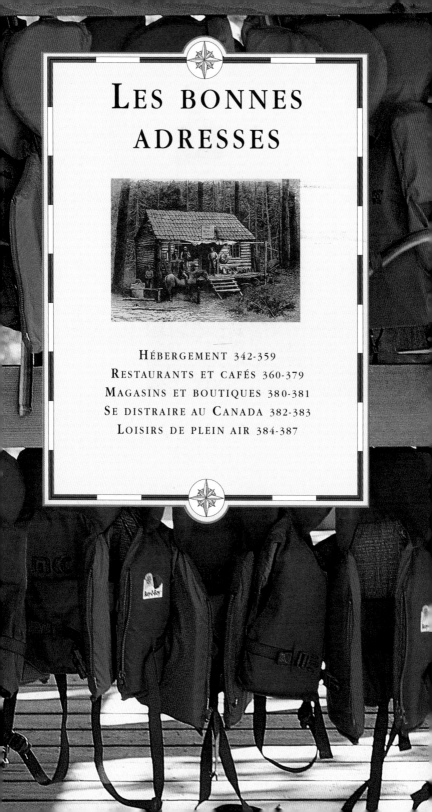

HÉBERGEMENT

Comme on peut s'y attendre pour un pays de cette taille, le Canada offre un large éventail d'hébergements : du majestueux hôtel à la renommée internationale, tel le Château Frontenac à Québec, au *bed-and-breakfast* familial à la campagne, le choix est immense. Il existe aussi d'excellents lieux de séjour à prix moyen : auberges rurales, cottages pittoresques à louer, élégants studios de ville, gîtes, péniches ou motels, toujours pratiques et appréciés. Pour une étape d'une nuit ou une location de plusieurs semaines, le visiteur trouvera toujours son bonheur, parfois même sans avoir à réserver. La liste des pages 344 à 359 recense en détail des lieux de séjour pour toutes les bourses et pour tous les goûts.

Portier

Pavillon à louer dans le parc national de Banff

CLASSEMENT DES HÔTELS ET SERVICES

Il n'existe pas de classement officiel des hôtels au Canada, mais celui, officieux, dit « Canada Select », est tout à fait fiable. À chaque établissement est attribué un certain nombre d'étoiles. Il va cependant de soi qu'un 4 étoiles dans une grande ville comme Toronto n'offrira pas les mêmes services qu'un hôtel-château loin de tout. L'Association canadienne des automobilistes (CAA) publie sa propre liste, comprenant surtout des hôtels et des motels situés le long des grands axes. Quoique également non officielle, son sérieux est largement reconnu. La climatisation est de règle en été, sauf dans les parcs nationaux ou les régions plus fraîches, sur la côte et dans le Nord. Inversement, le chauffage central fonctionne bien partout. Dans les chambres, vous trouverez souvent la télévision par câble, la radio, un nécessaire à repasser ou à faire le café, et une salle de bains particulière ; à la réservation, précisez « baignoire » ou « douche », de même que « lits jumeaux » ou « grand lit » le cas échéant.

PRIX

La variété des prix reflète celle des hébergements. La suite présidentielle d'un hôtel de luxe peut dépasser 1 000 dollars canadiens la nuit, et une place en dortoir dans un gîte d'étape en coûter moins de 25. Comptez 50 à 75 dollars par nuit et par personne dans un hôtel modeste ou un *bed-and-breakfast*. Les prix peuvent aussi fluctuer selon la saison.

RÉSERVATIONS

Il est toujours préférable de réserver dans les grandes villes, où se succèdent festivals, congrès, rassemblements ou événements sportifs et musicaux *(p. 34-37)*. Les offices de tourisme régionaux et les compagnies aériennes locales *(p. 393)* peuvent vous conseiller et effectuer les réservations.

VOYAGER AVEC DES ENFANTS

C'est en général assez facile. Il est courant d'ajouter un berceau ou un lit d'enfant dans la chambre des parents. Les grands hôtels assurent souvent le baby-sitting. En raison des lois antikidnapping, un parent voyageant seul avec ses enfants doit être muni d'une autorisation écrite de l'autre parent.

VOYAGEURS HANDICAPÉS

Légalement, tous les bâtiments publics récents ou rénovés doivent être accessibles aux fauteuils roulants. Vérifiez cependant lors de la réservation, car de nombreux hôtels ruraux datent du XIXᵉ siècle.

La façade imposante du Royal York Hotel, à Toronto *(p. 351)*

HÔTELS DE LUXE

Si les hôtels 5 étoiles sont rares au Canada, les grandes villes possèdent quelques établissements exceptionnels. Les hôtels-

Elmwood Inn, *bed-and-breakfast* sur l'île du Prince-Édouard *(p. 345)*

châteaux, spécialité canadienne, datent de l'âge du chemin de fer, à la fin du XIXe siècle. Aujourd'hui, la plupart d'entre eux, dont le Château Frontenac, sont gérés par les Canadian Pacific Hotels. Les chaînes d'hôtels de luxe – Four Seasons, Hilton, Radisson, Sheraton, Westin – sont bien représentées à Toronto, Montréal, Calgary et Vancouver.

CHAÎNES HÔTELIÈRES

L es chaînes d'hôtels ou de motels sont nombreuses. Prix et styles varient dans ces établissements fiables et confortables, manquant parfois de caractère. Moins luxueux, les Best Western, Comfort et Super 8 sont aussi moins chers. Appréciés des familles et des représentants, ces hôtels disposent de bureaux avec fax, e-mail et télégraphe. Tout y est généralement prévu pour les enfants.

LOGEMENTS ÉQUIPÉS

I l en existe de toutes sortes, sans compter les traditionnelles maisons de campagne à louer. Les camping-cars, qui peuvent se louer dans toutes les grandes villes, sont de plus en plus populaires. La plupart ont désormais la climatisation, un réfrigérateur, un four et un coin toilette. Le pays regorge de campings, des luxuriantes prairies des parcs nationaux, au sud, aux régions isolées, où vivent les Inuit, au nord. De plus en plus courus, ils

offrent de nombreux équipements à un prix avantageux : branchement électrique, laverie automatique, épicerie, et loisirs de plein air pour tous les âges.

Cottages et pavillons sont pour beaucoup typiques du Canada. L'Ontario en possède de nombreux, eux aussi très bien équipés, à louer à la semaine, au mois ou à la saison, et toujours très bien placés pour les loisirs. Les parcs nationaux proposent aussi des gîtes et des terrains de camping.

BED-AND-BREAKFASTS

L e nombre croissant des *bed-and-breakfasts* canadiens témoigne de leur succès. Auberges anciennes ou fermes, c'est l'endroit où sympathiser et parler avec les gens du pays, et trouver un accueil personnalisé. Ceux de l'est du Canada, souvent situés dans d'élégantes

maisons victoriennes de villes historiques, sont renommés. Les offices de tourisme disposent de listes détaillées avec les prix. La plupart des *bed-and-breakfasts* ont jusqu'à quatre chambres.

TAXES SUR LES HÉBERGEMENTS

P our presque tous les hébergements, deux taxes s'ajoutent au tarif de base. La première, la PST (Provincial Sales Tax, TVQ au Québec), varie de 4 à 9 % selon les provinces et concerne aussi les marchandises et les autres services. Dans l'Alberta, seuls les séjours à l'hôtel et en motel sont taxés ; les campings, *bed-and-breakfasts* et pensions sont exonérés. Au Manitoba et au Québec, les étrangers peuvent, sur justificatif, se faire rembourser une partie de la TPS sur l'hébergement ; demandez le formulaire à **Revenu Canada**, Visitors' Rebate Program, 275 Pope Rd., Summerside, PEI, C1N 6C6. Dans la plupart des provinces, tous les séjours sont taxés, sans aucun remboursement possible. Dans tout le pays, une GST (Goods and Services Tax, TPS au Québec) de 7 % frappe la plupart des hébergements. Certaines provinces regroupent GST et PST en une General Sales Tax d'environ 15 %. Les petits hôtels ne font pas toujours payer la GST : posez la question en arrivant. Sur justificatif, les étrangers peuvent se faire intégralement rembourser la GST en s'adressant à Revenu Canada.

Un *bed-and-breakfast* dans les Rocheuses

Choisir un hôtel

Les hôtels suivants ont été choisis pour leur bon rapport qualité-prix, leur confort ou leur situation. Ils sont classés par région, identifiée par la couleur des onglets et reprenant l'organisation du reste du guide, ainsi que par ordre alphabétique de localité et par prix. Pour les restaurants, voir les pages 364 à 379.

		NOMBRE DE CHAMBRES	RESTAURANT	ENFANTS BIENVENUS	JARDIN OU TERRASSE	PISCINE
TERRE-NEUVE ET LABRADOR						
GRAND FALLS : *Mount Peyton Hotel* $ 214 Lincoln Rd., NFD A2A 1P8. █ (709) 489 2251. ℻ (709) 489 6365. 🆆 www.mtpeyton.com. @ mtpeyton@fortisproperties.com Hôtel accueillant pour familles et hommes d'affaires avec l'un des meilleurs restaurants du centre de Terre-Neuve. 🛏 📺 ⚴ 🅿 🍽		150	●			
HAPPY VALLEY-GOOSE BAY : *Labrador Inn* $ 380 Hamilton River Rd., LAB AOP 1CO. █ (709) 896 3351. ℻ (709) 896 3352. @ labinn@cancom.net. L'hospitalité est un maître-mot ici. Décor de style Tudor et restaurant servant des plats régionaux. 🛏 📺 ⚴ 🅿 🍽		74	●			
L'ANSE AU CLAIR : *Northern Light Inn* $$ PoBox 92, NFD A0K 3V0. █ (709) 931 2332. ℻ (709) 931 2708. 🆆 www.labradorstraits.nf.ca/nli Hôtel familial surplombant la baie. Le restaurant propose des spécialités locales, dont le caribou. 🛏 📺 ⚴ 🅿 🍽		59	●			
NORRIS POINT : *Sugar Hill Inn* $$ 115-129 Sextons Rd, NFD A0K 4N0. █ (709) 458 2147. ℻ (709) 458 2166. 🆆 www.sugarhillinn.nf.ca Auberge de qualité au cœur du parc national du Gros-Morne, près du phare de Lobster Point. Fruits de mer au menu. 🛏 📺 🅿 🍽		7	●			
ST. ANTHONY : *Haven Inn* $ Goose Cove Rd., NFD A0K 4S0. █ (709) 454 9100. ℻ (709) 454 2270. La vue sur le port est superbe depuis ce motel moderne à flanc de coteau. Cheminées dans le salon et la salle à manger. 🛏 📺 ⚴ 🅿 🍽		29	●			
ST. JOHN'S : *Balmoral Inn* $ 38 Queens Rd., NFD A1C 2AS. █ (709) 754 5721. ℻ (709) 722 8111. 🆆 www.balmoralhouse.com Belles chambres au mobilier ancien dans cet édifice à hauts plafonds de style Queen Anne. 🛏 📺 🅿 🍽		5				
ST. JOHN'S : *Hotel Newfoundland* $$$$ Cavendish Square, NFD A1C 5W8. █ (709) 726 4980. ℻ (709) 726 2025. Belles vues sur Signal Hill et le port depuis cet hôtel faisant partie de la chaîne Fairmount Hotels, et doté de deux restaurants. 🛏 24 📺 ⚴ 🅿 🍽		301	●	■		■
TRINITY BAY : *Campbell House* $ High St., Trinity Bay, NFD AOC 251. █ (709) 464 3377. ℻ (709) 464 3377. 🆆 www.campbellhouse.nf.ca. Deux de ces trois maisons du front de mer sont des monuments historiques. Décor et mobilier d'époque dans la plus ancienne, de 1842. 🛏 📺 ⚴ 🅿 🍽		5			●	
NOUVEAU-BRUNSWICK, NOUVELLE-ÉCOSSE, ÎLE DU PRINCE-ÉDOUARD						
BAY FORTUNE : *The Inn at Bay Fortune* $$$$ RR4, Souris, PEI COA 2B0. █ (902) 687 3745. ℻ (902) 687 3540. 🆆 www.innatbayfortune.com. Une élégante auberge de bord de mer idéale pour s'isoler du monde, et l'un des meilleurs restaurants du Canada. 🛏 ⚴ 🅿 🍽		18	●		●	
BOUCTOUCHE : *Le Vieux Presbytère* $ 157, chemin du Couvent, NB E4S 3B8. █ (506) 743 5568. ℻ (506) 743 5566. Les jardins de cette charmante auberge acadienne, de 1880, donnent sur la rivière Bouctouche. 🛏 📺 🅿 🍽		22	●		●	
BRIER ISLAND : *Brier Island Lodge* $ Westport, NS B0V 1H0. █ (902) 839 2300. ℻ (902) 839 2006. 🆆 www.brierisland.com. Cette petite maison sur un îlot de la baie de Fundy est un point de départ idéal pour se balader sur la côte ou observer les baleines. 🛏 📺 ⚴ 🅿 🍽		40	●			
CAPE D'OR : *Cape d'Or Lighthousekeeper's Guesthouse* $ Phare de Cape d'Or, NS B0M 1S0. █ (902) 670 0534. Ce phare isolé permet d'accéder aux falaises et aux chemins côtiers du Minas Basin. Chambres avec vue spectaculaire. 🛏 🅿 🍽		4	●			

Catégories de prix pour une nuit en chambre double, petit déjeuner (quand inclus), taxes et service compris.

$ moins de 100 Can$
$$ de 100 à 150 Can$
$$$ de 150 à 200 Can$
$$$$ de 200 à 250 Can$
$$$$$ plus de 250 Can$

RESTAURANT
Restaurant ou salle à manger de l'hôtel accessible aux non-résidents, sauf mention contraire.
ENFANTS BIENVENUS
Lits d'enfants disponibles et/ou possibilité de baby-sitting. Certains établissements proposent des menus enfants et des chaises hautes.
JARDIN OU TERRASSE
Hôtel avec jardin, cour ou terrasse, où il souvent possible de prendre les repas.
PISCINE
Hôtel avec piscine couverte ou de plein air.

	NOMBRE DE CHAMBRES	RESTAURANT	ENFANTS BIENVENUS	JARDIN OU TERRASSE	PISCINE
CARAQUET : *Hotel Paulin* $ 143 Blvd. Saint-Pierre west, NB E1W 1B6. ((506) 727 9981. Depuis trois générations, les Paulin tiennent cet hôtel de bord de mer historique, bâti en 1891.	8	●			
CAVENDISH : *Kindred Spirits Country Inn and Cottages* $$ Route 6, PEI C0A 1N0. ((902) 963 2434. FAX (902) 963 2434. w www.kindredspirits.pe.ca Charmante auberge près de Green Gables House *(p. 76)*. Une oasis de paix dans ce haut lieu touristique. ● *de mai à oct.*	39				■
CHARLOTTETOWN : *Elmwood Heritage Inn* $$ 121 North River Road, PEI P1A 3K7. ((902) 368 3310. FAX (902) 628 8457. w www.elmwoodinn.pe.ca Célèbre *bed-and-breakfast* dans le quartier historique de Charlottetown ; mobilier et cuisine somptueux.	6			●	
CHARLOTTETOWN : *Delta Prince Edward Hotel* $$ 18 Queen St., PEI C1A 8B9. ((902) 566-2222. FAX (902) 566 2282. w www.delta.pri.com. Appartenant aux Canadian Pacific Hotels, il donne sur la marina de Charlottetown et comporte trois restaurants, dont un café sur les quais.	213	●	■		■
EDMUNDSTON : *Howard Johnson Hotel and Convention Centre* $$ 100 Rice St., NB E3V 1T4. ((506) 739 7321. FAX (506) 735 9101. Hôtel à vocation familiale, propre et sympathique, intégré à un complexe commercial et bien situé pour visiter Edmunston.	103	●	■		■
GRAND TRACADIE : *Dalvay-by-the-Sea* $$$$ PEI National Park, Box 8, York PEI C0A 1P0. ((902) 672 2048. FAX (902) 672 2741. w www.dalvaybythesea.com Manoir construit par le magnat du pétrole Alexander MacDonald en 1895. Spécialités de fruits de mer au restaurant.	32	●	■		
HALIFAX : *Waverly Inn* $$ 1266 Barrington St., NS B3J 1Y5. ((902) 423 9346. FAX (902) 425 0167. w www.waverlyinn.com. Cette auberge de caractère date de 1876 ; Oscar Wilde et P.T. Barnum y ont séjourné. Elle n'est qu'à quelques minutes à pied du centre historique.	32				
HALIFAX : *Delta Barrington* $$ 1875 Barrington St., NS B3J 3L6. ((902) 429 7410. FAX (902) 420 6524. w www.deltahotels.com En plein centre historique, un hôtel haut de gamme pour homme d'affaires, mariant bon accueil et efficacité.	202	●	■		
INGONISH BEACH : *Keltic Lodge* $$$$$ Middle Head Peninsula, NS B0C 1L0. ((902) 285 2880. FAX (902) 285 2859. Hôtel imposant sur un promontoire rocheux au-dessus du port. Un dîner complet est inclus dans le prix.	104	●	■	●	■
LOUISBOURG : *Cranberry Cove Inn* $$ 12 Wolfe St., NS B0A 1M0. ((902) 733 2171 ou 1 802 929 0222. FAX (902) 733 2449. w www.louisbourg.com/cranberrycove. Situé dans une ancienne maison particulière de 1904, il propose aujourd'hui des prestations stylées et une cuisine européenne à base des meilleurs produits locaux.	7	●			
LUNENBURG : *Lunenburg Inn* $$ 26 Dufferin St., NS B0J 2C0. ((902) 634 3963. FAX (902) 634 9419. w www.lunenburginn.com. Construit en 1893, ce magnifique édifice victorien est situé en bordure de la vieille ville de Lunenburg.	7				
MARGAREE VALLEY : *Normaway Inn* $$ 691 Egypt Rd., NS B0E 2C0. ((902) 248 2987. FAX (902) 248 2600. w www.normaway.com. Sur 100 hectares en pleine Margaree Valley, cet élégant hôtel des années 1920 est sur la célèbre Cabot Trail. Pêche, musique traditionnelle, tennis et bonne cuisine sont au menu.	29	●	■	●	

Légende des symboles, voir dernier rabat

Catégories de prix pour une nuit en chambre double, petit déjeuner (quand inclus), taxes et service compris.

$ moins de 100 Can$
$$ de 100 à 150 Can$
$$$ de 150 à 200 Can$
$$$$ de 200 à 250 Can$
$$$$$ plus de 250 Can$

RESTAURANT
Restaurant ou salle à manger de l'hôtel accessible aux non-résidents, sauf mention contraire.
ENFANTS BIENVENUS
Lits d'enfants disponibles et/ou possibilité de baby-sitting. Certains établissements proposent des menus enfants et des chaises hautes.
JARDIN OU TERRASSE
Hôtel avec jardin, cour ou terrasse, où il souvent possible de prendre les repas.
PISCINE
Hôtel avec piscine couverte ou de plein air.

	NOMBRE DE CHAMBRES	RESTAURANT	ENFANTS BIENVENUS	JARDIN OU TERRASSE	PISCINE
MONCTON : *Comfort Inn* $ 2495 Mountain Rd., NB E1G 2W4. ☎ *(506) 384 3175.* FAX *(506) 853 7307.* W www.choicehotels.com. Motel offrant de meilleures prestations que la plupart des Comfort Inns. Proche de Magnetic Hill et de la Transcanadienne. 🛏 📺 ⚡ P 🌳	59				
ST. ANDREWS : *Algonquin Resort* $$$ 184 Adolphus St., NB E0G 2X0. ☎ *(506) 529 8823.* FAX *(506) 529 7162.* Ce complexe hotelier offre une magnifique vue sur la baie de Passamaquoddy. Nombreux équipements, dont un golf de 18 trous. 🛏 📺 ⚡ P 🅿 🌳	238	●	■	●	■
ST. ANDREWS : *Kingsbrae Arms, Relais & Châteaux* $$$$$ 219 King St., NB E0G 2X0. ☎ *(506) 529 1897.* FAX *(506) 529 1197.* W www.kingsbrae.com. Hôtel au charme désuet avec chambres magnifiquement meublées à l'ancienne ; cuisine superbe. 🛏 24 📺 P 🌳	8	●		●	■
SAINT JOHN : *Parkerhouse Inn and Restaurant* $ 71 Sydney St., NB E2L 1L5. ☎ *(506) 652 5054.* FAX *(506) 636 8076.* Manoir de l'époque victorienne dans la vieille ville ; superbe jardin d'hiver tout en vitraux. 🛏 📺 P 🌳	9	●		●	
SAINT JOHN : *Country Inn and Suites* $$ 1011 Fairville Blvd., NB E2M 5T9. ☎ *(506) 635 0400.* FAX *(506) 635 3818.* Chambres propres et spacieuses ; on se sent comme chez soi dans ce décor rustique, avec un bon feu dans la cheminée. 🛏 📺 ⚡ P 🌳	60				
SUMMERSIDE : *Loyalist Country Inn* $$ 195 Harbour Drive, PEI C1N 5R1. ☎ *(902) 436 3333.* FAX *(902) 436 4304.* Un hôtel familial, proche de la marina et à 20 minutes du pont de la Confédération. 🛏 📺 ⚡ P 🅿 🌳	103	●			■
WEST POINT : *West Point Lighthouse* $$ O'Leary, RR2, PEI C0B 1V0. ☎ *(902) 859 3605.* W www.peisland.com/westpoint/light.html Seul hôtel canadien à être situé dans un phare des Coast Guards en activité ; mer de tous les côtés, décor rustique et antiquités. 🛏 📺 P 🌳	9	●			
WOLFVILLE : *Blomidon Inn* $ 127 Main St., NS B0P 1X0. ☎ *(902) 542 2291.* FAX *(902) 542 7461.* W www.blomidon.ns.ca Séparé de la rue par un jardin paysager, ce manoir victorien est un des meilleurs hôtels de Nouvelle-Écosse. 🛏 P 🌳	26	●		●	

MONTRÉAL

	NOMBRE DE CHAMBRES	RESTAURANT	ENFANTS BIENVENUS	JARDIN OU TERRASSE	PISCINE
CENTRE-VILLE : *Hôtel de l'Institut* $ 3535, rue Saint-Denis, QUE H2X 3P1. ☎ *(514) 282 5120.* FAX *(514) 873 9893.* Les élèves de l'Institut de tourisme et d'hôtellerie du Québec y sont formés en assurant le service de l'hôtel, aux étages supérieurs de l'école. 📺 ⚡ P 🌳	42	●			
CENTRE-VILLE : *Hôtel Le Saint-André* $ 1285, rue Saint-André, QUE H2L 3T1. ☎ *(514) 849 7070.* FAX *(514) 849 8167.* W www.lesaintandre.montrealplus.ca. Proche des bistros et bars de la rue Saint-Denis ; étonnamment stylé vu ses prix très modérés. 🛏 📺 P 🌳	61				
CENTRE-VILLE : *Hôtel Viger* $ 1001, rue Saint-Hubert, QUE H2L 3Y3. ☎ *(514) 845 6058.* FAX *(514) 844 6068.* W www.hotelviger.com. Petit hôtel, simple et bon marché, proche du Vieux-Montréal et du quartier chinois. 🛏 📺 P 🌳	21				
CENTRE-VILLE : *Hôtel Château & Tour Versailles* $$ 1808, rue Sherbrooke Ouest, QUE H3H 1E5. ☎ *(514) 933 8111.* FAX *(514) 933 7102.* Le « château » consiste en deux maisons victoriennes ; la « tour » est un bâtiment récent, de l'autre côté de la rue. Chambres confortables, et excellente cuisine française. 🛏 24 📺 P 🌳	107	●			

CENTRE-VILLE : *Hôtel de Paris* $$ 39
901, rue Sherbrooke Est, QUE H2L 1L3. (514) 522 6861. FAX (514) 522 1387.
Ce vieil édifice en pierre, avec sa tourelle fantaisiste, est à deux pas
de la rue Saint-Denis, très animée le soir. Chambres confortables. 🔲 TV P 🖂

CENTRE-VILLE : *Hôtel-Suites Le Riche Bourg* $$ 221
2170, av. Lincoln, QUE H3H 2N5. (514) 935 9224. FAX (514) 935 5049. W www.iber.com
Chaque suite a sa cuisine et son coin repas : idéal pour les familles
et les longs séjours. 🔲 TV 🛁 P 📺 🖂

CENTRE-VILLE : *Le Nouvel Hôtel* $$ 162
1740, bd René-Lévesque Ouest, QUE H3H 1R3. (514) 931 8841.
FAX (514) 931 3233. W www.lenouvelhotel.com.
Les comédiens amateurs testent leur talent au Comedy Nest, cabaret de cet hôtel
récent à proximité du Centre canadien d'architecture. 🔲 TV P 🖂

CENTRE-VILLE : *Renaissance* $$$ 459
3625, av. du Parc, QUE H2X 3P8. (514) 288 6666. FAX (514) 288 2469.
W www.deltamontreal.com. Les chambres, bois blond et tons pastel, donnent sur le
parc Mont-Royal. Bar confortable. 🔲 TV 🛁 P 📺 🖂

CENTRE-VILLE : *Delta Montréal* $$$ 453
475, av. Président-Kennedy, QUE H3A 1J7. (514) 286 1986. FAX (514) 284 4306.
W www.marriott.com. Hôtel moderne aux grandes chambres confortables,
non loin de la Place-des-Arts et des magasins. 🔲 24 TV 🛁 P 📺 🖂

CENTRE-VILLE : *Hôtel du Fort* $$$ 126
1390, rue du Fort, QUE H3H 2R7. (514) 938 8333. FAX (514) 938 2078.
Tour récente aux chambres élégantes avec coin cuisine ; la plupart ont vue
sur le port ou le mont Royal. 🔲 TV 🛁 P 📺 🖂

CENTRE-VILLE : *L'Hôtel de la Montagne* $$$ 134
1430, rue de la Montagne, QUE H3G 1Z5. (514) 288 5656. FAX (514) 288 9658.
W www.hoteldelamontagne.com. Entrée au décor flamboyant, piscine sur le
toit et localisation centrale en font un hôtel très apprécié. 🔲 TV P 🖂

CENTRE-VILLE : *Marriott Château Champlain* $$$ 611
1, place du Canada, QUE H3B 4C9. (514) 878 9000. FAX (514) 878 6761.
W www.marriott.com. Très belle vue sur le mont Royal et le port depuis
cette haute tour blanche aux fenêtres en plein cintre. 🔲 TV P 📺 🖂

CENTRE-VILLE : *Montréal Bonaventure Hilton* $$$ 395
1, place Bonaventure, QUE H5A 1E4. (514) 878 2332. FAX (514) 878 3881.
Aménagé aux étages supérieurs de la place Bonaventure, il s'articule
autour d'un agréable jardin, avec piscine de plein air ouverte hiver
comme été. 🔲 TV 🛁 P 📺 🖂

CENTRE-VILLE : *Residence Inn by Marriott-Montréal* $$$ 190
2045, rue Peel, QUE H3A 1T6. (514) 982 6064. FAX (514) 844 8361.
W www.residenceinn.com\yulri. Hôtel central, dont toutes les suites sont dotées
d'une cuisine équipée ; salon de lecture avec cheminée. 🔲 TV 🛁 P 📺 🖂

CENTRE-VILLE : *Hôtel Le Reine Elizabeth* $$$$ 1062
900, bd René-Lévesque Ouest, QUE H3B 4A5. (514) 861 3511. FAX (514) 954 2256.
W www.fairmont.com. Hôtel de congrès très animé, bien situé et confortable.
Au rez-de-chaussée, le Beaver est une excellente table. 🔲 24 TV 🛁 P 📺 🖂

CENTRE-VILLE : *Hôtel Ritz-Carlton* $$$$ 229
1228, rue Sherbrooke Ouest, QUE H3G 1H6. (514) 842 4212.
FAX (514) 842 4907. W www.ritzcarlton.com.
Cet hôtel de style édouardien accueillit l'un des deux mariages de Richard Burton
et Elizabeth Taylor. En été, le jardin est parfait pour le thé, et le Café de Paris est
un bon restaurant français. 🔲 24 TV 🛁 P 📺 🖂

CENTRE-VILLE : *Loews Hôtel Vogue* $$$$ 142
1425, rue de la Montagne, QUE H3G 1Z3. (514) 285 5555. FAX (514) 849 8903.
W www.loewshotel.com. Le hall élégamment décoré du Vogue donne sur une
des rues les plus à la mode de Montréal. Bain à remous dans toutes
les chambres, vastes et bien meublées. 🔲 24 TV P 📺 🖂

CENTRE-VILLE : *Omni Montreal* $$$$ 300
1050, rue Sherbrooke Ouest, QUE H3A 2R6. (514) 284 1110. FAX (514) 845 3025.
W www.omnihotels.com. Superbe restaurant dans le hall en marbre de cet
hôtel récent. Le bar donne sur la rue. 🔲 24 TV 🛁 P 📺 🖂

Légende des symboles, voir dernier rabat

	NOMBRE DE CHAMBRES	RESTAURANT	ENFANTS BIENVENUS	JARDIN OU TERRASSE	PISCINE

Catégories de prix pour une nuit en chambre double, petit déjeuner (quand inclus), taxes et service compris.

$ moins de 100 Can$
$$ de 100 à 150 Can$
$$$ de 150 à 200 Can$
$$$$ de 200 à 250 Can$
$$$$$ plus de 250 Can$

RESTAURANT
Restaurant ou salle à manger de l'hôtel accessible aux non-résidents, sauf mention contraire.
ENFANTS BIENVENUS
Lits d'enfants disponibles et/ou possibilité de baby-sitting. Certains établissements proposent des menus enfants et des chaises hautes.
JARDIN OU TERRASSE
Hôtel avec jardin, cour ou terrasse, où il souvent possible de prendre les repas.
PISCINE
Hôtel avec piscine couverte ou de plein air.

	NOMBRE DE CHAMBRES	RESTAURANT	ENFANTS BIENVENUS	JARDIN OU TERRASSE	PISCINE
PLATEAU MONT-ROYAL : *Auberge de la Fontaine* $$ 1301, rue Rachel Est, QUE H2J 2K1 (514) 597 0166. FAX (514) 597 0496. www.aubergedelafontaine.ca. Il s'agit de deux maisons mitoyennes typiques du quartier ; chambres au décor excentrique.	21			●	
PLATEAU MONT-ROYAL : *Le Jardin d'Antoine* $$ 2024, rue Saint-Denis, QUE H2X 3K7. (514) 843 4506. FAX (514) 281 1491. www.aubergedelafontaine.ca. Les chambres de derrière, plus luxueuses, donnent sur le « jardin d'Antoine », îlot de paix bienvenu après les bars et les boîtes de nuit de la rue.	25			●	
QUARTIER CHINOIS : *Holiday Inn Sélect Montréal Centre-Ville* $$$ 99, av. Viger, QUE H2Z 1E9. (514) 878 9888. FAX (514) 878 6341. www.hiselect-yul.com Avec ses deux pagodes sur le toit, cet hôtel récent se fond dans le décor. Agrémenté de bassins miniatures et jardins chinois, le restaurant Chez Chine domine le hall.	235	●			■
VIEUX-MONTRÉAL : *Auberge les Passants du Sans Soucy* $$ 171, rue Saint-Paul Ouest, Ouest QUE H2Y 1Z5. (514) 842 2634. FAX (514) 842 2912. Entrepôt du XVIIIe siècle, avec poutres apparentes et antiquités ; l'entrée sert de galerie d'art.	9				
VIEUX-MONTRÉAL : *Pierre du Calvet* AD 1725 $$$ 405, rue Bonsecours, QUE H2Y 3C3. (514) 282 1725. FAX (514) 282 0456. www.pierreducalvet.ca. Hôtel historique avec cheminées, salles de bains en marbre, mobilier ancien et tapis d'Orient.	9	●		●	
VIEUX-MONTRÉAL : *Auberge du Vieux-Port* $$$$ 97, rue de la Commune Est, QUE H2Y 1J1. (514) 876 0081. FAX (514) 876 8923. www.aubergeduvieuxport. Hôtel romantique du XIXe siècle donnant sur le Vieux-Port, avec terrasse sur le toit où prendre un verre ou le thé.	27				
VIEUX-MONTRÉAL : *Hôtel Inter-Continental Montréal* $$$$ 360, rue Saint-Antoine Ouest, QUE H2Y 3X4. (514) 987 9900. FAX (514) 847 8730. www.interconti.com. Moderne, ses tourelles l'aident à se fondre dans un ensemble d'édifices du XIXe siècle. Chambres élégantes et confortables.	357	●	■		■

QUÉBEC ET LE SAINT-LAURENT

	NOMBRE DE CHAMBRES	RESTAURANT	ENFANTS BIENVENUS	JARDIN OU TERRASSE	PISCINE
BAIE SAINT-PAUL : *Auberge La Maison Otis* $$ 23, rue Saint-Jean-Baptiste, QUE G0A 1B0. (418) 435-2255. FAX (418) 435 2464. www.quebecweb.com/maisonotis. Elle cache une vieille maison en pierre avec 7 chambres ravissantes, et l'un des meilleurs restaurants de la région.	30	●	■	●	■
CÔTE NORD : *Hôtel Tadoussac* $$$ 165, rue du Bord-de-l'Eau, Tadoussac, QUE G0T 2A0. (418) 235 4421. FAX (418) 235 4607. www.familledufor.com. Hôtel bâti en 1942 pour ses passagers par la compagnie Canada Steamships, son toit rouge domine toujours la ville. Petit déjeuner et dîner inclus dans le prix. ● d'oct. à mai.	149	●	■	●	■
ÎLES DE LA MADELEINE : *Hôtel au Vieux Couvent* $ Havre-aux-Maisons, QUE G0B 1K0. (418) 969 2233. Ancien couvent dont les dortoirs ont été transformés en chambres, et la chapelle en restaurant de fruits de mer. ● de sept. à juin.	7	●		●	
LAC SAINT-JEAN : *Hôtel du Jardin* $$ 1400, bd du Jardin, Saint-Félicien, QUE G8K 2N8. (418) 679 8422. FAX (418) 679 4459. Bonne base pour explorer la région du lac Saint-Jean.	84	●			■
PERCÉ : *Hôtel-Motel La Normandie* $$ 221, Route 132 Ouest, Cap de Foi, QUE G0C 2L0. (418) 782 2112. FAX (418) 782 2337. www.normandieperce.com. La plupart des chambres donnent sur la mer et sur le rocher Percé. Bon restaurant de fruits de mer. ● d'oct. à mai.	45	●	■	●	

POINTE-AU-PIC : *Manoir Richelieu* $$$ 181, rue Richelieu, QUE G0T 1M0. ☎ *(418) 665 3703.* [FAX] *(418) 665 7736.* [W] www.fairmont.com. Entouré de jardins, le manoir, et son casino, est édifié sur une falaise surplombant le fleuve. ❄ [24] [TV] ♿ [P] 💳	405	●	■	●	■
QUÉBEC : *Hôtel Particulier Belley* $ 249, rue Saint-Paul, QUE G1K 3W5. ☎ *(418) 692 1694.* [FAX] *(418) 692 1696.* Taverne ancienne proche du marché du vieux port. Briques à nu et lucarnes dans certaines chambres. ❄ [TV] [P] 💳	8				
QUÉBEC : *Le Priori* $$ 15, rue Sault-au-Matelot, QUE G1K 3Y7. ☎ *(418) 692 3992.* [FAX] *(418) 692 0883.* Petit hôtel au pied du cap Diamant ; pierre apparente et mobilier moderne y font bon ménage. ❄ [TV] ♿ [P] 💳	26	●	■		
QUÉBEC : *Hôtel Clarendon* $$$ 57, rue Sainte-Anne, QUE G1R 3X4. ☎ *(418) 692 2480.* [FAX] *(418) 692 4652.* [W] www.quebecweb.com/clarendon. L'intérieur de cet hôtel de 1870 est une merveille d'Art déco. Concerts de jazz dans le hall tous les soirs. ❄ [TV] ♿ [P] 💳	151	●			
QUÉBEC : *Hôtel Dominion* $$$ 126, rue Saint-Pierre, QUE G1K 4A8. ☎ *(418) 692 2224.* [FAX] *(418) 692 4403.* [W] www.hoteldominion.com. Photographies anciennes aux murs et hauts plafonds caractérisent cet hôtel de 1912. Des dizaines de restaurants attrayants bordent la rue Petit-Champlain, toute proche. ❄ [TV] ♿ [P] 💳	40			●	
QUÉBEC : *Château Frontenac* $$$$$ 1, rue des Carrières, QUE G1R 4P5. ☎ *(418) 692 3861.* [FAX] *(418) 692 1751.* [W] www.fairmont.com. Sans doute l'hôtel le plus photographié de tout le Canada. Vastes couloirs, lambris et pierre ouvragée en font un château dedans comme dehors. Vue magnifique côté fleuve. ❄ [TV] ♿ [P] 🍸 💳	611	●	■	●	■
RIVIÈRE-DU-LOUP : *Hôtel Lévesque* $ 171, rue Fraser, QUE G5R 1E2. ☎ *(418) 862 6927.* [FAX] *(418) 867 5827.* Piscine, plage et vastes chambres, ainsi que deux restaurants, l'un plutôt simple, l'autre gastronomique. ❄ [TV] [P] 💳	91	●	■	●	■
SAINTE-ANNE-DES-MONTS : *Le Gîte du Mont-Albert* $$ route 299, Parc de la Gaspésie, QUE G0E 2G0. ☎ *(418) 763 2288.* [FAX] *(418) 763 7803.* Avec son décor rustique, cet hôtel montagnard pourrait passer pour un pavillon de chasse. On y loue aussi des cottages. ● *d'oct. à fév.* ❄ ♿ [P] 💳	48	●		●	■
SEPT-ÎLES : *Hôtel Sept-Îles* $ 451, av. Arnaud, QUE G4R 3B3. ☎ *(418) 962 2581.* [FAX] *(418) 962 6918.* Dans les années 1960-1970, le restaurant de cet hôtel attirait tous les employés de Sept-Îles, les mieux payés du Canada. ❄ [TV] [P] 💳	113	●			

LE SUD ET LE NORD (QUÉBEC)

HULL : *Auberge de la Gare* $$ 205, bd Saint-Joseph, QUE J8Y 3X3. ☎ *(819) 778 8085.* [FAX] *(819) 595 2021.* Hôtel pratique et confortable en plein centre, proche du pont et des attractions d'Ottawa. ❄ [TV] ♿ [P] 💳	42				
LANAUDIÈRE : *Auberge de la Montagne-Coupée* $$$$ Saint-Jean-de-Matha, 1000, chemin Montagne-Coupée, QUE J0S 2S0. ☎ *(450) 886 3891.* [FAX] *(450) 886 5401.* Établissement moderne. Petit déjeuner et dîner inclus dans le prix. ❄ [24] [TV] ♿ [P] 🍸 💳	49	●	■	●	■
LAURENTIDES : *Auberge Le Rouet* $$ 1288, rue Lavoie, Val-David, QUE J02 2N0. ☎ *(819) 322 3221.* [FAX] *(819) 322 5703.* Cabane parmi les pins et les pistes de ski de fond. Prix modérés comprenant trois repas dans la salle à manger toute en rondins. [P]	30	●		●	■
LAURENTIDES : *Hôtel Far Hills* $$ Val-Morin, QUE J0T 2R0 . ☎ *(819) 322 2014.* [FAX] *(819) 322 1995.* Cet hôtel dispose d'un lac, de courts de tennis et de 130 kilomètres de pistes de randonnée et de ski de fond. ❄ [P] 💳	72	●		●	■
LAURENTIDES : *Château Mont-Tremblant* $$$ Station de ski Mont-Tremblant, QUE J0T 1Z0. ☎ *(819) 681 7000.* [FAX] *(819) 681 7099.* [W] www.fairmont.com. Hôtel de la chaîne Canadian Pacific. Tout le confort urbain en pleine nature. ❄ [24] [TV] ♿ [P] 🍸 💳	316	●	■	●	■

Légende des symboles, voir dernier rabat

Catégories de prix pour une nuit en chambre double, petit déjeuner (quand inclus), taxes et service compris.

$ moins de 100 Can$
$$ de 100 à 150 Can$
$$$ de 150 à 200 Can$
$$$$ de 200 à 250 Can$
$$$$$ plus de 250 Can$

RESTAURANT
Restaurant ou salle à manger de l'hôtel accessible aux non-résidents, sauf mention contraire.
ENFANTS BIENVENUS
Lits d'enfants disponibles et/ou possibilité de baby-sitting. Certains établissements proposent des menus enfants et des chaises hautes.
JARDIN OU TERRASSE
Hôtel avec jardin, cour ou terrasse, où il souvent possible de prendre les repas.
PISCINE
Hôtel avec piscine couverte ou de plein air.

	NOMBRE DE CHAMBRES	RESTAURANT	ENFANTS BIENVENUS	JARDIN OU TERRASSE	

MAGOG : *Auberge l'Étoile sur le Lac* $$ — 38 — Restaurant ●, Jardin ou terrasse ●
1150, rue Principale Ouest, QUE J1X 2B8. (819) 843 6521. FAX (819) 843 5007. Nombreuses chambres avec balcon donnant sur le lac Memphrémagog. En été, les repas sont servis sur la terrasse, au bord du lac.

NORTH HATLEY : *Auberge Hovey Manor* $$$$ — 40 — Restaurant ●, Jardin ou terrasse ●
575, Route 108 E. (chemin Hovey), QUE J0B 2C0. (819) 842 2421. FAX (819) 842 2248. www.hoveymanor.com. Réplique de la maison de George Washington, en Virginie ; nombreuses chambres avec cheminée et lit à baldaquin.

NUNAVIK : *Auberge Kuujjuaq* $$$ — 22 — Restaurant ●
Kuujjuaq, QUE J0M 1C0. (819) 964 2903. FAX (819) 964 2031. L'hébergement tend à être rare et cher dans le Grand Nord canadien. Mieux vaut réserver tôt dans ce petit hôtel.

OUTAOUAIS : *Château Montebello* $$$ — 211 — Restaurant ●, Enfants bienvenus ●, Jardin ou terrasse ●
392, rue Notre-Dame, Montebello, QUE J0V 1L0. (819) 423 6341. FAX (819) 423 5283. www.chateaumontebello.com. Bâti pendant la Dépression, l'un des plus grands édifices en rondins au monde ; non loin de la rivière, avec golf, pistes équestres et courts de tennis.

ROUYN-NORANDA : *Hôtel Albert* $ — 51 — Restaurant ●
84, av. Principale, QUE J9X 4P2. (819) 762 3545. FAX (819) 762 7157. Rénové en 1997, cet hôtel désuet du centre-ville, aux grandes chambres confortables, a gardé certains éléments d'origine.

TROIS-RIVIÈRES : *Delta Trois-Rivières* $$ — 159 — Restaurant ●, Enfants bienvenus ●
1620, rue Notre-Dame, QUE G9A 6E5. (819) 376 1991. FAX (819) 372 5975. www.deltahotels.com. Un hôtel récent à deux pas du vieux quartier de Trois-Rivières et des promenades le long du Saint-Laurent.

VALLÉE DU RICHELIEU : *Hostellerie Les Trois Tilleuls* $$$ — 24 — Restaurant ●, Jardin ou terrasse ●
290, rue Richelieu, Saint-Marc-sur-Richelieu, QUE J0L 2E0. (514) 856 7787. www.relaischateaux.fr/tilleuls. Affilié à Château & Relais, un hôtel en zone rurale, à une heure en voiture de Montréal. Toutes les chambres ont un balcon avec vue sur la rivière Richelieu.

TORONTO

AÉROPORT : *Delta Toronto Airport Hotel* $$ — 250 — Restaurant ●, Enfants bienvenus ●, Jardin ou terrasse ●
801 Dixon Rd, ONT M9W 1J5. (416) 675 6100. FAX (416) 675-4022. www.deltahotels.com. Hôtel moderne et bien tenu, facile d'accès depuis l'aéroport. Nombreuses tables au bord de la piscine.

AÉROPORT : *Regal Constellation Hotel* $$ — 710 — Restaurant ●
900 Dixon Rd., ONT M9W 1J7. (416) 675 1500. FAX (416) 675 1737. www.regal-hotels.com. Ce plaisant maillon d'une chaîne d'hôtels, proche de l'aéroport, s'enorgueillit d'un magnifique hall vitré sur sept niveaux.

CENTRE-VILLE : *Bond Place Hotel* $$ — 286 — Restaurant ●, Enfants bienvenus ●
65 Dundas St. East, ONT M5B 2G8. (416) 362 6061. FAX (416) 360-6406. www.bondplacehoteltoronto.com. À deux pas de l'Eaton Centre, cet hôtel simple est un fréquent point de chute des voyages organisés.

CENTRE-VILLE : *Days Inn Toronto Downtown* $$ — 537 — Restaurant ●
30 Carlton St., ONT M5B 2E9. (416) 977 6655. FAX (416) 977 0502. Situé dans une tour au métro College ; prix compétitifs pour des chambres simples mais fonctionnelles.

CENTRE-VILLE : *Victoria Hotel* $$ — 48
56 Yonge St., ONT M5E 1G5. (416) 363 1666. FAX (416) 363 7327. www.toronto.com/hotelvictoria. Hôtel de petite taille situé en plein cœur de la ville. Chambres agréables, quoique un peu exiguës.

CENTRE-VILLE : *Delta Chelsea Inn* $$$ | 1594 | ● | ■ | ● | ■
33 Gerrard St. W., ONT M5G 1Z4. ☎ *(416) 595 1975.* [FAX] *(416) 585 4362.*
[W] www.deltahotels.com. Proche de l'Eaton Centre, c'est le plus grand hôtel de Toronto. Équipements de loisir hors pair, chambres spacieuses et joliment meublées. 🛏 [24] [TV] ♿ [P] 🏋 💳

CENTRE-VILLE : *Novotel Toronto Centre* $$$ | 262 | ● | | | ■
45 The Esplanade, ONT M5E 1W2. ☎ *(416) 367 8900.* [FAX] *(416) 360 8285.*
Cet établissement stylé occupe un magnifique édifice Art déco rénové, proche de Union Station. 🛏 [TV] ♿ [P] 🏋 💳

CENTRE-VILLE : *Quality Hotel Downtown* $$$ | 196 | | | |
111 Lombard St., ONT M5C 2T9. ☎ *(416) 367 5555.* [FAX] *(416) 367 3470.*
Très propre et calme, cet hôtel sans prétention convient à merveille aux budgets un peu serrés. 🛏 [TV] [P] 💳

CENTRE-VILLE : *Sheraton Centre Toronto Hotel* $$$ | 1382 | ● | ■ | | ■
123 Queen St. W., ONT M5H 2M9. ☎ *(416) 361 1000.* [FAX] *(416) 947 4854.*
Hôtel massif en plein centre de Toronto avec une piscine superbe.
🛏 [24] [TV] ♿ [P] 🏋 💳

CENTRE-VILLE : *Radisson Plaza Hotel Admiral* $$$$ | 157 | ● | | ● | ■
249 Queenûs Quay W., ONT M5J 2N5. ☎ *(416) 203 3333.* [FAX] *(416) 203 3100.*
[W] www.radisson.com/toronto. Hôtel prestigieux et ultramoderne, occupant un emplacement privilégié au bord du lac. Chambres élégantes et confortables.
🛏 [24] [TV] ♿ [P] 🏋 💳

CENTRE-VILLE : *Ramada Hotel and Suites* $$$ | 102 | | | | ■
300 Jarvis St., ONT M5B 2C5. ☎ *(416) 977 4823.* [FAX] *(416) 977 4830.*
Bien placé – dans une tour sur Jarvis Street, toujours très animée –, à 5 minutes à pied à l'est de Yonge Street. 🛏 [TV] [P] 🏋 💳

CENTRE-VILLE : *Renaissance Toronto Hotel at SkyDome* $$$$ | 346 | ● | ■ | | ■
1 Blue Jay Way, ONT M5V 1J4. ☎ *(416) 341 7100.* [FAX] *(416) 341 5091.*
[W] www.renaissancehotels.com. Apprécié des amateurs de base-ball, cet hôtel ultramoderne fait partie du SkyDome *(p. 169)*. Certaines chambres donnent directement sur la pelouse. 🛏 [24] [TV] ♿ [P] 🏋 💳

CENTRE-VILLE : *Royal York* $$$$ | 1385 | ● | ■ | ● | ■
100 Front St. W., ONT M5J 1E3. ☎ *(416) 368 2511.* [FAX] *(416) 860 5008.*
[W] www.fairmont.com. Lors de son achèvement, dans les années 1920, c'était le plus grand hôtel de l'Empire britannique. Les espaces publics ont retrouvé leur splendeur originelle. 🛏 [24] [TV] ♿ [P] 🏋 💳

CENTRE-VILLE : *Sutton Place Hotel* $$$$ | 230 | ● | ■ | ● | ■
955 Bay St., ONT M5S 2A2. ☎ *(416) 924 9221.* [FAX] *(416) 924 1778.*
[W] www.suttonplace.com. Hôtel branché attirant aussi bien les acteurs que les hommes politiques de passage ; chambres bien équipées. Le centre d'affaires est à deux pas.
🛏 [24] [TV] ♿ [P] 🏋 💳

CENTRE-VILLE : *The Westin Harbour Castle* $$$$ | 980 | ● | ■ | ● | ■
1 Harbour Square, ONT M5J 1A6. ☎ *(416) 869 1600.* [FAX] *(416) 361 7448.*
[W] www.westin.com. Hôtel de prestige au bord du lac Ontario, sur lequel donnent de nombreuses chambres, surmonté d'un restaurant tournant. 🛏 [24] [TV] ♿ [P] 🏋 💳

CENTRE-VILLE : *Toronto Colony Hotel* $$$$ | 721 | ● | ■ | | ■
89 Chestnut St., ONT M5G 1R1. ☎ *(416) 977 0707.* [FAX] *(416) 977 1136.*
[W] www.toronto-colony.com. Proche du City Hall, le Colony dispose d'agréables chambres doubles au mobilier contemporain. 🛏 [TV] [P] 🏋 💳

CENTRE-VILLE : *Toronto Marriott Eaton Centre* $$$$ | 459 | ● | ■ | ● | ■
525 Bay St., ONT M5G 2L2. ☎ *(416) 597 9200.* [FAX] *(416) 597 9211.*
[W] www.marriott.com. Situé aux portes de l'Eaton Centre, c'est l'adresse idéale pour les inconditionnels du shopping. 🛏 [24] [TV] ♿ [P] 🏋 💳

CENTRE-VILLE : *King Edward Hotel* $$$$$ | 294 | ● | | |
37 King Street E., ONT M5C 1E9. ☎ *(416) 863 3131.* [FAX] *(416) 367 5515.*
[W] www.lemeridienhotels.com. Espaces d'accueil luxueux et chambres attrayantes pour cet hôtel élégant, dont les portiers sont les plus stylés de la ville. 🛏 [24] [TV] 🏋 💳

CENTRE-VILLE : *Hotel Intercontinental Toronto* $$$$$ | 209 | ● | ■ | | ■
220 Bloor Street W., ONT M5S 1T8. ☎ *(416) 960 5200.* [FAX] *(416) 960 8269.*
[W] www.toronto.interconti.com. Cet hôtel récent offre un très grand confort ; certaines suites ont leur propre cheminée. 🛏 [24] [TV] ♿ [P] 🏋 💳

Catégories de prix pour une nuit en chambre double, petit déjeuner (quand inclus), taxes et service compris.

$ moins de 100 Can$
$$ de 100 à 150 Can$
$$$ de 150 à 200 Can$
$$$$ de 200 à 250 Can$
$$$$$ plus de 250 Can$

RESTAURANT
Restaurant ou salle à manger de l'hôtel accessible aux non-résidents, sauf mention contraire.
ENFANTS BIENVENUS
Lits d'enfants disponibles et/ou possibilité de baby-sitting. Certains établissements proposent des menus enfants et des chaises hautes.
JARDIN OU TERRASSE
Hôtel avec jardin, cour ou terrasse, où il souvent possible de prendre les repas.
PISCINE
Hôtel avec piscine couverte ou de plein air.

	NOMBRE DE CHAMBRES	RESTAURANT	ENFANTS BIENVENUS	JARDIN OU TERRASSE	PISCINE
HIGH PARK : *High Park Bed & Breakfast* $ 4 High Park Blvd., ONT M6R 1M4. *(416) 531 7963.* FAX *(416) 531 0060.* www.bbcanada.com/3924html. Charmante vieille maison dans la banlieue de High Park, à 5 kilomètres à l'ouest du centre. Excellents petits déjeuners.	2			●	
NORTH YORK : *Holiday Inn Toronto, Don Valley* $$$ 1100 Eglinton Ave. E., ONT M3C 1H8. *(416) 446 3700.* FAX *(416) 446 3701.* Hôtel plaisant, faisant partie d'une chaîne, situé à deux pas de l'Ontario Science Centre *(p. 187).* Les enfants bénéficient de repas gratuits et d'un hébergement à prix réduit.	298	●	■	●	■
SCARBOROUGH : *Howard Johnson Plaza Hotel* $$ 940 Progress Ave., ONT M1G 3T5. *(416) 439 6200.* FAX *(416) 439 5689.* reservations@hojotoronto.com. Sans grande originalité mais tout à fait correct, au centre de Scarborough, dans la banlieue est de Toronto.	191	●			■
YORKVILLE : *Howard Johnson Yorkville* $$ 89 Avenue Rd., ONT M5R 2G3. *(416) 964 1220.* FAX *(416) 964 8692.* www.hojo.com. Hôtel modeste mais bien placé, à la périphérie de Yorkville. Les chambres, modernes, sont vastes et bien tenues.	71				
YORKVILLE : *Four Seasons Hotel* $$$$$ 21 Avenue Rd., ONT M5R 2G1. *(416) 964 0411.* FAX *(416) 964 2301.* www.fourseasons.com. Ce palace situé dans les quartiers chic de Yorkville, un peu au nord de Bloor Street, attire les célébrités de passage.	380	●	■	●	■
OTTAWA ET L'EST DE L'ONTARIO					
BROCKVILLE : *Royal Brock Hotel and Resort* $$ 100 Stewart Blvd., ONT K6V 4W3. *(613) 345 1400.* FAX *(613) 345 5402.* www.hotelbook.com. L'un des meilleurs petits hôtels du Canada ; le restaurant, primé pour sa qualité, est tenu par un chef européen.	72	●			■
HALIBURTON : *Sir Sam's Inn* $$$$$ Eagle Lake, ONT K0M 1N0. *(705) 754 2188.* FAX *(705) 754 4262.* www.sirsamsinn.com. Situé en pleine montagne, cet hôtel n'accueille pas les enfants. Un dîner avec 4 plats est inclus dans le prix. ● *de mi-nov. à mi-déc., Pâques.*	25	●			■
KINGSTON : *Marine Museum of the Great Lakes at Kingston* $ 55 Ontario St., ONT K7L 2Y2. *(613) 542 2261.* FAX *(613) 542 0043.* www.marmus.com. Cabines de navire simples et confortables. ● *d'oct. à avr.*	27				
KINGSTON : *Hochelaga Inn* $$ 24 Sydenham St., ONT K7L 3G9. *(613) 549 5534.* FAX *(1877) 933 9433.* www.someplacesdifferent.com. Au cœur du quartier historique de Kingston, ce délicieux manoir victorien est l'endroit idéal pour se faire dorloter.	23				
KINGSTON : *Prince George Hotel* $$$ 200 Ontario St., ONT K7L 2Y9. *(613) 547 9037.* FAX *(613) 547 0056.* À proximité de tous les centres d'intérêt, ancienne maison particulière de 1809 transformée en hôtel il y a plus de 150 ans.	26	●			
LACS KAWARTHA : *Eganridge Inn & Country Club* $$$ RR8 Fenelon Falls, ONT K0M 1N0. *(705) 738 5111.* www.eganridge.com. Cet ancien domaine du XVIIIᵉ siècle est aujourd'hui une élégante auberge au bord du lac Sturgeon, sur le Trent-Seven Waterway. ● *de nov. à avr.*	13	●	■	●	■
NORTH BAY : *Pinewood Park Inn and Conference Centre* $$ 201 Pinewood Park Drive, ONT P1B 8J8. *(705) 472 0810.* FAX *(705) 472 4427.* www.pinewoodparkinn.com. Les enfants seront fascinés par le train électrique de ce motel bien tenu, situé à 5 minutes du Dionne Homestead Museum *(p. 201).*	102	●		●	■

OTTAWA : *Gasthaus Switzerland Bed & Breakfast Inn* [$] 89 Daly Ave., Ont K1N 6E6. ☎ *(613) 237 0335.* [FAX] *(613) 594 3327.* [W] www.gasthausswitzerlandinn.com. Maison ancienne, à l'hospitalité suisse ; Rideau Street et Byward Market *(p. 194)* sont à deux rues de là, au nord. 🛏 💳	22				
OTTAWA : *Lord Elgin Hotel* [$][$] 100 Elgin St., ONT K1P 5K8. ☎ *(613) 235 3333.* [FAX] *(613) 235 3223.* [W] www.lordelginhotel.ca. Très bon rapport qualité-prix pour cet hôtel des années 1940, idéalement situé face au National Arts Centre. 🛏 [TV] [P] 💳	312				
OTTAWA : *Château Laurier Hotel* [$][$][$] 1 Rideau St., ONT K1N 8S7. ☎ *(613) 241 1414.* [FAX] *(613) 562 7030.* [W] www.fairmont.com. Célèbre établissement aux allures de château proche du Parlement, très fréquenté par les hommes politiques d'Ottawa. 🛏 [TV] ♿ 💳	428	●			■
OTTAWA : *Delta Inn* [$][$][$] 361 Queen St., ONT K1R 7S9. ☎ *(613) 238 6000.* [FAX] *(613) 238 2290.* [W] www.fairmont.com. On l'apprécie pour ses grandes chambres modernes et sa cheminée dans l'entrée. 🛏 [TV] ♿ [P] 🍸 💳	328	●	■		■
PARC PROVINCIAL ALGONQUIN : *Arowhon Pines Hotel* [$][$][$][$][$] Par l'Autoroute 60, parc provincial Algonquin, ONT P1H 2G5. ☎ *(1416) 483 4393 (en hiver).* [FAX] *(705) 633 5795.* Nourriture et service s'attirent ici des éloges dithyrambiques. Les prix comprennent 3 repas par jour. ● *de nov. à avr.* 🛏 [TV] ♿ [P] 💳	50	●	■		
LES GRANDS LACS					
BAYFIELD : *The Little Inn of Bayfield* [$][$][$] Main Street, ONT N0M 1G0. ☎ *(519) 565 2611.* [FAX] *(519) 565-5474.* [W] www.littlein.com. L'un des plus séduisants hôtels d'Ontario, dans un bâtiment du XIXᵉ siècle à pan de bois et briques, au bord du lac Huron. 🛏 [TV] ♿ [P] 💳	29	●	■	●	
MIDLAND : *Park Villa Motel* [$] 751 Yonge St. W., ONT L4R 2E1. ☎ *(705) 526 2219.* [FAX] *(705) 526 1346.* Les hébergements sont rares à Midland, mais ce motel passe-partout à 2 kilomètres du lac, aux chambres climatisées, est agréable. 🛏 [TV] [P] 💳	41				
NIAGARA FALLS : *Quality Inn Fallsway* [$][$][$] 4946 Clifton Hill, ONT L2E 6S8. ☎ *(905) 358 3601 ou 1 800 263 7137.* [FAX] *(905) 358-3818.* [W] www.fallsresort.com. Chambres spacieuses dans cet hôtel moderne aux allures de motel. On entend les chutes depuis l'hôtel. 🛏 [TV] [P] 💳	274	●			■
NIAGARA FALLS : *Day's Inn Overlooking the Falls* [$][$][$][$] 6546 Buchanan Ave., ONT L2G 3W2. ☎ *(905) 356-4514.* [FAX] *(905) 356-3651.* [W] www.daysinn.com. Hôtel très soigné dans une tour moderne, gaie et animée, avec de superbes vues sur les chutes. 🛏 [TV] [P] 🍸 💳	167	●			■
NIAGARA FALLS : *Sheraton Fallsview Hotel* [$][$][$][$] 6755 Oakes Drive, ONT L2G 3W7. ☎ *(905) 374 1077.* [FAX] *(905) 374 6224.* [W] www.fallsview.com. [@] sheraton@fallsview.com Luxueux hôtel avec vue panoramique sur les chutes. Le restaurant est l'un des meilleurs de la ville. 🛏 [TV] [P] 🍸 💳	295	●	■	●	■
NIAGARA FALLS : *Skyline Foxhead Hotel* [$][$][$][$] 5875 Falls Ave., ONT L2E 6W7. ☎ *(905) 374 4444.* [FAX] *(905) 371 0157.* [W] www.niagarafallshotels.com. L'un des plus anciens hôtels du secteur, situé au pied de Clifton Hill ; établissement plaisant, dont les derniers étages offrent une vue spectaculaire sur les chutes. 🛏 [TV] [P] 💳	690	●			■
NIAGARA-ON-THE-LAKE : *Nana's Iris Manor Bed and Breakfast* [$][$] 36 The Promenade, ONT L0S 1J0. ☎ *(905) 468 1593.* [FAX] *(905) 468 1592.* [W] www.nanas.on.ca. Charmant *bed-and-breakfast* dans une délicieuse maison de style XIXᵉ, dans la vieille ville. En été, il est plaisant de prendre un verre sous la véranda. 🛏 [P] 💳	3			●	
NIAGARA-ON-THE-LAKE : *Prince of Wales Hotel* [$][$][$][$][$] 6 Picton St., ONT L0S 1J0. ☎ *(905) 468 3246.* [FAX] *(905) 468 1310.* [W] www.vintageinns.com. En plein centre, cet hôtel occupe un bâtiment ancien rénové avec goût. Belle décoration des chambres. 🛏 [TV] ♿ [P] 💳	101	●			■
SAULT SAINTE MARIE : *Quality Inn Bay Front* [$] 180 Bay Street, P6A 6S2. ☎ *(705) 945 9264.* [FAX] *(705) 945 9766.* Hôtel sans prétention, bien placé dans le centre, à proximité de plusieurs bons restaurants et des principaux sites touristiques. 🛏 [TV] ♿ [P] 🍸 💳	109		■		■

Légende des symboles, voir dernier rabat

Catégories de prix pour une nuit en chambre double, petit déjeuner (quand inclus), taxes et service compris.

$ moins de 100 Can$
$$ de 100 à 150 Can$
$$$ de 150 à 200 Can$
$$$$ de 200 à 250 Can$
$$$$$ plus de 250 Can$

RESTAURANT
Restaurant ou salle à manger de l'hôtel accessible aux non-résidents, sauf mention contraire.
ENFANTS BIENVENUS
Lits d'enfants disponibles et/ou possibilité de baby-sitting. Certains établissements proposent des menus enfants et des chaises hautes.
JARDIN OU TERRASSE
Hôtel avec jardin, cour ou terrasse, où il souvent possible de prendre les repas.
PISCINE
Hôtel avec piscine couverte ou de plein air.

	NOMBRE DE CHAMBRES	RESTAURANT	ENFANTS BIENVENUS	JARDIN OU TERRASSE	PISCINE
SAULT SAINTE MARIE : *Holiday Inn Sault Ste. Marie* $$$ 208 St. Mary's Drive, ONT P6A 5V4. (705) 949 0611. FAX (705) 945 6972. W www.holiday-inn.com. Ce Holiday Inn, gai et animé, est à distance commode des principales attractions ; chambres modernes.	195	●	●	●	●
THUNDER BAY : *Airlane Hotel* $$ 698 W Arthur St., ONT P7E 5R8. (807) 577 1181. FAX (807) 475 4852. W www.travelodgeairlane.com. Chambres claires et gaies. Récent et bien tenu, l'hôtel est proche d'Old Fort William (p. 223), principale touristique de la ville.	154	●			●
TOBERMORY : *Blue Bay Motel* $ Bay St., Little Tub, ONT N0H 2R0. (519) 596 2392. FAX (519) 596 2335. W www.bluebay-motel.com. Petit village de pêcheurs, Tobermory permet d'interrompre agréablement une longue étape ; chambres simples.	16				
LES PRAIRIES					
DRUMHELLER : *Newcastle Country Inn* $ 1130 Newcastle Trail, AB T0J 0Y2. (403) 823 8356. FAX (403) 823 2373. W www.virtuallydrumheller.com/nci/. A proximité du centre-ville ; dans cet établissement trois étoiles, le prix de la chambre inclut un délicieux petit déjeuner.	11				
EDMONTON : *Glenora Bed & Breakfast* $ 12327-102 Ave., AB T5N 0L8. (780) 488 6766. FAX (780) 488 5168. W www.glenorabnb.com\index.html. Décor personnalisé dans chaque chambre de cet établissement de 1912 rénové et meublé à l'ancienne. Restaurants et boutiques au niveau principal. Proche du centre et de Victoria Promenade.	21	●			
EDMONTON : *Fantasyland Hotel* $$$ 17700-87th Av., West Edmonton Mall AB T5T 4V4. (780) 444 3000. FAX (780) 444 3294. W www.fantasylandhotel.com. Confort classique pour les chambres ordinaires ; celles à thème (Afrique, Hollywood, Igloo) disposent de jacuzzi.	355	●			
EDMONTON : *Union Bank Inn* $$$ 10053 Jasper Ave., AB T5J 1S5. (780) 423 3600. FAX (780) 423 4623. W www.unionbankinn.com. En plein centre. Petit déjeuner et apéritif du soir compris dans le prix. Le restaurant est l'un des meilleurs du Canada.	34	●			
FORT QU'APPELLE : *Company House Bed & Breakfast* $ Près de l'hôtel de ville, Company Ave., SASK S0G 1S0. (306) 332 6333. FAX (306) 332 6333. Charmant édifice du début du siècle, avec salon pour la clientèle, deux cheminées et salles de bains communes.	3				
LETHBRIDGE : *Best Western Heidelberg Inn* $$ 1303 Mayor Magrath Drive, AB T1K 2R1. (403) 329 0555. FAX (403) 328 8846. Près du jardin japonais Nikka Yuko ; chambres décorées avec goût, service de blanchisserie et sauna.	67	●			
MOOSE JAW : *Temple Gardens Mineral Spa Hotel* $$ 24 Fairford St. East, SASK S6H 0C7. (306) 694 5055. FAX (306) 694 8310. W www.templegardens.sk.com Situé près de « Tunnels of Little Chicago », l'hôtel est relié au centre thermal. Possibilité de suite avec jacuzzi.	96	●			●
PARC NATIONAL DE RIDING MOUNTAIN : *Clear Lake Lodge* $ Wasagaming, MAN R0J 2H0. (204) 848 2345. FAX (204) 848 2209. Ce pavillon a un confortable salon avec cheminée et une cuisine collective où chacun dispose de son propre réfrigérateur. ● de nov. à avr.	16			●	●
REGINA : *Fieldstone Inn* $$ Près de Craven, PO Box 26038, SASK S4R 8R7. (306) 731 2377. FAX (306) 731 2369. Dans la Qu'Appelle Valley, cette ferme propose de nombreux sports nautiques. Transfert possible depuis Regina.	6	●	●	●	●

REGINA : *Radisson Hotel Saskatchewan Plaza* $$ 2125 Victoria Ave., SASK S4P 0S3. ☎ *(306) 522 7691.* [FAX] *(306) 757 5521.* [W] www.hotelsask.com. Hôtel de luxe, bien équipé ; navette depuis l'aéroport. Bien placé pour les magasins du centre-ville. ❄ [TV] ♿ 🏋 💳	217	●			
SASKATOON : *Delta Bessborough Hotel* $$ 601 Spadina Crescent East, SASK S7K 3G8. ☎ *(306) 244 5521.* [FAX] *(306) 645 7262.* [W] www.deltahotels.com. Le « château sur la rivière » donne sur la pittoresque South Saskatchewan. Populaire restaurant japonais sur place. ❄ [TV] ♿ [P] 🏋 💳	225	●			■
WINNIPEG : *Fraser's Grove* $ 110 Mossdale Ave., MAN R2K 0H5. ☎ *(204) 661 0971.* [W] www.bedandbreakfast.mb.ca/frasersgrove Hôtel confortable et récent dans un quartier calme, près de la rivière, des golfs, du centre et des plages du lac Winnipeg.	3				
WINNIPEG : *Crowne Plaza Winnipeg Downtown* $$$ 350 St. Mary Ave., MAN R3C 3J2. ☎ *(204) 942 0551.* [FAX] *(204) 943 8702.* [W] www.crowneplaza.nb.ca. Proche des grands magasins, cet hôtel confortable et central se distingue par sa salle de billard et son restaurant. ❄ [TV] ♿ [P] 🏋 💳	389	●	■		■
WINNIPEG : *The Lombard* $$$ 2 Lombard Place, MAN R3B 0Y3. ☎ *(204) 957 1350.* [FAX] *(204) 949 1486.* [W] www.cphotels.ca. En plein quartier des affaires, c'est l'hôtel le plus réputé de la ville. Port modem, Nintendo et vidéo dans les chambres. ❄ [TV] ♿ 🏋 💳	350	●	■		■
VANCOUVER ET L'ÎLE DE VANCOUVER					
MALAHAT : *The Aerie* $$$$ 600 Ebadora Lane, BC V0R 2L0. ☎ *(250) 743 7115.* [FAX] *(250) 743 4766.* [W] www.thistle-down.com. Élégante auberge avec terrasse, à flanc de coteau, offrant l'un des points de vue les plus incroyables de l'île. Chambres équipées de jacuzzi ; bassins et fontaines dans les jardins. ❄ [TV] [P] 🏋 💳	29	●		●	■
PORT ALBERNI : *Eagle Nook Resort* $$$$ Box 575, Port Alberni, BC V9Y 7M9. ☎ *(250) 723 1000.* [FAX] *(250) 723 6609.* [W] www.eaglenook.com. Complexe accessible uniquement par bateau-taxi ou hydravion. Profitez du jacuzzi avant de savourer un repas gastronomique. ❄ 🏋 💳	23	●		●	
SOOKE : *Sooke Harbour House* $$$$$ 1528 Whiffen Spit Rd., BC V0S 1N0. ☎ *(250) 642 3421.* [FAX] *(250) 642 6988.* [W] www.sookeharbourhouse.com. Retraite idéale, cette auberge perchée sur un promontoire n'est qu'à 9 mètres de la mer et 35 kilomètres de Victoria. ❄ [P] 💳	28	●		●	
TOFINO : *Middle Beach Lodge* $$$ 400 Mackenzie Beach Rd., BC V0R 2Z0. ☎ *(250) 725 2900.* [FAX] *(250) 725 2901.* [W] www.middlebeach.com. Deux pavillons rustiques sur un domaine retiré de 16 hectares, en bordure de mer, avec plage privée. L'un est destiné aux familles avec de jeunes enfants, l'autre réservé aux adultes. ❄ [TV] ♿ [P] 💳	58		■	●	
TOFINO : *Clayoquot Wilderness Resort* $$$$ Par Osprey Lane, Chesterman's Beach, BC V0R 2Z0. ☎ *(250) 726 8235.* [FAX] *(250) 726 8558.* [W] www.wildretreat.com. Auberge flottante, en pleine nature ; un paradis pour les adeptes du tourisme vert. Parmi les activités proposées : équitation, randonnée, observation des baleines. ❄ [P] 🏋 💳	16	●			
TOFINO : *Wickaninnish Inn* $$$$$ Par Osprey Lane, Chesterman's Beach. Box 250, BC V0R 2Z0. ☎ *(250) 725 3100.* [FAX] *(250) 725 3110.* [W] www.wickinn.com. Par bateau, cet hôtel de luxe est à 10 miles au nord de Tofino. Chambres avec jacuzzi, cheminée et vue sur l'océan. ❄ [TV] ♿ [P] 💳	46	●		●	
VANCOUVER : *Best Western Sands Hotel* $$$ 1755 Davie St., BC V6G 1W5. ☎ *(604) 682 1831.* [FAX] *(604) 682 3546.* [W] www.rpbhotels.com. Proche d'English Bay et de Stanley Park. Avec ses boutiques et ses bistros, Davie Street est un paradis pour piétons. ❄ [TV] ♿ [P] 🏋 💳	119	●			
VANCOUVER : *Days Inn Downtown* $$$ 921 W Pender St., BC V6C 1M2. ☎ *(604) 681 4335.* [FAX] *(604) 681 7808.* [W] www.daysinnvancouver .com. Hôtel à l'européenne proposant notamment un tarif hors saison et un forfait pour le centre sportif de la YWCA, tout proche. ❄ [TV] [P] 💳	85	●			
VANCOUVER : *Delta Vancouver Suite Hotel* $$$$ 550 West Hastings St., BC V6B 1L6. ☎ *(604) 689 8188.* [FAX] *(604) 605 8881.* [W] www.deltahotels.com. Décor d'esprit scandinave pour cet hôtel du centre-ville aux lignes contemporaines . ❄ [24] [TV] ♿ [P] 🏋 💳	227	●			■

Légende des symboles, voir dernier rabat

Catégories de prix pour une nuit en chambre double, petit déjeuner (quand inclus), taxes et service compris.
$ moins de 100 Can$
$ $ de 100 à 150 Can$
$ $ $ de 150 à 200 Can$
$ $ $ $ de 200 à 250 Can$
$ $ $ $ $ plus de 250 Can$

RESTAURANT
Restaurant ou salle à manger de l'hôtel accessible aux non-résidents, sauf mention contraire.
ENFANTS BIENVENUS
Lits d'enfants disponibles et/ou possibilité de baby-sitting. Certains établissements proposent des menus enfants et des chaises hautes.
JARDIN OU TERRASSE
Hôtel avec jardin, cour ou terrasse, où il souvent possible de prendre les repas.
PISCINE
Hôtel avec piscine couverte ou de plein air.

	NOMBRE DE CHAMBRES	RESTAURANT	ENFANTS BIENVENUS	JARDIN OU TERRASSE	PISCINE
VANCOUVER : *Georgian Court Hotel* $ $ $ $ 773 Beatty St., BC V6B 2M4. ☎ *(604) 682 5555.* [FAX] *(604) 682 8830.* [W] www.georgiancourt.com. Petit hôtel intime, à l'européenne, doté de l'un des meilleurs restaurants de la ville, et proche des quartiers animés. 🛁 [TV] ♿ [P] 🏋 💳	180	●			
VANCOUVER : *Quality Hotel Downtown* $ $ $ $ 1335 Howe St., BC V6Z 1R7. ☎ *(604) 682 0229.* [FAX] *(604) 662 7566.* [W] www.deltahotels.com. Proche de tout, cet hôtel avec galerie marchande a récemment été désigné « Hôtel de l'année » par Choice Hotels. 🛁 [TV] ♿ [P] 💳	157	●			■
VANCOUVER : *Four Seasons* $ $ $ $ $ 791 West Georgia St., BC V6C 2T4. ☎ *(604) 689 9333.* [FAX] *(604) 684 4555.* [W] www.fourseasons.com. Au centre du quartier des affaires, proche des magasins du Pacific Centre, un hôtel classé 5 étoiles depuis 24 ans. On y trouve aussi le restaurant Chartwell. 🛁 [24] [TV] ♿ [P] 🏋 💳	385	●	■		■
VANCOUVER : *Hotel Vancouver* $ $ $ $ $ 900 West Georgia St., BC V6C 2W6. ☎ *(604) 684 3131.* [FAX] *(604) 662 1924.* [W] www.cphotels.ca. Véritable institution au cœur de la ville, cet hôtel au toit de cuivre vert propose un service de luxe depuis 1939. 🛁 [24] [TV] ♿ [P] 🏋 💳	555	●	■		■
VANCOUVER : *Hyatt Regency Vancouver* $ $ $ $ $ 655 Burrard St., BC V6C 2R7. ☎ *(604) 683 1234.* [FAX] *(604) 689 3707.* [W] www.hyatt.com. Hôtel de congrès haut de gamme, proche des boutiques et des curiosités touristiques ; clientèle internationale et d'hommes d'affaires. 🛁 [TV] ♿ [P] 🏋 💳	645	●		●	■
VANCOUVER : *Metropolitan Hotel Vancouver* $ $ $ $ $ 645 Howe St., BC V6C 2Y9. ☎ *(604) 687 1122.* [FAX] *(604) 643 7267.* [W] www.metropolitan.com. Réputé pour son intimité, le Metropolitan est l'un des 107 membres au monde du réseau « Preferred Hotels & Resorts ». 🛁 [24] [TV] ♿ [P] 🏋 💳	197	●	■		■
VANCOUVER : *Pan Pacific Hotel Vancouver* $ $ $ $ $ 999 Canada Place, BC V6C 3B5. ☎ *(604) 662 8111.* [FAX] *(604) 685 8690.* [W] www.panpac.com. Au bord de l'eau, près de Canada Place, hôtel attirant une clientèle internationale d'hommes d'affaires. 🛁 [24] [TV] ♿ [P] 🏋 💳	506	●	■	●	■
VANCOUVER : *Sutton Place Hotel* $ $ $ $ $ 845 Burrard St., BC V6Z 2K6. ☎ *(604) 682 5511.* [FAX] *(604) 682 5513.* [W] www.suttonplace.com. Édifice imposant situé en plein centre, conçu pour les touristes comme pour les hommes d'affaires. Chambres luxueuses et restaurant excellent. 🛁 [24] [TV] ♿ [P] 🏋 💳	397	●	■		■
VANCOUVER : *Waterfront Hotel* $ $ $ $ $ 900 Canada Place Way, BC V6C 3L5. ☎ *(604) 691 1991.* [FAX] *(604) 691 1828.* [W] www.thewaterfronthotel.com. Hôtel contemporain de verre et d'acier, face au World Trade Centre. Équipements haut de gamme. 🛁 [24] [TV] ♿ [P] 🏋 💳	489	●	■	●	■
VANCOUVER NORD : *Thistledown House* $ $ $ 3910 Capilano Rd., BC V7R 4J2. ☎ *(604) 986 7173.* [FAX] *(604) 980 2939.* Bâtiment historique de 1920. Mobilier ancien dans les chambres, venu des quatre coins du monde. 🛁 [P] 💳	5			●	
VICTORIA : *Days Inn* $ $ 123 Gorge Rd. East, BC V9A 1L1. ☎ *(250) 386 1422.* [FAX] *(250) 386 1254.* [W] www.daysinn.com. Cette auberge est à 5 minutes en voiture du centre-ville. Les chambres sont confortables et paisibles. 🛁 [TV] [P] 💳	94	●			■
VICTORIA : *Abigail's Hotel* $ $ $ $ 906 McClure St., BC V8V 3E7. ☎ *(250) 388 5363.* [FAX] *(250) 388 7787.* [W] www.abigailshotel.com. Petit hôtel de style Tudor, des années 1930. Chambres aux meubles anciens, et feu de bois dans la confortable bibliothèque. 🛁 [P] 💳	23			●	

VICTORIA : *Empress Hotel* $$$$$ 721 Government St., BC V8W 1W5. ☎ *(250) 384 8111.* [FAX] *(250) 381 4334.* Édifice majestueux de 1908 donnant sur le port, près du Parlement. On peut prendre le thé dans le hall d'entrée. 🛏 [TV] ♿ [P] 🍸 💳	460	●	■	●	■
VICTORIA : *Humboldt House Bed & Breakfast* $$$$$ 867 Humboldt St., BC V8V 2Z6. ☎ *(250) 383 0152.* [FAX] *(250) 383 6402.* [W] www.humboldthouse.com. Une retraite luxueuse et romantique. Succulents petits déjeuners servis dans les chambres, dotées d'un jacuzzi et d'une cheminée. 🛏 💳	5				
VICTORIA : *Ocean Point Resort* $$$$$ 45 Songhees Rd., BC V9A 6T3. ☎ *(250) 360 2999.* [FAX] *(250) 360 1041.* [W] www.orphotel.com. Sur le port intérieur, cet hôtel n'est séparé de l'eau que par la promenade en planches. Thermes et centre d'affaires de classe internationale sur place. 🛏 [24] [TV] ♿ [P] 🍸 💳	246	●		●	■
WHITE ROCK : *Pacific Inn* $$ 1160 King George Hwy, BC V4A 4Z2. ☎ *(604) 535 1432.* [FAX] *(604) 531 6979.* [W] www.pacificinn.com. Cet hôtel de style mexicain dispose de chambres donnant sur une cour couverte, avec piscine au centre. 🛏 [TV] ♿ [P] 🍸 💳	150	●		●	■

LES ROCHEUSES

BANFF : *Rundlestone Lodge* $$$$ 537 Banff Ave., AB T0L 0C0. ☎ *(403) 762 2201.* [FAX] *(403) 762 4501.* [W] www.rundlestone.com. Jacuzzi et cheminée dans certaines chambres de ce pavillon rénové en 1997 ; très bonne cuisine. 🛏 [TV] ♿ [P] 🍸 💳	95	●			■
BANFF : *Banff Springs Hotel* $$$$$ 405 Spray Ave., AB T0L 0C0. ☎ *(403) 762 2211.* [FAX] *(403) 762 5755.* [W] www.fairmont.com. Une institution, avec cheminées, courts de tennis, piscine, patinoire, golf, bain turc, boutiques et restaurants. 🛏 [24] [TV] ♿ [P] 🍸 💳	777	●	■	●	■
CALGARY : *Elbow River Inn* $$ 1919 Macleod Trail, AB T2G 4S1. ☎ *(403) 269 6771.* [FAX] *(403) 237 5181.* Cette immense propriété est le seul hôtel-casino de l'Alberta ; chambres pour non-fumeurs. 🛏 [TV] ♿ [P] 💳	75	●		●	
CALGARY : *Quality Inn Motel Village* $$ 2359 Banff Trail, AB T2M 4L2. ☎ *(403) 289 1973.* [FAX] *(403) 282 1241.* [W] www.qualityinnmotelvillage.com. Complexe récemment rénové ; hall moderne, restaurant au bord de la piscine, billards américains et fléchettes au pub. 🛏 [TV] ♿ [P] 🍸 💳	105	●			■
CANMORE : *Quality Resort Château Canmore* $$$ 1720 Bow Valley Trail, AB T1W 1P7. ☎ *(403) 678 6699.* [FAX] *(403) 678 6954.* [W] www.chateaucanmore.com. Château Canmore consiste en chalets et suites avec cheminée, coin séjour, micro-ondes et cafetière. 🛏 [TV] ♿ [P] 🍸 💳	120	●	■	●	■
CRANBROOK : *Kootenay Country Comfort Inn* $ 1111 Cranbrook St. North, BC V1C 3S4. ☎ *250 426 2296.* [FAX] *(250) 426 3533.* [W] http://home.cyberlink.bc.ca/-motel. Auberge très prisée des amateurs de pêche à la truite fréquentant le lac Premier, tout proche. 🛏 [TV] ♿ [P] 💳	36				
FORT NELSON : *The Blue Bell Inn* $ 3907 50th Ave. South, BC V0C 1R0. ☎ *(250) 774 6961.* [FAX] *(250) 774 6983.* Motel récent, animé, bien situé, avec sur place une épicerie ouverte 24 h sur 24, une laverie automatique et une station-service. 🛏 [TV] [P] 💳	46	●			
LAC LOUISE : *Lake Louise Inn* $$$ 210 Village Rd., AB T0L 1E0. ☎ *(403) 522 3791.* [FAX] *(403) 522 2018.* [W] www.skilouise.com/lodgings/lake_louise_inn/. À 5 minutes du domaine skiable et du lac Louise, hôtel rénové proposant des chambres budget ou haut de gamme. Au café, des objets évoquent mineurs et trappeurs. 🛏 [TV] ♿ [P] 💳	232	●			■
LAC LOUISE : *Simpson's Num-Ti-Jah Lodge* $$$ Mile 22, Bow Lake Icefield Parkway, AB T0L 1E0. ☎ *(403) 522 2167.* [FAX] *(403) 522 2425.* Cabane en rondins historique, bâtie en 1937 sur la rive du lac Bow par le guide légendaire Jimmy Simpson. 🛏 [P] 💳	25	●			
LAC LOUISE : *Château Lake Louise* $$$$$ 111 Lake Louise Drive, AB T0L 1E0. ☎ *(403) 522 3511.* [FAX] *(403) 522 3834.* [W] www.cphotels.ca. Avec son élégance surannée, le Château accueille les aventuriers depuis 1890. On peut dîner et faire des achats sur place. 🛏 [24] [TV] ♿ [P] 🍸 💳	489	●	■	●	■

Légende des symboles, voir dernier rabat

Catégories de prix pour une nuit en chambre double, petit déjeuner (quand inclus), taxes et service compris.

$ moins de 100 Can$
$$ de 100 à 150 Can$
$$$ de 150 à 200 Can$
$$$$ de 200 à 250 Can$
$$$$$ plus de 250 Can$

RESTAURANT
Restaurant ou salle à manger de l'hôtel accessible aux non-résidents, sauf mention contraire.
ENFANTS BIENVENUS
Lits d'enfants disponibles et/ou possibilité de baby-sitting. Certains établissements proposent des menus enfants et/ou des chaises hautes.
JARDIN OU TERRASSE
Hôtel avec jardin, cour ou terrasse, où il souvent possible de prendre les repas.
PISCINE
Hôtel avec piscine couverte ou de plein air.

	NOMBRE DE CHAMBRES	RESTAURANT	ENFANTS BIENVENUS	JARDIN OU TERRASSE	PISCINE
PRINCE GEORGE : *Econo Lodge* $ 1915 3rd Ave., BC V2M 1G6. ☎ *(250) 563-7106.* FAX *(250) 561 7216.* Adresse très calme et bien située dans le centre. Chambres fumeurs ou non-fumeurs au choix. ▦ 24 TV P ▦ ▤	30		▦		▦
RADIUM HOT SPRINGS : *The Springs at Radium Golf Resort* $$ 8100 Radium Golf Course Rd., Hwy 93/95, BC V0A 1M0. ☎ *(250) 347 9311.* FAX *(250) 347 6299.* Hôtel et commerces sur trois niveaux, et vue sur la montagne ; toutes les chambres donnent sur un des deux golfs. ▦ TV ♿ P ▦ ▤	118	●		●	▦
WATERTON LAKES : *Prince of Wales Hotel* $$$$ Parc national des Waterton Lakes, AB T0K 2M0. ☎ *(403) 859 2231.* FAX *(403) 859 2630.* W www.glacierpark.com. Cet hôtel historique cadre bien avec la grandeur des Rocheuses. Son style alpin en a fait l'un des plus photographiés du Canada. Personnel en kilt pour servir le thé. ▦ ♿ P ▤	37	●	▦	●	

LE SUD ET LE NORD (COLOMBIE-BRITANNIQUE)

	NOMBRE DE CHAMBRES	RESTAURANT	ENFANTS BIENVENUS	JARDIN OU TERRASSE	PISCINE
BARKERVILLE : *Kelly House* $ 2nd St., BC V0K 1B0. ☎ *(250) 994 3328.* FAX *(250) 994 3328.* Dans deux édifices classés. Parmi ses atouts : de délicieux petits déjeuners et la musique émanant du théâtre voisin. 24 ▤	6				
HOPE : *Manning Park Resort* $$ Parc provincial de Manning, BC V0X 1L0. ☎ *(250) 840 8822.* FAX *(250) 840 8848.* W www.manningparkresort.com. Complexe destiné aux familles et aux groupes, louant toute l'année des pavillons, des chalets, et des chambres. ▦ TV ♿ P ▦ ▤	73	●	▦		
KAMLOOPS : *Comfort Inn* $$ 1810 Rogers Place, BC V1S 1T7. ☎ *(250) 372 0987.* FAX *(250) 372 0967.* W www.comfort.kamloops.com. Bâtiment de trois niveaux offrant des chambres spacieuses. Le toboggan aquatique fera le bonheur des enfants. ▦ TV ♿ P ▦ ▤	128		▦		▦
KELOWNA : *Lake Okanagan Resort* $$$ 2751 Westside Rd., BC V1Z 3T1. ☎ *(250) 769 3511.* FAX *(250) 769 6665.* W www.lakeokanagan.com. Cheval, golf, tennis et animations pour les enfants en été sont au programme de ce complexe familial en bordure de plage. ▦ TV ♿ P ▦ ▤	134	●	▦	●	▦
PENTICTON : *Penticton Lakeside Resort* $$ 21 Lakeshore Drive West, BC V2A 7M5. ☎ *(250) 493 8221.* FAX *(250) 493 0607.* W www.rpbhtl.com. Complexe récent sur le lac Okanagan. Plage privée, ponton, jet-ski et parachute ascensionnel sont appréciés des familles. ▦ 24 TV ♿ P ▦ ▤	204	●	▦	●	▦
PRINCE RUPERT : *Cow Bay Bed & Breakfast* $ 20 Cow Bay Rd., BC V8J 1A5. ☎ *(250) 627 1804.* FAX *(250) 627 1919.* W www.cowbay.bc.ca. Maison de famille décorée avec goût, d'où l'on peut se rendre à pied dans les musées et sur le port. TV P ▤	4				
QUESNEL : *Becker's Lodge* $$ Parc provincial de Bowron Lake, 342 Kinchant St., BC V2J 2R4. ☎ *(250) 992 8864.* FAX *(250) 992 8893.* Campings, cabanes en rondins et repas simples. Canoës en location pour le circuit dans le parc *(p. 318).* ● d'oct. à déc. ▦ P ▤	9	●	▦		
WELLS : *White Cap Motor Inn & RV Park* $ Ski Hill Rd., BC V0K 2R0. ☎ *(250) 994 3489.* FAX *(250) 994 3426.* W www.whitecapinn.bc.ca. Suites avec kitchenette, aire de jeu, et terrain pour camping-cars. Point de départ des pistes vers Barkerville et les sites de pêche. ▦ TV P ▤	34		▦	●	
WHISTLER : *Delta Whistler Resort* $$$ 4050 Whistler Way, BC V0N 1B4. ☎ *(604) 932 1982.* FAX *(604) 932 7332.* W www.deltahotels.com. Proche d'un golf et du téléphérique de Whistler et Blackcomb, cet hôtel offre des prestations de luxe. ▦ 24 TV ♿ P ▦ ▤	292	●		●	▦

WHISTLER : *Holiday Inn SunSpree Resort* $ $ $ | 114
4295 Blackcomb Way, BC V0N 1V4. **(** (604) 938 0878. **FAX** (604) 938 9943.
w www.whistlerhi.com. À quelques minutes des montagnes, des boutiques et de la vie nocturne de Whistler et Blackcomb ; chambres avec kitchenettes, bain à eau pulsée et cheminée. 🛏 **TV** 🐾 **P** 🍴 🖫

WHISTLER : *Château Whistler* $ $ $ $ $ | 558
4599 Château Boulevard, BC V0N 1V4. **(** (604) 938 8000. **FAX** (604) 938 2055.
Au pied de la Blackcomb Mountain. Chambres avec cheminée, jacuzzi et portier automatique. Golfs et club-santé ajoutent au luxe de ce palace. 🛏 **24** **TV** 🐾 **P** 🍴 🖫

WHISTLER : *Pan Pacific Lodge Whistler* $ $ $ $ $ | 121
4320 Sundial Crescent, BC V0N 1B4. **(** (604) 905 2999. **FAX** (604) 905 2995.
w www.panpac.com. Établissement haut de gamme avec de grandes baies vitrées. Vue spectaculaire sur les montagnes depuis la piscine de plein air. 🛏 **TV** 🐾 **P** 🍴 🖫

LE NORD DU CANADA

DAWSON CITY : *Midnight Sun Hotel* $ $ | 44
3rd Avenue and Queen St., YT Y0B 1G0. **(** (867) 993 5495. **FAX** (867) 993 6425.
Sur les lieux de la ruée vers l'or ! Séduisant patio-salon extérieur et, à l'arrière, pavillons donnant sur le casino. 🛏 **TV** 🐾 **P** 🖫

FORT PROVIDENCE : *Snowshoe Inn* $ $ | 35
1 Mackenzie St., NT X0E 0L0. **(** (867) 699 3511. **FAX** (867) 699 4300.
Kitchenettes, télévision par satellite et équipements de bureau modernes contribuent au charme de cette auberge à l'ancienne. 🛏 **TV** **P** 🖫

FORT SIMPSON : *Nahani Inn* $ | 34
Main St., Fort Simpson, X0E 0N0. **(** (867) 695 2201. **FAX** (867) 695 3000.
Central, cet hôtel offre des suites, des logements indépendants et un bar. Il est aussi connu pour ses bons petits plats. 🖫 **TV** 🐾 **P** 🛏

HAINES JUNCTION : *Kluane Park Inn* $ | 20
Mile 1016, Alaska Highway. **(** (867) 634 2261. **FAX** (867) 634 2273.
Emplacement le plus pittoresque de la région ; spectaculaire paysage arctique depuis la terrasse, qui sert aux barbecues l'été. 🛏 **TV** **P** 🖫

HAY RIVER : *Caribou Motor Inn* $ | 29
912 Mackenzie Highway, NT X0E 0R8. **(** (867) 874 6706. **FAX** (867) 874 6704.
À distance commode de la petite ville ; luxueux bains à remous, à vapeur, ou jacuzzi dans plusieurs chambres. 🛏 **TV** **P** 🖫

INUVIK : *McKenzie Hotel* $ $ $ | 32
185 MacKenzie Rd., X0E 0T0. **(** (867) 777 2861. **FAX** (867) 777 3317.
@ mac@permafrost.com. Personnel sympathique et attentif, ambiance détendue et chambres confortables en font un endroit très couru. **24** 🛏 **TV** **P** 🖫

TERRE VICTORIA : *Arctic Islands Lodge* $ $ $ $ | 25
26 Omingnak St., Cambridge Bay, NT X0E 0C0. **(** (867) 983 2345. **FAX** (867) 983 2480.
Excellent hôtel, réputé pour l'accueil et le confort. Il propose toute une gamme d'activités sportives, dont des parties de chasse guidées dans l'immensité glacée. 🛏 **TV** **P** 🖫

WHITEHORSE : *Best Western Gold Rush Inn* $ $ | 106
411 Main St., YT Y1A 2B6. **(** (867) 668 4500. **FAX** (867) 668 7432. **@** goldrush@yknet.yk.ca.
Personnel efficace et amical ; le hall arbore des souvenirs de la ruée vers l'or et une énorme tête d'orignal empaillée. 🛏 **TV** 🐾 **P** 🖫

WHITEHORSE : *High Country Inn* $ $ | 85
4051 4th Ave., YT Y1A IHI. **(** (867) 667 4471. **FAX** (867) 667 6457. **w** www.highcountryinn.yk.ca.
L'un des hôtels les plus stylés et les plus confortables de la province ; piano à queue et feu de bois ajoutent au luxe. 🛏 **TV** 🐾 🖫

YELLOWKNIFE : *Discovery Inn* $ $ | 41
4701 Franklin Ave., X1A 2N6. **(** (867) 873 4151. **FAX** (867) 920 7948.
Les chambres ont un coin cuisine, mais un très bon restaurant, autorisé à servir des boissons alcoolisées, ouvre aussi le soir. 🛏 **TV** **P** 🖫

YELLOWKNIFE : *Explorer Hotel* $ $ $ | 127
4825 49th Avenue X1A 2R3. **(** (867) 873 3531. **FAX** (867) 873 2789. **w** www.explorerhotel.nt.ca.
Cet hôtel haut de gamme possède deux restaurants : le Berkeley, plutôt familial, et le restaurant japonais Sakura. 🛏 **TV** 🐾 **P** 🖫

Légende des symboles, voir dernier rabat

RESTAURANTS ET CAFÉS

La cuisine canadienne se distingue par ses spécialités régionales : bœuf de l'Alberta, laquaiche aux yeux d'or du Manitoba, saumon de Colombie-Britannique, homard de Nouvelle-Écosse, tartes et pâtisseries du Québec.

Coquillages au menu, sur la côte atlantique

Le gibier, notamment le lièvre, le caribou ou le bison, autrefois base de l'alimentation des Amérindiens, est désormais un mets de choix dans les restaurants. La gastronomie française est toujours à l'honneur dans la plupart des villes importantes, surtout dans les grands hôtels. Mais le Canada est un pays d'immigrants, et des établissements allemands, grecs, chinois, thaïs, africains, italiens, etc. y ont ouvert, offrant un large éventail de saveurs et de prix.

Chaque région a ses spécialités, mais les produits locaux, entre autres les bières et les vins canadiens (*p. 363*), sont proposés également dans la plupart des grandes villes.

Les restaurants des pages 364 à 379 ont été sélectionnés en fonction de leur variété, leur accueil et leur rapport qualité-prix.

Le luxe de Zoë's, au Château Laurier Hotel d'Ottawa (*p. 373*)

TYPES DE RESTAURANTS

Au Canada, les prix sont étonnamment peu élevés, surtout comparés à l'Europe. Pourquoi ne pas s'offrir un restaurant servant une cuisine haut de gamme, souvent à base de produits locaux ?

Les lieux de restauration sont très variés : salons de thé, bistros, brasseries et bars des théâtres rivalisent avec les cafés, restaurants et fast-foods. De nombreux pubs proposent aussi d'excellents en-cas pas très chers. Plus inhabituel, mais à essayer : le repas de homard typiquement canadien. L'île du Prince-Édouard en organise tout l'été, généralement près des églises, rassemblant autour de tables en bois de joyeux groupes de pêcheurs du lieu.

Autre expérience unique, privée cette fois : le dîner inuit. Dans le Grand Nord, vous aurez peut-être la chance d'être invité par une famille inuit. Parmi les plats traditionnels, vous pourrez goûter au caribou séché avec sauce aux baies, ou au poisson de pays, fumé et séché. On ne boit normalement pas de boissons alcoolisées, et l'ambiance est animée.

CUISINE VÉGÉTARIENNE

Il est de plus en plus rare que les restaurants ne proposent pas au moins un plat végétarien. Ceux qui mangent du poisson profiteront des fruits de mer, réputés. Le gouvernement a lancé dans les années 1990 un programme pour une alimentation plus saine. La carte des restaurants y souscrivant affiche un cœur, synonyme d'une cuisine allégée. Si vous êtes au régime, n'hésitez pas à demander que l'on supprime les ingrédients trop caloriques. Dans le Sud, on peut aisément obtenir des fruits, abondants et très frais dans les principales zones de production d'Ontario et d'Okanagan Valley. En été, fruits rouges et pêches y sont incomparables. Dans les Territoires du Nord-Ouest et le Nunavut, en revanche, la plupart des produits sont importés, en conserve ou congelés ; hormis le gibier chassé par les Inuit, les produits frais y sont rares et chers.

Restaurant en terrasse à Montréal (*p. 366-368*)

Arowhon Pines Lodge dans le parc Algonquin, Ontario *(p. 373)*

BOISSONS ALCOOLISÉES

L'âge minimum pour l'achat et la consommation d'alcool en public est de 18 ans au Québec, et de 19 ans dans le reste du pays. Le Canada produit de bons vins *(p. 363)*, de mieux en mieux distribués. Dans les bars, l'usage est de laisser un pourboire en fin de soirée, et non à chaque consommation.

Dans les Territoires du Nord-Ouest et le Nunavut, notamment chez les Inuit, rares sont les magasins et les bars où l'on trouve de l'alcool, en raison d'un fort taux d'alcoolisme parmi les autochtones. Certains hôtels ont toutefois un bar pour les touristes.

HEURES DES REPAS, RÉSERVATIONS

L e déjeuner est habituellement servi de 12 h à 14 h, et le dîner de 18 h à 21 h ; dans les grandes villes, une réservation plus tardive est généralement acceptée. Réserver est d'ordinaire une bonne idée, et en cas d'annulation, on vous sera reconnaissant de prévenir.

PRIX ET POURBOIRES

I l est possible au Canada de bien manger sans se ruiner. Pour un en-cas dans un café, comptez 5 $CAN par personne ; pour un repas complet et une bouteille de vin dans un bon restaurant, de 25 à 50 $CAN. On trouve même des menus gastronomiques à partir de 50 Can$. Le menu à prix fixe est très répandu. Le déjeuner revient généralement moins cher que le dîner ; la carte est souvent la même, sans linge de table ni bougies. L'addition comprend une Goods and Services Tax (GST, TPS au Québec) de 7 %, à laquelle s'ajoute, sauf dans l'Alberta, une taxe sur les ventes variable selon les provinces. Au café et au restaurant, le service n'est pas inclus, et il est d'usage de laisser un pourboire de 10 à 15 %. C'est aussi la règle dans les bars et les boîtes de nuit. Comme partout, le montant du pourboire dépend du nombre des convives et de leurs exigences, et il est mal venu de pénaliser le personnel pour ses insuffisances.

LES ENFANTS

I ls sont souvent les bienvenus. Les restaurants disposent en général de chaises hautes ou à rehausse. Dans un établissement élégant, la règle est de garder les enfants à table, et de sortir pour calmer les pleurs ou les cris.

Menus ou portions réduites pour les moins de huit ans sont courants.

ACCUEIL DES HANDICAPÉS

T ous les restaurants récents ou rénovés sont accessibles aux fauteuils roulants. Les nouvelles constructions doivent obligatoirement être dotées de toilettes à large porte et ne pas comporter de marche entre l'entrée et les tables. Pour les bâtiments anciens, hors des villes, mieux vaut se renseigner à l'avance.

TENUE VESTIMENTAIRE

S i vous êtes en vacances, sachez que la plupart des restaurants se contentent d'une tenue simple et correcte, surtout à midi ; chaussures de sport, jeans coupés ou vêtements sales ou déchirés risquent seuls de poser problème. En général, les exigences vestimentaires croissent avec le standing de l'établissement. Une tenue de soirée n'est quasiment jamais exigée.

LES FUMEURS

A vec plus de 70 % de non-fumeurs, le Canada est étonnamment libéral à l'égard des irréductibles. De plus en plus d'établissements ont cependant une zone non-fumeurs (bars et cafés ne sont pas concernés). Les cigares sont plutôt mal vus au restaurant ; évitez donc d'en allumer un sans y être autorisé. Pour éviter tout risque d'incendie, éteignez votre cigarette si vous pique-niquez dans un parc.

Les cafés en ville : une solution peu coûteuse et appréciée

Glossaire des spécialités canadiennes

Reflet d'un riche passé multiculturel, le patrimoine culinaire canadien est aussi divers qu'étonnant. Si on ne peut parler de cuisine nationale, les cuisines régionales ont, elles, une forte identité. Les grandes villes telles que Montréal et Toronto proposent des mets de tous les pays, de l'Italie aux Antilles en passant par l'Asie, et à tous les prix. Le Canada français pratique la grande cuisine dans les meilleurs restaurants du pays, à Québec et à Montréal.

Les spécialités provinciales permettent de goûter à prix modérés aux produits locaux – poisson, bœuf, fruits et légumes. Côte atlantique et Colombie-Britannique privilégient poissons et fruits de mer ; l'Alberta et la Saskatchewan, pays de ranchs, les steaks et hamburgers. La cuisine traditionnelle acadienne, proche de la française, se déguste au Nouveau-Brunswick et en Nouvelle-Écosse. En été, fruits et légumes d'Ontario mettent mains d'un jour à parvenir sur les tables. Dans le nord du Canada, les Inuit préparent le caribou séché et le poisson selon des recettes séculaires.

PRODUITS DE LA MER

Bordé d'océans sur trois côtés, le Canada dispose de merveilleux produits de la mer, entre autres sur les côtes est et ouest. Il sont extra-frais, moins de vingt-quatre heures séparant souvent le moment de la pêche et celui de la dégustation. **Huîtres, palourdes** et **pétoncles** dominent sur la côte est. Au Nouveau-Brunswick, on utilise en garniture des **crosses de violon** (fougères naines) et des **algues** sautées. L'île du Prince-Édouard est réputée pour ses **homards**, servis entiers, bouillis ou grillés, accompagnés d'épis de maïs, lors des nombreuses fêtes paroissiales estivales. Si vous n'aimez pas les crustacés, essayez le **saumon de l'Atlantique**.

En Colombie-Britannique, **saumon du Pacifique, crabe, crustacés** et **crevettes** sont rois, de même que l'**omble chevalier de l'Arctique**, typique de ces latitudes. Parmi les mets originaux, qui font souvent appel à de très anciens procédés de conservation,

Homard à la québécoise

citons le **Solomon Grundy** (un délicieux hareng mariné de Nouvelle-Écosse), la **langue de morue** ou la savoureuse **tourte aux nageoires de phoque** de Terre-Neuve. Les premiers explorateurs ayant été attirés ici par les richesses de la mer, rien de surprenant à ce que la **morue**, les **palourdes** et les **moules** soient toujours fort appréciées pour leur qualité, de même que le **thon** et les **sardines** grillés, depuis peu à la mode.

Avec ses 2 millions de lacs, le Canada abonde également en poissons d'eau douce, sauvages ou d'élevage. Dans l'ouest du pays, **laquaiche aux yeux d'or** *(Winnipeg goldeye)*, à la chair tendre, la **truite** et le **brochet**, souvent cuits au feu de bois lors de pique-niques sur les berges dans le centre de la région, sont un régal typiquement canadien.

LA VIANDE

Le meilleur bœuf vient des ranchs de l'Alberta, près de Calgary. Les énormes hamburgers et steaks y sont vraiment exceptionnels. En zone rurale, le bœuf est souvent servi avec une simple salade et des pommes sautées, mais on apprécie aussi le **Calgary beef hash**, corned-beef garni de haricots cuisinés et de pommes sautées. L'élevage d'agneaux et de bisons est secondaire. Yukon, Territoires du Nord-Ouest et Nunavut sont de gros producteurs de gibier : **caribou, bœuf musqué** et **orignal** sont exportés vers le sud pour y être cuisinés à l'européenne. Les habitants, surtout les Inuit, fument la viande pour l'hiver ; leur **caribou fumé** est délicieux. Réputés pour ne rien gaspiller des animaux tués, ils en tirent vêtements et nourriture.

Oies, canards et **poissons** sont eux aussi fumés ou séchés en prévision des longs hivers.

Pour conserver caribous et volailles, on les met à sécher sur des fils au soleil. La viande est servie accompagnée d'une sauce aux baies sauvages, plus ou moins sucrée.

FRUITS ET LÉGUMES

L'Ontario est le verger du Canada. Connu sur tout le continent pour son industrie vinicole naissante, il l'est aussi pour ses fraises et canneberges. Pêches et pommes y sont aussi

Marchand de primeurs chinois en costume traditionnel, à Toronto

Pommes de l'Ontario au marché de Muskoka

cultivées en grandes quantités, ainsi que les « bleuets » (myrtilles), également abondants en Nouvelle-Écosse et au Québec. On trouve encore de nombreuses baies sauvages en se promenant. L'Ontario et le Québec produisent du maïs, des haricots noirs et des gourdes, ainsi que des courgettes (ou *zucchini*), d'énormes tomates et des herbes aromatiques.

LES DESSERTS

L e Canada est célèbre dans le monde entier pour son sirop d'érable. Il accompagne d'ordinaire les crêpes américaines (au babeurre), ou les **trempettes** de pain poêlé, trempé dans le sirop et couvert de crème fraîche. On s'en sert aussi pour la pâtisserie et le pain. En fin de repas, on sert parfois du sucre d'érable avec le café, ou des caramels au sirop d'érable.

Les Québécois sont réputés pour leurs riches desserts : la **tarte au sucre** ou encore le **pudding au chômeur**, gâteau renversé dont le fond est caramélisé, sont très appréciés. On trouve de délicieuses tartes aux fruits au Québec.

RESTAURATION RAPIDE

L a plupart des visiteurs seront familiers des classiques nord-américains : hamburgers, hot-dogs, frites, poulet frit, pizzas. Les plus aventureux essaieront une version typiquement québécoise de l'en-cas : la **poutine**. Il s'agit de frites couvertes de petits morceaux de fromage nappés d'une sauce brune.

Grâce à une récente explosion des cafés de dégustation, certains sont excellents ; la mode est aux divers arômes de *cappuccino* fraîchement infusé, accompagné d'un vaste choix de muffins et de bagels. Les « beignes » (beignets) de toutes sortes sont une tradition.

CUISINE QUÉBÉCOISE

L e Québec est le haut lieu de la gastronomie à la française au Canada. Les plats évoquent les spécialités européennes, et Montréal se vante d'avoir toujours au moins deux chefs français de renom dans ses meilleurs restaurants. Les cuisiniers canadiens évoluent avec le temps. La plupart des chefs nord-américains les plus novateurs œuvrent à Montréal et à Québec, mêlant à des traditions centenaires la nouvelle cuisine plus légère

Sirop d'érable

d'Europe et d'Amérique. Dans les villes, on trouve aussi des spécialités québécoises plus traditionnelles, tels le **creton** (sorte de rillettes), la **tourtière** (garnie de porc ou de bœuf haché aux clous de girofle), et différentes pâtisseries. Autre spécialité locale : le **bœuf fumé**.

Les provinces maritimes servent d'excellents plats acadiens, importés de France voici plusieurs siècles. Copieux, les menus comportent tourtes à la viande, pâtés et ragoûts, mais aussi de riches desserts et gâteaux.

Le Canada compte plusieurs grands restaurants français, à Montréal et à Québec principalement. Le Vieux-Montréal regorge de bistros proposant les traditionnels **escargots au beurre d'ail**, **filets mignons**, et de délicates **tartes** et **pâtisseries**. La formule du menu à prix fixe est toujours intéressante. À Québec, on trouve des plats ruraux traditionnels, tels la **soupe aux pois** ou le **canard**, et de délicieux petits déjeuners à la française, avec café au lait, brioches et croissants locaux.

LES BOISSONS

Les deux bières favorites des Canadiens, deux blondes consommées très fraîches, la Molson « canadian » et la Labatt « bleue », sont réputées dans le monde entier. Si le premier vin canadien a été fabriqué en 1811, l'engouement pour ce breuvage est en fait récent. Le Canada produit d'excellents vins à partir de cépages hybrides, en grande partie grâce à des viticulteurs venus d'Europe avec leur savoir-faire. Les principaux vignobles sont situés dans une petite poche d'Okanagan Valley, dans le sud de la Colombie-Britannique *(p. 315)*, et sur les 55 kilomètres de la péninsule du Niagara, dans le sud de l'Ontario, la principale région viticole. On y cultive des cépages aussi renommés que le chardonnay, le riesling et le pinot noir. Sous le climat plus tempéré de la Colombie-Britannique, on distille en outre du whisky. Le Canadian Club est le plus populaire, mais il existe aussi des variantes locales.

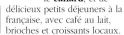
La Molson, une bière très prisée

Choisir un restaurant

Ces restaurants, couvrant une vaste gamme de prix, ont été retenus pour leur table, leur rapport qualité-prix ou leur situation. Ils sont classés par région suivant l'organisation du reste du guide, par ordre alphabétique de localité et par prix. Les couleurs attribuées à chaque région dans le reste du guide sont reprises sur les onglets.

	Terrasse	Cuisine végétarienne	Bar	Menu à prix fixe	Enfants bienvenus
TERRE-NEUVE ET LABRADOR					
Corner Brook : *The Wine Cellar* [$][$][$][$] Glyn Mill Inn, Cob Lane. ☎ *(709) 634 5181.* Grill très fréquenté localement ; bœuf de l'Alberta et desserts aux baies sauvages de Terre-Neuve sont à retenir. ♿ 💳		●	■		
L'Anse au Clair : *Northern Light Inn* [$][$] 58 Main St. ☎ *(709) 931 2332.* Table sûre et copieuse, dans une région peu riche en restaurants ; spécialité de fruits de mer et de caribou du Labrador. 💳			■		■
Parc national de Terra Nova : *Clode Sound Dining Room* [$][$][$] Terra Nova Park Lodge. ☎ *(709) 543 2525.* Restaurant familial proposant un vaste choix de pâtes, fruits de mer et steaks, et des plats traditionnels. ♿ 💳	■	●	■		■
Rocky Harbour : *Ocean View Hotel* [$][$][$] Main St. ☎ *(709) 458 2730.* Vue spectaculaire sur Rocky Harbour depuis le restaurant. Au menu, fruits de mer frais et tartes maison. ♿ ♫ 💳		●	■		■
St. John's : *Bruno's* [$][$][$] 248 Water St. ☎ *(709) 579 7662.* Petit restaurant italien où tout, des saucisses au pain ou aux pâtes, est fait maison par Bruno et Gail Ortichello. Formidable tiramisù au dessert. 💳		●	■	●	■
St. John's : *Bianca's* [$][$][$][$][$] 171 Water St. ☎ *(709) 726 9016.* Un des meilleurs restaurants sur l'Atlantique ; à la carte, carré d'agneau, bœuf musqué au four, saumon à la sauce chocolat douce-amère et strudel aux pommes. ♿ 🍷 💳	■	●	■		
Saint-Pierre-et-Miquelon : *Le Caveau* [$][$][$][$] 2, rue Maître-Georges-Lefevre. ☎ *(508) 41 30 30.* Sans doute le meilleur restaurant de ce bastion français. Fruits de mer locaux et spécialité de broches d'escargots à la sauce au roquefort. 🍷 💳	■	●	■		
Witless Bay : *The Captain's Table* [$] Autoroute 10. ☎ *(709) 334 2278.* Idéal après une visite en bateau du fabuleux Witless Bay Bird Sanctuary. Un des meilleurs fish-and-chips de Terre-Neuve ; la recette de la bisque est un secret de famille. ♿ 💳					■
NOUVEAU-BRUNSWICK, NOUVELLE-ÉCOSSE, ÎLE DU PRINCE-ÉDOUARD					
Antigonish : *Sunshine on Main* [$][$] 332 Main St. ☎ *(902) 863 5851.* Goûtez le pot-au-feu marin : homard, crevettes, pétoncles, moules et églefin dans un court-bouillon au vin blanc et à la tomate. ♿ 💳		●			■
Baddeck : *Telegraph House Inn* [$][$] Chebucto St. ☎ *(902) 295 9988.* Cet imposant manoir victorien propose des recettes traditionnelles de homard, truite et saumon. ♿ 💳					■
Bay Fortune : *Inn at Bay Fortune* [$][$][$][$][$] Autoroute 310. ☎ *(902) 687 3745.* Souvent cité parmi les meilleurs du Canada, ce restaurant sert du poisson frais de l'île, de l'agneau et du bœuf. Essayez la Table du chef, et dégustez sept spécialités surprises. ♿ 🍷 💳		●		●	■

Catégories de prix pour un repas avec 3 plats et une demi-bouteille de vin (le cas échéant), service compris.

$ moins de 25 Can$
$$ de 25 à 35 Can$
$$$ de 35 à 50 Can$
$$$$ de 50 à 70 Can$
$$$$$ plus de 70 Can$

TERRASSE
Quelques tables sur cour ou en terrasse.
CUISINE VÉGÉTARIENNE
Au moins un menu offrant un choix de plats végétariens.
BAR
Restaurant avec bar proposant cocktails et autres boissons, et/ou plats rapides.
MENU À PRIX FIXE
Menu à prix fixe comportant généralement 3 plats, servi le midi et/ou le soir.
ENFANTS BIENVENUS
Portions réduites et/ou chaises hautes sur demande.

	TERRASSE	CUISINE VÉGÉTARIENNE	BAR	MENU À PRIX FIXE	ENFANTS BIENVENUS
BOUCTOUCHE : *Le Tire-Bouchon* $$$$ 157, chemin du Couvent. *(506) 743 5568.* Une charmante auberge avec salle donnant sur le jardin. Bisque, pétoncles, homard, poisson frais, poulet et canard à la carte. ○ *juin-fin sept.*			▪	●	
CARAQUET : *Hotel Paulin* $$$$ 143, bd Saint-Pierre Ouest. *(506) 727 9981.* Plats régionaux – truite et saumon frais notamment – au menu de cet hôtel familial. Goûtez aussi la traditionnelle tarte au sucre.			▪		▪
CHARLOTTETOWN : *Piece A Cake* $$$ 119 Grafton St. *(902) 894 4585.* Un bistro animé à la carte éclectique. La cuisine américaine permet aux convives de voir le chef à l'œuvre. ♥		●			▪
CHARLOTTETOWN : *Siranella* $$$ 83 Water St. *(902) 628 2271.* Table italienne proche du plaisant Peake's Wharf. Essayez les *gnocchi* aux épinards maison, nappés d'une sauce au gorgonzola et au parmesan, ou le veau aux herbes grillé. 🕭	▪	●			▪
DALHOUSIE : *Manoir Adelaide* $$$$ 385 Adelaide St. *(506) 684 5681.* Maillon de la chaîne Best Western, mais supérieur à la moyenne des restaurants d'hôtels. Poisson frais grillé, à la vapeur ou poché. 🕭	▪	●	▪		▪
GRAND TRACADIE : *Dalvay-by-the-Sea* $$$$ Parc national de l'île du Prince-Édouard. *(902) 672 2048.* Auberge historique dont le menu pêcheur a un petit goût australien, comme le saumon aux algues rôties, sauce salsa. 🕭		●	▪	●	▪
HALIFAX : *Da Maurizio* $$$$ 1496 Lower Water St. *(902) 423 0859.* Élégant restaurant italien. Carte créative de pâtes accompagnées de sauces originales ; succulents desserts. 🕭♥		●			
HALIFAX : *Sweet Basil Bistro* $$$ 1866 Upper Water St. *(902) 425 2133.* Bistro audacieux et confortable face au quartier historique. Plats novateurs, tels les raviolis à la courge, noix cendrée et herbes fraîches, sous une légère sauce parmesan-noisettes.	▪	●			
LUNENBURG : *The Lion Inn* $$$ 33 Cornwallis St. *(902) 634 8988.* Dans la vieille ville de Lunenburg, petit restaurant à la carte courte, mais excellente, avec du carré d'agneau de Nouvelle-Écosse. Réserver. ♥			▪		
MABOU : *Duncregan Country Inn* $$$ Autoroute 19. *(902) 945 2207.* Petite salle où Eleanor et Steven Mullendore revisitent les plats régionaux. Grand favori : le saumon frais grillé à la flamme, avec marinade de moutarde, citron et miel. 🎵		●		●	▪
MONTAGUE : *Windows on the Water* $$$ 106 Sackville St. *(902) 838 2080.* Endroit charmant sur le port de Montague ; sandwichs imaginatifs et bisques de première classe.	▪	●			▪
OYSTER BED BRIDGE : *Café Saint-Jean* $$$ Route 6 à Oyster Bed Bridge. *(902) 963 3133.* Produits de la mer locaux avant tout au Saint-Jean – le homard frais provient d'un élevage voisin –, qui propose des plats traditionnels et cajuns. Les crêpes sont un régal. ○ *mi-juin, mi-oct.*	▪	●		●	▪

Légende des symboles, voir dernier rabat

Catégories de prix pour un repas avec 3 plats et une demi-bouteille de vin (le cas échéant), service compris.

$ moins de 25 Can$
$$ de 25 à 35 Can$
$$$ de 35 à 50 Can$
$$$$ de 50 à 70 Can$
$$$$$ plus de 70 Can$

TERRASSE
Quelques tables sur cour ou en terrasse.
CUISINE VÉGÉTARIENNE
Au moins un menu offrant un choix de plats végétariens.
BAR
Restaurant avec bar proposant cocktails et autres boissons, et/ou plats rapides.
MENU À PRIX FIXE
Menu à prix fixe comportant généralement 3 plats, servi le midi et/ou le soir.
ENFANTS BIENVENUS
Portions réduites et/ou chaises hautes sur demande.

		TERRASSE	CUISINE VÉGÉTARIENNE	BAR	MENU À PRIX FIXE	ENFANTS BIENVENUS
PARRSBORO : *Harbour View Restaurant*	$	■			●	■
476 Pier Rd. (902) 254 3507. Les habitants l'apprécient pour ses bisques, fish-and-chips, cafés et tartes maison, le tout avec vue sur le port.						
PRINCE WILLIAM : *King's Head Inn*	$$	■	●	■		■
Kings Landing Historic Settlement. (506) 363 4999. W www.kingslanding.nb.ca Serveurs en costumes d'époque et recettes de 1855, date de sa construction, pour cet établissement des vieux quartiers. ● *le soir.* 🎵 🖼						
ST. ANDREWS : *The Europe*	$$$			■		
48 King St. (506) 529 3818. Après une journée sur les plages de la baie de Passamaquoddy, rien de mieux que les bons petits plats copieux, français, suisses et allemands, d'Anita Ludwig. 🖼						
SAINT JOHN : *Beaty and the Bistro*	$$		●			
60 Charlotte St. (506) 652 3888. W www.dineaid.com Spécialité d'agneau rôti et farci de canneberges, noix de pécan, romarin et ail. Autre réussite : « Zorba le Poulet », farci à la feta, aux épinards et à l'ail. 🖼🎵🖼						
SAINT JOHN : *Billy's*	$$$	■	●	■		
Old City Market. (506) 672 3474. W www.billysseafood.com Vous choisissez à l'étal flétan, crevettes, huîtres et autres produits de la mer qui sont ensuite préparés le temps d'un apéritif. 🖼						
SHELBURNE : *Charlotte's Lane Café*	$$$	■				■
13 Charlotte Lane. (902) 875 3314. Formé en Suisse, le chef Roland Glauser prépare entre autres délices un poulet farci de camembert, asperges et ail. 🖼						
SUSSEX : *Broadway Café*	$$	■	●			■
73 Broad St. (506) 433 5414. Pour le déjeuner, un café novateur où les sandwiches appétissants voisinent avec les soupes maison. ● *dim.* 🖼						
WOLFVILLE : *Acton's Café*	$$$$	■	●	■	●	
268 Main St. (902) 542-7525. De formation allemande, le chef a créé une cuisine internationale utilisant les produits des fermes de la vallée d'Annapolis. 🖼 🖼						
MONTRÉAL						
CENTRE-VILLE : *Schwartz's (Montréal Hebrew) Delicatessen*	$					
3895, bd Saint-Laurent. (514) 842 4813. Grâce aux juifs d'Europe de l'Est, la poitrine de bœuf fumée, excellente ici, est très prisée à Montréal. Pas d'alcool. 🖼						
CENTRE-VILLE : *Brasserie Magnan*	$$	■		■	●	■
2602, rue Saint-Patrick. (514) 935 9647. Ancienne taverne où rôti de bœuf, quiche au saumon et steaks attirent une clientèle variée. Bon choix de bières-pression. 🖼 🖼						
CENTRE-VILLE : *Biddle's Jazz and Ribs*	$$	■		■		
2060, rue Aylmer. (514) 842 8656. Le jazzman Charlie Biddle a créé ce restaurant pour que ses amis aient un endroit où jouer en se régalant de côtes de porc sauce barbecue. 🎵 🖼						
CENTRE-VILLE : *Le Canard*	$$	■			●	
4631, bd Saint-Laurent. (514) 284 6009. Restaurant simple, décoré de plateaux de cuivre et filets de pêche, réputé pour son canard à l'orange. 🖼 🖼						

CENTRE-VILLE : *Phayathai* $$
1235, rue Guy. (514) 933 9949.
Menu thaï classique, ambiance amicale. Fruits de mer, soupe galangai
(au gingembre) et canard au curry ne vous décevront pas.

CENTRE-VILLE : *Restaurant Salle Gérard-Delage* $$
3535, rue Saint-Denis. (514) 282 5121.
Son originalité : les serveurs, cuisiniers et barmen sont des élèves
de l'Institut de tourisme et d'hôtellerie du Québec.

CENTRE-VILLE : *L'Actuel* $$$
1194, rue Peel. (514) 866 1537.
Cette joyeuse brasserie « belge » sert quelques dizaines de variations sur
le thème des moules-frites, et d'autres classiques comme le hareng saur
aux pommes de terre.

CENTRE-VILLE : *Le Caveau* $$$
2063, rue Victoria. (514) 844 1624.
Ses salles à manger intimes occupent trois niveaux d'une vieille maison
en brique, parmi les tours de verre et d'acier. Le gâteau à la praline est
succulent.

CENTRE-VILLE : *Moishe's* $$$
3961, bd Saint-Laurent. (514) 845 3509.
Cette grande salle bruyante est le paradis des amateurs de viande. Voici
50 ans que la famille Lighter propose ses steaks gargantuesques.

CENTRE-VILLE : *Restaurant Julien* $$$
1191, rue Union. (514) 871 1581.
Une grande terrasse sous auvent fait de ce restaurant français un lieu
idéal pour l'été. Le magret de canard et la marquise au chocolat sont
délicieux.

CENTRE-VILLE : *Café de Paris* $$$$
Hôtel Ritz-Carlton, 1228, rue Sherbrooke Ouest. (514) 842 4212.
En été, l'élégante salle à manger du Ritz-Carlton déménage au jardin.
À la carte, les grands classiques de la cuisine française.

CENTRE-VILLE : *L'Orchidée de Chine* $$$$
2017, rue Peel. (514) 287 1878.
À l'abri de petits boxes romantiques, dégustation de crabe, sauté
d'agneau sauce piquante ou encore canard croustillant.

CENTRE-VILLE : *Le Passe-Partout* $$$$
3857, bd Décarie. (514) 487 7750.
Le chef new-yorkais James MacGuire établit chaque jour son menu en
fonction des arrivages. Parmi ses spécialités : terrine de canard, espadon,
et le meilleur pain de tout Montréal.

CENTRE-VILLE : *Toqué !* $$$$
3842, rue Saint-Denis. (514) 499 2084.
Voici plus de six ans que la table de Normand Laprise et Christine Lamarche
s'impose comme l'une des plus créatives de Montréal.

CENTRE-VILLE : *Beaver Club* $$$$$
Hôtel le Reine-Elizabeth, 900, bd René-Lévesque Ouest. (514) 861 3511.
Ambiance feutrée et menu classique : rôti de bœuf, saumon grillé,
agneau ; les meilleurs martinis de la ville.

CENTRE-VILLE : *Chez la Mère Michel* $$$$$
1209, rue Guy. (514) 934 0473.
L'un des plus anciens bastions de la tradition française à Québec.
La sole de Douvre ou meunière est une merveille.

CENTRE-VILLE : *Nuances* $$$$$
Casino de Montréal, 1, av. du Casino. (514) 392 2708.
Au casino de Montréal, thon grillé avec polenta au basilique et agneau
au vin et au thym sont aussi sensationnels que le panorama.

ÎLE SAINTE-HÉLÈNE : *Hélène de Champlain* $$$
200, chemin Tour-de-l'Isle. (514) 395 2424.
Au milieu du Saint-Laurent, une maison en pierre au décor de rêve ;
table de bonne tenue.

Légende des symboles, voir dernier rabat

Catégories de prix pour un repas avec 3 plats et une demi-bouteille de vin (le cas échéant), service compris.

$ moins de 25 Can$
$$ de 25 à 35 Can$
$$$ de 35 à 50 Can$
$$$$ de 50 à 70 Can$
$$$$$ plus de 70 Can$

TERRASSE
Quelques tables sur cour ou en terrasse.
CUISINE VÉGÉTARIENNE
Au moins un menu offrant un choix de plats végétariens.
BAR
Restaurant avec bar proposant cocktails et autres boissons, et/ou plats rapides.
MENU À PRIX FIXE
Menu à prix fixe comportant 3 plats, servi le midi et/ou le soir.
ENFANTS BIENVENUS
Portions réduites et/ou chaises hautes sur demande.

		TERRASSE	CUISINE VÉGÉTARIENNE	BAR	MENU À PRIX FIXE	ENFANTS BIENVENUS
PLATEAU-MONT-ROYAL : *Café Santropol* 3990, rue Saint-Urbain. (514) 842 3110. Quiches, gros sandwichs et superbes soupes dans une ambiance branchée. Pas d'alcool, mais riche carte des thés.	$	■	●		●	■
PLATEAU-MONT-ROYAL : *L'Anecdote* 801, rue Rachel Est. (514) 526 7967. Affiches de cinéma et chromes rappellent les années 1950 dans ce bar à hamburgers qui n'oublie pas les végétariens.	$		●			■
PLATEAU-MONT-ROYAL : *Faros* 362, rue Fairmont. (514) 270 8437. Fruits de mer frais à la grecque dans ce restaurant confortable tout en coins et recoins.	$$$	■	●		●	■
PLATEAU-MONT-ROYAL : *L'Express* 3927, rue Saint-Denis. (514) 845 5333. Bistro typique de Montréal. Ambiance animée, bonne cuisine et prix raisonnables.	$$$	■	●	■	●	■
QUARTIER CHINOIS : *Maison Kam Fung* 1008, rue Clark. (514) 878 2888. Vaste et clair, ce restaurant sert le midi les *dim sum* les plus orthodoxes de la ville. Carte cantonaise classique au dîner.	$$		●	■	●	
VIEUX-MONTRÉAL : *Chez Delmo* 211, rue Notre-Dame Ouest. (514) 849 4061. Les habitués s'installent à son bar en bois verni pour déguster ses produits de la mer – huîtres et homard.	$$$$		●	■	●	
VIEUX-MONTRÉAL : *Le Richelieu* 443, rue Saint-Vincent. (514) 875 5067. Ses murs en pierre cachent une opulence Belle Époque. Essayez la brème au parmesan et, pour finir, le sorbet aux fruits rouges.	$$$$		●		●	
VIEUX-MONTRÉAL : *Les Remparts* 93, rue de la Commune Est. (514) 392 1649. Cave dont une partie des murs est constituée des anciens remparts de la ville. Entre autres régals, un lapin farci aux prunes.	$$$$	■	●	■		■
VIEUX-MONTRÉAL : *Stash Café Bazaar* 200, rue Saint-Paul Ouest. (514) 845 6611. Une cuisine polonaise idéale pour combattre les rigueurs de l'hiver. Les bancs proviennent d'un ancien couvent.	$$$$		●	■	●	

QUÉBEC ET LE SAINT-LAURENT

		TERRASSE	CUISINE VÉGÉTARIENNE	BAR	MENU À PRIX FIXE	ENFANTS BIENVENUS
BAIE SAINT-PAUL : *Le Mouton Noir* 43, rue Sainte-Anne. (418) 240 3030. Donnant sur la rivière du Gouffre, ce petit restaurant alliant savoir-faire français et délices locaux sert poissons et volailles.	$$$	■		■	●	■
BAS-SAINT-LAURENT : *Auberge Marie Blanc* 1112, rue Commerciale, Notre-Dame-du-Lac. (418) 899 6747. Un industriel de Boston fit construire ce pavillon romantique sur les rives du lac Témiscouata pour sa belle maîtresse créole. Agneau, venaison, lapin et perdrix du pays. ● de mi-oct. à mai.	$$$$	■			●	
HAVRE-SAINT-PIERRE : *Restaurant Chez Julie* 1023, rue Dulcinée. (418) 538 3070. Très couru et sans prétentions. De copieux menus pêcheurs, et une extraordinaire pizza aux fruits de mer à la béchamel.	$		●		●	■

ÎLES DE LA MADELEINE : *La Saline* ⑤⑤
1009, Route 199, La Grave, Havre-Aubert. **[** (418) 937 2230.
Restaurant tout simple servant un « pot-en-pot » crémeux de poissons, fruits
de mer et pommes de terre sous une pâte feuilletée. ● *de mi-sept. à mi-mai.*

ÎLE D'ORLÉANS : *Le Vieux Presbytère* ⑤⑤⑤
1247, av. Mgr-d'Esgly, Saint-Pierre. **[** (418) 828 9723.
Cet ancien presbytère offre une jolie vue sur le Saint-Laurent. Bison et
wapiti au menu, grâce à un élevage voisin.

LAC SAINT-JEAN : *La Volière* ⑤⑤⑤
200, 4e av. Péribonka. **[** (418) 374 2360.
Essayez les spécialités : doré grillé, ouananiche (saumon d'eau douce)
et tarte aux bleuets. Vue sur les rapides.

MÉTIS-SUR-MER : *Au Coin de la Baie* ⑤⑤⑤
1140, Route 132 **[** (418) 936 3855.
Décor simple, laissant les regards se porter sur la baie de Métis.
Pétoncles et filets de morue excellents. ● *de mi-sept. à mi-mai.*

PERCÉ : *Auberge du Gargantua* ⑤⑤⑤
222, route des Failles. **[** (418) 782 2852.
Le restaurant est tourné vers l'intérieur des terres ; rien d'étonnant,
donc, à ce qu'il propose plusieurs spécialités de gibier venant
de cette région sauvage. ● *de déc. à mai.*

QUÉBEC : *Le Cochon Dingue* ⑤⑤
46, bd. Champlain. **[** (418) 692 2013.
Décor aussi dingue que le cochon et service alerte ; au menu,
moules ou steak-frites, et des desserts diaboliques.

QUÉBEC : *À la Maison de Serge Bruyère* ⑤⑤⑤
1200, rue Saint-Jean. **[** (418) 694-0618.
Cette vieille maison a été convertie en 3 restaurants : de l'élégance
à la française à l'animation d'une brasserie bavaroise.

QUÉBEC : *Aux Anciens Canadiens* ⑤⑤⑤⑤
34, rue Saint-Louis. **[** (418) 692 1627.
Venaison au vin de bleuet et jambon au sirop d'érable sont servis
dans cette maison du XVIIe siècle, la plus vieille de Québec.

SAINT-SIMÉON : *Auberge Petite Madeleine* ⑤⑤
400, route Port-au-Persil. **[** (418) 638 2460.
Plats traditionnels, riches en baies du pays, sirop d'érable et herbes
sauvages. Une cuisine à la française, du style, et de magnifiques vues
sur le Saint-Laurent.

SEPT-ÎLES : *Café du Port* ⑤⑤
495, av. Brochu. **[** (418) 962 9311.
Teintes douces, produits de la mer et personnel sympathique
sont quelques-uns des atouts de ce petit restaurant.

LE SUD ET LE NORD (QUÉBEC)

HULL : *Café Henry Burger* ⑤⑤⑤
69, rue Laurier. **[** (819) 777 5646.
Pas de « burgers » dans ce café en dépit de son nom ; le chef, Robert Bourassa,
sert de l'agneau au madère et un saumon délicatement assaisonné.

LANIEL : *Pointe-aux-Pins* ⑤⑤⑤
1955, chemin du Ski. **[** (819) 634 5211.
Du jeudi au dimanche, les hôtes des chalets peuvent déguster un dîner
en 4 plats, parmi lesquels cochon de lait aux pommes de terre et agneau
au pesto. ● *du lun. au mer. et de mi-oct. à mi-mai.*

LAURENTIDES : *Rôtisserie au Petit Poucet* ⑤⑤
1030, Route 117, Val-David. **[** (819) 322 2246.
Un restaurant rustique en rondins apprécié pour ses copieux repas
de jambon, porc ou caribou rôtis. Viande fumée maison.

LAURENTIDES : *Auberge des Cèdres* ⑤⑤⑤
26, 305e av. Saint-Hippolyte. **[** (450) 563 2083.
Cette maison biscornue au bord du lac est l'ancienne résidence d'été d'un
financier montréalais. Le canard est la spécialité du chef.

Légende des symboles, voir dernier rabat

Catégories de prix pour un repas avec 3 plats et une demi-bouteille de vin (le cas échéant), service compris.

$ moins de 25 Can$
$$ de 25 à 35 Can$
$$$ de 35 à 50 Can$
$$$$ de 50 à 70 Can$
$$$$$ plus de 70 Can$

TERRASSE
Quelques tables sur cour ou en terrasse.
CUISINE VÉGÉTARIENNE
Au moins un menu offrant un choix de plats végétariens.
BAR
Restaurant avec bar proposant cocktails et autres boissons, et/ou plats rapides.
MENU À PRIX FIXE
Menu à prix fixe comportant 3 plats, servi le midi et/ou le soir.
ENFANTS BIENVENUS
Portions réduites et/ou chaises hautes sur demande.

	TERRASSE	CUISINE VÉGÉTARIENNE	BAR	MENU À PRIX FIXE	ENFANTS BIENVENUS
LAURENTIDES : *L'Eau à la Bouche* $$$$ 3003, bd Sainte-Adèle, Sainte-Adèle. (450) 229 2991/227 1416. Cuisines nouvelle et québécoise se combinent pour donner des merveilles signées par la chef Anne Desjardins.	■	■	■	■	■
MONTÉRÉGIE : *L'Auberge des Gallants* $$$$ 1171, chemin Saint-Henri, Sainte-Marthe. (450) 459 4241. Au menu de cette auberge des hauteurs riche en lapin et gibier figurent aussi homard et moules.	■	■	■	■	■
NORTH HATLEY : *Auberge Hatley* $$$$$ 325 Virgin Hill Rd. (819) 842 2451. Élu par quatre fois meilleur chef du Québec, Alain Labrie utilise les produits de son potager et cueille ses propres baies sauvages pour les sorbets. Vue sur le lac Massawippi.	■		■	■	
OUTAOUAIS : *L'Orée du Bois* $$ 15, chemin Kingsmere, Chelsea. (819) 827 0332. Sous de grands arbres, près du parc de la Gatineau, ce restaurant se distingue par son pot-au-feu du pêcheur et ses rillettes de sanglier.	■	■	■	■	■
RIGAUD : *Sucrerie de la Montagne* $$$ 300, rang Saint-Georges. (450) 451 0831. Dans cette grange rustique, on agrémente de sirop d'érable les fèves au lard, le jambon confit ou la tarte au sucre (p. 146).		■		■	
ROUYN-NORANDA : *La Renaissance* $$$ 199, av. Principale. (819) 764 4422. Dans ce restaurant populaire, un agréable salon accueille après dîner les fumeurs de cigare et les amateurs de whisky.			■	■	
SHERBROOKE : *La Falaise Saint-Michel* $$$ 100, rue Webster. (819) 346 6339. Très bon accueil et merveilleuses spécialités françaises ; le canard de Barbarie est particulièrement bon.		■	■	■	■
TROIS-RIVIÈRES : *La Becquée* $$ 4970, bd des Forges. (819) 372 1881. Le décor charmant de La Becquée auréole les dîners d'un léger romantisme. La carte est délicieusement française.		■	■	■	■
TORONTO					
BLOOR STREET WEST : *Dang de Lion* $ 549 Bloor St. W. (416) 538 0190. Un des meilleurs restaurants vietnamiens de la ville, populaire et à la mode, délicieux et bon marché.		■		■	■
BLOOR STREET WEST : *Kensington Vegetarian Cafe* $ 460 Bloor St. W. (416) 534 1294. Ce café exceptionnel ne sert que des mets biologiques et sans sucre, avec 14 variétés différentes de pain maison et de délicieux aliments diététiques en vente à toute heure.		■		■	■
CABBAGETOWN : *Rashnaa* $ 307 Wellesley St. E. (416) 929 2099. Les restaurants sri-lankais sont très en vogue à Toronto. Cette adresse est l'une des plus populaires. Cuisine exceptionnelle.	■	■		■	■
CABBAGETOWN : *Real Jerk* $$ 709 Queen St. E. (416) 463 6055. Un des plus authentiques restaurants jamaïcains ; outre les traditionnels haricots rouges au riz, on y sert des plats originaux.		■	■		■

CABBAGETOWN : *Margarita's Cantina & Tapas Mexicanas* 229 Carlton St. ☎ *(416) 929 6284.* Restaurant mexicain aux soirées animées servant des tortillas et fajitas accompagnées de généreux margaritas. ♿ 💳	$$$	■	●	■	●	
CENTRE-VILLE : *Juice for Life* 336 Queen St. W. ☎ *(416) 599 4442.* Jeune et quasiment végétalien, ce café ne peut faire l'unanimité ; très bruyant, mais la nourriture est bonne et pas très chère. 🎵	$	■	●		●	
CENTRE-VILLE : *Ethiopian House* 4 Irwin Ave. ☎ *(416) 923 5438.* Une bonne introduction à la cuisine éthiopienne, plutôt rare ; l'usage est d'utiliser un morceau de pain sans levain *(injera)* en guise de couvert. 💳	$$	■	●	■	●	■
CENTRE-VILLE : *Captain John's* 1 Queen's Quay, West. ☎ *(416) 363 6062.* [FAX] *(416) 363 6065.* Ce restaurant familial qui propose des spécialités de fruits de mer à bord du *Jardan*. Buffet raisonnable pour le déjeuner. ♿ 💳	$$$			■		■
CENTRE-VILLE : *Hard Rock Café SkyDome* 1 Blue Jays Way. ☎ *(416) 341 2388.* Ce bar à hamburger et restaurant installé dans l'enceinte du SkyDome *(p. 169)* est envahi de supporters pendant les matchs. ♿ 💳	$$		●	■		■
CENTRE-VILLE : *Shopsy's* 33 Yonge St. E. ☎ *(416) 365 3333.* Fondé peu après la Seconde Guerre mondiale, cet établissement est prisé pour ses délicieux sandwichs abondamment garnis de viande et son agréable décor. ♿ 💳	$$$	■	●	■	●	■
CENTRE-VILLE : *Filet of Sole* 11 Duncan St. ☎ *(416) 598 3256.* Parmi les nombreux restaurants de fruits de mer du centre de Toronto, c'est l'un des plus fréquentés : situé dans un ancien entrepôt, il ne lésine pas sur les quantités. 💳	$$$		●	■	●	■
CENTRE-VILLE : *Lai Wah Heen* Metropolitan Hotel, 108 Chestnut St. ☎ *(416) 977 9899.* Chic et bien établi, le Lai Wah Heen propose une nourriture chinoise exceptionnelle, et une carte alliant style et originalité. Beaucoup ici ne jurent que par ses *dim sum*. ♿ 💳	$$$		●		●	
CENTRE-VILLE : *Mata Hari Grill* 39 Baldwin St. ☎ *(416) 596 2832.* Restaurant malaisien avec une ambiance sonore jazz et un bon choix de vins. Spécialités de satés et currys. ♿ 🍷 💳	$$$	■	●			■
CENTRE-VILLE : *Nami* 55 Adelaide St. E. ☎ *416 362 7373.* C'est tout simplement l'un des meilleurs restaurants japonais de Toronto, dont la spécialité est l'anguille fumée. 💳	$$$		●			■
CENTRE-VILLE : *Picante* 326 Adelaide St. W. ☎ *(416) 408 2958.* [W] www.toronto.com/picante Galant restaurant espagnol en plein centre de Toronto. Ses points forts sont la paella et d'appétissantes tapas. 💳	$$$		●	■		
CENTRE-VILLE : *Wayne Gretzsky's* 99 Blue Jay Way. ☎ *(416) 979 PUCK.* [FAX] *(416) 586 0099.* Restaurant de style new-yorkais à la gloire du célèbre joueur de hockey sur glace Wayne Gretzsky. On peut voir des crosses de la Stanley cup et des magazines dans des vitrines.	$$$	■	●	■	●	■
CENTRE-VILLE : *Ematei Japanese Restaurant* 1er étage, 30 St. Patrick St. ☎ *(416) 340 0472.* Agréable et stylé, ce restaurant japonais juste à l'est de l'Art Gallery of Ontario *(p. 174-175)* excelle dans les sushi. 💳	$$$$		●	■		■
CENTRE-VILLE : *La Fenice* 319 King St. W. ☎ *(416) 585 2377.* Ce restaurant à l'élégant mobilier moderne sert d'exquis mets italiens mêlant de manière inventive sauces et épices. 🍷 💳	$$$$		●	■		

Légende des symboles, voir dernier rabat

Catégories de prix pour un repas avec 3 plats et une demi-bouteille de vin (le cas échéant), service compris.

$ moins de 25 Can$
$$ de 25 à 35 Can$
$$$ de 35 à 50 Can$
$$$$ de 50 à 70 Can$
$$$$$ plus de 70 Can$

TERRASSE
Quelques tables sur cour ou en terrasse.
CUISINE VÉGÉTARIENNE
Au moins un menu offrant un choix de plats végétariens.
BAR
Restaurant avec bar proposant cocktails et autres boissons, et/ou plats rapides.
MENU À PRIX FIXE
Menu à prix fixe comportant généralement 3 plats, servi le midi et/ou le soir.
ENFANTS BIENVENUS
Portions réduites et/ou chaises hautes sur demande.

	TERRASSE	CUISINE VÉGÉTARIENNE	BAR	MENU À PRIX FIXE	ENFANTS BIENVENUS
CENTRE-VILLE : _Le Papillon_ $$$ 16 Church St. (416) 363 3773. La cuisine québécoise est rare à Toronto, mais les tartes et pâtisseries françaises de ce grand restaurant aident à combler ce vide.		●	▪		▪
CENTRE-VILLE : _Rodney's Oyster House_ $$$ 209 Adelaide St. E. (416) 363 8105. www.rodneysoysterhouse.com Huîtres à foison dans cet établissement ancien où touristes et hommes d'affaires se côtoient.			▪		▪
CENTRE-VILLE : _Canoe_ $$$$ Toronto-Dominion Tower, 66 Wellington St. W. (416) 364 0054. www.oliverbonachi.com Produits canadiens frais sublimés, tels que l'omble chevalier ou le caribou, dans cet établissement situé au 54ᵉ étage de la Toronto-Dominion Tower.		●	▪		
CENTRE-VILLE : _Senator_ $$$$$ 249 Victoria St. (416) 364 7517. www.thesenator.com Ce magnifique restaurant central se prétend à juste titre le meilleur grill de la ville. Décor Art nouveau saisissant.	▪		▪		
CHINATOWN : _Il Fornello_ $$ 35 Elm St. (416) 598 1766. Un restaurant italien plein d'ambiance, apprécié pour ses appétissantes pizzas et pour son mobilier ultramoderne.	▪	●	▪	●	▪
GREEKTOWN : _Avli_ $$$ 401 Danforth Ave. (416) 461 9577. www.avlirestaurant.com Excellent restaurant grec à l'est du centre servant de merveilleux ragoûts et des plats traditionnels.	▪	●	▪		
LITTLE ITALY : _Sweet Spirits_ $$ 584 College St. (416) 532 3635. Célèbre restaurant italien, imbattable sur les pâtes maison et les fruits de mer ; excellent choix de vins italiens.	▪	●	▪		▪
YORKVILLE : _Café Nervosa_ $$$ 75 Yorkville Ave. (416) 961 4642. Établissement chic dans le quartier huppé de Toronto. Carte légère, mêlant salades, pâtes, pizzas et fruits de mer.	▪	●	▪		▪

OTTAWA ET L'EST DE L'ONTARIO

	TERRASSE	CUISINE VÉGÉTARIENNE	BAR	MENU À PRIX FIXE	ENFANTS BIENVENUS
KINGSTON : _Kingston Brewing Company_ $ 34 Clarence St. (613) 542 4978. Restaurant de 65 couverts, magnifiquement équipé, avec terrasse. Bières artisanales.	▪	●	▪		
KINGSTON : _Candlelight Dining_ $$ Fort Henry. (613) 530 2550. www.foodandheritage.com Une expérience unique que ce dîner en plein cœur de Fort Henry (p. 198), avec des serveurs en uniforme d'époque.		●	▪	●	▪
KINGSTON : _General Wolfe Hotel_ $$ Wolfe Island. (613) 385 2611. www.generalwolfe.com Le premier plaisir est de s'y rendre, gratuitement, à bord du bac de l'île Wolfe ; sur place, c'est le rendez-vous des gourmets.			▪	●	▪
NORTH BAY : _Churchill's Prime Rib House_ $$ 631 Lakeshore Drive. (705) 476 7777. Un lieu agréable au bord du lac encensé par les amateurs de bonne viande et légumes du pays.		●	▪		▪

OTTAWA : *Heart & Crown*   ($)
67 Clarence St. [(613) 562 0674.
Dans le quartier branché de Byward Market, ce pub joue la carte irlandaise.
Concerts de musique celtique plusieurs soirs par semaine, bières et whiskies
irlandais. 🎵 🍷 🖅

OTTAWA : *Mamma Teresa Ristorante*   ($)
300 Somerset W. [(613) 236 3023.
Pizzas croustillantes et plats italiens traditionnels. Idéal pour croiser
des députés, ministres ou vedettes des médias. 🖅

OTTAWA : *Royal Thai*   ($)($)
272 Dalhousie St. [(613) 562 8818.
L'enseigne dit tout : d'authentiques currys thaïs, à prix très raisonnables,
et en plein centre-ville. 🍷 🖅

OTTAWA : *The Ritz*   ($)($)
89 Clarence St. [(613) 789 9797.
Joli décor XIXᵉ et excellent service dans ce restaurant du populaire
Byward Market ; on y croise des célébrités locales. 🍷 🖅

OTTAWA : *Big Daddy's Crab Shack & Oyster Bar*   ($)($)($)
780 Baseline St. [(613) 228 7011.
Très populaire auprès des jeunes ; on y déguste de nombreux plats
cajuns ainsi que des préparations plus exotiques. ♿ 🎵 🖅

OTTAWA : *Château Laurier Hotel*   ($)($)($)
1 Rideau St. [(613) 241 1414.
Ce célèbre hôtel *(p. 193)* est un must. Les deux restaurants, Zoe's et
Wilfrid's, proposent une carte variée de première qualité. ♿ 🎵 🍷 🖅

PARC PROVINCIAL ALGONQUIN : *Arowhon Pines*   ($)($)($)($)
Par l'Autoroute 60, parc provincial Algonquin. [(705) 633 5661ou (416) 483 4393 *(en hiver)*
Même si vous ne logez pas sur place *(p. 352)*, le restaurant mérite
le détour ; la vue depuis la salle hexagonale en rondins est à couper
le souffle. Apportez votre propre vin. ● *de nov. à avr.* ♿

PETERBOROUGH : *Parkhill Café*   ($)($)
655 Parkhill Rd. W. [(705) 743 8111.
Avec ses bons gros sandwichs et ses *cappuccini*, le Parkhill fait
l'unanimité des habitants et des visiteurs de Peterborough. 🖅

LES GRANDS LACS

BAYFIELD : *The Little Inn of Bayfield*   ($)($)($)($)
Main St. [(519) 565 2611.
Un des meilleurs restaurants de l'Ontario, dans un de ses meilleurs
hôtels. Spécialité de poisson (perche et brochet) du lac Huron. ♿ 🍷 🖅

GODERICH : *Robindale's Fine Dining*   ($)($)($)($)
80 Hamilton St. [(519) 524 4171.
La grande table de Goderich, jolie petite ville rurale, occupe une maison
victorienne reconvertie avec goût. Variée, la carte fait appel à des
produits locaux ; le bœuf met l'eau à la bouche 🍷 🖅

NIAGARA FALLS : *Capri*   ($)($)
5438 Ferry St. [(905) 354 7519.
Ce restaurant de famille, faisant figure d'institution locale, sert une
excellente et abondante cuisine italienne. ♿ 🖅

NIAGARA FALLS : *The Pinnacle Restaurant*   ($)($)($)
6732 Oakes Drive. [(905) 356 1501.
Au sommet de la tour Minolta, « Le Pinacle » offre une superbe vue
sur les chutes. Les plats simples sont savoureux. ♿ 🖅

NIAGARA FALLS : *Yukiguni*   ($)($)
5980 Buchanan Ave. [(905) 354 4440.
Ce restaurant japonais est une des meilleures tables en ville. Les plats
grésillants sont servis avec style ; goûtez le teriyaki au saumon. 🖅

NIAGARA FALLS : *Skylon Tower*   ($)($)($)($)
5200 Robinson St. [(905) 356 2651.
Le restaurant tournant de Skylon Tower, un des plus animés de la ville,
offre une vue inégalée sur les chutes. 🖅

Légende des symboles, voir dernier rabat

Catégories de prix pour un repas avec 3 plats et une demi-bouteille de vin (le cas échéant), service compris.

$ moins de 25 Can$
$$ de 25 à 35 Can$
$$$ de 35 à 50 Can$
$$$$ de 50 à 70 Can$
$$$$$ plus de 70 Can$

Terrasse
Quelques tables sur cour ou en terrasse.
Cuisine végétarienne
Au moins un menu offrant un choix de plats végétariens.
Bar
Restaurant avec bar proposant cocktails et autres boissons, et/ou plats rapides.
Menu à prix fixe
Menu à prix fixe comportant généralement 3 plats, servi le midi et/ou le soir.
Enfants bienvenus
Portions réduites et/ou chaises hautes sur demande.

	Terrasse	Cuisine végétarienne	Bar	Menu à prix fixe	Enfants bienvenus
Niagara-on-the-Lake : *Shaw Café and Wine Bar* $$ 92 Queen St. ☎ *(905) 468 4772.* Nommé d'après le dramaturge George Bernard Shaw, ce café branché attire les amateurs de théâtre. Style bistro. ♿ 💳	■	●	■		■
Niagara-on-the-Lake : *The Olde Angel Inn* $$$ 224 Regent St. ☎ *(905) 468 3411.* [W] www.angel-inn.com Cette ancienne auberge du XIXe siècle a une salle à manger et un pub. Spécialité de bœuf à la Guinness et de caneton rôti. 🍷 💳		●	■		■
Niagara-on-the-Lake : *The Oban Inn* $$$$ 160 Front St. ☎ *(905) 468 2165.* [W] www.vintageinns.com Une adresse chic, aux serviettes joliment pliées et couverts rutilants. Bonne cuisine aussi ; on recommande le saumon poché. ♿ 🍷 💳		●	■		■
Penetanguishene : *Blue Sky Family Restaurant* $ 48 Main St. ☎ *(705) 549 8611.* Traditionnel et familial, avec tabourets de bar, tables en Formica et menu de rigueur : œufs au bacon, muffins, etc. 💳				●	■
Sault Sainte Marie : *A Thymely Manner* $$$$ 531 Albert St. ☎ *(705) 759 3262.* Agneau de pays et délicieux poissons, notamment la truite, dans ce restaurant hors pair, de loin le meilleur en ville. 🍷 💳		●			■
Thunder Bay : *Hoito Restaurant* $ 314 Bay St. ☎ *(807) 345 6323.* Des centaines de Finnois ont émigré à Thunder Bay au début du XXe siècle ; Hoito propose une carte traditionnelle et abordable. 💳			■	●	
Windsor : *The Park Terrace* $$$$$ Windsor Hilton Hotel, 277 Riverside Drive W. ☎ *(519) 973 4225.* La cuisine du Hilton, à base d'excellents produits locaux, s'accompagne d'une belle vue de Detroit, sur l'autre rive. ♿ 🍷 💳		●	■	●	■
Les Prairies					
Edmonton : *Bourbon Street* $ West Edmonton Mall. ☎ *(780) 444 1752.* L'ambiance de la rue rappelle La Nouvelle-Orléans ; série de restaurants, dont le Sherlock Holmes (bonnes bières), l'Albert's (viandée fumée de Montréal) et le Hooters (serveuses en petite tenue). ♿ 💳	■	●	■	●	■
Edmonton : *Unheardof Restaurant* $$$$ 9602 82nd Ave. ☎ *(780) 432 0480.* Situé dans le quartier d'Old Strathcona, ce restaurant est notamment apprécié pour son filet de bison. ● *lun.* ♿ 💳		●		●	■
Gull Harbour : *Viking Dining Room* $$ Gull Harbour Resort, parc provincial de Hecla. ☎ *(204) 279 2041.* Au menu islandais : agneau Rulupsa avec pain bis à la mélasse, poisson frais du lac Winnipeg et Vinarterta au dessert. ♿ 💳	■	●	■		■
Medicine Hat : *Mario's Ristorante* $ 439 5th Ave. S.E. ☎ *(403) 529 2600.* Chez Mario, dans la vieille ville, pâtes, veau, steak, poulet et fruits de mer, le tout accompagné d'une chaleureuse ambiance à l'italienne. ♿ 🍷 💳		●	■	●	■
Red Deer : *Shauney's* $ 4909 48 th St. ☎ *(403) 342 2404.* Élégance et confort sont au rendez-vous pour un dîner d'autruche, de bison, ou autres mets exotiques. ♿ 💳		●	■	●	■

REGINA : *The Harvest Eating House* Ⓢ
379 Albert St. ☎ *(306) 545 3777.*
Dans une maison en bois décorée de figuiers et d'objets ruraux,
ce restaurant propose des entrecôtes et produits de la mer.
Le bar-chariot symbolise la Saskatchewan. ♿ 🍽

REGINA : *The Diplomat* ⓈⓈⓈ
2032 Broad St. ☎ *(306) 359 3366.*
Au menu de cet élégant restaurant : steak, poisson et carré d'agneau.
Au mur, portraits des Premiers ministres canadiens. ♿ 🍽

SASKATOON : *The Granary* Ⓢ
2806 8th St. East. ☎ *(306) 373 6655.*
Ce restaurant, style élévateur à grains, propose entrecôtes rôties, fruits
de mer, poulet et un généreux buffet de salades. ♿ 🍽

SASKATOON : *Wanuskewin Restaurant* Ⓢ
Wanuskewin Heritage Park. ☎ *(306) 931 9932.*
Lieu historique national *(p. 242).* Au menu : hamburgers au bison,
soupe maison, pain bannock et tarte aux baies de Saskatoon. ♿ 🍽

SASKATOON : *Saskatoon Asian* ⓈⓈ
136 2nd Ave. South. ☎ *(306) 665 5959.*
Spécialité de plats vietnamiens, notamment les raviolis aux crevettes,
toujours appréciés. ♿ 🍽

STEINBACH : *Livery Barn Restaurant* Ⓢ
Mennonite Heritage Village, Autoroute 12. ☎ *(204) 326 9661.*
De savoureux plats traditionnels mennonites dans un décor de pionniers.
À la boutique, café moulu artisanal et bonbons à l'ancienne. ♿

WINNIPEG : *Suzy Q's* Ⓢ
1887 Portage Ave. ☎ *(204) 832 7814.*
Reconstitution minutieuse d'un snack des années 1950 ; hamburgers,
frites et milkshakes épais à souhait. ♿

WINNIPEG : *Restaurant Dubrovnik* ⓈⓈⓈⓈ
390 Assiniboine Ave. ☎ *(204) 944 0594.*
L'un des meilleurs restaurants de la ville. Spécialité de porc avec chutney
à la mangue et de homard. Réservation indispensable. ♿ 🍷 🍽

WINNIPEG : *Wagon Wheel Restaurant* Ⓢ
305 Hargrave St. ☎ *(204) 942 6695.*
On peut s'y arrêter prendre un sandwich copieux, un milk-shake épais,
ou une bonne soupe maison.

VANCOUVER ET L'ÎLE DE VANCOUVER

CAMPBELL RIVER : *Legends Dining Room* ⓈⓈ
1625 McDonald Rd. ☎ *(250) 286 1102.* 🌐 www.oakbaymarinagroup.com
Menu de la côte ouest à déguster avec un œil sur Discovery Passage et
les bateaux. Cognac au coin du feu dans le salon. ♿ 🍽

MALAHAT : *The Aerie* ⓈⓈⓈⓈⓈ
600 Ebedora Lane. ☎ *(250) 743-7115.* 🌐 www.aerie.bc.ca
Goûtez un excellent menu de viande et fruits de mer du pays tout en
admirant la vue sur les fjords et les montagnes. ♿ 🎵 🍷 🍽

NANAIMO : *Wesley Street Café* ⓈⓈ
321 Wesley St. ☎ *(250) 753 4004.*
Café intime pour ceux qui apprécient les saveurs fraîches et légères
de la côte ouest d'aujourd'hui. Un brin de sophistication le week-end,
grâce au jazz live. 🎵 🍷 🍽

NANAIMO : *Mahle House Restaurant* ⓈⓈⓈⓈ
2104 Hemer Rd. ☎ *(250) 722 3621.*
Ferme de 1904 entourée d'un jardin anglais ; le mercredi, menu
« Aventure », avec cinq plats surprises concoctés par le chef. 🎵 🍷 🍽

SALT SPRING ISLAND : *Hastings House* ⓈⓈⓈⓈⓈ
160 Upper Ganges Rd. ☎ *(250) 537 2362.*
Ancienne propriété anglaise donnant sur le port animé de Ganges.
Cuisine locale. Restaurés, les bâtiments de ferme accueillent les hôtes
de passage. ♿ 🍷 🍽

Légende des symboles, voir dernier rabat

Catégories de prix pour un repas avec 3 plats et une demi-bouteille de vin (le cas échéant), service compris.

$ moins de 25 Can$
$$ de 25 à 35 Can$
$$$ de 35 à 50 Can$
$$$$ de 50 à 70 Can$
$$$$$ plus de 70 Can$

TERRASSE
Quelques tables sur cour ou en terrasse.
CUISINE VÉGÉTARIENNE
Au moins un menu offrant un choix de plats végétariens.
BAR
Restaurant avec bar proposant cocktails et autres boissons, et/ou plats rapides.
MENU À PRIX FIXE
Menu à prix fixe comportant généralement 3 plats, servi le midi et/ou le soir.
ENFANTS BIENVENUS
Portions réduites et/ou chaises hautes sur demande.

	TERRASSE	CUISINE VÉGÉTARIENNE	BAR	MENU À PRIX FIXE	ENFANTS BIENVENUS
SOOKE : *Sooke Harbour House* $$$$ 1528 Whiffen Spit Rd. (250) 642 3421. Primée, cette table offre des asperges de mer comme des oursins accompagnés d'herbes et de légumes du jardin.		●			●
TOFINO : *Wickaninnish Inn & Pointe Restaurant* $$$$ Osprey Lane à Chesterman's Beach. (250) 725 3100. Splendide restaurant avec âtre circulaire et vue sur le Pacifique. Au menu, fruits de mer frais et vins du Nord-Ouest.	●	●	●	●	●
VANCOUVER : *Havana* $ 1212 Commercial Drive. (604) 253 9119. Authentique restaurant cubain important ses cocktails : La Havane dans un des quartiers animés de Vancouver.	●	●	●	●	●
VANCOUVER : *The Old Spaghetti House* $ 53 Water St. (604) 684 1287. Adresse familiale et pleine de vie au cœur de Gastown ; le personnel est sympathique, le menu italien varié.	●	●	●	●	●
VANCOUVER : *Cotton Club* $$ 200-1833 Anderson (604) 738 7465. Plats d'Amérique du Nord et du Sud-Ouest servis sur fond de jazz joué par des artistes de renommée internationale.	●	●	●	●	●
VANCOUVER : *The Fish House* $$ 8901 Stanley Park Drive. (604) 681 7275. Vous y dégusterez du poisson au milieu des espaces verts de Stanley Park, avec vue panoramique sur English Bay. Les couche-tôt peuvent y dîner entre 17 h et 18 h.	●	●	●		●
VANCOUVER : *Villa De Lupo* $$ 869 Hamilton St. (604) 688-7436. Une alléchante carte italienne de risotto à la ciboulette fraîche, poulet fermier farci ou tomates pochées aux olives.		●			
VANCOUVER : *Cin Cin Restaurant* $$$ 1154 Robson St. (250) 688 7338. Un décor italo-méditerranéen et le crépitement d'un grill au feu de bois ; le rendez-vous des amateurs de cinéma en semaine et des touristes le week-end.	●	●	●	●	
VANCOUVER: *Diva at the Met* $$$ Metropolitan Hotel, 645 Howe St. (604) 602 7788. Tables sur plusieurs niveaux et cuisine-bar créent un style décontracté ; la carte, hors pair, associe pizzas au poulet sauce barbecue, darnes de saumon et courgettes en saumure.		●	●	●	●
VANCOUVER : *900 West Hotel Vancouver* $$$ 900 West Georgia St. (604) 669 9378. Possibilité de dîner au bar de la cuisine, ou à table dans la salle à manger. Bar primé pour sa carte de plus de 60 vins.		●	●	●	
VANCOUVER: *Tojo's Japanese* $$$ 777 West Broadway Suite, 202. (604) 872 8050. Depuis son ouverture en 1988, Tojo sert une cuisine japonaise invariablement remarquable et récompensée. Clientèle de journalistes du quartier.	●	●	●	●	●
VANCOUVER: *C Restaurant* $$$$ 2-1600 Howe St. (604) 681 1164. Ce restaurant contemporain se targue d'avoir les meilleurs produits de la mer de la ville. Terrasse toute blanche.	●	●	●		

VANCOUVER : *Piccolo Mondo Ristorante* $$$$
850 Thurlow St. ☎ *(604) 688 1633.*
Une cave de 480 vins italiens et des recettes familiales promettent un aperçu délicieux – et décontracté – de l'Italie du Nord. 🍷 💳

VANCOUVER NORD : *HíWus Feasthouse* $$$$$
6400 Nancy Greene Way. ☎ *(604) 984 0661.* [W] www.grousemtn.com/amen/hi
L'expérience incomparable d'un dîner-spectacle dans une maison longue indienne, avec recettes, chants et danses authentiques des Amérindiens de la côte nord-ouest. ♫

VANCOUVER NORD : *Pacific Starlight Dinner Train* $$$$$
Gare BC Rail, 1311 W 1st St. ☎ *(604) 984 5246.*
Si vous voulez impressionner votre bien-aimé(e), offrez-lui un inoubliable dîner romantique à bord d'un train. ♿ 💳

VICTORIA : *Barb's Place* $
Fisherman's Wharf, Erie St. Float. ☎ *(250) 384 6515.*
Dans les bassins du port de Victoria. La clientèle se régale de fish-and-chips et autres plats savoureux. ● *de nov. à avr.* ♿

VICTORIA : *J & J Wonton Noodle House* $
1012 Fort St. ☎ *(250) 383 0680.*
Grande salle confortable et pâtes fraîches maison réservées aux habitués et à quelques touristes ayant su s'égarer jusque-là. ♿ 💳

VICTORIA : *Empress Room* $$$$
Empress Hotel, 721 Government St. ☎ *(250) 384 8111.*
Bonne table dans une salle édouardienne de 1908. Le soir, une harpiste crée un climat raffiné ; espadon au menu. ♿ ♫ 🍷 💳

VICTORIA : *Il Terrazzo* $$$$
555 Johnson St. ☎ *(250) 361 0028.*
Dans un édifice de 1890 au cœur de la vieille ville, cette table revendique les meilleures spécialités italiennes de Victoria. Magnifique cour, réchauffée par six cheminées. ♿ 🍷 💳

VICTORIA : *The Victorian* $$$$
Ocean Point Resort, 45 Songhees Rd. ☎ *(250) 360 2999.*
Chandelles, vins fins, délices du Nord-Ouest et vue sur le port sont les atouts de cette excellente adresse. ♿ 🍷 💳

LES ROCHEUSES

BANFF : *Giorgio's Trattoria* $$
219 Banff Avenue. ☎ *(403) 762 5114.*
Restaurant intime au cœur de la ville ; pâtes italiennes et pizzas au feu de bois. ♿ 🍷 💳

BANFF : *Buffalo Mountain Lodge Dining Room* $$$$
Tunnel Mountain Rd. ☎ *(403) 762 2400.*
Un peu excentrée, une salle aux poutres apparentes où déguster un menu des Rocheuses : venaison, caribou, cerf, agneau et bœuf. ♿ 🍷 💳

CALGARY : *Ranchman's* $
9615 McLeod Trail South. ☎ *(403) 253 1100.*
Institution de Calgary, ce café de cow-boy et club de country s'orne de selles de rodéo et d'une cantine ambulante au-dessus de la scène. Au menu, bœuf et poulet fumés à la Texane. ♿ ♫ 💳

CALGARY : *Crosshouse Garden Café* $$$
1240 8th Avenue S.E. ☎ *(403) 531 2767.*
Maison de 1891 du pionnier de Calgary, A. F. Cross ; à la carte, omble chevalier, bison et de nombreux plats de poisson et de poulet. ♿ 🍷 💳

CALGARY : *Mescalero Restaurant* $$$
1315 1st St. S.W. ☎ *(403) 266 3339.*
Menu inspiré du sud-ouest des États-Unis, avec *enchiladas*, soupe aux haricots noirs et fruits de mer au citron vert. Décor d'hacienda. ♿ 🍷 💳

CRANBROOK : *Swiss Magic* $
20 7th Avenue South. ☎ *(250) 426 4565.*
Art de Colombie-Britannique, sol parqueté, recettes européennes préparées dans une cuisine-bar, à la vue des clients. ♿ 🍷 💳

Piccolo Mondo Ristorante		●			
HíWus Feasthouse		●		●	■
Pacific Starlight Dinner Train		●	■	●	
Barb's Place	■	●		●	
J & J Wonton Noodle House		●		●	■
Empress Room	■	●	■	●	■
Il Terrazzo	■	●	■		
The Victorian	■	●	■	●	■
Giorgio's Trattoria		●			■
Buffalo Mountain Lodge Dining Room	■	●	■	●	■
Ranchman's	■	●	■	●	
Crosshouse Garden Café	■	●			
Mescalero Restaurant	■	●	■		
Swiss Magic		●			■

Légende des symboles, voir dernier rabat

Catégories de prix pour un repas avec 3 plats et une demi-bouteille de vin (le cas échéant), service compris.

$ moins de 25 Can$
$$ de 25 à 35 Can$
$$$ de 35 à 50 Can$
$$$$ de 50 à 70 Can$
$$$$$ plus de 70 Can$

TERRASSE
Quelques tables sur cour ou en terrasse.
CUISINE VÉGÉTARIENNE
Au moins un menu offrant un choix de plats végétariens.
BAR
Restaurant avec bar proposant cocktails et autres boissons, et/ou plats rapides.
MENU À PRIX FIXE
Menu à prix fixe comportant 3 plats, servi le midi et/ou le soir.
ENFANTS BIENVENUS
Portions réduites et/ou chaises hautes sur demande.

		TERRASSE	CUISINE VÉGÉTARIENNE	BAR	MENU À PRIX FIXE	ENFANTS BIENVENUS
FAQUIER : *Mushroom Addition* 128 Oak St. (250) 269 7467. Les champignons sauvages entrent dans la composition de quasiment chaque plat. Bouquets de fleurs naturelles l'été.	$	■	●			■
KIMBERLEY : *The Old Bauernhaus* 280 Norton Avenue. (250) 427 5133. Cette ferme bavaroise du XVIIIᵉ siècle a été démontée puis reconstruite au Canada dans les années 1980. Le rez-de-chaussée est désormais un restaurant servant de copieux repas. ● *mar. et ven.*	$$	■	●			■
LAC LOUISE : *Poppy Room* Chateau Lake Louise. (403) 522 3511 ext 1189. Toutes les tables ont vue sur le lac. Au menu, hamburgers, salades, pâtes ou poisson ; au petit déjeuner, buffet proposant des omelettes et des gaufres.	$$		●			■
LAC LOUISE : *Elkhorn Dining Room* Mile 22 Bow Lake Icefield Parkway. (403) 522 2167. Édifice historique bâti par l'artiste Jimmy Simpson, dont les aquarelles ornent les murs. Carte à dominante de gibier.	$$$		●		●	■
NAKUSP : *Mattie's Family Restaurant* Leland Hotel, 96th 4th Avenue SW. (250) 265 3316. Vue sur le lac Arrow, et spécialité d'entrecôte. Mobilier ancien et vieilles photographies créent une ambiance édouardienne.	$	■	●		●	■
NELSON : *The Outer Clove* 536 Stanley St. (250) 354 1667. Vieil édifice en brique aux couleurs vives. La cuisine utilise cinq livres d'ail par jour, jusque dans les desserts. ● *dim.*	$	■	●			■
REVELSTOKE : *The Peak's Lodge Resort* Transcanadienne (Autoroute 1). (250) 837 2176. Vieux chalet aux meubles anciens au pied de Boulder Mountain. Bœuf d'Aberta et saumon de Colombie-Britannique fumé sur place.	$$$	■	●	■		■

LE SUD ET LE NORD (COLOMBIE-BRITANNIQUE)

		TERRASSE	CUISINE VÉGÉTARIENNE	BAR	MENU À PRIX FIXE	ENFANTS BIENVENUS
FORT LANGLEY : *Bedford House* 9272 Glover Rd. (604) 888 2333. Bonne table dans le cadre historique de Fort Langley ; ambiance détendue, personnel attentif et vins de qualité.	$$	■	●	■		
KELOWNA : *Williams Inn* 526 Lawrence Avenue. (250) 763 5136. Maison romantique sur deux niveaux ; carte européenne de gibier, steak, agneau, fruits de mer, poulet et desserts maison.	$$	■	●		●	
LADNER : *48th Avenue Restaurant* 5047 48th Avenue. (604) 946 2244. Décor simple, donnant sur les vieilles maisons de Ladner. Fruits de mer et pâtes façon côte ouest.	$$	■	●	■		
NARAMATA : *The Country Squire* 3950 1st St. (250) 496 5416. Délicieuse soirée où entre les cinq plats, on peut flâner dans le jardin avec un verre de vin d'Okanagan.	$$$$		●	■	●	
OSOYOOS : *The Diamond Steak and Seafood House* 8903 Main St. (250) 495 6223. Trois salles aux spécialités grecques et italiennes : steaks, fruits de mer, pâtes, pizzas et une délicieuse entrecôte.	$		●	■	●	■

PRINCE RUPERT : *Smile's Café* $$
1 Cow Bay Rd. ((250) 624 3072.
Bâtiment des années 1930 sur les quais ; restaurant familial de fruits de mer ;
à côté, un café.

WELLS : *Country Encounters* $
4236 Jones Avenue. ((250) 994 2361.
Pains, pâtes et succulents desserts maison. Halte pour les motoneiges en
hiver ; l'été se passe au balcon.. ● *avr. et oct.*

WHISTLER : *Black's Original Restaurant* $$$
4270 Mountain Square. ((604) 932 6408.
Restaurant situé au Westbrook Hotel, au pied des montagnes. Rôti
de dinde le dimanche ; à l'étage, le pub britannique est spécialisé dans
la Guinness.

WHISTLER : *Bear Foot Bistro* $$$$$
4121 Village Green. ((604) 932 3433.
Sols de ciment délavé à l'acide, fauteuils de cuir brun, jazz live,
et un des plus importants choix de cigares cubains d'Amérique du Nord.
Cuisine française novatrice.

LE NORD DU CANADA

DAWSON CITY : *Bonanza Dining Room* $$$
Eldorado Hotel, 3rd & Princess Sts. ((867) 993 5451.
Dans cet hôtel, deux restaurants rustiques servent des snacks simples.
Plats du jour renouvelés quotidiennement.

DAWSON CITY : *Klondike Kate's* $$$
3rd Avenue & King St. ((867) 993 6527.
Ce café apprécié et sympathique devant son nom à une danseuse de bal
de Dawson City sert les meilleurs petits déjeuners du Yukon. ● *l'hiver.*

FORT PROVIDENCE : *Snowshoe Inn* $$
1 Mackenzie St. ((867) 699 3511.
Le plus grand restaurant de la ville met l'accent sur la cuisine maison
et propose des fruits de mer raffinés.

INUVIK : *MacKenzie Hotel* $$$$
185 MacKenzie Rd. ((867) 777 2861.
Cet hôtel-restaurant permet de goûter la cuisine inuit, notamment l'omble
chevalier et le caribou.

IQALUIT : *Kamotiq In Restaurant* $$$$
Wiley Rd. ((867) 979 5937.
Deux salles, dont l'une en forme d'igloo, proposent des mets arctiques,
des steaks, fruits de mer et plats mexicains.

RANKIN INLET : *Siniktarvik Hotel* $$
3500 Wiley Rd. ((867) 645 2949. [W] sinik@arctic.ca
Ragoûts chaleureux et steaks généreux sont au menu de ce restaurant
récemment remis à neuf.

WHITEHORSE : *Yukon Mining Company* $$$
High Country Inn, 4051 4th Avenue. ((867) 667 4471.
Chaque soir, un barbecue en plein air permet aux convives d'apprécier
le paysage époustouflant alentour. Spécialité de saumon et de flétan,
mais aussi de bière de la région.

WHITEHORSE : *The Cellar Dining-Room* $$$$
101 Main St. ((867) 667 2572.
Située à l'Edgewater Hotel, cette « cave » attire les gens du cru ; ambiance
plaisante et nourriture excellente.

YELLOWKNIFE : *Wildcat Café* $$
5414 Wiley Road. ((867) 873 8850.
Un véritable aperçu de la vie dans le Grand Nord. Spécialité de plats
régionaux, en particulier de soupes, et ragoûts copieux.

YELLOWKNIFE : *The Prospector* $$$$
Wiley Rd. ((867) 920 7620.
Un site d'amarrage pour hydravion est à la disposition des clients
estivaux. ● *l'hiv er.*

Légende des symboles, voir dernier rabat

BOUTIQUES ET MARCHÉS

On trouve bien autre chose au Canada que des poupées folkloriques et des T-shirts à feuille d'érable. Le choix est large, de l'électronique aux vêtements ou aux bijoux, en passant par de nombreux produits typiquement canadiens tels que sirop d'érable au Québec, saumon fumé en Colombie-Britannique, bottes de cow-boy dans l'Alberta, etc. L'art amérindien s'ins-

Poupée de Charlottetown

pire de traditions séculaires : sculptures dans l'Ouest, peintures ou tapisseries chez les Inuit. Chaque grande ville comporte un centre commercial couvert, des grands magasins et des boutiques spécialisées, des galeries d'art et des marchés. Dans les campagnes, l'artisanat local est souvent magnifique. N'oubliez pas que des taxes sur les ventes viennent s'ajouter au prix de nombreux articles.

HEURES D'OUVERTURE

Les horaires d'ouverture sont variables, mais dans les grandes villes, la plupart des magasins ouvrent vers 9 h pour fermer entre 17 h et 21 h. Certains magasins d'alimentation ou généralistes, voire certaines pharmacies, sont ouverts 24 h sur 24. Les magasins font souvent nocturne jusqu'à 21 h le vendredi, sauf dans les petites villes et les villages, où tout est fermé après 18 h, même les stations-service.
Ils ouvrent de plus en plus le dimanche, généralement de midi à 17 h, avec des variations régionales. Vérifiez avant de vous déplacer, surtout à la campagne.

MODES DE PAIEMENT

La plupart des magasins prennent les principales cartes de crédit, notamment VISA et MasterCard, en imposant parfois un montant minimum. Ils peuvent aussi en limiter l'usage pendant les soldes d'été ou d'hiver. Le paiement direct est très répandu, et la plupart des supermarchés et grands magasins sont équipés de terminaux pour cartes bancaires. Les chèques de voyage sont acceptés, à condition de pouvoir justifier de son identité ; passeport valide ou permis de conduire sont les plus demandés.
Outre les dollars canadiens, les dollars américains sont la seule monnaie acceptée par les grands magasins. Mais le taux de change peut y être

jusqu'à 15 % plus faible que dans les banques. Certains d'entre eux ont un bureau de change sur place.

TAXES SUR LES VENTES

Haïe de tous les Canadiens, la GST (Goods and Services Tax, TPS au Québec), de 7 % actuellement, frappe presque toutes les ventes au détail ; principale exception : les aliments de base. Les étrangers ont 60 jours pour en demander le remboursement sur la plupart de leurs achats, sauf notes de restaurant, boissons, tabac ou transports. Aéroports, magasins *duty free*, hôtels et la plupart des ambassades fournissent un formulaire spécial. Joignez les tickets de caisse originaux (photocopies refusées) et envoyez le tout à Revenu Canada *(p. 343)*.
À la GST viennent s'ajouter des taxes provinciales variant de 5 à 12 %, sauf en Alberta, dans le Yukon et les Territoires du Nord-Ouest. Au Québec, dans le Manitoba, en Nouvelle-Écosse et à Terre-Neuve, les non-résidents bénéficient de taux moindres.

DROITS DU CONSOMMATEUR

Renseignez-vous sur les modalités d'échange avant tout achat. Certains magasins remboursent les articles, d'autres proposent un avoir ; la plupart n'échangent ni ne remboursent les soldes. Une enseigne sérieuse reprendra un article défectueux,

accompagné de la facture originale, pendant 28 jours. Compte tenu de la recrudescence des fraudes, évitez les achats par carte bancaire au téléphone.

Wayne Carlick, sculpteur amérindien, Colombie-Britannique

CENT POUR CENT CANADIENS

Il existe une grande diversité de produits canadiens. En vente dans tout le pays, ils sont souvent moins chers dans leur province d'origine. Sur la côte Atlantique, les pull-overs tricotés main et les poteries sont un bon choix, de même que les étains Seagull de Nouvelle-Écosse. Les provinces des Prairies sont spécialistes des tenues de cow-boy : ceintures « western », gilets, chapeaux et bottes. Plus à l'ouest, les artisans de Colombie-Britannique créent des sculptures raffinées, dont

Étal du marché artisanal de Lonsdale Quay, à Vancouver *(p. 276)*

des mâts totémiques. Les bijoux en jade local y sont également abordables. Au Québec et en Ontario, le sirop d'érable et ses dérivés sont rois. Les artisans québécois sont de fins sculpteurs sur bois, et la vannerie amérindienne de l'Ontario constitue un souvenir durable. Pour ceux qui ont besoin d'une valise supplémentaire pour leurs achats, les célèbres bagages Tilley sont fabriqués et vendus dans tout l'Ontario.

On trouve des sculptures inuits dans tout le Canada, et surtout dans le Grand Nord. Leur authenticité est garantie par le gouvernement fédéral ; elles portent une étiquette montrant un igloo et sont signées par l'artiste. Depuis les années 1950, les Inuit gravent des scènes traditionnelles, très appréciées, de même que leurs bijoux. Un magnifique anorak fait main, un panneau brodé ou des mocassins en daim souple font d'excellents cadeaux.

Poterie de Nouvelle-Écosse

Dans tout le pays, l'art canadien contemporain est omniprésent dans les boutiques de cadeaux et galeries. Photographies et posters s'offrent aux bourses plus modestes. On trouve partout des disques de musique canadienne, et disques et cassettes sont au moins 50 % moins chers qu'en Europe.

Les vêtements de sport ou de plein air sont solides et bien coupés, et le matériel de camping, randonnée, plaisance ou pêche de belle qualité. Grâce à une longue tradition, on trouve d'ordinaire un grand choix d'articles, beaucoup moins chers qu'en Europe.

GRANDS MAGASINS

L a principale chaîne est The Bay (La Baie au Québec), qui appartient à la Compagnie de la baie d'Hudson. On y trouve de bonnes affaires et des produits de qualité. Les dernières années du XXᵉ siècle ont été difficiles pour les grands magasins canadiens, désormais confrontés à la concurrence des chaînes américaines comme Wal-Mart et les « discount », et des magasins-clubs, tel Costco (Club Price). Les chaînes comme Sears et Zeller's visent une clientèle plus modeste.

CENTRES COMMERCIAUX

S ans être de hauts lieux culturels, les malls ou centres commerciaux canadiens valent parfois un détour. Au célèbre et moderne Eaton Centre de Toronto, fermé par un dôme de verre et d'acier, un troupeau d'oies sculpté survole les passants. Plus de 42 millions de visiteurs viennent chaque année admirer ce fleuron de l'architecture moderne. Le plus grand centre commercial du monde est le West Edmonton Mall, dans l'Alberta. Plus de 800 boutiques, 34 cinémas, un complexe aquatique, parc d'attractions, hôtel à thème, mini-golf, patinoire, zoo et dauphins font partie de ce paradis du consommateur.

Les magasins chic se concentrent à Toronto, capitale du commerce. Bloor Street et Yorkville Avenue sont bordées de grandes enseignes mondiales comme Tiffany, Holt Renfrew, Ralph Lauren ou Gucci. Vancouver et Montréal ont leurs propres représentants du luxe international. Montréal est la capitale canadienne de la fourrure ; les grands magasins ont en stock des fourrures d'hiver et d'été à prix raisonnables. Si vous ne pouvez aller dans le Grand Nord, vous trouverez de nombreux objets d'art inuit dans les boutiques d'artisanat.

La ville souterraine, avec ses centaines de boutiques, à Montréal

SE DISTRAIRE AU CANADA

Le Canada offre à la fois les distractions sophistiquées d'un grand pays d'Amérique du Nord et de séduisantes productions locales. Outre des manifestations grand public de classe internationale à Ottawa et dans les grands centres, il propose des spectacles d'avant-garde ou traditionnels, notamment de musique folk. Des concerts de haut niveau, classiques ou modernes, sont donnés dans tout le pays ; dans les grandes villes, théâtre, danse et cinéma sont de très bonne qualité, de même que les nombreux spectacles musicaux et festivals de cinéma.

Danseuse du Royal Winnipeg

RENSEIGNEMENTS

Les quotidiens sont la source la plus fiable ; les plus lus, le *Vancouver Sun, Journal de Montréal, Journal de Québec, Ottawa Citizen* et *Toronto Star*, publient une liste des spectacles au moins une fois par semaine. Le *Globe & Mail* de Toronto, en vente dans tout le pays, a une bonne rubrique culturelle, avec des critiques des derniers spectacles. Autre source d'information : les offices de tourisme *(p. 393)*, qui assurent parfois les réservations. Centres d'information et halls d'hôtels disposent de guides des spectacles hebdomadaires, tel *Where* pour Vancouver. Au Québec, *Le Soleil, La Presse* et *Le Droit* couvrent aussi les manifestations en français. L'hebdomadaire national *Macleans* comporte une rubrique culturelle.

VENTE DES BILLETS

Pour les principales salles du pays, elle est assurée par **Ticketmaster**, présent dans beaucoup de centres commerciaux, et par **Admission** au Québec. Dans chaque ville, d'autres agences couvrent divers sports et spectacles. On peut aussi acheter son billet sur place.

PERSONNES HANDICAPÉES

Les grandes salles canadiennes sont généralement très bien équipées pour les fauteuils roulants, avec rampes et accès aux toilettes à l'intérieur, et places de parking réservées à proximité. La plupart des grands centres, dont le Centre national des arts d'Ottawa *(p. 195)*, ont un système d'aide auditive – vérifiez sa disponibilité à l'avance – en plus des rampes et ascenseurs extérieurs.

THÉÂTRE

Le Canada possède quatre grandes scènes dramatiques : Toronto, Ottawa, Vancouver et Montréal, où productions locales ou importées d'Europe et des États-Unis (la plupart en anglais) se côtoient. Comédies musicales et théâtre classique sont de qualité dans l'ensemble. Shakespeare fait recette, mais l'éventail des productions est large ; un des grand succès de la fin des années 1990 à Toronto a été une reprise de *Fame*, triomphe des années 1980. Dans les grands théâtres, la saison va de novembre à mai, mais les animations estivales se multiplient. Spectacles musicaux ou historiques attirent toujours les familles, tel *Anne... La maison aux pignons verts*, donné tous les ans à Charlottetown depuis les années 1950.

CINÉMA

Les superproductions hollywoodiennes ont un public tout trouvé au Canada, où les films sortent souvent en même temps qu'aux États-Unis, ce qui permet parfois aux étrangers de les voir en avant-première. Dans les grandes villes, notamment Ottawa et Hull, on trouve des cinémas Imax et Omnimax, avec parfois jusqu'à 20 écrans.

L'histoire du cinéma au Canada est riche : le documentaire y est né, et ses films d'art et d'essai ont récemment trouvé un public. Montréal, Vancouver et Toronto sont le siège des nouvelles tendances. Robert LePage, producteur de théâtre et de cinéma canadien, a un public international de connaisseurs. Autre célébrité : David Cronenberg, réalisateur d'*eXistenz* (1999). Le Québécois Denys Arcand est l'auteur de *Jésus de Montréal* (1986), encensé malgré quelques scènes controversées. Tous les ans, l'Office national du film

Façade du Royal George Theatre, à Niagara-on-the-Lake

Le cinéma Imax de l'Ontario Place à Toronto

CARNET D'ADRESSES

VENTE DE BILLETS

Admission
(613) 237 3800 Ottawa.
(514) 790 1245 Montréal.
(416) 861 1017 Toronto.

Ticketmaster
(416) 870 8000 Toronto.

GRANDES SALLES

Calgary Centre for the Performing Arts
(403) 294 7455.

Centre Molson
(514) 932 2582.

Hummingbird Centre for the Performing Arts
(416) 393 7469.

Jack Singer Concert Hall and Calgary Philharmonic Orchestra
(403) 571 0270.

National Ballet of Canada
(416) 362 4670 Toronto.

Newfoundland Symphony Orchestra
(709) 753 6492.

Orpheum Theatre
(604) 665 3050.

Royal Winnipeg Ballet
(204) 956 2792.

Vancouver Symphony Orchestra
(604) 876 3434.

sélectionne et produit entre autres une œuvre amérindienne – long métrage, film d'animation ou documentaire. Découvreur de jeunes talents, les festivals du film de Toronto, Montréal et Vancouver attirent chaque année de nombreux cinéphiles.

MUSIQUE CLASSIQUE, DANSE, OPÉRA

Comme le montre la qualité des interprètes et des salles, la musique classique et l'opéra drainent un large public au Canada. Le **Hummingbird Centre for the Performing Arts** de Toronto *(p. 170)* est le siège des compagnies nationales d'art lyrique, dont le répertoire va de Mozart au contemporain chanté en anglais, et de danse, rivale du **Royal Winnipeg Ballet** ; classiques et œuvres expérimentales sont à l'affiche. Le théâtre d'avant-garde est à l'honneur chaque été à Toronto, avec 400 spectacles sélectionnés par tirage au sort. Plus de 100 000 personnes vont chaque année salle Jack Singer, au **Calgary Centre for the Performing Arts**, pour écouter le Calgary Philharmonic Orchestra. Le **Vancouver Symphony Orchestra** se produit à l'**Orpheum Theatre** de la ville.

ROCK, FOLK, VARIÉTÉS

Au cours des années 1990, la variété canadienne a acquis une crédibilité qui lui faisait défaut jusque-là. La superstar québécoise Céline Dion se produit souvent au **Centre Molson** de Montréal et dans tout le pays. Alanis Morrisette, digne héritière de la tradition rock folk de son pays, mène une carrière internationale.

Le Canada est connu en particulier pour sa musique folk, tradition séculaire, dont les principales vedettes sont Leonard Cohen, Neil Young et Joni Mitchell, et, côté francophone, Félix Leclerc ou Gilles Vigneault *(p. 24)*. Reflet des populations rurales, la chanson canadienne

Céline Dion, une star internationale

s'incarne dans les mélodies solitaires celtes de la côte est comme dans les jodels des cow-boys de l'Ouest. Le Canada atlantique regorge de petites salles sans prétention d'un excellent niveau musical. Le violon accompagne souvent les dîners de homard sur l'île du Prince-Édouard, et le Nouveau-Brunswick organise un festival de musique et de danse folk. Au Yukon, l'époque de la ruée vers l'or revit à Whitehorse dans un vaudeville du XIXe siècle, interprété par des danseuses au son d'un piano de bastringue.

LOISIRS
DE PLEIN AIR

La diversité et l'immensité de ses paysages encore intacts sont un des principaux attraits du Canada. Ses trente-neuf parcs nationaux, dont plusieurs sont classés patrimoine mondial par l'Unesco, et, surtout, ses immenses espaces naturels se prêtent idéalement à de multiples activités : courses en traîneau et moto-

Sentier de randonnée

neige avec des guides inuits dans le Grand Nord, croisières au printemps au milieu des Thousand Islands fertiles et fleuries en Ontario, traversée touristique des Rocheuses en train, pêche à la truite dans des lacs limpides et reculés, ou bien encore randonnées aventureuses seront des souvenirs inoubliables.

RANDONNÉES

Le Canada est un paradis pour les randonneurs ; très bien équipé, il offre des parcours pour débutants et chevronnés. Cela va de deux heures de balade à plusieurs jours de randonnée sportive dans des régions d'une beauté sauvage.

Les points de départ habituels sont clairement signalés dans les parcs nationaux. On peut faire étape dans des pavillons ou gîtes à l'intérieur des parcs, apporter sa tente ou en louer une en ville. Des cartes détaillées de tout le pays, notamment des parcs nationaux ou provinciaux, sont disponibles auprès de **Canadian Topographical Series** à Ottawa.

Les balades les plus populaires demandent souvent peu de préparation ou d'entraînement. L'Alberta et la Colombie-Britannique,

avec leurs quatre célèbres parcs – Kootenay, Yoho, Jasper et Banff –, sont les régions les plus réputées, ce que justifie la variété des paysages, des rondes et luxuriantes collines de Calgary aux sommets escarpés des Rocheuses. Au centre, les Prairies offrent un éventail surprenant de promenades, des Badlands arides du pays des dinosaures, dans l'Alberta, aux étendues sauvages du parc national du Prince-Albert. À l'est, nouvelles montagnes avec les Laurentides et la nature intacte des monts Chic-Chocs en Gaspésie.

Plus difficiles, les randonnées du Grand Nord sont tout aussi gratifiantes. On ne peut guère marcher qu'entre avril et août, époque où la température s'élève un peu, même si des - 30 °C n'ont rien d'inhabituel. Au mieux, le temps reste imprévisible. Le Chilkoot

Le lac O'Hara au parc national de Yoho, paradis des randonneurs

Pass, de 53 kilomètres, suit la piste qu'empruntèrent les premiers chercheurs d'or, à la fin du XIXᵉ siècle, entre Bennett, au nord de la Colombie-Britannique, et Dyea, en Alaska. Relativement facile pour la région, il donne un bon aperçu des paysages nordiques. Plus difficile, pour ne pas dire dangereux, le mémorable Pangnirtung Trail traverse le sud-est de la terre de Baffin, recouverte d'une calotte glacière même en été. Les guides inuits organisent des randonnées à la demande.

Des parcours d'observation de la nature sont parfois proposés, traversant le désert de glace sur des traîneaux à chiens jusqu'à des sites reculés. L'expérience est inoubliable mais onéreuse, en raison des distances et du moyen de transport.

Près de Weasel River, parc national d'Auyuittuq, terre de Baffin

MESURES DE SÉCURITÉ

Entraînement et respect des consignes sont essentiels. Demandez conseils et itinéraires à l'office de tourisme du parc ou de la province avant le départ. Même si une rencontre paraît peu probable, un animal sauvage, et surtout un ours *(p. 298)*, peut toujours être dangereux. Prémunissez-vous contre les mouches noires et les moustiques, capables de vous gâcher le voyage. Même si elle est claire, ne buvez jamais l'eau des rivières sans l'avoir fait bouillir ; elle peut contenir un parasite intestinal provoquant la « fièvre du castor » ou giardiasis.

Les températures glaciales du Grand Nord rendent la prudence impérative. Informez toujours quelqu'un de votre itinéraire et de votre heure probable d'arrivée. Renseignez-vous sur la faune et les itinéraires auprès des gardiens et emportez un équipement adéquat. Soyez préparé à une chute soudaine de température, même en été. Ne vous aventurez pas hors des sentiers battus sans un guide professionnel ou les conseils des gens du pays.

ÉQUIPEMENT

Tente ou vêtements contre le froid se louent facilement dans les régions de randonnée. Vous devrez apporter, ou acheter sur place, de bonnes chaussures de marche, un équipement contre la pluie et des vêtements de rechange. N'oubliez pas une trousse de

Gîte d'étape au bord du lac Émeraude, parc national de Yoho

secours, avec anti-insectes et antihistaminique. Prévoyez des vêtements et des médicaments contre l'insolation ou l'hypothermie. Pour une longue marche, emportez des aliments énergétiques ou du chocolat.

LES PARCS NATIONAUX

Les trente-neuf parcs nationaux canadiens couvrent les plus splendides montagnes, lacs, rivières, forêts et côtes du pays. Havres de paix, ils permettent d'allier plein air, sports et loisirs, voire de profiter des sources naturelles. Les zones de montagne les plus célèbres sont dans les quatre grands parcs d'Alberta et de Colombie-

Britannique, Kluane dans le Yukon, et la toundra du parc national d'Auyuittuq, au sud de la terre de Baffin.

L'organisme gouvernemental **Parcs Canada** gère la plupart des parcs. Les guides du centre d'information touristique, souvent incollables sur la région, renseignent sur les promenades, la randonnée et le canoë, et délivrent les permis de pêche, obligatoires dans tous les parcs. Chasse et armes à feu sont strictement interdites, de même que nourrir les animaux sauvages ou abîmer les arbres et les plantes. Les parcs sont souvent équipés de campings ou de pavillons et cabanes. Ces services sont généralement payants. Un droit d'accès au parc, journalier, hebdomadaire ou annuel, est presque toujours perçu. On peut acheter un abonnement dans les parcs ou aux bureaux de Parcs Canada, à Hull.

Radium Hot Springs, dans les Rocheuses

Canotage sur le lac Wapizagonke,
parc national de la Mauricie

CANOË

Autrefois vitales pour les Amérindiens, les multiples voies d'eau du pays sont aujourd'hui l'un de ses principaux terrains de loisir. Dans les parcs provinciaux et nationaux semés de lacs et de rivières, les adeptes du canoë (canot au Québec) peuvent faire du portage pour atteindre des endroits moins fréquentés. Avec plus de 250 000 lacs et 35 000 kilomètres de voies navigables, l'Ontario est la destination la plus accessible. Dans les parcs Algonquin, Killarney et Quetico, il est possible de parcourir plus de 25 000 kilomètres de rivières et de lacs. Les 190 kilomètres du canal Rideau permettent de visiter Ottawa, la capitale, et la ville historique de Kingston, avec sa myriade d'îlots, ainsi que les hectares de vergers qui le bordent. À proximité des îles, attention aux autres usagers. Le canal rejoint la Voie maritime du Saint-Laurent, le cours d'eau intérieur au plus fort tirant d'eau du monde, et les règles de navigation sont strictes. Les petites embarcations doivent parfois céder le passage aux pétroliers.

Canoës, mais aussi combinaisons, pagaies et gilets de sauvetage peuvent se louer à la journée, à la semaine ou au mois dans la plupart des villes voisines. Grâce à la popularité des sports nautiques au Canada, le matériel, de bonne qualité, est souvent moitié moins cher qu'en Europe ou aux États-Unis.

RAFTING

Il se pratique dans les parcs nationaux de Colombie-Britannique. Au nord, et au travers des Territoires du Nord-Ouest, le système fluvial du Mackenzie offre des sensations fortes aux amateurs de rafting et de canoë. Le Grand Nord est en général réservé aux plus chevronnés. Les 300 kilomètres de la South Nahanni River, près de Fort Simpson, dans les Territoires du Nord-Ouest, sont très rudes. Grâce à de nouvelles routes, le redoutable système fluvial du Yukon est de plus en plus fréquenté.

Si vous manquez d'expérience de la navigation ou du rafting, profitez des stages d'initiation de deux semaines organisés dans tout le pays. Dans le parc provincial de Wells Gray, le canotage permet d'admirer les lacs de façon plus détendue.

Planche à voile, un des nombreux
sports nautiques du lac Ontario

AUTRES SPORTS NAUTIQUES

Malgré une courte saison, la voile a toujours beaucoup d'adeptes en été. La proportion de voies navigables intérieures est très importante au Canada,

Descente en eau vive sur l'Athabasca, parc national de Jasper, dans les Rocheuses

Motoneige dans la poudreuse fraîche, en Ontario

où le nombre de bateaux par habitant est, dit-on, le plus élevé au monde. Voile et planche à voile se pratiquent surtout sur les Grands Lacs et sur les côtes est et ouest de mai à septembre. Par temps chaud, les baigneurs profitent de l'eau tiède et des plages sablonneuses des îles du Prince-Édouard et du Cap-Breton, ou bien, dans les terres, des lacs de l'Ontario, comme le lac Huron. En été, les habitants de Toronto nagent parfois dans le lac Ontario.

LA PÊCHE

Près de 8 millions de kilomètres carrés de lacs et de rivières contribuent à faire du Canada un paradis pour pêcheurs. On y trouve de nombreuses espèces *(p. 21)*, sans compter le saumon, que l'on peut pêcher en mer. Presque tous les parcs, avec leurs lacs et rivières limpides, se prêtent à la pêche. N'oubliez pas de demander un permis au bureau principal du parc. Si la plupart des touristes pratiquent la pêche en été, il est possible de la faire en hiver sans trop d'inconfort, dans une petite hutte en bois, souvent chauffée, posée au-dessus d'un trou dans la glace. Pourquoi ne pas acheter cannes et moulinets sur place ? Le choix est large, le matériel de très haute qualité et le prix d'ordinaire très raisonnable.

SKI, SURF DES NEIGES ET MOTONEIGE

Ce n'est pas pour rien qu'on appelle parfois le Canada le Grand Blanc, car c'est un des meilleurs domaines skiables au monde. À l'est, les Laurentides comptent de très bonnes stations au Mont-Tremblant et au Mont-Sainte-Anne. Le ski de fond se pratique dans le massif des Laurentides, le parc de la Gatineau et tous les Cantons de l'Est au Québec. À l'ouest, les stations internationales de Whistler, Lake Louise et Banff offrent des pistes spectaculaires et inoubliables. Au sommet des Rocheuses, la poudreuse attend les aventuriers, et l'héli-ski (les skieurs sont héliportés jusque sur les pentes immaculées) permet d'atteindre les cimes désertes au nord. L'altitude des pistes est souvent plus élevée que dans les Alpes, en particulier à Banff et à Lake Louise, où ont été organisées de grandes compétitions, comme les jeux Olympiques en 1976. Les grandes stations de ski sont toutes suffisamment proches des grandes villes pour que l'on puisse y passer la journée et revenir dîner en ville.

« **Planche à neige** »

Le surf des neiges est de plus en plus populaire. Dans le nord du Canada, certains hôtels, repérables à leurs rangées de planches à l'extérieur, se sont spécialisés dans l'accueil de ses adeptes. L'Ontario,

CARNET D'ADRESSES

CARTES

Canada Map Office
Ottawa
📞 *(613) 952 7000.*

Canadian Topographical Series
📞 *1(800) 214 8524.*

Librairies Ulysse
Montréal (cartes)
📞 *(514) 843 9447.*

Rand McNally (cartes)
📞 *1 (800) 333 0136.*

ORGANISMES UTILES

Canadian Paraplegic Association
📞 *(416) 422 5644.*

Cycling Canada
📞 *(613) 748 5629.*

Parcs Canada
📞 *(819) 997 0055 Hull.*
📞 *(1888) 793 8888.*

AGENCES DE VOYAGES

American Express
📞 *1 (800) 241 1700.*

Cosmos/Globus
📞 *1 (800) 556 5454.*

Questers Worldwide Nature Tours
📞 *1 (800) 468 8668.*

Trek America
📞 *1 (800) 221 0596.*

Vacances Air Canada
📞 *(905) 615 8000 Toronto.*
📞 *(902) 425 1066 Halifax.*
📞 *(514) 876 4141 Montréal.*

avec près de 50 000 kilomètres de pistes pour motoneiges, propose de nombreuses formules de week-ends en hiver. En deux jours, un motoneigiste expérimenté peut couvrir jusqu'à 500 kilomètres. La motoneige a aussi conquis les grandes stations de ski de Colombie-Britannique. Voyagez plutôt en groupe, en profitant des nombreux points de ravitaillement très fréquentés. Ces « auberges des neiges » proposent souvent des forfaits.

RENSEIGNEMENTS PRATIQUES

Le Canada mode d'emploi

Observation des baleines

Le Canada attire de nombreux visiteurs et sait marier attraits urbains et joies du grand air. L'accueil touristique est généralement excellent. Hébergement et restaurants sont de classe internationale (*p. 342-379*), les transports en commun fiables (*p. 400-411*), et il y a presque partout des offices de tourisme. Vous trouverez dans les pages qui suivent des renseignements qui pourront s'avérer utiles quel que soit le type de séjour, sur les précautions à prendre pour votre santé et votre sécurité (*p. 394-395*), et sur les banques, la monnaie et le change (*p. 396*).

Une section est consacrée au fonctionnement des services du téléphone et de la poste au Canada.

QUAND PARTIR

Climat et géographie sont à prendre en considération lors de tout voyage au Canada. Le pays est si vaste que chaque visite est généralement centrée sur une des grandes villes – Vancouver, Toronto, Ottawa ou Montréal –, même s'il est possible de séjourner dans des régions isolées, par exemple dans les villages inuits éparpillés à l'ouest et au nord de la baie d'Hudson. De manière générale, le climat est tempéré sur les côtes ouest et est, et plus rude dans le centre du pays ; dans la Saskatchewan, le Manitoba et l'Alberta, l'été est beau mais l'hiver long et difficile. Juillet et août sont les mois les plus cléments dans le nord du Canada : le sol dégèle en surface et on peut espérer des températures positives.

Côte atlantique, Nouvelle-Écosse, Nouveau-Brunswick et île du Prince-Édouard ont quatre saisons distinctes : un hiver enneigé, un printemps doux et un long automne vif ; l'été reste la meilleure saison. Au Québec et en Ontario, l'été est chaud et humide, l'hiver froid, avec de la neige jusqu'à fin mars. Malgré leur brièveté, printemps et automne sont souvent les plus agréables. Au nord-est, Terre-Neuve et la côte du Labrador présentent les températures les plus extrêmes : entre 0 C° et - 50 C° en hiver à St. John's, sur la côte ouest de Terre-Neuve. La Colombie-Britannique et les Rocheuses offrent un des meilleurs domaines skiables au monde en hiver. Le climat y est tempéré, mais le printemps et l'automne peuvent être très humides, les dépressions du Pacifique venant se masser sur les montagnes.

VISAS ET PASSEPORTS

La période de validité du passeport doit dépasser celle du séjour envisagé. Les voyageurs en provenance du Royaume-Uni, des États-Unis, de la Communauté européenne ou du Commonwealth n'ont pas besoin de visa. Un visa touristique leur est remis à l'arrivée sous réserve qu'ils puissent justifier d'un billet de retour non périmé et de ressources suffisantes pour la durée du séjour. Celle-ci est

Enfants jouant au Kids' Village du parc d'attractions d'Ontario Place, à Toronto

au maximum de six mois. Pour la prolonger, s'adresser à Citoyenneté et Immigration Canada, à Ottawa, avant l'expiration du visa. La réglementation étant sujette à modifications, il est prudent de s'adresser au consulat, à l'ambassade ou au haut-commissariat le plus proche avant son départ.

Les moins de 18 ans non accompagnés par un adulte doivent être munis d'une autorisation écrite signée par un de leurs parents ou par leur tuteur légal.

INFORMATIONS TOURISTIQUES

Réputés, les offices de tourisme canadiens proposent aussi bien des cartes du pays que la réservation des hôtels, *bed-and-breakfasts* ou campings. On y trouve des circuits à thème : camping sauvage, fouilles archéologiques ou observation de la vie sauvage. Tous les parcs provinciaux et nationaux ont un centre d'accueil (*visitor's center*), distribuant en général des cartes détaillées pour la randonnée ou le canotage.

Outre la **Commission canadienne du tourisme** à l'échelon national, chaque province a sa propre direction du tourisme. La plupart des petites villes ont un office de tourisme en saison, donnant des cartes bien faites et une foule de renseignements. Dans les grandes villes, comptoirs et kiosques complètent le bureau principal l'été. Les comptoirs des aéroports et des offices régionaux assurent souvent la réservation des hébergements.

« La petite pomme », point tourisme en Ontario

HORAIRES ET PRIX D'ENTRÉE

La plupart des musées, parcs et autres centres d'intérêt sont payants. Les prix sont très variables ; familles, enfants et personnes âgées bénéficient souvent de tarifs réduits. Les brochures des offices de tourisme et les journaux locaux comportent aussi des bons de réduction. Galeries et musées sont parfois gratuits un jour ou une soirée par semaine, ou une heure avant la fermeture. Les horaires varient selon la période de l'année. Ouvertes plus longtemps en été, certaines attractions sont parfois totalement fermées en hiver. Musées et galeries ferment d'ordinaire un jour par semaine, le lundi ou le mardi, mais pas le week-end. Si certaines attractions ferment les jours fériés, comme Noël ou le jour de l'an, une étonnante proportion reste ouverte toute l'année. Les vacances scolaires d'été durent de juin à la fête du travail, célébrée le premier lundi de septembre. Cette fête marque aussi la fin de l'été et le début des horaires d'hiver. Quelle que soit la période, les horaires d'ouverture sont généralement plus restreints en campagne qu'en ville.

LES FUSEAUX HORAIRES

Le Canada couvre six fuseaux horaires, avec 4,5 heures de décalage entre les deux côtes. De Vancouver à Halifax, il y a 5 zones : Pacifique, Rocheuses, Prairies, Est et Atlantique ; notez la demi-heure de décalage entre Terre-Neuve et l'Atlantique. Toutes les provinces sauf la Saskatchewan pratiquent l'heure d'été du premier dimanche d'avril au dernier dimanche d'octobre pour économiser l'énergie. Il faut retarder sa montre d'une heure en octobre et l'avancer d'une heure en avril.

Fuseau horaire	Décalage	Fuseau horaire	Décalage
Pacifique	- 9	*Est*	- 6
Rocheuses	- 8	*Atlantique*	- 5
Prairies	- 7	*Terre-Neuve*	- 4,5

TROISIÈME ÂGE

Au Canada, les plus de 60 ans bénéficient de nombreuses réductions sur les places de cinéma, les transports, les droits d'entrée et parfois au restaurant. La compagnie VIA Rail leur accorde 10 % de réduction. Dans certains cas, une réduction de 10 à 50 % est accordée aux personnes âgées de plus de 55, 60 ou 65 ans, selon les provinces et les attractions. Si les réductions ne sont pas affichées, n'hésitez pas à demander.

L'association à but non lucratif **Elderhostel Canada** organise des voyages culturels pour le 3e âge, avec hébergement économique de qualité dans les universités. Au programme : conférence le matin, visite guidée l'après-midi et dîner en commun.

Touristes devant les chutes du Niagara

VOYAGER AVEC DES ENFANTS

S'il y a moins de parcs d'attraction qu'aux États-Unis, plages, parcs et centre des villes ouvrent leurs portes aux petits et aux grands. Les hébergements précisent généralement s'ils acceptent les enfants. Ceux-ci peuvent souvent partager gratuitement la chambre de leurs parents. Les hôtels disposent normalement de petits lits et de chaises hautes, et parfois d'un service de baby-sitting.

La plupart des restaurants acceptent les enfants, proposant menu spécial, chaise haute, aire de jeux parfois, et réchauffage des biberons et petits pots. Téléphonez avant d'emmener des enfants dans un restaurant chic.

Sur un vol intérieur ou international, un enfant bénéficie souvent de réductions, et de la gratuité avant 2 ans s'il voyage sur vos genoux. Dans les transports publics, gratuité jusqu'à 5 ans, et tarif réduit jusqu'à 12 ans. Si vous louez une voiture (p. 411), vous pouvez réserver un ou deux sièges pour enfants.

SAVOIR-VIVRE

N ation multiculturelle (p. 22-23), le Canada accueille et respecte les personnes et les cultures étrangères. « Indien » et « Esquimau » sont des termes du passé ; les Amérindiens sont désormais appelés « Premières Nations » dans le premier cas, et « Inuit » dans le second.

Le caractère détendu et informel des Canadiens se retrouve dans leur tenue vestimentaire, avant tout pratique et adaptée au climat. La tendance est aux jeans et aux sweat-shirts, ainsi qu'à la superposition de différentes couches faciles à ôter ou à remettre en hiver lorsqu'on passe de la rue à un centre commercial bien chauffé. Une tenue plus élégante est cependant de règle en ville, notamment dans les restaurants chic ou les théâtres. Même dans un restaurant simple, il n'est pas rare de lire : « no shoes, no shirt, no service » (pas de chaussures, pas de chemise… pas de service). Bronzer seins nus est généralement mal vu.

Il est illégal de boire de l'alcool en dehors des établissements « licenciés », ou d'avoir une bouteille entamée dans sa voiture. Bus et trains, beaucoup de taxis et tous les édifices publics sont non-fumeurs ; les restaurants aussi, sauf quelques-uns (la plupart au Québec) ayant un coin fumeurs. La réglementation est cependant moins stricte qu'aux États-Unis, notamment dans certaines villes comme Toronto. Renseignez-vous à ce sujet en réservant une table ou une chambre.

Du moment où le service n'est pas inclus dans l'addition, le pourboire est d'environ 15 %. Le tarif est le même dans les taxis. Chez le coiffeur, comptez environ 10 % du total, et 1 dollar canadien par bagage pour les porteurs des gares et aéroports, le personnel des vestiaires, les portiers et concierges des hôtels ; n'oubliez pas non plus les femmes de chambre des hôtels et les serveurs des bars et boîtes de nuit. Si vous êtes nombreux, calculez votre pourboire largement.

LES ÉTUDIANTS

U ne carte d'étudiant internationale vous permettra d'obtenir des réductions importantes au cinéma, dans les galeries, les musées et de nombreuses autres attractions. Achetez-la avant le départ. Cars et trains offrent aussi de nombreuses réductions ; Go Canada propose par exemple un Accommodation and Coach Pass, avec des tarifs réduits sur les cars et les auberges de jeunesse ; on peut se le procurer dans les agences spécialisées dans les voyages pour jeunes et étudiants. Le forfait Canrail Pass de VIA Rail

Carte d'étudiant internationale

permet des trajets illimités sur toutes les lignes de train du Canada pendant une période donnée. Pendant les vacances scolaires, les campus universitaires des grandes villes proposent un hébergement économique. On trouve aussi de nombreux gîtes et auberges de jeunesse confortables dans tout le pays. Sachez aussi qu'on peut faire un bon repas sans dépenser une fortune.

ÉLECTRICITÉ

Le Canada utilise des prises américaines ; la plupart des prises femelles acceptent indifféremment deux ou trois fiches. Le courant est du 110 volts alternatif : un adaptateur-transformateur est donc nécessaire. Les piles sont universelles et faciles à trouver, pour tout type d'appareil. N'oubliez pas qu'un appareil électrique rapporté du Canada devra être modifié pour être utilisé en Europe.

Prise standard

PERSONNES HANDICAPÉES

Le Canada est l'un des pays les mieux équipés au monde pour les voyageurs handicapés. Les édifices publics et les transports des grandes villes sont de plus en plus largement accessibles aux fauteuils roulants. Tous les bus de Vancouver ont une plate-forme basse, et les trains de VIA Rail des places pour fauteuils roulants. Basée à Ottawa, l'**Association Canadienne Paraplégiques (ACP)** indiquera aux conducteurs handicapés la réglementation en usage dans chaque province ; elle peut aussi fournir des adresses de location de voitures ou camping-cars spécialement équipés, et procurer une carte de stationnement (contre des frais de dossier, modiques, et un certificat médical).

Beaucoup d'hôtels peuvent accueillir les personnes handicapées, notamment les chaînes comme Best Western ou Holiday Inn, certains hôtels de luxe et auberges de jeunesse. La ACP vous indiquera les attractions les mieux équipées. Les parcs nationaux et provinciaux ont souvent des centres d'interprétation et des sentiers de découverte accessibles aux fauteuils roulants.

TABLE DE CONVERSION

De l'impérial au métrique
1 pouce (inch) = 2,54 cm
1 pied (foot) = 30 cm
1 mille (mile) = 1,6 km
1 once (ounce) = 28 g
1 livre (pound) = 454 g
1 pinte (pint) = 0,6 l
1 gallon (gallon) = 4,6 l

Du métrique à l'impérial
1 centimètre = 0,4 inche
1 mètre = 3 feet, 3 inches
1 kilomètre = 0,6 mile
1 gramme = 0,04 ounce
1 kilogramme = 2,2 pounds
1 litre = 1,8 pint

CARNET D'ADRESSES

IMMIGRATION

Ambassade du Canada
Service d'immigration
35, av. Montaigne,
75008 Paris
☎ 01 44 43 29 16.

Citoyenneté et Immigration Canada
Jean Edmonds Towers,
365 Laurier Ave. W.,
Ottawa, ON K1A 1L1.
☎ (613) 954 9019.

INFORMATIONS TOURISTIQUES

Commission Canadienne du Tourisme
235 Queen St.,
Ottawa, ON MSW 1A3.
☎ (416) 973 8022.

Ambassade du Canada
Direction du tourisme
35, av. Montaigne,
75008 Paris
☎ 01 44 42 29 00.

OFFICES DE TOURISME PROVINCIAUX

Tourism British Columbia
865 Hornby St., 8th floor,
Vancouver, BC VBZ 2G3.
☎ (604) 660 2881.

Ontario
Ministry of Tourism
900 Bay St., 9th floor,
Hearst Block, Toronto,
ON M7A 2E1.
☎ (416) 325 6666.

Travel Manitoba
155 Carlton St.,
7th floor, Winnipeg,
MB R3C 3HB.
☎ (204) 945 3796.

Tourism Saskatchewan
500-1900 Albert St.,
Regina, SK S4P 4L9.
☎ 306 787 9600.

Terre-Neuve et Labrador
Department of Tourism,
PO Box 8700,
St. John's, NF A1B 4J6.
☎ (709) 729 2831.

Tourism New Brunswick
PO Box 6000,
Fredericton, NB E3B 5H1.
☎ (506) 753 3876.

Travel Alberta
Suite 500,
999-8 St. SW,
Calgary, AB T2R 1J5.
☎ (403) 297 2700.

Tourism Prince Edward Island
PO Box 940,
Charlottetown,
PEI C1A 7M5.
☎ 1 (800) 887 LILE.

Nunavut Tourism
PO Box 1450,
Iqaluit, NT XOA OHO.
☎ (867) 979 6551.

Northwest Territories Arctic Tourism
PO Box 1320, Yellowknife,
NWT X1A 2N5.
☎ (867) 873 7200.

Tourism Nova Scotia
PO Box 519,
1800 Argyle St., Suite 605,
Halifax, NS B3J 2R7.
☎ (902) 425 5781.

Tourism Yukon
PO Box 2703,
Whitehorse,
Yukon, Y1A 2C6.
☎ (867) 667 5340.

Tourisme Québec
Case postale 979,
Montréal, PQ H3C 2W3.
☎ (514) 873 2015.

PERSONNES ÂGÉES

Elderhostel Canada
4 Cataraqui Street,
Kingston,
Ontario, K7K 1Z7.
☎ (613) 530 2222.

ÉTUDIANTS

STA Travel Canada
☎ (800) 873 7200.

PERSONNES HANDICAPÉES

Association Canadienne des Paraplégiques
National Office
1101 Prince of Wales Dr.,
Suite 230, Ottawa,
Ontario, K2C 3W7.
☎ (613) 723 1033.

Santé et sécurité

Avec son taux de criminalité relativement bas, le Canada est une destination sans problème. Contrairement à celles des États-Unis, les rues des centres-villes sont sûres, et jamais désertes la nuit. La prudence impose néanmoins d'éviter les quartiers les moins bien famés, ainsi que les parcs après la tombée de la nuit, et de toujours fermer sa voiture à clef. Dans les régions reculées, la sécurité tient à quelques règles de bon sens. Pour éviter les dangers liés à la nature et au climat, suivez les conseils donnés par les gens du pays. En cas de problème grave, appelez les secours au numéro indiqué ci-contre.

SÉCURITÉ PERSONNELLE

Les villes canadiennes sont assez sûres grâce à une présence visible de la police jusque dans les quartiers les plus délabrés, moins dangereux la nuit que bien des banlieues. L'hôtel, l'office de tourisme ou la police vous diront quels lieux éviter. Dans le cas, rare, d'un vol dans une chambre, l'hôtel ne peut être tenu responsable ; déposez donc vos valeurs dans le coffre.

Chaque fois qu'il y a foule, lors de rassemblements publics ou dans les lieux très touristiques, prévenez les vols à la tire en portant votre appareil photo ou votre sac en bandoulière. Évitez d'être vu avec une somme importante en liquide ; rangez séparément les grosses coupures et la monnaie. Ne gardez pas votre passeport avec votre argent liquide ou vos chèques de voyage. Au restaurant, n'accrochez pas votre sac au dossier de votre chaise ; posez-le par terre, la bandoulière coincée sous votre pied ou votre chaise. Ne tentez pas les voleurs en ayant un portefeuille dans la poche arrière de votre pantalon. Dans tous les cas, un sac « banane » est l'option la plus sûre.

ORDRE PUBLIC

Le Canada dispose de plusieurs forces de police : Police montée dans la plus grande partie du pays, police provinciale en Ontario et au Québec, police municipale, et police autochtone dans les réserves. Les policiers se distinguent souvent par leur serviabilité. Sécurité, bombes, armes ou terrorisme sont des sujets tabous dans les aéroports, par exemple, où l'on peut se faire arrêter pour un propos irréfléchi (ou une plaisanterie). La conduite en état d'ivresse est également sévèrement punie, et il est interdit d'avoir une bouteille entamée dans sa voiture. Les consommateurs de drogue risquent des poursuites judiciaires et l'expulsion.

Policiers canadiens en service

EN CAS DE VOL OU DE PERTE

Déclarez les objets perdus au poste de police et communiquez le numéro du procès-verbal à votre compagnie d'assurances. S'il s'agit d'une carte de crédit, faites aussitôt opposition en appelant le numéro fourni par votre banque. Déclarez immédiatement le vol ou la perte de vos chèques de voyage à leur émetteur ; si vous avez noté leur numéro, ils seront remplacés sans difficulté, éventuellement en 24 heures.

Si vous perdez votre passeport, contactez l'ambassade ou le consulat le plus proche. On vous y établira un document temporaire, suffisant si vous retournez directement chez vous ; si vous poursuivez votre voyage à l'étranger, un nouveau passeport devra être établi. Une photocopie du permis de conduire et de l'acte de naissance et une copie certifiée conforme du passeport sont utiles en cas de séjour prolongé.

ASSURANCE-VOYAGE

Il est indispensable d'avoir une assurance-voyage couvrant les dépenses de santé, l'annulation ou l'interruption du voyage, la perte ou le vol d'objets précieux.

Les services de santé canadiens sont excellents, mais chers sans assurance. Si vous avez une assurance-santé personnelle, vérifiez qu'elle couvre tous les soins et hospitalisations d'urgence, les consultations, les médicaments et les soins infirmiers. En cas de maladie grave, le déplacement d'un proche à votre chevet ou le retour d'un véhicule loué doivent faire l'objet d'une clause. Soins dentaires en urgence, dépenses imprévues et remboursement du prix du voyage font aussi l'objet de clauses spéciales. Prenez conseil auprès de votre assureur ou de votre agent de voyage ; attention aux exclusions concernant les affections préexistantes.

SOINS MÉDICAUX

L es lieux de soin varient selon la gravité de votre état. Une pharmacie est souvent de bon conseil pour un problème bénin. En ville, les dispensaires reçoivent assez rapidement. Dans les petites communes, ou en cas de problème plus grave, allez aux urgences de l'hôpital le plus proche, mais l'attente est souvent longue. Pour un cas très grave, appelez les secours au 911, ou composez le 0 pour l'opérateur.

Si vous avez un traitement en cours, emportez suffisamment de médicaments pour la durée du voyage et une copie de l'ordonnance. N'oubliez pas une trousse de secours, avec aspirine ou paracétamol, antihistaminique (piqûres d'insectes et allergies), médicament contre le mal des transports, antiseptique, pansements et bandes, lotion contre les coups de soleil ou les insectes, surtout si vous allez dans des régions isolées ou arctiques. Une crème antibiotique peut être utile lors des randonnées.

Dans chaque capitale provinciale, une clinique dentaire accueille les urgences. Les pages jaunes de l'annuaire répertorient par région les dentistes, opticiens et autres professions de santé.

DANGERS NATURELS

À certaines époques, la prolifération des moustiques et mouches noires incite les orignaux et les cerfs à fuir la forêt. Les insectes sont une vraie plaie pour les touristes en zone rurale, surtout pendant la période de reproduction, de la fin du printemps au milieu de l'été, et toute l'année dans le Nord. Pour éviter d'être dévoré, faites une cure de vitamine B – réputée diminuer les risques de piqûre – 2 semaines avant le départ. Évitez les vêtements de couleurs sombres, qui attirent les insectes, et optez pour des manches longues et un pantalon glissé dans le haut des chaussures ou dans les chaussettes. Si vous partez pour une région déserte en pleine saison de reproduction, investissez dans une moustiquaire protégeant la tête et le cou.

Le Canada est réputé pour ses hivers froids, mais ils n'offrent guère de dangers pour les touristes. Les média diffusent des bulletins météo quotidiens, particulièrement détaillés en cas de risque de gel. Prévoyez plusieurs couches de vêtements et un couvre-chef. Un écran solaire est nécessaire en été, même par temps couvert.

Panneau pour automobilistes

OURS

L es parcs nationaux, surtout dans les Rocheuses, indiquent quelles précautions prendre *(p. 298)*, mais, à moins de camper ou de vous promener en forêt, vous ne risquez guère de rencontrer d'ours. Évitez de laisser à manger ou une poubelle près de votre tente, voiture ou camping-car, de porter du parfum, et faites du bruit en vous promenant (coups de sifflet par exemple) ; l'ours attaque surtout quand il est surpris. Si vous en voyez un, évitez de crier, de courir (l'ours est très rapide) ou de grimper aux arbres (c'est sa spécialité). Restez immobile, parlez à voix basse et posez un sac à terre pour détourner son attention.

CARNET D'ADRESSES

SERVICES D'URGENCE

Police, pompiers, secours
Presque partout au Canada et dans les grandes villes, faites le 911 ; ailleurs, le 0.

CONSULATS

France
Montréal, 1, place Ville-Marie, bureau 2601.
☎ *(514) 878 4385.*

Vancouver 1100-1130 West Pender St.
☎ *(604) 681 4345.*

Belgique
Montréal, 999, bd de Maisonneuve Ouest, Suite 850.
☎ *(514) 849 7394.*

Vancouver, 688 West Hastings Street, bureau 570.
☎ *(604) 684 6838.*

Suisse
Montréal, 1572, rue du Docteur-Penfield
☎ *(514) 932 7181.*

Vancouver, World Trade Center, 790-799 Canada Place.
☎ *(604) 684 2231.*

Ours polaire près d'un buggy de la toundra dans le nord du Manitoba

Banques et devises

Distributeur de billets

La devise canadienne utilise le système décimal, avec 100 cents par dollar. Les pièces de 25 cents et de 1 dollar vous permettront de téléphoner et d'utiliser les distributeurs, de journaux notamment. Dans les grandes villes, vous en aurez besoin dans les transports publics, car les chauffeurs de bus n'ont souvent pas de monnaie. Prévoyez 50 ou 100 dollars en liquide pour votre arrivée au Canada, et suffisamment de pièces pour les taxis et les pourboires. Sinon, privilégiez les chèques de voyage en dollars canadiens.

Façade en grès de la Bourse de Toronto

LES BANQUES

Banque royale du Canada, Banque de Montréal, Toronto-Dominion, Banque canadienne impériale de commerce (CIBC), Banque de Nouvelle-Écosse et Banque National sont les principaux établissements. On peut en général y utiliser sa carte bancaire. Vérifiez néanmoins avec votre banque avant le départ. Magasins d'alimentation, centres commerciaux, stations-service, gares routières ou ferroviaires et aéroports ont aussi des distributeurs automatiques.

Les banques ouvrent généralement du lundi au vendredi, de 9 h à 17 h, parfois plus tard le vendredi, et parfois le samedi matin. Dimanches et jours fériés, elles sont toutes fermées.

LES CHÈQUES DE VOYAGE

Les chèques de voyage en dollars canadiens sont probablement la façon la plus sûre et la plus pratique d'emporter de l'argent en

vacances : on peut facilement obtenir leur remplacement en cas de perte ou de vol, et ils peuvent tenir lieu d'argent liquide dans un bon nombre de stations-service, magasins et restaurants. Prenez des chèques d'un faible montant (20 $, par exemple), car les commerçants n'aiment pas avoir à rendre beaucoup de monnaie. Changez-les de préférence dans une banque ne prélevant pas de commission ; ainsi la Banque royale du Canada n'en prend-elle pas sur les chèques American Express en dollars canadiens. Munissez-vous d'une pièce d'identité, passeport ou autre, indispensable pour changer vos chèques dans les banques ou les bureaux de change **American Express** ou **Thomas Cook**.

Logo de la Toronto-Dominion Bank

LES CARTES DE CRÉDIT

Elles sont très utilisées au Canada. American Express, Diner's Club, MasterCard/Access et VISA sont largement acceptées. Elles peuvent servir à justifier de son identité, ou éviter d'avoir à verser une caution importante en liquide, lors de la location d'une voiture par exemple. Certains hôtels demandent aussi un paiement d'avance par carte. Elles permettent

enfin d'obtenir une avance en liquide, mais les intérêts courent à partir de la date du retrait.

VIREMENTS TÉLÉGRAPHIQUES

Si vous êtes à court d'argent ou en cas d'urgence, vous pouvez obtenir en quelques minutes un virement télégraphique à partir de chez vous. Adressez-vous à American Express, à Thomas Cook ou à **Western Union**, qui a 22 000 agences en Amérique du Nord.

Logo de la Western Union

PIÈCES ET BILLETS

Les pièces canadiennes ont une valeur faciale d'un cent (penny), de 5 (nickel), de 10 (dime) ou de 25 cents (quarter), de 1 dollar (baptisé loonie, « huard », parce qu'on y voit un plongeon huard) et, depuis 1996, de 2 dollars (twonie), en remplacement de l'ancien billet de banque.

Les billets sont de 5, 10, 50, 100, 500 ou 1 000 dollars. Les grosses coupures, de 50 ou 100 dollars, sont parfois accueillies avec méfiance dans les petits magasins, ou même dans les cafés et les stations-service, où elles ne sont guère utilisées.

Communications et média

Pays d'adoption d'Alexander Graham Bell, inventeur du téléphone, le Canada possède aujourd'hui l'un des réseaux de communications les plus développés au monde. On trouve partout des cabines téléphoniques à pièces ou à cartes : cafés, bars, édifices publics, stations-service, bureaux de poste. Si le prix d'un appel local est dérisoire, téléphoner à l'étranger peut revenir cher. On peut aussi recourir aux télégrammes et fax, ou à Intelpost pour l'envoi de documents par satellite. La poste canadienne, quoique réputée pour sa lenteur, est très fiable. Le courrier peut aussi être acheminé en express contre paiement d'un supplément.

LE BON NUMÉRO

INDICATIFS PROVINCIAUX

Alberta – *403 et 780.*
Colombie-Britannique – *604 et 250.*
Manitoba – *204.*
Nouveau-Brunswick – *506.*
Territoires du Nord-Ouest – *867.*
Nouvelle-Écosse – *902.*
Terre-Neuve et Labrador – *709.*
Ontario – *416 et 905 (Toronto).*
  705 (Prairies et Nord-Est).
  519 (péninsule Sud-Ouest).
  613 (région d'Ottawa).
  807 (Nord-Ouest).
Île du Prince-Édouard – *902.*
Québec – *514 et 450 (Montréal).*
  819 (Nord)
  418 (Est).
Saskatchewan – *306.*
Yukon et Nunavut – *867.*

LES TÉLÉPHONES PUBLICS

Ils fonctionnent avec des pièces de 25 cents, mais de plus en plus de cabines acceptent les cartes bancaires ou de téléphone. Les tarifs sont en général réduits de 18 h à 8 h et le week-end.

Une communication locale coûte 25 cents (gratuite pour les abonnés). Pour les appels nationaux et internationaux, l'opérateur indique la somme initiale à payer, puis intervient chaque fois qu'il faut remettre de l'argent. Pour un appel lointain, choisissez un téléphone à carte, qui évite les provisions de pièces.

On trouve partout des cabines
téléphoniques au bord des routes

LES SERVICES POSTAUX

En dehors de l'Amérique du Nord, tout le courrier est expédié par avion et met de 1 à 5 jours. À l'intérieur du pays, il faut parfois plusieurs jours aussi, mais votre courrier ira plus vite si vous indiquez le code postal. L'enseigne Postes Canada signale les bureaux de poste, y compris dans les centres commerciaux.

TÉLÉPHONES PORTABLES ET E-MAILS

Vous pouvez louer un portable sur place ou faire régler le vôtre en fonction des réseaux locaux. Pour un e-mail, pensez aux grands hôtels et aux nombreux cyber-cafés installés en ville.

FAX ET SERVICES TÉLÉGRAPHIQUES

Dans la majorité des villes, des boutiques assurent l'envoi de fax. Pour les télégrammes, s'adresser à Canadian National Telecommunications (CNT) ou à Canadian Pacific (CP) ; deux grands services : Telepost, pour un envoi urgent, et Intelpost, pour l'envoi de documents à l'étranger par satellite.

MÉDIA

Il n'existe pas de quotidien national à proprement parler, mais le *Globe and Mail* de Toronto est vendu dans tout le pays. *MacLean's* est un hebdomadaire national. La plupart des villes ont leur propre quotidien, voire plusieurs, comme à Toronto. Les hebdomadaires des villes et régions sont utiles pour connaître les événements locaux.

La télévision nationale canadienne (CBC, ou SRC pour les Québécois) fonctionne 24 h sur 24. Ses programmes sont à 80 % produits localement. CBC est aussi une excellente radio et, pour les touristes, une mine d'informations sur la météo et les spectacles en région. Les programmes nationaux sont diffusés en français et en anglais.

POUR EN SAVOIR PLUS

Postes Canada service à la clientèle
📞 *1 (800) 267 1177.*

APPELS INTÉRIEURS ET EXTÉRIEURS

- Pour appeler en automatique une autre région : **1**, puis indicatif local et les 7 chiffres du correspondant.
- Pour appeler l'étranger en automatique : **011**, puis indicatif du pays (France, **33**, Belgique, **32**, Suisse, **41**), indicatif de la ville ou de la région (sans le **0**) et le numéro. Pour appeler les États-Unis, composez l'indicatif de l'État, puis le numéro.
- Pour obtenir l'opérateur international : **0**.
- Pour les renseignements téléphoniques locaux : **411**
- Pour les renseignements nationaux : **1**, puis code provincial, puis **555 1212**.
- L'appel des numéros commençant par **800, 877** ou **888** est gratuit.

ALLER ET CIRCULER AU CANADA

Feuille d'érable, logo d'Air Canada

La plupart des voyageurs arrivent au Canada par avion, à l'un des trois principaux aéroports internationaux du pays : Vancouver, Toronto et Montréal. Il existe aussi des vols directs pour Halifax, Winnipeg, Edmonton, Calgary et St. John's, à Terre-Neuve.

Le pays est si vaste que les vols intérieurs sont appréciés pour circuler d'une région à une autre. Ainsi, si vous restez peu de temps, l'avion est sans doute le seul moyen pour voir à la fois Toronto et Montréal, à l'est, et les montagnes Rocheuses, à l'ouest. On peut aussi parcourir une grande partie du Canada en train, grâce au réseau national de VIA Rail et à ses liaisons entre la plupart des grandes villes ; le car est une autre façon, agréable et souvent plus économique, de sillonner le pays. De courtes excursions en bateau et ferry vous feront découvrir également des paysages spectaculaires. La voiture est aussi un bon moyen pour se rendre dans certains lieux peu accessibles.

ARRIVÉE PAR AVION

Le Canada est desservi par de nombreuses compagnies aériennes internationales, et les deux principaux transporteurs du pays, **Air Canada** est en liaison avec des compagnies du monde entier.
Toutes les grandes compagnies européennes ont des vols pour Toronto et Montréal, tandis que Vancouver accueille les transporteurs d'Extrême-Orient, tels Cathay Pacific ou Quantas. Les liaisons sont multiples avec les États-Unis, notamment New York, Los Angeles, Dallas, Chicago et Atlanta.

VOLS INTERNATIONAUX

Il faut de 7 à 9 heures pour relier l'Europe et le Canada en avion.
Le Canada a 13 aéroports internationaux ; les plus importants sont Toronto, Montréal et Vancouver.
Il existe des vols directs pour Edmonton, Halifax, Ottawa, Winnipeg et St. John's, à Terre-Neuve.
Toutes les grandes villes ont des liaisons avec les États-Unis. Plusieurs grandes compagnies offrent la possibilité d'arriver dans un aéroport nord-américain et de repartir d'un autre.
Air France et Air Canada assurent des vols quotidiens pour Montréal au départ de Paris. Pour la côte ouest, l'été, Air Canada propose des vols sans escale Paris-Vancouver trois fois par semaine.

TARIFS

Les vols pour le Canada à partir de l'Europe, de l'Australie ou des États-Unis sont parfois assez chers, surtout pendant les périodes les plus chargées : Noël, nouvel an ou l'été, entre juillet et mi-septembre. La plupart des grandes

Air Canada a acheté Canadian Airlines en été 2000

AÉROPORT	RENSEIGNEMENTS
St. John's	☎ (709) 758 8500
Halifax	☎ (902) 873 1223
Montréal (Dorval)	☎ (514) 394 7377
Montréal (Mirabel)	☎ (514) 394 7377
Ottawa	☎ (613) 248 2100
Toronto	☎ (416) 247 7678
Winnipeg	☎ (204) 987 9402
Calgary	☎ (403) 735 1372
Edmonton	☎ (780) 890 8382
Vancouver	☎ (604) 276 6101

compagnies aériennes, dont Air Canada et Canadian Airlines, accordent un tarif réduit si l'on réserve au moins une semaine à l'avance (formule Apex).

Ces billets imposent en général certaines restrictions : durée minimale (de l'ordre de 7 jours) et maximale (de 3 à 6 mois) de séjour, et dates de voyage non modifiables ; une assurance-annulation peut donc être utile, au cas où vous ne pourriez partir aux dates prévues.

Les vols charters permettent parfois d'économiser jusqu'à 20 % sur certains billets. Les formules « tour du monde » sont de plus en plus populaires, de même que les forfaits-vacances ; on en trouve de toutes sortes, depuis le couplage avion-location de voiture à tarif réduit jusqu'aux voyages organisés, où tout est compris : hébergement, repas et transports.

À L'ARRIVÉE

Juste avant l'atterrissage au Canada, on vous remettra des bordereaux pour l'immigration et les douanes. Ils vous seront demandés lors du passage aux différents contrôles, en même temps que votre passeport.

À l'aéroport, vous trouverez au minimum des boutiques, services médicaux et postaux, bureaux de change, kiosques vendant livres et journaux, comptoirs des principaux loueurs de voiture, cars, limousines et navettes pour le centre-ville. La plupart des terminaux sont équipés pour les handicapés. Les voyageurs en transit devront récupérer leurs bagages et passer à la douane avant de se présenter à l'embarquement du second vol. Réglez le problème du

transfert sur le vol intérieur dès la réservation des billets, et n'hésitez pas à vous renseigner auprès du personnel de la compagnie aérienne : dans certains grands aéroports comme Pearson International, à Toronto, il y a 3 terminaux différents.

Indications très claires pour l'aéroport

ISTANCE DU CENTRE	PRIX MOYEN EN TAXI	NAVETTE (DURÉE)
8 km (5 miles)	16 CAN$	—
42 km (26 miles)	35 CAN$	30-45 min
22 km (14 miles)	28 CAN$	25 min
55 km (34 miles)	69 CAN$	40-55 min
18 km (11 miles)	20 CAN$	20-30 min
24 km (15 miles)	35 CAN$	45-55 min
10 km (6 miles)	15 CAN$	20 min
16 km (10 miles)	25 CAN$	30 min
31 km (19 miles)	35 CAN$	45 min
15 km (9 miles)	25-30 CAN$	25-45 min

Vols intérieurs

L e pays est si grand que les Canadiens recourent facilement à l'avion pour leurs déplacements. Plus de 75 compagnies locales, souvent liées à Air Canada ou à Canadian Airlines, couvrent le réseau. Les petits transporteurs assurent les liaisons à l'intérieur des provinces ou vers des régions reculées, la plupart étant accessibles uniquement par avion. Il existe 125 destinations locales au total. On peut réserver un vol intérieur avant son départ, auprès d'une agence de voyage, ou sur place : consulter les pages jaunes de l'annuaire. Ces vols sont assez chers, mais des réductions sont souvent proposées dans la presse locale, et il existe des forfaits pour les touristes étrangers. Fréter un avion de tourisme permet la découverte fascinante, mais coûteuse, de régions lointaines comme la terre de Baffin.

Un Dash-7 dans le Grand Nord canadien

LIGNES ET COMPAGNIES AÉRIENNES

G râce à un impressionnant réseau de vols intérieurs, presque tous les pôles urbains du pays sont desservis par des lignes régulières au départ des métropoles régionales (Vancouver, Toronto et Montréal essentiellement). Les réservations peuvent s'effectuer par l'intermédiaire du principal transporteur, Air Canada, auquel sont rattachées la plupart des petites compagnies. On trouve surtout des vols Est-Ouest, reliant les petites villes comprises entre Halifax, sur la côte est, et Vancouver, à l'ouest, *via* Montréal, Toronto, Ottawa, Winnipeg, Calgary et Edmonton. Du sud vers le nord, les avions pour le Yukon ou les Territoires du Nord-Ouest partent généralement d'Edmonton ou de Winnipeg. Dans le Grand Nord, l'avion de tourisme est le meilleur moyen d'accéder aux régions isolées comme la terre de Baffin (accessible en bateau uniquement par beau temps) ; seule Churchill, dans le Manitoba, est desservie par le train.

VOLS APEX ET AUTRES RÉDUCTIONS

A u Canada même, plusieurs types de billets à prix réduit sont proposés : billets charter, tarifs Apex (pour une réservation anticipée) ou places soldées. Il n'y a guère de différence entre les vols intérieurs proposés par les compagnies charter comme **Canada 3000**, **Royal** ou **Air Transat** et les lignes régulières, mais les billets sont souvent jusqu'à 20 % moins chers et peuvent être achetés auprès des voyagistes. Pour obtenir le tarif Apex, vous devez réserver de 7 à 21 jours à l'avance : plus vous réservez tôt, plus la réduction est importante. Ces prix réduits s'accompagnent généralement de restrictions quant à la durée du séjour, aux horaires ou aux dates de voyage. Les billets sont rarement remboursables et les dates de voyage non modifiables.

Certaines compagnies proposent aussi des soldes (*seat sales*) sur certaines destinations populaires pendant les périodes creuses. Ces billets à prix réduit sont très peu souples et obligent à voyager pendant une période donnée.

Les deux grandes compagnies canadiennes proposent aux touristes étrangers des forfaits pour parcourir le pays ou continuer vers les États-Unis. Ils ne sont en vente qu'en dehors de l'Amérique du Nord. Valables de 7 à 60 jours, ils se composent généralement de coupons équivalant à autant de vols sur le continent ou au sein d'une région.

FORFAITS AVION-VOITURE

I ls permettent de visiter le Canada dans les meilleures conditions et incluent toujours une forte réduction sur la location de voiture. Celle-ci peut être prise à un endroit et rendue à un autre : prenez-la à Toronto, visitez l'Ontario, puis rendez-la à Ottawa, par exemple, avant de gagner Vancouver, à l'ouest, en avion. Sachez cependant que les frais d'abandon peuvent être élevés : comptez 200 dollars canadiens entre Toronto et Ottawa. Les agences de voyages proposent toute une gamme de forfaits.

BAGAGES AUTORISÉS

Si vous bénéficiez d'un tarif réduit sur un vol intérieur, la quantité et le poids des bagages sont soumis aux règles de la compagnie, variables selon le type d'appareil. Sur un avion de tourisme, seuls les bagages à main sont habituellement autorisés. En général, les passagers ont droit à 2 valises sous les 32 kilos chacune.

Les bagages à main doivent pouvoir être glissés sous les sièges ou enfermés dans les coffres. Les housses à vêtements sont parfois acceptées à bord, à condition d'être souples et de respecter les dimensions maximales

Canadi⟩n Airlines

Logo de Canadian Airlines

(longueur : 112 cm, épaisseur : 11 cm) ; vérifiez avec l'agence de voyages ou la compagnie au moment de l'achat du billet.

ENREGISTREMENT

En raison des mesures de sécurité aujourd'hui nécessaires, la procédure d'embarquement est parfois longue. Présentez-vous à l'enregistrement au moins 30 minutes avant le départ pour un vol intérieur ; comptez 60 minutes pour les États-Unis et 90 pour un vol international. Sur les vols intérieurs, les étrangers doivent présenter leur passeport pour justifier de leur identité. Notez en outre que les principaux aéroports canadiens connaissent une affluence accrue tous les jours entre 7 h et 9 h, et entre 15 h et 20 h, mais aussi pendant les vacances d'hiver, en mars, et pendant l'été ; prévoyez donc plus de temps pour le stationnement, l'enregistrement et les divers contrôles de sécurité.

CARNET D'ADRESSES

COMPAGNIES INTÉRIEURES

Air BC
(Richmond, C.-B.)
☎ (604) 273 2464.

Air Nova
(Halifax)
☎ (902) 873 5000.

Air Ontario
(London, Ont.)
☎ (519) 453 8440.

Air Transat
(Montréal)
☎ (450) 476 1011.

Bearskin Airline
(Thunder Bay, Ont.)
☎ (807) 577 1141.

First Air
(Ottawa, vols pour
le Grand Nord)
☎ (613) 738 0200.

Canada 3 000
(Toronto)
☎ (416) 674 0257.

Royal Airlines
(Montréal)
☎ (450) 476 3800.

Skyservice
(Mississauga, Ont.)
☎ (905) 678 3300.

PRINCIPALES LIGNES INTÉRIEURES

Air Canada couvre un réseau très complet de lignes intérieures avec l'aide de transporteurs régionaux.

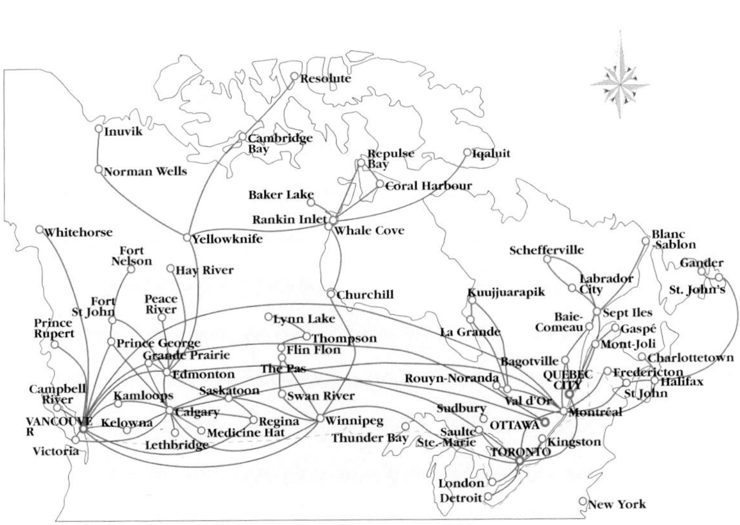

0   500 km

0   500 miles

CIRCULER DANS
LES GRANDES VILLES

Bus touristique à Toronto

Malgré la popularité de la voiture, les transports en commun en ville sont réputés pour leur rapidité, leur fréquence et leur efficacité. En général, le mieux est de visiter à pied, et de n'utiliser les transports en commun qu'en cas de besoin. Les rues étant propres et sûres, il est agréable de flâner dans les différents quartiers. Les transports municipaux ne sont le plus souvent pas trop chers et proposent des carnets de tickets ou des cartes journalières à prix réduit.

Circuler dans le centre-ville en voiture peut être éprouvant, surtout aux heures de pointe ; les places de parking sont rares et chères.

On trouve généralement dans les stations et les offices de tourisme des plans gratuits des principales lignes. Les transports de Vancouver, Toronto et Montréal *(plans en pages de garde)*, ainsi que ceux des autres capitales provinciales et villes les plus touristiques sont détaillés ci-après.

MONTRÉAL

Bus et métro utilisent les mêmes tickets et bénéficient d'un système de correspondances. Un « transfert » permet de traverser toute la ville pour le prix d'un seul ticket. Le métro est propre et sûr, avec air conditionné en été et chauffage en hiver. En ville, c'est de loin le mode de transport le plus rapide et le moins cher *(voir pages de garde)*. On peut se procurer un plan gratuit à n'importe quel guichet, et acheter une carte touristique de 1 ou 3 jours dans les grands hôtels et les offices de tourisme du centre.

La circulation est si dense et le stationnement si difficile, surtout dans la vieille ville, qu'il est plus prudent de laisser sa voiture à la périphérie. On peut prendre un taxi n'importe où dans la rue. Un signal blanc ou orange allumé sur le toit signifie qu'il est libre.

De nombreuses pistes cyclables ont été aménagées ; un guide gratuit du Grand Montréal à vélo est disponible à l'office de tourisme. On peut prendre le métro avec son vélo, sauf aux heures de pointe, de 7 h à 10 h, et de 17 h à 19 h environ en semaine. Certaines pistes sont très agréables, notamment le long du canal historique de

Lachine, ou en direction des îles, par le pont de la Concorde.

Plusieurs boutiques de cycles proposent des locations à la journée ou à la semaine ; prévoyez une caution d'au moins 250 dollars.

TORONTO

La TTC (**Toronto Transit Commission**) gère un immense réseau de correspondances entre métro, bus et tramway, desservant toute la ville. C'est un des plus sûrs et des plus propres au monde. Les deux lignes principales du métro totalisent une soixantaine de stations *(voir pages de garde)*. Demandez un Transfer Pass si

vous voulez poursuivre votre voyage en bus ou en tramway.

Pour ces derniers, il faut avoir l'appoint. Sinon, vous pouvez acheter un ticket ou un jeton à l'entrée et dans les boutiques du métro. Le guide *Pick up a Ride*, distribué à la plupart des guichets de métro, indique comment accéder en transports en commun aux principaux sites touristiques. La ligne Light Rapid Transit relie le centre-ville et le bord du lac (Harbourfront), et va de Union Station à la station Spadina/Bloor.

Les taxis peuvent être facilement hélés dans la rue, demandés par téléphone ou pris devant un hôtel. Plusieurs boutiques louent des vélos, mais la circulation est si dense dans le centre qu'il vaut mieux se limiter aux parcs. La piste cyclable Martin Goodman, bien balisée, offre de jolies vues le long du lac.

Prévoyez l'appoint pour le bus. Le tarif plein adulte est de 2 dollars sur tout le réseau, et permet des changements pendant une heure. En cas de séjour prolongé, pensez à un MetroPass mensuel, ou achetez 10 tickets ou jetons pour 17 dollars. Il existe aussi des forfaits journaliers utilisables en dehors des heures de pointe.

Piste cyclable le long du fleuve à Québec

Une station de taxis à Toronto

Les Toronto Islands sont desservies par un pont et par un ferry circulant tard dans la soirée, plusieurs fois par heure en cas d'affluence l'été.

VANCOUVER

Les transports de Vancouver, SkyTrain, bus et ferries, sont efficacement gérés par **BC Transit**. Kiosques à journaux et offices de tourisme proposent à un prix dérisoire un guide du réseau (Transit Guide) avec un plan de la ville et toutes les lignes. La voiture est à éviter, car la circulation est dense et le stationnement difficile. On peut aussi profiter du système park-and-ride pour laisser son véhicule à la périphérie.

Le SkyTrain est un métro automatique reliant le centre de Vancouver aux banlieues de Burnaby, New Westminster et Surrey. Son trajet est tantôt souterrain, tantôt aérien. La station principale est Waterfront Station, au bas de Seymour Street. Les bus permettent une découverte agréable des principales curiosités, à condition toutefois d'éviter les heures de pointe. Ils s'arrêtent vers minuit, mais un service minimum – Night Owl – est maintenu la nuit.

Le bateau est une des meilleures façons de circuler à Vancouver. Le SeaBus, un catamaran de 400 places, relie Lonsdale Quay, à Vancouver Nord, et Waterfront Station, dans le centre. Le trajet prend à peu près 15 minutes et offre de magnifiques vues sur les montagnes et la ville. Les Aquabus Ferries stoppent à False Creek, Granville Island, Stamp's Landing et au dock de Hornby Street.

Pour trouver un taxi, appelez l'une des grandes compagnies (Black Top, ou Yellow Cab), car il est rare de pouvoir en arrêter un dans la rue. Avec ses nombreuses pistes cyclables, dont 10 kilomètres dans Stanley Park, Vancouver est la ville du vélo. Comme pour une voiture, on peut le laisser aux abords du centre-ville pour continuer en transports en commun.

Un même tarif s'applique aux bus, SkyTrain et Seabus. Les adultes bénéficient d'un tarif réduit après 18 h 30, ainsi que les samedis, dimanches et jours fériés, toute la journée. Le prix du billet varie aussi selon le nombre de zones traversées (de 1 à 3). En zone 1, le tarif réduit est de 1,75 dollar pour un adulte. Un carnet de 10 tickets (FareSaver) ou un forfait journalier revient moins cher. Jusqu'à 4 ans, les enfants voyagent gratuitement ; de 5 à 13 ans, ils bénéficient d'un tarif réduit, comme les étudiants porteurs d'une GoCard valide et les plus de 65 ans. Un Transfer Ticket permet de changer gratuitement de transport pendant 90 minutes.

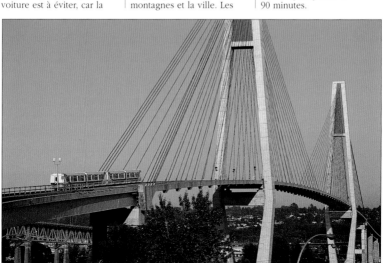

Le SkyTrain traversant l'un des ponts de Vancouver par un soir d'été

Superbe vue sur le Château Frontenac, à Québec, réservée aux piétons

OTTAWA

Les principales attractions touristiques de la capitale sont par chance proches de la colline du Parlement. Les trottoirs d'Ottawa sont larges et propres, et la ville se découvre en grande partie à pied, ou en transports en commun pour les sites plus éloignés. **OC Transpo** exploite un réseau de 130 lignes de bus dans la région d'Ottawa-Carlton. Parmi les plus chers du Canada, ses tarifs sont plus élevés aux heures de pointe (2,25 $ le ticket). Prévoyez l'appoint ou achetez vos tickets à l'avance, dans les kiosques à journaux ou les boutiques au coin des rues. Si vous devez changer de bus, demandez un « transfert », valable une heure. Il existe aussi des transferts, un peu plus chers, valables sur le réseau de bus indépendant de Hull, de l'autre côté de la rivière. Toutes les lignes passent par Rideau Centre, et la couleur des panneaux varie selon la ligne.

Les automobilistes trouveront plusieurs parkings municipaux abordables, signalés par un P vert. Les taxis se demandent par téléphone ou se prennent devant les grands hôtels.

Le vélo permet aussi de découvrir la ville, dotée de 150 kilomètres de pistes cyclables.

Traversant Ottawa du nord au sud, le canal Rideau est bordé de voies piétonnes et cyclables très agréables.

CALGARY

Calgary est desservie par le bus et par le tramway, appelé C-Train. Un même ticket à prix fixe, de 1,60 $, permet de passer de l'un à l'autre ; un forfait journalier à 5 $ peut être avantageux si vous voulez visiter plusieurs lieux en une journée. Le C-Train dessert l'université et l'aéroport au nord, et le Macleod Trail au sud. Il est gratuit (les bus ne le sont pas) dans le centre, entre 10th Street et l'hôtel de ville. Vous trouverez plans et tickets aux bureaux de la compagnie **Calgary Transit**. On peut aussi acheter des tickets de tramway dans des distributeurs placés aux différents arrêts.

Le meilleur moyen de visiter le centre est à pied ou en transports en commun.

Logo du C-Train à Calgary

Mais Calgary s'étend loin (c'est la deuxième ville canadienne par la superficie), et mieux vaut avoir une voiture pour aller à la périphérie. Plusieurs loueurs sont représentés, dont les grandes compagnies ; comptez 50 $ par jour ou profitez des tarifs économiques du week-end. Les taxis sont chers ; on ne peut pas les héler dans la rue ; il faut téléphoner ou les prendre devant les hôtels.

WINNIPEG

La plupart des attractions du centre-ville se concentrent dans un rayon de 20 minutes à pied autour du carrefour de Portage Street et de Main Street. Le réseau des bus de **Winnipeg City Transit** est efficace pour gagner des lieux plus éloignés. Le ticket à prix fixe vaut 1,60 $, ou 15,50 $ par carnet de dix, en vente au Transit Service Centre, situé en sous-sol au carrefour de Portage et Main Street. (Si vous changez de bus, demandez au chauffeur un ticket de transfert, valable une heure.) Le Centre est ouvert en semaine de 8 h 30 à 16 h 30 et fournit renseignements détaillés et plans des bus gratuits. Plusieurs voies cyclables permettent de traverser la ville et de gagner la périphérie en vélo.

QUÉBEC

La vieille ville, avec ses rues étroites et pleines de charme, se visite de préférence à pied, d'autant que les lieux historiques occupent un petit périmètre à l'intérieur des remparts. Deux ascenseurs et vingt-huit escaliers facilitent la circulation entre la basse et la haute-ville. Les bus, fréquents et fiables, permettent d'aller plus loin, par exemple au musée du Québec. Le plus économique est d'acheter son ticket à l'avance, dans les épiceries ou les supermarchés. Il existe aussi des forfaits journaliers à 4,60 $. La gare routière est dans la basse-ville, boulevard Charest Est. Les principales lignes passent presque toutes par la place d'Youville, dans la vieille ville.

Les stations de taxi sont situées devant les principaux hôtels et la mairie. On peut aussi visiter la vieille ville en calèche, à raison de 50 $ les 40 minutes.

HALIFAX

Peu étendue, Halifax se visite de préférence à pied ou en louant une bicyclette à la journée ou à la demi-journée. Circuler en voiture est difficile, et le stationnement rare et cher. Le plus économique pour aller en banlieue est de prendre les bus du **Halifax Metro Transit**. Le tarif fixe est de 1,30 $ en ville, et de 1,65 $ pour Dartmouth et les autres banlieues, et les carnets de 20 tickets reviennent encore moins cher. Du lundi au samedi, un service de bus gratuit, appelé « Fred », fait le tour du centre-ville toutes les 20 minutes environ.

CHARLOTTETOWN

Depuis l'achèvement du pont de la Confédération en 1997, l'île du Prince-Édouard est aisément accessible en bus et en voiture. De mai à novembre,

on peut aussi prendre un ferry à partir de New Glasgow, en Nouvelle-Écosse. Un bus assure la liaison entre Halifax et l'île par le ferry. Les transports en commun de l'île se limitent à un service de bus à Charlottetown, assuré uniquement pendant l'été par **Trius Tours**. La voiture reste le moyen de transport privilégié des touristes : pour en louer une en juillet et août, mieux vaut réserver. Plusieurs compagnies proposent des circuits en autocar, à pied ou en vélo.

Le pont de la Confédération, vers l'île du Prince-Édouard

ST. JOHN'S, TERRE-NEUVE

Stationner est plus facile à St. John's que dans bien d'autres villes du Canada. On pourra se procurer des cartes de parking grâce à plusieurs distributeurs automatiques bien situés. Prévoyez des pièces de 25 cents et 1 dollar. La location de voiture, proposée par de nombreuses compagnies, y est aussi moins chère.

Le service de bus dépend de **Metrobus** ; les tickets, valables pour un voyage, coûtent 1,50 $, ou 12,50 $ par

carnet de dix. On peut découvrir la ville de façon très économique en combinant deux lignes : l'une desservant le centre-ville, l'autre la banlieue.

Car traversant Harbour Bridge à St. John's, Terre-Neuve

Circuler en train

L e réseau ferroviaire canadien est géré par un
organisme d'État, VIA Rail. À partir de la fin des
années 1980, de nombreuses liaisons ont été
supprimées. En revanche, le *Canadian*, célèbre train
des années 1950 magnifiquement restauré, relie
toujours Toronto et Vancouver, et sa traversée des
Rocheuses permet de découvrir des paysages
époustouflants entre Jasper et Kamloops.

Les Canadiens prennent de plus en plus l'avion pour
les longs parcours, et la voiture pour les petites
distances. Pour les touristes, le train demeure un
merveilleux moyen de voir une grande partie du pays,
surtout quand il dispose d'un wagon panoramique au
toit vitré. Les réseaux locaux, autour des grandes villes,
sont aussi très utiles pour explorer une région en détail.

Le *Rocky Mountaineer* permet la découverte des Rocheuses

LE RÉSEAU FERROVIAIRE CANADIEN

V IA Rail Canada gère le
réseau national des trains
de voyageurs. En dépit de la
fermeture de plusieurs lignes,
400 trains continuent chaque
semaine à couvrir
13 000 kilomètres entre
Vancouver et Toronto, et
jusqu'à Montréal, Québec et
Halifax. En combinant les
différentes liaisons, on peut
traverser le pays en 5 jours.
La plus longue ligne, entre
Vancouver et Toronto, est
parcourue par le *Canadian*,
luxueux train des
années 1950 comportant des
wagons restaurant et
panoramique. Certains
endroits inaccessibles par
route, comme Churchill, au
nord du Manitoba, dépendent
du rail. La ligne Winnipeg-
Churchill est surtout

fréquentée en octobre par les
touristes désirant voir les ours
polaires *(p. 251)*.

Outre les grandes lignes de
l'Est et l'Ouest, VIA Rail gère
les connexions entre les
grands centres du couloir de
l'Ontario, de Québec à
Windsor *via* Kingston,
Montréal, les chutes du
Niagara, Ottawa et Toronto.
Elles sont assurées par des
trains express.

Il est facile de continuer
vers les États-Unis, VIA Rail
étant relié au réseau
ferroviaire américain Amtrak à
Montréal et Vancouver. Les
deux compagnies exploitent
conjointement les lignes
Toronto-New York, *via* les
chutes du Niagara, et
Toronto-Chicago, *via*
Sarnia/Port Huron. Quelques
kilomètres séparent la gare
VIA Rail à Windsor de celle
d'Amtrak à Detroit.

RÉSEAUX SECONDAIRES

V IA Rail n'est pas la seule
compagnie à assurer le
service voyageurs, toutes les
grandes villes ayant un réseau
de banlieue fort utile. À
Vancouver, **BC Rail** exploite
le *West Coast Express* pour
Prince Rupert, Go Transit
dessert les alentours de
Toronto jusqu'à Milton,
Bradford, Richmond Hill et
Stouffville, et Montréal a
l'AMT *(p. 405)*.

LIGNES TOURISTIQUES

P lusieurs lignes permettent
de découvrir le Canada à
bord de trains confortables,
souvent luxueux. Une des
meilleures, entre Sault Sainte
Marie et Hearst, en Ontario,
est exploitée par l'**Algoma
Central Railway** *(p. 223)*.
De début juin à octobre, un
train pour l'Agawa Canyon
part de Sault Sainte Marie et
traverse des paysages
spectaculaires. Tous les
week-ends, de fin décembre
à début mars, on peut aussi y
prendre le Train des neiges.

L'**Ontario Northland
Railway** transporte
marchandises et voyageurs
sur sa principale ligne, de
North Bay à Moosonee. Le
Polar Bear Express est un
train touristique permettant
de découvrir le Grand Nord
jusqu'à Moosonee en été. Au
sud de North Bay, la ligne
voyageurs continue jusqu'à
Toronto.

BC Rail propose de
traverser le pays de la ruée
vers l'or entre Vancouver
Nord et Prince George, à
bord des confortables
wagons climatisés du
Cariboo Prospector. En été,
un train supplémentaire
reliant Whistler au lac Kelly,
le *Whistler Explorer*, est très
apprécié des touristes. De
juin à septembre, BC Rail
exploite aussi un train à
vapeur historique, le *Royal
Hudson*, entre Vancouver et
Squamish.

Le parcours le plus
spectaculaire est sans doute
celui proposé par **Rocky
Mountaineer Railtours** en
Colombie-Britannique, de mi-
mai à début octobre.

Empruntant le tracé originel du Canadian Pacific Railroad, le *Rocky Mountaineer* relie en 2 jours Vancouver et Calgary, *via* Banff ou Jasper. Tout le voyage s'effectue de jour, le forfait comprenant une nuit à Kamloops et les repas. Un wagon panoramique permet de profiter des paysages.

LES CLASSES

Sur les grandes lignes, les trains comportent des places « Economy » et des wagons-lits au tarif VIA 1. On trouve en classe économique de confortables sièges inclinables et des couvertures et oreillers pour les voyages de nuit ; les allées sont larges, les fenêtres aussi. Un wagon-bar ou restaurant est généralement accessible. En wagon-lit, on peut choisir entre couchettes simples et doubles, et une chambre pour deux personnes se transformant en un luxueux salon dans la journée. Le *Canadian* et certains autres

trains VIA de l'Ouest comportent des wagons de première classe Silver & Blue donnant accès à un wagon panoramique et à un luxueux wagon-restaurant.

BILLETS ET RÉSERVATIONS

Pour réserver sa place dans le train, adressez-vous aux agences de voyages ou à VIA Rail. Plusieurs types de réductions s'appliquent aux allers-retours et aux réservations anticipées, en classe économique comme en wagon-lit. Pour en bénéficier sur les lignes du couloir de l'Ontario, il faut réserver 5 jours à l'avance (contre 7 jours sur la plupart des autres lignes). Des tarifs réduits sont aussi consentis en période creuse, d'octobre à décembre et de janvier à fin mai.

Le forfait Canrailpass permet 12 jours de trajets illimités en classe économique sur une période de 30 jours. Il suffit de montrer son pass chaque fois qu'on achète un billet. Le

Feuille d'érable sur le logo VIA Rail

pass est valable sur toutes les lignes VIA et permet de s'arrêter aussi souvent qu'on le désire. On peut acheter jusqu'à 3 jours de plus de voyage, soit dès le départ, soit pendant les 30 jours de validité. Le quota de places Canrailpass étant limité, mieux vaut réserver en été. Sur tout le réseau VIA, les plus de 60 ans bénéficient de 10 % de réduction supplémentaire sur leurs billets.

PRINCIPALES LIGNES FERROVIAIRES

Le trafic voyageurs est en grande partie assuré par VIA Rail. Tous les grands centres d'intérêt du pays sont accessibles en train, et des compagnies locales desservent les alentours de la plupart des villes.

0   500 km
0   500 miles

Iqaluit

Whitehorse   Yellowknife   Rankin Inlet

Churchill   Labrador City

Lynn Lake   Gaspé

Prince Rupert   Prince George   Thompson   Mont-Joli   Charlottetown

Jasper   Edmonton   The Pas   Jonquière   Moncton

Lilleoet   Saskatoon   Sioux Lookout   Hearst   Senneterre   Halifax

Courtenay   Banff   Hervey   QUÉBEC

Nanaimo   Kamloops   Calgary   Cochrane   Montréal

Victoria   VANCOUVER   Winnipeg   White River   Sudbury   OTTAWA   Levis

                    Sault Sainte Marie   North Bay   Kingston

                    TORONTO

            Windsor   Hamilton

    Chicago   Detroit   New York

Circuler en autocar

C'est le moyen le plus économique. À l'ouest de Toronto, la plupart des lignes sont exploitées par Greyhound Canada, notamment le trajet épique Toronto-Vancouver par la Transcanadienne (Autoroute 1), et à l'est, plusieurs petites compagnies couvrent la plupart des régions. Un long voyage peut impliquer de passer une ou plusieurs nuits assis, mais les cars sont d'ordinaire propres et confortables et s'arrêtent fréquemment. Ils sont aussi fiables et généralement ponctuels. Dans les régions reculées, renseignez-vous à l'avance, car il peut n'y avoir qu'un car par semaine, voire aucun.

LES GRANDES LIGNES

Sur une longue distance, le car est moins cher et souvent plus rapide que le train. La principale compagnie, **Greyhound Canada**, dessert la plupart des villes du pays et transporte plus de 2 millions de voyageurs par an. Son réseau se limite à l'ouest et au centre mais offre de nombreuses correspondances avec l'est du pays et les États-Unis. Les cars Pacific et Maverick à l'ouest de Vancouver, Voyageur Colonial, Orleans Express et Arcadian SMP à l'est d'Ottawa assurent le relais. Les cars express de Greyhound, empruntant les autoroutes, sont plus rapides et offrent plus d'espace, des films, de la musique et des en-cas.

Il est défendu de fumer à bord, mais sur les grandes lignes, des pauses sont généralement prévues toutes les 3 ou 4 heures. Pauses et changements de chauffeurs s'effectuent dans des gares routières ou des stations-service avec restaurants, cafés et distributeurs automatiques de nourriture. Tous les cars sont climatisés et équipés de toilettes. Un de leurs atouts est aussi de prendre et de laisser les voyageurs en plein centre-ville.

RÉDUCTIONS ET FORFAITS

Il existe toute une gamme de forfaits à prix réduit. Les enfants bénéficient habituellement de la gratuité jusqu'à 5 ans, et les plus de 60 ans de réductions sur les allers-retours et les forfaits. Prix réduit aussi si vous réservez à l'avance ou voyagez hors saison, de janvier à juin et d'octobre à décembre.

Le Greyhound Canada Pass permet des voyages illimités pendant une période donnée sur le réseau Greyhound et de nombreuses autres lignes, entre l'Ontario et le Québec, par exemple, ou en Saskatchewan : 7 jours de voyage en 10 jours, 15 en 20 jours, 30 en 40 jours, ou 60 en 80 jours. Les prix vont d'environ 247 dollars pour 7 jours à 547 dollars pour 60. Même formule pour le Canada Coach Pass Plus, mais avec la possibilité d'aller jusqu'à Montréal, Québec, Halifax, St. John et Charlottetown, ou jusqu'à New York. Certains forfaits, tel le Go Canada Budget Travel Pass, incluent l'hébergement dans plus de 80 auberges de jeunesse d'une côte à l'autre. Ce pass permet aussi de prendre le train entre Toronto, Ottawa et Montréal. Il suffit d'échanger un coupon pour un billet de train dans n'importe quelle gare VIA Rail.

Les Rout-Passes donnent accès à 35 liaisons intervilles en Ontario et au Québec, de la mi-avril à la mi-novembre. Il n'est pas nécessaire de décider à l'avance de son itinéraire, ni de réserver. Certains incluent des coupons d'hébergement. Le Rout-Pass de 16 jours est réservé aux membres de l'Association internationale des auberges de jeunesse.

GARES ROUTIÈRES ET RÉSERVATIONS

Toutes les compagnies utilisent la même gare routière, facilitant les changements vers un autre car ou les transports municipaux. Il n'est généralement pas nécessaire de réserver, car les voyageurs sont pris dans l'ordre d'arrivée. Prévoyez au moins une heure pour acheter votre billet et enregistrer vos bagages. Ne vous inquiétez pas si le car se remplit ; un autre lui succédera probablement immédiatement. Acheter son billet à l'avance ne garantit pas de trouver place à bord et n'évite pas de faire la queue avant de monter.

Souvent, les gares routières ont un petit restaurant ou un café servant des repas légers à prix raisonnables. Sur une

Logo des cars Greyhound

Car sur la colline du Parlement, à Ottawa

Excursion en car jusqu'à Athabasca Glacier, à Jasper

longue distance, il est conseillé d'emporter des provisions car la nourriture des stations-service, peu appétissante, est de surcroît vendue au prix fort. Les grandes gares disposent de consignes, ce qui vous permet de visiter les lieux en toute liberté. Dans les métropoles comme Toronto, il est préférable de prendre le car dans le centre plutôt que de l'attendre en banlieue, de crainte qu'il n'arrive déjà plein.

Demandez toujours s'il existe une liaison directe ou express pour votre destination, car certains cars font d'innombrables arrêts, et le trajet peut alors se révéler très long. Un petit oreiller ou un coussin, un pull (pour éviter les excès de climatisation) et un bon livre ou une bonne revue contribuent à l'agrément du voyage.

EXCURSIONS EN AUTOCAR

Plusieurs voyagistes proposent des forfaits pour des circuits touristiques allant de la découverte d'une ville, ou d'une excursion à la journée, aux luxueux et onéreux voyages organisés avec guides, repas et hébergement. Il existe aussi des circuits à thème : marche sur glacier, rafting ou équitation. Un voyage type de 10 jours dans les Rocheuses peut aussi bien inclure une croisière jusqu'à Victoria qu'une randonnée à Banff, un pique-nique sur le lac Louise, une excursion sur le champ de glace de Colombie ou un aperçu du pays de la ruée vers l'or dans la région de Cariboo. La plupart des

voyagistes envoient un itinéraire détaillé à l'avance ; vérifiez qu'il n'y a pas de suppléments cachés style pourboires, taxes ou droits d'entrée, normalement inclus dans le forfait. On peut aussi voir quelques-uns des plus beaux paysages sur les lignes régulières de Greyhound, comme celles traversant les Rocheuses.

CARNET D'ADRESSES

Renseignements Greyhound Canada
☎ 1 800 661 8747.

Horaires
du Canada et des États-Unis
☎ 1 800 661 8747.

Réservations (forfaits uniquement)
(UK) ☎ 0870 888 0223.

COMPAGNIES D'AUTOCAR

Brewster Transportation
pour des circuits dans l'Ouest
☎ (800) 661 1152.

Great Canadian Holidays
pour des circuits dans l'Est
☎ (519) 896 8687.

LIGNES D'AUTOCAR

Cette carte indique les lignes principales. Il est possible de traverser tout le pays par la Transcanadienne en empruntant les cars Greyhound ou d'autres compagnies à l'est de Toronto.

Circuler en voiture

Itinéraire touristique

Si les différents moyens de transport sont utiles en ville, ou d'une ville à l'autre, une fois arrivé dans une région reculée, la voiture s'impose. C'est le cas si l'on veut explorer la sauvage Gaspésie, au Québec *(p. 140-141)*, ou Okanagan Valley, en Colombie-Britannique *(p. 315)*. Le Canada apparaît à l'évidence comme un pays de conducteurs : le réseau routier est excellent et très bien entretenu, et d'immenses centres commerciaux ont été construits à l'extérieur des villes. Dans le centre de Toronto, Vancouver, Montréal ou Ottawa, en revanche, la circulation est si dense qu'il est plus rapide et plus économique de prendre les transports en commun.

ARRIVER EN VOITURE

Beaucoup de gens arrivent en voiture des États-Unis. Cette frontière est la plus longue au monde et comporte 13 postes frontière, les plus fréquentés étant ceux de Detroit-Windsor et des chutes du Niagara.

Beaucoup d'autoroutes entrant au Canada sont reliées à la Transcanadienne (Autoroute 1), la plus longue autoroute du pays avec quelque 5 000 kilomètres de Victoria (Colombie-Britannique) à St. John's (Terre-Neuve). À la douane, on vous demandera votre nationalité, lieu de résidence et durée de séjour envisagée. On peut aussi vous demander passeport et visa *(p. 390-391)*. Faites le plein aux États-Unis, où l'essence est moins chère. On peut aussi arriver au Canada par la célèbre route de l'Alaska *(p. 260-261)*, qui traverse le Yukon pour aboutir à Dawson City (Colombie-Britannique).

PERMIS DE CONDUIRE

En général, un permis national valide permet de conduire pendant 3 mois maximum au Canada ; en Colombie-Britannique, au Québec et au Nouveau-Brunswick, cette durée passe à 6 mois, à quatre sur l'île du Prince-Édouard, et à un mois seulement au Yukon. Il est conseillé de se munir en outre d'un permis international, en cas de problème avec les agents de la circulation ou la police.

ASSURANCE

Que vous conduisiez un véhicule de location ou le vôtre, vous devez obligatoirement être assuré. S'il s'agit de votre véhicule, vérifiez que votre assurance est valable au Canada, ce qui revient moins cher. Sa couverture doit être au minimum de 200 000 dollars, sauf au Québec (50 000 dollars). La plupart des compagnies de location proposent une assurance contre les accidents matériels, et contre les accidents corporels sur paiement d'un supplément. Le mieux est d'avoir les deux. Si vous conduisez un véhicule qui ne vous appartient pas, munissez-vous d'une autorisation du propriétaire. Dans le cas d'une voiture de location, ayez avec vous la documentation officielle de la compagnie. En été, il est prudent de s'occuper à l'avance de la location et de l'assurance.

En camping-car à travers les montagnes et les forêts du parc national de Banff, Alberta

LOCATION DE VOITURE

On trouve des voitures à louer presque partout au Canada. Les principaux loueurs – **Hertz**, **Avis** ou **Tilden** – ont des comptoirs dans les aéroports et la majorité des villes du pays. Le plus économique est d'acheter un forfait avion-voiture dans son propre pays, ou de réserver à l'avance pour obtenir une réduction. Les prix sont très variables selon la saison, le type de véhicule et la durée de la location ; faites préciser le montant des frais d'abandon et des taxes (taxe provinciale sur les ventes et GST). En allant prendre la voiture, munissez-vous de votre passeport et de votre billet d'avion retour. L'âge minimum requis est de 25 ans, parfois de 21 ans. Prévoyez une carte de crédit pour la caution ; à défaut, il vous sera quasiment impossible de louer une voiture au Canada. Pour les enfants de moins de 18 kilos, un siège fixe équipé d'une ceinture est obligatoire. D'habitude, les loueurs en fournissent quand on les prévient à l'avance. Les grandes compagnies offrent un large choix de véhicules, du modèle économique à 3 portes au modèle de luxe à 5 portes, le plus souvent avec autoradio et climatisation. L'embrayage automatique est la règle, mais certaines grandes compagnies disposent de véhicules à commandes manuelles pour les handicapés. Autre option, quoique plus coûteuse : la location de camping-car, à prévoir longtemps à l'avance en été.

STATIONS-SERVICE ET CARBURANTS

Le carburant est plus de moitié prix par rapport à la France, surtout en ville ; il est souvent plus cher à la campagne. On ne trouve que du sans plomb et du gas-oil. Sauf exception, les voitures de location sont fournies avec le plein ; l'essence se paie d'avance ou au retour. Vu le nombre de libre-service, il peut être difficile de trouver un mécanicien. Les stations-service ouvrent parfois 24 h sur 24 dans les grandes villes, mais ferment souvent à 18 h et sont rares en campagne, surtout dans le nord. Mieux vaut donc faire le plein avant de partir. Cartes de crédit et chèques de voyage sont largement acceptés.

CODE DE LA ROUTE

Les routes canadiennes sont bien entretenues, à deux voies pour la plupart, prévues pour tous les temps, et clairement signalées et numérotées. Les panneaux sont souvent en anglais, parfois bilingues, et en français au Québec. Adressez-vous aux clubs automobiles comme l'**association Canadienne des Automobilistes (CAA)**, en réseau avec nombre d'autres clubs dans le monde, pour obtenir une bonne carte routière, indispensable, et vous informer des variations provinciales du code de la route.

On roule à droite au Canada. Sauf au Québec, on peut tourner à droite au feu rouge. La vitesse est limitée à 30-40 km/h dans les agglomérations, et à 80-100 km/h sur route. S'il y a plusieurs voies, on circule à gauche par sécurité. Dans certaines provinces, les phares doivent rester allumés bien après l'aube et l'être bien avant le crépuscule (sur les modèles récents, ils s'allument au démarrage). La ceinture de sécurité est obligatoire pour les passagers comme pour le conducteur.

Dans le nord du pays, des précautions particulières sont à prendre : le verglas rend les routes très dangereuses, et on ne peut guère y circuler qu'en été.

Danger : orignaux !

CARNET D'ADRESSES

PRINCIPALES AGENCES DE LOCATION

Hertz
📞 800 654 3131.

Avis
📞 800 331 1212.

Tilden
📞 800 387 4747.

AUTOMOBILES CLUBS

American Automobile Association
📞 (407) 444 7000.

L'Association Canadienne des Automobilistes (CAA)
📞 (514) 861 1313.

CONDUITE HIVERNALE ET SÉCURITÉ

Les hivers canadiens sont rudes : vérifiez l'état des routes et la météo avant de partir. Congères et verglas sont fréquents en hiver et dans le Nord. Si vous allez dans des lieux isolés, faites le plein et prenez couvertures, sable, pelle et aliments de secours (barres chocolatées) au cas où vous seriez bloqués. Pensez aussi aux câbles de démarrage, car un froid extrême peut rapidement décharger la batterie. Les pneus cloutés sont autorisés toute l'année dans le Yukon, les Territoires du Nord-Ouest, l'Alberta et la Saskatchewan, et en hiver presque partout ailleurs. Renseignez-vous à l'office de tourisme.

En été, des animaux comme les ours ou les orignaux peuvent représenter un danger, surtout en Colombie-Britannique. Au printemps et en été, il leur arrive de surgir sur la route, chassés des bois par les mouches noires. Redoublez de vigilance lorsque des panneaux signalent la présence d'animaux sauvages, car ils sont implantés aux endroits de plus fort danger.

Index

Remerciements

Dorling Kindersley remercie les personnes suivantes pour leur contribution et leur aide à la préparation de cet ouvrage :

AUTEURS
Paul Franklin a récemment achevé un guide de voyage sur la Nouvelle-Écosse, où il vit, à la demande du gouvernement de cette province. Il est auteur de textes et de photographies pour des guides de voyage canadiens et internationaux.
Sam Ion et **Cam Norton** résident et travaillent à Burlington, Ontario. Spécialisés avec succès dans les voyages, ils écrivent à « quatre mains » pour des journaux, revues et brochures touristiques. Récemment, ils ont rendu hommage à leur province en réalisant le site internet du millénaire pour le gouvernement de l'Ontario.
Philip Lee est spécialisé dans le tourisme depuis plus de 10 ans. Il a écrit de nombreux articles et guides de voyage sur plusieurs pays à travers le monde. Après avoir longtemps résidé et voyagé aux États-Unis et au Canada, il est désormais installé à Nottingham, Royaume-Uni.
Lorry Patton vit et travaille en Colombie-Britannique. Elle a récemment dirigé la rubrique touristique de la revue *BC Woman*. Elle s'occupe actuellement d'une revue touristique en ligne consacrée notamment à la Colombie-Britannique et vit sur les îles du Golfe, près de Vancouver.
Geoffrey Roy a été primé pour ses articles et ses photographies touristiques. Travailleur indépendant, il vit dans le Surrey, au Royaume-Uni, et a consacré de nombreux articles au Nord canadien.
Donald Telfer vit dans la Saskatchewan. Spécialiste du voyage, il écrit depuis plus de 20 ans sur les Prairies et publie régulièrement dans différents journaux et revues canadiens et internationaux.
Paul Waters est journaliste et vit à Montréal. Il a résidé et travaillé dans de nombreuses villes du Québec et a beaucoup écrit sur cette province. Il dirige actuellement la rubrique touristique de *The Gazette*, quotidien montréalais de langue anglaise.

COLLABORATEURS
Alan Chan, Michael Snook.

PHOTOGRAPHIES D'APPOINT
James Jackson, Matthew Ward.

ILLUSTRATIONS D'APPOINT
Stephen Conlin, Eugene Fleury, Steve Gyapay, Chris Orr, Mel Pickering, Peter Ross.

CARTOGRAPHIE
ERA-Maptec Ltd, Dublin, Irlande.

CORRECTEUR
Sam Merrell.

ÉTABLISSEMENT DE L'INDEX
Hilary Bird.

COLLABORATION ARTISTIQUE ET ÉDITORIALE
Gillian Allen, Louise Bolton, Vivien Crump, Joy Fitzsimmons, Emily Green, Marie Ingledew, Steve Knowlden, Lee Redmond, Ellen Root, Anna Streifert.

CONTRIBUTIONS SPÉCIALISÉES
Canada Map Office, Ontario ; Canadian Tourism Office, Londres, Royaume-Uni ; Claude Guérin et Danielle Legentil, musée d'Art contemporain de Montréal ; Jim Kemshead, Tourism Yukon ; Wendy Kraushaar, RCMP Museum, Regina, Saskatchewan ; 'Ksan Historical Indian Village & Museum, Hazleton, Colombie-Britannique ; Leila Jamieson, Art Gallery of Ontario, Toronto ; Antonio Landry, Village historique acadien, Nouveau-Brunswick ; Mary Hickie, Royal Tyrrell Museum, Drumheller, Alberta ; Mary Mandley, Information Office, Sainte-Marie among the Hurons ; National Air photo Library, Ottawa, Ontario ; Liette Roberts, Manitoba Museum of Man and Nature, Winnipeg ; Mark Sayers, Ernest D. Scullion, Aeriel Photography Services, Scarborough, Ontario ; Visit Canada Office, Londres, Royaume-Uni ; Jennifer Web, UBC Museum of Anthropology, Vancouver, Colombie-Britannique.

AUTORISATIONS DE PHOTOGRAPHIER
L'éditeur tient à remercier tous ceux et celles qui l'ont aidé et autorisé à photographier leur établissement. Abréviations utilisées : h = haut ; hg = en haut à gauche ; hgc = en haut à gauche au centre ; hc = en haut au centre ; hdc = en haut à droite au centre ; hd = en haut à droite ; cgh = au centre à gauche en haut ; ch = au centre en haut ; cdh = au centre à droite en haut ; cg = au centre à gauche ; c = au centre ; cd = au centre à droite ; cgb = au centre à gauche en bas ; cb = au centre en bas ; cdb = au centre à droite en bas ; bg = en bas à gauche ; b = en bas ; bc = en bas au centre ; bg = en bas au centre à gauche ; bcd = en bas au centre à droite ; bd = en bas à droite ; (d) = détail.
Les œuvres d'art ont été reproduites avec l'autorisation des détenteurs des droits de reproduction suivants :
© Henry Moore Foundation : 172c ; © Bill Vazan Shibagua Shard, 1989, granit sablé, 187c.
L'éditeur remercie les particuliers, sociétés et bibliothèques qui l'ont aimablement autorisé à reproduire leurs photographies :
AIR CANADA : 49b, 398h ; AKG, Londres : 47b ; BRYAN AND CHERRY ALEXANDER : 16c, 20h, 21cd, 23c/cd/bg, 26h, 37h, 51c/b, 153h, 321c, 322, 324cb, 324-325, 325c, 332-333, 334h, 338h, 339h/c ; ALLSPORT : Scott Halleran 32b ; Elsa Hasch 17c ; Jed Jacobson 38b ; Jamie Squire 35b ; Rick Stewart 32c ; ANCHORAGE MUSEUM OF HISTORY AND ART, Anchorage, Alaska : B74.1.25 46h ; avec l'aimable autorisation de THE ANNE OF GREEN GABLES MUSEUM, Silver Bush, Park Corner, île du Prince-Édouard : 79b ; ART GALLERY OF ONTARIO : Karoo Ashevak, Inuit canadien (1940-1974), *Chaman aidé par un esprit*, 1972, fanon de baleine, ivoire, pierre grise, tendon, 47,7 x 23,6 x 16,6 cm, don de Samuel et Esther Sarick, Toronto 1996 © Palaejook Eskimo Co-op Ltd. 175ch ; Pieter Brueghel le Jeune (1564-1638), *La Danse de la mariée*, s. d., huile sur bois, 36,2 x 44,2 cm 175cb(d) ; Paul Gauguin (1848-1903), *Hina et Fatu*, vers 1892, bois de tamanu, H. 32,7 cm, don du Volunteer Committee Fund, 1980 174hg ; Lawren H. Harris (1885-1970), *Au-dessus du lac Supérieur*, vers 1922, huile sur toile, 121,9 x 152,4 cm, don de Ruben et Kate Leonard Canadian Fund 1929 © Mrs. James H. Knox 160b ; J. E. H. MacDonald (1873-1932), *Chutes, rivière de Montréal*, 1920, huile sur toile, 121,9 x 153 cm, acquisition 1933 Acc n° 2109, cliché Larry Ostrom 161h ; Henry Moore (1898-1986), *Draped Reclining Figure*, 1952-1953, plâtre original 100,4 x 160,4 x 68,6 cm, don de Henry Moore, 1974. L'œuvre en page 174ch est reproduite avec l'autorisation de la Henry Moore Foundation ; Robert Gray Murray (né en 1936), *To 1963*, aluminium peint, 2 éléments, colonne tubulaire, H. 271,1 cm, colonne plane, 275 cm, don du Junior Women's Committee Fund 1966 65/60.1-2 174c ; Claes Oldenburg (né en 1929), *Floor Burger*, 1962, toile bourrée de caoutchouc et de boîtes en carton, peinte au latex et au liquidtex, 132,1 x 213,4 m, acquisition 1967 174cb ; Photographic Resources 28b ; Tom Thomson (1887-1917), *Vent d'ouest*, 1917, huile sur toile 120,7 x 137,2 cm, don du Canadian

Club of Toronto 1926 175h ; E. P. Taylor Research Library and Archives 160hg ; *Axiom* : Chis Coe 3c, 18c, 22hg, 23hd, 45bc, 84c, 203b, 232, 235h/c, 237c/bd, 240c, 245h, 252-253, 275h, 276h, 308h, 315h, 330c/b, 361b. BRIDGEMAN ART LIBRARY, Londres : Art Gallery of Ontario, Paul Kane (1810-1871), *Indian Encampment on Lake Huron 6-7*, Emily Carr (1871-1945), Skidgate, *Graham Island, Colombie-Britannique*, 1928, huile sur toile, don de la J. S. Mclean Collection for Canada Packers Inc. 1990 29h, Maurice Galbraith Cullen (1866-1934), *Sur le Saint-Laurent*, 1897, huile sur toile, don du Reuben and Kate Leonard Canadian Fund, 1926 28c ; portulan de la British Library, de Pierre Descaliers, Canada : *Voyages de Jacques Cartier (1491-1557) et successeurs*, vers 1534-1541 40c, *Jacques Cartier (1491-1557)*, gravure d'après un portrait de Saint-Malo 40b ; lieutenant Smyth de la Hudson Bay Company (XIXe siècle), *Incidents on Trading Journey: HMS Terror Making Fast to an Iceberg in Hudson's Strait, 18 août 1836* 159h ; collection particulière : *British Boys learn how to own your farm in Canada! Decide on Canada now* 26b, médaille commémorant la prise de Québec par les Britanniques, 1759, bronze 43b ; gravure de Jean Antoine Théodore Gudin (1802-1880), *Jacques Cartier (1491-1557) sur le Saint-Laurent*, 1535-1537 ; gravé par Charles Maurand (XIXe siècle), Indiens Delaware chassant le bison dans les années 1860, cliché Ken Welsh 225c ; lithographie de Howard Pyle (1853-1911), *The Capitulation of Louisbourg*, extrait de *Colonies and Nation* de Woodrow Wilson, publié dans *Harper's Magazine*, 1901 43h ; Benjamin West (1738-1820), *William Penn's Treaty with the Indians in November 1683*, huile sur toile 22hd ; Stapleton Collection, gravé par Carl Vogel (1816-1851), *Indian Hunting the Bison*, planche 31 du volume 2, *Travels in the Interior of North America*, 1844, aquatinte de Karl Bodmer (1809-après 1893) 22bd ; gravé par Charles Geoffroy (1832-1882), *Assiniboin Indians*, planche 32 du volume 2, *Travels in the Interior of North America 1832-1834*, 1844, aquatinte de Karl Bodmer (1809-après 1893) 245b ; British Columbia Archives : Province of B.C. Photo 43cb. Avec l'aimable autorisation de CALGARY TRANSIT : 404c ; de CANADIAN AIRLINES : 401c, Cohn & Wolfe 398b ; CEPHAS : Fred R. Palmer 98hd ; Pascal Quittemelle 98b ; TOP/Hervé Amiard 24b ; BRUCE COLEMAN LTD. : John Cancalosi 243c ; JEAN-LOUP CHARMET : 42h ; COLORIFIC! : Randa Bishop 395b ; Terence LeGoubin 223h ; John Moss 262 ; Black Star/Richard Olsenius 68b ; Jeff Perkell 60 ; Michael Saunders 99b ; Geray Sweeneyt 19b ; Focus/Eric Spiegelhalter 319h ; CORBIS : 25h, 29b, 44b, 46c, 53c, 59bd, 159bd, 207, 209hg, 230bg, 248bg ; Craig Aurness 230-231 ; David Bartruff 325b ; Bettman 45bg, 47c, 48b ; Bettman/Upi 201b ; Peter Harholdt 324b ; collection Hulton Deutsch 50cd/bg/bd ; Wolfgang Kaehler 324ch ; Lake County Museum 231c ; Library of Congress 41h/cb, 155c ; New York Public Library Picture Collection 40h ; collection PEMCO-Webster & Stevens, Museum of History and Industry, Seattle 47hg ; Upi 31c. ADRIAN DORST : 254c, 286c, 287b. ROBERT ESTALL PHOTO LIBRARY : 73b, 98-99, 100c, 152b ; Mary Evans Picture Library : 43c, 47hd, 95c, 158hd, 253c, 341c, 389c. P. M. FRANKLIN : 19h, 21hg, 56ch, 59hd/c, 70, 82-83, 91h ; WINSTON FRASER PHOTOS : 8-9, 64b, 69b, 98c, 99c, 101hd, 226b, 136b, 248h, 334b, 397, 399 ; Black Star 153c ; Canada In Stock 217hd ; Ivy Images/Don Mills 36c, 56bd, 58h, 59hg, 68c, 69h, 147c, 227, 238-239 ; Ivy Images/Don Mills/© Gilles Daigle 74h, /© Sylvain Gradadam 387h,/© Tony Mihok 34b,/© Dan Roitner 77b ; T. Klassen Photography 236c, 240h, 251h. Avec l'aimable autorisation de GREYHOUND CANADA : 408h. LYN HANCOCK : 336, 338b, 339b, 384b ; ROBERT HARDING PICTURE LIBRARY : 21cg, 23hg, 256cg ; Charles Bowman 103 ; Philip Craven 34h ; Robert Francis 388-389 ; Jeff Greenberg 260cb ; Norma Joseph Frgs 231b ; Maurice Joseph Frgs, Arps 34c, 409 ; Paolo Kotch 101c ; R. McLeod 319b ; Roy Rainford 176h ; Walter Rawlings 303c ; Geoff

Renner 229hg ; Ian Tomlinson 35h, 288, 292b ; Dr. A. C. Waltham 328b ; Tony Waltham 214-215 ; Explorer 152h ;/Patrick Lorne 140b ; Publiphoto Diffusion 20cg ;/Paul G. Adam 136h ;/Yves Marcoux 116-117, 139h ; Bild Agenteur Schuster GMBH 94-95 ; DAVID HOUSER : 68h, 69c, 139b, 141bg ; © Steve Cohen 95, 337h ; HUDSON BAY COMPANY ARCHIVES, TORONTO : 158hg ; Provincial Archives of Manitoba 158b, 159c ; HULTON GETTY COLLECTION : 50h, 91b, 100cb. INUIT ART FOUNDATION, Ontario : Sarah Joe Quinuajua, Puvirnituq, *A Polar Bear Meets a Woman* QC1985, gravure sur pierre noire 324h. JASPER TOURISM AND COMMERCE : 306h ; Hugh Levy 307hd. WOLFGANG KAEHLER : 140h, 141bd ; ROBIN KARPAN : 15h, 27b, 224-225, 226h, 229c/b, 230hd, 234b, 236b, 241b, 242c/b, 243b, 244h/c/b, 246b, 247h/b, 248c, 249cg/cd/b, 329h, 337b ; JOSEPH KING : 265, 270-271, 273h, 318b ; KOBAL COLLECTION : 17b, *Rose Marie*, MGM 231hd ; *Anne of Green Gables*, RKO 30c. FRANK LANE PICTURE AGENCY : Dembinsky 20bd ; Michael Gore 57cdb ; John Hawkins 57bd ; FotoNatura/F. Hazelhoff 2-3 ; David Hosking 228cb, 258h, 295b ; Maslowski 20bcd ; C. Mullen 139c ; Mark Newman 21cdb, 258cb ; C. Rhodes 21bd ; M. Rhode 72c ; Leonard Lee Rue 21cgb, 152c, 311b ; Sunset/Brake 72h, 338c ; /T. Leeson 258bg ; John Watkins 56bch ; L. West 302h ; David Whittaker 258ch ; Terry Whittaker 20bg ; LEISURAIL/VIA RAIL CANADA : 407. Avec l'aimable autorisation du MANITOBA MUSEUM OF MAN AND NATURE : 237bg ; ARNOLD MATCHTINGER : 184b ; MUSÉE MCCORD D'HISTOIRE CANADIENNE, Montréal : Notman Photographic Archives 49h ; MCMICHAEL CANADIAN ART COLLECTION : cliché Arthur Goss/Arts & Letters Club 161b ; A. V. Jackson (1882-1974), *L'Érable rouge*, 1914, huile sur panneau, 21,6 x 26,9 cm, don de Mr. S. Walter Stewart 1968.8.18 160hd ; avec l'aimable autorisation de MOLSON COMPANIES : 363b ; MUSÉE D'ART CONTEMPORAIN DE MONTRÉAL : Natalie Roy, *Les Dentelles de Montmirail*, 1995 (détail), soutiens-gorge et jupon sous acrylique et bois, 32 x 300 x 35 cm, Denis Farley et Natalie Roy Du Compagnonnage de juin à septembre 1999 112h ; Richard Long, *Niagra Sandstone Circle*, 1981, 32 pierres de grès © Richard Long 112c ; MUSÉE DES BEAUX-ARTS DE MONTRÉAL : Laurent Arrior, Teapot, cliché Christine Guest 1952 DS 41 114b ; Le Greco, *Homme de la maison de Leiva* 1945.885 115c ; Rembrandt, *Portrait d'une jeune femme*, 1949-1006 114cg ; avec l'aimable autorisation du MUSEUM OF ANTHROPOLOGY, University of British Columbia, Vancouver, Canada : cliché Bill McLennan 274cb, 274b, mâts totémiques en cèdre rouge à Great Hall, Haida et Tsimshian (Canada) 274h, don de Walter et Marianne Koerner 13c ; parement en bois, Bella Bella (Canada), acquisition H. R. MacMillan 275c. NATIONAL ARCHIVES OF CANADA : C-011521 45h, C25739 261hd ; NATIONAL BALLET OF CANADA : C. von Tiedmann 382h ; NATIONAL GALLERY OF CANADA, Ottawa : 196c, Davidialuk Alasua Amittu (1910-1976), *The Aurora Borealis Decapitating a Young Man*, vers 1965, acquisition 1992 © La Fédération des Coopératives du Nouveau-Québec 196b ; James Wilson Morris (1865-1924), *Blanche*, vers 1912, acquisition 1948 197cb ; Jackson Pollock (1912-1956), *N° 29*, vers 1950, acquisition 1968 © ARS, Ny et Dacs, Londres, 2000 196h ; Tom Thomson (1877-1917), *Le Pin de Banks*, vers 1916-1917, acquisition 1918 197h ; NATURAL HISTORY PHOTOGRAPHIC AGENCY : Brian and Cherry Alexander 57cgb, 320-321 ; Dan Griggs 19, 159bc ; Stephen Krasemann 20bcg, 56h, 259bd, 330h, 331h ; David E. Myers 14b ; T. Kitchen et V. Hirst 21hd/bg, 56cb, 259hg/hd/cb, 260h, 287ch ; Jean-Louis Le Moigne 259bg ; Dr. Eckart Pott 258bc ; Kevin Schafer 56bg, 329b ; John Shaw 57bg, 258bd, 298b, 318c ; Eric Soder 256h ; NorbertWu 287cb ; NATURPRESS : Roberto Olivas 335h ; PETER NEWARK'S AMERICAN PICTURES : 22cd/cg/bg, 38, 42-43, 42cg/b, 43hd, 44h, 45bd, 46b, 48h/c, 49c, 58c/b ; NEW BRUNSWICK TOURISM : 74b ; NORTHERN BRITISH COLUMBIA TOURISM ASSOCIATION : 310b.

OXFORD SCIENTIFIC FILMS : Tui DeRoy 57cdh ; Breck P. Kent 57cgh ; Richard Herrmann 259 bc.
PARC OLYMPIQUE, Montréal : 120hd ; Parcs Canada : Claude Picard, Acadians working the fields, commande du Canadian Heritage 59-59 ; PICTURES COLOUR LIBRARY : 148-149, 400, 403b ; PROVINCIAL ARCHIVES OF MANITOBA : nég. n° CT16 45c ; Publiphoto : 51h ; Y. Beaulieu 25c ; J. P. Danvoye 137bd, 141h ; Claude A. Girouard 137bg, 138b ; Jean Lauzon 50cg, 140c ; D. Oullette 138h ; M. E. F./Boulion 137c ; S. Clement 24cd ; G. Zimbal 24h, 25b.
RETNA PICTURES : Steve Granitz 383b ; Phil Loftus 31b ; Micheal Putland 30b ; Richard Reyes 17hd ; REX FEATURES : 31h ; image avec l'aimable autorisation du ROYAL BRITISH COLUMBIA MUSEUM : 282h/cg, 283h/ch/cb ; © Peter and Mabel Fox 282cd ; avec l'aimable autorisation du Royal Canadian Mounted Police Museum, Regina : 230c/bd ; ROYAL TYRELL MUSEUM, Drumheller : Alberta Community Development 228ch/bd, 228-229, 229hd, 246h/ch/cb.
Avec l'aimable autorisation du MUSÉE DE SAINTE-ANNE-DE-BEAUPRÉ : 135hg ; cliché avec l'aimable autorisation de SAINTE-MARIE AMONG THE HURONS : 218hg ; SPECTRUM COLOUR LIBRARY : 331b, 334c ; SPECTRUM STOCK : 188, 204 ; Ottomar Bierwagen 36hg ; Ron Erwin 222h/b ; Henry Kalan 222c ; Norman Piluke Photography 223b ; Tony Stone Images : Wayne R. Bilenduke 323, 335b ; Cosmos Condina 13b, 124, 298bd ; Richard Elliot 261b ; John Edwards 169b ; Suzanne et Nick Geary 230hg, 410b ; Sylvian Grandadam 101hg ; David Hiser 251b, 325hg ; Susan Lapides 102 ; R. G. K. Photography 326 ; Paul Souders 261hg ; Jess Stock 33b ; Chris Thomaidis 162.
DONALD L. TELFER : 20cd, 52-53, 236h, 240b, 241h/c, 242h, 243h, 250h/b.

TATE GALLERY, Londres : The Honorable John Collier, *Last Voyage of Henry Hudson*, huile sur toile © 1988 41c ; avec l'aimable autorisation de la TORONTO-DOMINION BANK : 396hg/b ; TRAVEL ALBERTA : 299c, 310h.
UNIVERSITY OF TORONTO : J. B. Tyrrell Papers, Thomas Fisher Rare Book Library MS Collection 26 228bg.
VANCOUVER PUBLIC LIBRARY, SPECIAL COLLECTIONS : 13220 46-47 ; VICTORIA UNIVERSITY, Université de Toronto, Canada : Lawren S. Harris, *Automne Algoma*, 1920 160-161 ; VILLAGE HISTORIQUE ACADIEN : 75hg/hd/bg.
Collection de la WINNIPEG ART GALLERY, Canada : Frank H. Johnston, *Orée de la forêt*, 1919, aquarelle, détrempe sur panneau de fibres, 52,2 x 62,8 cm L26 Ernest Mayer 160c ; avec l'aimable autorisation de WESTERN UNION MONEY TRANSFER : 396c ; WORLD PICTURES : 1c, 16h, 37b, 55b, 57h, 89bd, 128h, 256b, 257h/c, 260b, 299h, 311h, 312, 318h, 325hd, 406, 408b.
YUKON GOVERNMENT COMMUNITIES : 328h.
Première page de garde : photographie particulière à l'exception de AXIOM : Chris Coe bcg ; COLORIFIC! : John Moss bg, Jeff Perkell hc ; P. M. FRANKLIN : hdc ; ROBERT HARDING PICTURE LIBRARY : Ian Thomlinson cg ; SPECTRUM STOCK : bc, bcd ; TONY STONE IMAGES : Cosmo Condina c ; Susan Lapides hd ; R. G. K. Photography hgc ; Chris Thomaidis bd ; WORLD PICTURES : hg.
Couverture : photographies particulières à l'exception de CORBIS : Darrell Gulin premier plat h, Gunter Marx premier plat g, dos h ; NHPA : John Shaw premier plat cb ; TONY STONE IMAGES : Suzanne et Nick Geary premier plat cdh, Susan Lapides premier plat cg ; WORLD PICTURES : premier plat ch.

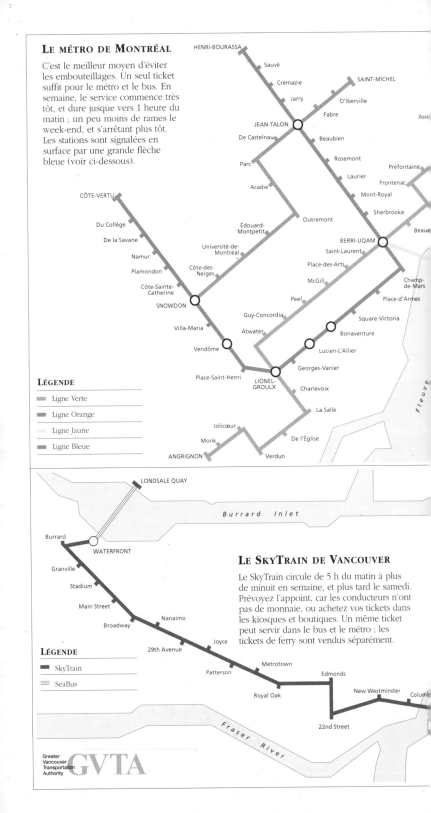

LE MÉTRO DE MONTRÉAL

C'est le meilleur moyen d'éviter les embouteillages. Un seul ticket suffit pour le métro et le bus. En semaine, le service commence très tôt, et dure jusque vers 1 heure du matin ; un peu moins de rames le week-end, et s'arrêtant plus tôt. Les stations sont signalées en surface par une grande flèche bleue (voir ci-dessous).

HENRI-BOURASSA
Sauvé
Crémazie
SAINT-MICHEL
Jarry
D'Iberville
Fabre
Ass
JEAN-TALON
De Castelnau
Beaubien
Parc
Rosemont
Préfontaine
Laurier
Acadie
Frontenac
Mont-Royal
CÔTE-VERTU
Sherbrooke
Du Collège
Beau
De la Savane
Édouard-Montpetit
Outremont
BERRI-UQAM
Université-de-Montréal
Saint-Laurent
Namur
Place-des-Arts
Champ-de-Mars
Plamondon
Côte-des-Neiges
McGill
Côte-Sainte-Catherine
Place-d'Armes
SNOWDON
Peel
Villa-Maria
Guy-Concordia
Square-Victoria
Atwater
Bonaventure
Vendôme
Lucien-L'Allier
Place-Saint-Henri
Georges-Vanier
LIONEL-GROULX
Charlevoix
La Salle
Jolicœur
Fleuve
Monk
De l'Église
ANGRIGNON
Verdun

LÉGENDE
━━ Ligne Verte
━━ Ligne Orange
━━ Ligne Jaune
━━ Ligne Bleue

LONDSALE QUAY
Burrard Inlet
Burrard
WATERFRONT
Granville
Stadium
Main Street
Nanaimo
Broadway

LE SKYTRAIN DE VANCOUVER

Le SkyTrain circule de 5 h du matin à plus de minuit en semaine, et plus tard le samedi. Prévoyez l'appoint, car les conducteurs n'ont pas de monnaie, ou achetez vos tickets dans les kiosques et boutiques. Un même ticket peut servir dans le bus et le métro ; les tickets de ferry sont vendus séparément.

Joyce
29th Avenue
LÉGENDE
━━ SkyTrain
≡ SeaBus
Metrotown
Patterson
Edmonds
New Westminster
Columb
Royal Oak
22nd Street
Fraser River

Greater Vancouver Transportation Authority
GVTA